Millennium 5/2008

Millennium 5/2008

Jahrbuch zu Kultur und Geschichte
des ersten Jahrtausends n. Chr.

Yearbook on the Culture and History
of the First Millennium C.E.

Herausgegeben von / Edited by

Wolfram Brandes (Frankfurt/Main), Alexander Demandt (Lindheim),
Hartmut Leppin (Frankfurt/Main), Helmut Krasser (Gießen)
und Peter von Möllendorff (Gießen)

Walter de Gruyter · Berlin · New York

∞ Gedruckt auf säurefreiem Papier, das die US-ANSI-Norm
über Haltbarkeit erfüllt.

ISBN (Print): 978-3-11-019685-6
ISBN (Online): 978-3-11-019686-3
ISBN (Print + Online): 978-3-11-019687-0

Bibliografische Information der Deutschen Nationalbibliothek

Die Deutsche Nationalbibliothek verzeichnet diese Publikation in der Deutschen
Nationalbibliografie; detaillierte bibliografische Daten sind im Internet über
<http://dnb.d-nb.de> abrufbar.

Printed in Germany

Umschlaggestaltung: Christopher Schneider, Berlin
Datenkonvertierung: Werksatz Schmidt & Schulz GmbH, Gräfenhainichen

Inhalt

Editorial

Der diesjährige Band von Millennium wird eröffnet durch einen methodischen Aufsatz von Johannes Fried. In seinem Beitrag *Ungeschehenes Geschehen. Implantate ins kollektive Gedächtnis – eine Herausforderung für die Geschichtswissenschaft* schließt er an seine kontroversen Forschungen zum Verhältnis zwischen Neurowissenschaften und der Geschichtsschreibung an. Im gemeinsamen Thema Erinnerung identifiziert er Verbindungsmöglichkeiten und verdeutlicht dies am Beispiel der aus der Individualpsychologie bekannten Gedächtnisimplantate – „Erlebnisse, die als wirklich stattgefunden geglaubt werden, obwohl sie keinerlei Realitätsanspruch erheben können". Dabei vertritt er die These, dass auch Gesellschaften solche Implantate besitzen können, und konkretisiert dies am Beispiel Benedikts von Nursia, dessen Historizität er energisch bestreitet.

In ganz anderer Weise erörtert Eva Valvo das Problem, wie sich die Perzeption von Wirklichkeit in den überlieferten Texten niederschlägt: Ihr Beitrag *La rappresentazione di Annibale in Valerio Massimo* zeigt, dass in der kaiserzeitlichen Exempelsammlung die Darstellung fremder Völker dazu diente, die römischen Tugenden hervorzuheben. Hannibal, der am häufigsten erwähnt wird, erscheint, der Tradition römischer Historiographie folgend, als ein von Hass auf die Römer getriebener, in typisch karthagischer Weise tückischer und grausamer Mann. Auch da, wo er einmal gelobt wird, scheinen letztlich seine negativen Eigenschaften durch, so dass die Fremddarstellung zu einem Element der römischen Selbstdarstellung wird, da bei den Römern im Gegensatz zu den Karthagern die wichtigen Tugenden sichtbar werden.

Wie auch in früheren Bänden gruppieren sich Beiträge unterschiedlicher Disziplinen um bestimmte Themen. Eines der Schlüsselthemen der Forschungen zur Transformation der Mittelmeerwelt in Spätantike und Frühmittelalter bildet die Christianisierung, einer jener Begriffe, die jeder verwendet und kaum jemand zu definieren vermag. Claudia Tiersch (*Zwischen Hellenismus und Christentum – Transformationsprozesse der Stadt Gaza vom 4.–6. Jh. n. Chr.*) untersucht die Christianisierung einer Stadt, die lange als eine der stärksten Bastionen traditioneller Religiosität galt. Dabei unterstreicht sie, dass der Erfolg der Christianisierung sich nicht aus einem aggressiven Vorgehen der Christen ergab. Neben der Erschließung neuer Räume durch Anhänger des Christentums bedeutete vielmehr die Auseinandersetzung mit den paganen Traditionen und den Voraussetzungen der römischen Umwelt und damit deren Anverwandlung ein wichtiges Element der Christianisierungsprozesse im Römischen Reich. Ein schwieriges Thema für ein an die Macht gekommenes Christentum bedeutete der Krieg, auf den man sich einlassen musste. Raimund Schulz (*Augustinus und der Krieg*) geht dieses Thema exemplarisch an, indem er zeigt, dass Augustin die militärischen Leistungen der Römer als Vorbereitung christlicher Verhaltensideale deutet und

so auch für die eigene Zeit die militärische Verteidigung des Imperiums recht-
fertigen kann, was wirkungsgeschichtlich von wesentlicher Bedeutung war.

Die Umsetzung der biblischen Geschichte in heroische Welt des Epos führt
unvermeidlich zu Spannungen, die auch bei Werken ganz unterschiedlicher Kulturen sichtbar werden. Sebastian Matzner vergleicht ein spätantikes griechisches
Epos und den altsächsischen Heliand, die sich auf die Bibel beziehen (*Christianizing the Epic – Epicizing Christianity: Nonnus' Paraphrasis and the Old-Saxon
Heliand in a Comparative Perspective*). Hierbei werden in einem dezidiert litera-
turwissenschaftlichen Ansatz interkulturelle Bezüge und Techniken der Akkul-
turation in Hinblick auf das Epos untersucht und die Vermittlung exegetischer
Botschaften mittels gattungsspezifischer Techniken deutlich herausgearbeitet. So
wird nicht nur eine Gattung christianisiert, sondern auch der christliche Gehalt
durch das Epos geformt, Christianisierung erscheint nicht als ein Phänomen der
kulturellen Überformung, sondern als eine Form der Aneignung von Überliefe-
rungen.

Daraus ergibt sich auch, dass es eine Vielzahl von Formen des Christentums
geben musste. Dies wird insbesondere in einem ideengeschichtlichen und in
einem archäologischen Beitrag sichtbar. David Lambert (*Augustine and the* Praedestinatus*: Heresy, Authority and Reception*) behandelt einen wenig bekannten,
eigenartigen, von ihm dem jüngeren Arnobius zugewiesenen Traktat, der sich um
die Mitte des fünften Jahrhunderts mit Anhängern einer extremen Prädestinationslehre auseinandersetzt. In dem Werk sieht er eine komplexe literarische Stra-
tegie: Auch wenn der Verfasser dem Schein nach Augustin verteidigt, untermi-
niert er seine Lehre – ein deutliches Indiz dafür, wie schwer der Umgang mit
Autoritäten im spätantiken Christentum wurde.

Die Schwierigkeiten, zu einem angemessenen christlichen Bild zu kommen,
beleuchtet Philipp Niewöhner (*Vom Sinnbild zum Abbild. Der justinianische
Realismus und die Genese der byzantinischen Heiligentypologie*). Er unterscheidet eine seit dem 4. Jh. vertraute idealistische und eine realistische Darstellungsweise von Personen, die in der justinianischen Zeit aufkam. Heilige und Christus
wurden realistisch dargestellt, aber auch Beamte und der Kaiser, was Niewöhner
damit erklärt, dass sie sich den heiligen Männern annäherten. Damit bestätigt sich
die Deutung der Regierungszeit Justinians als Epochenschwelle.

Ein weiteres zentrales Thema der Erforschung des 1. Jahrtausends n. Chr. ist
die wechselvolle Beziehung zwischen Westen und Osten, die immer weiter aus-
einanderzutreten scheinen, aber dann doch wieder durch enge wechselseitige
Beziehungen gekennzeichnet sind. In Spanien findet sich ein Typus von Bauten,
die gemeinhin als byzantinisch interpretiert und daher in die Zeit oströmischer
Herrschaft datiert werden, deren Datierung bei genauerem Zusehen jedoch
schwankt und viele Deutungsmöglichkeiten offenlässt bis hin zu einer indirekten
Beeinflussung durch byzantinische Architektur über islamische Vermittlung

(María de los Ángeles Utrero Agudo: *Late Antique Churches in the South-Eastern Peninsula: The Problem of Byzantine Influence*). Es zeichnet sich ab, wie komplex die Verbindungslinien zwischen Ost und West zu zeichnen sind, auch im Frühmittelalter, als die Mittelmeerwelt sich eben nicht auflöste.

Michael Grünbart (*Basileios II. und Bardas Skleros versöhnen sich*) behandelt ein Ereignis des Jahres 989, die Aussöhnung zwischen einem Kaiser und einem Usurpator. Dabei gelingt es ihm, Ansätze der westlichen Mediävistik aufgreifend, das komplexe Zeremoniell und seinen Niederschlag in literarischen Quellen und in bildlichen Darstellungen zu rekonstruieren.

Eine kurios anmutende Form der Begegnung von Ost und West erörtert Ralph-Johannes Lilie (*Sonderbare Heilige. Zur Präsenz orthodoxer Heiliger im Westen während des 11. Jahrhunderts*): Im Westen traten um 1000 mehrere angeblich hochrangige Kleriker auf, die sich offenbar eine östliche Herkunft zuschrieben und rasch hohes Ansehen erlangten. Die Historizität ihrer Behauptungen ist teils widerlegbar, teils fraglich. Dennoch verdient das Schicksal solcher Gestalten Aufmerksamkeit, weil das weiter bestehende Interesse an ihnen ein Zeichen für die hohe Anerkennung ist, die die östliche Religiosität auch in der Zeit des theologischen Streites genoss; zugleich zeigt aber auch die Leichtigkeit, mit der die Geschichten dieser Männer geglaubt wurden, wie wenig man wusste.

Arne Effenberger stellt sich der mühseligen Aufgabe, nur durch literarische Quellen und späte Zeichnungen überlieferte Reiterstandbilder der justinianischen Epoche zu rekonstruieren (*Zu den beiden Reiterstandbildern auf dem Tauros von Konstantinopel*). Dabei spielen die Beobachtungen westlicher Besucher eine große Rolle, die auch bestimmte Bilder Konstantinopels in den Westen transportierten. Offenbar wurde die Bedeutung des Cyriacus von Ancona hierfür bislang überschätzt, so dass Effenbergs Beitrag sowohl für das 6. Jahrhundert als auch für die Renaissanceforschung von Belang ist.

Kontinuitäten weit über das Jahr 1000 hinaus vergegenwärtigt Neslihan Asutay-Effenberger (*Das Kloster des Ioannes Prodromos τῆς Πέτρας in Konstantinopel und sein Bezug zu Odalar Kasim Aga Camii*), die der Geschichte eines in byzantinischer Zeit bedeutsamen Klosters in Konstantinopel bis zum Beginn der osmanischen Herrschaft nachgeht. Die vor allem aus literarischen Quellen rekonstruierbare Entwicklung zeigt die wechselvolle Geschichte sowohl von orthodoxen sowie katholischen Christen als auch von Muslimen an einem Ort. Hier steht nicht der großräumige kulturelle Austausch im Zentrum, sondern die Verdichtung der Beziehungen an einem Ort, was gerade für den östlichen Mittelmeerraum (fast) bis heute charakteristisch ist.

Ökonomische Fragen, die zumal in der deutschsprachigen Forschung seit langem zurückgetreten sind, werden beleuchtet von John Haldon in seinem Beitrag *Framing transformation, transforming the framework*, der eine ausgedehnte Auseinandersetzung mit C. Wickhams bedeutendem Werk *Framing the early middle ages* (Oxford 2005) darstellt. Dabei geht es um nicht weniger, als den Motor der Entwicklung zu identifizieren. Beide Gelehrte lassen die ideen- und kulturgeschichtlichen Ansätze in den Hintergrund treten und betonen dagegen wirtschaftliche Faktoren. Strittig ist allerdings zwischen ihnen, in welchem Umfang neben dem fiskalischen Bereich, dessen Bedeutung Wickham heraus-stellt, ein Markt und die weiterhin in vielen Regionen vorhandenen wohlhaben-den Aristokratien, auf die Haldon verweist, Einfluss auf die Entwicklung haben.

Dass im 6. Jh. ein hoher Grad an Monetarisierung bestand, ist eine wesent-liche Erkenntnis der wirtschaftsgeschichtlichen Forschungen der letzten Jahr-zehnte, die auch von Haldon intensiv diskutiert wird. Welch große Bedeutung das Münzwesen und vielleicht auch die Traditionen des römischen Steuerwesens noch in einer späteren Epoche im Westen hatten, stellt Jürgen Strothmann (*Königsherrschaft oder nachantike Staatlichkeit? Merowingische Monetarmün-zen als Quelle für die politische Ordnung des Frankenreiches*) heraus. Er sieht in der großen Zahl von bekannten Münzstätten und Münzmeistern für die – typi-scherweise nicht mit dem Königsnamen versehenen – Monetarmünzen den Aus-druck einer funktionierenden transpersonalen politischen Ordnung unter den Merowingern, obgleich die literarischen Quellen überwiegend einen ganz ande-ren Eindruck erwecken.

Die vielseitigen Perspektive der Beiträge, die ganz unterschiedliche Fächer-kulturen und methodische Ansätze repräsentieren, kann dazu beitragen, ein facettenreiches Bild des 1. Jahrtausends zu zeichnen. Die Lebendigkeit der For-schung ist groß, doch vieles läuft mehr nebeneinander her, als dass es sich inte-griert. Vielleicht kann die nicht ganz zufällige Verbindung der Artikel in dem Band dazu beitragen, die wechselseitige Wahrnehmung zu intensivieren.

Wolfram Brandes   Alexander Demandt   Helmut Krasser
              Hartmut Leppin   Peter von Möllendorf

Editorial

This year's volume of Millennium opens with an article by Johannes Fried on historical method, *Ungeschehenes Geschehen. Implantate ins kollektive Gedächtnis – eine Herausforderung für die Geschichtswissenschaft (Unoccurred events. Implants into Collective Memory – a Challenge to Historical science)*, following up his controversial research into the relationship between neuro-sciences and historiography. Within the general subject of "memories" he identifies possible connections. These are scrutinised using the example of "memory implants", a term loaned from individual psychology – "experiences understood as actually having been made, without having any claim to reality whatsoever". He argues that societies as a whole can thus be victims of memorial implants, citing as an example Benedict of Nursia – the historicity of whom he vigorously denies.

In a similar manner, Eva Valvo discusses the problem of how the perception of reality is reflected in written sources. Her article *La rappresentazione di Annibale in Valerio Massimo (The Representation of Hannibal in Valerius Maximus)* demonstrates that the portrayal of foreign peoples this collection of *exempla* from the Roman Imperial Period served to emphasise Roman virtues. Thus, following the tradition of Roman historiography, Hannibal, the most often referred-to individual, is depicted as a typical Carthaginian, treacherous and spiteful, driven by his hate for Rome. Even in the single instance he is praised his negative qualities remain visible. The description of the alien thus becomes an element of Roman self-portrayal, with Romans, as opposed to Carthaginians, displaying all main virtues.

As is the case for earlier volumes, contributions from different sciences are grouped around specific topics. One of the key issues of the transformation of the Mediterranean in Late Antiquity and the early Middle Ages is Christianisation – typically a term broadly used, but hardly ever clearly defined. Claudia Tiersch, *Zwischen Hellenismus und Christentum – Transformationsprozesse der Stadt Gaza vom 4.–6. Jh. n. Chr. (Between Hellenism and Christianity – Processes of Transformation in the City of Gaza from the 4th–6th centuries)*, scrutinises a city which for a long time was regarded as being one of the stoutest bastions of traditional religiousness. She hereby emphasises the fact that the success of Christianisation did not result from an aggressive approach on the side of the Christians themselves. Beside the opening up of new areas through the followers of Christianity, it was the having to deal with pagan traditions and the conditions of a Roman environment and, thus, having to adapt them and to adapt to them which contributed an important element to the process of Christianisation in the Roman Empire. A difficult issue for an empowered Christianity was war, a subject impossible not to face. Raimund Schulz, *Augustinus und der Krieg*

(*Augustine and War*), exemplifies this issue by showing Augustine as interpreting Roman military prowess as a qualification for Christian ideals of demeanour. This enabled him to justify the military defence of the Empire during his own times, a fact which was to develop a profound historical impact.

The transformation of biblical narratives into the heroic world of the epic inevitably led to tensions, visible in works from entirely different cultures. Sebastian Matzner compares a Greek epic from Late Antiquity with the Old-Saxon "Heliand", both of which refer to the Bible, *Christianizing the Epic – Epicizing Christianity: Nonnus' Paraphrasis and the Old-Saxon Heliand in a Comparative Perspective*. Intercultural references and techniques of acculturation regarding the epic are scrutinised from a strictly literary approach. Moreover, the mediation of exegetical messages by means of genre-specific techniques is clearly illustrated. Not only does this lead to a Christianisation of a literary genre, but to the moulding of Christian content through the epic; Christianisation thus does not appear as a phenomenon of cultural superposition, but rather as an acquisition of traditions.

The result is that a large number of different types of Christianity must have existed. This becomes especially evident in two articles, on archaeology and on the history of ideas. David Lambert, *Augustine and the* Praedestinatus: *Heresy, Authority and Reception*, discusses a little-known and unique fifth-century treatise, whose authorship he allocates to Arnobius the Younger, on the adherents of a doctrine of extreme predestination. He sees it as a complex literary strategy: Even though the author ostensibly defends Augustine, he simultaneously undermines the latter's teachings – a clear indication of the problems in dealing with authorities in Late-Antique Christianity.

The difficulty of developing an adequate picture of Christianity is the subject of Philipp Niewöhner, *Vom Sinnbild zum Abbild. Der justinianische Realismus und die Genese der byzantinischen Heiligentypologie* (*From Emblem to Effigy. Justinian Realism and the Genesis of Byzantine Saintly Typology*). He distinguishes between an idealised and a realistic depiction of persons, arising in the age of Justinian and familiar since the 4th century. Not only were Saints and Christ pictured realistically, but also civil servants and the emperor himself; a fact Niewöhner explains with the latter's approximation to the former. This confirms the interpretation of the reign of Justinian as the threshold of a new age.

Another central subject of research on the first millennium is the volatile relationship between the East and West, which constantly seem to drift apart, only to then be distinguished by close reciprocal relations. In Spain we find a type of building generally interpreted as Byzantine and, therefore, dated to the period of East-Roman domination. On closer inspection, however, this assumption wavers, giving room for a number of possible interpretations, up to an indirect influence through Byzantine architecture by way of Islamic transmission,

This is shown by María de los Ángeles Utrero Agudo: *Late Antique Churches in the South-Eastern Peninsula: The Problem of Byzantine Influence*. It becomes apparent just how complex the connections between the East and West actually were, even in the early Middle Ages, with a Mediterranean world far from unravelling.

Michael Grünbart, *Basileios II. und Bardas Skleros versöhnen sich* (*Basil II. and Bardas Sclerus are reconciled*), covers an incident from the year 989, the reconciliation between the emperor and an usurper. Utilising approaches from western Medieval research, he is able to successfully reconstruct the complicated ceremony and its incorporation into written and pictorial sources.

A seemingly odd type of encounter between East and West is discussed by Ralph-Johannes Lilie, *Sonderbare Heilige. Zur Präsenz orthodoxer Heiliger im Westen während des 11. Jahrhunderts* (*Strange Saints. On the Presence of Orthodox Saints in the West during the 11th Century*). Around the year 1000, a number of high-ranking clergymen claiming an Eastern origin appeared in the West, quickly rising to some prominence. The historicity of their claims is partly refutable, partly questionable. Still, the fate of such characters does deserve some attention, as continuing interest in them is a sign of the great appreciation of Eastern religiosity even in times of theological controversy. At the same time, the fact that the "histories" of these persons were so readily believed demonstrates how little was actually known.

Arne Effenberger undertakes the arduous task of reconstructing the equestrian statues from the era of Justinian known to us only from written sources and later drawings: *Zu den beiden Reiterstandbildern auf dem Tauros von Konstantinopel* (*On the two Equestrian statues on the Forum Tauri of Constantinople*). An important role is played by the observations of Western visitors, who were also responsible for transporting a certain image of Constantinople to the West. The importance of Cyriacus of Ancona in this regard has apparently been long-overrated, making Effenberger's article valuable not only for research on the 6th century, but also on the Renaissance.

Continuities far beyond the year 1000 are demonstrated by Neslihan Asutay-Effenberger, *Das Kloster des Ioannes Prodromos τῆς Πέτρας in Konstantinopel und sein Bezug zu Odalar Kasim Aga Camii* (*The Monastery τῆς Πέτρας of John Prodromos in Constantinople and its Relationship to Odalar Kasim Aga Camii*), who follows the history of a monastery in Constantinople, important during the Byzantine period, up until the beginning of Ottoman rule. Its development, reconstructible mainly from written sources, reveals the mutual relationships between both Orthodox and Catholic Christians and Muslims in one locality. The focus is not on large-scale cultural transfer, but rather on the aggregation of relations within a single location, characteristic for the Eastern Mediterranean (nearly) until today.

John Haldon's article *Framing transformation, transforming the framework*, an exhaustive discussion of C. Wickham's *Framing the early middle ages* (Oxford 2005), focuses on questions of economy neglected for a long time by German-speaking publications. The aim is to identify the factor responsible for actual development. Both scholars pass over approaches based on cultural history or the history of ideas in favour of an emphasis of economic factors. The question of the significance of a market and of the wealthy aristocracies still remaining in a number of regions underlined by Haldon, as opposed to that of the fiscal sphere that Wickham emphasises, however, remains controversial.

The fact that the 6th century enjoyed a large degree of monetarisation is one of the fundamental conclusions of economic historical research of the last decades, also intensively discussed by Haldon. The great importance maintained in the West in a later epoch of coinage and, possibly, also of the traditions of the Roman fiscal system, is explicated by Jürgen Strothmann, *Königsherrschaft oder nachantike Staatlichkeit? Merowingische Monetarmünzen als Quelle für die politische Ordnung des Frankenreiches (Monarchy or Post-Antique Statehood? Merovingian monetarii Coins as a Source for the Political Order of the Franconian Empire)*. He sees the large number of mints and *monetarii* producing coins – typically not bearing any royal name – as an expression of a functioning trans-personal political order under the Merovingian rulers, even though written sources predominantly give a completely different impression.

The varied perspectives of the articles, representing different research traditions and differing methodological approaches, can be conducive to drawing a multi-faceted picture of the first millennium. Although research is vibrant, a lot of studies rather run parallel than actually integrating their findings. Maybe the – not entirely coincidental – combination of the articles in this volume can contribute to an intensification of mutual awareness.

Wolfram Brandes   Alexander Demandt   Helmut Krasser
              Hartmut Leppin   Peter von Möllendorf

Ungeschehenes Geschehen

Implantate ins kollektive Gedächtnis – eine Herausforderung für die Geschichtswissenschaft *

Johannes Fried

Für Michael Borgolte

Die Fortschritte der Hirnforschung verändern unser Menschenbild. Wir selbst erscheinen durch sie als andere, denn wir zuvor waren. Unser Ich sieht sich in hochkomplexe neuronale Netze eingesponnen. Das Werk des Menschen, die kulturelle Evolution, unser Tun bleibt von dem heraufziehenden Wandel nicht unberührt. Verheißen die Neurowissenschaften und experimentelle Psychologie, die sich gegenwärtigen Menschen zuwenden, jenen Wissenschaften Erkenntnisgewinne, die sich der menschlichen Kultur zuwenden, dem Historiker, der in die Vergangenheit blickt? Skepsis macht sich breit, bevor Antworten formuliert sind. Gewiss, leichthin wird konzediert, dass Historiker im Verein mit Psychologen die Wirkung von Katastrophen und psychischen Traumata untersuchen können, vielleicht auch, dass die moderne Kinderpsychologie für die Erforschung vergangener Erziehung herangezogen werden kann, um Erfahrung für die Zukunft zu gewinnen. Und dennoch: Historie und Hirn? Ist eine solche Vereinigung nicht voreilig? Nicht allzu kühn? Geht sie nicht zu weit? Was also bedeuten Neurowissenschaften und die ihr zur Seite stehende experimentelle Psychologie für die Geschichtsforschung? Verändern sie den Blick in die Vergangenheit? Was könnte eine solche neurokulturelle Geschichtswissenschaft bringen?[1]

Ich will dem Fragenbündel am Beispiel von Implantaten in das kollektive Gedächtnis vergangener Gesellschaften nachgehen. Doch schon steigen neue Fragen auf: Kollektives Gedächtnis? Implantate? Ein Hirn- oder Herzschrittmacher für die Geschichte? Ist das nicht abstrus? In der Tat, viele Historiker schütteln angesichts eines solchen transdisziplinären Unterfangens den Kopf, befürchten gestaltlose Hirngespinste statt konkreter Ergebnisse. Implantat ist ein Begriff aus der Chirurgie, von Psychologen entlehnt. Und nun die Entlehnung der Entlehnung durch den Historiker? Das kann nicht gut gehen! So fürchten viele. Ist solche Sorge berechtigt?

---

* Frühere Versionen dieser Studie wurden aus Anlass von Michael Borgoltes 60. Geburtstag an der Humboldt-Universität, Berlin, auch auf Einladung des Evangelischen Bildungswerks Hospitalhof (Stuttgart) sowie des Instituts für Geschichte der Medizin der Robert Bosch-Stiftung, Stuttgart, vorgetragen.

1 Dazu: Johannes Fried, Der Schleier der Erinnerung. Grundzüge einer historischen Memorik, München 2004, hier auch zum Folgenden.

In der Psychologie bedeutet der Begriff: eine einem Menschen eingeredete Chimäre, ein in einen Patienten von seinen Therapeuten nach bestem Wissen und Gewissen als Erlebnis „hinein-therapiertes" Pseudo-Erlebnis. Die amerikanische Psychologin Elizabeth F. Loftus konnte derartiges, nämlich eine durch den Psychiater buchstäblich in das Gedächtnis einer Patientin „hineinmanövrierte" Vergewaltigung im Kindesalter, vor einiger Zeit erstmals nachweisen.[2] Es ist kaum zu glauben, und doch handelt es sich bei diesen Implantaten um eine von Psychologen mittlerweile gut begründete Einsicht. Wieweit ein derartiges Implantat durch bildgebende Verfahren sichtbar gemacht werden kann, bedarf noch der gründlichen Untersuchung.

Unzweifelhaft indessen steht fest, dass nur die Hirnaktivität lebender Individuen untersucht werden kann; die Toten hingegen behalten ihr Geheimnis vor den Hirnforschern für sich. Ihre Pseudoerinnerungen kann kein Experiment, kein noch so sensibles Instrument und kein bildgebendes Verfahren mehr sichtbar machen. Doch ebenso unzweifelhaft steht fest, dass auch frühere Menschen Opfer von Implantationen wurden, dass diese Gedächtnisimplantate – übrigens wie ihr Gegenteil, das Verdrängen – durchaus ihre eigene Wirksamkeit für die betroffenen Individuen und in deren Gesellschaft entfalteten, mithin trotz ihrer Irrealität zu realer Wirklichkeit mutierten, dass aber kein Zeitgenosse diesen Wandel registrierte. Unserem Gedächtnis, das alle Erfahrungen verarbeiten muss, kann derartiges offenbar unbemerkt zugemutet werden.

Mit dieser Wendung zur Vergangenheit ist das Interesse des Historikers an dergleichen Implantaten geweckt oder sollte es doch sein. Wie aber wären solche Erinnerungen zu erfassen und zu durchschauen? Fordert ihre Erkenntnis nicht die unmittelbare Gegenwart, ja, Anwesenheit eines Patienten, wiederholte therapeutische Gespräche und damit eine für die Vergangenheit nie erreichbare Unmittelbarkeit? Oder sollte die Frage falsch formuliert sein? Lassen sich, um eine Neuformulierung zu versuchen, an die Kognitionswissenschaften angelehnte Forschungskonzepte, Methoden und Untersuchungsinstrumentarien auf die Geschichte übertragen, nämlich auf das Gedächtnis der Einzelnen und sein Zusammenspiel mit Vielen, auf das kollektive, kommunikative und kulturelle Gedächtnis, dem wir weithin die Kenntnis der Vergangenheit verdanken? Hat es doch auch der Historiker mit Menschen zu tun, vordringlich sogar mit deren Erinnerungen, deren Kommunikation und sozialen Einbindung, deren kultureller Entfaltung und mit deren Memoration, die grundsätzlich erforschbar sind.

---

2   Elizabeth F. Loftus, Kathrine Ketcham, Die therapierte Erinnerung. Vom Mythos der Verdrängung bei Anklagen wegen sexuellen Missbrauchs, Hamburg 1995 (zuerst amerik., 1994).

Sollten wir also für soziale Kollektive und menschliche Zivilisationen mit gleichartigen Konstellationen und analogen Implantations- und Verdrängungsprozessen im kulturellen Gedächtnis rechnen? Gibt es Ereignisse oder Episoden, um uns auf sie zu konzentrieren, die niemals geschehen und dennoch als geschehen akzeptiert sind; die durch unangefochtene Autoritäten als geschehen suggeriert und als solche von allen Betroffenen geglaubt wurden; Geschehnisse also, die für vergangene Wirklichkeit galten und gelten und durch eben diese Akzeptanz sich tatsächlich Wirksamkeit verschafften und weiterhin verschaffen? Und wenn dem so wäre, was bedeutete die Einsicht in sie für die Erkenntnis menschlichen Verhaltens, Handelns und Planens? Eröffneten sich der Geschichtsforschung hier nicht, recht gerüstet, Chancen, in die Abgründe eines vergangenen Gedächtnisses hinabzuschauen? Fragen über Fragen. Sie können an dieser Stelle nicht alle erörtert werden; nur einige Auswirkungen und Folgeerscheinungen sollen zur Sprache kommen. Auch sie verlangen freilich in mancherlei Hinsicht ein Umdenken.

Viel wäre in der Tat gewonnen, wenn es gelänge, mit Hilfe der Kognitionswissenschaften die Vergangenheit besser zu durchleuchten; wir könnten der Zukunft besser gerüstet entgegentreten; wir lernen ja einig aus den Erfahrungen der Vergangenheit, mithin aus der Geschichte. Implantate sollen als Beispiel dienen, um diese Kooperationsmöglichkeit von Disziplinen zu testen, die bislang selten einander begegneten. Die Rolle des irrenden Psychotherapeuten spielen dabei implantierende Autoritäten wie beispielsweise die herrschende Meinung, von der abzuweichen untunlich ist, die Schule, die Allgemeinwissen grundlegt, auch Massenmedien wie Rundfunk, Internet oder etablierte Enzyklopädien und dergleichen mehr, seriöseste Instanzen also, die gemeinhin einen hohen Vertrauensvorschuss genießen, selbst wenn sie Irrtümer oder Falschmeldungen verbreiten. Als Patienten träten einzelne Individuen oder ganze Kulturen in Erscheinung. Träfe die Hypothese zu – und ich meine, es tatsächlich zeigen zu können –, so verdoppelt sich gleichsam die Wirksamkeit eines Geschehens und für den Historiker der Forschungsbedarf. Denn – und das wird viel zu wenig beachtet – fortan wirkt das Geglaubte ebenso wie jene vom Glauben unabhängige, von ihm überdeckte und verborgene Realität.

Jene Massenpsychose, die einst, an Halloween 1938, Orson Welles mit seiner Reportage von der Invasion der Erde durch Außerirdische (nach dem Roman von Herbert George Wells „War of the Worlds") ausgelöst hatte, wurde nachträglich von Psychologen untersucht und mag hier als erster Hinweis auf psychische Kollektivphänomene dienen, die einer Fiktion sich verdankten und dennoch wenigstens für einen Augenblick als Realität galten. *We all felt the world was coming to an end*, gestand eine verängstigte Hörerin im Nachhinein. So perfekt war das Ganze inszeniert, so überwältigend, so realistisch die Fiktion als Reportage verkauft, dass in den meisten Hörern fürs erste kein Verdacht auf-

stieg.[3] Zahlreiche Kollektivselbstmorde religiöser Sektenmitglieder aus eschato-
logischer Erwartung, wie sie sich in jüngster Zeit häuften, verweisen auf ein
gleichartiges Phänomen; auch die Selbstmordattentäter der Gegenwart und ihre
Instrukteure hören, soweit bekannt, auf allgemeine religiöse Heilsversprechen
und Realitätsannahmen. Der Fehlinformation zu folgen, kann also gefährlich
sein. Wie aber lässt sich im Nachhinein, wenn von allem nur noch fremde Erinnerungen bleiben, die Chimäre von der Realität unterscheiden?

Historiker sind, um vergangene Sachverhalte zu erforschen, auf Quellen
angewiesen, mithin auf Zeugenaussagen. Es geht ihnen bei deren Auswertung
nicht viel anders als Richtern und Kriminalbeamten unserer Tage bei der Verneh-
mung ihrer Zeugen. Sie alle suchen Tatbestände zu erfassen, die sich nicht von
selbst offenbaren, vielmehr aufgrund divergierender Aussagen erfasst und rekonstruiert werden müssen. Die „Täter" selbst melden sich dabei in der Regel nicht
zu Wort; und wenn sie es tun, ist erhöhte Vorsicht geboten. Die Gleichartigkeit
der Aufklärungsarbeit von Historikern und von Kriminalisten wurde mir unlängst von kompetenter Seite bestätigt. Ich hatte dazu im Historischen Seminar
der Goethe-Universität Frankfurt die Kriminalroman-Autorin Nicola Hahn zu
Gast, um aus ihrer Tätigkeit zu berichten. Sie ist nicht nur Schriftstellerin, im
Zivilberuf vielmehr Kriminalhauptkommissarin und lehrt an der Polizeischule in
Wiesbaden über Zeugenvernehmung. Sie kennt also das Metier des Historikers,
Tatbestände zu erfassen, zu würdigen und darzustellen, und bestätigte: Auch ein
Polizeiprotokoll ist ein höchst selektives, aus Wahrnehmungs- und Erinnerungs-
fetzen sowie aus Vor-Urteilen verschiedener Zeugen und Protokollanten gefüg-
tes, höchst problematisches Konstrukt; Erkenntnisse der Psychologie lassen es
verbessern oder angemessener auswerten, aber auch in seiner Problematik durch-
schauen, die eben von seiner Entstehung bis zu seiner Auswertung reicht. Für
Kriminalisten und Richter ist deshalb im Bedarfsfall längst die Beiziehung von
Psychologen die Regel. Historiker aber wehren sich gegen sie, mitunter erbittert.

Doch haben Historiker noch eine zweite Ebene zu beachten. Sie müssen
nämlich – noch vor aller übergreifenden Deutung – zwischen dem realen, aber
flüchtigen Geschehen, also dem Sachverhalt und Tatbestand einerseits und der
daraus gewonnenen Erfahrung und Erkenntnis, dem bleibenden Wissen, andererseits unterscheiden, das sich losgelöst vom ursprünglichen Geschehensverlauf
dem Gedächtnis einprägt. Es geht da in der Weltgeschichte zu wie in einer turbu-

---

3   Hadly Cantril, The Invasion from Mars. A Study in Psychology of Panic. With the
    complete script of the famous Orson Welles Broadcast, zuerst Princeton 1940, zit.
    nach der Ausgabe New York 1966, Text: 3–44, hier 53. – Leon Festinger, Henry
    W. Riecken, Stanley Schachter, When Prophecy Fails. A Social and Psychological
    Study of a Modern Group that Predicted the Destruction of the World, New York
    1956.

lenten Schulstunde, in der sich ein gestresster Lehrer oder eine Lehrerin mit Schmeichelreden und Drohungen, mit Wort, Bild und Schrift, mit aller Macht bemüht, den wild durcheinander schwatzenden, vielfältig abgelenkten, bald verträumten, bald hyperaktiven Schülern das kleine Einmaleins oder den Gebrauch des Konjunktivs einzutrichtern, bis diese Schüler, jeder für sich und doch im Kollektiv, alle Einzelheiten der Unterrichtsstunde vergessend, stolz ihr Wissen nach Hause tragen: „Zwei mal zwei ist vier" oder: „Wir hätten alle besser aufpassen sollen, dann würden wir heute den Konjunktiv richtig einsetzen können". Die Unterscheidung zwischen turbulentem Geschehen und Lernerfolg verbindet die Historie tatsächlich mit der Psychologie. Denn diese differenziert ebenfalls zwischen dem episodischen, das einen Verlauf, und dem semantischen Gedächtnis, das ein dauerhaftes Wissen memoriert, und sie untersucht systematisch die Unterschiede beider Erinnerungsweisen, die im übrigen unterschiedliche Hirnbereiche aktivieren. Auf diese taxonomische Unterscheidung und ihre Konsequenzen für den Historiker ist später zurückzukommen.

Zunächst interessiert uns der Prozess. Wie gelangt der Jurist von der Tat zum Urteil? Das ist auch unsere Frage, die entscheidende Frage des Historikers, solange er ein Geschehen, Ereignisse und Verläufe verfolgt. Er muss freilich im Vergleich zu den inquirierenden Kriminalbeamten und Juristen einen wesentlichen Nachteil kompensieren: Er kann seine längst toten Zeugen nur auf deren eine einzige Aussage hin befragen. Darüber hinaus bleiben seine Quellen ein für alle Mal stumm, Nachfragen an ihre Autoren sind unmöglich. Die scheinbare Ausnahme der Oral History ist mit größten Schwierigkeiten behaftet. Doch genetisch betrachtet, basiert alle Geschichte, soweit sie nicht Sachüberreste heranziehen kann, auf Erinnerung und Mündlichkeit. Historiker müssen nämlich stets einmal gemachte *Aussagen* interpretieren; sie verlassen sich dazu vor allem auf philologische Methoden. Indes, es sind Aussagen, die sich *Erinnerungen* verdankten. Wie aber kamen dieselben zustande? Und wie zuverlässig sind episodische Erinnerungen? Für die Beantwortung beider Fragen ist der Historiker nicht kompetent, jedenfalls nicht er allein. Dennoch entscheidet die Antwort über seine Erkenntnisse. Einige Bemerkungen über das Gedächtnis (I) sind somit nötig, bevor wir uns den Folgen für die Geschichtswissenschaft (II) zuwenden können.

I

Wir haben drei Stufen der Zeugenaussagen, mithin unserer erzählenden Quellen, auseinanderzuhalten, die bei jedermann (und bei jeder Frau) und zu jeder Zeit zu beachten sind, somit auch bei den Geschichtsschreibern und ihren Informanten. Zunächst ist die *Wahrnehmung* als physischer, rein *sinnlicher Vorgang* zu betrachten, sodann dessen *Deutung* oder Interpretation ins Auge zu fassen, die nur zum kleineren Teil bewusst erfolgen, und endlich haben wir die Explikation der gedeuteten Sinnessignale zu untersuchen, die *Aussage*. Jeder dieser drei logischen Schritte zeichnet sich durch eigene Schwierigkeiten und Fehlerquellen aus. Der *Sinnesakt* etwa, also das Eintreffen und die neuronale Verarbeitung von Licht-, Schall- oder Druckwellen oder von Duftpartikeln, unterliegt der Standortbindung, der Perspektive des Beobachters und prädisponierter Aufmerksamkeit. Man kann nur sehen, was im Blickfeld liegt, was beleuchtet ist und sich nicht auf einer Rückseite verbirgt. Und doch kombinieren wir regelmäßig aufgrund unseres Vorwissens, aufgrund unserer Erwartungen und Wünsche, was dort im Dunkeln, hinter dem Rücken geschehen sein müsste. Es ist gerade diese fehleranfällige *Deutung der Sinnesreize*, die einen Sinnesakt, mithin das Sehen, Hören oder Riechen, erst zur Wahrnehmung macht; sie wird maßgeblich durch Emotionen und vor allem, wie gesagt, durch Prädispositionen des Beobachters, durch seine Bildung und Erfahrungen geformt und erfolgt – zu unser aller Entsetzen – nur zum geringsten Teil bewusst, in weit überwiegendem Maße unbewusst. Ich sehe genau genommen keinen Baum, mein Hirn konstruiert ihn aufgrund entsprechend gedeuteter, nämlich während seines Reifungsprozesses semantisch besetzter Lichtwellen. Ich höre kein Hundegebell; vielmehr deutet mein Hirn einkommende Schallwellen aufgrund seines „Vorwissens" als solches. Nur wer weiß, wie eine Rose riecht, kann einen Duft als Rosenduft identifizieren.

In diesem Schatz unseres Vorwissens lauert ein wirkmächtiges Verformungspotential aktueller Sinneseindrücke. Dann meint ein Zeuge oder eine Zeugin tatsächlich, gesehen zu haben, was im Dunkeln lag, gehört zu haben, was niemand gesprochen hatte. Ein letztes fügt der intellektuelle Horizont des Sprechers hinzu. Seine Ausdrucksfähigkeit, sein Sprachvolumen, seine Erwartungen an den Gesprächspartner und abermals seine Emotionen gestalten entscheidend seine *Aussage*. Liebe oder Hass verzerren sie, machen nicht nur blind, sondern färben und tönen nach ihrem Gusto die Worte und Sätze. Jetzt laufen die sinnlichen Eindrücke und die nur halb bewussten Deutungen Gefahr, unangemessen verbalisiert zu werden.

Es kommt noch schlimmer. Unser Hirn *selektiert*, was ihm – bei gesundem Seh- oder Hörvermögen des Zeugen – zugeflossen ist; zumal die beiden letzten Stufen unserer dreiteiligen Arbeitsschritte, Deutung nämlich und Aussage, sind dadurch in eminentem Maße gefährdet; hinzu tritt gerade hier jenes tatsächlich fehleranfällige und von Vorwissen beherrschte *Konstruktionsverhalten* unseres Hirns, das aus der Fülle der eingehenden Signale ein so oder so gedeutetes Ganzes macht. Geruch bringt sich dabei heimtückischer zur Geltung, als uns gewöhnlich zu Bewusstsein kommt. Unbekanntes und Unerwartetes werden in der Regel beiseite geschoben. Das Wahrnehmungsfragment, das übrig bleibt, wird nach vertrautem Vorwissen, nicht nach tatsächlicher Wahrnehmung ergänzt. Die Sache lässt sich aber auch umkehren: Ist vom „Haus", vom „Markt", vom „freien Willen", von „Gott und der Welt" die Rede, lässt sich auf die kulturelle Prägung und das Vorwissen des Sprechers zurückschließen.

Gesagt wird, was dem Zeugen im Augenblick wichtig erscheint oder nützt, und keineswegs alles, was er sagen oder ihm ein andermal wichtig sein könnte; und gesagt wird es in Worten, die dem Zeugen eben gerade in den Sinn kommen. Die Aussage verrät also viel über die momentane Gestimmtheit des Sprechers, über seine kognitive Konditionierung. Jede im Nachhinein und wiederholt erzählte Schulstunde kann es verdeutlichen. Ein zu „runder", zu „logischer" und lückenloser Bericht ist ohne Zweifel nachträglich konstruiert, literarisch aufbereitet, mithin verfremdet und stellt kein unmittelbares Wahrnehmungszeugnis dar. Niemand sieht Sätze; doch mitgeteilt werden muss, was wahrgenommen wurde, in Sätzen. Ungewiss ist dabei, wieweit die Bedingungen und Prioritäten der einstigen Wahrnehmung und der nachträglichen Aussage noch dieselben sind; die Wahrscheinlichkeit spricht durchweg für eine beträchtliche Gewichtsverlagerung. Sie aber entzieht sich nicht in jedem Fall der Textanalyse. Wie immer, in jeder Aussage spiegeln sich die ihr zugrundeliegenden, mehrschichtigen neuronalen Erinnerungsprozesse, und es kommt darauf an, sie als solche zu durchschauen und auf ihre ‚Urbilder' und ihre Anlässe zurückzuführen.

Auf diesen beiden zuletzt erwähnten Stufen – Deutung und Aussage – gelangen somit verstärkt psychische Prozesse ins Spiel, für deren Analyse der Historiker wie der Kriminalist auf die Hilfe geschulter Spezialisten angewiesen ist. Doch alle drei Stufen – gerade auch der physische Wahrnehmungsakt – sind weit geöffnete Einfallstore für Sinnestäuschungen, Deutungsirrtümer und unangemessene Verbalisierung, sind eine munter sprudelnde Quelle für unbewusste Verformungen und im Nachhinein seitens des Wahrnehmenden nicht mehr korrigierbare Fehler, für insgesamt unzutreffende Erinnerungen. Warum dem so ist, verraten – vertraut mit der Physiologie des Sinnesaktes – die Neurowissenschaften. Sie lehren zum Beispiel, dass das Gedächtnis, das die eingehenden Sinnesdaten zu deuten hat, kein spezieller Ort innerhalb des Hirns ist, kein großräumiger Speicher, dessen Schubladen und Kammern einfach zu öffnen oder aufzuziehen sind, um Stück um Stück den Schatz abgelegter Erinnerungen wieder hervorzuholen, dass es vielmehr ein ständiger, an das gegenwärtige Leben selbst gebundener und von seinen momentanen Bedürfnissen gelenkter *Prozess* ist, eben der Prozess des Erinnerns. An diesem Prozess ist das gesamte Hirn beteiligt und er vernetzt alle bisherigen Erfahrungen ständig neu. Die Neurowissenschaften zeigen damit zugleich, dass sich allerlei den ursprünglichen Sinneseindrücken Fremdes wie Emotionen, Wünsche, Erwartungen, die Stimmungen des Tages und Augenblicks in den Erinnerungsprozess einschleicht und dessen Hervorbringungen seinen Stempel aufdrückt. Jede Aussage spiegelt mithin vielschichtige Vorgänge, und es kommt darauf an, auf das Ausgesagte solches Licht zu werfen, dass diese Prozesse so weit wie möglich sichtbar werden.

Für den Historiker ist vor allem die dritte Stufe, die Aussage, von zentraler Bedeutung. Denn aus ihr formen sich seine wichtigsten Quellen; andere stehen, von Sachüberresten abgesehen, nicht zur Verfügung. Auf dieser Stufe fließt alles zusammen, was sich auf den beiden vorangegangenen Stufen manifestierte; sie wird von ihnen konditioniert. Das verlangt entsprechende Analysemethoden. Denn Aussagen ohne Beachtung ihrer Entstehungsbedingungen zu deuten, ohne Wissen also über das, was beim Erinnern geschieht, führt sachlich in die Irre.

Wie also werden die den Aussagen zugrundeliegenden Sinnesinformationen und Erfahrungen in Worte gebracht? Die Versprachlichung, die stets zugleich Deutung und Konstrukt ist und sich in den Grenzen eines semantischen Spielraums bewegt, stabilisiert zweifellos die Erinnerung, verändert aber zugleich die einstige Wahrnehmung in nicht unbeträchtlicher Weise. Denn abermals haben bewusste oder unbewusste Faktoren bei dem In-Worte-Fassen des Erlebten auf dasselbe eingewirkt. Auch das Sprechen ist schließlich ein Erinnerungsakt. Jeder spontan zur Deutung oder Explikation der Sinneswahrnehmung verwandte Begriff liegt zudem inmitten eines semantischen Felds. Bei jedem späteren Aufruf einer Erinnerung bietet sich in der Folge das gesamte Feld und nicht bloß der früher benutzte Begriff für eine neuerliche Explikation an. Verschiebungen in der Memoration des Geschehens und seines Sinns sind unter diesen Umständen unausweichlich.

Dazu treten die Folgen der Schriftlichkeit. Sie fixieren eine einzelne Phase in der Abfolge von Erinnerungsmodulationen, indem sie das Memorierte selektieren, lenken damit den weiteren Gedächtnisprozess und blockieren ihn auf diese Weise. Zu fragen ist nun, ob und wieweit ein Dritter oder eine Dritte beim Verbalisierungsprozess direkt oder indirekt nachgeholfen hat? Wie sind die Aussagen dann zu beurteilen? Wie zuverlässig ist ihr Wahrheitsgehalt? Um die Fülle dieser und entsprechender Fragen zu beantworten, muss – und das ist entscheidend – der Weg des Erinnerns, der Weg also von den Worten zum Geschehen, zurückverfolgt und müssen regressiv die Bedingungen ihres Hervorbringens möglichst umfassend beachtet werden. Die Quellenaussage muss daraufhin durchleuchtet werden. Es erfordert, wie gesagt, die Hilfe jener Kenner, die sich mit dem Gedächtnis befassen.

Die meisten Historiker, ich muss es leider einräumen, wehren sich gegen diese Einsicht und sträuben sich, den damit aufgeworfenen Fragen systematisch, nämlich mit Einschluss bekannter neuronaler, psychischer und kommunikativer Operationsweisen und ihrer Verschränkung mit den gesellschaftlichen und kulturellen Artikulationsbedingungen des Gedächtnisses nachzugehen. Wir besäßen schon genügend exegetische Methoden, so wurde mir einmal bedeutet, wir brauchten keine weiteren und schon gar keine, die sich auf die Bedingungen des

Erinnerns einließen. Die Verallgemeinerung einer solchen Haltung wäre freilich die Bankrotterklärung der Wissenschaft.

Das Gedächtnis moduliert nicht willkürlich, sondern im Rahmen vorgegebener Möglichkeiten; gewisse Muster zeichnen sich ab. In welchem Maße sie an den vorliegenden Quellenaussagen mitgewirkt haben, lässt sich prüfen. Derartige Fragen aber zielen auf vergangene Tatbestände, derer Historiker sich zu vergewissern bestrebt sind, nicht auf ewige Wahrheit als einer metaphysischen Größe. Die Antworten auf die sich aus der Aktivitätsweise des Gedächtnisses ergebende Untersuchung sind entscheidend für die Beurteilung seiner Leistungen, eben der dem Historiker verfügbaren Texte und ihrer Informationen. In jedem Text manifestieren sich die Folgen des Erinnerungsprozesses. Die Bedingungen seines Zustandekommens zu kennen, gestattet – ähnlich der Kenntnis der Syntax eines Satzes – in einer Zeugenaussage die Grammatik dieser ‚Gedächtnisarbeit' aufzufinden und namhaft zu machen; solches Wissen bietet die Chance, die Aussagen umfassender zu erschließen, sie zutreffender zu analysieren und angemessener zu interpretieren, als es ohne eine solche Kenntnis möglich ist. Wie gerichtliche Zeugenaussagen rufen also auch die historischen Quellen nach der Aussagenpsychologie und verlangen wenigstens eine Ahnung von dem, was da oben im Kopf vor sich gehen, und wie es sich auswirken kann.

Der Jurist freilich, dessen Arbeit der unseren gleicht, kann sich – von der Verjährungsfrage abgesehen – im Zweifelsfall auf drei Prinzipien zurückziehen, die dem Historiker verschlossen sind: Im Zivilverfahren gilt das Prinzip der Beweislast; die Karten dessen, bei dem die Beweislast lieg, sind von vornherein schlechter. Kann eine noch so berechtigte Forderung, ein vorgetragener Tatbestand, nicht nachgewiesen werden, wird sie richterlich abgewiesen. Im Strafverfahren gilt der Vorbehalt des Zweifels: „in dubio pro reo", selbst wenn der Beschuldigte in Wahrheit ein tausendfacher Mörder ist. Der Richter endlich besitzt unter bestimmten Voraussetzungen das Privileg des Beurteilens- und Ermessensspielraums, nämlich seine subjektive Überzeugung in die Beweiswürdigung einfließen zu lassen. Alle drei Prinzipien bekunden eine gewisse Ohnmacht in der Erkenntnisfähigkeit von Tatbeständen. Diese drei Grundsätze aber sind dem Historiker verschlossen, der in einem landläufigen Sinn wissen will, wie es gewesen ist. Er kann sich auf keine Beweislastverteilung zurückziehen und muss entscheiden; im Zweifelsfall darf er sich indessen „für" niemanden entscheiden, gibt es also kein „pro", kein Urteil und keinen Freispruch; und die Subjektivität in der Beweiswürdigung treibt ihm – zumindest im Idealfall – die historische Methode oder die Kritik seitens der Kollegen aus. Gleichwohl, das Gedächtnisproblem irritiert, da es bislang von kaum nennenswerten Ausnahmen abgesehen, nicht zureichend beachtet wurde.

Die Verunsicherung zahlreicher Historiker angesichts der Fortschritte der Kognitionswissenschaften artikuliert sich in einer besonderen Art von Kritik. Sie

gleicht in mancherlei Hinsicht einem Rückfall in Kreationismus, in naive Schrift-
gläubigkeit nämlich, und basiert nicht zuletzt auf der Angst vor dem Verlust bisheriger Gewissheiten und Überzeugungen. Diese Angst vor der Gedächtniskritik
artikuliert sich bald als beißende Ironie über historische Gedächtnisforschung,
bald als feindselige Polemik gegen sie, bald auch als ein schlichtes Nicht-Wissen-
Wollen. Sollte Bequemlichkeit im Spiel sein? Wie immer, die Angst resultiert aus
einer gründlichen Unkenntnis unserer kognitiven Ausstattung, von deren Arbeitsweise und von experimenteller Psychologie, die nur allzu oft mit Psychoana-
lyse verwechselt wird. Man könne doch Karl den Großen nicht mehr auf die
Couch legen. Wie oft musste ich mir solchen Unsinn anhören. Indes, die kognitive
Ausstattung eines Karl oder seiner Zeitgenossen unterschied sich in keiner Weise
von einer solchen jetzt lebender Menschen. Geändert hat sich allein der kulturelle
Kontext und die kulturelle Prägung. Das Gedächtnis karlszeitlicher Zeugen ope-
rierte in der gleichen Weise wie unser eigenes; es artikulierte sich nur anders. Dieses ‚anders‘ aber steht grundsätzlich der wissenschaftlichen Erkenntnis offen. Die
kulturelle Evolution bildet ja ein wichtiges historisches Arbeitsgebiet und ist ihr
nicht verschlossen. Die Ergebnisse experimenteller Gedächtnisforschung von
heute, die auf Operationsweisen des Gedächtniskomplexes abheben, dürfen deshalb bei angemessener Beachtung des jeweiligen kulturellen Kontextes herangezogen werden, um die Erinnerungen früherer Zeiten zu kritisieren.

Der häufigste und zugleich unsinnigste Einwand gegen eine neurokulturelle
Betrachtungsweise beruft sich auf die unabdingbare Textexegese, die kein Blick
auf die Arbeitsweise des Gedächtnisses ersparen könne. So richtig die Notwendigkeit der Exegese ist, die Folgerung, die aus dieser Prämisse gezogen wird, man
dürfe deshalb auf die Durchleuchtung des Gedächtnisses verzichten, ist grund-
falsch. Die Modulationsfreude und die Modulationsweisen des Gedächtnisses
entscheiden über jede Aussage hinsichtlich eines Tatbestands. Sie und ihre Wirkungen geraten aber nur dann in den Blick, wenn sie tatsächlich bewusst in den
Blick genommen werden, nicht von selbst. Ihre Spuren in historischen Quellen
und überhaupt in Aussagen lassen sich nur dann entdecken, wenn man mit ihnen
rechnet und sie zu beachten versteht. Wer davor den Blick verschließen möchte,
kann es natürlich tun; auch wer Scheuklappen anlegt, kann einen Wagen ziehen.
Doch wohin? Er wird dem von ihm untersuchten Phänomen, eben den Artikula-
tionen des Gedächtnisses, gemeinhin „erzählende Quellen“ oder schlicht „Texte“
genannt, nicht mehr gerecht, und seine Interpretationen zielen an den früheren
Tatbeständen und einstigen Sachverhalten vorbei; mit Geschichtswissenschaft hat
das dann nur wenig mehr zu tun. Eine solche Tätigkeit mag statt dessen als eine
hoch spezialisierte Literaturwissenschaft gelten, die Schriftstücke miteinander
verknüpft. Denn das Vergangene, dessen verflossene Wirklichkeit allein noch
festgeschriebene Texte repräsentieren, ist nur durch die erwähnte regressive Aus-
sagenanalyse erreichbar – oder gar nicht.

Die Forderung nach einer die Kognitionswissenschaften einbeziehende Geschichtswissenschaft verlangt ja nicht, wie die meisten Kritiker – geblendet von der Vokabel Gehirn, die dabei auftaucht – zu unterstellen scheinen, Quellenanalyse durch Hirnstudium zu ersetzen, sondern lehrt andere Fragen zu stellen und die verfügbaren Informationen in anderer Weise zu verknüpfen als es ohne jene Disziplinen geschieht. Die Interpretation verweist nun auf den weiten Spannungsbogen zwischen der in ihrer „Arbeitsweise" zunehmend erkennbaren kognitiven Ausstattung des Menschen und seiner kulturellen Einbindung und beider Niederschlag in den zu interpretierenden Quellen. Kognition und Sozialisation manifestieren sich unabdingbar in allen Äußerungen eines Menschen. Die Rückkopplung an die gesellschaftliche Umwelt formt und prägt die kognitiven Aktivitäten, formt aber auch in reziprokem Austausch diese Umwelt und gestaltet sie aktiv mit. Ein Blick auf diese Rückkopplung, auf diesen Wechselprozess, lehrt, wie situativ und von zahllosen unbewussten und unvorhersehbaren Zufällen gelenkten Aktivitäten konditioniert jede, aber auch jede Erinnerung, jede Aussage und jeder Text sind, die Menschen produzieren. Er gewährt Einsicht in die Prozesshaftigkeit der kulturellen Evolution und lässt die kommunikative Konditionierung menschlicher Wirklichkeit deutlicher als bisher hervortreten. Das Gedächtnis aber durchsetzt und beherrscht alles. Auch Implantate schleichen sich auf diesem Weg in das individuelle oder kollektive Gedächtnis ein; keines ist dagegen unter den Bedingungen kultureller Rückkopplung gefeit. Keines aber kann ohne Hilfe von „außen", ohne Erinnerungskritik, durchschaut werden.

Solches Wissen führt zu einem anderen Umgang mit den Gedächtnisdaten, den schriftlichen Quellen, auf die der Historiker angewiesen ist, als es ohne dasselbe üblich war. Der Historiker sieht sich – in subjektivem wie in objektivem Sinne – hinsichtlich dieser Zeugnisse vor Fragen gestellt, die er bislang in ihrer Relevanz nicht erkannte. Er sieht nun Formungs- wie Verformungsfaktoren am Werk und mit ihnen gesellschaftliche oder kulturelle Gestaltungskräfte, die das Gedächtnis modulierten, und die ihm zuvor verborgen waren. Die erinnerungskritische Geschichtswissenschaft vermag sie fortan einzukalkulieren, selbst wenn es im Einzelfall nicht immer zu Gewissheiten führt. Eine „gläserne" Vergangenheit kommt auf diese Weise nicht zustande, wohl aber – wie in der Wissenschaft nicht anders zu erwarten – eine hypothesenreiche. Auch sie bewirkt eine Fülle von Korrekturen am bisherigen Handbuchwissen; und diese Revisionen verunsichern. Begründete Ungewissheit ist indessen ehrlicher als vorgebliche Gewissheit.

Kein Erinnerungszeugnis bleibt ausgenommen. Auch Texte aus der Feder höchster Autoritäten besitzen nicht schon deshalb, weil eine sakrosankte Autorität sie lieferte oder absegnete, in historischem Sinn Glaubwürdigkeit, auch wenn sie noch so viele Anhänger fand. Jerichos Mauern stürzten, um ein Beispiel zu nennen, nicht durch Josuas Posaunenspiel in sich zusammen, obwohl die Bibel es so hinstellt und es die Gelehrten zweier Jahrtausende glaubten, sondern verfielen erst fünfhundert Jahre nach der für Josua anzusetzenden Zeit – wenn denn Josua überhaupt eine historische Gestalt ist, was ich nicht prüfen kann. Josuas Historizität auf sich beruhen zu lassen, wäre freilich unwissenschaftlich. Sein oder Nichtsein ist für den Historiker auch hier die Frage.

Noch einmal: Erinnerung rekurriert auf Wahrnehmung, die in gewisser Hinsicht selbst ein Erinnerungsprozess ist. Ich sehe, was ich weiß, und nicht alles, was sich vor meinen Augen abspielt. Mitunter „sehe" ich sogar – gemäß meinen unbewussten Deutungsparametern – mehr als das, was die Lichtwellen transportieren. Vielleicht gilt auch: Ich sehe, was ich sprachlich oder sonst in symbolischer Weise mitteilen kann. Worte, Begriffe und Sätze aber repräsentieren für uns – *vor* allem Spiel mit Fiktionen – Wirklichkeit. Das ist entscheidend. Eben weil sie uns zur Wirklichkeit zu entrücken scheinen, wirken Lügen und entzücken Romane. Unsere Wirklichkeit und unser Weltbild sind uns symbolisch und, seitdem die Menschen sprechen gelernt haben, sprachlich vermittelt.

Wissen aber und Sprache, die das Wissen vermittelnden Zeichensysteme, unterliegen kulturellem Einfluss und Wandel; sie sind bei Genese und Aktualisierung in kommunikative Prozesse eingebunden und müssen neuronal kodiert sein, um erinnernd wiedergeboren zu werden. Doch welche Symbole und Vokabeln kommen in den Sinn, wenn in rascher Folge und in unüberschaubarer Vielfalt Licht- oder Schallwellen unterschiedlicher Frequenz mein Auge oder mein Ohr treffen, olfaktorische Reize meine Nase kitzeln? Worte des Alltags, der Freude, des Zorns, des Ekels, des Neides, des Hasses, der Gleichgültigkeit? Worte voll Ironie, voll kommunikativen Offerten, voll Liebe? Worte des Glaubens? Wie immer, jedes dieser Worte ist unkontrollierbar von der Gesamtheit der eingehenden Signale, von längst internalisierten Erinnerungen, den Deutungsmustern für die eingehenden Sinnesdaten, eingeflüstert und lenkt, ein heimlicher Herrscher, stillschweigend die gegenwärtige Wahrnehmung, ihre kognitive Verarbeitung und künftige Memoration. Sobald die Worte sich aber zur Aussage formten, verraten sie – als Haupt- und Subtext gelesen – viel über die geistige Befindlichkeit des Sprechers zum Zeitpunkt seines Sprechens.

Alles aber unterliegt den hirninternen Operationsbedingungen und den extrazerebralen Konstellationen zur Zeit der Wahrnehmung und bei deren Reaktivierung. Die Aussagen korrespondieren tatsächlich mit neuronalen Aktivitätsmustern. Typische neuronale Operationsweisen können eben deshalb helfen, Aussagen zu entschlüsseln. Neuronal kodierte Erfahrungen stehen beispielsweise vor ständig wechselnden Lebenslagen, die Aktualisierung des Wissens erfolgt in immer neuen Situationen und für solche. Sie überlagert und überschreibt deshalb fortgesetzt frühere Informationen und ältere Erfahrungen. Das Gedächtnis verlangt in der Tat nach höchster Flexibilität, nach rascher, der Situation und dem

Bedarf angepasster Modulation und nach keinem starren Festhalten irgend-
welcher Erinnerungen. Das ist ein unvermeidlicher, regelmäßig wiederkehrender
Sachverhalt. Erinnerungszeugnisse können sich mithin nicht in identischer Weise
wiederholen. Sie müssen fließen, sich wandeln, sich an neue Umwelten anpassen.
Erinnerungen lassen sich zudem nur in einem geringen Grad willkürlich und
gezielt aufrufen; gewöhnlich werden sie durch hirnfremde Impulse angestoßen
und „designt". Entsprechend erfolgen auch Deutung und Explikation aufgrund
unbewusster, unsteuerbarer, hirninterner Assoziationen und sind unserem Willen
weithin entzogen. Erinnerungen sind in der Folge einem unablässigen Verände-
rungsdruck ausgesetzt, unterliegen unablässiger Modulation, endloser Verwand-
lung und bleiben zu keiner Zeit mit sich selbst identisch. Historische Quellen
sind deshalb daraufhin zu prüfen, welche Erfahrungen sich zwischen die ursprüngliche Wahrnehmung und die vorliegende Aussage geschoben haben. Wie
sagte doch der spanische Romancier Javier Marías: Er spreche in der ersten Person, „nicht, weil ich glaube, jemand bleibe allein kraft des Erinnerungsvermögens
in verschiedenen Zeiten und Räumen dieselbe Person. Wer hier erzählt, was er
sah und erlebte, ist nicht der, der es sah und erlebte."[4] Der Historiker muss
zustimmen. Er könnte es nicht besser sagen. Erinnernd, auch uns an uns selbst
erinnernd, sind wir nicht mehr der oder die Erinnerte. Auch unsere Erinnerungen altern.

Historische Quellen sind keine abschließenden Protokolle vergangener Tatbestände, sondern zufällige, situativ bedingte Durchgangsprodukte eines nicht
endenden, wechselvollen, oftmals interindividualen Verwandlungsprozesses. Er
zeitigt – nach modernen Experimenten bis zu 40 % – Fehler am ursprünglich
wahrzunehmenden Tatbestand und Sachverhalt, Fehler zudem, die durch den
Erinnerungsstrom treiben, sich bald hier, bald da verfangen, bald weiter treiben,
jede erinnerte Erfahrung fortgesetzt modulieren, sie umformen, aufbauschen,
abschwächen, stillschweigend wieder korrigieren und neu verformen. Um diese
kulturgeschichtlich höchst wirksame Melange zu erfassen, ist die Erfahrung der
Gedächtnis- und Aussagenpsychologen, ggf. auch anderer Forscher wie etwa der
Ethnologen, hilfreich und ihr Rat einzuholen. Psychische Phänomene aber sind
neuronale Prozesse.

Gedächtnis ist ein biosoziales (um einen Begriff von Hans J. Markowitsch
aufzugreifen[5]) oder ein neurokulturelles Phänomen (wie ich es genannt habe).
Hirnorganisation und kulturelle Erfahrungsvielfalt wirken dabei in jedem Einzelfall in notwendiger, wenn auch nicht immer kontrollierbarer Weise zusam-

---

4   Javier Marías, Alle Seelen (Süddeutsche Zeitung. Bibliothek 83), München 2007, 7.
5   Hans J. Markowitsch, Harald Welzer, Das autobiographische Gedächtnis: hirnorgani-
      sche Grundlagen und biosoziale Entwicklung, Stuttgart 2005.

men. Sprache, sozialer Kontext und Erinnerungsvermögen kooperieren syste-
misch und bilden eine unauflösliche Einheit. Die neuronale Kodierung ist zwar
an Individuen gebunden, doch unterliegt sie (in umfassendem Sinn) kulturellen
Konditionen und ist ohne sie nicht denkbar. Die Folgen machen sich bei jeder
Aussage bemerkbar, selbstverständlich auch bei den historischen Quellen, soweit
sie sich einem Gedächtnis verdanken. Vorgreifend kann die Spontaneität der
Gedächtnismodulation nicht oder nur eingeschränkt einkalkuliert, im Nachhinein aber können die Bedingungen ihres Zustandekommens analysiert werden.
Jede gedächtnisinduzierte Aussage ist davon betroffen.

II

Mit diesen gedächtniskritischen Bemerkungen gerüstet können wir uns historischen Phänomenen nähern, gerade auch den Implantaten in das kulturelle Gedächtnis. Von der Erinnerungsproblematik und der symbolisch oder sprachlich
vermittelten Wirklichkeit besonders betroffen sind vor allem sog. Gedächtnisorte.[6] Es handelt sich bei ihnen um reale, ideale oder fiktive „Orte", Personen
oder Geschehnisse, deren öffentliche oder private Memoration für ein Indivi-
duum oder eine Gemeinschaft einen entscheidenden symbolischen Wert besitzt
und Identität verleiht. Sie begegnen allenthalben; jedes Geschichtsbild ist von
ihnen gesättigt. Sie bewahren in der Regel keinen Verlauf, selbst wenn sie
Geschehensbündel vereinen. Gedächtnisorte können sich dennoch im endlosen
Fluss der Zeiten verändern, stehen aber als bedeutungsschwere erratische Blöcke
in der Erinnerungslandschaft derer, die sich erinnern. Sie ruhen im semantischen,
nicht im episodischen Gedächtnis. Sie sind Rast- und Rüstplätze des Selbstbe-
wusstseins. Ihr Gedenken bedarf gleichwohl der Worte oder einer anderen Zei-
chensprache wie etwa der Musik oder der Denkmale. Sprachvermittelte Wirklichkeit und sprachgebundener Glauben geraten denn auch bei diesen „Lieux de
mémoire" in besonderer Weise in Konflikt.

Doch trotz ihrer Statik resultieren solche Orte aus dynamischen historischen
Prozessen, deren Verlauf sie freilich nicht memorieren. Sie achten nicht auf den
Weg, den der Wanderer bis zu ihnen zurückgelegt hat. Sie wechseln vielmehr aus
dem episodischen Gedächtnis ihrer Schöpfer in das semantische Gedächtnis ihrer
Rezipienten. Die Erhabenheit oder „Heiligkeit" solcher Orte verhüllt ihren Bau,
nicht unähnlich der Schulstunde mit dem kleinen Einmaleins, deren Verlauf der

---

6   Pierre Nora (Éd.), Les lieux de mémoire, 3 Bde., Paris 1992; vgl. die Einleitung von
    François/Schulze zu Etienne François, Hagen Schulze (Hg.), Deutsche Erinnerungs-
    orte, 3 Bde., ²München 2001, 1, 9–24.

nachmalige Könner nicht im Gedächtnis bewahrt. Ein Erinnerungsort und seine Errichtung treten somit klar auseinander. Der Historiker aber, der gerade diesem Gewordensein auf den Grund gehen möchte, hat regressiv jene drei erwähnten Stufen zu betrachten, vom Gedächtnisort also über vorgängige Deutungen zurück auf die ihnen zugrundeliegenden Sachverhalt zu schauen und damit vom semantischen zum episodischen Gedächtnis zurückzublenden.

Für viele Amerikaner beispielsweise ist der Kolumbus-Mythos ein solcher Gedächtnisort, dass Kolumbus nämlich mit dem abstrusen Weltbild von der Erdscheibe aufgeräumt habe, das im unaufgeklärten Mittelalter verbreitet gewesen sei. Der Mythos wurde durch 175 Auflagen von Washington Irvings *„The Life and Voyages of Christopher Columbus"*, das 1828 erstmals erschien, vor der Jahrhundertwende populär. Der Pulitzer-Preisträger (1974) Daniel J. Boorstin verbreitete die Kolumbus-Mär noch 1983, manch ein amerikanisches Schulbuch kolportiert sie noch heute.[7] Der das amerikanische Selbstbewusstsein festigende Mythos vom Aufklärer Kolumbus gewann indessen erst gegen Ende des 18. Jahrhunderts Gestalt, als Amerika sich selbst erfand; mit dem historischen Genuesen, der unter spanischer Flagge segelte, hat er nicht das Geringste zu schaffen. Das Implantat rekurrierte auf das „große Ereignis", von dem tatsächlich nur ungesichertes Wissen zur Verfügung stand, erschuf einen Helden, der bislang kaum als solcher gesehen wurde.

Schon seine Fundierung bediente sich der Fiktionen, gebar, ausgehend von einer Fehlinformation über die sog. Talavera-Kommission von 1486, in konstitutiver Absicht und zur Selbstvergewisserung einen Gründungsmythos, tatsächlich ein – wie heute leicht überprüft werden kann – von keinerlei Sachkenntnis getrübtes Konstrukt. Aber es sah sich von Aufklärungsphilosophen diesseits und jenseits des Atlantik in die Welt gesetzt, die sich vor allem auf die eben wieder entdeckte spätantike „christliche Topographie" des Kosmas Indikopleustes aus dem 6. Jahrhundert beriefen und in böser Geschichtsklitterung deren flache Erdscheibe als typische und allgemeine Kosmologie des Mittelalters ausgaben. Kolumbus sei dieser von Kirche und Inquisition geforderten Irrlehre mutig entgegengetreten. Das Wort jener Gelehrten suggerierte eine Realität, die deren Autorität auf Dauer absegnete. Jetzt empfing eine heute in der Welt führende Universität – die Columbia University in New York – ihren Namen nach dem Aufklärer (1784), der gegen die Inquisition zu bestehen vermocht hatte, und benannte man einen neugegründeten Staat – die „República de Colombia" (sog. „Großkolumbien") (1830) – nach dem Helden. Der Mythos wird – wie gesagt – seitdem aller wissenschaftlichen Kritik zum Trotz weithin von Amerikanern

---

7   Daniel J. Boorstin, The Discoverers, New York 1983.

geglaubt – ein perfektes Implantat.[8] Zuletzt taufte man eine Raumfähre nach dem
großen Entdecker und bediente sich eine US-amerikanische Krimi-Serie des
Columbo-Namens, um den Typus des aus sichtbarer Rückständigkeit ausbre-
chenden, gegen die eigene Angst, gegen alle Vorurteile und das Establishment die
Mission des Aufklärers betreibenden Helden vor Augen zu führen.

Wie dieser amerikanische Gedächtnisort dürften sich bei genauer Prüfung
auch zahllose andere Orte als Implantat in das kulturelle Gedächtnis erweisen.
Doch bereits er offenbart wesentliche Kriterien für einen Implantierungserfolg:
Ein der Mythisierung offenes, aber nicht weiter nachprüfbares Geschehen, eine
schon für die Zeitgenossen undurchsichtige Quellenlage, fehlende, nämlich nicht
zu befragende Zeugen, eine für die Heldenrolle taugliche Gestalt, eine gewin-
nende, jedem einleuchtende Botschaft, eine glaubwürdige, diese Botschaft ver-
breitende Autorität, ein förderliches öffentliches Interesse und insgesamt eine das
kommunikative Gedächtnis aufschließende Konstellation erweisen sich als kon-
stituierende Faktoren; hinzu tritt ein irrationales Beharrungsvermögen, das sich
jeglicher Aufklärung widersetzt.

Mit derartigen Kriterien gerüstet lassen sich weitere Implantate erkennen.
Nur wenige wurden bislang „entschlüsselt". Ihre Kritik gilt solange für harmlos,
als bloße ätiologische Sagen und Legenden betroffen sind, eben Mythen wie die
famose Geschichte von Kolumbus, wird aber in dem Moment höchst problematisch, sobald sich zentrale Glaubensurkunden und maßgebliche Dogmen tangiert
sehen. Harmlos etwa ist die „Entlarvung" des Ur-Marathon-Laufs als Fiktion,
des Laufs jenes Boten also, der nach dem Sieg der Athener bei Marathon über die
Perser (490 v. Chr.) die frohe Kunde nach Hause gemeldet habe und dort auf dem
Markt tot zusammengebrochen sei. Die heroische Tat findet sich erst weit über
ein halbes Jahrtausend nach dem Geschehen durch Plutarch fixiert. Der
Geschichtsschreiber berief sich auf einen wegen Quellenverlusts nicht weiter
überprüfbaren Platon-Schüler Herakleides Pontikos, der um 330 v. Chr. lebte,
wiederum also auf keinen auch nur annähernden Zeitgenossen jener Schlacht.
Plutarchs neuzeitliche Leser, Pierre de Coubertin oder wer immer, haben freilich,

---

8   Vgl. zuletzt: Jürgen Wolf, Die Moderne erfindet sich ihr Mittelalter – oder wie aus der
    „mittelalterlichen Erdkugel" eine „neuzeitliche Erdscheibe" wurde (Colloquia Acca-
    demica. Akademie der Wissenschaften und der Literatur. Abhandlungen der Geistes-
    und sozialwissenschaftlichen Klasse Jg. 2004,5), Mainz 2004; Thomas Reinhardt, Die
    Erfindung der flachen Erde, in: Paideuma 53 (2007) 161–180; mit weiterer Literatur:
    Rudolf Simek, Die Scheibengestalt der Erde im Mittelalter, in: Ulrich Müller, Werner
    Wunderlich (Hg.), Burgen. Länder. Orte (Mittelalter Mythen 5), Konstanz 2008,
    789–802. Doch findet sich im Internet eine durchaus zutreffend auf den Kolumbus-
    Mythos eingehende Präsentation der „Columbus Doors" im Capitol zu Washington
    (http://xroads.virginia.edu/~cap/COLUMBUS/col12.html, zuletzt besucht am 10.07.
    2008).

was er schrieb, für geschehen betrachtet; erst heutigen Tags bestreiten Historiker seine sachliche Zuverlässigkeit. Zum Gedächtnis an eine Fiktion also rennen die Leute immer wieder und in aller Welt, selbst in China, 42195 m. Die historische Klärung ändert daran nichts; sie bringt keine kollektive Identität ins Wanken und erschüttert kein Selbst. Man darf ja bezweifeln, dass jeder der hochtrainierten Läufer den geschichtlichen Hintergrund seines Sports kennt. Die Entmythisierung ist in diesem Fall eben harmlos.

Strittiger wird die Sache, wenn Glaubensurkunden angetastet werden. Die Leben-Jesu-Forschung weiß davon ein Lied zu singen. Oder hat die Bibel doch recht? Jener Fall der Mauern von Jericho beschäftigt noch heute Archäologen und Bibelforscher. Der hl. Christophorus (um ein anderes Beispiel zu zitieren), dessen Anblick im christlichen Mittelalter ein seliges, kein plötzliches und ohne die heiligen Sakramente versehenes Sterben garantieren sollte – deshalb befand sich sein Bild weithin sichtbar an oder in jeder spätmittelalterlichen Kirche –, ist mittlerweile aus dem Heiligenkanon gestrichen; die Legenden geben ihn nicht als eine historische Persönlichkeit zu erkennen. Nur der deutsche Regionalkalender verzeichnet ihn noch für die nichtgebotene Kommemoration (24. Juli) – eben der schönen Legende wegen, die ja auch ohne ein wirkliches Leben des „Christträgers" innerlich „aufbauen" kann. Aber die gesamte lateinische Christenheit hatte Jahrhunderte auf ihn vertraut. Nicht immer nimmt sich die Entmythisierung so einfach aus, zumal heute nicht im Zeitalter sich beschleunigender Globalisierung und interkultureller Konfrontation. Denn die Vergangenheit konstituiert die Gegenwart, und das kulturelle Gedächtnis ist deren Seele; wer daran tastet, rührt Emotionen auf und bringt die Wirklichkeit zum Wanken. Es kann zu schwersten Erschütterungen und Umstürzen führen, die tiefe Einschnitte in das überkommene Weltbild und in das Selbstbewusstsein der betroffenen Gemeinschaft mit sich bringen, gar Hass wecken und blutige Konflikte und Verfolgungen zeitigen können.

Ich verweise noch einmal auf methodische Fragen, die zwischen Historie und den Kognitionswissenschaften vermitteln, bevor ich auf ein abschließendes Beispiel eingehe. Ich betone erneut: Die Grundlagen unserer Wirklichkeit, die Grundlagen unseres Wissens und Weltbildes sind seit unserer frühkindlichen Sozialisation *verbal* internalisiert und entsprechend neuronal kodiert; wir hegen deshalb ein abgrundtiefes Vertrauen in *sprachliche* Mitteilung. Fiktionen und Lügen wirken, weil sie diesen neuronal kodierten Vertrauensvorschuss der Sprache genießen. Nur selten stellen sich Zweifel ein, weil uns divergierende Informationen zur Verfügung stehen; aber auch diese Zweifel besitzen ihr neuronales Korrelat.

Analoges gilt für das kulturelle Gedächtnis. In jedem seiner Manifestationen spiegeln sich die neuronalen sprachgebundenen Erinnerungsprozesse seiner Urheber. In sie gilt es, Einblick zu gewinnen. Sie bieten bei genauerem Hinsehen stets Hinweise auf Modulationen ursprünglich wahrgenommenen, erinnerten und verbalisierten Geschehens, Verformungsmarker, wie ich sie nenne, Anzeichen nämlich dafür, dass die Erinnerungen nicht stillstanden, dass sie weiter geflossen sind, Eigenes hier oder da abgeladen, Fremdes mitgenommen, aus derartigem Verlust und Gewinn Neues konstruiert haben. Diese Marker verraten als solche freilich noch nicht, in welche Richtung die Verformungen liefen, mit denen zu rechnen ist, sondern lediglich, dass Verformungen stattgefunden haben. Jetzt hilft das Wissen um die Operationsweisen des Gedächtnisses und seine typischen Verformungsmöglichkeiten, um Deformationen aufzuspüren und zu verifizieren. Ihre Wirkungen lassen sich einkalkulieren und damit die Verformungsdynamik und Verformungsrichtung, denen die erhaltenen Texte ausgesetzt waren, abschätzen.

Das alles trifft auf frühere Zeiten nicht weniger zu als auf heute. Je weiter in die Vergangenheit zurück, desto stärker häufen sich die Beispiele für gelungene Implantierungen. Das liegt an den Bedingungen mündlicher Tradition, die sich aus Mangel an Literalität verstärkt zur Geltung brachten. Alles Wissen aus der Vergangenheit war an Worte gebunden; doch Fiktion und realer Sachverhalt ließen sich verbal nicht unterscheiden. Verdachtsmomente stellen sich auch heute erst ein, wenn gedächtniskritische Fragen angeschnitten werden. Höchste Vorsicht ist etwa geboten, wenn der gesamte Überlieferungsstrom nach langer (für den Historiker unkontrollierbarer) *Mündlichkeit* in eine einzige Quelle mündet, die durch keine Parallelquelle bestätigt werden kann. Wir alle kennen das Kinderspiel der „Stillen Post", also das deformierte Ergebnis der geflüsterten Weitergabe eines Satzes über mehrere Zwischenstationen.

Alle Erfahrung lehrt, dass bei ausschließlich mündlicher Tradition, zumal wenn autoritative Momente in Anschlag zu bringen sind, mit extremer Selektion und unmerklicher Erinnerungsmodulation zu rechnen ist, ja, dass im Extremfall zwischen Mythos oder Sage, Erfindung und Realität nicht mehr unterschieden werden kann und Fiktionen als Wirklichkeit gelten. Warnen muss gleichfalls eine Darstellung, die auf alle Präzision verzichtet und sich vage im Allgemeinen ergeht. Alarmglocken müssen schrillen, sobald übermenschliche Heroen auftreten. Anbindung einer Erzählung an auffallende und allgemein bekannte Geländemale, an berühmte Ruinen oder Katastrophen weckt den Verdacht, ätiologische Sagen zu bieten gleich jenem Posaunenspiel, das einstmals den Schutthügel von Jericho erklären sollte. Typische Verformungsfaktoren der Gedächtnismodulation treten hinzu, lassen sich aufspüren und einkalkulieren. Ein letzter Arbeitsschritt wendet sich dann wieder zurück zu den Quellen. Denn in ihnen manifestierten sich Verformung und Implantat.

Beispiele lassen sich leicht namhaft machen. Auch zentrale Momente in der Konstituierung herausragender Geschehnisse sehen sich in Mitleidenschaft gezogen. So sei auf die Königskrönung des karolingischen Protokönigs Pippin, des

Vaters Karls des Großen, oder auf die Königserhebung Heinrichs des Voglers verwiesen, den zentralen Gedächtnisort des ottonischen Königtums, für dessen tatsächlichen Hintergrund heutige Historiker – ohne die dringend erforderliche Erinnerungsanalyse zu beherzigen – noch immer ungefiltert die Legenden des 10. Jahrhunderts in Anspruch nehmen. Auch in Pippins Fall dürften autoritativ gelenkte Modulationskräfte am Werk gewesen sein.[9] Der berüchtigte „Gang nach Canossa", den Heinrich IV. zu Gregor VII. angetreten haben soll (1077), entpuppt sich, erinnerungskritisch betrachtet, als ein vielschichtiges Implantat in ein durch Jahrhunderte ausgereiftes kulturelles Gedächtnis, desgleichen Friedrich Barbarossas angeblicher Kniefall vor Heinrich dem Löwen ein Jahrhundert später; er soll in Chiavenna stattgefunden haben.[10]

Die fiktive Seeschlacht desselben Kaisers an der Punta Salvore, der Südspitze von Istrien, gegen den Dogen Sebastiano Ziani im Jahr 1177, deren Ergebnis den Kaiser zum Frieden mit dem Papst Alexander III. gezwungen habe, gegen deren Folgen noch Martin Luther in antipäpstlichem Eifer wetterte und die der Papst den Venezianern mit der Herrschaft über das Meer belohnt habe, ist nicht anders zu beurteilen. Diese Geschichte erfüllte bis hin zur Erfindung eines fiktiven Barbarossa-Sohnes Otto als des kaiserlichen Admirals (Friedrich wirklicher Sohn Otto wurde erst 1179, mithin über ein Jahr nach der angeblichen Schlacht geboren) geradezu idealtypisch alle Kriterien eines Implantats ins kulturelle Gedächtnis, wie es durch die erörterten neurokulturellen Prozesse möglich wird. Der Ort der Schlacht besaß für die Seekommune eine in höchstem Maße symbolische Bedeutung; er vergegenwärtigte die Kontrolle über die Adria, garantierte gleichsam ihre Seeherrschaft. Der fiktive Sieg, der immer wieder historische Persönlichkeiten und reale Begebenheiten evozierte, überlagerte zudem – wie ich andernorts gezeigt habe – ein reales militärisches Ereignis und verdrängte es im öffentlichen Bewusstsein: die skandalumflorte Eroberung Konstantinopels im Jahr 1204, die ja tatsächlich die Seeherrschaft der Serenissima über weite Gebiete des Mittelmeeres begründete. Zweifel ließen sich leicht beschwichtigen. Auf Julius' II. listige Frage, warum die Venezianer das kostbare Privileg Alexanders III. nicht zur Bestätigung vorlegten, reagierte ihr Gesandter an der Kurie schlagfertig: Doch, doch! Man könne es. Es sei freilich auf die Rückseite der Konstantinischen Schenkung geschrieben.[11] Dieses Machwerk wiederum, an das Jahrhun-

---

9   Dazu bereite ich eine Studie vor.
10 Vgl. knapp: Fried (s. Anm. 1), 252ff.; auch dazu bereite ich eine ausführlichere Untersuchung vor.
11 Zu beiden Beispielen: Johannes Fried, Schuld und Mythos. Die Eroberung Konstantinopels (1204) im kulturellen Gedächtnis Venedigs, in: Tiziana J. Chiusi, Thomas Gergen, Heike Jung (Hg.), Das Recht und seine historische Grundlage. Festschrift für Elmar Wadle, Berlin 2008, 239–281.

derte geglaubt hatten, war unlängst als Fälschung entlarvt worden (1440) und
erweist sich gleichfalls als eigentümlich wirksames, durch wiederholte Maßnahmen in das kulturelle Gedächtnis der Kirche und des Abendlandes eingesenktes
Implantat mit langanhaltender und tiefgreifender historischer Wirkung.[12]

Das alles mag gelten; darüber aufzuklären korrigiert die Hand- und Schul-
bücher, greift aber nicht in unser Weltbild und Selbstverständnis ein, in den
innersten Kern von uns selbst. Ist er betroffen, reagieren wir oder die Öffentlichkeit besonders sensibel, erst recht, wenn religiöse oder zentrale Gedächtnisorte
der gesamten Kultur, semantisch-erratische Memorialblöcke, die sie sind, in die
Mahlwerke der Erinnerungskritik geraten. Unliebsame Einsichten können damit
verbunden sein. Solches gilt etwa von der Theorie des „freien Willens". Die
Zweifel an ihr versetzen ja heute viele Philosophen, Theologen, Juristen, Theore-
tiker aller Disziplinen in Unruhe; die Hiobsbotschaften für seine Verteidiger
mehren sich fast täglich.[13] Indes, allein die abendländische Kultur kennt eine solche Theorie. Das stimmt bedenklich. Außereuropäischen Kulturen ist sie fremd,
den antiken Griechen ebenso. Nicht einmal Aristoteles, auch nicht das talmudi-
sche Judentum haben eine solche Theorie expliziert; in Byzanz spielte sie keine
Rolle. Aristoteles sprach von der Zielgerichtetheit des Willens und damit von
einer Art Bindung des Willens an ein Äußeres, Fremdes. Im Abendland sorgte
erst die Auseinandersetzung des spätantiken Christentums mit der Stoa für die
Geburt der Willensfreiheit. Die Gnadenlehre verlangte ein „liberum arbitrium",
weil sie dem Menschen die volle Verantwortlichkeit für sein sündiges Tun
zuschrieb. Der frühe Augustin trug denn auch eine entsprechende Lehre vor.
Doch geriet sie bald mit der Prädestinationslehre in Konflikt. Theologen und
Philosophen zumeist erst des hohen Mittelalters entdeckten dann den frühen
Augustin wieder und haben Freiheit grundsätzlich auf einen unzwingbar freien
Willen gegründet. Die gerichtliche Folter wurde mit dieser Doktrin legitimiert.
Doch kehrte Luther, der Augustinereremit, wieder zur Prädestinationslehre sei-
nes Heiligen und des Apostels Paulus zurück und nahm dem Willen wieder sein
hohes Maß an Freiheit. Heute gerät diese Freiheit, nicht der Wille als solcher, aus
ganz anderen, zumal von den Neurowissenschaften vorgetragenen Gründen ins
Zwielicht und läuft Gefahr, sich als Implantat ins kulturelle Gedächtnis zu ent-
puppen. Uns steht anscheinend ein gründliches Umdenken bevor.

---

12 Johannes Fried, Donation of Constantine and Constitutum Constantini. The Mis-
    interpretation of a Fiction and its Original Meaning. With a Contribution by Wolf-
    ram Brandes: „The Satraps of Constantine" (Millennium-Studien 3), Berlin/New
    York 2007; dazu Johannes Fried, Zu Herkunft und Entstehungszeit des „Constitu-
    tum Constantini". Zugleich eine Selbstanzeige, in: DA 64 (2008) 603–607.
13 Eine frühe Übersicht über die Diskussion: Christian Geyer (Hg.), Hirnforschung und
    Willensfreiheit: zur Deutung der neuesten Experimente, Frankfurt am Main 2004.

Sogar herausragende Gestalten der Vergangenheit könnten sich als Implantat in dieses Gedächtnis offenbaren. Die Zweifel haben nicht nur Josua, auch Salomo und – ja, auch sie – den König David und Mose erfasst. Kirchliche Heilige können ebenso betroffen sein. Dann wächst hierzulande die Sorge. Die Zweifel an Benedikt von Nursia etwa, die ich in gedächtniskritischer Perspektive vor Jahren formulierte, haben entsprechend beunruhigt; sie sind bisher trotz entgegen gerichteten Bemühens nicht ausgeräumt.[14] Ich komme deshalb – getreu dem methodologischen Fundamentalsatz: „Kein Historiker steigt zweimal in dieselbe Quelle" – noch einmal auf die Überlieferung zu Benedikt zurück.

Lebte er tatsächlich? Die Frage soll uns abschließend ausführlicher beschäftigen. Ihre Beantwortung verlangt eine erinnerungskritische Auseinandersetzung mit den wenigen zur Verfügung stehenden Quellen gemäß den eben erörterten methodischen, den Kognitionswissenschaften verpflichteten Prinzipien. Sie fällt um so schwerer, als kein Vergleichsmaterial herangezogen werden kann, mithin alles auf die erinnerungskritische Analyse der spärlichen Zeugnisse ankommt. Das Wissen um die Möglichkeit von Erinnerungsmodulationen bis hin zum Gedächtnisimplantat und deren Merkmale weist dabei die Wege zu ihrer Interpretation.

Die einzige Quelle, die von diesem Benedikt handelt, wurde erst 40–50 Jahre nach dem dargestellten Wirken mit Berufung auf quellenkritisch höchst zweifelhafte mündliche Berichte entworfen. Der Sachverhalt mahnt zur Vorsicht. Der Heilige fehlt in frühmittelalterlichen Sakramentarien der römischen Kirche, obgleich er als Römer galt; *sanctus Benedictus abbas Romensis* ist die älteste Bezeichnung außerhalb jener ältesten Quelle – festgehalten etwa zwei bis drei Jahrzehnte nach jenem ersten „Tatenbericht" und bezogen lediglich auf den Autor der nach ihm benannten Mönchsregel. Dieses zweite Zeugnis stammt aus Albi. Ein Leben ist damit nicht bezeugt.[15] Jene einzige Quelle für das Benedikt-

---

14 Zuletzt gegen Francis Clark und Johannes Fried: Joachim Wollasch, Benedikt von Nursia. Person der Geschichte oder fiktive Idealgestalt?, in: Studien und Mitteilungen zur Geschichte des Benediktinerordens und seiner Zweige 118 (2007) 7–30.

15 Der Einwand erledigt sich nicht mit Wollaschs Verweis (Wollasch [s. Anm. 14], 26) auf Dichtungen, die der Mailänder Ambrosius aus Anlass der Einkleidung seiner Schwester der römischen Heiligen Agnes widmete, die keineswegs in den Sakramentarien (21. Jan.) fehlt; ich sehe nicht, wie diese Verse das dortige Fehlen Benedikts erklären könnten. Auch die Randseitigkeit der frühen Benedikt-Verehrung (bei den Franken und zumal den Angelsachsen) wird durch die angelsächsisch-römischen Beziehungen der fraglichen Zeit nicht erklärt, da sie ja gerade nicht durch einen – aus Rom nach Norden getragenen – Benediktkult verursacht wurde. – Auf den *abbas Romensis* hat erstmals schon Ludwig Traube, Textgeschichte der Regula S. Benedicti, hrsg. von H. Plenkers (Abhandlungen München 25,2), ²München 1910, 29–33, 35–6 verwiesen.

Leben, von deren Informationswert alles abhängt, präsentieren die Wunderberichte des zweiten Buchs der vier Bücher der „Dialoge", die als Werk Gregors des Großen Verbreitung fanden. Niemand sonst kannte den Wundertäter. Gestattet das Zweifel? Garantiert des heiligen Papstes Autorität nicht Tatsächlichkeit? Es ist der Text dieser „Dialoge", der Zweifel weckt und uns als Verformungsmarker dient, ein Werk voller Wunder; ein solches von Mirakeln durchsetztes Leben, wie es die „Dialoge" entwerfen, weckt dringenden Verdacht auf Lebensferne. Der Historiker hat zu prüfen, ob und wieweit er sich bestätigt. Gehen wir also vom geschriebenen Wort zum Leben zurück.

Das Ziel des Autors dieser „Zwiegespräche", der nicht der Papst selbst, vielmehr ein Mann seiner Umgebung gewesen sein dürfte,[16] war keineswegs, den Lebensweg eines Heiligen vorzustellen. Er intendierte mit dem zweiten Buch der „Dialoge" eine Erbauungs- und Meditationsschrift, eine psychagogische Lehrschrift für Mönche, denen die Schlussworte des ersten Buches – es komme auf das Leben, nicht auf Wunder an, solche aber zeugten für ein rechtes Leben –[17] zeichenhaft in der Bildsprache einer skizzenhaft angedeuteten Vita vor Augen geführt wurden. Die „Dialoge" wenden sich damit vornehmlich an das semantische, weniger an das episodische Gedächtnis, an ewige Norm, nicht an flüchtige Begebenheit. Die Komposition, die den Bericht mit Fragen des Gesprächspartners Petrus und allegorischen Auslegungen Gregors begleitet, verdeutlicht denn auch, in wie hohem Maße mit diesem Benedikt ein großes Lebensmuster allen Mönchtums entworfen wurde.

Die heilspendende Wirksamkeit eines solchen „Gottesmannes" hatte der Dialogist in den vielen Heiligen des ersten und dritten Buches seines Werkes erkundet; jetzt vereinte er alles in ein umfassendes Exemplum. Ein solches aber repräsentierte einen Typus, kein reales Leben. In ihm war alles zu Zeichen und Bild geworden, zur Meditationsfigur spirituellen Daseins schlechthin. Eine scharfe Trennung zwischen Information und Erfindung, Wirklichkeit und Phantasie ist denn auch in Benedikts Fall gar nicht möglich, wie schon der Benediktinerpater und Editor der „Dialoge" Adalbert de Vogüé resignierend feststellen musste,[18] ja, es war gar nicht beabsichtigt gewesen, wie des Autors eigene Hinweise erkennen lassen.

---

16 Zur Begründung dieser Ansicht vgl. Fried (s. Anm. 1), 346–9.

17 I,12,6 (Petrus), ed. de Vogüé (Grégoire le Grand, Dialogues. Texte critique et notes par Adalbert de Vogüé, traduction par Paul Antin [SC 260], Paris 1979), 118: *vita et non signa quaerenda sunt.*

18 „Dans le détail, en effet, il paraît impossible de discerner ce que Grégoire tient de ses informateurs et ce qui est l'œuvre de sa propre fantaisie", Adalbert de Vogüé (La Règle de Saint Benoît I [Prologue – ch. 7]. Introduction, Traduction et notes par Adalbert de Vogüé, Texte établi et présenté par Jean Neufville [SC 181], Paris 1972), 155.

Es genügten wenige Rahmenbedingungen einer Vita, um den Typus des „heiligen Mannes" (*sanctus vir*), des „Gerechten" (*iustus*), des „Gottesmannes" (*vir Dei*), des „Gottesknechts" (*servus Dei*) oder wie immer er bezeichnet wurde, umfassend und überzeugend zu entwerfen und seine Beispielhaftigkeit (die nach dem Prolog der „Dialoge" tatsächlich angestrebt ist) topisch zu realisieren: Geboren, „Vater" und „Mutter", „Amme", namenlos sie alle drei, abgebrochenes Studium, Bekehrung, Eremiten- und Klosterleben, bis zu Tod und Grab Wunder über Wunder, sonst nichts. Ein Heros trat ins Dasein, ein Übervater allen Mönchtums, wie es ihn bislang nicht gab. Die einzigen Ortsnamen „Nursia", „Rom", „Subiaco", „Montecassino" oder „Terracina", der südlichste Bischofssitz Latiums, besaßen damals aus diversen Gründen eine symbolische Bedeutung. Die ewige Stadt, deren weltliches, lastervolles Treiben und Studienbetrieb schon von Gregor selbst geflohen wurde, das eindrucksvolle, sprechende Fels- und Höhlengelände von Subiaco (an dessen Rand auch Affile lag), in dem ohne Zweifel zu Gregors Zeit namenlose Eremiten hausten, die in Ruinen liegende, von heidnischen Dämonen bewohnte Akropolis von Montecassino, die alte *Arx Campaniae*, die Schutzburg Kampaniens, boten – nicht anders als in ätiologischen Sagen – überzeugende, nämlich Realität stiftende Anhaltspunkte. Montecassino ist gleichsam die Punta Salvore von Gregors oder Benedikts Kampf für das römische Mönchtum.

Allenfalls könnte der für Benedikt genannte Heimatort Nursia ein individualisierendes Moment bieten, die kleine Stadt östlich von Spoleto (heute: Norcia). Indes, dort hatten nur wenige Jahrzehnten, bevor der „Dialogist" schrieb, die Gotenkriege Totilas gewütet (die der Autor mit der Erwähnung dieses Königs evozierte); dann war der Ort an die Langobarden gefallen und wohl unlängst erst von den römischen Truppen zurückerobert worden. Er besaß somit einen zeitgeschichtlichen Aktualitätswert, ideal für ein Gedächtnisimplantat. Die beiden erwähnten Katastrophen des römischen Italien – Gotenkriege und Langobardeneinfall – mussten ohnehin alles genauere Nachforschen vereiteln.

Für Gregor stand zudem das Beispiel über der Exegese. In dem „Gesegneten" aber vereinten sich alle Beispiele an Gottgefälligkeit, alle Wunder und Zeichen der Heiligkeit, die dem Papst aus der hagiographischen Literatur bekannt geworden waren, und um die er systematisch nachgefragt hatte, die Gesamtheit aller Menschen, die noch im Leib „an das Himmlische denken", vereinten sich zu einer Art kollektiver Biographie, um „die Liebe zum himmlischen Vaterland zu entzünden" (wie es im Vorwort der „Dialoge" heißt und Gregor als eigenes Lebensziel hinstellte). Sie appellierten fortgesetzt an das kollektive und kulturelle Gedächtnis. Ihr Autor griff wieder und wieder – bis hin zur Totenerweckung – Motive auf, die in Bibel und spätantiken Heiligenleben allgemein verbreitet waren, die mithin nichts Individuelles und dem heutigen Zweifler keine Gewähr für Existenz bieten. Benedikt ist ein Konstrukt, eine „spirituelle Autobiographie" Gregors des Gro-

ßen (wie der Editor der „Dialoge", Adalbert de Vogüé, formulierte); eine treffen-
dere Charakterisierung dieses Benedikt scheint mir nicht möglich zu sein.

Der Text bietet bisher kaum beachtete, doch deutliche Hinweise auf eine solche Intention. Gregors „Knecht Gottes" (servus Dei), der keinerlei kirchliche
Weihe, schon gar keine Bischofsweihe besaß, verfügte, eigentümlich genug, über
die Berechtigung, auch im Jenseits zu binden und zu lösen; Gregors Gesprächspartner Petrus wunderte sich über diese Vollmacht, die sonst nur Bischöfen vorbehalten war, und bot damit dem Papst Gelegenheit, sie zu begründen und zu
legitimieren und zwar – einzigartig unter allen Heiligenleben der Antike – mit
dem wörtlich zitierten, allseits bekannten Christus-Wort an Petrus (Mt. 16,19):
„Was du bindest auf Erden, wird gebunden sein in den Himmeln, was du lösest
auf Erden, wird gelöst sein in den Himmeln" (II,23,6).

Gregor wählte offenbar mit Bedacht gerade nicht jenen Evangelien-Vers, der
die Binde- und Lösegewalt auch den Aposteln (und mit ihnen den Bischöfen)
zusprach (Mt. 18,18), sondern die Einsetzungsworte an den Apostelfürsten, um
hinzuzufügen: „Seine (Petri) Stellvertretung im Binden und Lösen besitzen jetzt
jene, die den Platz des heiligen Hirtenamtes (locum sancti regiminis) durch
Glaube und Lebenswandel innehaben". Gregor hat schwerlich das Herrenwort
auf alle heiligen Äbte ausdehnen wollen. Deutlicher konnte die spirituelle Identität des Gesegneten, des servus Dei, und des Papstes, des Nachfolgers und Erben
St. Peters, des Servus servorum Dei, nicht zum Ausdruck kommen.

Der Autor dieser „Dialoge" beruft sich für Benedikts „Taten" auf vier Zeugen, deren keiner außerhalb seiner Schrift nachweisbar ist, deren keiner mit
historischem Geschehen in Verbindung gebracht wird, die somit für den Historiker in keiner Weise kontrollierbar und tatsächlich ungreifbar sind; für keinen
wird deutlich, welche Informationen der Dialogist ihm verdankte. Der Autor
hätte den Hinweis ebensogut unterlassen können. Mehr als ein literarisches Mittel zur Verdeutlichung des Exempel-Charakters seiner Erzählung ist darin nicht
zu erkennen. Drei dieser Zeugen erklärte er ohnehin schon für tot, Gregors
Gesprächspartner Petrus hätte also bei keinem nachfragen können; doch wurde
ein Wunderbericht auf den Bruder eines von ihnen (des Valentinian, des Abts des
Lateranklosters) zurückgeführt, freilich ohne Verweis darauf, ob er noch zu
befragen sei (II,13). Der vierte, ein gewisser Honoratus, galt zwar tatsächlich als
lebend, bleibt aber unauffindbar, obgleich er jener „Zelle" vorstehen sollte, in der
Benedikt zuerst geweilt habe (conversatus). Auf ihn führt das damals brandak-
tuelle, die Verteidiger Roms gegen die Langobarden ermutigende Vaticinium
zurück, dass Rom von den Barbaren nicht zerstört werden würde (II,15,3-4).
Sein Zeugnis sollte Mut machen. Die übrigen Zeugen des Dialogisten sollten
offenbar allein die „Taten", d. h. die Wunder (gesta: II,pr.2), bezeugen. Die frag-
mentarische Lebensgeschichte selbst blieb ohne den Hauch einer Quellenangabe,
ohne Spur tatsächlichen Erinnerns.

Bezeichnend und aufschlussreich dürfte die geheimnisvolle Ortsangabe für Honoratus sein. Zur Identifikation jener *Cella*, der er vorgestanden haben soll, und in deren Deutung sich heute besonders feste Vorurteile eingeschlichen haben,[19] bieten sich nämlich vier Stationen an: Zunächst die tatsächlich als erste erwähnte geistliche Station des Heiligen, Effide; dort aber war bloß von einer Kirche, *ecclesia*, die Rede und von keiner *cella*. Als zweite Station wird die hl. Höhle bei Subiaco erwähnt, der Sacro Speco, zugleich aber als *desertus locus* und bis zuletzt nur als *specum* bezeichnet, in der Benedikt im Verborgenen, abseits von jedem Kloster, jeder *cella*, hauste; als dritte Station wird zwar ein Kloster erwähnt, das Benedikt leitete, doch ohne Namen; als vierte endlich – nach neuerlichem Zwischenaufenthalt in der Höhle der Einsamkeit, wo Benedikt (gleich dem „verlorenen Sohn", Lk 15,11-6) „bei sich" war (*secum*, II,3,5) – erscheint die Gründung von zwölf namenlosen Klöstern, deren eines (oder ein dreizehntes?) dem Gründer unterstand. Das ist alles andere als deutlich. Der Notar Petrus, der Gesprächspartner des hl. Gregor, kannte Benedikt vor seiner Unterweisung durch den Papst nicht (vgl. Prol. I,7), obgleich derselbe berühmt gewesen sein soll (II,14-5 und II,36). Er konnte somit auch implizit keine Identifikation des genannten Honoratus, des „Ehrwürdigen", vornehmen; ein jüngerer Leser der „Dialoge" und auch wir Heutigen können es ebenso wenig. Jede Festlegung der ungenannten Stationen auf das Kloster von Subiaco oder Vicovaro, wie sie heute üblich ist, grenzt an pure Willkür. Der Autor verschleierte vielmehr mit voller Absicht. Auch die Zeugennennung ist topisch.

Schließlich tauchen mitten im Text (II,27,1 und II,26) noch zwei weitere, zuvor unerwähnte Wunder-Zeugen auf, ein Schüler des Benedikt namens Peregrinus, der „Fremde", sowie ein Aptonius, der tatsächlich als ein hervorragender Bürger Roms nachweisbar ist, aber wiederum schon vor der Abfassung der „Dialoge" gestorben war (ep. III,28);[20] sein erwachsener Sohn Armenius wird in Gregors Briefen einmal genannt (ebd.). Aptonius aber hatte dem Papst nicht aus eigenem Erleben berichtet, vielmehr von der wundersamen Heilung des Knechts seines Vaters, die beide längst vor der Erzählung gestorben waren. Der erinnerte Bericht eines Toten über die Erinnerung eines Toten an einen Toten, das

---

19 Vgl. die Selbstverständlichkeit, mit der etwa Wollasch (s. Anm. 14), 13 diese *Cella* mit dem „Sacro Speco" von Subiaco identifiziert. Nach Dial. II,1,5 gehörte die Höhle gerade nicht zum Kloster (*monasterium*) oder zur *cella* des Mönchs Romanus, der Benedikt in seiner Höhle heimlich mit Brot versorgte.

20 Ihn hatte ich in meiner „Memorik" aus Versehen unter die nicht weiter identifizierbaren Personen gereiht; darauf verwies Wollasch (s. Anm. 14), 21 (der dort ebenfalls erwähnte Liberius wurde von Gregor nicht als Zeuge, sondern nur als Stifter eines Klosters angeführt; er belegt für Benedikt schlechthin nichts).

ist wie das Kinderspiel der „Stillen Post" und erweckt als Quelle kein sonder-
liches Vertrauen.

So wie dieser Bericht zerfließt alles, was über das Leben Benedikts berichtet
wird, im Nebel bloßer Andeutungen ohne festen Halt. Das gilt auch für das
Kloster Montecassino, dessen Existenz jenseits der „Dialoge" erst seit dem frühen 8. Jahrhundert als Neugründung nachzuweisen ist und dessen Frühgeschichte
im späten 8. Jahrhundert (durch Paulus Diaconus) oder gar erst um 1100 (Leo
Marsicanus) rekonstruiert, gar erfunden werden musste, während in dem keineswegs quellenarmen 6. Jahrhundert kein einziger Hinweis auf seine Gründung
(angeblich im Jahr 529), seine Existenz oder Zerstörung durch Langobarden
(angeblich 575 oder 577) zu finden ist. Ja, die Benedikt-Taten des Papstes spiegeln
deutlich heidnische Mythologie. Denn der Gottesknecht zerstörte, so meldet
Gregor, oben auf dem Berg ein (sonst nicht nachgewiesenes) Apollo-Heiligtum,
einen Tempel also des Sonnengottes, und die denselben umgebenden heiligen
Haine (II,8,10-1). Apollo wurde nicht in Hainen verehrt, wohl aber seine
Schwester, die Nymphe Diana (Artemis).[21] Auf dem Berg wurde offenbar – ganz
entsprechend zur *arx urbis*, dem römischen Kapitol, wo Jupiter und Juno ihre
Tempel besaßen – das göttliche Geschwisterpaar verehrt. Benedikt aber umleuch-
tete, als eben seine Schwester Scholastica gestorben war und er selbst dem Tod
sich näherte, ein Licht „heller als der Tag" (II,35,2). Bildlich gesprochen, war der
heidnische Sonnengott vom „Licht des Schöpfers" (II,35,6), das dem Mann Gottes erstrahlte, verdunkelt; und sein Grab teilte Benedikt, der „Gesegnete", dann
mit seiner Schwester, der „Gelehrten", – ein seliges Geschwisterpaar auch hier,
im christlichen Kloster. Das ist die „Sprache" der Mythologie.

Zumeist erscheinen die Episoden zum Benedikt-Leben anonym und ohne
genaue Ortsangaben; die Eltern, die Amme, selbst ein Bischof blieben ohne
Namen[22] und sind, da keinerlei Lebensdaten mitgeteilt wurden, auch nicht zu
identifizieren. Und nur, weil die eine oder andere Figur des Dialogisten historisch nachweisbar ist, das Benedikt-Leben selbst – wie jüngst geschehen – für
historisch zu erklären, geht nicht an.[23] Eine solche Annahme hätte sich auf das
unbrauchbare Prinzip zu stützen, literarische Gestalten und Episoden für real zu
betrachten, sobald einige der mit ihnen ins Spiel gebrachten Personen historisch

---

21 Vgl. z. B. Vergil, Aeneis 3, 681: *lucus Dianae* auf *montibus altis*; 11,55: *nemorum cul-
    trix, Latonia, virgo* (= Diana).
22 Sabinus von Canossa ist in II,15,3 gerade nicht namentlich genannt, wie Wollasch
    (s. Anm. 14), 18 mit Anm. 78 nahelegen möchte; ob der hier genannte Bischof iden-
    tisch ist mit dem in III,11,2 namentlich erwähnten, steht dahin.
23 So aber Wollasch (s. Anm. 14), passim. Er unterscheidet dabei zudem – methodisch
    nicht korrekt – nicht zwischen dem hinsichtlich der Namen mehr als sparsamen und
    problematischen Buch II (Benedikt) und den übrigen Büchern der „Dialoge".

sind. Der vorhin erwähnte Barbarossa-Sohn Otto erwacht auch jetzt nicht zum Leben, die Schlacht, die er geschlagen haben soll, gewinnt auch jetzt keinerlei Realität, obgleich der Rotbart, sein päpstlicher Gegenspieler Alexander und der Doge Sebastiano Ziani ohne Zweifel historisch sind. Zahlreiche mittelalterliche Heilige aus kirchlicher Frühzeit, etwa die hl. Barbara, die hl. Katharina, die hl. Caecilia, sind unhistorisch, obgleich ihre Legenden sie in die Zeit bestimmter römischer Kaiser setzen. Jede Romangestalt in einem historischen Roman gewänne einen Anspruch auf Historizität, jeder Landser der Heftchenromane, bloß weil sich die Geschichte um historische Persönlichkeiten rankt, etwa um die einst kommandierenden Generale oder gar den Oberbefehlshaber jener Armee, Hitler selbst. Wir kennen alle die absichernde Bemerkung von Autoren: eventuelle Ähnlichkeiten der Personen des Romans mit lebenden seien purer Zufall und keine Absicht. Zur Fiktionalität gehört eben – vielleicht von Science-fiction abgesehen – ein realistisches Ambiente. Jede Sage, jede Legende bedient sich derselben Mittel.

Eine der Personen der „Dialoge", die unzweifelhaft historisch sind, Bedeutendes geleistet haben und in der Tat genannt wurden, war der Ostgotenkönig Totila. Mit ihm aber hatte es seine besondere Bewandtnis. Er war der letzte Herrscher, dem in der Auseinandersetzung mit den restaurativen Kräften des oströmisch-byzantinischen Kaisers Justinian die Wiederherstellung der Macht in Italien gelungen war, bevor er in der Schlacht gegen Narses im Jahr 552 fiel – zu seiner Zeit der höchste weltliche Machthaber im Land, eine herausragende Gestalt, deren Gedächtnis in Italien noch Jahrzehnte nach seinem Tod lebendig war. Wie andernorts Friedrich Barbarossa und Alexander III. oder wie Kolumbus sollte sein Name die Glaubwürdigkeit der erzählten Geschichte garantieren. Totilas Besuch im Kloster habe sich, so lässt der Dialogist durchblicken, unter symbolträchtigsten Umständen vollzogen. Um nämlich Benedikts Prophetengabe zu testen, habe der König seinen Speerträger als König verkleidet vor den „heiligen Mann" (*sanctus vir*) treten lassen. Benedikt habe die Maskerade sogleich durchschaut. Als Totila dann selbst zu ihm kam, „saß", d. h. thronte der „Mann Gottes" (*Dei homo*), warf sich der König vor ihm zu Boden (*prostratus*), richtete sich auch nach dreifachem Anruf (*Surge!*) nicht auf, bis ihn endlich der „Knecht Jesu Christi, des Herrn" (*Jesu Christi Domini famulus*) erhob.

Hier sah sich das Proskynese-Zeremoniell des spätantiken Kaiserhofs bildhaft inszeniert und mit der Liebesgeste des Papstes verbunden, *des* Papstes, der mit dem Devotionsnamen „Knecht Jesu Christi" nur wenig verschleiert evoziert wurde. Es war ja der Byzanz-erfahrene Gregor, der sich – wie bekannt – als erster Nachfolger Petri des Demutstitels „Knecht der Knechte Gottes" (*servus servorum Dei*) bediente und regelmäßig vom *Princeps Apostolorum* sprach, vom „Kaiser der Apostel". Diese einzigartige Gleichsetzung Benedikts mit Kaiser und Papst, zu der es in der spätantiken Hagiographie keine Parallele gibt, lässt ahnen,

wer dieser „Gesegnete" in Wahrheit ist. Das Verkleidungszeremoniell des
Gotenkönigs bekräftigte und bestätigte die Aussage. Denn Totila sei, wie man
sich erzählte, und wie der zeitgenössische Geschichtsschreiber Prokop überlieferte, als einfacher Krieger verkleidet in seine letzte Schlacht gezogen, in der er
seine Goten zudem – möglicher Weise aus magisch-rituellen Gründen – nur mit
ihrer speziellen Waffe, dem Speer, hat kämpfen lassen.[24] Die Bildsprache der
„Dialoge" ist deutlich und für die mit Ritualen vertrauten Zeitgenossen Gregors
des Großen ohne weiteres verständlich. Dieser Benedictus vereinte in sich den
Typus des „heiligen Mannes", des „Knechts Jesu Christi", des „Kaisers" und
„Papstes" in einer Person, verhüllte gleichsam mit seiner Kutte seinen Schöpfer,
Gregor den Großen selbst.

Auch in der Zeit zerfließt das Benedikt-Leben. Der Dialogist vermied jede
präzise Chronologie, ja, jede Zeitangabe. Hypothetische Schlüsse müssen seiner
Darstellung einen zeitlichen Rahmen geben: Dass da die Bedrohung durch die
Langobarden genannt wurde, legt nahe, die Zerstörung des Klosters auf dem
Berg bei *Cassium* in die 570er Jahre zu setzen; der Gotenkönig Totila erlangte 542
die Krone und fiel zehn Jahre später in der Schlacht; sein Besuch bei Benedikt
müsste also in diesem Jahrzehnt stattgefunden haben. Doch der Erzähler ließ
Benedikts Leben enden, gleich nachdem dieser Gottesfreund den Tod des
Bischofs Germanus von Capua geschaut hatte; der aber starb (540/41), bevor
jener Gote den Thron bestieg. Die Geschehnisse laufen durcheinander, sind
bestenfalls eine von Symbolismen diktierte Montage.

Alle anderen Daten, die sich in den historischen Handbüchern und Nach-
schlagewerken zu Benedikts Leben finden, dass er um 480 geboren, im Jahr 547
oder zu anderer Zeit gestorben, dass 529 Montecassino gegründet worden sei,
sind pure Spekulation. Wohl aber konnte dieser Benedikt, der Beter, der Gottesfreund und Wundertäter, Trost spenden, konnte in dieser Welt schlimmster
Gefährdungen, bedrückender Fremdherrschaft durch Goten, Griechen und
Langobarden, in einer Welt endloser Kriege und wachsenden Elends ein Hoff-
nungslicht entzünden für die Römer einer Zeit, die nach des hl. Gregor Glauben
in Riesenschritten dem Weltende zueilte. Denn größter Zeichen bedürfe es, so
lehrte der Papst, wo schwacher Geist zweifle.[25] Und so endet denn das Leben des
„Gesegneten" mit Gregors des Großen eigener Exegese von Joh. 16,7, einem der
Abschiedsworte Jesu (*Nisi ego abiero, Paraclitus non venit*): „Wenn ihr nicht auf-

---

24 Prokop, Gotenkriege (VII,32,33-4 [IV,32]), Griechisch-Deutsch ed. Otto Veh, Mün-
    chen 1966, 968-9. Auch Tejas, des letzten Gotenkönigs, Waffe war der Speer: ebd.
    VIII,35,22 (IV,35), ed. Veh, 988-9. Der Königsspeer galt offenbar als die königliche
    Waffe des Gotenkönigs schlechthin, als Herrschaftszeichen. Gregors „Dialoge" be-
    zeugen nur, dass die Erinnerung daran wenigstens eine Generation überlebte.
25 Vgl. Dial. II,38,3.

hört, mich leiblich (*corporaliter*) zu schauen, lernt ihr nie, mich im Geist (*spiritualiter*) zu lieben."[26] Statt an die historische Gestalt gemahnte der Autor an die spirituelle. Und so ragt Benedikt als eine Gestalt des Glaubens hervor, groß und wundermächtig; doch historisch nachweisbar ist er nicht.

Aber der Glaube versetzt Berge; er ist tief in das Gedächtnis eingeschrieben und damit eine so reale Macht wie jede sonstige Realität auch. Daran ist nicht zu rütteln. Auch der Historiker will und kann mit seiner Aufklärungsarbeit diese Macht nicht zerstören. Aufklärung ist ja nur die eine Seite seiner Arbeit, Verstehen die andere. Das Mönchtum aber war nicht auf Benedikt angewiesen; es hatte sich seit den ägyptischen Wüstenvätern im 4. Jahrhundert kontinuierlich ausgebreitet. Seine Frühgeschichte vollzog sich ohne jeden Einfluss aus Montecassino. Doch seit dem 8. Jahrhundert wurde es anders, jedenfalls im lateinischen Westen. Jetzt etablierten sich die „Dialoge" Gregors des Großen dauerhaft im kulturellen Gedächtnis. Zumal die Benedikt-Regel formte fortan alles künftige Mönchtum. Ihre organisatorische Rationalität wirkte vorbildlich. Und dennoch, nicht Rom und Italien begründeten die Hochschätzung Benedikts und seiner Regel – trotz des heiligen Papstes nicht. Der Umstand kann nicht mit dem Langobardeneinfall seit 568 erklärt werden.

Indes, bietet die eben erwähnte Regel nicht doch ein Lebenszeugnis jenseits aller Erinnerungen? Gregors „Dialoge" empfahlen in der Tat deren Lektüre, zitierten sie aber mit keiner Silbe. Das verwundert angesichts der Nähe, aber auch der Divergenz mancher ihrer Ausführungen zu einzelnen ihrer Bestimmungen und nährt den Verdacht, die Benedikt-Regel könnte erst in der Folge der „Dialoge", etwa im frühen 7. Jahrhundert in Rom, im päpstlichen Patriarchium oder in seinem Umfeld, entstanden sein.[27] Auch aus Gregors sonstigen Schriften mit Einschluss seiner Briefe ergibt sich keinerlei Hinweis auf ihre Kenntnis. Die einzige Regelsammlung, die – paläographisch bestimmt – kurz vor 600 zahlreiche Mönchsregeln – darunter auch die „Regula Magistri" – vollständig oder in Auszügen vereinte, der Pariser Codex BN lat. 12634 (Codex E), bietet keine Spur der „Regula Benedicti". Entweder gab es sie damals noch nicht, oder die Handschrift überliefert die Abschrift einer älteren Sammlung, die vor dem Bekanntwerden

---

26   Dial. II,38,4.

27   Zu Übereinstimmungen und Divergenzen zwischen den „Dialogen" und der Regula Benedicti vgl. zusammenfassend (mit der auf die Details verweisenden Literatur): de Vogüé (s. Anm. 18), 154–7. – Die von de Vogüé angeführten Übereinstimmungen zwischen Regula Benedicti und der Regel des jüngeren Columban (ebd. 163–4) werden heute nicht mehr für zutreffend gehalten; Luxeuil kam erst nach Columban, unter dem Abt Waldebert, mit der Benedikt-Regel in Berührung; vgl. Klaus Zelzer, Zur Stellung des Textus Receptus und des interpolierten Textes in der Textgeschichte der Regula S. Benedicti, in: RB 88 (1978) 120–1 (mit älterer Lit.).

des „Gottesmannes" und seiner Regel angelegt wurde. Gewissheit ist in dieser Frage einstweilen nicht zu gewinnen. Gleichwohl erscheinen einige Überlegungen angebracht.

Der Benediktkult und der Siegeszug der „Regula s. Benedicti" nahmen tatsächlich ihren Ausgang vom Frankenreich, auch von angelsächsischen Klöstern; und erst die Karolingerzeit machte die Benediktregel – nach lebhaften Kontroversen gerade in der Zeit Karls des Großen – zur Normregel des Mönchtums schlechthin. Von den Franken kehrte die Benediktverehrung mit Einschluss der Regel dann nach Rom zurück und erreichte Montecassino. Was mögen die Gründe für diesen Umweg gewesen sein? Musste dort, am Tiber, erst das Wissen untergehen, wer dieser Benedikt ‚eigentlich' sei, eben ein spirituelles Bildnis Gregors des Großen selbst, bevor hier ein neuartiger Benediktkult Einzug halten konnte?

Die Frühgeschichte dieser Regel, auf deren Lektüre der Dialogist nachdrücklich verwies, ist sehr verwickelt und aus Mangel an frühen Handschriften möglicherweise überhaupt nicht mehr sicher aufzuklären. Das könnte durchaus mit den Problemen um die Gestalt des Heiligen zusammenhängen. Die Diskussion um die Textgeschichte hat noch kein Ende erreicht. Die beiden jüngsten Editionen gehen vom Dualismus zweier Überlieferungsblöcke, dem „reinen" Text Benedikts (Ψ) und der „interpolierten" Fassung (Σ) aus, die je durch eine Leithandschrift – A aus St. Gallen für Ψ und O aus englischer Provenienz (heute in Oxford) für Σ – repräsentiert sind; doch zeigen neuere und ausgedehntere Handschriftenstudien, dass mit einer gemeinsamen Entwicklungslinie zu rechnen ist.[28] Wann aber setzte sie ein? Die Frage gewinnt neue Bedeutung, wenn Gregor der Große selbst der „Gesegnete" war. Der Editor, Adalbert de Vogüé, hat die Frage verneint, ob dieser Papst oder Leute seiner Umgebung die Autoren der Regel gewesen sein könnten.[29] Seine Argumente sind nicht zwingend. Gregors Briefe böten nämlich zwar Übereinstimmungen mit den Normen der Benedikt-Regel, aber auch zahlreiche Gegensätze; das spreche gegen eine Verfasseridentität. Ferner zitiere Gregor diese Regel wörtlich, habe sie also vorgefunden. Dies letzte Argument hat de Vogüé später selbst falsifiziert,[30] das erste verliert angesichts unterschiedlicher Textsorten und bei divergierendem Kontext von Regelnorm und Briefanlass ohnehin an Überzeugungskraft.

Die überprüfbare Geschichte der Benediktregel beginnt erst zwei oder drei Jahrzehnte nach Gregors des Großen Tod mit einem knappen Verweis; Benedikt heißt hier auch zum ersten Mal „heilig".[31] Vielleicht hat sich außerhalb Roms in

---

28 Zelzer (s. Anm. 27), 205–46.
29 De Vogüé (s. Anm. 18), 154–7.
30 Vgl. Fried (s. Anm. 1), 346–9.
31 Es ist derselbe, der auch den *abbas Romensis* erwähnt, vgl. oben S. 21 mit Anm. 15.

diesen Jahrzehnten auch sein Kult zu etablieren begonnen. Die Textüberlieferung selbst setzt mit einigen Kapiteln erst um die Mitte des 7. Jahrhunderts ein. Bislang liegt keine Fassung des Regeltextes vor, die zwingend im 6. Jahrhundert entstanden sein muss. Die liturgischen Teile der Regel verweisen nach Rom. Von dort soll auch jenes Manuskript nach Montecassino gelangt sein, das vielleicht schon sein Schenker, der Papst Zacharias um die Mitte des 8. Jahrhunderts, sonst die Mönche des Klosters als Autograph des Autors selbst ausgaben. Der Grieche auf Petri Thron schätzte Gregors „Dialoge" überaus und übersetzte sie in seine Muttersprache. Er verhalf damit seinem Vorgänger, „dem Dialogisten", und vor allem Benedikt von Nursia zu großer Verehrung in der orthodoxen Kirche. Die Regelhandschrift dieses griechischen Papstes, deren Ursprung nicht weiter verfolgt werden kann, wurde dann im Jahr 787 für Karl den Großen im Kloster transkribiert; der Abt Theodemar berichtete von ihrer Herkunft, als er die Abschrift an den Frankenkönig sandte, entsprechend auch der erste Chronist des Klosters, Paulus Diaconus, der etwa zu derselben Zeit schrieb.[32] Von dieser verlorenen Vorlage dürfte endlich – vermutlich über ein wiederum nicht erhaltenes Zwischenglied – der wichtige St. Galler Regelcodex (Ms 914, Cod. A) um das Jahr 817 abgeschrieben worden sein. Dieses älteste tatsächlich erhaltene Exemplar der Kette von Rom über Montecassino und Aachen nach St. Gallen gilt noch heute als die älteste und zuverlässigste Textversion.

Dass sie es ist, ist keineswegs unumstritten.[33] Die Beurteilung beruht in entscheidendem Maße auf der Annahme, dass die Herkunftsangabe, von der Theodemar und Paulus handelten, in den wesentlichen Punkten tatsächlich zutrifft. Ludwig Traube, dem die grundlegende, wenn auch in Einzelzügen revidierte Textgeschichte der Benediktregel verdankt wird, hat diese Prämisse seinen Überlegungen zugrundegelegt.[34] Ist sie zu korrigieren, haben Schenker, Empfänger oder Chronist sich also geirrt, dann ist die gesamte Textgeschichte – ohne Irritation durch Traubes Konstruktion – neu zu überprüfen und – so könnte das Ergebnis lauten – gleichsam vom Kopf, auf dem sie zur Zeit balanciert, auf die Füße zu stellen.

Die fragliche St. Gallener Abschrift selbst bietet, was bei so illustrer Provenienz eigentlich zu erwarten wäre, keinerlei Hinweis auf ihre Herkunft vom Original; die Bestimmung als solches kann somit im besten Fall nur auf einer

---

32 Der Brief des Abtes Theodemar von Montecassino an Karl den Großen: MGH Epp. IV,510; Paulus Diaconus, Historia Langobardorum VI,40 (MGH SS rer. Lang. 179, 2–5).

33 Die Literatur zur neueren Diskussion findet sich bei Pius Engelbert O.S.B., Regeltext und Romverehrung. Zur Frage der Verbreitung der Regula Benedicti im Frühmittelalter, in: RQ 81 (1986) 39–60, hier 56 Anm. 23.

34 Traube (s. Anm. 15), 29–33.

dubiosen mündlichen Tradition beruhen, wenn sie nicht bloße Schlussfolgerung
war. Der Regeltext besitzt hier eine gewiss zu keinem Autograph Benedikts
gehörende Invokation, die explizit den Prolog „der Regel des hervorragenden
Vaters, des hl. Benedikt," beginnen lässt, *prologus regule patris eximii beati Benedicti*. Ob diese Invocatio, die in der Tat eine Besonderheit dieses Überlieferungs-
zweiges darstellt und schon in der Vorlage aus Montecassino gestanden haben
dürfte, in Verbindung mit ihrem Alter und ihrem „verwilderten" Latein für die
Zuschreibung an den Heiligen selbst verantwortlich war? Große Verbreitung
fand dieser Cassineser Text allerdings nicht; seine Provenienzvermutung war ein
Implantat in das kulturelle Gedächtnis, das die Mönche nicht angenommen
haben. Man begründet heute diesen Misserfolg mit dem schlechten, nämlich
schon weit vulgarisierten Latein dieser angeblichen Urfassung. Entspricht aber
dasselbe tatsächlich der Latinität des Autors der Regel? Die „Vulgarizität" des
St. Galler Textes kann einen dahin gehenden Beweis nicht liefern. Gregor selbst
und der Dialogist befleißigten sich ja noch – obgleich angeblich jünger – eines
wesentlich besseren Lateins.

Die älteste erhaltene Regel-Handschrift, jener Oxforder Codex aus dem
frühen 8. Jahrhundert (O), kennt keine Zuschreibung an einen Verfasser; diese
Handschrift steht zudem, wie festgestellt wurde, orthographisch der von der
Benedikt-Regel tatsächlich benutzten „Regula Magistri" näher als das St. Gallener Manuskript, obwohl dieses – wie seine Abschreiber versichern – buchstaben-
getreu kopiert worden sein soll;[35] sein Latein ist nicht gar so „verwildert" wie
dasjenige des Cassineser Exemplars (A). Zudem gab es – und das ist, wie mir
scheint, eine entscheidende Entdeckung von Klaus und Michaela Zelzer – einen
von diesem Überlieferungszweig unabhängigen vorkarolingischen Textstrang in
ordentlichem Latein, der in den nachkarolingischen Gebrauchstext der Regel,
den sog. „Textus receptus", mündete und bis in die Mitte des 7. Jahrhunderts
(nämlich mit den von der Mischregel des Donatus aufgegriffenen Kapiteln)
zurückverfolgt werden kann.[36] Der Donat-Text seinerseits weist – was schon
Traube festhielt – gegen den St. Gallener Text (A) wiederholt Gemeinsamkeiten
mit der Oxforder Handschrift (O) auf, ebenso mit der ins 8. Jahrhundert verweisenden spanischen Überlieferungsgruppe (Φ).[37] Seine Varianten finden zudem,

---

35 Klaus Zelzer, Von Benedikt zu Hadamar. Zu Textgestalt und Textgeschichte der
    Regula Benedicti auf ihrem Weg zur Alleingeltung, in: FMSt 23 (1989) 112–30, hier
    115; der Vortrag erschien in veränderter und erweiterter Gestalt schon in: Regulae
    Benedicti Studia 16 (1987) 1–22. Ich zitiere der leichteren Zugänglichkeit wegen die
    Fassung der FMSt, bei Bedarf auch die Fassung der RBS.
36 Zelzer (FMSt, s. Anm. 35), 117–8.
37 Dazu vgl. de Vogüé (s. Anm. 18), 342–4. Die Varianten von H4 (einer Handschrift der
    span. Überlieferungsgruppe) sprechen nur dann nicht für das hohe Alter dieser heute

soweit sie nicht Eigengut sind, wiederholt Bestätigung durch jene Varianten, die von den Abschreibern der St. Gallener Codex (A) (oder ihren Vorgängern) aus anderen vorkarolingischen Regelhandschriften zusammengetragen wurden. Diese vorkarolingische Überlieferung – sie wird durch α gekennzeichnet – ist trotz mancher Übereinstimmung nicht identisch mit der durch die Oxforder Handschrift (O) repräsentierten Überlieferungsgruppe, da sie nach Ausweis der vermerkten Varianten den dort fehlenden Prologschluss (Regula Benedicti prol. 40–50) besaß.

Die Folgerung liegt auf der Hand: Der „Textus receptus", verwandt übrigens mit der Regelfassung der „Concordia regularum" des Benedikt von Aniane,[38] bietet die älteste erhaltene, eben über die Donat-Regel bis in die erste Hälfte des 7. Jahrhunderts zurückführende Version der Regula Benedicti. Ihr Verhältnis zu dem angeblich „reinen" Text (der Überlieferungsgruppe Ψ also) ist neu zu überdenken. Sie geht wiederholt mit A, doch auch mit O zusammen. Traube hat aufgrund seiner zu engen Handschriftenbasis tatsächliches Sondergut der Gruppen Ψ und Σ nicht als solches erkannt, hat Priorität von Ψ postuliert, wo die Handschriften – etwa aufgrund zu großer Divergenzen – eine solche nicht erkennen lassen, und hat mit diesen Vorentscheidungen Ψ eine Bedeutung eingeräumt, die durch die Handschriften des vorkarolingischen „Textus receptus" nicht bestätigt wird.[39]

Das grammatisch korrektere Latein dieses „Textus receptus" muss nicht, wie heute gewöhnlich angenommen, Ergebnis irischer Reformbemühungen im Merowingerreich des 7. Jahrhunderts sein, sondern könnte dem Umfeld Gregors des Großen entsprochen haben. Die sprachliche „Verwilderung", die zumal der Überlieferungsgruppe Ψ mit der St. Gallener Handschrift eignet und die nicht zuletzt für deren Einstufung als älteste Textfassung maßgeblich war, die aber auch im Oxforder Codex (und den mit ihm nächstverwandten Manuskripten) durchscheint, kann durchaus die Leistung von Abschreibern eben dieses Jahrhunderts gewesen sein.[40] Sie würden damit nicht den Beginn, sondern den Ver-

---

verlorenen Handschrift, wenn A als Urregel gilt. Ist in A indessen ein Endstadium zu sehen, bleibt der hohe Zeugniswert der erwähnten spanischen Handschrift für die frühe Textgeschichte.

38 Zelzer (FMSt, s. Anm. 35), 118; Ders. (RBS, s. Anm. 35), 3 mit Anm. 7.

39 Das wird durch die Prüfung der von Traube (s. Anm. 15), 11–25 einander gegenübergestellten Passagen der Regula Benedicti nach Ψ und Σ anhand der Varianten der Edition von Rudolph Hanslik (CSEL 75, Wien 1960) erkennbar.

40 Die Sprachanalyse von Christine Mohrmann, La latinité de S. Benoît. Étude linguistique sur la tradition manuscrite de la Règle, in: Études sur le Latin des chrétiens I, Rom 1961, 403–35 setzt die Entstehung im 6. Jahrhundert voraus; doch schließt die Latinität der Regel ohne diese Vorannahme das frühe 7. Jahrhundert keinesfalls aus. – Einen analogen „Verwilderungsprozeß" zeigt die Überlieferung des „Constitutum Constantini", vgl. Fried (Herkunft, s. Anm. 12).

lauf und das Ende einer Entwicklung verdeutlichen und zugleich ein Werk voll-
bracht haben, das zur Zeit des Zacharias, in der Mitte des 8. Jahrhunderts, für
älter galt, als es tatsächlich war. Wie gesagt, überprüft werden kann es nicht. Blin-
des Vertrauen in mündliche Traditionen ist unangemessen; und gegenüber frühmittelalterlichen Altersbestimmungen und Zuschreibungen ist Skepsis durchaus
berechtigt. Doch wird deutlich, dass der ursprüngliche Regeltext den frühen Stufen des sog. „rezipierten Texts" näher stand als die sich in den St. Gallener und
Oxforder Handschriften spiegelnden und als Sonderentwicklungen und End-
stufen zu betrachtenden Versionen.

Ich ziehe ein Fazit. Nichts am Benedikt-Leben der gregorischen „Dialoge"
gewährt Gewissheit über die Existenz des „Gesegneten", weder die Anonymität
der Orte und Personen, noch deren weithin symbolische Namen, weder die
Typologie der Schauplätze, noch ihre Verlagerung zu immer symbolträchtigeren
Orten, weder die spärlichen Angaben zur Chronologie noch die „entzeitlichte"
Ordnung der Wunder, weder die Stilisierung dieser Wunder nach biblischen und
typologischen Mustern noch die genannten historischen Persönlichkeiten, weder
die geistlichen Vollmachten noch die unter seinem Namen gehende Regel. Das
Wenige, das an seinem Leben überprüft werden kann, ist unzutreffend. Dieser
Benedikt weist hingegen alle Kriterien eines Implantats in das kulturelle Ge-
dächtnis auf – in dasselbe eingeflossen über ein Schriftzeugnis, das durch seinen
Urheber höchste Autorität genoss und anders gemeint war, als es verstanden
wurde. Sein Wortlaut konnte dem zeitlich und räumlich ferner Stehenden reales
Leben vorspielen, da er die Erinnerung an reales Erleben und sich real gebende
Fiktionen in dem allein verfügbaren Bericht des Papstes nicht zu unterscheiden
vermochte.

Und dennoch: Der heilige Benedikt, wer immer er war, hat die Welt verändert – oder genauer: nicht er, sondern sein Bild, das der Papst Gregor I. entwarf,
gemeinsam mit der Regel, die seinen Namen trägt und die sich verbreiten sollte,
obgleich sich nach Gregors Tod in Rom die Opposition gegen diesen Papst und
dessen Bevorzugung der Mönche die Oberhand gewann, obgleich die Römer
dem Verstorbenen Schuld am verbreiteten Elend und der schweren Hungersnot
gaben, die eben herrschte, obgleich die Menge seine Schriften verbrennen wollte,
und obgleich unter Gregors Nachfolger Sabinianus, auch unter Deusdedit, Boni-
fatius V. und den späteren Päpsten tatsächlich statt der Mönche wieder Kleriker
„in die Kirche einzogen".[41] Das alles verweist auf fortgesetzte, zum Teil heftige
Auseinandersetzungen um das geistige „Erbe" Gregors I., auf die nach des
Großen Tod verschärften Konflikte zwischen Mönchtum und Weltklerus und

---

41 So die Grabschrift von Gregors Nachfolger Sabinianus, Liber Pontificalis I, ed.
    L. Duchesne, Paris 1955, 315.

mag erklären, weshalb in Rom ein wundertätiger Übervater des Mönchtums nötig und Gregor in die Kutte Benedikts gekleidet wurde, weshalb Benedikt, der „Gesegnete", und sein Werk an seinem Ursprungsort vergessen wurden und erst nach einem Jahrhundert aus der Fremde wiederkehrten. Denn außerhalb Roms, im Frankenreich und bei den Angelsachsen, zählten solche Ablehnung und Feindseligkeit nicht. Gerade die Angelsachsen feierten in Gregor ihren Glaubensboten; und auch unter den Merowingern förderten Bischöfe und Adel das Klosterwesen und erstand mit den „Dialogen" ein vorbildlicher, buchstäblich den Weg weisender Heiliger; und dieser wiedererstandene Benedikt verklärte nun auch seinen Schöpfer, eben Gregor den Großen selbst; er ließ mit der Zeit auch dessen Kult am Ort seines einstigen Wirkens, in Rom, erblühen. Das Geschöpf zog seinen Schöpfer mit in die Heiligkeit. Doch erst Bonifaz VIII. kanonisierte seinen großen Vorgänger förmlich.

Was folgt aus dem Ergebnis? Ich kehre zum Ausgang zurück: Der Historiker möchte der Wirklichkeit ins Auge schauen, um ihr begegnen zu können. Diese Wirklichkeit aber wird wesentlich von Kommunikationsprozessen beherrscht, die in einem hoch komplexen Geflecht von individuellen und kollektiven Erinnerungen verfangen sind, und diese unterliegen den kognitiven Bedingungen, denen die Gesamtheit der „Zeugen" ausgesetzt war. Die Fragestellungen und Methoden der Kognitionswissenschaften nützen in der Tat – angemessen eingesetzt – der Geschichtswissenschaft. Sie weisen den Weg zu einer an den kognitiven Bedingungen des Gedächtnisses ausgerichteten Kritik der erzählenden Quellen. Neurokulturelle Zugänge zur Vergangenheit klären zwar keine historischen Details, aber sie helfen, jene Modulationen und Verformungen mit Einschluss der Implantate im Erinnerungskonvolut zu erkennen, zu durchdringen und zu berücksichtigen, die jede Vergangenheit verschleiern, und gestatten damit, den vielschichtigen Wirkungsmächten der kulturellen Evolution nachzuspüren.

Am Beispiel ungeschehenen Geschehens haben wir es verdeutlicht. Drei Typen von Implantaten in das kulturelle Gedächtnis haben wir dabei unterschieden: Texte (wie die Konstantinische Schenkung und den Kolumbus-Mythos), Ereignisse (wie die Schlacht an der Punta Salvore mit ihren Folgen) und Gestalten (wie Benedikt von Nursia). An diesem letzten Beispiel wurden die persönlichen und sozialen Voraussetzungen, die speziellen Konstellationen und Dispositionen der Rezeptionsgemeinschaft, auch ihre religiösen Erwartungen ins Auge gefasst, die solchen Implantaten Vorschub leisten konnten. Doch je tiefer wir Historiker in die Zusammenhänge eindringen, je durchleuchteter gleichsam die sich selbst organisierenden Systeme aus individuellem und kollektivem Erinnern und Handeln werden, desto komplexer und umfassender, desto schwieriger zu verstehen erscheinen sie auch. Es ist, als kehrten wir mit den beiden so ungleichen und doch wohl identischen Heiligen zurück zu einer der brennendsten methodischen Fragen, die zur Zeit der Hochscholastik, im 13. Jahrhundert, erörtert wurde, zur Frage nach der doppelten Wahrheit, jener der „Philosophen" und jener der „Theologen"; sie lässt sich jetzt mit Hilfe der psychologischen Taxonomie des Gedächtnisses neu formulieren als Frage nach der Divergenz zwischen historischer Episode und bleibender Semantik oder nach Entstehung und Blüte eines Gedächtnisortes. Denn die Bedeutung eines Zeichens bleibt erhalten, auch wenn sich seine Genese Fiktionen verdankt.

Abstract

The article tackles the question if and how neuro-sciences and experimental psychology can promise to deliver new insights for historical research. Based on the similarity of the object under scrutiny – memories – the structural possibility of a borrowing of methods and equipment for research within the realm of historical science is affirmed. This leads to an approximation of cognitive sciences as ancillary sciences of historical research. This methodical assumption is exemplified by considering the possibility of an existence of collective memorial implants, similar to those known to exist for individual therapies. In this context, the term "implants" refers to purported experiences understood as actually having been made, although they have no claim to reality whatsoever. For this purpose, the author returns once more to the example of Benedict of Nursia, an implant of whose image has been incorporated into occidental cultural memory. Finally, the question of this possibly resulting in a correction of the early history of the Rule of St. Benedict is considered.

La rappresentazione di Annibale in Valerio Massimo[*]

Eva Valvo

I *Facta et dicta memorabilia* di Valerio Massimo (I sec. d.C.), una raccolta di *exempla* all'incrocio tra storiografia, retorica e antiquaria, eppure non immediatamente assimilabile a nessuno di questi generi, hanno un indubbio valore per la storia letteraria e culturale dell'antica Roma, non solo perché hanno preservato fino a noi materiale proveniente da fonti altrimenti perdute, ma anche perché forniscono un prezioso documento dell'ideologia imperiale e della visione della storia in un'età di transizione come quella tiberiana.

Il presente contributo si propone di esaminare la rappresentazione del personaggio di Annibale nell'opera di Valerio, basandosi sugli undici *exempla* che vedono il generale cartaginese come protagonista. È opportuno introdurre l'analisi con alcune considerazioni generali sul contesto complessivo dell'opera e in particolare sulla presenza degli "esempi stranieri" (*exempla externa*). Sebbene abbia goduto di un'enorme fortuna in età medievale ed umanistica, l'opera è rimasta negletta in tempi moderni, salvo destare l'interesse degli studiosi della *Quellenforschung*, il cui approccio però ha spesso portato a fraintendere gli interessi e i metodi compositivi di Valerio. Il lavoro svolto da alcuni studiosi, però, soprattutto a partire dagli anni '80 e '90, ha contribuito a gettare nuove e più corrette basi metodologiche per lo studio dell'opera.[1]

---

* Il nucleo originario di questo lavoro è stato concepito durante un soggiorno presso la *Fondation Hardt pour l'étude de l'Antiquité classique* di Vandoeuvres (Ginevra) nel periodo febbraio-marzo 2007. Desidero ringraziare la *Fondation* per il conferimento di una borsa di ricerca, che mi ha dato la preziosa opportunità di lavorare in un ambiente sereno e stimolante.

1 G. Maslakov, "Valerius Maximus and Roman Historiography. A Study of the exempla Tradition", ANRW II.32.1 (1984): 437–496; C. Santini, "Echi di politica religiosa tiberiana in Valerio Massimo", Giornale italiano di filologia 39 (1987): 183–195; id., "La storia di Cipus in Valerio Massimo e Ovidio", in: Filologia e forme letterarie. Studi offerti a Francesco Della Corte, Urbino 1987, III, pp. 291–298; W.M. Bloomer, Valerius Maximus and the Rhetoric of the New Nobility, London 1992; C. Skidmore, Practical Ethics for Roman Gentlemen. The Work of Valerius Maximus, Exeter 1996; A. Weileder, Valerius Maximus. Spiegel kaiserlicher Selbstdarstellung, München 1998; Valeurs et mémoire a Rome: Valère Maxime ou la vertu recomposée, a cura di J.-M. David, Paris 1998; H.-F. Mueller, Roman Religion in Valerius Maximus, London – New York 2002; R. Langlands, Sexual Morality in Ancient Rome, Cambridge 2006 (con un consistente capitolo dedicato a Valerio); U. Lucarelli, Exemplarische Vergangenheit: Valerius Maximus und die Konstruktion des sozialen Raumes in der frühen Kaiserzeit, Göttingen 2007. A testimoniare del crescente interesse per l'opera in tempi

Stranieri e romani

I *Facta et dicta memorabilia* sono una raccolta di circa mille esempi, divisi in nove libri e strutturati secondo due categorizzazioni fondamentali: l'enumerazione di vizi e virtù (corrispondente ai singoli capitoli dell'opera) e la distinzione tra fatti stranieri e romani all'interno di ogni rubrica. La specificità degli *exempla externa* ha ricevuto finora limitata attenzione da parte degli studiosi, anche se la distinzione fondamentale tra *exempla externa* ed *exempla Romana* è stata considerata nel contesto più ampio della struttura e composizione dell'opera.[2] Bloomer sostiene in maniera convincente che la bipartizione del materiale domestico e straniero da parte di Valerio sia mutuata da Cicerone, il quale teorizza proprio quella gerarchia di tipi di *exempla* adottata nei *Facta et dicta memorabilia*: "Userei esempi domestici, se tu non li avessi letti; userei esempi stranieri, latini se ne trovassi qualcuno o greci se fosse opportuno" (Cic. *Orat.* 132: *Uterer exemplis domesticis, nisi ea legisses, uterer alienis, vel Latinis, si ulla reperirem, vel Graecis, si deceret*).[3] Skidmore ritiene che l'uso di esempi stranieri sia legato, oltre che a motivi di varietà e intrattenimento, anche alla tecnica retorica degli "argomenti ineguali" (*argumenta imparia*): ovvero, quanto più gli *exempla* sono barbari e inaspettati, tanto più risultano efficaci.[4] Anche Weileder riflette sulla distinzione tra esempi romani e stranieri, osservando come i primi siano considerati da Valerio più efficaci e più importanti dei secondi, che spesso sarebbero usati solo per dare maggiore risalto alla grandezza di Roma attraverso il confronto.[5]

È utile prendere in considerazione la distribuzione degli *exempla*, cercando di ravvisare le ragioni di un'eventuale assenza di *exempla externa* in determinati capitoli o, al contrario, di una loro sovrabbondanza. Nel libro 8, ad esempio, i primi sei capitoli non contengono alcun esempio relativo a popoli stranieri e ciò è

---

recenti sono anche alcune edizioni e traduzioni: Valère Maxime, Faits et dits mémorables, a cura di R. Combès, 2 voll., Paris 1995–97; Valerii Maximi Facta et Dicta Memorabilia, a cura di J. Briscoe, 2 voll., Stuttgart – Leipzig 1998; Valerius Maximus, Memorable Doings and Sayings, a cura di D. R. Shackleton Bailey, 2 voll., Cambridge (Mass.) – London 2000.

2   Si segnalano due brevi articoli che trattano specificamente degli stranieri nell'opera: S. Montero, "Mujeres extranjeras en la obra de Valerio Máximo", in: Extranjeras en el mundo romano, a cura di G. Bravo Castañeda, R. González Salinero, Madrid 2004, pp. 45–56; P. Desideri, "Greci, barbari, cartaginesi in Valerio Massimo", in: Costruzione e uso del passato storico nella cultura antica, atti del convegno internazionale di studi (Firenze, 10–20 settembre 2003), a cura di P. Desideri, S. Roda, A. M. Biraschi, Alessandria 2007, pp. 305–312.

3   Bloomer (cf. fn. 1), p. 5.

4   Skidmore (cf. fn. 1), pp. 87ss.

5   Weileder (cf. fn. 1), pp. 74–76.

facilmente comprensibile se si pensa che tali capitoli riguardano fatti giudiziari e che per un eventuale oratore romano che leggesse l'opera il diritto domestico risultava di maggiore ed immediata utilità. D'altro canto, il capitolo successivo (8.7), quasi a compensare l'assenza prolungata di esempi stranieri, è uno dei pochi a contenere più *exempla externa* (16) che *exempla Romana* (7): il tema della rubrica, lo zelo e l'operosità (*De studio et industria*), si presta bene alla rappresentazione di filosofi e poeti greci (fatta eccezione per l'ultimo *exemplum*, che ritrae i re Ciro e Mitridate).

Dal momento che l'antologia valeriana è per lo più costituita da materiale di seconda mano, attinto da fonti anteriori, è importante – ove possibile – analizzare il modo in cui Valerio si discosta dai modelli e al tempo stesso esaminare le prefazioni ai singoli libri o capitoli e i passaggi di raccordo dagli *exempla Romana* agli *exempla externa*, dove l'autore esprime o lascia intendere la propria valutazione dei fatti narrati. Alcuni passaggi di Valerio rimandano a motivazioni stilistiche, come 2.10.ext.1 ("Bisogna lasciare un po' di spazio anche agli esempi stranieri affinché, inframmezzati a quelli domestici, risultino piacevoli per la loro stessa varietà", *Dandum est aliquid loci etiam alienigenis exemplis, ut domesticis aspersa ipsa varietate delectent*) o 3.8.ext.1 ("Restano parecchi esempi romani di questo tenore, ma bisogna evitare la nausea. Per questo ormai lascerò che la mia penna passi agli esempi stranieri", *Conplura huiusce notae Romana exempla supersunt, sed satietas modo vitanda est. Itaque stilo meo ad externa iam delabi permittam*). Altre frasi di raccordo dell'autore sono più interessanti dal punto di vista ideologico, come nel caso in cui si tratta di vizi attribuiti a personaggi romani (spesso legati alle proscrizioni e ai conflitti civili): basti citare 9.2.ext.1 ("Procediamo ora al racconto di fatti nei quali risiede uguale dolore, ma nessuna vergogna per la nostra città", *Transgrediemur nunc ad illa, quibus ut par dolor, ita nullus nostrae civitatis rubor inest*) o 9.11.ext.1 ("Il prossimo fatto, essendo straniero, sarà raccontato con maggiore tranquillità", *Illud autem facinus, quia externum est, tranquilliore adfectu narrabitur*). Come fa osservare Desideri, gli esempi stranieri hanno anche lo scopo di dare maggiore risalto alla grandezza di Roma, attraverso il confronto con altri popoli, e di conseguenza di garantire la legittimità del suo impero: "gli esempi stranieri sembrano avere la funzione da una parte di dimostrare il fondamento più autenticamente umano, in quanto riscontrabile anche presso popolazioni barbare, dei valori romani; dall'altra di rivendicare a Roma il più genuino e costante rispetto di quei valori rispetto ai due grandi popoli che per motivi diversi rappresentano per la città il più vero termine di confronto: i greci e i cartaginesi."[6]

---

6   Desideri (cf. fn. 2), p. 312.

Motivi e metodi

Come accennato sopra, Valerio attinge ad un patrimonio di fonti letterarie che è utile considerare nell'esame dell'opera. È ormai assodato che tra le principali fonti dei *Facta et dicta* si annoverano Cicerone e Livio, ma sono presenti anche opere di vari altri autori, che Valerio non esita a contaminare, a variare per ragioni stilistiche o ancora a modificare per adattarle ai propri scopi. Valerio Massimo non è uno storico e il suo interesse precipuo è di ordine morale: sono appunto le categorie etiche a fornire la struttura portante dell'opera. Anche motivi retorici hanno una funzione di rilievo nel ridurre, semplificare e frammentare i singoli fatti narrati, astraendoli dal contesto storico originario. Valerio, inoltre, non adoperando un sistema di *cross-reference*, è soggetto ad contraddizioni ed errori, dovuti alla vastità del materiale raccolto e all'utilizzo di fonti diverse e ideologicamente discordanti.

È vero che l'*exemplum* è di per sé un'entità retorica indipendente, facilmente estrapolabile dal contesto originario, ma nel nostro caso bisogna tenere presente la tensione tra l'autonomia del testo e la sua appartenenza alla sequenza tematica in cui è integrato: come ha mostrato bene Bloomer, l'unità compositiva fondamentale dei *Facta et dicta* non è l'*exemplum*, bensì il capitolo, ovvero la rubrica dedicata ad un singolo argomento. All'interno del capitolo, infatti, fatta salva la divisione fondamentale tra *Romana* ed *externa*, la serie di *exempla* si susseguiva in ordine tendenzialmente cronologico, secondo il filo conduttore fornito dal titolo. L'*excerptio* arbitraria di *exempla* isolati riguardanti un singolo popolo o personaggio è sì possibile, ma va operata con le dovute cautele metodologiche, tenendo sempre presente il contesto del capitolo.

Per queste ragioni appare discutibile il metodo adottato da Carney nella sua analisi sulla raffigurazione di Mario nell'opera di Valerio Massimo; il suo studio, di cui bisogna comunque riconoscere il valore pionieristico, prende le mosse dall'osservazione che "the sum of Valerius' references to Marius' career, when systematically collated and arranged, is of such dimensions and importance as virtually to constitute another major source".[7] Fondandosi su una collazione di *exempla* ordinati cronologicamente, a prescindere dal contesto originario, l'analisi di Carney produce un effetto falsante sul piano dell'opera di Valerio e perde di vista lo scopo e il senso specifico dei singoli *exempla*: "considering an assembled series of exempla, no matter what their theme, is altogether different from reading Valerius' collection, which in its scope and variety tends to preclude consistent synthesis of men or events."[8]

---

7   T. F. Carney, "The Picture of Marius in Valerius Maximus", RhM 150 (1962): 289–337 (290); discusso in: Maslakov (cf. fn. 1), p. 484ss.; Bloomer (cf. fn. 1), pp. 150ss.

8   Bloomer (cf. fn. 1), pp. 157–158.

Non devono stupire, quando si attua un'operazione di questo tipo, eventuali discrepanze o contraddizioni, poiché non ci si può aspettare la coerenza e l'univocità di vedute di un'opera storiografica in un *exemplarium* di notevoli dimensioni come quello di Valerio, che non solo è ispirato alla necessità di decontestualizzare e destoricizzare l'*exemplum* per renderlo un'unità autonoma, ma contiene anche materiale proveniente da fonti indipendenti o addirittura divergenti. Ciononostante, è possibile discernere l'atteggiamento generale dell'autore nei confronti di particolari fatti o personaggi, tenendo però sempre presente il processo di astrazione retorica che li eleva a stereotipi morali quasi indipendenti dai rispettivi contesti storico-politici.

Per tali motivi nel nostro lavoro abbiamo scelto di organizzare gli *exempla* analizzati secondo categorie tematiche e morali, con l'obiettivo di evidenziare i tratti ricorrenti nella rappresentazione di Annibale, tenendo presente anche il contesto della rubrica in cui i singoli esempi si iscrivono.

Annibale, l'arcinemico

Annibale, arcinemico di Roma, detiene uno spazio consistente nell'opera di Valerio: anzi, per essere precisi, è il personaggio straniero più spesso citato, con ben 38 menzioni registrate nell'indice dei nomi di Kempf.[9] Tra i personaggi maggiormente citati in assoluto, Annibale sta al secondo posto a parità con Mario, Cesare e Pompeo, a seguito di Scipione l'Africano, il "personaggio preferito" di Valerio, il cui nome ricorre nell'opera ben 46 volte. La presenza di Annibale si colloca nel contesto di un notevole interesse per il popolo cartaginese in generale: su un totale di 342 *exempla externa*, se i greci sono prevedibilmente la stragrande maggioranza (189), i cartaginesi seguono immediatamente al secondo posto con 24 *exempla*, di cui 11, cioè quasi la metà, sono incentrati sulla figura di Annibale. Prima di analizzare nel dettaglio questi undici *exempla*, è utile esaminarne la distribuzione nell'arco dei nove libri.

Un *exemplum* su Annibale compare rispettivamente in ciascuno dei capitoli sui sogni (*De somniis*, 1.7.ext.1), sulla fiducia in se stessi (*De fiducia sui*, 3.7.ext.6) e sulla mitezza e clemenza (*De humanitate et clementia*, 5.1.ext.6); ne seguono due nel settimo libro, a 7.3.ext.8 sui fatti e detti astuti (*Vafre dicta aut facta*) e 7.4.ext.2 sugli stratagemmi (*Strategemata*). È assai eloquente il fatto che la maggior parte degli *exempla* dedicati al generale cartaginese siano concentrati nel nono libro, l'unico dedicato esclusivamente ai vizi, che abbraccia un ampio spettro di

---

9   Factorum et dictorum memorabilium libri novem: cum Iulii Paridis et Ianuarii Nepotiani Epitomis Valerii Maximi, a cura di K. F. Kempf, Leipzig 1888.

1	1.7.ext.1	De somniis	Hamilcar 1.7.ext.8
2	3.7.ext.6	De fiducia sui	
3	5.1.ext.6	De humanitate et clementia	
4	7.3.ext.8	Vafre dicta aut facta	superior Hannibal 7.3.ext.7
5	7.4.ext.2	Stratagemata	
6	9.1.ext.1	De luxuria et libidine	
7	9.2.ext.2	De crudelitate	Carthaginienses 9.2.ext.1
8	9.3.ext.3	De ira aut odio	Hamilcar 9.3.ext.2
9	9.5.ext.3	De superbia et impotentia	Carthaginienses 9.5.ext.4
10	9.6.ext.2	De perfidia	Carthaginienses 9.6.ext.1
11	9.8.ext.1	De temeritate	

nefandezze: l'amore per il lusso e il piacere sessuale (*De luxuria et libidine*, 9.1.ext.1), la crudeltà (*De crudelitate*, 9.2.ext.2), l'ira e l'odio (*De ira aut odio*, 9.3.ext.3), la superbia e la prepotenza (*De superbia et impotentia*, 9.5.ext.3), la slealtà (*De perfidia*, 9.6.ext.2), l'avventatezza (*De temeritate*, 9.8.ext.1).

Degli altri *exempla* che ritraggono personaggi cartaginesi noti per nome, si trovano due casi dedicati al padre Amilcare a 1.7.ext.8 e 9.3.ext.2 e uno che ritrae Annibale maggiore a 7.3.ext.7, che risultano contigui ad altrettanti *exempla* su Annibale, iscrivendosi nel contesto della stessa rubrica; è invece significativamente isolato l'*exemplum* di carattere almeno parzialmente positivo dedicato al generale Annone nel capitolo dedicato a detti e fatti ispirati da saggezza (*Sapienter dicta aut facta*, 7.2.ext.16). Resta una serie di dieci *exempla* che ritraggono i cartaginesi come soggetto collettivo o come figure senza nome, la cui distribuzione è più varia: solo tre di essi, tutti nel nono libro, si trovano in contiguità con gli *exempla* su Annibale.

Questi dati quantitativi possono dare l'idea della rilevanza di Annibale come simbolo del nemico cartaginese nell'immaginario di Valerio. È stato mostrato come l'opera riservi un posto di rilievo alla seconda guerra punica in quanto elemento fondamentale della memoria collettiva nell'epoca di Tiberio.[10] Largamente e drammaticamente presente nell'opera, tale guerra è rappresentata da Valerio al

---

10   M. Coudry, "La deuxième guerre punique chez Valère Maxime: un événement fondateur de l'histoire de Rome", in: David (cf. fn. 1), pp. 45–53.

tempo stesso come trauma nazionale e come occasione per mostrare la virtù romana, non solo dei grandi condottieri, ma anche del Senato e del popolo nel suo insieme.

Un uomo del destino (1.7.ext.1, 3.7.ext.6, 9.3.ext.3)

La prima serie di *exempla* che esamineremo in questo articolo raccoglie quelli che rappresentano Annibale come un uomo predestinato ad essere l'acerrimo nemico di Roma, come un personaggio grande seppur negativo, spesso sostenuto dalla volontà degli dei. In questo contesto si collocano anche gli unici due *exempla* relativi ad Amilcare, in un caso significativamente in relazione ad un episodio di infanzia di Annibale.

Il primo *exemplum*, contenuto in 1.7.ext.1, apre la sezione straniera sui sogni ed è presente già in Livio (21.22) e Cicerone (*De divin.* 1.24.49).[11] È utile considerare anche le due fonti dirette, che possono servire a mettere in luce le peculiarità del testo di Valerio: Annibale ha la visione di una figura divina che lo guida ad invadere l'Italia. Nel sogno è presente il *topos* del divieto divino di guardare indietro, esplicitamente formulato da Livio e Cicerone e solo implicitamente inteso da Valerio: Annibale dapprima resiste, ma poi cede al desiderio di "guardare le cose proibite" (*vetita scrutandi*) e scorge un enorme serpente (ma in Cicerone si tratta di una bestia enorme avviluppata da serpi) che distrugge ogni cosa; Livio e Valerio hanno anche il particolare del fragore della tempesta. Il giovane spiega che l'immagine rappresenta la distruzione dell'Italia (in tutti e tre gli autori la formula è *vastitas Italiae*) o forse, come suggerisce D'Arco, la desolazione dell'Italia, intendendo l'impervio passaggio delle Alpi.[12] La guida intima infine al cartaginese di tacere e lasciare che il fato compia il suo corso, stendendo implicitamente un velo di oscuro timore sul futuro di Cartagine.

Come è consuetudine di Valerio, il suo *exemplum* risulta decontestualizzato e sfrondato di ogni preciso riferimento storico e geografico. Tipica è anche l'aggiunta di una frase di transizione con commento autoriale, che descrive Annibale come ostile a Roma non solo da sveglio, ma anche nel sonno, e definisce il suo sogno al tempo stesso odioso a Roma e di presagio sicuro. Nonostante

---

11 L'episodio, narrato anche da Silio Italico in epoca successiva a Valerio, è assai studiato. Tra le ricerche più recenti, si vedano: I. D'Arco, "Il sogno premonitore di Annibale e il pericolo delle Alpi", Quaderni di storia 28 n. 55 (2002): 145–162 (con bibliografia relativa); E. Foulon, "Mercure Alètès apparaît en songe à Hannibal", in: Hommages à Carl Deroux, a cura di P. Defosse, Bruxelles 2003, IV, pp. 366–377.

12 D'Arco (cf. fn. 11), p. 158.

l'accenno alla certezza del presagio ("sogno di sicura profezia", *certae praedictionis somnium*), tuttavia, nella formulazione di Valerio sembra insinuarsi un dubbio sull'attendibilità della vicenda: mentre Livio attribuisce l'episodio al sentito dire (*fama est*) e Cicerone a fonti storiche precedenti ("Questo si trova nella storia greca di Sileno, che è seguito da Celio", *Hoc item in Sileni, quem Coelius sequitur, Graeca historia est*), Valerio ne mette in evidenza l'utilità per i fini di Annibale ("infatti recepì una visione conveniente al suo proposito e ai suoi desideri e credette…", *hausit enim proposito et votis suis convenientem imaginem existimauitque…*). Sarebbe dunque lo stesso Annibale a volersi proporre come inviato degli dei e Valerio sembra lasciare al lettore la facoltà di valutare la veridicità del fatto. È interessante inoltre notare che, rispetto alla versione liviana cui Valerio rimane generalmente fedele, sia omesso il dato della paura di Annibale, che avrebbe inizialmente seguito la guida con timore (*pavidum*): sembra quasi che Valerio non voglia mostrare questo lato debole del generale cartaginese, ma anzi voglia darne un'immagine tanto più temibile quanto più temeraria.

Secondo D'Arco, il racconto del sogno nelle fonti romane risulta incongruente e poco intelligibile: all'infrazione del divieto divino non segue una punizione ma un incoraggiamento, mentre il senso della visione resta ambiguo (se fosse prefigurazione della vittoria di Annibale, non si vede perché questi dovrebbe preoccuparsene). La tesi della studiosa è che il sogno sia derivato da una tradizione filo-annibalica, dove esso serviva a rappresentare le difficoltà che aspettavano il generale nel passaggio delle Alpi. La storiografia romana, dunque, si sarebbe appropriata di questa tradizione, adattandola ai propri fini: "da strumento di esaltazione del talento strategico di Annibale lo fa diventare strumento di ridimensionamento del successo del duce cartaginese e d'esaltazione del popolo romano. Così il successo del superamento delle Alpi viene fatto apparire come momentaneo e illusorio: la chiusa del sogno lascia intuire la sconfitta finale di Annibale e quindi la vittoria dei Romani."[13]

La sezione dei *Facta et dicta* sui sogni contiene anche un *exemplum* su Amilcare (1.7.ext.8), narrato anch'esso da Cicerone subito dopo l'episodio su Annibale che abbiamo appena visto (*De divin.* 1.24.50): mentre assedia Siracusa, Amilcare sogna una voce che gli annuncia che il giorno successivo sarà a cena in quella città. Credendo in una vittoria annunciata, il cartaginese si prepara alla battaglia, ma in realtà il suo esercito soccombe e lui stesso viene fatto prigioniero. L'*exemplum* è fortemente ironico: il sogno premonitore è sì veritiero, ma viene interpretato erroneamente. Rispetto a Cicerone, Valerio amplia retoricamente l'episodio, sottolineando l'ingiustificata baldanza del cartaginese ("gioioso, dunque, prepa-

---

13   D'Arco (cf. fn. 11), p. 162.

rava l'esercito alla battaglia, come se gli dei gli avessero promesso la vittoria", *laetus igitur perinde ac divinitus promissa victoria exercitum pugnae conparabat*) e inasprendo la beffa con la vergogna delle catene: Amilcare è condotto nella città "legato" (*vinctum*), mentre la più neutra formulazione ciceroniana lo vuole "vivo" (*vivum*). Mentre Cicerone sentenzia asciutto che in questo modo "i fatti hanno confermato il sogno" (*ita res somnium comprobavit*), Valerio infierisce sul nemico beffato: "così, ingannato più dalla speranza che dal sogno, cenò a Siracusa da prigioniero e non, come aveva dato per scontato nell'animo suo, da vincitore" (*ita magis spe quam somnio deceptus cenavit Syracusis captivus, non, ut animo praesumpserat, victor*).

Considerata la contiguità degli *exempla* di Annibale e Amilcare nel testo ciceroniano, viene da chiedersi perché Valerio abbia frapposto sei altri *exempla* tra i due episodi. Volgendo uno sguardo più ampio all'intera rubrica *De somniis* come singola unità compositiva, notiamo che la stragrande maggioranza dei sogni riportati è presagio di morte (1.7.2,3,4,6,7,8; 1.7.ext.2,3,4,9,10) e sottolinea l'ineluttabilità del destino e l'impossibilità di opporsi alla volontà degli dei. Per la parte relativa a Roma le eccezioni sono l'*exemplum* di apertura (1.7.1), in cui gli dei salvano la vita di Augusto a Filippi inviando un sogno premonitore al suo medico Artorio, e l'*exemplum* 1.7.5, in cui Mario appare in sogno a Cicerone preannunciandogli la fine dell'esilio. Tra gli *exempla externa* compare la categoria dei sogni che preannunciano la nascita di uomini potenti (Ciro in 1.7.ext.5, Dionigi di Siracusa in 1.7.ext.6–7). Restano il sogno di Annibale, in apertura della sezione straniera, che potrebbe essere considerato la controparte negativa dell'episodio di Augusto, e quello di Amilcare a Siracusa, che segue i due *exempla* relativi al tiranno siciliano e potrebbe legarsi idealmente al sogno di Cicerone: l'*exemplum* è interessante perché è l'unico caso di errata interpretazione del presagio, con i risvolti ironici che abbiamo appena visto.

Bloomer osserva anche che il capitolo sui sogni, insieme al successivo sui miracoli (*De miraculis*, 1.8), contiene una maggioranza di esempi stranieri, rilevando che "the Roman continue to be oriented toward civic matters, whereas the foreign examples attest heaven's favor or warning to famous individuals".[14] Tale contrasto tra virtù nazionale e individuale ha l'evidente funzione di porre la grandezza di Roma al di sopra di ogni altra, poiché gli eroi romani non sono soltanto grandi personaggi in sé e per sé, ma sono parte di un'entità superiore che non ha uguali.

Il prossimo *exemplum* è tratto da un contesto ben diverso, la sezione *De fiducia sui* in 3.7.ext.6, ma anch'esso ha un parallelo ciceroniano in *De divin.* 2.24.52: Annibale, esule presso il re Prusia di Bitinia, cerca di convincerlo a com-

---

14 Bloomer (cf. fn. 1), p. 21.

battere, ma il re non osa agire contro le indicazioni degli aruspici. Mentre gli
exempla 1.7.ext.1 ed ext.8, come buona parte di quelli contenuti nella sezione *De
somniis* (1.7.4-5-6; 1.7.ext.1, 3, 7, 8, 9, 10), sono ispirati al primo libro del *De divi-
natione*, che Cicerone mette in bocca al fratello Quinto a sostegno dell'attendibilità della divinazione, nel caso di 3.7.ext.6 il parallelo è con il secondo libro del-
l'opera, in cui lo stesso Cicerone-personaggio confuta le argomentazioni di
Quinto, sostenendo la tesi opposta. Piuttosto che ad evidenziare e criticare le
incongruenze interne all'opera di Valerio, questo caso è utile a concentrare l'attenzione sugli usi e sugli scopi dell'*exemplum*: se a contesti diversi corrispondo-
no scopi diversi, l'uso dell'*exemplum* dovrà adattarsi ad ogni singolo caso. Per
questo Valerio utilizza con disinvoltura fonti discordanti, mettendo in luce aspetti divergenti di un personaggio o di un evento, perché l'*exemplum* per sua natura
deve essere flessibile e deve potersi adeguare a fini differenti.

Se dunque nella sezione *De somniis* l'interesse era per l'ineluttabilità del volere divino e la necessità di prestare attenzione ai presagi, nella sezione 3.7 il punto
è invece la fiducia in se stessi, cui è del tutto funzionale lo sprezzo di Annibale per
l'arte degli aruspici: "preferisci forse credere ad un pezzetto di carne di vitello
piuttosto che ad un vecchio generale?" (*vitulinae carunculae quam imperatori
veteri mavis credere?*). La frase di Annibale al re Prusia è riportata da Valerio con
le stesse parole di Cicerone, da cui differisce solo per l'*ordo verborum*. Il commento autoriale di Valerio è inoltre largamente positivo: "Se consideri le parole,
fu breve e conciso, se giudichi il significato, fu eloquente ed espressivo" (*Si verba
numeres, breviter et abscise, si sensum aestimes, copiose et valenter*). Nel seguito
però Valerio sviluppa l'*exemplum* in tutt'altra direzione rispetto al modello
ciceroniano: mentre il secondo ritorna su fatti romani, il primo trova un pretesto
per elencare le grandi imprese di Annibale, dalla conquista di Spagna, Gallia e
Liguria al passaggio delle Alpi, dalle vittorie sul Trasimeno e a Canne alla presa
di Capua e alla divisione dell'Italia. La grandezza militare del condottiero cartaginese è sigillata ancora una volta dal giudizio divino, come mostra la frase di
chiusura: "a giudizio dello stesso Marte, lo spirito di Annibale avrebbe oscurato
ogni focolare, ogni altare della Bitinia" (*omnis foculos, omnis aras Bithyniae
Marte ipso iudice pectus Hannibalis praegravasset*).

Gli ultimi due *exempla* che esamineremo in questo paragrafo sono due episodi contigui della sezione *De ira aut odio*, il primo relativo ad Amilcare e il secondo ad Annibale. La vanteria di Amilcare in 9.3.ext.2, che andava dicendo di alle-
vare quattro piccoli cuccioli di leone per la rovina di Roma, si lega agilmente
all'episodio di Annibale bambino in 9.3.ext.3, che solennemente giura eterno
odio contro il popolo romano, rimarcando come il generale cartaginese fosse
quasi predestinato al ruolo di acerrimo nemico di Roma. Per Coudry, inoltre, il
giuramento di Amilcare è strettamente legato al terrificante sogno di Annibale in
1.7.ext.1, che ne costituirebbe "comme un prolongement et une illustration", nel

comune rimando alla distruzione dell'Italia.[15] L'elemento dell'odio ardente e irre-
frenabile su cui si concentrano i due *exempla* di 9.3.ext.2–3, come del resto tutta
la sezione che li comprende, è evidenziato anche in apertura del libro 21 di Livio,
in cui è narrato l'episodio di Annibale che a nove anni giura inimicizia a Roma
dinanzi agli altari.

L'esemplarità dell'odio tra cartaginesi e romani è sottolineata anche dal primo
degli *exempla Romana* della sezione 9.3 dei *Facta et dicta*, dove si racconta che
Livio Salinatore, partendo per combattere contro Asdrubale, non intende tempo-
reggiare perché spinto dall'ira e dal valore. Se sulla vanteria di Amilcare Valerio
non manca di ironizzare, osservando che proprio la sua prole porterà alla rovina
di Cartagine ("Educazione degna di essere ritorta, come avvenne, in rovina per la
sua patria", *Digna nutrimenta, quae in exitium patriae suae, ut evenit, conver-
terentur*), anche la previsione di Annibale che il conflitto tra Roma e Cartagine
avrà fine solo con la distruzione di una delle due appare al lettore consapevole
come il presagio di un destino tragico ("disse che la guerra tra loro avrebbe avuto
fine quando una delle due fosse stata ridotta in polvere", *tunc inter eas finem fore
belli dixit, cum alterutra [pars] in habitum pulveris esset redacta*).

Strategia dell'inganno (7.3.ext.8, 7.4.ext.2, 9.7.ext.2)

La seconda serie di *exempla* esaminati in questo capitolo dipinge Annibale come
un personaggio che fa uso dell'astuzia e dell'ingegno in maniera subdola. I primi
due *exempla* da considerare, collocati insieme nell'ambito della rubrica *Vafre
dicta aut facta*, sono riferiti rispettivamente ad Annibale maggiore, generale della
prima guerra punica, e al più noto Annibale della seconda (7.3.ext.7–8). Nel
primo caso Annibale maggiore, sconfitto in una battaglia navale dai romani, riesce
ad evitare la punizione del senato cartaginese facendosi surrettiziamente autoriz-
zare l'azione in realtà già compiuta (e fallita), per poi annunciare l'ormai avvenu-
ta disfatta. Nel secondo *exemplum* Annibale tenta di infangare la reputazione di
Fabio Massimo lasciandone a bella posta intatto il podere durante un saccheggio.

La rubrica contiene esempi di fatti o detti ispirati dall'astuzia (*vafritia*), che –
come commenta Valerio nella prefazione alla sezione – si discosta poco dalla saggezza (*sapientia*) e acquista forza dalla menzogna (*fallacia*). La tipologia di casi
narrati varia dagli *escamotage* per aggirare un oracolo agli espedienti militari e alle
furberie adoperate in sede legale; anche il giudizio dell'autore non sembra univo-
co, nonostante il commento iniziale, e sembra variare da caso a caso. La struttura
generale della rubrica appare basata su una serie di contrappunti impliciti tra gli

---

15   Coudry (cf. fn. 10), p. 46.

esempi romani e gli esempi stranieri: in particolare, i due *exempla* annibalici rimandano ai casi di Scipione maggiore, che riesce con astuzia a farsi equipaggiare l'esercito dai nobili siciliani per partire alla volta di Cartagine (7.3.3), e di Quinto Fabio Massimo, che riesce a recuperare due valorosi soldati a rischio di tradimento e di mollezza, allentando a bella posta il rigore militare su di loro (7.3.7). In entrambi i casi il giudizio di Valerio sembra propendere per un apprezzamento dell'astuzia dei due condottieri romani. Se il trucco di Annibale maggiore per evitare di rispondere al senato cartaginese della sconfitta subita non riceve un commento esplicito dell'autore, apertamente duro è invece il giudizio sulle insidie di Annibale per screditare Fabio Massimo, con una contrapposizione netta tra i due generali, al punto che la *pietas* dell'uno vanifica gli inganni dell'altro: "L'insidiosa finzione di un così grande beneficio avrebbe giovato a qualcosa, se la città di Roma non avesse conosciuto benissimo sia la lealtà di Fabio sia le astuzie di Annibale" (*Profecisset aliquid tanti beneficii insidiosa adumbratio eius, nisi Romanae urbi et Fabii pietas et Hannibalis vafri mores fuissent notissimi*). È significativo che su questo punto Valerio si discosti dal modello liviano (Liv. 22.23), in cui l'episodio è presentato come causa effettiva di ostilità romana nei confronti di Fabio Massimo: "Si erano aggiunti due fatti ad accrescere l'ostilità per il dittatore, uno provocato dalla frode e dall'inganno di Annibale che…" (*Accesserant duae res ad augendam invidiam dictatoris, una fraude ac dolo Hannibalis quod…*).

Anche la rubrica successiva (7.4, *Strategemata*), che a detta dell'autore tratta un genere di astuzia esente dal biasimo (4.*praef*.: "Quell'aspetto dell'astuzia eccellente ed esente da ogni biasimo", *Illa vero ars calliditatis egregia et ab omni reprehensione procul remota*), contiene un riferimento ad Annibale. Tuttavia, se gli accorgimenti militari dei romani sono effettivamente presentati come espedienti accettabili ed encomiabili, le astuzie di Annibale sono raffigurate come inammissibili insidie. L'*exemplum* 7.4.ext.2, che lo ritrae come protagonista, descrive la sconfitta romana a Canne come il risultato di un inganno più che di una reale superiorità militare dei cartaginesi: Annibale fa in modo che i romani abbiano di fronte sole, vento e polvere, poi ordisce un'imboscata ordinando ai suoi di fingere la fuga e infine istiga quattrocento cavalieri a fare un massacro di romani dopo essersi finti disertori.

Questo *exemplum* è introdotto da un altro relativo al tiranno di Siracusa Agatocle, "re audacemente astuto" (*rex audaciter callidus*), che riuscì a proteggere la propria città dal nemico punico andando egli stesso ad attaccare Cartagine, "per scacciare la paura con la paura e la violenza con la violenza" (*ut metum metu, vim vi discuteret*). I due *exempla* costituiscono l'intera sezione straniera della rubrica. Annibale però è presente anche nella sezione romana (7.4.4), dove un espediente dei consoli Claudio Nerone e Livio Salinatore ha la meglio sugli eserciti di Annibale e Asdrubale: "Così l'astuzia punica, famigerata in tutto il mondo, raggirata dall'abilità romana, ingannò e consegnò Annibale a Nerone e Asdrubale a Salinatore" (*Ita illa toto terrarum orbe infamis Punica calliditas Romana elusa prudentia Hannibalem Neroni, Hasdrubalem Salinatori decipiendum tradidit*). Se nell'esempio romano di 7.4.4 c'è una forte contrapposizione tra la famigerata astuzia punica e la saggezza romana, in 7.4.ext.2 tale astuzia è funzionale a giustificare la sconfitta romana, facendo affermare all'autore che i romani furono ingannati più che vinti dai cartaginesi. È interessante osservare come anche in questo caso Valerio abbia modificato e adeguato il modello liviano al proprio spirito nazionalistico: dei tre stratagemmi citati da Valerio, solo uno è esplicitamente ascritto da Livio all'astuzia di Annibale. Mentre secondo Valerio furono i cartaginesi a fare in modo che i romani fossero posti contro il sole, il vento e la polvere, Livio (22.46) afferma che il sole colpiva "molto opportunamente" (*peropportune*) entrambi gli eserciti di lato, lasciando in dubbio se il fatto fosse voluto o casuale, e riferisce in maniera neutra il dato del vento contrario e della polvere. Ancora, se per Valerio i romani furono indotti con l'inganno a seguire i nemici che fingevano di fuggire, nel testo di Livio (22.47) sono i romani che, nell'incalzare i nemici, si spinsero incautamente in mezzo alla schiera cartaginese. Il terzo stratagemma, infine, è l'unico che anche Livio (22.48) attribuisce alla "frode punica" (*Punica fraude*): alcuni soldati si fingono disertori per poi attaccare e massacrare i romani a tradimento, sfoderando le armi che tenevano nascoste nell'armatura. Anche in questo caso Valerio non rinuncia a modificare i dettagli dell'episodio per screditare ulteriormente il nemico cartaginese: egli infatti sorvola sul fatto indicato da Livio che si trattava di soldati numidi alleati di Cartagine. L'*exemplum*, che serve evidentemente a giustificare la sconfitta romana, si chiude con questo commento di Valerio: "Questo fu il coraggio cartaginese, equipaggiato di inganni, insidie e menzogne. Ora questa è la giustificazione più sicura per il nostro valore raggirato, poiché siamo stati ingannati più che sconfitti" (*Haec fuit Punica fortitudo, dolis et insidiis et fallacia instructa. Quae nunc certissima circumventae virtutis nostrae excusatio est, quoniam decepti magis quam victi sumus*).

Anche la rubrica *De perfidia* (9.7) narra episodi di slealtà e inganno: i quattro *exempla* della sezione romana seguono un unico schema e raccontano casi in cui alla promessa di impunità segue il tradimento e la morte violenta (in un caso l'arresto). Solo due *exempla* costituiscono la sezione straniera, il primo riferito ai cartaginesi in generale e il secondo ad Annibale in particolare. Ai cartaginesi, nell'apertura di 9.6.ext.1 definiti "la fonte stessa della perfidia" (*ipsum fontem perfidiae*), non si accosta nessun altro popolo sul piano delle insidie e degli inganni. La loro perversità va ben oltre la slealtà individuale e utilitaristica dei casi romani, fino a diventare la cifra assoluta di un intero popolo: il tradimento e l'uccisione per annegamento dell'alleato spartano Santippo, in 9.6.ext.1, sembra non avere alcun senso. "Che cosa cercavano di ottenere con tale delitto?" (*quid tanto facinore petentes?*), chiede retoricamente Valerio. "Forse che non sopravvivesse il complice della loro vittoria?" (*An ne uictoriae eorum socius superesset?*). Eppure, chiosa l'autore, sopravvive la vergogna di aver ucciso quell'uomo per niente.

Segue l'*exemplum* 9.6.ext.2, che ritrae direttamente Annibale e torna allo schema che vede la promessa di impunità seguita dal tradimento e dal massacro: egli induce con l'inganno prima gli abitanti di Nocera, poi quelli di Acerra, ad uscire dalle loro città assediate, per poi soffocare gli uni con il vapore dei bagni e gettare gli altri in profondi pozzi. Ad aggravare la perfidia di Annibale concorrono, da un lato, i particolari sulla crudele morte inflitta agli improvvidi assediati, dall'altro la duplicazione dell'azione, quasi a suggerire che si tratti, più che di un caso singolo, di un vero e proprio *modus operandi* del generale cartaginese. Anche in questo caso Valerio si discosta sensibilmente dai paralleli liviani: in Liv. 23.15, infatti, quando i nocerini assediati si arrendono per fame e pattuiscono con Annibale di uscire dalla città disarmati e con una sola veste per ciascuno, il generale cartaginese tenta invano di indurre alcuni a militare sotto di lui e infine saccheggia e distrugge la città; in Liv. 23.17, invece, si narra della fuga notturna degli acerrani che ormai disperavano di poter resistere all'assedio cartaginese. In questo caso i testi sono talmente dissimili da poter ipotizzare l'uso di una fonte differente. Resta comunque il fatto che tutte le "correzioni" operate da Valerio rispetto al modello liviano sono chiaramente funzionali allo scopo di rendere un ritratto di Annibale quanto più possibile infido e crudele.

Crudeltà paradigmatica (9.2.ext.2)

La rubrica 9.2 sulla crudeltà, collocata nell'ambito del libro dedicato a varie tipologie di vizi, è significativamente sbilanciata, con una netta prevalenza degli esempi stranieri (11) rispetto a quelli romani (4). È lo stesso Valerio ad esplicitare il motivo della scelta, nel passaggio da una sezione all'altra, dove dichiara di volere procedere al racconto di fatti ugualmente dolorosi, ma non disonorevoli per Roma. Se gli *exempla Romana* iniziavano con la crudeltà di Silla (9.2.1) e di Mario (9.2.2), ad aprire la serie di *exempla externa* sono i cartaginesi come soggetto collettivo, con le crudeli torture inflitte ad Attilio Regolo e ai soldati romani (9.2.ext.1), e Annibale come personaggio individuale (9.2.ext.2). Non sarà un caso che, nel ritratto in chiaroscuro di Silla, il generale cartaginese sia evocato come figura metaforica della crudeltà, in contrapposizione a Scipione: "L. Silla, che nessuno può lodare né biasimare a sufficienza, poiché si presentò al popolo romano come uno Scipione nell'ottenere le vittorie, come un Annibale nell'usarle..." (*L. Sulla, quem neque laudare neque vituperare quisquam satis digne potest, quia, dum quaerit uictorias, Scipionem [se] populo Romano, dum exercet, Hannibalem repraesentavit...*). In 9.2.ext.2 Valerio racconta diversi esempi di disumanità di Annibale, non senza osservare che la sua *virtus* consiste essenzialmente di crudeltà (*saevitia*): fa attraversare il fiume Vergello al suo esercito passando su un ponte di cadaveri di soldati romani, abbandona i prigionieri stremati dal viaggio dopo aver loro tagliato i piedi e costringe i più resistenti a combattere e uccidersi tra congiunti.

La perdita del controllo (9.1.ext.1, 9.5.ext.3, 9.8.ext.1)

Anche la serie di *exempla* esaminata in questo gruppo si colloca nel contesto del nono libro. L'*exemplum* 9.1.ext.1 apre la sezione straniera della rubrica *De luxuria et libidine*, dove l'apparentamento della sfrenatezza dei sensi con l'amore per il lusso è motivato dall'origine comune dei due vizi. Nella sezione romana il lusso è presentato come conseguenza del venir meno del *metus hostilis*, in particolare della tensione tenuta viva dal temibile nemico punico:[16] "La fine della seconda guerra punica e la sconfitta di Filippo il Macedone diedero alla nostra città una vita più tranquilla e dissoluta" (9.1.3: *Urbi autem nostrae secundi Punici belli finis et Philippus Macedoniae rex devictus licentioris vitae fiduciam dedit*); "Discorso dimentico di Pirro, immemore di Annibale e reso inerte dall'abbondanza dei tributi d'oltremare!" (9.1.4: *Sermonem oblitum Pyrri, inmemorem Hannibalis iamque transmarinorum stipendiorum abundantia oscitantem!*). A fare da contrappunto alla mollezza dei romani ormai sicuri del proprio impero, c'è il lusso che soggiogò e snervò Annibale a Capua, consegnandolo alla vittoria di Roma. Così si apre l'*exemplum* 9.1.ext.1: "Ma la mollezza campana fu estremamente utile alla nostra città: infatti, avvinto con le sue lusinghe Annibale, che non era mai stato sconfitto con le armi, lo consegnò alla vittoria dei soldati romani" (*At Campana luxuria perquam utilis nostrae civitati fuit: invictum enim armis Hannibalem inlecebris suis complexa vincendum Romano militi tradidit*). Sono gli ozi di Capua, rappresentati negli aspetti tradizionali del cibo e del vino abbondante, dei profumi e dei piaceri del sonno e del sesso (come già in Liv. 23.18), a fiaccare il generale cartaginese finora mai sconfitto sul campo di battaglia. L'esempio del nemico sconfitto dai propri stessi vizi, prima che dalle armi, sembra un monito implicito ai romani perché non si lascino conquistare dal lusso e dalla mollezza, ma restino saldamente ancorati al *mos maiorum*.

---

16 Sul motivo topico del *metus punicus*, si vedano: G. Bonamente, "Il *metus Punicus* e la decadenza di Roma in Sallustio, Agostino ed Orosio", Giornale italiano di filologia 27 (1975): 137–169; H. Bellen, "*Metus Gallicus – Metus Punicus*. Zum Furchtmotiv in der römischen Republik", Abhandlungen der Geistes- und Sozialwissenschaftlichen Klasse. Akademie der Wissenschaften und der Literatur in Mainz (1985 n. 3): 3–46.

L'*exemplum* 9.5.ext.3 è tratto dalla rubrica *De superbia et impotentia*, dove Valerio racconta alcuni casi di superbia e dispotismo negli uomini di potere: Annibale, insuperbito dalla vittoria di Canne, rifiuta di parlare con alcuno dei suoi compatrioti nell'accampamento. Segue l'*exemplum* 9.5.ext.4, dove l'arroganza induce il senato cartaginese ad usare bagni separati dalla plebe. Nel capitolo *De temeritate*, l'*exemplum* 9.8.ext.1 ritrae Annibale, truce e crudele, che fa uccidere un pilota per tradimento, per poi riconoscerne l'innocenza quando è ormai troppo tardi.

Se caratteristiche di perfidia e astuzia pongono Annibale come campione del popolo cartaginese nei suoi vizi collettivi, gli ultimi tre *exempla* menzionati lo ritraggono piuttosto come grande individualità che perde il controllo e si lascia dominare dal capriccio e dall'arroganza, finendo per perdere la capacità e l'autorità del grande generale.

Il lato umano di Annibale? (5.1.ext.6)

Concludiamo la nostra analisi considerando l'unico *exemplum* che presenta Annibale come modello di virtù, per la precisione di umanità e clemenza (*De humanitate et clementia*, 5.1.ext.6). Questa volta le imprese del cartaginese, che rese i giusti onori funebri ai nemici Paolo Emilio, Tiberio Gracco e Marco Marcello, si collocano a chiusura della rubrica. Il rispetto del nemico sconfitto e, in particolare, il beneficio di onori funebri sono l'elemento predominante della sezione romana, dove ricorre più volte il riferimento ai cartaginesi (5.1.1a, 5.1.2 e 5.1.6). La rubrica, dunque, aperta con un atto di clemenza del senato romano nei confronti dei prigionieri cartaginesi, si chiude in maniera circolare con il gesto di clemenza di Annibale, "l'acerrimo nemico" (*acerrimus hostis*).

A ben guardare, però, l'esempio di umanità di Annibale ha non tanto la funzione di mettere in luce il lato più mite del nemico cartaginese, quanto piuttosto quella di esaltare la virtù dell'*humanitas*, che ha il potere di penetrare perfino negli animi dei barbari più feroci, di intenerire gli sguardi torvi dei nemici e di piegare gli animi resi insolenti dalla vittoria. Anzi, conclude l'autore, Annibale ha conquistato più gloria nel concedere la sepoltura ai tre generali romani che nello sconfiggerli, più nell'onorarli con "romana mitezza" (*Romana mansuetudo*) che nell'ingannarli con "astuzia punica" (*Punicus astus*). Valerio torna così, nonostante l'elogio apparente, all'usato schema del cartaginese crudele e ingannevole, dove l'eccezione serve solo a confermare la regola.

Maslakov fa notare inoltre che l'*exemplum* 5.1.ext.6, dove "Hannibal is praised for a display of Roman virtue", serve anche a rendere evidente il contrasto tra le antiche pratiche e gli orrori delle guerre civili, evocati dagli ultimi due esempi romani (Cesare rende onori funebri a Pompeo in 5.1.9 e Marco Antonio li rende a Bruto in 5.1.10).[17]

Considerazioni conclusive

La figura complessiva di Annibale nell'opera di Valerio Massimo, come emerge dalla nostra analisi, ha fra i suoi tratti ricorrenti *in primis* l'ineluttabilità del suo odio per Roma: un odio individuale che va al di là del rapporto bellicoso tra i due popoli, ma al tempo stesso un odio predestinato e suggellato dalla volontà degli dei, un odio atavico e familiare (non a caso si riscontra una contiguità con i due *exempla* relativi al padre Amilcare, colpito dall'ironia di Valerio). Il secondo aspetto assai frequente, quello della slealtà e dell'inganno, è invece un tratto che accomuna Annibale al popolo cartaginese *tout court*, dipingendolo come il campione della perfidia punica. D'altra parte, se Annibale è descritto come un vero e proprio criminale di guerra, l'insistenza di Valerio su questo aspetto serve anche a nullificare la capacità tattico-strategica del generale cartaginese e a giustificare le difficoltà e le sconfitte subite dai romani. È senz'altro significativo che il nono libro, quello dedicato ai vizi, contenga gli unici casi in cui gli *exempla* su Annibale si trovano in contiguità con *exempla* relativi ai cartaginesi come soggetto collettivo. Oltre al già citato caso della slealtà (*De perfidia*, 9.6), si segnalano come tipiche qualità puniche la crudeltà (*De crudelitate*, 9.2) e la superbia (*De superbia et impotentia*, 9.5): sono queste tre rubriche a contenere coppie di esempi relativi ad Annibale in particolare e ai cartaginesi in generale. Ancora, gli ozi di Capua con l'abbandono ai piaceri dei sensi ritraggono Annibale nella sua perdita del controllo: agli occhi di Valerio un fatto inaccettabile per un generale, che deve sempre mantenere la disciplina propria e dell'esercito. La rappresentazione della rovina del grande condottiero che soccombe alla mollezza perché pago della vittoria serve implicitamente da monito ai romani perché non si espongano alla crisi, mantenendosi all'altezza morale dei propri antenati.

L'antico rispetto del nemico, cui fa cenno l'*exemplum* 5.1.ext.6, rientra anch'esso nell'ottica di una *laudatio temporis acti*, dell'esaltazione di un tempo in cui la ferocia bellica non implicava il disprezzo dell'avversario: in questa sola occasione il cartaginese Annibale è elogiato per un gesto di umanità, per aver dato sepoltura a tre grandi condottieri romani. L'importanza del gesto va di pari passo con la sua ben nota efferatezza: per una volta Valerio osserva nel punico Annibale una virtù romana. L'elogio è posto dunque come una vera e propria *contradictio in terminis*, che finisce così per ricordare al lettore quale sia la vera natura del car-

---

17 Maslakov (cf. fn. 1), p. 455 n. 31.

taginese; in questo *exemplum* Valerio ne ripercorre infatti la carriera, richiaman-
done tutte le caratteristiche tipiche: barbaro efferato, nemico truce, spirito super-
bo, soggetto all'ira e all'odio, astuto ingannatore.

La rappresentazione di Annibale da parte di Valerio Massimo, dunque, appare nel suo complesso coerente con l'immagine offerta dalla tradizione e dalla storiografia romana: crudele, spinto da un odio atavico, motivato dall'individuali-
smo più che dall'amor di patria, dotato di capacità tattico-strategiche che non
sono altro che perfidie e inganni.[18] La nostra scelta di classificare gli *exempla*
dedicati ad Annibale secondo categorie tematiche ha contribuito a mettere in luce
gli elementi ricorrenti nella rappresentazione valeriana del personaggio. L'attenzione per il contesto della rubrica, inoltre, ha permesso di scorgere frequenti
richiami interni tra la sezione romana e la sezione straniera, ponendo in evidenza
la funzione di Annibale come antimodello, non tanto dunque come figura autonoma, quanto come incarnazione di tutto ciò che non è romano, che serve indi-
rettamente a mettere in risalto la *virtus* dei romani.

Abstract

Hannibal is the most frequently quoted foreign character in the *Facta et Dicta
Memorabilia*, a collection of *exempla* by early imperial author Valerius Maximus
(1st century A.D.). This article considers the representation of the Carthaginian
leader in the work, by collating and examining a series of eleven *exempla* where
Hannibal appears as the main character. The analysis starts with a general evaluation of the foreign examples in the work, which are used not only for the sake of
variety and entertainment, but also as a means of comparison with the (always
superior) Roman virtue. The research groups the Hannibal examples together
according to subject matter, while paying special attention to Valerius' use of his
sources and the context of each example (i.e. the thematic chapter). The character
that emerges from this survey is consistent with the traditional picture of Hannibal in Roman historiography, where he is depicted as a cruel, heinous and treacherous warrior. Among the recurring features that Valerius ascribes to Hannibal, his inborn and ineluctable hate for Rome singles him out as an individual
driven by a personal and private feeling. On the other hand, a further main trait is
that of cruelty and deceit, which makes him a symbol of the whole Carthaginian
people. Among other characteristics, pride, arrogance and luxury show Hannibal
in his over-confidence and lack of self-control: the famous Capua episode serves

---

18 Si veda ad esempio: A. Rossi, "Parallel Lives: Hannibal and Scipio in Livy's Third
    Decade", TAPA 134 (2004): 359–381 (e relativa bibliografia).

also as a warning for the Romans to abide by the *mos maiorum* even when their power and victory seems unquestionable. There is one seemingly positive example, where Hannibal is praised for his respect for the Roman enemies, whom he honoured with the rites of burial: even in this case, though, he is paradoxically praised for a typically Roman virtue, and all his evil traits are reiterated, so that the whole point is put in doubt and the final picture of Hannibal that emerges is the usual wicked, ferocious, arrogant, and deceitful Carthaginian.

Zwischen Hellenismus und Christentum – Transformationsprozesse der Stadt Gaza vom 4.–6. Jh. n. Chr.

Claudia Tiersch

1. Die spätantike Stadt als Forschungsproblem

Die Debatte um den Transformationsprozess römischer Städte in der Spätantike zwischen dem 4. und dem 7. Jahrhundert n. Chr. und damit um die Frage „Wandel oder Niedergang"[1] dauert innerhalb der aktuellen Forschung unvermindert an.[2] Einer der Gründe für die schwierige Konzeptualisierbarkeit dieses Phänomens ist, dass sich der Wandel in den verschiedenen Regionen des Römischen Reiches nicht nur zeitlich sehr ungleichmäßig vollzog, sondern er auch zu höchst unterschiedlichen Resultaten führte. Die Bandbreite reichte hier von der völligen Aufgabe städtischer Siedlungen oder zumindest einem Ende spezifisch antiker Urbanität[3] bis zur nahezu ungebrochenen Kontinuierung bisheriger Siedlungs-

---

1 Dieser Aufsatz entstand im Rahmen eines Aufenthalts am Institute for Advanced Study Princeton im Frühjahr 2006, für dessen Finanzierung ich der Fritz Thyssen Stiftung herzlich danke. Ebenfalls danken möchte ich Peter Brown, Heinrich von Staden, Patricia Crone und Glen Bowersock für Rat und Hinweise. Vgl. die im Sammelband von J.-U. Krause/Chr. Witschel (Hgg.), Die Stadt in der Spätantike – Niedergang oder Wandel? (Historia Einzelschr. 190), Stuttgart 2006, zusammengefassten Beiträge eines internationalen Kolloquiums von 2003; ähnlich konzeptualisiert wird der Prozess auch im Band von N. Christie/S. Loseby (Hgg.), Towns in Transition. Urban Evolution in Late Antiquity and the Early Middle Ages, Aldershot 1996. Interessanterweise ist etwa ein genereller Wandel in der administrativen Struktur der spätantiken Städte keineswegs feststellbar. Für einen Niedergang der spätantiken Städte zumindest als Tendenz plädiert hingegen J. H. W. G. Liebeschuetz, The Decline and Fall of the Roman City, Oxford 2001.

2 Prägnant umrissen wird dieser Zusammenhang von Infrastruktur, Verwaltungsfunktion und Normensystem etwa von F. Kolb, Die Stadt im Imperium Romanum, in: H. Falk (Hg.), Wege zur Stadt. Entwicklung und Formen urbanen Lebens in der alten Welt (Vergleichende Studien zu Antike und Orient 2), Bremen 2005, 196–215, und J. Martin, Die griechische und römische Stadt in der Antike, in: P. Feldbauer (Hg.), Die vormoderne Stadt. Asien und Europa im Vergleich, Wien/München 2002, 10–31.

3 In diesem Sinne präzisierte J. H. W. G. Liebeschuetz seinen Standpunkt, vgl. J. H. W. G. Liebeschuetz, Transformation and Decline: Are the Two Really Incompatible?, in: Krause/Witschel (s. Anm. 1), 463–478.

und Lebensformen, lediglich vermehrt um neue Kirchenbauten.[4] Die Veränderungen, welche die Städte in der Spätantike durchliefen, waren derart komplex, dass sie sich auch hinsichtlich ihrer Ursachen und Wirkungen generalisierenden Bewertungen im Sinne eines ausschlaggebenden Faktors entziehen. Dies erschwert eine eindeutige Konzeptualisierung zusätzlich.

So lässt sich zwar für nahezu alle Städte mit Siedlungskontinuität der wachsende Einfluss des Christentums an einer sichtbaren Prägung der städtischen Topographie durch Kirchenbauten sowie dem zunehmenden Einfluss des christlichen Bischofs nachweisen. Insofern ist die Christianisierung tatsächlich einer der entscheidenden Wandlungsfaktoren spätantiker Städte.[5] Die Konsequenzen dieser Entwicklung für die kulturelle und bauliche Identität der einzelnen Gemeinden waren jedoch höchst unterschiedlich. Entschloss man sich etwa in Gallien schon Anfang des 3. Jahrhunderts zur Preisgabe wesentlicher Teile der städtischen Infrastruktur,[6] legten zahlreiche Städte im östlichen Mittelmeer viel Wert auf die Erhaltung von Theatern und Bädern. Für diese ist eine Nutzung im ursprünglichen Sinne zuweilen bis zum Beginn der arabischen Eroberung nachweisbar.[7]

Und selbst wirtschaftliche Prosperität wurde von spätantiken Städten in höchst unterschiedlicher Weise zur Stadtgestaltung genutzt. So ist z. B. für Städtegründungen der justinianischen Zeit mehrfach eine Ausstattung mit Theatern nachweisbar. Andererseits entstanden zur gleichen Zeit in den Steppenzonen Syriens und Palästinas urbane Siedlungen arabischer Einwohner, in denen auf eine Ausgestaltung des öffentlichen Raumes verzichtet wurde. Die vielen kleinen Hauskirchen, welche nur von den jeweils zugehörigen Häusern erreicht werden

---

4   Eine Deurbanisierung lässt sich etwa in Nordgallien sowie in Britannien beobachten, eine weitgehende Kontinuität v. a. in den Städten des östlichen Mittelmeerbereichs. So konnten Simon Loseby für Frankreich und Michael Kulikowski für Spanien zeigen, dass auch die Gruppe der Kurialen weiterhin fassbar und im städtischen Zusammenhang mit wesentlichen Funktionen betraut blieb; vgl. S. Loseby, Decline and Change in the Cities of Late Antique Gaul, in: Krause/Witschel (s. Anm. 1), 67–104, sowie M. Kulikowski, The Late Roman City in Spain, in: Krause/Witschel (s. Anm. 1), 129–149.

5   Eine Kategorisierung der sich hieraus ergebenden Konsequenzen bietet jetzt der Sammelband von G. Brands/H.-G. Severin (Hgg.), Die spätantike Stadt und ihre Christianisierung, Wiesbaden 2003, sowie allgemeiner B. Brenk, Die Christianisierung der spätrömischen Welt. Stadt, Land, Haus, Kirche und Kloster in frühchristlicher Zeit, Wiesbaden 2003, v. a. 3–48.

6   So ließen die neuerrichteten Schutzmauern die städtischen Fora außerhalb, auch die Theater wurden eher als Befestigungswerke genutzt; vgl. Loseby (s. Anm. 4), passim, z. B. zu Clermont und Périgueux.

7   Vgl. A. Walmsley, Byzantine Palestine and Arabia: Urban Prosperity in Late Antiquity, in: Christie/Loseby (s. Anm. 1), 126–158.

konnten, strukturierten dort die Städte als Ansammlung privater Räume. Dies
unterschied sie grundlegend von urbanistischen Konzepten der griechisch-römischen Antike, knüpfte dafür aber an orientalisch-nordafrikanische Stadttraditio-
nen an und überdauerte weitgehend unverändert den Einbruch des Islam.[8] Offenbar war also für eine Weiterführung klassischer Institutionen, wie Theatern, Spielen oder Bädern, keineswegs nur eine gewisse wirtschaftliche Prosperität erfor-
derlich, sondern auch der Wille städtischer Eliten, ihr Geld weiterhin in dieser
traditionellen Normen folgenden euergetischen Form auszugeben.

Hieraus resultiert die Erkenntnis, dass in einer Umbruchsepoche, in der die
zentralistische Macht des römischen Staates zunehmend weniger spürbar wurde,
wieder verstärkt lokale Kulturtraditionen über die weitere Entwicklung urbaner
Zentren entschieden. Das macht die Fragen, welches Ursachenspektrum im Einzelfall dafür ausschlaggebend war, ob eine Stadt durch Kontinuität, Wandel oder
gar Niedergang geprägt wurde, ob man Fora und Theater bereitwillig preisgab
oder sie als Teil der eigenen Identität zäh verteidigte, umso relevanter. Genau diesem Feld möchte sich der vorliegende Beitrag am Beispiel der Stadt Gaza widmen. Im Zentrum des Interesses steht die Art des Transformationsprozesses, den
Gaza zwischen dem 4. und dem 6. Jh. n. Chr. durchlief, und die Bedeutung des
Christentums für diese Veränderungen.

Mehrere Gründe machen Gaza für eine solche Fallstudie besonders interessant. Zum einen gehört Gaza zu den besonders im griechischen Osten auftreten-
den Städten, die noch in der erste Hälfte des 6. Jahrhunderts eine erstaunliche
Kontinuität antiker Stadtstrukturen aufwiesen, egal ob es sich um die Erhaltung
oder sogar den Neubau von Theatern und Bädern handelte oder um die Abhaltung von festlichen Spielen.[9] Zum anderen verweisen zahlreiche Zeugnisse darauf, dass sich hier das Christentum erst relativ spät zu etablieren vermochte.[10]
Deshalb stellt sich erstens die Frage, ob beide Phänomene miteinander zusammenhängen und zweitens, welches kulturelle Gepräge das Christentum in Gaza
annahm.

---

8   Diese Kontraste schildert S. Westphalen, „Niedergang oder Wandel?" – Die spätanti-
    ken Städte in Syrien und Palästina aus archäologischer Sicht, in: Krause/Witschel
    (s. Anm. 1), 181–197. Eugen Wirth weist der antiken Phase der Städtebildung im
    nordafrikanisch-arabischen Raum lediglich die Bedeutung einer Zäsur innerhalb der
    dreitausendjährigen städtischen Kontinuitäten in jener Region zu, vgl. E. Wirth, Die
    orientalische Stadt im islamischen Vorderasien und Nordafrika, Mainz 2000, 325ff.
9   Erste interessante Analysen der guten Quellenlage, die zumeist der sogenannten Rhe-
    torenschule von Gaza entstammen, gibt der neue Sammelband von C. Saliou (Hg.),
    Gaza dans l'Antiquité tardive. Archéologie, rhétorique et histoire (Cardo 2), Salerno
    2005.
10 Siehe hierzu das folgende Kapitel. Die mannigfachen Facetten christlichen Lebens in
    Gaza beleuchten jetzt die Aufsätze in: B. Bitton-Ashkelony/A. Kofsky (Hgg.), Chris-
    tian Gaza in Late Antiquity, Leiden 2004.

Trotz der ungewöhnlich reichhaltigen literarischen Quellenlage für Gaza im 6. Jahrhundert stand die Stadt lange im Schatten der Forschung. Dies änderte sich erst durch zwei jüngst von Brouria Bitton-Ashkelony und Ariel Kofsky bzw. von Catherine Saliou herausgegebenen Sammelbände. Während der erste der beiden Bände sich zahlreichen Aspekten der christlichen Seite Gazas widmete, thematisierte der zweite in mannigfachen Einzelstudien vor allem die Persistenz der traditionellen Kultur. Ungeklärt ist bisher aber erstens die Frage, wie sich beide Sphären zueinander verhielten und im 6. Jahrhundert n. Chr. die kulturelle Identität Gazas prägten. Existierten hier möglicherweise andauernde Konflikte zwischen Christentum und hellenischer Kultur? Ein zweites Forschungsdesiderat besteht in einer präziseren Bestimmung der kulturellen Veränderungen und Kontinuitäten in Gaza zwischen dem 4. und dem 6. Jahrhundert n. Chr. und der Rolle des Christentums darin. Erst eine genauere Analyse dieses Transformationsprozesses vermag Erklärungen dafür zu geben, warum die Stadt im Gegensatz zu vielen anderen Poleis des Römischen Reiches nicht nur ihre Baustruktur bewahrte, sondern auch wesentliche Züge ihrer traditionellen Urbanität. Beiden Problemen ist im Folgenden nachzugehen.

Hierfür sollen zuerst die kulturellen Ursachen der anfänglichen Abwehr des Christentums Ende des 4. Jahrhunderts ermittelt werden. Darauf ist den Gründen für die erfolgreiche Behauptung der christlichen Religion in der ersten Hälfte des 6. Jh. nachzugehen, doch ebenso auch Widerständen und Grenzen, um schließlich den Einfluss zu ermitteln, den das Christentum auf die kulturelle Identität Gazas und damit auch auf sein urbanes Selbstverständnis ausübte.

2. Die Stadt des Marnas – Widerstände gegen die Christianisierung Gazas im 4. Jh. n. Chr.

Gaza, die überaus wohlhabende, am Schnittpunkt wichtiger Verkehrswege gelegene Metropole in Südpalästina, wurde im Verlauf des gesamten 4. Jahrhunderts von Anhängern paganer Kulte dominiert.[11] Deren Dominanz war Bestandteil

---

11   Gaza lag sowohl am Endpunkt der aus Petra heranführenden Karawanenstraße als auch an der nord-südlichen Landverbindung zwischen Syrien und Ägypten. Sein Wohlstand beruhte nicht unerheblich auf dem dortigen Weinanbau sowie dem Handel; zur paganen Prägung Gazas vgl. z.B. Soz. HE 5,9,7ff.; 5,15,14–16 (Sozomenos, Kirchengeschichte Bd. 2, hg. G. Chr. Hansen [Fontes christiani 73/2], Turnhout 2004, 598ff.; 624–626). Vgl. zu Gaza insbesondere C. Glucker, The City of Gaza in the Roman and Byzantine Periods (BAR International Series 325), Oxford 1985, L. di Segni, The Territory of Gaza: Notes on Historical Geography, in: Bitton-Ashkelony/Kofsky (s. Anm. 10), 41–59, sowie jetzt J. Hahn, Gewalt und religiöser Konflikt.

einer zutiefst hellenisch geprägten Identität, wie sie viele Städte an der Küste
Judäas kennzeichnete.[12] Poleis wie Skythopolis, Caesarea Maritima oder Sebaste
verbanden die klassischen Charakteristika antiker Städte: Bauten wie Tempel,
Fora, Theater und Bäder bzw. Spiele und zuweilen auch höhere Schulen. Interessanterweise markierte die Phase der römischen Herrschaft für diese Region weniger die Epoche einer direkten Romanisierung als vielmehr ein Wiederanknüpfen
an religiöse Traditionen vor der Hasmonäerzeit. Dies verband sich mit der Intensivierung einer hellenisch bestimmten Stadtkultur, die Bauten, Spiele, städtischen
Euergetismus und die Pflege klassischer Bildung gleichermaßen umfasste.[13] Gaza
selbst ist dafür ein prägnantes Beispiel. Hier markierte der Besuch Kaiser Hadrians 130 n. Chr. nicht nur den Beginn einer neuen Gattung festlicher Spiele, sondern auch eine Wiederbelebung des uralten, semitisch geprägten Marnaskultes.
Marnas wurde in der Folge erneut zur identitätsprägenden Stadtgottheit, sein
Tempel und die damit verbundenen Spiele bildeten Attraktionen weit über Gaza
hinaus. Zudem gründete sich der Ruhm der Stadt aber auch auf die exzellente
Qualität der hier erhältlichen Rhetorikausbildung.[14]

Im Kontext dieser dezidiert hellenistischen kulturellen Identität sind die entschiedenen Widerstände gegen jegliche Behauptungsversuche christlicher Missionare im 4. Jahrhundert zu sehen. Die feindliche Einstellung zahlreicher Stadtbewohner erfuhr z. B. der christliche Eremit Hilarion, der sich ab ca. 320 n. Chr.
in der Einöde von Tawatha niederließ und später die erste Mönchskolonie in

---

Studien zu den Auseinandersetzungen zwischen Christen, Heiden und Juden im
Osten des Römischen Reiches (von Konstantin bis Theodosius II.) (Klio Beih.
N.F. 8), Berlin 2004, 191–222, N. Belayche, Iudaea-Palaestina. The Pagan Cults in
Roman Palestine (Second to Fourth Century) (Religion der Römischen Provinzen 1),
Tübingen 2001, 232–256.

12   Den Koloniestatus erhielt Gaza nach der Mitte des 3. Jh. n. Chr., vgl. Inscriptiones
Graecae ad res Romanas pertinentes III 1212. Amm. Marc. 14,8,11 (Ammianus Marcellinus, Römische Geschichte Bd. 1, hg. W. Seyfarth, Darmstadt 1968, 88) bezieht
sich bei seiner Aufzählung der bedeutendsten Städte Palästinas ebenso wie der Autor
der Expos. tot. mundi et gent. 26ff. (Expositio totius mundi et gentium, éd. J. Rougé
[SC 124], Paris 1966, 160ff.) ausschließlich auf die Städte griechischen Gepräges und
nennt hierunter auch Gaza.

13   Einen umfassenden Überblick bietet jetzt C. Dauphin, La Palestine byzantine: Le
peuplement, London 1999; vgl. zur Integrationskraft des Hellenismus für unterschiedliche lokale Kulturen G. W. Bowersock, Hellenism in Late Antiquity, Ann
Arbor, Mich. 1996.

14   Die rhetorische Ausbildung bezeugt Lib. Or. 55,33f. (Libanii Opera Vol. IV, rec. R.
Foerster, Leipzig 1908, 125f.), die besondere Qualität der Spiele Expos. tot. mundi et
gent. 32 (Rougé [s. Anm. 12], 164–166); vgl. N. Belayche, Pagan Festivals in Fourth-
Century Gaza, in: Bitton-Ashkelony/Kofsky (s. Anm. 10), 5–22, sowie Chr. Wallner,
Zur Agonistik von Gaza, in: ZPE 135 (2001), 125–135.

Palästina begründete.[15] Obwohl er ungefähr 10 km außerhalb der Stadt siedelte, wurde er durch die Bürger Gazas dennoch als Bedrohung empfunden. Hieronymus berichtet in seiner Hilarionsvita von einem äußerst gespannten Verhältnis beider Seiten sowie von mehreren aggressiven Aktionen der Stadtbevölkerung gegenüber dem Eremiten.[16] Schließlich nutzte man die pagane Restaurationsphase Kaiser Julians zur Zerstörung seines Klosters und zur Vertreibung aller dort siedelnden Mönche.[17] Ähnlich prekär war aber auch die Situation der Christen in der Stadt selbst. Trotzdem ein eigener Bischof für Gaza zumindest für die Zeit der Verfolgungen unter Diokletian bezeugt ist, umfasste die christliche Gemeinde noch Ende des 4. Jahrhunderts nur einen winzigen Bruchteil der Stadtbevölkerung und war darüber hinaus durch innere Streitigkeiten gespalten.[18] Zudem kam es in Gaza während der Herrschaft Julians sogar zu Verfolgungen und Ermordungen von Christen: Die Opfer waren drei christliche Brüder, welche sich gewalttätige Übergriffe gegen pagane Heiligtümer hatten zuschulden kommen lassen.[19]

Noch im Jahre 395 n. Chr. war der Widerstand der Bevölkerungsmehrheit gegen jegliche Versuche der neuen Religion, sich in Gaza zu etablieren, unvermindert. Um die Einreise und den Amtsantritt des neuernannten Bischofs Porphyrios zu verhindern, errichteten Bewohner der umliegenden Dörfer Barrikaden aus Dornensträuchern und Müll und entzündeten diese.[20] Der Verfasser einer ausführlichen lobpreisenden Vita des Bischofs, sein Diakon Marcus, berichtet auch für die Folgezeit von wiederholten physischen Angriffen und verbalen Beleidigungen, denen der Bischof und seine Gemeinde ausgesetzt waren.[21]

---

15 Vgl. hierzu jetzt R. Elter, Le monastère de Saint Hilarion, in: CRAI 2004, 359–382, sowie R. Elter/A. Hassoune, Le monastère de Saint Hilarion: les vestiges archéologiques du site de Umm el-Amr, in: Saliou (s. Anm. 9), 13–40, M. Fuhrmann, Die Mönchsgeschichte des Hieronymus. Formexperimente in erzählender Literatur, in: A. Cameron (Hg.), Christianisme et formes littéraires de l'antiquité tardive (Fondation Hardt, Entretiens 23), Genf 1976, 41–89, 41–58.

16 Hieron. V. Hilarion. 20; 22 (PL 23,36f.; 39f.).

17 Hieron. V. Hilarion. 33 (PL 23,46).

18 395 verhinderte die tiefe Zerstrittenheit der Gemeinde, dass man sich auf einen Bischof einigen konnte; Marc. Diac. V. Porph. 11f. (Marc le Diacre, Vie de Porphyre, éd. H. Grégoire/M.-A. Kugener, Paris 1930, 10f.). Schätzungen von einem christlichen Anteil von ca. 1 % an der Stadtbevölkerung nutzen die Zahlenangabe des Marcus Diaconus von 280 Gemeindegliedern und gehen von einer Gesamtbevölkerung zwischen 25 000 und 30 000 Einwohnern aus, bleiben aber unsicher, vgl. M. Broshi, The Population of Western Palestine in the Roman-Byzantine Period, in: BASOR 236 (1979), 1–10, 5.

19 Hiervon berichtet Soz. HE 5,9 (Hansen [s. Anm. 11], 598).

20 Marc. Diac. V. Porph. 17 (Grégoire/Kugener [s. Anm. 18.], 15).

21 Marc. Diac. V. Porph. 19; 22–25; 32; 95–99 (Grégoire/Kugener [s. Anm. 18.], 16; 19–22; 27f.; 73–76).

Obzwar die Vita mehrfach bearbeitet wurde, sind wichtige Details, wie die Zerstörung des Marneions und auch die Existenz des Bischofs Porphyrios, durch unabhängige Quellenzeugnisse gesichert.[22] Angesichts der Tatsache, dass kaiserliche Gesetze bereits 390 die nizänische Form des christlichen Glaubens zum Bekenntnis aller Untertanen des Reichs erhoben hatten, überrascht diese anhaltende erbitterte Resistenz. Wo lagen deren Gründe?

Zum einen sind durchaus religiöse Motive als eine Ursache der Attacken auszumachen. Traditionelle Kulte wurden in Gaza höchst aktiv gepflegt und waren in vielen Lebensbereichen verwurzelt. So war der Kult der Aphrodite besonders bei Frauen beliebt, während die städtische Hauptgottheit Marnas als Herr des Regens und der Fruchtbarkeit galt. Sie stand also in besonderer Weise in Verbindung mit den Vegetationszyklen der gerade auch landwirtschaftlich prosperierenden Polis.[23] Auch sechs weitere Tempel für Helios, Kore, Apollo und Hekate, sowie ein Heroon und ein Tychaion befanden sich in regem Betrieb. Zusätzlich dazu wurden unzählige private Kultbilder verehrt.[24] Offenbar befand sich hier die Schicht der städtischen Eliten mit weiten Kreisen der Bürgerschaft in völliger Übereinstimmung.[25] All diese Kulte hatten auch Ende des 4. Jh. nichts von ihrer Bedeutung für die individuelle Religiosität, als Orientierungssystem für private Zusammenhänge wie Ehe und Familie oder die Sicherung fruchtbarer Ernten, aber auch für das kulturelle Sinnsystem der Stadtgemeinde, etwa als Prestigequelle der Oberschichten, eingebüßt. Hilarion und Porphyrios wurden in diesem Kontext keineswegs als religiös unwirksam wahrgenommen, sondern vielmehr als Vertreter einer überaus bedrohlich wirksamen, konkurrierenden religiösen Gegenmacht, die das innere Gleichgewicht Gazas erheblich störte. Hierdurch erhöhte sich das von ihnen ausgehende Gefährdungspotential in den Augen der Bürger. Dies zeigt besonders der Fall eines christlichen Duumvirn aus Maiouma, der mit Hilfe Hilarions bei den städtischen Spielen einen Kollegen aus Gaza, der sich als entschiedener Marnasanhänger verstand, zu besiegen vermochte.[26]

---

22 Zur Zerstörung des Marneions vgl. Hieron. Ep. 107,2 (Saint Jérôme, Lettres t. 5, Paris 1955, 146); Comm. in Esaiam 7,17,2f. (PL 24,249). Ein unabhängiges Zeugnis für die Existenz des Porphyrios bietet eine Homilie des Johannes II. von Jerusalem (Bischof 386–417 n. Chr.), vgl. hierzu M. van Esbroeck, Jean II de Jérusalem et les cultes de S. Étienne, de la Sainte-Sion et de la croix, in: AB 102 (1984), 99–134, 99f., 112, sowie Hahn (s. Anm. 11), 204 Anm. 62.

23 Vgl. G. Downey, Art. „Gaza", in: RAC 8 (1972), 1123–1134, 1125; G. Mussies, Marnas God of Gaza, in: ANRW II 18,4, 2412–2457.

24 So explizit Marc. Diac. V. Porph. 64 (Grégoire/Kugener [s. Anm. 18.], 50f.); vgl. auch Belayche (s. Anm. 11), 247–249.

25 Siehe hierzu v. a. Hieron. V. Hilarion. 20 (PL 23,36f.); Marc. Diac. V. Porph. 95 (Grégoire/Kugener [s. Anm. 18.], 73).

26 W. Wischmeyer, Magische Texte. Vorüberlegungen und Materialien zum Verständnis christlicher spätantiker Texte, in: J. van Oort/D. Wyrwa (Hgg.), Heiden und Christen

Zugleich kollidierte das Wirken Hilarions jedoch noch in weiteren Bereichen mit dem Selbstverständnis der Gazener. So tangierten seine Angriffe auf die Spiele sowohl eine Institution städtischer Festfreude und bürgerlicher Zusammengehörigkeit als auch einen eminenten Wirtschaftsfaktor Gazas. Darüber hinaus trugen die Spiele, insbesondere die zu Ehren des Marnas, in erheblichen Maße zur glanzvollen Außenwirkung der Stadt bei, was im zwischenstädtischen Konkurrenzkampf von Bedeutung war. Zudem boten sie den städtischen Eliten die Möglichkeit zu euergetischer Tätigkeit und repräsentativer Selbstinszenierung.[27] Vor allem aber verkörperte Hilarion einen Lebensentwurf, der all das in Frage stellte, was zu den Grundwerten der antiken Gesellschaft gehörte: Familie, die Weitergabe von Besitz sowie die Institution der Polis und ihrer Kultur. Insofern überrascht es nicht, dass Hilarion als umso gefährlicher empfunden wurde, je mehr seine Autorität und seine Anhängerschaft durch erfolgreiche Interventionen stiegen, und man letztendlich zu seiner Vertreibung schritt.

Auf den ersten Blick brachte dann das Wirken des Bischofs Porphyrios ab 395 doch die entscheidende Wende im Kampf um die religiösen Machtverhältnisse. Zumindest sein Biograph Marcus schildert die Amtsjahre des Porphyrios als triumphalen Sieg des Christentums über die heidnischen Götter. Tatsächlich gelang dem Bischof ein entscheidender Schlag gegen pagane Kultstätten, wobei er sich geschickt der administrativen Machtmittel der kaiserlichen Zentrale bediente. So ordnete ein kaiserliches Edikt, auf seine Bitte hin erlassen, die Zerstörung aller städtischen Tempel an.[28] Die weitgehende Realisierung dieses Edikts durch kaiserliche Truppen bedeutete eine massive Veränderung der städtischen Sakraltopographie und zugleich auch eine Neudefinition der urbanen Legitimationsstrukturen, welche die städtischen Eliten in ihren bisherigen Kultkompetenzen entmachtete. Von besonderer Symbolkraft war dann insbesondere die nach einer weiteren Intervention des Bischofs erfolgte Zerstörung des Marneions als städtischem Haupttempel und Heiligtum von überregionaler Bedeutung.[29] Dieses wurde unverzüglich durch eine christliche Kirche ersetzt.[30] Wie gezielt Porphyrios bei dieser Gelegenheit die bisherige religiöse Identität Gazas auszulöschen

---

im 5. Jh., Louvain 1998, 88–122, sowie jetzt P. Lee Stecum, Dangerous Reputations: Charioteers and Magic in Fourth-Century Rome, in: Greece and Rome 53 (2006), 224–234. Zur Bedrohung des innerstädtischen Gleichgewichts durch Hilarion vgl. R. Van Dam, From Paganism to Christiany in Late Antique Gaza, in: Viator 16 (1985), 1–20, 9.

27   Hieron. V. Hilarion. 16; 20 (PL 23,35–37).

28   Marc. Diac. V. Porph. 26f. (Grégoire/Kugener [s. Anm. 18.], 22f.).

29   Vgl. hierzu H. Saradi-Mendelovici, Christian Attitudes toward Pagan Monuments in Late Antiquity and Their Legacy in Later Byzantine Centuries, in: DOP 44 (1990), 47–61, 47–49, 53.

30   Marc. Diac. V. Porph. 75–79 (Grégoire/Kugener [s. Anm. 18.], 59–63).

trachtete, um an deren Stelle die neue christliche Dominanz augenfällig zu demonstrieren, zeigt der Umstand, dass er die Marmorplatten des bisherigen Adytons zur Pflasterung des Vorplatzes der neuen Kirche verwenden ließ, damit sie nun von jedermann und auch von Tieren betreten werden würden. Vor allem diese Initiative traf die religiösen Gefühle vieler Altgläubiger offenbar in besonderem Maße.[31]

Dennoch bietet selbst die lobpreisende Porphyriosvita klare Hinweise darauf, dass die Zerstörung der Tempel bestenfalls als Teilerfolg zu bewerten war und weder die Feindschaft der Gazener noch deren Vorliebe für pagane Kultpraktiken hierdurch gebrochen werden konnte. So vermochte Porphyrios auch nach fünfundzwanzigjähriger Amtsdauer nur eine Minderheit der Stadtbevölkerung zu bekehren.[32] Viele Kulte wurden im Geheimen weiter praktiziert, obwohl in einer konzertierten Aktion sogar private Kultbilder aufgesucht und vernichtet worden waren.[33] Alle diese Indizien verweisen darauf, dass die Maßnahmen des Bischofs durch die Mehrheit der Stadtbevölkerung als brutaler Eingriff eines Fremden mit Hilfe der kaiserlichen Zentraladministration in die gewachsene lokale kulturelle und religiöse Identität Gazas abgelehnt wurden. Hierbei hat gewiss auch die Veränderung der traditionellen Macht- und Patronagebeziehungen zuungunsten der bisherigen Eliten eine Rolle gespielt.[34] Generell aber war Gaza in seiner Resistenz durchaus kein Einzelfall. Gerade für das Ende des 4. Jahrhunderts haben archäologische Untersuchungen mehrere Beispiele dafür erbracht, dass die in dieser Zeit erkennbaren Veränderungen der öffentlichen

---

31 Dies betont Marc. Diac. V. Porph. 76 (Grégoire/Kugener [s. Anm. 18.], 60f.). Auch die folgenden drei Kapitel berichten von dem Bemühen des Bischofs, unter dem Schutz kaiserlicher Truppen jegliche Spuren des Marneions auszulöschen, vgl. Y. Tsafrir, The Fate of Pagan Cult Places in Palestine: The Archaeological Evidence with Emphasis on Beth Shean, in: H. Lapin (Hg.), Religious and Ethnic Communities in Later Roman Palestine (Studies in Jewish History and Culture 5), Bethesda, Md. 1998, 197–218, 202–204. J. Hahn hat zur Recht darauf verwiesen, dass exorzistische Praktiken bei Zerstörungen heidnischer Tempel keineswegs ein Automatismus waren, sondern stark davon abhingen, inwieweit hier tatsächlich noch wirksame pagane Götter vermutet wurden. Der bevorzugte christliche Topos war der eines hohlen paganen Götterbildes, das nur noch von Ratten und Mäusen bewohnt wurde, doch diese Situation war in Gaza eben nicht gegeben; vgl. J. Hahn, Tempelzerstörung und Tempelreinigung, in: H. Albertz (Hg.), Kult, Konflikt, Sühne (Veröffentlichungen des Arbeitskreises zur Erforschung der Religions- und Kulturgeschichte des Vorderen Orients 2), Münster 2000, 269–285, v. a. 272–282.

32 Zahlenangaben von ca. 2800 Gemeindegliedern ergeben sich aus der Addition der von Marcus geradezu buchhalterisch aufgelisteten Bekehrungszahlen des Porphyrios, sind aber ebenso mit Vorsicht zu verwenden.

33 Marc. Diac. V. Porph. 71 (Grégoire/Kugener [s. Anm. 18.], 57).

34 So zu Recht Van Dam (s. Anm. 26), 11.

Sakraltopographie meist nur die erste Stufe eines langfristigeren religiösen Konversionsprozesses darstellten. Private Kultbilder wurden hingegen noch deutlich länger verehrt.[35]

Zudem führte die gewaltsame Vorgehensweise des Porphyrios unverkennbar zu tiefen Spaltungen und Konflikten innerhalb der Bürgerschaft. So war eine feindselige Stimmung innerhalb der Stadt bei Dekurionen und vielen anderen Bürgern ebenso wie seitens der bäuerlichen Bevölkerung des Umlandes gegenüber der christlichen Gemeinde unübersehbar.[36] Schließlich brach sich zu einem nicht näher bestimmbaren Zeitpunkt nach der Erbauung der neuen Kirche der aufgestaute Unmut in einem Aufstand Bahn. Porphyrios musste sich fluchtartig über die Dächer Gazas hinweg in Sicherheit bringen und war gezwungen, sich mehrere Tage vor einer wütenden Menge zu verstecken. Der Aufruhr konnte letztendlich erst durch das militärische Eingreifen der Staatsmacht niedergeschlagen werden. Alle Rädelsführer wurden durch den zuständigen *consularis* ausgepeitscht.[37]

In diesem Kontext einer extrem angespannten öffentlichen Lage sind die von Marcus Diaconus gebotenen Wunderberichte einer näheren Prüfung wert. Immerhin ist es auffallend, dass Wunderberichte insbesondere an den Stellen der Vita zum Einsatz kommen, in denen über höchst problematische Initiativen des Bischofs berichtet wird.[38] So weist etwa der Autor die Idee für die Brandstiftung am Marneion nicht dem Bischof zu, sondern einem kleinen Kind, das angeblich wundersamerweise die Anweisungen für die erfolgreiche Vernichtung gegeben habe.[39] Außerdem stand der Biograph vor einem Rechtfertigungsproblem, denn die von Porphyrios initiierte Zerstörung eines anderen paganen Tempels hatte sogar ein Menschenleben gekostet: Ein Militärtribun war durch eine herunterstürzende Säule erschlagen worden. Marcus entledigte sich dieses Problems jedoch, indem er die Schuld am Tod des Militärtribuns diesem selbst zuwies: Der

---

35 Tsafrir (s. Anm. 31), 218.

36 Vgl. hierzu Marc. Diac. V. Porph. 22 und 95 (Grégoire/Kugener [s. Anm. 18.], 19f.; 73) zu zwei Konflikten zwischen paganen Gazenern und der christlichen Gemeinde anlässlich der Einziehung von Einkünften aus einem Grundstück, das der christlichen Gemeinde gehörte.

37 Marc. Diac. V. Porph. 95–99 (Grégoire/Kugener [s. Anm. 18.], 73–76).

38 Marc. Diac. V. Poprh. 61; 70; 80–83 (Grégoire/Kugener [s. Anm. 18.], 49; 56f.; 63–66). Hier berichtet er, dass Kultstatuen herabgestürzt seien und pagane Kultanhänger erschlagen hätten. Anlässlich der Zerstörung des Marneions berichtet er von der wundersamen Errettung dreier Kinder, die in einen Brunnen gefallen waren.

39 Marc. Diac. V. Porph. 66–68 (Grégoire/Kugener [s. Anm. 18.], 52–55). Angeblich habe der Bischof das Kind zwingen wollen, den Urheber dieser Manipulation zu nennen, das Kind sei jedoch zuerst stumm geblieben und habe dann den Plan auf Griechisch geäußert, obwohl es ansonsten nur Syrisch gesprochen habe.

Tod sei die gerechte Strafe für dessen verborgene pagane Sympathien gewesen.[40] War dies ein Kunstgriff, um Vorwürfe gegen den Bischof wegen einer sinnlosen Zerstörungsaktion auszuräumen, die noch dazu ein Menschenleben gekostet hatte? Zumindest erscheint die Vermutung legitim, dass es sich bei diesen Wunderepisoden um ein gezielt gewähltes literarisches Mittel handelt, die keineswegs unumstrittenen Aktionen des Bischofs mit Verweis auf deren göttliche Quelle mit Legitimation zu versehen und diesen zugleich gegenüber Anwürfen in Schutz zu nehmen. Auf jeden Fall stellt die Vita ein eindrucksvolles Beispiel dafür dar, dass die literarische Repräsentation eines Triumphs tatsächlich nur einen Teilerfolg schilderte und auch die aktive kaiserliche Unterstützung keinen endgültigen Erfolg bei der Behauptung der christlichen Religion sichern konnte.

Leider bildet die auf die religiöse Konfliktebene fokussierte Vita die einzige Quelle zu dieser Etappe der Auseinandersetzungen, so dass deren weitere Dimensionen (etwa mögliche Kontroversen um die städtischen Spiele) und die Motive der jeweils Beteiligten für jene Jahre nur ansatzweise erhellt werden können. Konkurrierende Wirtschaftsinteressen, etwa Streitigkeiten um Grundstücke und Pachtabgaben, waren aber auf jeden Fall Teil des Konflikts.[41] Sicher ist indes, dass Porphyrios sich bis zum Lebensende gegnerischen Angriffen ausgesetzt sah und er in der Stadt seines langjährigen Wirkens trotz seiner unleugbaren Bedeutung für die Etablierung des Christentums dauerhaft unpopulär blieb.[42] Damit korreliert auch, dass Marcus für die Zeit nach dem Tod des Bischofs von keinen Wundern mehr berichtet, ein klares Indiz dafür, dass sich keinerlei Porphyriosverehrung in Gaza zu etablieren vermochte.[43]

Zudem war auch nach seinem Tod die Lage in Gaza keineswegs konsolidiert. Noch zu Ende des 5. Jahrhunderts ließ eine kurzzeitige Machtergreifung des heidnischen Usurpators Illos (484–488) bei vielen Christen Gazas die Furcht vor einer erneuten Restauration der bisherigen Verhältnisse wach werden. Insbesondere die enorme Resonanz, die der gebildete Heide Antoninos aus Alexandria in Gaza in jenen Jahren fand, zeugt von den andauernden Sympathien vieler Bürger für traditionelle Kulte und die althergebrachte, hellenistisch geprägte Lebensform.[44] Ähnliche Entwicklungen sind zur gleichen Zeit auch für weitere Städte

---

40 Marc. Diac. V. Porph. 70 (Grégoire/Kugener [s. Anm. 18.], 56f.).

41   So eindeutig Marc. Diac. V. Porph. 22; 95 (Grégoire/Kugener [s. Anm. 18.], 19f.; 73).

42 Vgl. die Charakteristik Marc. Diac. V. Porph. 103 (Grégoire/Kugener [s. Anm. 18.], 79): τὸν καλὸν ἀγῶνα τετελεκὼς πρὸς τοὺς εἰδωλομανεῖς ἕως τῆς ἡμέρας τῆς κοιμήσεις αὐτοῦ.

43 So zu Recht die Vermutung von Grégoire/Kugener (s. Anm. 18.), Introd., LXXXVIII.

44 Zach. V. Isaiae (Zachariae Rhetori Vita Isaiae, ed. E. W. Brooks [CSCO 7], Paris 1907, 3–16, 7); zu Antoninus von Alexandria, einem Lehrer der neuplatonischen Theologie,

des griechischen Ostens wie z. B. Aphrodisias und Alexandria zu konstatieren.[45]

3. Die Etablierung des Christentums in Gaza in der ersten Hälfte des 6. Jahrhunderts und deren Ursachen

Zu Beginn des sechsten Jahrhundert bieten die Quellen dann aber ein deutlich
verändertes Bild. Die Wandlungen betreffen keineswegs nur die Umgebung der
Stadt, wo sich bei Tawatha mehrere monastische Gemeinschaften etabliert hatten, die hohes Ansehen genossen.[46] Auch innerhalb Gazas hatte das Christentum
seine sichtbare Verankerung im Stadtbild gefunden. Dies belegt die sogenannte
Madabakarte, ein prachtvolles, wenngleich teilweise zerstörtes Mosaik, welches
1884 als Mosaikfußboden in der Kirche von Madaba in Jordanien wiedergefun-
den wurde.[47] Nach deren Darstellung wurde Gaza nicht nur von Säulenhallen
oder Theatern geprägt, sondern auch durch mehrere prachtvolle Kirchen.

Den entscheidenden Unterschied zum 4. Jahrhundert markieren allerdings
nicht die topographischen Veränderungen, sondern die deutlich verbesserte Position des Christentums innerhalb der Kultur sowie im sozialen Gefüge der Stadt.
Wesentliche Erkenntnisse über diesen Wandel verdanken wir einem Glücksfall
der literarischen Überlieferung. Die zuvor nur in wenigen Spuren fassbare Rhetorenschule von Gaza erlebte nun eine ungeahnte produktive Blüte. Männer wie
das Schulhaupt Prokopios bzw. sein Nachfolger Chorikios und andere Rhetoren
wie Timotheos, Johannes oder Aeneas schufen eine Fülle von Werken, in denen

---

vgl. Eunap. V. Soph. 470f. (Philostratus and Eunapius. The Lives of the Sophists, ed.
W. C. Wright, Cambridge, Mass., 1921, 416–420).

45 Unter Kaiser Zenon (474–491) sammelte ein prominenter Heide in Aphrodisias, der
Arzt Asklepiodotos, seine Glaubensgenossen zur Unterstützung einer Revolte des
magister militum Illos gegen Zenon. Pamprepios, seinerseits Neoplatoniker und
quaestor sacri palatii in Konstantinopel, versuchte Ähnliches in Alexandria. Nach der
Niederlage des Illos wurden dessen Anhänger bestraft; Zach. V. Severi (Zacharie le
Scholastique, Vie de Sévère, ed. M.-A. Kugener [PO 2,1], Paris 1903, 39). Vgl. hierzu
auch R. MacMullen, Christianity & Paganism in the Fourth to Eighth Centuries,
New Haven/London 1998, 25.

46 Zur besonderen Rolle des Mönchtums bei der Christianisierung Palästinas vgl. generell D. Bar, Rural Monasticism as a Key Element in the Christianization of Byzantine
Palestine, in: HThR 98 (2005), 49–65, sowie speziell zu Gaza L. Regnault, Moines et
laïcs dans la région de Gaza au VIe siècle, in: Bitton-Ashkelony/Kofsky (s. Anm. 10),
165–172.

47 M. Avi-Jonah, The Madeba Mosaic Map, Jerusalem 1954, 74f.; H. Donner/H. Cüp-
pers, Die Mosaikkarte von Madeba, Teil 1: Tafelband, Wiesbaden 1977, 158f.

sie die Traditionen der hellenischen Bildung mit den Ideen des Christentums höchst eigenständig verschmolzen.[48] Ihre überraschend zahlreich überlieferten Schriften sind hinsichtlich der Erkenntnisse über Kultur und Gesellschaft dieser spätantiken Metropole bei weitem noch nicht hinreichend erschlossen. Auf jeden Fall aber bieten diese Schriften Hinweise darauf, dass der bisherige Gegensatz zwischen christlichem Bischof und städtischen Eliten bzw. zwischen Christentum und hellenischer Kultur nun nicht mehr bestimmend für das städtische Gepräge Gazas waren. So wurde z. B. Markianos, der Bischof von Gaza, um 536 n. Chr. von seinem Freund, dem Rhetor Chorikios, in einer Lobrede nicht nur als vorbildlicher Bischof, sondern auch wegen seiner klassischen Bildung gepriesen.[49] Somit ist die Frage zu stellen: Was hatte zu diesem Wandel und damit zur verbesserten Akzeptanz des Christentums in der Stadt geführt?

Von großer Bedeutung für die zunehmende Behauptung des Christentums sind selbstverständlich auch in Gaza die allgemeinen politischen Rahmenbedingungen, die durch das kontinuierliche Bekenntnis der kaiserlichen Zentrale für ein Staatschristentum nizänischer Prägung sowie eine zunehmende gesetzliche Einschränkung der Freiräume für Vertreter anderer Bekenntnisrichtungen geprägt waren. Auf das Verbot paganer Opfer und Kultpraktiken sowie Anordnungen zur Schließung der Tempel folgten gesetzliche Erlasse, wonach politische Ämter ausschließlich Christen vorzubehalten seien.[50] Selbst erbrechtliche Nachteile wurden für Vertreter abweichender Glaubensrichtungen per Gesetz festgelegt. Zudem erging an Bischöfe und Provinzstatthalter die Aufforderung, Fälle heidnische Kultausübung aufzuspüren und zur Anzeige zu bringen.[51] Gewiss blieb die reale Umsetzung dieser Erlasse oftmals hinter den kaiserlichen Erwartungen zurück. Dennoch kann kein Zweifel daran bestehen, dass sich die Freiräume für Anhänger traditioneller Kulte seit dem Ende des 4. Jahrhunderts deutlich verringert hatten. Das galt insbesondere für Mitglieder der lokalen Eliten oder kaiserliche Verwaltungsbeamte.

---

48 Vgl. hierzu G. Downey, The Christian Schools of Palestine: A Chapter in Literary History, in: Harvard Library Bulletin 12 (1958), 297–319, sowie K. Seitz, Die Schule von Gaza. Eine litterargeschichtliche Untersuchung, Heidelberg 1892.

49 Choric. Laud. Marc. 1,7 (Choricii Gazaei Opera, ed. R. Foerster/F. Richtsteig, Leipzig 1929, 4).

50 Opferverbote CTh 16,10,2; 4; 6; 7; 10–12; 17; 18; (aus den Jahren 341; 352; 356; 381; 391 zweimal; 392 sowie 399 zweimal); CJ 1,11,7 (451); 1,11,10 (undatiert), Ämterbeschränkung auf Christen CTh 16,10,21 (415); Const. Sirmond. (425) CJ 1,5,12,4f.; 1,18,4 (527). 468 wurde erstmals ein gesetzliches Verbot für Heiden erlassen, als Juristen zu praktizieren, CJ 1,4,15. Vgl. zur Gesetzeslage zusammenfassend MacMullen (s. Anm.45), 22; 44, sowie K. L. Noethlichs, Art. „Heidenverfolgung", in: RAC 13 (1986), 1149–1190.

51 CJ 1,11,9; 18,12.

Doch das Beispiel Gazas zeigt sehr deutlich, dass staatliche Gesetze zwar unerwünschtes Verhalten behindern konnten, eine machtvolle Präsenz des Christentums vor Ort zu induzieren vermochten sie wiederum nicht. Indizien deuten vielmehr darauf hin, dass die christliche Gemeinde von Gaza sich in den Jahren um 518 n. Chr. erneut in einer Krise befand. Der bisherige (namentlich nicht bekannte) Bischof hatte sich offenbar privat bereichert und war dadurch derart verhasst geworden, dass er abgesetzt wurde. Sein Appell an Kaiser Anastasios war auf Grund seines Reichtums zwar erfolgreich.[52] Doch sein Versuch zur erneuten Machtergreifung scheiterte, weil Anastasios inzwischen gestorben war und seine Anweisungen damit gegenstandslos wurden. Im Verfahren um die Nachfolge des Bischofs zerstritt sich die Gemeinde. Auch der bauliche Zustand mancher Kirchen lag im Argen. So weist der Redner Chorikios darauf hin, dass zumindest zwei der städtischen Kirchen, die Apostelkirche sowie die sogenannte „Alte Kirche", baulich völlig vernachlässigt waren und einzustürzen drohten. Die städtischen Magistrate erfuhren zwar wegen dieser Vernachlässigung Kritik, doch blieb sie offenbar wirkungslos.[53]

Eine Besserung der Verhältnisse gelang dann erst Bischof Markianos, der ab 518/19 n. Chr. amtierte. Eine Analyse der Ursachen hierfür vermag aufschlussreiche Hinweise auf soziale Akzeptanzbedingungen des Christentums in dieser Stadt zu geben. So kam Markianos anders als sein Vorgänger Porphyrios im 4. Jahrhundert nicht als Fremder nach Gaza, sondern entstammte einer Familie der innerstädtischen Elite, die einen Regierungsbeamten, einen Anwalt, einen Professor und mindestens einen weiteren Bischof hervorgebracht hatte (sein Bruder Anastasios war Bischof von Eleutheropolis).[54] Markianos selbst hatte eine klassische Ausbildung innerhalb der Rhetorikschule erhalten und wahrscheinlich die Schule nach dem Tod des Prokopios 526 sogar kurzzeitig selbst geleitet.[55] An seiner Hinwendung zu klassischer Bildung konnte also keinerlei Zweifel bestehen.

Vor allem aber trat Markianos als Wohltäter der Stadt, ja als Mäzen in Erscheinung. So reparierte er nicht nur die beiden baufälligen Kirchen, sondern bereicherte die städtische Topographie um zwei prachtvolle Kirchenbauten, die vor 536 fertiggestellte Sergioskirche sowie die zwischen 536 und 548 gebaute Kir-

---

52 Barsanuphios/Johannes von Gaza Ep. 793; 802 (Barsanuphe et Jean de Gaza, Correspondance, t. 3: Aux Laïcs et aux Evêques [SC 468], éd. F. Neyt, Paris 2002, 254; 262ff.).
53 Choric. Laud. Marc. 2,17–18 (Foerster/Richtsteig [s. Anm. 49], 32f.); vgl. zum Folgenden auch Glucker (s. Anm. 11), 55–57.
54 Choric. Or. Funeb. in Mariam 5 (Foerster/Richtsteig [s. Anm. 49], 101).
55 Choric. Laud. Marc. 2,7–8 (Foerster/Richtsteig [s. Anm. 49], 29f.).

che des Märtyrers Stephanos.[56] Die hier erlebbaren Darstellungen von der Geburt Jesu zu Betlehem oder von Mariä Verkündigung bereicherten die Bildwelt
Gazas und versahen die christliche Botschaft mit visueller Plausibilität.[57] Zudem
restaurierte er auch eine kleine Kirche fünfzig Stadien außerhalb der Stadt, eventuell die Alte Kirche, die bereits Marcus Diaconus erwähnt hatte.[58]

Durch sein Engagement erreichte Markianos mehrere Ziele. So präsentierten
die von ihm beim Kirchenbau verwendeten kostbaren Materialien die christliche
Kirche als Quelle von Glanz, Pracht und Wohlstand.[59] Darüber hinaus ließen die
hiermit verbundenen Heiligenfeste die Kirche auch als Ort der Festfreude erlebbar werden, und sie bereicherten zugleich die städtische Festkultur.[60] Chorikios
versäumt denn auch nicht den Hinweis darauf, welch Prestigevorteil in Konkurrenz mit anderen Städten sich durch diese beiden neuen Feste für Gaza ergeben
hätte.[61]

Und nicht zuletzt ermöglichten diese Feste die Abhaltung von Märkten, wel-
che Besucher und Händler auch von außerhalb anzogen. Sie erwiesen sich also als
Wirtschaftsfaktor und ersetzten auch in diesem Bereich eine Funktion paganer
Tempel.[62] Offenbar bildeten beide Feste sogar den glanzvollen Rahmen für den

---

56 Anlässlich der Einweihung dieser Kirchen hielt Chorikios die beiden Lobreden auf
Markianos; vgl. zur Sergioskirche jetzt H. G. Thümmel, Die Schilderung der Sergios-
kirche in Gaza und ihrer Dekoration bei Chorikios von Gaza, in: U. Lang/R. Sörries
(Hgg.), Vom Orient bis an den Rhein. Begegnungen mit der christlichen Archäologie.
Peter Poscharsky zum 65. Geburtstag (Christliche Archäologie 3), Dettelbach 1997,
49–64.

57 Chorikios bezeugt in seiner Beschreibung, dass im Gewölbe der St. Sergioskirche eine
Fülle von biblischen Themen bildlich dargestellt worden waren, wie z. B. die Hochzeit von Kanaa, die Auferstehung des Lazarus, die Heilung des Gelähmten, die Heilung der blutflüssigen Frau und der Schwiegermutter des Petrus sowie die Begegnung
Jesu mit der Ehebrecherin; Choric. Laud. Marc. 1,48–76 (Foerster/Richtsteig [s. Anm.
49], 14–21). Hierbei wurden auch die in der nichtchristlichen Bildwelt üblichen Pflan-
zen und Tiere dargestellt, nach dem Zeugnis des Chorikios (Laud. Marc. 1,33, Foers-
ter/Richtsteig [s. Anm. 49], 11) verzichtete das Bildkonzept lediglich auf die Abbildung von Nachtigallen und Zikaden wegen allzu heidnischer Konnotationen.

58 Choric. Laud. Marc. 2,19–20 (Foerster/Richtsteig [s. Anm. 49], 33).

59 So preist der Redner mehrmals die Verwendung von Marmor und Gold, Choric.
Laud. Marc. 1,29; 41f.; 2,36; 39; 49; 53 (Foerster/Richtsteig [s. Anm. 49], 10; 12f.; 37f.;
40f.).

60 Choric. Laud. Marc. 1,83–89; 2,58–76 (Foerster/Richtsteig [s. Anm. 49], 23–25;
42–47).

61 Choric. Laud. Marc. 1,83–89; 2,60–69 (Foerster/Richtsteig [s. Anm. 49], 23–25;
43–45). Der Redner stellt Markianos sogar in eine Reihe mit anderen berühmten
Erbauern von Tempeln (2,76–79, Foerster/Richtsteig [s. Anm. 49], 47).

62 Choric. Laud. Marc. 2,59ff. (Foerster/Richtsteig [s. Anm. 49], 42f.) Zur Verbindung
von antiken Kulten und Märkten vgl. R. MacMullen, Market Days in the Roman
Empire, in: Phoenix 24 (1970), 333–341.

Empfang von Gesandtschaften aus anderen Städten durch die Honoratioren Gazas, was zur Hebung des städtischen Prestiges beitrug.[63]

Stellte ihn die kirchliche Bauaktivität vielen seiner Bischofskollegen an die Seite,[64] setzte er sich aber auch in ungewöhlich hohem Maße für die Errichtung weltlicher Bauten ein. So ließ Markianos die Säulenreihen ergänzen, welche die Hauptstraßen begrenzten und er eröffnete ein neues Badehaus, weil, so seine etwas kryptische Argumentation, „das alte nicht mehr von allen Teilen der Stadt sicher zu erreichen gewesen war".[65] Außerdem verstärkte er die Verteidigungsfähigkeit der Stadt, indem er die Ausbesserung der Stadtmauern finanziell unterstützte.[66] Durch diese Wiederherstellung und Erweiterung der traditionellen städtischen Infrastruktur bewies der Bischof aufs deutlichste, dass sein Interesse keineswegs nur innerkirchlichen Aspekten, sondern auch der Sicherheit und Schönheit seiner Heimatstadt galt, dass er also sein eigenes Schicksal und das der christlichen Gemeinde in enger Verbindung mit dem Schicksal Gazas sah.

Positiv wirkte darüber hinaus offenbar das konziliante Auftreten des Bischofs. Ihm gelang es nicht nur bei seinen Bauprojekten, Angehörige der städtischen Elite mit einzubeziehen,[67] sondern die Quellen vermitteln ein Bild, wonach er offenbar generell um einen Ausgleich zwischen verschiedenen Interessengruppen bemüht war und eher auf Konsens als auf Konfrontation setzte. Dies erhellen sehr eindrucksvoll einige Briefe des Bischofs an Barsanuphios und Johannes, zwei überaus angesehene Mönche aus der näheren Umgebung Gazas, in denen

---

63 Choric. Laud. Marc. 1,69; 2,75 (Foerster/Richtsteig [s. Anm. 49], 20; 46f.).

64 Zur wachsenden Rolle des Bischofs beim Kirchenbau vgl. jetzt K. L. Noethlichs, Baurecht und Religionspolitik: Vorchristlicher und christlicher Städtebau der römischen Kaiserzeit im Lichte weltlicher und kirchlicher Rechtsvorschriften, in: Brands/Severin (s. Anm. 5), 179–197, 194; B. Brenk, Zur Christianisierung der spätrömischen Stadt im östlichen Mittelmeerraum, in: Brands/Severin (s. Anm. 5), 85–95.

65 Choric. Or. Funeb. in Proc. 52 (Foerster/Richtsteig [s. Anm. 49], 127f.).

66 Choric. Laud. Marc. 1,7; 2,16; Laud. Aret. et Steph. 54 (Foerster/Richtsteig [s. Anm. 49], 4; 32; 63). Allerdings sind auch weitere Bischöfe bezeugt, die sich an der Instandhaltung von Stadtmauern beteiligten. So spendete Kaiser Anastasios an den Bischof von Edessa 20 Pfund Gold zur Wiederherstellung der Stadtmauern. Ähnliches ist auch für Bischof Sergios von Birtha-Kastra am Euphrat bezeugt sowie von Bischof Sergios von Thessalonike; V. Josua Styl. 87; 91; vgl. hierzu D. Claude, Die byzantinische Stadt im 6. Jahrhundert (Byzantinisches Archiv 13), München 1969, 28f.

67 So finden sich Hinweise auf eine Kooperation zwischen Bischof und dem *consularis* Stephanos sowohl für die St. Sergioskirche als auch für die Stadtmauer; Choric. Laud. Marc. 1,30f.; Laud Aret. et Steph. 3,60 (Foerster/Richtsteig [s. Anm. 49], 10; 64); Glucker (s. Anm. 11), 140f. (mit. Inschr. Nr. 33); C. Saliou, L'orateur et la ville: réflexions sur l'apport de Chorikios à la conaissance de l'historie de l'espace urbain de Gaza, in: Ders. (s. Anm. 9), 171–195, 188f.

Markianos um Rat ersuchte. Hier ergibt sich der Eindruck, dass der Bischof Konfliktfälle eher scheute. Im Jahre 529 hatten sich einige Bauern an den Bischof um Hilfe gewandt, weil sie von kaiserlichen Soldaten belästigt worden waren. Die Präsenz zusätzlicher Soldaten stand im Zusammenhang mit dem Aufstand der Glaubensgemeinschaft der Samaritaner, der in diesen Jahren Palästina erschütterte.[68] Erst nachdem er von den Mönchen gedrängt worden war, fand sich der Bischof bereit, zugunsten der Bürger zu intervenieren. Allerdings war er auch dann noch unsicher, wie er die Botschaft dem betreffenden Beamten kommunizieren sollte: Er bat die Mönche, ihm den erforderlichen Brief einfach zu diktieren.[69]

Der Vorteil dieses konzilianten Verhaltens war aber, dass Markianos im Gegensatz zu Porphyrios nicht ein Christentum repräsentierte, welches die traditionelle Identität Gazas gewaltsam überformte bzw. partiell auslöschte. Das von ihm vertretene Christentum ergänzte die bisherige kulturelle Identität der Stadt nach traditionellen Kriterien. Diese waren auch für Bürger akzeptabel, die dem Christentum eher neutral gegenüberstanden. Zudem trat das Oberhaupt der christlichen Gemeinde als sozial integriertes Mitglied der städtischen Elite auf und zeigte Engagement für seine Stadt. Insofern dürfte gerade dem Wirken des Markianos erhebliche Bedeutung bei der intensiveren Ausbreitung des Christentums in Gaza zugekommen sein.

Als förderlich für die Einflusserweiterung des Christentums erwies sich aber auch das Mönchtum. In der näheren und weiteren Umgebung Gazas hatten sich seit dem 5. Jahrhundert insgesamt fünfzehn Klöster gebildet, zumeist koinobitische Ansiedlungen mit angelagerten Eremitenzellen.[70] Indem sie den Bewohnern der umliegenden Gebiete mit Rat und Hilfe zur Seite standen, wurden die Mönche insbesondere zu neuen Patronen der Landbevölkerung. Die Rolle des Mönchtums gerade bei der Christianisierung der lange Zeit feindlich eingestellten Landbevölkerung Palästinas wird in der neueren Forschung unterstrichen.[71] Dies gilt auch für Gaza. Welche Ausstrahlung einige dieser Klöster mittlerweile erlangt hatten, zeigt der Umstand, dass sich das früher höchst bescheidene Hilarionskloster mittlerweile zu einem Pilgerzentrum mit einer mehrschiffigen Kirche, Pilgerherbergen und Badeanlagen entwickelt hatte.[72] Schließlich ließ sich mit

---

68 Vgl. zu Motiven und Hintergründen des Aufstandes Dauphin (s. Anm. 13), 285–291.

69 Barsan. Epp. 831–833 (Neyt [s. Anm. 52], 308–310).

70 Vgl. zusammenfassend Y. Hirschfeld, The Monasteries of Gaza: An Archeological Review, in: Bitton-Ashkelony/Kofsky (s. Anm. 10), 61–88, sowie B. Bitton-Ashkelony/A. Kofsky, Gazan Monasticims in the Fourth-Sixth Centuries, in: Proche-Orient chrétien 50 (2000), 14–62, v. a. 25ff. Die Mönche dieses Distrikts waren weit weniger weltfern als die ägyptischen Mönche, vgl. Regnault (s. Anm. 46), 169.

71 So auch explizit Bar (s. Anm. 46), 62.

72 Elter/Hassoune (s. Anm. 15), v. a. 26–31, haben archäologisch mehrere Bauetappen

Petros dem Iberer sogar ein Sohn des ostgeorgischen Königs Buzmar als Mönch
nahe Gaza nieder. Dieser sorgte innerhalb der monastischen Welt nicht nur durch
seine Abkunft für Glanz, sondern auch durch die Spannweite seiner literarisch-
theologischen Tätigkeit, deren Nähe zur klassischen Bildung unverkennbar
war.[73] Aber auch andere Mönche, wie der ursprünglich aus Ägypten stammende
Zenon, besaßen viele Bewunderer und waren als Ratgeber begehrt.[74]

Wie intensiv einige dieser Mönche aber auch mit dem Alltagsleben der Bevölkerung verbunden waren, zeigt der reichhaltige Briefwechsel der beiden bereits
erwähnten Mönche Barsanuphios bzw. Johannes von Gaza.[75] Trotz ihres zurück-
gezogenen Lebens wurden beide brieflich durch Fragesteller in den verschieden-
sten Lebenslagen um Hilfe angegangen. Hunderte dieser Briefe sind überliefert.
Die differenzierten Antworten beider Mönche zeugen von einem erheblichen
Wissen um die Realitäten des Alltags, von der weitgehenden Akzeptanz weltlicher Sozialstrukturen und Hierarchien. So erkundigte sich ein Mann, ob er auch
die Trauben seines jüdischen Nachbarn in seiner Presse keltern müsse. Er bekam
zur Antwort, dass er erst dann die Trauben des Juden nicht mehr keltern müsse,
wenn Gott den Regen künftig nur noch auf sein Feld fallen ließe. Gott aber
sei voll von Menschliebe für alle und lasse den Regen auf Gerechte und Ungerechte fallen. Warum also sei der Fragende so unmenschlich und wenig gnaden-

---

nachgewiesen, wobei Niveau 4 durch eine prachtvolle Kirche, Bäder und Pilgerherbergen gekennzeichnet ist, vgl. auch Hirschfeld (s. Anm. 70).

73 Zum Beitritt des Petros in die Mönchskommunität bei Gaza vgl. R. Raabe, Petrus der
Iberer. Ein Charakterbild zur Kirchen- und Sittengeschichte des 5. Jahrhunderts,
Leipzig 1895, 49. Die Debatte darüber, ob Petros der Iberer tatsächlich der Verfasser
der Schriften des Ps.-Dionysios Areopagita war, dauert noch an; bejahend z.B.
E. Honigmann, Pierre l'Iberien et les écrits du Pseudo-Denys l'Aréopagite, Brüssel
1952; M. van Esbroeck, Peter the Iberian and Dionys the Areopagite, in: OCP 59
(1993), 217–227; skeptisch hingegen A. M. Ritter, Proclus christianizans? Zur geistes-
geschichtlichen Verortung des Dionysius Ps.-Areopagita, in: M. Wacht (Hg.), Pan-
chaia. Festschr. f. K. Thraede (JbAC Ergänzungsband 22), Münster 1995, 169–181,
171. Im Falle einer positiven Klärung wäre er einer der herausragenden Vertreter philosophischer Bildung in der Verknüpfung von Antike und Christentum im 5. Jahrhundert. Eine Entstehung des Werks in der Nähe von Gaza hält im übrigen auch Ritter für plausibel.

74 Zu Zenon vgl. Bitton-Ashkelony/Kofsky (s. Anm. 70), 29f.

75 Vgl. hierzu jetzt J. L. Hevelone-Harper, Disciples of the Desert: Monks, Laity, and
Spiritual Authority in Sixth-Century Gaza. Baltimore 2005; L. Perrone, The Necessi-
ty of Advice: Spiritual Direction as a School of Christianity in the Correspondence of
Barsanuphius and John of Gaza, in: Bitton-Ashkelony/Kofsky (s. Anm. 10), 131–149,
sowie L. Perrone, Monasticism as a Factor of Religious Interaction, in: A. Kofsky/
G. Stroumsa (Hgg.), Sharing the Sacred. Religious Contacts and Conflicts in the Holy
Land, Jerusalem 1998, 67–95, 92f.

voll?[76] Ein anderer Frager erkundigte sich, was er tun solle, wenn er in Versuchung geführt würde, einen Vertragspartner zu übervorteilen.[77] Johannes riet ihm, der Versuchung nicht nachzugeben. Allerdings konzedierte er auch, dass ein besonders hoher oder niedriger Preis bei einem Kaufvertrag nicht als solcher unmoralisch sei, solange beide Parteien freiwillig zustimmten.[78]

Ein dritter Frager stand vor dem Problem, dass er Besuch von armen Verwandten erwartete, die er seiner wohlhabenden Familie eigentlich verbergen wollte. Johannes beschied ihm, dass er die verwandtschaftliche Verbindung nicht von sich aus aufdecken müsse. Sollte ihn jedoch jemand fragen, müsse er die Wahrheit sagen.[79] All diese Antworten lassen ebenso wie ein weiterer Fall, in dem es um die Behandlung eines entlaufenen Sklaven ging,[80] nicht nur das Wissen um gesellschaftliche Differenzen erkennen, sondern auch deren Akzeptanz und die Bereitschaft der Mönche, zwischen der Welt christlicher Normen und weltlicher Strukturen zu vermitteln. Gewiss wurden die Fragen nur von Personen geschrieben, die ohnehin die Autorität der Mönche akzeptierten. Dennoch verdeutlichen die Antworten der Mönche, dass sie ungeachtet aller Zurückgezogenheit ihr Wissen um die Alltagsexistenz der Fragesteller nicht eingebüsst hatten. Insofern konnte die zurückgezogene Lebensweise sogar als Garant für Unparteilichkeit und hohe Autorität fungieren. Es waren also mehrere Faktoren, die zur wachsenden Akzeptanz des Christentums in Gaza beitrugen.

4. Grenzen der Christianisierung

Allerdings bedeutet dies nicht, dass damit alle früheren Widerstände und Konflikte, nun beendet gewesen wären. Die Quellen bezeugen eindeutig, dass weiterhin Heiden, Samaritaner und möglicherweise auch Juden in Gaza lebten.[81] Trotz

---

76 Barsanuph./Joh. Ep. 686 (Neyt [s. Anm. 52], 122–124). Ähnlich pragmatisch sind z. B. auch die Ratschläge, die beide Asketen ratsuchenden Mönchen zuteil werden ließen. Generell lag ihr Ansatz eher darin, praktikable Lösungen für Probleme und Versuchungen der Mönche anzubieten, als deren Ursachen zu ergründen; vgl. hierzu B. Bitton-Ashkelony, Demons and Prayers: Spiritual Exercises in the Monastic Community of Gaza in the Fifth and Sixth Centuries in: VChr 57 (2003), 200–221, 219. So schlug ein Mönch vor, die Ursachen der Versuchungen zu ergründen, die ihn immer wieder heimsuchten, Barsanuphios empfahl ihm stattdessen, einfach den Namen Jesu anzurufen.
77 Ep. 749 (Neyt [s. Anm. 52], 192).
78 Ep. 756 (Neyt [s. Anm. 52], 198–200).
79 Ep. 646 (Neyt [s. Anm. 52], 76–78).
80 Epp. 654 u. 656 (Neyt [s. Anm. 52], 86; 88).
81 Zur andauernden Existenz der Anhänger paganer Kulte in Palästina allgemein vgl. Dauphin (s. Anm. 13), 188–205, zur Existenz von Juden, 301–309.

des staatlich verordneten Christentums waren die Anhänger abweichender Glau-
bensrichtungen keineswegs isoliert oder zu sozialer Bedeutungslosigkeit verdammt. Freundschaftliche bzw. geschäftliche Kontakte zwischen Christen und
Nichtchristen dürften vielmehr die Regel gewesen sein. So berichtete ein Brief an
Barsanuphios von der regen Handelstätigkeit paganer Kaufleute und ein anderer
Brief fragte an, ob man die Einladung eines heidnischen oder jüdischen Mitbür-
gers zu einem Essen annehmen dürfe, das in Verbindung mit einem kultischen
Fest stünde. Hierbei ließ der Fragesteller keinen Zweifel daran, dass ihn mit der
betreffenden Person intensive freundschaftliche Beziehungen verbanden.[82]

Derartige Nachrichten über die anhaltende Präsenz und soziale Bedeutung
von Angehörigen paganer Kulte wirken erstaunlich angesichts der Tatsache, dass
Theodosius I. bereits 390 n. Chr. das nizänische Christentum zur Staatsreligion
erhoben hatte.[83] Dennoch ist Gaza hier kein Einzelfall. Bekennende Heiden sind
für jene Jahre aus Universitätsstädten wie Alexandria, Aphrodisias und Athen
belegt, doch auch für Antiochia, Korinth oder Karrhai in Nordmesopotamien
und ebenso für ländliche Regionen in Karien, Lykien oder Ägypten.[84] Insbesondere in Ägypten haben sich ungezählte kleinere Tempel und private Kultobjekte
erhalten, was darauf hindeutet, dass private Kultpraktiken im Gegensatz zu
großen städtischen Kulten durch die Staatsgewalt nur schwer kontrollierbar
waren.[85] Und als Johannes von Ephesos ab 542 im Missionsauftrag Kaiser Justi-

---

82   Barsanuph. Epp. 775–777 (Neyt [s. Anm. 52], 222–224).
83   J. Geiger, Aspects of Palestinian Paganism in Late Antiquity, in: Kofsky/Stroumsa
     (s. Anm. 75), 3–17.
84   Bekehrungsoffensiven Justinians fanden 545/6 sowie 562 statt; Prok. Anekd. 13,7
     (Hg. O. Veh, Düsseldorf/Zürich 2005, 126); Malal. 18,47 (Ioannis Malalae Chrono-
     graphia, rec. J. Thurn, Berlin/New York 2000, 379); Michael Syr. Chron. 9,26 (Chro-
     nique de Michel le Syrien, éd. J.-B. Chabot, t. 4, Paris 1910, 296–298); vgl. M. Maas,
     Roman Questions – Byzantine Answers. Contours of the Age of Justinian, in: Ders.
     (Hg.), The Cambridge Companion to the Age of Justinian, Cambridge 2005, 3–27,
     15f. Tempelzerstörungen in Philai durch Narses dokumentiert Prok. Bell. Pers.
     1,19,36f. (Procopii Caesariensis Opera omnia vol. 1, ed. J. Haury/G. Wirth, Leipzig
     1962, 106); zur Bekehrung v. a. von bäuerlicher Bevölkerung in Phrygien und Anato-
     lien Prok. Anekd. 11,21f. (Veh [s. Anm. 84], 108); zur andauernden Verbreitung
     paganer Kulte vgl. auch MacMullen (s. Anm. 45), 60–62; I. Rochow, Zu einigen oppo-
     sitionellen religiösen Strömungen, in: F. Winkelmann (Hg.), Byzanz im 7. Jh. Unter-
     suchungen zur Herausbildung des Feudalismus, Berlin 1978, 225–288, 235ff., bzw.
     F. Trombley, Hellenic Religion and Christianization c. 370–529, Bd. 2, Leiden u. a.
     1994, 52–73 (zu Aphrodisias). In Korinth wurden zahlreiche pagane Kultobjekte an
     einer Quelle gefunden, vgl. hierzu J. Wiseman, The Fountain of the Lamps, in: Archa-
     eology 23 (1970), 130–137.
85   In diesem Sinne auch K. Harl, Sacrifice and Pagan Belief in Fifth- and Sixth-Century
     Byzantium, in: P&P 128 (1990), 7–27, v. a. 20–27. Zur Sammlung und Verbrennung
     paganer Idole in Ägypten vgl. Zach. V. Sev. (Kugener [s. Anm. 45], 3); MacMullen

nians die Türkei durchreiste, berichtete er von 80 000 Anhängern paganer Kulte, die er bei dieser Gelegenheit bekehrte.[86] Bemerkenswert an Gaza ist also weniger die Existenz von Heiden als vielmehr die weitgehend spannungsfreie Koexistenz der verschiedenen Religionsgruppen.

Grundlegende Vorbehalte gegenüber manchen Inhalten bzw. Schriften der christlichen Religion existierten offenbar vor allem im Bereich der Bildungseliten. Diesen Eindruck vermitteln zumindest Schriften von Angehörigen der Gazener Rhetorenschule. Hierbei sind es keineswegs die Rhetoren selbst, die Glaubenszweifel erkennen lassen. Der intensiv apologetische Ton einiger ihrer Texte lässt aber erkennen, dass sie die Sinnhaftigkeit und das intellektuelle Niveau der christlichen Lehre in Gaza nach wie vor gegenüber Zweiflern zu erklären und zu verteidigen hatten.[87]

Ein erstes Beispiel bietet ein Kommentar des Prokopios von Gaza zum Oktateuch, den der Autor durch ein außergewöhnlich langes Vorwort einleitete.[88] Hier bemühte er sich zuerst einmal darum, den Wert des Alten Testaments als solches zu erhärten. Das Alte Testament, so Prokopios, sei keineswegs als intellektueller Nonsens zu qualifizieren, sondern als von Gott geoffenbarte Schrift anzunehmen, die zudem noch zahlreiche Beweise ihrer besonderen Qualität berge.[89] Anschließend legte er sehr elaboriert die vielfachen Tugenden und Verdienste des Moses sowie dessen Erwählung als göttliches Werkzeug dar.[90] Zuletzt widmete er sich dann einer ausführlichen Widerlegung der paganen Sicht von der Anfangslosigkeit der Welt[91]. Seine Vorgehensweise legt den Schluss nahe, dass zuerst grundlegende Einwände beantwortet werden mussten, bevor er sich dann seinem eigentlichen Anliegen, dem Genesiskommentar, widmen konnte. Auch einen weiteren Bibelkommentar zum Buch Kohelet (Ekklesiastes) motivierte Prokopios explizit mit dem eingehend dargelegten Argument, dass sich in diesem Buch des Alten Testament besonders wertvolle Richtlinien fänden, wie

(s. Anm. 45), 67. Zu prominenten Heiden in Antiochia (wie z.B. Iokasiaos) vgl. G. Dagron (Hg.), Vie et Miracles de Sainte Thècle, Brüssel 1978, 90f.; P. Athanassiadi, Persecution and Response in Late antique Paganism, in: JHS 113 (1993), 1–29.

86 Joh. Eph. HE 2,44; vgl. MacMullen (s. Anm. 45), 67.

87 In der Bereitschaft der Angehörigen der Schule von Gaza zur Plausibilisierung des christlichen Glaubens ist mit Sicherheit ein Grund dafür zu sehen, dass sie im Gegensatz zur Akademie in Athen im 6. Jahrhundert nicht geschlossen wurde, vgl. zum bewussten Bekenntnis der athenischen Akademie an paganen Traditionen E. J. Watts, City and School in Late Antique Athens and Alexandria (Transformation of the Classical Heritage 41), Berkeley 2006, 111–142.

88 Procop. Gaz. Comm. in Gen. (PG 87,21–36).

89 Procop. Gaz. Comm. in Gen. (PG 87,24).

90 Procop. Gaz. Comm. in Gen. (PG 87,24f.).

91 Procop. Gaz. Comm. in Gen. (PG 87,29–36).

man durch richtige Lebensführung zu wahrer *arete* und wahrer *aisthesis* gelangen könne.[92]

Gewiss besteht die Möglichkeit, dass diese Schriften eher literarische Produkte intellektuellen Ehrgeizes ohne tatsächlichen Sitz im Leben darstellten, d. h. dass sie zu ihrer Entstehungszeit ohne funktionale Notwendigkeit waren. Hiergegen spricht jedoch, dass beide Werke keineswegs nur die Argumente christlicher Theologen reproduzierten, die mit dem Alten Testament den bei gebildeten Heiden besonders problematischen Teil der Heiligen Schriften zu verteidigen hatten.[93] Insbesondere mit seiner Diskussion um die Zeitlichkeit oder Unendlichkeit der Welt nahm Prokopios zu Fragen Stellung, die innerhalb der christlichen Theologie sowie der neoplatonischen Philosophie debattiert wurden.

Motiviert von ähnlichen Absichten schuf Aeneas von Gaza in seinem Dialog „Theophrastos" die fingierte Debatte zwischen einem Christen und einem Heiden. Hierin wird der Heide schließlich in einem ausführlichen Diskurs von der Vernünftigkeit des Christentums überzeugt.[94] In seinem Bemühen, die christliche Vorstellungen eines zeitlichen Weltanfangs mit dem platonischen Ansatz einer ewigen Schöpfungstätigkeit Gottes zu vereinen, ging Aeneas sogar so weit, eine Schöpfung der beiden anderen trinitarischen Personen vor der eigentlichen Weltschöpfung durch Gott anzunehmen, was einer partiellen Preisgabe theologischer Lehrinhalte gleichkam.[95] Doch gerade diese Konzession verdeutlicht eindrucksvoll die anhaltende Bedeutung traditioneller Normen und philosophischer Kategorien als Akzeptanzkriterien für neue Systeme, die den Anspruch auf Deutung und Bewältigung von Weltordnung und menschlichem Leben erhoben. Angehörige der Rhetorenschule leisteten einen entscheidenden Beitrag zur Plausibilisierung des Christentums, was zugleich auch das Ansehen dieser Pflegestätte hellenistischer Kultur bei den kaiserlichen Behörden erhöht haben dürfte. Dennoch gab es weiterhin Bürger, die christlichem Denken gegenüber reserviert blieben.

---

92 Procopii Gazaei Catena in Ecclesiasten praef. (ed. S. Leanza [CC SG 4], Turnhout 1978, 5f.).

93 Zu Kernfeldern und -argumenten der christlichen Apologetik vgl. v. a. M. Fiedrowicz, Apologie im frühen Christentum. Die Kontroverse um den christlichen Wahrheitsanspruch in den ersten Jahrhunderten, Paderborn u. a. 2000. Wie sehr gerade auch Prokopius mit seinen Argumenten über die Zeitlichkeit der Welt über die traditionelle Debatte um das Alte Testament hinausgriff, zeigt z. B. die Darstellung der traditionellen Debatte bei S. Ackermann, Christliche Apologetik und heidnische Philosophie im Streit um das Alte Testament (SBB 36), Stuttgart 1997.

94 M. E. Colonna (Hg.), Aeneas Gazaeus, Theophrastus, Neapel 1958, passim; vgl. hierzu die vorzügliche Analyse von M. Wacht, Aeneas von Gaza als Apologet. Seine Kosmologie im Verhältnis zum Platonismus, Bonn 1969.

95 Wacht (s. Anm. 94), 38–98, v. a. 95–98.

Doch selbst die Christen in Gaza zeigten sich keineswegs immer bereit, theologische Autoritäten widerspruchslos zu akzeptieren und deren Ratschläge umzusetzen. Dies belegen die Briefe der Mönche Barsanuphios und Johannes aufs deutlichste. So hatte der bereits zuvor erwähnte Briefschreiber den Asketen klar gemacht, dass er keineswegs daran dächte, die Teilnahme an paganen Kultmählern zu verweigern, da ihm die Pflege der Freundschaftsbeziehungen wichtiger als religiöse Sensibilitäten sei.[96] In einem anderen Fall forderte Johannes einen wohlhabenden Bürger auf, seine juristischen Probleme nicht vor weltliche Gerichte zu bringen, da die Gerechtigkeit allein in den Händen Gottes liege. Gewiss hätte der Mann ein Bischofsgericht mit seinem Rechtsstreit beauftragen können. Das Problem der Bischofsrichter bestand jedoch darin, dass sie häufig eher nach pastoral-erzieherischen Grundsätzen als nach Maßgabe des römischen Rechts urteilten, was nicht unbedingt im Interesse der streitenden Parteien war. Deshalb wies der Mann die Aufforderung des Mönchs entschieden zurück.[97]

Selbst Bischof Markianos geriet in einen Konflikt mit Johannes, als der Rekluse ihn aufforderte, einen rhetorisch unbegabten Mann zum Priester zu weihen. Möglicherweise war dies eine kaum verhüllte Aufforderung, sich aus den Einflusssphären der Rhetorenschule zu lösen und künftig eher pastorale Qualitäten zum Rekrutierungskriterium zu machen. Johannes argumentierte sogar damit, dass Gott selbst Männer, die stumm und ohne jegliche Intelligenz seien, glanzvoller als Magistrate werden lassen könne. Dennoch blieb Markianos obstinat und räumte weiterhin den rhetorisch-kulturellen Fähigkeiten seiner Priester einen hohen Stellenwert ein.[98] Hier, wie auch in weiteren Fällen, stieß die Macht der Mönche an ihre Grenzen.

Andere Briefe zeugen davon, dass die Sichtweisen der Mönche bei den Fragestellern zuweilen höchst kritisch bewertet und auf der Basis rationaler Argumente hinterfragt wurden. Dies zeigt etwa eine Episode aus dem Umfeld der umstrittenen Bischofswahlen vor der Ernennung des Markianos. Damals wurde Barsanuphios von einem Mann in mehreren Briefen beharrlich gefragt, in welcher Form Gott denn bei derart problematischen Bischofswahlen wirke: Wie könne Gott

---

96 Barsanuph. Epp. 775–777 (Neyt [s. Anm. 52], 222–224).

97 Epp. 668–673 (Neyt [s. Anm. 52], 104–110). Kaiserliche Konstitutionen ermöglichten zwar seit Konstantin die bischöfliche Gerichtsbarkeit, sofern beide Parteien mit dieser Instanz einverstanden waren; CTh. 1,27,1 (318); Const. Sirmond. 1 (333); CJ 1,4,7 (389); CJ 1,4,8 (408); CJ 1,3,41. Der auffallende Mangel an alltäglichen Quellenzeugnissen wird jedoch in der Forschung auch mit dem Zögern zahlreicher Rechtssuchender zur Nutzung dieser Möglichkeit in Verbindung gebracht, da die spirituellen Entscheidungsgrundsätze der Bischöfe den Interessen der Streitparteien häufig zuwiderliefen. Zur *audientia episcopalis* vgl. v. a. G. Thür/P. E. Pieler, Art. „Gerichtsbarkeit", in: RAC 10 (1977), 467–492, 471–474.

98 Ep. 809 (Neyt [s. Anm. 52], 274–276).

auf rivalisierende Faktionen antworten? Barsanuphios erklärte, dass Gott den
rivalisierenden Gruppen einen Engel vom Himmel als Bischof senden würde,
wenn die Gemeinde nur in Eintracht zusammenkäme. Da solche Übereinstimmung in der damaligen Situation offenbar unwahrscheinlich erschien, fragte der
Mann weiter. Könne es nicht sein, dass die Partei mit dem stärksten Glauben für
den schlechteren Kandidaten optiere und Gott dann die Partei mit dem bösen
Herzen belohne, da sie sich für den besseren Kandidaten entschieden habe, wenn
auch aus den falschen Motiven?[99] Die Korrespondenz offenbart eine überaus
selbstbewusst auftretende, kritisch nachfragende Bürgerschaft, innerhalb derer
sich offenbar auch der Bischof eher an innerstädtischen Akzeptanzkriterien als
an monastischen Maximalforderungen orientierte.

Im eklatanten Widerspruch zu kaiserlichen Gesetzen und zahlreichen Kon-
zilsbeschlüssen stand letztlich auch die hochgradige Kontinuität des urbanen
Festkalenders in Gaza.[100] Dieser wies eine geradezu staunenswerte Zahl von Ver-
anstaltungen auf. Gefeiert wurden die Brumalia, ein Fest zu Ehren des Kaisers,
ebenso wie das Frühlingsfest der Rosalia, das in Verbindung mit Aphrodite und
Adonis stand.[101] Auch Wagenrennen, Tierhetzen, Pantomimen, die parodistischen Darbietungen des Mimus, sowie musikalische und athletische Wettkämpfe
erfreuten sich anhaltender Beliebtheit.[102] Von der Persistenz traditioneller An-
triebsstrukturen zeugt z. B. der Epitaph auf einen jungen Mann von 569 n. Chr.,
welcher dessen athletische Siege im „preisträchtigen Stadion" erwähnt.[103] Die
geradezu ekstatische Begeisterung des Publikums für Spiele bezeugen sowohl
Hieronymus für das 4. Jahrhundert als auch Chorikios für das 6. Jahrhundert.
Christliche Heiligenfeste erweiterten nun zwar das Tableau städtischer Festlich-
keiten, doch dominierten sie dieses keineswegs.[104]

---

99   Epp. 794–801 (Neyt [s. Anm. 52], 256–262); vgl. Hevelone-Harper (s. Anm. 75), 110.
100 Vgl. hierzu v. a. F. K. Litsas, Choricius of Gaza and his description of festivals at
     Gaza, in: JÖB 32 (1982), 427–437; Z. Weiss, Games and Spectacles in Ancient Gaza:
     Performances for the Masses in Buildings Now Lost, in: Bitton-Ashkelony/Kofsky
     (s. Anm. 10), 23–39.
101 Die Brumalia sind anlässlich einer Rede des Chorikios auf Justinian bezeugt (Or. in
     Iust. Brumal., Foerster/Richtsteig [s. Anm. 49], 175–179), das Rosenfest anlässlich
     einer Ansprache des Rhetors Johannes (Dialexis 16, Ioannis Gazaei Descriptio tabu-
     lae mundi et anacreonta, ed. E. Abel, Berlin 1882); vgl. hierzu auch Glucker (s. Anm.
     11), 54.
102 Choric. Apol. Mim. 114–118 (Foerster/Richtsteig [s. Anm. 49], 370f.); vgl. U. Albini,
     Il mimo a Gaza tra il V e il VI secolo D.C., in: J. González (Hg.), El mundo medi-
     terráneo (siglos III–VII). Actas del III Congreso Andaluz de Estudios Clásicos,
     Madrid 1999, 3–9.
103 Glucker (s. Anm. 11), Appendix No. 14.
104 Glucker (s. Anm. 11), 54f.

Eine andauernde Nutzung städtischer Theater lässt sich für diese Epoche zwar auch in anderen Städten Palästinas und des Ostens nachweisen, allerdings stand sie dem reichsweiten Trend klar entgegen.[105] Die ungewöhnlich günstige Quellenlage für Gaza ermöglicht im Gegensatz zu anderen Städten Aufschlüsse über die Ursachen und Bedingungen für die Bewahrung dieses essentiellen Bestandteils urbaner Traditionen. So profitierte die Stadt einerseits nachhaltig von ihrem Status als Zentralort, d. h. als Amtssitz des Statthalters der Provinz *Palaestina prima*. Tatsächlich zählte *comes* Stefanos, der Statthalter, nachweislich zu den engagierten Finanziers der Spiele.[106] Allein auf seine euergetische Bereitschaft bzw. die von Angehörigen der lokalen Elite, ist das Phänomen jedoch nicht zu reduzieren. Ein entscheidender Faktor war auch die anhaltende Begeisterung der Stadtbevölkerung für die Spiele. Diese ermöglichte es wiederum den Spielgebern, auf die althergebrachte Weise Prestige zu erwerben. Nur so ist es zu erklären, dass Stefanos sogar bereit war, sich mit seiner Finanzierung der Spiele über kaiserliche Erlasse hinwegzusetzen, und er Aufforderungen, die Finanzierung einzustellen, einfach ignorierte. Offenbar bildete dieser Verstoß gegen kaiserliches Gesetz für ihn ebensowenig ein Problem, wie der Umstand, dass er neben der St. Sergioskirche auch den Bau einer Basilika, eines Sommertheaters und eines Badehauses förderte.[107] Auf Druck der Mönche ermahnte Bischof Markianos den Statthalter zwar an seine Pflichten als christlicher Beamter, doch vergebens.[108] In einem Brief an die Mönche deutete der Bischof an, dass er nicht wage, wegen der Spiele zu intervenieren, da eine sehr einflussreiche Person mit guten Beziehungen zum kaiserlichen Hof Druck auf ihn ausgeübt habe.[109] Tatsächlich nahm er denn auch von weiteren Interventionen Abstand. Die einzige

---

105 So wurden im 6. Jh. in dieser Region z. B. die Theater von Caesarea Maritima und Scythopolis noch genutzt, doch ebenso auch kleinere Theater wie das Odeon in Pella oder das Theater von al-Hammah bei Gadara; vgl. hierzu zusammenfassend Walmsley (s. Anm. 7), 141f. Im Westen des römischen Reiches konzentrierte sich die Persistenz von Theatern vor allem auf die Hauptstädte, offenbar deshalb, weil die Beibehaltung des für das Theater spezifischen Kommunikationssystem zwischen Bevölkerung und Elite v. a. für die Kaiser weiterhin von Interesse war, vgl. A. Haug, Die Stadt als Lebensraum. Eine kulturhistorische Analyse zum spätantiken Stadtleben in Norditalien, Rahden, Westf. 2003, 203.
106 Offenbar war Gaza auch die Heimatstadt des Stephanos; Choric. Laud. Arat. et Steph. 54 (Foerster/Richtsteig [s. Anm. 49], 63); zu Stefanos vgl. Stefanos 7, PLRE III, 1184f.
107 Choric. Laud. Arat. et Steph. 54–55; Laud. Marc. 1,7 (Foerster/Richtsteig [s. Anm. 49], 63; 4); Saliou (s. Anm. 67), 177.
108 Barsanuph./Joh. Ep. 836 (Neyt [s. Anm. 52], 314–316); Hevelone-Harper (s. Anm. 75), 114f.
109 Barsanuph./Joh. Ep. 837 (Neyt [s. Anm. 52], 316–318).

von ihm bekannte Initiative galt der Beschränkung allzu exzessiver Praktiken bei öffentlichen Trauerritualen.

Für den Willen zur Verteidigung der Spiele gegen jegliche Angriffe hat sich aus Gaza ein einzigartiges Dokument erhalten, die von Chorikios verfasste „Apologie des Mimus".[110] In dieser Schrift wandte sich der Autor entschieden gegen Vorwürfe christlicher Theologen, die diese parodistischen Darbietungen wegen angeblich negativer Auswirkungen auf die Moral der Zuschauer, des lasterhaften Lebenswandels der Schauspieler, des sittenlosen Inhalts der Stücke sowie der Verschwendung von Geld und Arbeitszeit kritisierten.[111] In Reaktion auf diese komplexen Vorwürfe decken auch die Gegenargumente des Chorikios ein breites Themenspektrum ab. So verteidigte er nicht nur den Lebenswandel der Schauspieler[112] und rechtfertigte die Stücke als ironisierendes Abbild des Lebens, eben als Spiel,[113] sondern bestritt auch die negativen Auswirkungen des Mimus auf die Moral der Zuschauer: Schließlich seien diese erwachsen und gebildet und deshalb nur schwer durch die Schauspiele und die hier dargestellten Lebensweisen zu verführen.[114] Vor allem aber, so Chorikios, bedeute der Mimus selbstverständlich auch Spiel, Unterhaltung, Freude, Entspannung, Freiheit und Lachen, wodurch sich der Mensch genuin von anderen Lebewesen unterscheide.[115]

Seine Ausführungen verdeutlichen, dass es hierbei keineswegs um theologische Differenzen ging, sondern dass Chorikios ein bestimmtes Bild von Mensch und Gesellschaft, eine Kulturtradition gegenüber monastischen und theologi-

---

110　Choric. Or. 32 (gehalten vor 526, Foerster/Richtsteig [s. Anm. 49], 344–380). Deren Originaltitel lautete: Ὁ λόγος ὑπὲρ τῶν ἐν Διωνύσου τὸν βίον εἰκωνιζόντων. Vgl. hierzu V. Malineau, L'apport de l'apologie des mimes de Chorikios de Gaza à la conaissance du theâtre du VIᵉ siècle, in: Saliou (s. Anm. 9), 149–169; R. Webb, Rhetorical and Theatrical Fictions in Chorikios of Gaza, in: S. F. Johnson (Hg.), Greek Literature in Late Antiquity, Ashgate 2006, 107–124, 118–123.

111　Resümiert werden die Vorwürfe Apol. Mim. 18; 29; 81; 123 (Foerster/Richtsteig [s. Anm. 49], 348; 351; 362; 372).

112　Choric. Apol. Mim. 19ff.; 48; 53 (Foerster/Richtsteig [s. Anm. 49], 348ff.; 354f.; 356). Besonders schlagend ist sein Argument gegen die behauptete Trunksucht der Schauspieler: Wären diese tatsächlich stets so betrunken, wie behauptet, seien sie gar nicht in der Lage, ihren Beruf auszuüben; Apol. Mim. 124–126 (Foerster/Richtsteig [s. Anm. 49], 372f.).

113　So z. B. Choric. Apol. Mim. 30–32; 88–90 (Foerster/Richtsteig [s. Anm. 49], 352f.; 364).

114　Choric. Apol. Mim. 43; 72–74 (Foerster/Richtsteig [s. Anm. 49], 354; 360f.).

115　Choric. Apol. Mim. 92–94; 97; 102; 112; 126–129 (Foerster/Richtsteig [s. Anm. 49], 364–368; 370; 373f.). Chorikios schrieb dem Frohsinn, der durch den Mimus erzeugt wurde, sogar therapeutische Wirkung zu und betonte, dass nach den Entspannungen des Theaters auch mühselige Arbeiten leichter von der Hand gingen.

schen Angriffen verteidigte.[116] So ging es z.B. um die Frage, ob Spott und Lachen, ironische Distanz und komische Gegenwelten erlaubt oder verboten sein sollten. Sollte die Existenz von Gegenwelten der Erholung und Entspannung sowie von autonomen Kommunikationssphären (die die Möglichkeit zur kritischen Distanz boten) zulässig bleiben, oder sollte das öffentliche Leben in monistischer Weise primär auf das Ziel der Heilsgewinnung ausgerichtet werden?[117] Zur Disposition stand jedoch auch das Bild vom Menschen: War dieser als fragiles, anfälliges Wesen anzusehen, dessen Natur verderbt ist? Sollte er deshalb vor jeglichen verderblichen Einflüssen bewahrt und permanent erzogen werden, da die Sünde allgegenwärtig lauert? Oder gestand man ihm auch die Fähigkeit zu, gegen Ehebruchsdarstellungen immun zu sein? Waren Fälle von Ehebruch und anderen Devianzen als unvermeidlicher Teil des menschlichen Lebens zu akzeptieren oder waren sie auszublenden, in der Hoffnung, dass sie mangels öffentlichen Forums eliminiert werden könnten? Der Verweis des Autors auf die anhaltende Begeisterung seiner Mitbürger für die Spiele lässt jedoch keinen Zweifel daran, dass die Mehrheit von ihnen die von ihm propagierte Freiheit als bewahrenswert erachtete und Gesetze bzw. Konzilskanones hiergegen im Gegensatz zu anderen Städten vorerst wirkungslos blieben.

5. Kulturelle Traditionen und Urbanität im Gaza des 6. Jahrhunderts n. Chr.

Angesichts dieses erkennbaren Willens der Bevölkerung zur Bewahrung städtischer Traditionen stellt sich die Frage, welche traditionellen Werte das kulturelle Sinnsystem der Gazener in dieser Zeit speisten. In welcher Form und mit wel-

---

116 Hierauf verweisen seine zahlreichen historischen wie zeitgenössischen Beispiele, anhand derer er die weite Verbreitung und Normalität des Mimus zu belegen versucht; etwa Apol. Mim. 44–48 (Philipp von Makedonien); 56–59 (Sparta und Konstantinopel); 95 (Caesarea) (Foerster/Richtsteig [s. Anm. 49], 354f.; 357f.; 365f.).

117 Gegnerische Positionen verdeutlichen das aufs klarste. So verwies etwa Johannes Chrysostomos darauf, dass die Zuhörer durch das Gesehene völlig verwandelt würden; Joh. Chrys. In sanct. Barl. mart. (PG 50,682). Severus von Antiochia argumentierte, dass jeder, der sich für die Schauspiele umkleide, sich damit bereits der Teilnahme an paganen kultischen Handlungen schuldig mache; Sev. Antioch. Hom 95 (PO 25,94). Und Tertullian betonte, dass es so etwas wie Fiktion nicht gäbe, es gäbe nur Wahr und Falsch und die Fiktion in der Literatur gehöre zu letzterem; Tert. De spect. 23,5 (Tertullian, De spectaculis, éd. A. Boulanger, Paris 1933, 77); vgl. zu diesem Problemkreis Webb (s. Anm. 110), 119–121, sowie M. Kahlos, Pompa Diaboli. The Grey Area of Urban Festival in the Fourth and Fifth Centuries, in: C. Deroux (Hg.), Studies in Latin Literature and Roman History XII (Collection Latomus 287), Brüssel 2005, 467–483.

chen normativen Bestandteilen wurde der Hellenismus in dieser Stadt im 6. Jahrhundert rezipiert? Selbstverständlich setzt die Quellenlage der Beantwortung dieser Fragen enge Grenzen. Dennoch geben einige Werke der Gazener Rhetorenschule wertvolle Indizien. Es handelt sich hierbei um Ekphraseis, also um literarische Beschreibungen von heute nicht mehr existenten städtischen Bauwerken.[118] Von Prokopios stammt zum einen die Beschreibung eines Deckengemäldes aus einem unbekannten Gebäude, zum anderen die Beschreibung einer überaus prachtvollen Kunstuhr auf dem Marktplatz von Gaza.[119] Der Rhetor Johannes verfasste die Ekphrasis eines Gemäldes, das in einem 536 n. Chr. neuerrichteten Winterbad angebracht war.[120]

Erwähnenswert ist bereits der weltliche Zweck der Kunstuhr und des Winterbades. Da diese Bauten nicht mit den für Markianos und Stefanos erwähnten Stiftungen identisch sind, kann es keinen Zweifel daran geben, dass mehrere weltliche Bauwerke durch verschiedene Stifter zu dieser Zeit in Gaza neu errichtet wurden. Diese Hinweise lassen deutlich werden, dass im Gegensatz zu zahlreichen anderen Städten im Reich in Gaza der Prestigeerwerb städtischer Eliten keineswegs vorrangig mit Kirchenbauten verbunden war, sondern mit Bauwerken, die die bürgerliche Infrastruktur und die Annehmlichkeiten des Stadtlebens verbesserten.

Auffallend ist darüber hinaus, dass sich die Stifter in allen drei Fällen die pagane Bildwelt der klassischen Antike als Darstellungsobjekt aussuchten, um ihren Status zu repräsentieren. So stellten die Gemälde des unbekannten Gebäudes zwei Szenen aus der Euripidestragödie „Hippolytos" dar. Geschildert wurde die unglücklich verlaufende Geschichte der Liebe von Phaidra, der Gattin des mythischen Helden Theseus, zu ihrem Stiefsohn Hippolytos. Abgerundet wurde die Bildfolge schließlich durch mehrere Szenen aus Homers Ilias.

---

118 Vgl. hierzu G. Downey, Art. „Ekphrasis", in: RAC 4 (1959), 921–944, v. a. 938, zur Schule von Gaza; für die reale Existenz der beschriebenen Bauwerke jetzt mit sehr starken Argumenten D. Renaut, La récitation d'*ekphrasis*: une réalité vivante à Gaza au VIᵉ siècle, in: Saliou (s. Anm. 9), 197–220.

119 Siehe hierzu P. Friedländer, Spätantiker Gemäldezyklus in Gaza. Des Prokopios von Gaza Ekphrasis Eikonos (StT 89), Rom 1939; R. Talgam, The Ekphrasis Eikonos of Procopius of Gaza: The Depiction of Mythological Themes in Palestine and Arabia During the Fifth and Sixth Centuries, in: Bitton-Ashkelony/Kofsky (s. Anm. 10), 209–234; H. Diels, Über die von Prokop beschriebene Kunstuhr von Gaza (Abh. d. Preuß Akad. d. Wiss., phil.-hist. Kl. 1917,7), Berlin 1917.

120 P. Friedländer, Johannes von Gaza und Paulus Silentiarius. Zwei Kunstbeschreibungen Justinianischer Zeit, Leipzig/Berlin 1912; C. Cupane, Il Kosmikos pinax di Giovanni di Gaza, in: JÖB 28 (1979), 197–207.

Darstellungsgegenstand der Kunstuhr waren die zwölf Mühen des Herakles. Hierbei erschien mittels eines kunstvollen pneumatischen Mechanismus zu jeder Tagesstunde eine mit den Symbolen der jeweiligen Heldentat ausgestattete Heraklesfigur. Diese wurde dann als Anerkennung ihrer Leistungen von einem herabfliegenden Adler mit einem Kranz versehen.[121] Eine stets präsente Heliosfigur symbolisierte darüber hinaus den Beschützer des Sonnensystems.[122] Immerhin hätten für die Darstellung der zwölf Tagesstunden auch die Figuren der zwölf Apostel zur Verfügung gestanden. Die Entscheidung für Herakles verrät jedoch nicht nur eine Vorliebe für klassische Mythologien, sondern weckte auch Assoziationen zu einer der städtischen Gottheiten, die einstmals im Heroon Gazas verehrt wurden.[123]

Das Gemälde des Winterbades schließlich schilderte die Ordnung der Welt als Zusammenspiel sechzig allegorischer Personen. Dabei widmete sich die eine Hälfte des zweigeteilten Bildes einer Darstellung der irdischen Naturmächte. Erde und Meer wurden hier in verschiedenen Gestalten verkörpert, die zeigten, wie aus dem Meer Feuchtigkeit emporsteigt, sich zur Wolke verdichtet, um dann als Regen wieder die Erde zu befruchten.[124] Weiter oben erschienen Gestalten wie Phosphoros, der Vogel Phönix, Anatole, die vier Horen und Nyx, die den Tag bzw. die Nacht anzeigten.[125]

Die andere Bildhälfte zeigte die Mächte des Kosmos. Hier wurde unten die aufgehende Sonne dargestellt, umgeben von den Personifikationen des Himmels und des unendlichen Ozeans, die den irdischen auf der Gegenseite entsprachen.[126] Die Ewigkeit dieses kosmischen Geschehens wurde durch Aion symbolisiert.[127] Darüber korrespondierten die Gestalten des nächtlichen Sternenhimmels denen der Morgenfrühe.[128] Das Ganze wurde dann gekrönt durch eine

---

121 Prok. Ekphr. 20–49 (Diels [s. Anm. 119], 32–36).

122 Prok. Ekphr. 24–26 (Diels [s. Anm. 119], 32f.).

123 Hierauf verweist Belayche (s. Anm. 11), 247f.

124 Joh. Gaz. Ekphr. 2,1–44 (Ge, Karpoi); 45–54 (Erdkugel und ihr Träger); 55–64 (zwei Gestalten, deren Deutung unklar bleibt, Johannes gibt sie mit Europa und Asien an, Friedländer [s. Anm. 120], 196, vermutet zwei Fruchtbarkeitsdämonen); 65–108 (Thalassa und ihre Umgebung); 109–136 (Cheimon, Ombroi); 137–169 (Gewitter); Friedländer (s. Anm. 120), 150–157.

125 Joh. Gaz. Ekphr. 2,170–202 (Iris); 203–207 (Phosphoros); 208–226 (Vogel Phönix); 227–238 (Euphoriai); 239 (Orthros); 241–244 (Anatole); 245–252 (Nyx); 253–313 (die vier Horen); Friedländer (s. Anm. 120), 157–163.

126 Joh. Gaz. Ekphr. 1,44–51 (Uranos); 51–65 (Sonnenscheibe); 66–95 (Sophia und Arete); 96–125 (Atlas); 126–136 (Sonnengruppe); 225–271 (vier Winde); 272–302 (Okeanos); 303–314 (Bythos, Angelos); Friedländer (s. Anm. 120), 138–141; 145–148.

127 Joh. Gaz. Ekphr. 137–179 (Friedländer [s. Anm. 120], 141–143).

128 Joh. Gaz. Ekphr. 180–186 (Hesperos); 187–204 (Sternbild des Wagens); 205–224 (Selene); 314–360; Friedländer (s. Anm. 120), 143–145; 148–150.

Gruppe, die den Triumph der ordnenden Weisheit *(kosmos)* über den rohen Stoff *(physis)* verkörperte.[129]

Die besondere Fruchtbarkeit der drei Bildbeschreibungen liegt jedoch noch in einem weiteren Bereich, der mit der Zielsetzung dieser literarischen Gattung der Ekphrasis verbunden ist. Deren Sinn bestand im zeitgenössischen Verständnis nicht in einer Abbildung *(mimesis)* des beschriebenen Kunstwerks, sondern in der Schilderung und Vermittlung einer hinter der Abbildung liegenden Wahrheit, so wie sie der Interpret verstand.[130] Die Beschreibung der Kunstwerke durch die Redner bot also zugleich auch eine Deutung und Wertung der Bildmotive. Sie stellte Zusammenhänge her und produzierte damit ein kulturelles Sinnsystem, welches dem Publikum im Rahmen des öffentlichen Vortrags kommuniziert wurde. Das Anliegen des Rhetors bestand demzufolge nicht nur in einer Demonstration seiner verbalen Kunstfertigkeit, sondern auch in einer Gewinnung seiner Zuhörer für die durch ihn vermittelte Sichtweise. Welche Hinweise geben die drei Ekphraseis auf antike Bildwelten und deren normative Ausdeutungen?

Bereits die Darstellung der Hippolytosgeschichte durch Prokopios gibt interessante Hinweise für die Persistenz traditioneller Normensysteme. Insgesamt wird nämlich erkennbar, dass der Autor seine rhetorisch-literarischen Möglichkeiten keineswegs nutzte, um die Protagonisten des Stücks in christlichem Sinne auszudeuten (etwa Hippolytos als Inbegriff der Keuschheit).[131] Vielmehr bleiben sowohl Phaidra als auch Hippolytos Handlungsträger einer griechischen Tragödie in ihrem klassischen normativen Kontext. So lobte Prokopios zwar die Keuschheit des jungen Mannes, vermutete aber zugleich, dieser habe sich auch deshalb so verhalten, um den Beifall des Publikums zu gewinnen.[132] Ebenso verfiel die Liebesleidenschaft der Königin keineswegs seinem moralischen Verdikt, sondern wurde durch ihn mit dem Verweis auf die Allgegenwart der Liebe gerechtfertigt.[133] Der Rhetor behielt eine ambivalente, sorgfältig abwägende Einstellung zu beiden Protagonisten bei, welche für die Rezeption griechischer Tragödien durchaus typisch ist. Er vermied jegliche moralische Rigorosität, wie sie etwa von den Kirchenvätern eingefordert wurde.

Auch in der Beschreibung der Kunstuhr folgt die Interpretation durch Prokopios klassischen Mustern. So widmete sich der Autor zuerst dem enthusiastischen Lob des Stifters, um danach die Vorteile zu erörtern, welche Gaza durch

---

129 Joh. Gaz. Ekphr. 314–343 (Friedländer [s. Anm. 120], 148–150).

130 Vgl. hierzu v. a. J. Elsner, Art and the Roman Viewer. The Transformation of Art from the Pagan World to Christianity, Cambridge 1995, 24–28; D. P. Fowler, Narrate and Describe: The Problem of Ekphrasis, in: JRS 81 (1991), 25–35.

131 In diesem Sinne auch Talgam (s. Anm. 19), 216–219.

132 § 27 (Friedländer [s. Anm. 120], 14).

133 §§ 16–18 (Friedländer [s. Anm. 120], 10f.).

die erst kürzlich erfolgte Aufstellung dieses Wunderwerks im Konkurrenzkampf der römischen Städte erlangt habe.[134] Hauptsächlich ging es ihm aber darum, die Faszination dieses Meisterwerks für den Zuhörer nacherlebbar zu machen und ihm zugleich den Sinn der hier dargestellten Bilder zu erschließen.[135] Seine Ausführungen verraten nicht nur überaus gute Kenntnisse über die Verankerungen dieser Geschichten in Mythos und Literatur, sondern eine liebevolle, wenngleich etwas augenzwinkernde Bereitschaft, das Sinnsystem dieser Episoden vor seinen Zuhörern wieder lebendig werden zu lassen.[136] An den christlichen Präferenzen des Prokopios kann zwar allein auf Grund seiner zahlreichen theologischen Werke, wie etwa der bereits erwähnten Bibelkommentare, kein Zweifel bestehen. Dennoch dürften sowohl die Kunstuhr als auch Beschreibungen wie diese dazu beigetragen haben, dass die Welt der klassischen Mythologie bei den Bewohnern Gazas noch lange präsent blieb, in welcher Identifikationsform auch immer. Die Kenntnis der klassischen Sinn- und Symbolwelt war dann wiederum ausschlaggebend dafür, dass man die Bauwerke und Feste als deren materielle Träger kontinuierte.

Auch das Gemälde des Winterbades ist im Kontext einer Stabilisierung des klassischen Sinnsystems zu sehen. Wenn man der Beschreibung Glauben schenken kann, stellte das Bild die Gestalten der griechischen naturbeseelenden Phantasie in Bewegung und in Beziehungen zueinander dar und verstärkte dadurch ihre Präsenz. Offenbar waren alle Gestalten des Bildes zur Sonne hingewendet. Erde und Kosmos, so die Bildbotschaft, wurden durch die Existenz der Sonne bestimmt. Eine Kreuzesabbildung erwies zwar der neuen Weltanschauung zu Beginn kurz den schuldigen Tribut, doch erscheint sie innerhalb der Gesamtdarstellung eher als Fremdkörper.[137] Dies wird durch die Ausdeutung des Johannes

---

134 Prok. Ekphr. praef.; 1–6 (Diels [s. Anm. 119], 27).

135 Dies verrät etwa sein begeisterter Kommentar § 6 (Diels [s. Anm. 119], 29): „Dies war zwar Mythos, doch mir schien es Wahrheit zu sein und Homer schwelgte in der Kunst, Dinge, die sich nie und nirgendwo begaben, straflos zu berichten. Wenn ich nun aber diese Kunstwerke unseres hier anwesenden Hephaistos betrachte ... muss ich zugeben, dass man auch jenen Wirklichkeit zugestehen dürfe." Ταῦτα μὲν οὖν μῦθός τε ἦν ἐμοὶ καὶ λόγος ἐδόκει, καὶ Ὅμηρος ἐτρύφα τῇ τέχνῃ λέγων ἐπ' ἀδείας ἃ μήτε ἦν μήτ' ἐγένετο πώποτε· νυνὶ δὲ τοῦ παρόντος Ἡφαίστου ἔργα καὶ τέχνην ἰδὼς ... ταῦτα κἀκείνοις ἀληθέσιν εἶναι συγχωρεῖν ἐπιτρέπω. (Übersetzung nach Diels [s. Anm. 119], 29).

136 So erzählt er §§ 3–5 vom Schild des Achilles und von weiteren Werken, die er im Phäakenlande anfertigte, sowie von den Kunstfertigkeiten des Hephaistos. Ebenso farbig sind seine Schilderungen der Gorgo und ihrer Deutungen in der Tragödie (§§ 14–16) sowie seine Erzählungen über die Mühen des Herakles (§§ 30–43); Diels (s. Anm. 119), 31; 33–35.

137 Joh. Gaz. Ekphr. 1,29–44 (Friedländer [s. Anm. 120], 137f.). Auch Friedländer (s. Anm. 119), 168, merkt an: „Am merkwürdigsten erscheint mir, wie diese rein

noch verstärkt. So begann der Rhetor seine Ekphrasis mit einer ausführlichen Anrufung der Sirenen, der Musen und Apollos, bevor er dann auch den christlichen Gott kurz bat, seinen Gesang über die Welt mit seinem Segen zu begleiten. Hierauf widmete er sich einer Deutung des abgebildeten Kreuzes.[138] Dennoch wirkt diese nicht nur quantitativ dürftig (nur 16 Verse von insgesamt 700), sondern auch inhaltlich eigenartig blutleer und symbolistisch, nur wenig mit theologischem Gehalt erfüllt.[139]

Deutlich lebendiger geriet dann seine Interpretation der anderen Bildfiguren. So charakterisierte er diese nicht nur höchst farbig in ihren Personifikationen, sondern deutete Gestalten wie Uranos, Helios, Aion, die Horen, Kosmos und Physis oder gar die Sonne in ihren Kontexten und Aktionen und ließ sie damit wiederum als Bestandteile eines ebenso komplexen wie gut eingerichteten Sinnsystems erlebbar werden.[140] Die Schilderungen des Johannes erwecken durchaus

---

symbolische Darstellung sich als etwas Fremdes in die ganz anders empfundene Welt des Bildes eingedrängt hat."

138 Joh. Gaz. Ekphr. 1,1–18; 19–28 (Friedländer [s. Anm. 120], 135–137).

139 Joh. Gaz. Ekphr. 1,29–44 (Friedländer [s. Anm. 120], 137f.): „Eine gerade, lange Linie kommt von oben herunter, eine kleinere kreuzt ihren Weg, um deren Mitte die Notwendigkeit das Band einigender Liebe schlingt, das göttliche Symbol des Friedens. Vier Spitzen sprießen hervor, weil die uranfängliche Ewigkeit Osten, Westen, Süden und Norden ward und aus diesen vieren die Welt zusammensetzte. Und des Kreuzes heiteres Bild schimmert in goldenem Glanz, weil Goldesart jugendlich bleibt und in ihrem Glanze nicht abnimmt. Der Dreieinigkeit glückbedeutendes Abbild umtanzt das Kreuz in blauen Windungen; sie ist in Kreisform gezeichnet wie eine Nachbildung der Weltkugel, und drinnen ist zu sehen beider Linien heiterer Glanz." Ὀρθοτενὴς γραμμὴ περιμήκετος ὑψόθεν ἕρπει μεῖζον μῆκος ἔχουσα· κασιγνήτη δέ τις ἄλλη μείων ἀντικέλευθος ἐλαύνεται, ἧς περὶ μέσσα συζυγίης φιλότητος ἔχει σύνδεσμον ἀνάγκη, ἔνθεον εἰρήνης σημήϊον· ἀμφότεραι δὲ ἀλλήλων συνέχουσιν ὁμόζυγα μέτρα κελεύθου· τέσσαρα δ' ἄκρα τέθηλεν, ὅτι πρωτόσπορος αἰὼν φωσφόρος ἔσπερα νῶτα, μεσημβριάς, ἄρκτος ἐτύχθη ἐκ νοερῶν πισύρων ξυνοχὴν κόσμοιο τελέσσας, καὶ γραμμῆς διδύμης θεοδέγμονος εὔδιος εἰκὼν χρυσοφαὴς μάρμαιρεν, ὅτι χρυσοῖο γενέθλη ἵσταται ἡβώωσα καὶ οὐ μινύθουσα φαείνει. Καὶ νοερῆς Τριάδος τύπος αἴσιος ἀμφιχορεύει κυανέαις ἕλικεσσι, χαρασσομένης ἐνὶ κύκλοις οἷα πόλου μίμημα· καὶ ἔνδοθεν ἔστι νοῆσαι γραμμῶν ἀμφοτέρων ἅγιον σέλας. (Übersetzung nach Friedländer [s. Anm. 120], 167).

140 Exemplarisch dafür ist seine Beschreibung des Aion, die zugleich ein eher zyklisches Zeitverständnis erkennen lässt (§§ 1,137–143; Friedländer [s. Anm. 120], 141f.): „Und Aion, der Säer vielkreisender Jahre, ist in blühender Herrlichkeit dargestellt, hingewandt (?) auf den umkreisenden Himmel, der Urvater, der umherkreist in unablässigen Bahnen, der im Wirbel das Leben unaufhörlich erzeugt, das Steuer der Harmonie führt, das Jahr wachsen und ablaufen lässt und ein Jahr in das andere ausströmt, geräuschlos sich fortbewegend." Καὶ πολυδινήτων ἐτέων αὐτόσπορος Αἰὼν ἀμφιθαλὴς μορφοῦτο περίδρομον ἐς πόλον ἄλλον, πατροπάτωρ,

den Eindruck, dass er den gesamten irdischen Kosmos bei den geschilderten Kräften in guter Hut sah. Interessanterweise knüpfte seine Darstellung zugleich auch sehr geschickt an lokale religiöse Grundüberzeugungen an, wie z. B. die große Bedeutung von Regen und Sonne bzw. die Wirksamkeit von Fruchtbar-keitsdämonen.[141] Insofern erscheint es keineswegs unplausibel, dass manche nicht-christlichen Besucher des Winterbades ihre Überzeugungen in diesem Gemälde widergespiegelt fanden.

Zudem sind die hier geschilderten Beschreibungen keineswegs Einzelfälle, sondern können etwa durch Beispiele aus den Werken des Chorikios ergänzt werden.[142] Für diesen Autor ist geradezu symptomatisch, dass er biblische Ver-gleiche höchst selten und dann auch eher distanziert verwendet, während seine Schriften eine überreiche Fülle an Beispielen und Vergleichen aus der klassischen Literatur bieten. Hierzu fügt sich auch, dass er in einer Lobrede auf Kaiser Justi-nian anlässlich des Brumaliafests 532 oder 533 ausdrücklich Zeus und die Olym-pischen Götter als Demiurgen und Beherrscher aller Dinge evozierte.[143] Am erstaunlichsten präsentiert sich aber seine bereits erwähnte Verteidigung des Mimus. Hier begründete Chorikios wiederholt die Notwendigkeit einer Beibe-haltung des Mimus mit dessen kultischer Verankerung. Den Abschluss seiner Apologie bildete dann ein Lob der Wohltaten des Dionysos als Schirmherr der Spiele, dessen Beistand der Redner durch ein kurzes Gebet erflehte.[144] Diese Argumentationsstrategie wirkt umso frappierender, als sich Chorikios darüber im klaren sein musste, dass sein Beharren auf einer kultischen Verankerung der Spiele christlichen Widerstand geradezu herausforderte und er damit dann auch nicht mehr auf die Unterstützung kulturell wohlwollender Christen rechnen konnte.

περίμετρος ἀλωφήτοισι κελεύθοις, ος νοερῇ στροφάλιγγι γονὴν βιότοιο φυλάσσων, Ἁρμονίης οἴηκα παλινδίνητον ἀείρων, ποιμαίνει λυκάβαντα δυωδεκάμηνον ἑλίσσων καὶ χρόνον εἰς χρόνον ἄλλον ἐρεύγεται ἄψοφος ἕρπων. (Übersetzung nach Friedländer [s. Anm. 120], 177).

141 Marnas war als Regengottheit schlechthin verehrt worden; Marc. Diac. V. Porph. 19 (Grégoire/Kugener [s. Anm. 18.], 16). Dies zeigt, dass sein Tempel zwar nicht mehr existierte, damit verbundene Spezifikationen aber durchaus erhalten blieben.

142 Eine Verschmelzung christlicher Normen und klassischer Kategorien findet sich aber durchaus auch in anderen Gebieten, wie z. B. Ägypten. Vgl. hierzu zum zeitgleichen Werk des Flavius Dioscorus aus Aphroditopolis: J.-L. Fournet, Hellénisme dans l'Egypte du VIᵉ siècle. La bibliothèque et l'œuvre de Dioscore d'Aphrodite, Kairo 1999, Bd. 2, 681–683, sowie allgemeiner G. W. Bowersock, Hellenism in Late Antiquity, Cambridge 1990, 55–69.

143 Choric. Or. in Iust. Brumal. 1–2 (Foerster/Richtsteig [s. Anm. 49], 175); vgl. Belay-che (s. Anm. 11), 308.

144 Apol. Mim. 100; 144; 155–158 (Foerster/Richtsteig [s. Anm. 49], 367; 377; 380).

Welche Motive veranlassten diese Autoren zu ihren Positionierungen, literarische Konvention oder weltanschauliche Überzeugung? Diese Frage ist nicht zu entscheiden. M. E. ist hier, sowohl was die Bildwelt Gazas als auch die rhetorischen Darbietungen angeht, von einem Bemühen um beziehungsreiche Anspielungen sowie bewusstes Offenlassen von Deutungen auszugehen, bei der sich weder die jeweiligen Rhetoren weltanschaulich festlegten, noch diese ihre Zuhörer zu einer eindeutigen Identifikation drängten. Zweifellos trugen jedoch die Bauten, Bilder, Spiele und Reden in Gaza dazu bei, ein traditionelles Sinnsystem beständig zu stabilisieren, in dem die antike Stadt im Mittelpunkt stand. Hier, wie auch an einigen anderen Orten des griechischen Ostens bewahrten die offiziell christianisierten Städte zumindest in ihrer urbanen Gestalt und auch in zahlreichen Mosaiken Züge des Hellenismus. Christliche Bauten, Bilder und Identifikationsfiguren traten als Ergänzung hinzu, vermochten die klassische Prägung Gazas aber nicht nachhaltig zu verändern.

6. Zusammenfassung

Die Frage nach den Gründen für das hohe Maß an urbaner Kontinuität in Gaza erbrachte einen komplexen Befund. Als förderlich erwiesen sich auf jeden Fall geostrategische Faktoren, wie die generell positive wirtschaftliche Entwicklung der Provinz, die Zentralortfunktion Gazas und wohl auch die Tatsache, dass in der Umgebung weiterhin prosperierende, aber nicht dominante Städte von der Art Konstantinopels existierten, mit denen kulturelle und wirtschaftliche Austauschbeziehungen herrschten. Allerdings wurde erkennbar, dass ebenso wichtig die zähe Entschlossenheit der Bürgerschaft war, ihre kulturellen Traditionen auch gegen christliche Widerstände beizubehalten. Dies betraf den Willen zum toleranten Zusammenleben mit Angehörigen anderer Religionen genauso wie die Beibehaltung städtischer Spiele und den Ausbau der städtischen Infrastruktur durch bürgerliche Funktionsbauten. Im Gegensatz etwa zu Nordafrika oder Gallien zog sich die Elite von Gaza eben nicht auf ihre Landsitze zurück, sondern betrachtete die Stadtsässigkeit und ein finanzielles Engagement nach euergetischem Muster weiterhin als Teil ihres Orientierungssystems.

Wie nachhaltig das kollektive Interesse der Bürgerschaft an der Weiterführung hellenischer Traditionen auch mit einer Persistenz traditioneller Sinnsysteme und Bildwelten verbunden war, zeigten die Werke der Gazener Rhetorenschule überaus deutlich. Gaza besaß eine starke kulturelle Identität, die durch die komplexen Mechanismen der klassischen Kultur bestimmt war. Insofern überrascht es nicht, dass sich das Christentum in Gaza erst mit Bischof Markianos zu behaupten vermochte, der sich als konzilianter Vertreter seiner Religion erwies, mit lokalen Eliten kooperierte und Respekt vor der hellenischen Kultur bekundete. Indem er sich in vielfacher Weise für das Schicksal seiner Stadt engagierte, ließ er erkennbar werden, dass die Akzeptanz des Christentums keineswegs eine Auslöschung der traditionellen Identität Gazas bedeutete. Die kulturelle Identität Gazas präsentiert sich also auch im 6. Jh. n. Chr. als eine Verbindung aus Hellenismus und Christentum, hier werden neben manchen Veränderungen der städtischen Topographie Kontinuitäten erkennbar.

Abstract

The study addressed the problem of social and cultural transformation in Gaza from 4th to 6th century A. D. Even at the end of the 4th century Gaza was famous for an enduring presence of pagan cults and a deep-rooted Hellenistic culture. Consequently, Christian missionary attempts often proved useless and the question had to be posed why and in what cultural shape Christianity was established in Gaza at the beginning of the 6th century. Actually, the success of Christianity in this city was facilitated by an astonishing compromise between Christian religion and Hellenism supported by the local bishop and members of the local rhetorical school. At the same time the citizens of Gaza resisted any claims pushed by monks living at the edge of Gaza, to close all theatres and to prohibit the games. As a result, it proved obvious that cultural identity in Gaza even at the 6th century was formed by an alliance between Christianity and traditional Hellenistic values. The strict adherence of the Gazenians to their own cultural traditions was very decisive for the surprising continuity of civic institutions in this town during late antiquity.

Augustinus und der Krieg[1]

Raimund Schulz

1. Einleitung

Das Thema „Krieg" erlebt derzeit einen regelrechten Boom in der Geschichtswissenschaft.[2] Das Interesse hat sich dabei verlagert von der klassischen Frage nach den Gründen und Ursachen hin zu den Verarbeitungs- und Deutungsstrategien von Kriegen und Kriegserfahrungen.[3]

Bei der Vermittlung antiker Deutungsmuster kommt der Spätantike eine Schlüsselfunktion zu. Denn in dieser Zeit trafen zwei grundverschiedene Einstellungen zum Krieg aufeinander, deren Spannung das europäische Denken über den Krieg nachhaltig geprägt hat: auf der einen Seite das klassisch-antike Verständnis, das Krieg wie ein naturgegebenes Phänomen akzeptierte und der Bewährung im Krieg höchste soziale Wertschätzung zollte, auf der anderen Seite das Christentum, das dieser Auffassung das Gebot des Gewaltverzichts und der Nächstenliebe entgegensetzte und damit die Beteiligung am Krieg zu einem theologischen und moralischen Problem erhob. Diese Konstellation erhält ihre besondere historische Dimension dadurch, dass mit den jeweiligen Haltungen zum Krieg ein unterschiedliches Verhältnis zur Politik verbunden war: Während

---

1   Der Text basiert auf einem Vortrag, den ich u. a. an den Universitäten Saarbrücken, Bielefeld, Bochum und Frankfurt gehalten habe. Ich danke den Zuhörern für Kritik und Anregungen. Weiterhin danke ich St. Rebenich, B. Dreyer, E. Baltrusch, W. Dahlheim und J. Stillig für ihre kritische Lektüre.

2   Aus der Fülle der Neuerscheinungen als Einführung geeignet z. B. E. Wolfrum, Krieg und Frieden in der Neuzeit. Vom westfälischen Frieden bis zum Zweiten Weltkrieg, Darmstadt 2003, S. 22–32. G. Krumeich, Kriegsgeschichte im Wandel, in: G. Hirschfeld u. a. (Hrsgg.), „Keiner fühlt sich hier mehr als Mensch…". Erlebnis und Wirkung des Ersten Weltkrieges, Frankfurt am Main 1996, S. 11–29. C. Nordstrom, Leben mit dem Krieg, Darmstadt 2005.

3   Die Arbeiten konzentrieren sich auf die Kriege der Neuzeit, vornehmlich den 30-jährigen Krieg und den Ersten Weltkrieg: z. B. P. Knoch, Erleben und Nacherleben. Das Kriegserlebnis im Augenzeugenbericht und im Geschichtsunterricht, in: Hirschfeld (s. Anm. 2), S. 235–259, S. 236. N. Buschmann/H. Carl, Zugänge zur Erfahrungsgeschichte des Krieges. Forschung, Theorie, Fragestellung, in: N. Buschmann (Hrsg.), Die Erfahrung des Krieges. Erfahrungsgeschichtliche Perspektiven von der Französischen Revolution bis zum Zweiten Weltkrieg, Paderborn 2001, S. 18–22. A. Holzem, Kriegserfahrung als Forschungsproblem. Der Erste Weltkrieg und die religiöse Erfahrung, in: ThQ 182 (2002), S. 279–297; D. Beyrau (Hrsg.), Der Krieg in religiösen und nationalen Deutungen der Neuzeit, Tübingen 2001.

der Kriegsdienst für die Polis den Anspruch auf politische Mitsprache in der Regel mit einschloss, ging mit der christlichen Infragestellung des Krieges potentiell eine Distanzierung gegenüber politischer Aktivität einher.

Die Spannung zwischen beiden Positionen blieb erhalten, doch in der Spätantike rang sich das Christentum zu der Auffassung durch, dass auch Gott in bestimmten Fällen das Kriegführen erlaubte. Als Wegbereiter dieser christlichen Kriegslegitimation gilt der Kirchenvater Augustinus. Tatsächlich bietet Augustin eine Gesamtdeutung des Phänomens „Krieg", die weit über den sattsam bekannten Kriterienkatalog des „gerechten Krieges" hinausgeht.[4] Man kann deren Bedeutung nur ermessen, wenn man von der Frage ausgeht, wie es Augustinus vor dem Hintergrund akuter militärischer Bedrohungen gelang, römische Tradi-

---

4 Für viele: H. Reh, Ist die Lehre vom gerechten Krieg am Ende?, in: F. Stolz (Hrsg.), Religion zu Krieg und Frieden, Zürich 1986, S. 193–210. O. Kimminich, Der Gerechte Krieg im Spiegel des Völkerrechts, in: R. Steinweg (Hrsg.), Der gerechte Krieg: Christentum, Islam Marxismus, Frankfurt am Main 1980, S. 206–223, S. 207, meint fälschlicherweise sogar, Augustinus sei der erste gewesen, der die Frage nach dem gerechten Krieg aufwarf. Die allgemeine Literatur zur Entwicklung des Konzeptes vom „gerechten Krieg" ist kaum noch zu übersehen. Aus althistorischer Sicht hat sich zuletzt – neben H. Botermann (Gallia paccata – perpetua pax. Die Eroberung Galliens und der „gerechte Krieg", in: J. Spielvogel [Hrsg.], Res publica reperta. Zur Verfassung und Gesellschaft der römischen Republik und des frühen Prinzipats. Festschrift für Jochen Bleicken zum 75. Geburtstag, Stuttgart 2002, S. 284–293) – K. M. Girardet in einer längeren Rezension (zu L. Loreto, Il bellum iustum e i suoi equivoci, in: Gnomon 77 [2005], S. 427–434) und in Form eines Vortrages („Gerechter Krieg". Von Ciceros Konzept des bellum iustum bis zur UNO-Charta) geäußert und dabei einige Unklarheiten richtig gestellt. Einen fundierten Überblick bietet ferner U. Kleemeier, Krieg, Recht, Gerechtigkeit – Eine ideengeschichtliche Skizze, in: D. Jannsen/ M. Quante (Hrsgg.), Gerechter Krieg, Paderborn 2003, S. 11–28. Sie beklagt (Anm. 1), dass die deutschen Arbeiten selten von (professionellen) Philosophen stammen. Umgekehrt scheint ein Verständnis des gesamten Phänomens nur möglich, wenn man den historischen Hintergrund und den politischen Kontext der Spätantike berücksichtigt. Hieran leidet z. B. der ansonsten sehr solide Überblick von P. Engelhardt, Die Lehre vom „gerechten Krieg" in der vorreformatorischen und katholischen Tradition. Herkunft – Wandlungen – Krise, in: Steinweg (s. Anm. 4), S. 72–123. Umfangreichere Überblicke mit starker Einbeziehung der modernen außenpolitischen Diskussion liefern naturgemäß die amerikanischen Autoren: Hilfreich für Augustin ist davon besonders: R. J. Regan, Just War. Principles and Cases, Washington 1996. Zusammenfassende Darstellungen aus theologischer Perspektive finden sich außer in den einschlägigen Fachlexika bei K. Höhmann, Der „gerechte Krieg" im christlichen Denken, in: R. Weiler/V. Zsifkovits (Hrsgg.), Unterwegs zum Frieden. Beiträge zur Idee und Wirklichkeit des Friedens, Freiburg/Basel/Wien 1973, S. 335–367. Wenig hilfreich für unsere Fragestellung ist dagegen J. Rief, „Bellum" im Denken und in den Gedanken Augustins, Barsbüttel 1990, weil der Autor durchweg werk- und textimmanent argumentiert und den politisch-historischen Kontext außer Acht lässt.

tionen und christliche Überzeugungen zu verbinden. Diese Verbindung ist ein aufschlussreiches Beispiel für den Verschmelzungsprozess von Christentum und *Romanitas*; ihr Verständnis bildet aber auch eine wichtige Voraussetzung, um die Antike in die Perspektive neuhistorischer und mediävistischer Fragestellungen zum Thema Krieg zu integrieren.[5]

2. Die christliche Diskussion um den Krieg

In den Anfängen des Christentums spielte eine Distanzierung gegenüber Krieg und Kriegsdienst vor dem theologischen Hintergrund des Gewaltverzichts Jesu und des fünften Gebots in der Praxis eine untergeordnete Rolle.[6] Es gab keine allgemeine Wehrpflicht und das römische Militär fungierte eher als Polizeimacht. Die Lage änderte sich, als Rom seit der Mitte des 2. Jahrhunderts verlustreiche Kriege an fast allen Grenzen führen musste. Der Unmut über kriegsunwillige Christen wuchs, aber auch für die Christen wurde es schwierig, tatenlos den Angriffen auf das Reich zuzusehen, das sie als Hort der Zivilisation zu schätzen gelernt und dem sie nach eigener Überzeugung die Ausbreitung des Glaubens mit zu verdanken hatten.[7] „Gebet Gott, was Gottes ist, und dem Kaiser, was des Kaisers ist", hatte Jesus selbst gefordert.[8] Paulus gemahnte seine Glaubensgenossen zum Gehorsam gegenüber den staatlichen Obrigkeiten, er setzte den Gehorsam gegenüber dem Kaiser sogar mit dem Gehorsam gegenüber Gott gleich.[9]

---

5 Die jüngeren wissenschaftlichen Monographien und Biographien zu Augustinus (z.B. Chr. Horn, Augustinus, München 1995; J. Kreuzer, Augustinus, Frankfurt/ New York 1995; E. Dassmann, Augustinus. Heiliger und Kirchenlehrer, Stuttgart/ Berlin/Köln 1993; W. Geerlings, Augustinus, Freiburg/Basel/Wien 1998) behandeln das Thema allenfalls beiläufig und meist im Zusammenhang mit der Kategorie des „gerechten Krieges" oder der augustinischen Friedenskonzeption. Im Zentrum steht immer die Friedensthematik. Die besten Überblicke mit reichen Quellen bieten der Artikel „Bellum" von M.-Fr. Berrouard, in: Augustinus-Lexikon, hrsg. von C. Mayer, Vol. 1, 1991, Sp. 638–645, sowie das in Deutschland eher selten rezipierte Werk von L. J. Swift, The Early Fathers on War and Military Service. Message of the Fathers of the Church, Wilmington/Deleware 1983, S. 110–157.

6 R. H. Bainton, Christian Attitudes toward War and Peace. A Historical Survey and Critical Re-Evaluation, New York/Nashville 1960, S. 66ff.; J. Fontaine, Die Christen und der Kriegsdienst im Frühchristentum, in: Concilium 1 (1965), S. 592–598; C. J. Cadoux, The Early Christian Attitude to War, London 1919, S. 247.

7 Eus. hist. eccl. 4,26,7–11. Vgl. H. Chadwick, Die Kirche in der antiken Welt, Berlin/ New York 1972, S. 19. Die Abkürzungen der antiken Autoren richten sich nach dem Verzeichnis des LAW.

8 Mt. 22,21; 12,17; Lk. 20,25.

9 Petr. 2,13ff.; Röm. 13,1–4. Vgl. 1. Clem. 60,4; 61,1.

Hieraus ließ sich folgern, dass man auch als christlicher Soldat Kaiser und Reich verteidigen müsse, wenn es bedroht war. Diese Überzeugung verfestigte sich, je schneller sich die christliche Lehre unter den Soldaten verbreitete. Denn von ihnen angesichts der Plünderungen der „Barbaren" und der gefallenen Kameraden zu fordern, das Schwert beiseite zu legen, widersprach dem Ethos der Pflichterfüllung und hätte Verrat bedeutet. Erst diese sich *in der Praxis* verfestigende positive Einstellung vieler Christen zum Kriegsdienst verlangte spätestens seit Konstantin von der Kirche, das Problem des Krieges nun auch *theologisch* zu bewältigen.[10]

Entscheidende Argumente fanden sich im Alten Testament. Hier führte das Volk Israel fast ununterbrochen Krieg und wurde von seinem „Kriegsherrn" Jahwe tatkräftig unterstützt.[11] Ihm schuldete man unbedingten Gehorsam, und wenn er den Krieg gebot, dann – so das Argument – war auch dem Christen das Kämpfen erlaubt. Zwiespältig waren dagegen die Aussagen des Neuen Testaments: Dem Gewaltverzicht Jesu in der Bergpredigt könnte z. B. seine – allerdings in einem anderen Kontext geäußerte – Aussage entgegenstehen, er sei nicht gekommen, um den Frieden zu bringen, sondern das Schwert.[12] Die Beispiele des Hauptmanns von Kapharnaum und des unter dem Kreuz gläubig gewordenen Offiziers zeigten ferner, dass der Soldatenberuf und die mit ihm verbundene Pflicht des potentiellen Tötens offensichtlich kein Hindernis für den Glauben und das christliche Bekenntnis waren.[13]

3. Die römische Tradition des *bellum iustum*

Die biblische Überlieferung war aber nur die eine Quelle, aus der die christlichen Denker schöpften: Wenn sie bereit waren, das Imperium als gottgewollten Partner anzuerkennen, dann lag es nahe, sich auch in der römischen Tradition umzusehen.

Diese kannte das Begriffspaar *bellum iustum*. In der Frühzeit der römischen Expansion war ein *bellum iustum* dann gegeben, wenn sich die Kriegseröffnung nach bestimmten Regeln und religiösen Zeremonien vollzog.[14] Der Zusatz *ius-*

---

10   Vgl. Swift (s. Anm. 5), S. 80ff.; W. Dahlheim, Geschichte der römischen Kaiserzeit
      (= OGG Bd. 3), 3. überarbeitete und erweiterte Aufl. München 2003, S. 137.
11   Vgl. K. Hammer, Christen, Krieg und Frieden. Eine historische Analyse, Olten/Freiburg 1972, S. 13ff.
12   Mt. 11,34.
13   Hauptmann von Kapharnaum: Lk. 7,9; Offizier unter dem Kreuz: Mk. 15,39.
14   Demnach musste zunächst ein Bote an das gegnerische Gemeinwesen gesandt werden, der feststellte, dass der Gegner ein Unrecht begangen hatte, und dementsprechend die Forderung nach Wiedergutmachung stellte. Wurden die Forderungen

tum bedeutete demnach „regelgerecht" oder „ordnungsgemäß". Der Gerechte Krieg war ein göttlich sanktionierter Rechtsvorgang, der auf ein ungesühntes Unrecht folgte.

Erst im Laufe der römischen Expansion traten materielle Kriterien in den Vordergrund.[15] Nach Cicero war ein Krieg gerecht, wenn er auf ein gegnerisches Unrecht, d. h. auf einen grundlosen Angriff reagierte.[16] Ziel des gerechten Krieges war die Vergeltung des Unrechtes (durch Wiedererlangung der geraubten Güter) sowie die Schaffung eines gerechten Friedens;[17] darüber hinaus konnte er als präventive Strafexpedition geführt werden, wenn es um das Wohl des Reiches (*de imperio*) ging, ein Sinneswandel des Gegners erzielt und dieser vor weiteren Angriffen abgeschreckt wurde.[18] Ciceros Konzept besaß damit eine doppelte

---

innerhalb von 30 Tagen nicht erfüllt, verkündete der Fetiale feierlich, dass das betreffende Gemeinwesen ungerecht gehandelt habe. Nach entsprechendem Beschluss des Senats – später dem Volk – erfolgte abschließend die offizielle Kriegserklärung (*indictio belli*). Vgl. J. Rüpke, Domi Militiae. Die religiöse Konstruktion des Krieges in Rom, Stuttgart 1990, S. 97–124.

15 S. Albert, Bellum Iustum. Die Theorie des „gerechten Krieges" und ihre praktische Bedeutung für die auswärtigen Auseinandersetzungen Roms in republikanischer Zeit, Kallmünz 1980, S. 132; M. Mantovani, Bellum Iustum. Die Idee des gerechten Krieges in der römischen Kaiserzeit, Bern 1995, S. 97, 60f.

16 Cic. off. 2,26: „Verum tamen, quam diu imperium populi Romani beneficiis tenebatur, non iniuriis, bella aut pro sociis aut de imperio gerebantur." Cic. rep. 3,35: „Noster autem populus sociis defendendis terrarum iam omnium potitus est."

17 Mantovani (s. Anm. 15), S. 43. Das Ziel des Krieges ist somit ein Ausgleich des Schadens und die Wiederherstellung des früheren Rechtszustandes, ein Leben – wie Cicero sagt – in Frieden *sine iniuria*. Cic. off. 1,35: „Quare suscipienda quidem bella sunt ob eam causam, ut sine iniuria in pace vivatur." Cic. off. 1,80: „Bellum autem ita suscipiatur, ut nihil aliud nisi pax quaesita videatur." Zum Verhältnis Ciceros zum Fetialrecht vgl. H. Botermann, Ciceros Gedanken zum „gerechten Krieg" in de officiis 1,34–40, in: AKG 69 (1987), S. 1–29, sowie dies. (s. Anm. 4), S. 284–293. Die von Cicero philosophisch untermauerten inhaltlichen Aspekte des *bellum iustum* waren im Prinzip allen Schriftstellern der Folgezeit und der römischen Öffentlichkeit vertraut und wurden auch mehrfach zur Rechtfertigung aktueller Kriege verwendet. In der frühen Kaiserzeit konzentrieren sich die Autoren zunächst auf die Verarbeitung der Bürgerkriege, die als ungerechte Bruderkämpfe interpretiert werden. Gerechtfertigte Kriege nach Außen kommen unter dem Schutz des Augustus und der pax Romana kaum noch vor. Immerhin rechtfertigt Augustus die Bekriegung der Alpenvölker mit einem „gerechten Grund".

18 Cic. off. 1,34: „Denn es gibt ein Maß im Rächen und Bestrafen. Und es genügt vielleicht, dass derjenige, der herausfordernd gehandelt hat, sein Unrecht bereut, so dass einer selbst nichts Derartiges künftighin verübt und die übrigen weniger rasch mit Unrecht bei der Hand sind." (Übersetzung H. Gunermann) („Est enim ulciscendi et puniendi modus – atque haud scio an satis sit eum, qui lacessierit iniuriae suae paeni-

Komponente: Einerseits sollte er den Krieg insgesamt einhegen und unkontrollierbare Kriegszüge erschweren, andererseits verschaffte er der römischen Weltherrschaft eine umfassende Legitimation, die offensive Kriege mit einschloss.

Als die Kaiser seit der Mitte des 2. Jahrhunderts ihre Abwehrkriege gegen die Germanen wieder als *bella iusta* deklarierten und viele Christen unter dem Druck der außenpolitischen Entwicklung ihre Vorbehalte gegenüber dem Kriegsdienst überwanden, fand das *bellum-iustum*-Konzept in vereinfachter Form Eingang in die Argumentation der christlichen Intelligenz. Origenes ließ im 3. Jahrhundert seine Glaubensbrüder für die beten, „die einen gerechten Krieg führen, auch für den rechtmäßigen Kaiser, auf dass alles vernichtet werde, was sich der gerechten Sache widersetzt".[19] Eusebios erlaubte 100 Jahre später christlichen Laien, an gerechten Kriegen gegen innere und äußere Feinde teilzunehmen.[20] Ein Jahr, nachdem Theodosius das christliche Glaubensbekenntnis für alle Untertanen vorschrieb (380), pries Ambrosius die bei der Verteidigung Roms gegen die Barbaren bewiesene Tapferkeit als einen Akt tugendhafter Gerechtigkeit.[21] Er untermauerte dies mit Argumenten zum Gebot der Nächstenliebe: „Wer nicht gegen das Unrecht, das seinem Nächsten droht, kämpft, ist ebenso schuldig, wie der, der es diesem antut (…)." Und einige Kapitel zuvor: „Ist doch auch der Mut, der im Krieg das Vaterland vor Barbaren, daheim die Schwachen und Freunde vor Erpressern schützt, voll Gerechtigkeit."[22]

Am Ende des 4. Jahrhunderts hatten also die christliche Diskussion um den Krieg und die römische Tradition des *bellum iustum* zusammengefunden: Die ciceronischen Kriterien konnten in vereinfachter Form auf die Kriege Israels

---

tere – ut et ipse ne quid tale posthac et ceteri sint ad iniuriam tardiores.") Dass Ciceros *bellum-iustum*-Konzept auch diese offensive Komponente enthält, hat dezidiert J. Straub, Caesars „Gerechter Krieg" in Gallien, in: ders., Regeneratio imperii. Aufsätze über Roms Kaisertum und Reich im Spiegel der heidnischen und christlichen Publizistik, Darmstadt 1986, S. 1–16, S. 2–5, herausgearbeitet. Gerechter Friede als Ziel des *bellum iustum*: Cic. off. 1,35; 60; Kleemeier (s. Anm. 4), S. 13. Zur ideologischen Funktionskomponente des *bellum iustum* vgl. die fundierte Arbeit von A. Zack, Studien zum „Römischen Völkerrecht", Göttingen 2001, bes. S. 260ff.

19 Orig. c. Cels. 8,73; 86,1.

20 Eus. dem. ev. 1,8,3.

21 Vgl. L. J. Swift, St. Ambrose on Violence and War, in: TAPA 101 (1970), S. 533–543, S. 535f.

22 Ambr. off. 1,178: „Qui enim non repellit a socio iniuriam, si potest, tam est in vitio, quam ille qui facit." 1,129: „Siquidem et fortitudo quae vel in bello tuetur a barbaris patriam, vel domi defendit infirmos, vel a latronibus socios, plena sit iustitiae." Auch für Ambrosius ist der „gerechte Krieg" ein Zustand, in dem Gerechtigkeit waltet: Ambr. off. 1,139; vgl. 1,201 sowie 3,23.

angewandt werden;[23] umgekehrt ließen sich aktuelle Kriege des römischen Staates mit Verweis auf die Kriege Jahwes und den Dienst an der Erhaltung des Reiches legitimieren. Dieser Prozess war nicht unwesentlich durch die Bewunderung der christlichen Intellektuellen für die römische Militärdisziplin gefördert worden, die sich u. a. in der reichen Verwendung militärischer Termini und Bilder des Soldatendienstes niederschlug.[24] Während so die offizielle Kirche und ihre Entscheidungsträger (Ambrosius) den Kriegsdienst förderten, gab es jedoch auf der anderen Seite Christen zumal im Bereich der monastischen Bewegung, die nach wie vor eine Beteiligung am Krieg kategorisch ablehnten;[25] schon Ambrosius hatte deshalb gegen die in Mönchskreisen tief verwurzelte Auffassung von der Unvereinbarkeit von Askese und Kriegsdienst gepredigt.[26] Diese Situation konnte in einer Zeit, als der Krieg zumindest im Westen zu einem existentiellen Dauerphänomen geworden war, zu einer gefährlichen Spaltung innerhalb der Kirche führen.[27]

4. Augustinus und der Krieg

In dieser Situation begann Augustinus eine theologisch fundierte Synthese der bereitliegenden Argumente zu erarbeiten, die das Verhältnis der Christen zum Krieg neu justieren sollte. Das schwierigste theologische Problem bestand darin, die alttestamentarischen Kriege mit den Aussagen Jesu zum Gewaltverzicht zu harmonisieren. Augustinus löste es, indem er das Gebot des Gewaltverzichts und der Nächstenliebe nicht als sozialen Verhaltenskodex des öffentlichen Lebens,

---

23 Ambrosius tat dies z. B. im Falle der Kriege und Kämpfe Davids: Ambr. off. 1,129; vgl. Mantovani (s. Anm. 15), S. 87f., 106, 114, 132.

24 Dazu immer noch der Klassiker: A. von Harnack, Militia Christi. Die christliche Religion und der Soldatenstand in den ersten drei Jahrhunderten, Darmstadt 1963, S. 13ff., 18ff., 21ff., 40ff. Ferner Swift (s. Anm. 5), 19f., und A. J. Vermeulen, „Gloria", in: RAC 11 (1981), Sp. 196–225, bes. 212f.

25 D. A. Lenihan, The Just War Theory in the Works of Saint Augustine, in: Augustinian Studies 19 (1988), S. 37–70, S. 40. Dass es grundsätzlich „keinen christlichen Pazifismus (gab)" (M. Clauss, „Gebet dem Kaiser, was des Kaisers ist!" Bemerkungen zur Rolle der Christen im römischen Heer, in: P. Kneissl/V. Losemann [Hrsgg.], Imperium Romanum. Studien zu Geschichte und Rezeption. Festschrift C. Christ, Stuttgart 1998, S. 93–104, S. 95) wage ich deshalb zu bezweifeln. Vgl. auch Swift, (s. Anm. 5), S. 21f., 27f.

26 Ambros. in Ps. 45,21,3.

27 Vgl. R. H. Bainton, Die frühe Kirche und der Krieg, in: R. Klein (Hrsg.), Das frühe Christentum im Römischen Staat (= WdF Bd. 267), Darmstadt 1982, S. 187–216, S. 193ff.

sondern als eine (innere) Gesinnung des Menschen interpretierte.[28] Wenn demnach ein Christ die Bestrafung der Sünder in einem Geist der Güte und Geduld durchführte, dann durfte er nur im Rahmen der Pflichterfüllung gegenüber staatlichen (oder göttlichen) Befehl auch physische Gewalt anwenden.[29] Das Gebot der Nächstenliebe verpflichtete ihn sogar dazu, wenn er so seine Nächsten vor dem Angriff des Übeltäters schützte.[30]

Diese Tendenz zur „Verinnerlichung der Moral" (K. Flasch) ist eine wesentliche Neuerung gegenüber dem klassischen Kriegsverständnis, das nach dem Gewissen des Einzelnen nicht fragte und in der Übereinstimmung individueller und kollektiver Tugenden den Erfolg der Polis garantiert sah. Sie war aber für Augustin eine unabdingbare Voraussetzung, um die konträren Standpunkte des Alten und Neuen Testamentes zu harmonisieren, ohne die alttestamentarischen Aussagen über den Krieg – etwa durch eine konsequente metaphorische oder allegorische (allein auf das Neue Testament bezogene) Deutung – wie es z.B. Origines versuchte – zu entwerten. Denn das Alte Testament machte auch Aussagen über die *Funktion des Krieges im göttlichen Heilsplan*, die für Augustinus bei der Deutung der realen Ereignisse seiner Zeit von fundamentaler Bedeutung waren. Den Anlass bot die Eroberung Roms im Jahre 410 durch die Westgoten. Sie brachte mit einem Schlag die christliche Überzeugung von der Rolle des Imperium Romanum als gottgewolltes Endreich der Welt ins Wanken und bestätigte den Verdacht der Heiden, dass die Abkehr von den alten Göttern Rom in den Untergang führen müsse. Um die Christen gegen diese Vorwürfe zu verteidigen und seinen verunsicherten Glaubensgenossen neue Orientierung zu geben, konstruierte Augustinus in seinem Werk „de civitate dei" an Stelle des gottgewollten Reiches einer siegreichen Christenheit das Gottesreich (*civitas dei*) und das irdische Reich (*civitas terrena*) als im Widerstreit liegende, aber wechselseitig aufeinander bezogene Prinzipien und ethische Haltungen: Die himmlische Gemeinschaft wird durch Gottesliebe, die irdische Gemeinschaft durch egoistische Selbstliebe konstituiert.[31]

Das römische Reich ist nach dieser Vorstellung als Teil der *civitas terrena* nicht vor Niederlagen gefeit und kann Frieden und Gerechtigkeit nur unvoll-

---

28 Aug. c. Faust. 22,76. Vgl. Lenihan (s. Anm. 25), S. 46: „Augustine holds, that what that statement requires is an inward disposition of the heart and not a bodily action. Augustine considers the Sermon on Mount not as a social code of ethics for right living but rather as a personal spirituality directed inside to the sacred seat of virtue in the heart."

29 Aug. c. Faust, 22,74f.

30 Aug. ep. 47; Regan (s. Anm. 4), S. 17.

31 Vgl. Horn (s. Anm. 5), S. 113ff. Zu den Intentionen des Werkes „de civitate dei" vgl. W. Geerlings, Augustin und der antike Friedensgedanke, in: G. Binder/B. Effe (Hrsgg.), Krieg und Frieden im Altertum, Trier 1989, S. 191–203, S. 192.

kommen erreichen. Dennoch – so Augustin in „de civitate dei" – war seine Expansion von Gott gewollt: Gott habe den Römern zur Ausdehnung ihrer Herrschaft seinen Arm geliehen, so heißt es am Ende des ersten Buchs der „civitas dei";[32] und weiter im 5. Buch:

> Er (sc. Gott) verlieh es (sc. das Reich), um in vielen Völkern schwere Übelstände zu unterdrücken, vornehmlich solchen Männern, die um der Ehre, des Lobes und Ruhmes willen dem Vaterlande, in welchem sie Ruhm suchten, dienten und nicht zögerten, sein Wohl ihrem eigenen überzuordnen (…).[33] (Übers. W. Thimme)

Weiter fragt er nach den Eigenschaften, „wodurch der wahre Gott bewogen war, die Ausbreitung der römischen Herrschaft zu fördern". Augustins Antwort: Die Römer waren bereit für den Ruhm „ohne Zögern in den Tod zu gehen".[34] Da sie Ruhm des Vaterlandes zuliebe erstrebten und den Unterworfenen Gesetz und Frieden brachten, befanden sich die hervorragendsten unter ihnen in einem Zustand, der die für die *civitas terrena* konstitutive Selbstbezogenheit teilweise überwand. Diese Haltung soll für die Christen Vorbild und inspirierender Ansporn sein, Hochmut (*superbia*) zu überwinden und auf dem Pilgerweg zum himmlischen Vaterland nicht nachzulassen:

> So ist denn das römische Reich nicht nur deshalb so ruhmvoll ausgebreitet, dass Menschen, wie wir sie beschrieben haben, entsprechender Lohn zuteil werde, sondern auch deshalb, damit die Bürger jenes ewigen Staates während ihrer irdischen Pilgerschaft aufmerksam und ernsthaft auf dies Beispiel schauen und begreifen, welch eine Liebe sie um des ewigen Lebens willen dem Vaterland droben schulden, wenn um menschlichen Ruhmes willen das irdische Vaterland von seinen Bürgern dermaßen geliebt wird.[35]

---

32 Aug. civ. 1,36.

33 Aug. civ. 5,13: „Idque talibus potissimum concessit hominibus ad domanda gravia mala multarum gentium, qui causa honoris laudis et gloriae consuluerunt patriae, in qua ipsam gloriam requirebant, salutemque eius saluti suae praeponere non dubitaverunt (…)."

34 Aug. civ. 5,12.

35 Aug. civ. 5,16: „Proinde non solum ut talis merces talibus hominibus redderetur Romanum imperium ad humanam gloriam dilatatum est; verum etiam ut cives aeternae illius civitatis, quamdiu hic peregrinantur, diligenter et sobrie illa intueantur exempla et videant, quanta dilectio debeatur supernae patriae propter vitam aeternam, si tantum a suis civibus terrena dilecta est propter hominum gloriam." Vgl. auch Aug. civ. 5,17: „Vergegenwärtigen wir uns doch, was sie alles verschmäht, was sie ertragen, welche Begierden sie um menschlichen Ruhmes willen unterdrückt haben, den sie als Lohn für solche Leistungen sich verdienten. Und das wird uns stärken, unsererseits den Hochmut zu überwinden (…)." („Consideremus quanta contempserint, quae pertulerint, quas cupiditates subegerint pro humana gloria, qui eam tamquam mercedem talium virtutum accipere meruerunt, et valeat nobis etiam hoc ad opprimendam

Besonders die theologische Forschung tut sich schwer mit diesen Sätzen, weil sie nicht in das Bild einer angeblich alles überragenden augustinischen Friedenslehre passen wollen. So resümierte jüngst Timo J. Weissenberg: „Demzufolge verschließt sich dem augustinischen Denken auch jedes Verständnis für die Rede vom Krieg als ruhmreiche Tat."[36] Eine derartige Einschätzung – die man ähnlich auch bei anderen Gelehrten findet[37] – lässt sich wohl nur mit dem (verständlichen) Bemühen erklären, die Gedanken des Kirchenvaters von heidnischem Ballast zu befreien. Damit verkennt man jedoch das Entscheidende: Auch wenn Augustin Frieden jeglichem Krieg vorzieht und die Grausamkeiten römischer Kriege anprangert,[38] so maß er doch dem römischen Ruhmstreben einen außergewöhnlich hohen Wert bei. Denn dieses Ruhmstreben führte auch zur Herausbildung von Tugenden, die den christlichen Idealen nicht unähnlich waren:[39] Die größten Römer hatten im Krieg *clementia* und *misericordia* gezeigt, anstatt ihren

---

superbiam [...]. ") Der gleiche Gedanke in Aug. ep. 138,17. Vgl. N. Baynes, The Political Ideas of St. Augustine's de civitate Dei, in: ders., Byzantine Studies and other Essays, London 1960, S. 288–306, S. 297.

36 T. J. Weissenberg, Die Friedenslehre des Augustinus. Theologische Grundlagen und ethische Entfaltung, Stuttgart 2005, S. 119.

37 Z. B. H. Maier, Augustin, in: H. Maier/H. Rausch/H. Denzer (Hrsgg.), Klassiker des politischen Denkens, Bd. 1, 6. Aufl. München 1986, S. 94–109, S. 106: „Es wundert nicht, dass Augustin zwar nicht den Kriegsdienst, aber doch die Kriege, sofern sie nicht zur Rechtsverteidigung gegen Rechtsbrecher geführt werden, und den Kriegsruhm ablehnt." Er bezieht sich auf den Dominikanerpater F. M. Strathmann, Die Heiligen und der Staat III, Frankfurt am Main 1950, S. 250ff. Ferner V. Hrabar, La doctrine de droit international chez Saint Augustin, in: Archives de Philosophie du droit et de Sociologie juridique 2 (1932), S. 428–446, S. 438. Die ältere deutschsprachige Forschung hat dagegen das Richtige erkannt, aber häufig noch zu vorsichtig vertreten. Vgl. z.B. R. Kopp, Vaterland und Vaterlandsliebe nach der christlichen Moral mit besonderer Berücksichtigung des hl. Thomas von Aquin, Diss. Luzern 1915, S. 69, zu ep. 138,17; J. Bourgeot, Augustins Philosophie des Friedens und des Krieges, Diss. Frankfurt 1926, S. 30: „Augustin fühlt sich zu sehr als Bürger des römischen Reiches, um die Ruhmesbegierde zu verdammen; fast das ganze 5. Buch der civitas dei dient dazu, sich mit ihr abzufinden." Ebenso O. Schilling, Die Staats- und Soziallehre des hl. Augustinus, Freiburg 1910, S. 41ff. Von den Neueren tendiert A. Nitschke zu der im Text vertretenen Auffassung: A. Nitschke, Von Verteidigungskriegen zur militärischen Expansion: Christliche Rechtfertigung des Krieges beim Wandel der Wahrnehmungsweise, in: H. von Stietencron/J. Rüpke (Hrsgg.), Töten im Krieg (= Veröffentlichungen des Instituts für Historische Anthropologie Bd. 6), Freiburg/München 1995, S. 241–276, S. 253ff.

38 Aug. c. Faust. 22,74ff.; vgl. Berrouard (s. Anm. 5), Sp. 639.

39 Vgl. V. Hand, Augustin und das klassische römische Selbstverständnis. Eine Untersuchung über die Begriffe gloria, virtus, iustitia und die res publica in de civitate dei, Diss. Hamburg 1969, S. 22, 30f., 40. Vgl. ähnlich, aber vorsichtiger R. A. Markus, Saeculum: History and society in the theology of St. Augustine, Cambridge 1970, S. 57.

Rachegefühlen nachzugeben; was sei dies anderes – so Augustin in einem Brief an Marcellinus (412 n. Chr.)[40] – als das christliche Verbot, Böses mit Bösem zu vergelten? Hinter dieser Auffassung vom Krieg, in dem sich die besten Eigenschaften des Menschen offenbaren, steckt ein aristokratisches Leistungsdenken, das nicht in der Abwendung vom Staat, sondern in der aktiven Hinwendung zu Krieg und Politik Ruhm und Ehre sucht.[41] Dass eine solche christliche Rezeption aristokratischer Kriegstugenden nach dem Fall von Rom zumal im Westen nicht (mehr) selbstverständlich war, zeigt die Haltung seines jüngeren Zeitgenossen Salvian von Marseille (400–480). Er reagierte auf die militärische Schwäche des Westreiches mit dem Eintritt ins Kloster. Deshalb war für ihn die *asketische Verachtung des Reichtums* die höchste Tugend, die den Römern zu ihren Erfolgen verholfen hatte,[42] während Augustinus den Römern Tugenden zuwies, die sich im *Krieg* bewährten.

Wenn aber Ruhmstreben und römische Expansion als gottgewollt akzeptiert werden,[43] dann war es nur folgerichtig, auch die von Rom geführten Kriege unter bestimmten Voraussetzungen als „gerecht" anzuerkennen. Da schon Ciceros *bellum iustum* das Ziel verfolgte, den Krieg kontrollierbar zu machen (s. o.) lag es für Augustinus nahe, auch Ciceros Kriterien zu übernehmen. Diese erhalten jedoch einen besonderen Akzent, der sich aus der Deutung des Krieges nach dem Fall von Rom 410 ergab. Gott kann nämlich – wie im Alten Testament – mit Kriegen den Zweck verfolgen, die Menschen zu disziplinieren und für ihre Sünden zu bestrafen. „Wir verehren den Gott", so Augustinus, „der auch bei Kriegen, wenn das Menschengeschlecht durch dieses Mittel gebessert und gezüchtigt

---

40 Aug. ep. 138,9–10.
41 Zu den römischen Kriegstugenden vgl. z. B. W. Dahlheim, Julius Caesar. Die Ehre des Kriegers und die Not des Staates, Paderborn u. a. 2005, S. 65. Dass es in Augustins „de civitate dei" „eben nicht nur um Interna der Theologie, sondern um realpolitische Machtverhältnisse, spezifische Gruppeninteressen sowie um Strategien zur individuellen und kollektiven Bewältigung der (politischen) Krise" geht, betont zu Recht B. Feichtinger, Glaube versus Aberglaube. Der Untergang Roms in den Augen der Zeitgenossen, in: Chartulae. Festschrift für Wolfgang Speyer, Münster 1998 (= JbAC Ergänzungsband 28), S. 145–166, S. 151.
42 Salv. gub. 1,2; vgl. A. Schäfer, Rom und Germanen bei Salvian, Diss. Breslau 1930, S. 67; J. Badewien, Geschichtstheologie und Sozialkritik im Werk Salvians von Marseille, Göttingen 1980, S. 133ff. Zur Einordnung der Deutungen Salvians und Augustins vgl. F. G. Maier, Niedergang als Erfahrung und Begriff: Die Zeitgenossen und die Krise Westroms 370–470, in: R. Koselleck/P. Widmer (Hrsgg.), Niedergang. Studien zu einem geschichtlichen Thema, Stuttgart 1980, S. 59–78, S. 72ff. Für Augustin bedeutete die Eroberung Roms eben noch keineswegs das Ende des weströmischen Reiches. Für ihn war die militärische Niederlage „reparierbar", wenn man sich an die alten Kriegstugenden der Römer hielt.
43 Vgl. Aug. civ. 1,17.

werden muss, Anfang, Fortgang und Ende leitet."[44] „Rom ist gegeißelt, nicht vernichtet worden", heißt es in einer kurz nach 410 gehaltenen Predigt.[45]

Tatsächlich wurde damit die Plünderung Roms verständlich, denn Niederlagen als göttliche Strafe zu interpretieren, war Gemeingut der Antike.[46] Augustinus sagt jedoch darüber hinaus, dass *jedem* Krieg eine Sünde auf Seiten der Angreifer zugrunde liegt. Ein gerechter Krieg hat demnach nicht nur die Funktion, Leiden einzudämmen und Stabilität herzustellen, sondern auch die gegen die Stabilität verstoßenen Sünder zu bestrafen und zu läutern.[47]

Wie bei Cicero sind demnach für Augustinus *bella iusta* ausschließlich Kriege, die als *ultima ratio* auf ein Unrecht (*iniuria*) reagieren und zu deren Ahndung beitragen. „Gerechte Kriege" – so heißt es in den „Quaestiones in Heptateuchum"[48] –

> pflegt man als solche zu definieren, die Unrecht ahnden; sei es, dass ein Volk oder ein Staat, die mit Krieg zu überziehen sind, es versäumen, das Unrecht wieder gut zu machen, das von ihnen geschehen ist, oder zurückzugeben, was durch Unrecht weggenommen ist.

Während jedoch Cicero mit dieser Ahndung einen *politischen* Sinneswandel des Gegners verbindet,[49] soll der Krieg nach Augustinus die Sünder durch Bestrafung

---

44 Aug. civ. 7,30: „Deum colimus (…) qui bellorum quoque ipsorum, cum sic emendandum et castigandum est genus humanum, exordiis progressibus finibusque moderatur." Vgl. A. Fuchs, Augustin und der antike Friedensgedanke, Stuttgart 1964, S. 81.

45 Aug. serm. 81,9: „Roma (…) flagellata est, non interempta."

46 Vgl. M. Meier, Das andere Zeitalter Justinians. Kontingenzerfahrung und Kontingenzbewältigung im 6. Jahrhundert n. Chr. (= Hypomnemata Bd. 147), 2. Aufl. München 2004, S. 347f.

47 Aug. civ. 19,15: „Denn wenn auch ein gerechter Krieg geführt wird, kämpft man doch auf der Gegenseite für die Sünde; und jeder Sieg, auch wenn er Bösen zufällt, ist ein Gottesgericht zur Demütigung der Besiegten, sei es um sie von Sünden zu reinigen, sei es um sie für Sünden zu bestrafen." („Nam et cum iustum geritur bellum, pro peccato e contrario dimicatur; et omnis victoria, cum etiam malis provenit, divino iudicio victos humiliat vel emendans peccata vel puniens.") Vgl. Aug. c. Faust. 22,74; ep. 189,6; 229,2; 138,12f. Fuchs (s. Anm. 44), 80f. Zur Straffunktion des Krieges bei Augustin vgl. auch J. Rief, Die bellum-iustum-Theorie historisch, in: N. Glatzle/ E. J. Nagel (Hrsgg.), Frieden in Sicherheit. Zur Weiterentwicklung der katholischen Friedensethik, Freiburg/Basel/Wien 1981, S. 15–40, S. 22f.

48 Aug. quaest. in Hept. 6,10 (zu Jos. 8,2): „Iusta autem bella definiri solent, quae ulciscuntur iniurias, si qua gens vel civitas, quae bello petenda est, vel vindicare neglexerit quod a suis improbe factum est, vel reddere quod per iniurias ablatum est." Vgl. dazu Cic. off. 1,36 mit Berrouard (s. Anm. 5), Sp. 642. Parallelstelle aus „de civitate dei": 19,7.

49 Cic. off. 1,34: „Denn es gibt ein Maß im Rächen und Bestrafen. Und es genügt vielleicht, dass derjenige, der herausfordernd gehandelt hat, sein Unrecht bereut, so dass einer selbst nichts Derartiges künftighin verübt und die übrigen weniger rasch mit

einer *heilsamen Läuterung* unterziehen, die zu ihrem eigenen Nutzen ist, weil sie sie vor weiteren Sünden abhält.

Da Sünden das friedliche Zusammenleben stören, wird der gerechte Krieg zum Frieden führen; *pax* meint bei Augustinus jedoch keinen rechtlich gesicherten Dauerzustand, sondern eine Kampfpause, die den Menschen relative Stabilität gewährt und so die Voraussetzung schafft für ein harmonisches Zusammenleben. Deshalb gehört das auf Frieden gerichtete Kriegführen zu den Aufgaben des Christen als Bürger des irdischen Gemeinwesens.[50]

Das Ziel, Frieden herzustellen und Sünder zu läutern, beeinflusst ferner das Verhalten im Krieg. Cicero hatte gesagt, Strafen müssten maßvoll sein sowie Grausamkeiten vermieden werden, wenn ein Sinneswandel des Feindes erzielt werden soll.[51] Auch Augustinus verdammt Grausamkeit und unnötiges Blutvergießen.[52] Statt dessen soll der Krieg ohne Leidenschaft und Rachegefühle in einem Geist der Geduld, des Wohlwollens und des Mitleids geführt werden.[53] Alle Kriege sind schließlich nur dann gerecht, wenn sie auf Anweisung des Staatsoberhauptes – also des christlichen Kaisers – oder auf Geheiß Gottes geführt werden.[54] Damit kombiniert Augustinus die alttestamentarische Vorstellung von Kriegen im Auftrag Jahwes mit dem römischen Grundsatz, wonach nur der Kaiser als Inhaber der legitimen Befehlsgewalt einen Krieg anordnen kann.[55]

Unrecht bei der Hand sind." (Übers. H. Gunermann) („Est enim ulciscendi et puniendi modus – atque haud scio an satis sit eum, qui lacessierit iniuriae suae paenitere – ut et ipse ne quid tale posthac et ceteri sint ad iniuriam tardiores.") Vgl. dazu die Interpretation von Straub (s. Anm. 18), S. 3.

50 Aug. civ. 14,4. Der von allen Menschen ersehnte Friede ist die Ruhe, die in der Ordnung besteht (*tranquillitas ordinis*). Vgl. Engelhardt (s. Anm. 4), S. 75; W. Nippel, Politische Theorien der griechisch-römischen Antike, in: H.-J. Lieber (Hrsg.), Politische Theorien von der Antike bis zur Gegenwart, 2. Aufl. Bonn 1993, S. 17–46, S. 43.

51 Cic. off. 1,34.

52 Aug. c. Faust. 22,74; vgl. Berrouard (s. Anm. 5), Sp. 640.

53 Aug. ep. 138,4; vgl. Berrouard (s. Anm. 5), Sp. 643.

54 Aug. c. Faust. 22,74f.: „Um solche Ausschreitungen gerecht zu bestrafen, müssen oft die Guten gegen die Gewalt der Widerstand Leistenden die Kriegführung selbst auf sich nehmen, sei es auf Geheiß Gottes, sei es auf Befehl einer rechtmäßigen Staatsgewalt. (…) Dennoch verlangt jene natürliche Ordnung, die den Frieden unter den Sterblichen will, dass die Entscheidung und die Beratung zur Kriegserklärung bei dem Lenker des Staates liege." („Quae plerumque ut etiam iure puniantur, adversus violentiam resistentium, sive Deo, sive aliquo legitimo imperio iubente, gerenda ipsa bella suscipiuntur a bonis. […] Ordo tamen ille naturalis mortalium paci accomodatus hoc poscit, ut suscipiendi belli auctoritas atque consilium penes Principem sit.") Vgl. J. F. Ortega, La paz y la guerra en el pensamiento augustino, in: Rivista espanola de derecho canónico 20 (1965), S. 5–35, hier bes. 22ff.; Lenihan (s. Anm. 25), S. 45.

55 Vgl. A. Weiler, Die Christenheit und die anderen: Die mittelalterliche Lehre vom heiligen und gerechten Krieg, in: Concilium 24,6 (1988), S. 500–506, S. 502: „Der christ-

5. Krieg und Hinwendung zum Staat

Die Betonung der kaiserlichen *auctoritas*[56] zeigt erneut die tiefe Verwurzelung des augustinischen Denkens in römischer Tradition, für die der Einsatz im Krieg unter staatlichem Befehl eine Ruhm verheißende Pflicht war. Augustin erkennt ferner den Krieg – wie alle antiken Denker – als einen nicht zu vermeidenden Bestandteil der irdischen Welt an.[57] Neu ist, dass er den Krieg als moralisch-theologisches Phänomen zu deuten suchte. Zu diesem Zweck passte er ciceronische Erklärungen den theologischen Vorgaben der Bibel an und verlieh ihnen einen Sinngehalt, der dem Christen seelische Stütze bieten sollte. Nur so gelang der Ausgleich zwischen prinzipiellen Vorbehalten und pragmatischen Zwängen: Indem Augustinus die äußere Bestrafung der Sünder im Krieg an eine innere Haltung bindet, entlastet er einerseits den christlichen Soldaten von dem Verstoß gegen das 5. Gebot, weil er zum Gehorsam gegenüber dem Staat verpflichtet ist.[58] Indem er andererseits die christliche Ethik mit altrömischen Tugenden verknüpfte, die sich erst aus dem militärischen Einsatz für das Vaterland ergaben, bekam der Krieg für den Christen einen Sinn als Vorbereitung auf dem Weg ins göttliche Vaterland.

Dass Augustins Vorstellungen keineswegs nur theoretischen Wert hatten, zeigen seine Briefe an christliche Befehlshaber, die gegen einfallende Germanen kämpfen sollten.[59] Unmissverständlich fordert er sie zur aktiven Teilnahme auf, getreu seiner Maxime, die Christen angesichts militärischer Bedrohung zum Einsatz für das Imperium zu bewegen. Voller Entrüstung wendet er sich gegen diejenigen, die dem Christentum Staatsfeindlichkeit vorwerfen, wohl wissend, dass die gesellschaftliche Absonderung der entscheidende Grund für das einstige Vorgehen Roms gegen die Gemeinden war![60] Konsequent fordert er die Anwendung öffentlicher Gewalt gegen Donatisten und andere Häretiker, die dem Staat den Rücken kehrten.[61] Dagegen hält er die Taten derjenigen für ruhmvoll, die „nicht

---

liche Staat lernt in alttestamentarischen Kategorien zu denken." R. S. Hartigan, Saint Augustine on War and Killing: The Problem of the Innocent, in: Journal of the History of Ideas 27 (1966), S. 195–204, S. 200.

56 Vgl. K.-H. Lütcke, „Auctoritas" bei Augustin, Stuttgart u. a. 1968, S. 22.

57 Vgl. Lenihan (s. Anm. 25), S. 51: „Augustine recognizes warfare as part and parcel of human existence and one of the miseries of human life, due to the sinful nature of man."

58 F. H. Russel, The Just War in the Middle Ages, Cambridge 1975, S. 22.

59 Vgl. Lenihan (s. Anm. 25), S. 53: „(…) he was referring to internal police actions of the empire and not external adventures."

60 Aug. ep. 138,2,14; abgedruckt bei Rief (s. Anm. 4), S. 100.

61 Vgl. K. Flasch, Augustin. Einführung in sein Denken, 3. Aufl. Stuttgart 2003, S. 164. Zur Entwicklung des Verhältnisses Augustins zur Anwendung von Gewalt gegenüber

nur sehr tapfere, sondern auch sehr gläubige Kriegshelden sind" und durch den Sieg über die Feinde Frieden für das Reich und die Provinzen wiederhergestellt haben.[62] Der Krieg wird so zum gottgewollten Instrument der Wiederherstellung von Ordnung und Frieden, das Reich hat eine ordnungspolitische Funktion, die den Christen die Pilgerschaft zur *civitas dei* erleichtern soll.[63]

6. Rezeptionslinien der augustinischen Kriegskonzeption

Angesichts der Bedeutung des Krieges als einer der staatlichen Gewalt zugeordneten Aufgabe wundert es nicht, dass das Kriterium der *auctoritas principis* auf politisch-völkerrechtlicher Ebene am nachhaltigsten in die Zukunft gewirkt hat.[64] Ich kann in diesem Rahmen nur einige Perspektiven aufzeigen, die mir wichtig scheinen, und überspringe dabei das Frühmittelalter, in dem Augustinus zunächst nur rudimentär rezipiert wurde.

Für Thomas von Aquin bildete die *auctoritas principis* die wichtigste Bedingung innerhalb der Dreiteilung (*auctoritas principis, iusta causa, recta intentio*), doch erkannte er unter dem Eindruck der Aristotelesrezeption jedem Herrscher, „der keinen über sich anerkannt", die *auctoritas* zu, Krieg zu führen.[65] Da alle Menschen zur Staatsbildung fähig seien, könnte niemand mehr einen Monopolanspruch zur Führung des Krieges geltend machen.[66] Diese Folgerung wurde konsequent umgesetzt, als die Kritik an dem Vorgehen der Spanier in der Neuen Welt die Theologen von Salamanca bewog, selbst die indianischen Hochkulturen als Staaten anzuerkennen, falls sie die Kriterien einer *perfecta communitas* erfüllten.[67]

---

den Häretikern vgl. P. Brown, St. Augustine's Attitude to religious coercition, in: ders., Religion and Society in the Age of Saint Augustine, London 1972, S. 260–278.

62 Aug. ep. 229,2: „Magni quidem sunt, et habent gloriam suam, non solum fortissimi sed etiam (…) fidelissimi bellatores (…)."

63 Vgl. zum Verhältnis Augustins zum Staat und seinen Funktionen auch in Bezug auf die Rezeption im Mittelalter: E. Bernheim, Mittelalterliche Zeitanschauungen in ihrem Einfluss auf Politik und Geschichtsschreibung, Teil 1: Die Zeitanschauungen, Tübingen 1918, S. 34.

64 Vgl. H. H. Schrey, „Krieg", in: TRE 20 (1990), Sp. 35f.

65 Vgl. F. Dickmann, Friedensrecht und Friedenssicherung. Studien zum Friedensproblem in der neueren Geschichte, Göttingen 1971, S. 89f.

66 Thomas v. Aquin Summ. Theol. 1 q. 96; vgl. G. Beestermöller, Thomas von Aquin und der gerechte Krieg. Friedensethik im theologischen Kontext der Summa Theologiae, Köln 1990, S. 225f.; H. Gmür, Thomas von Aquino und der Krieg, Diss. Leipzig 1933, S. 2ff.

67 Vgl. J. Höffner, Kolonialismus und Evangelium. Spanische Kolonialethik im Goldenen Zeitalter, 2. verbesserte Aufl. Trier 1969, S. 273ff.; W. G. Grewe, Epochen der Völkerrechtsgeschichte, Baden-Baden 1984, S. 172–177.

Hieraus entwickelte sich das klassische europäische Völkerrecht, das dem Souverän eines jeden Staates das Recht zur Kriegführung zuerkannte.[68] Dieses Recht konnte in der Folgezeit auch deshalb so erfolgreich propagiert werden, weil es sich mit der Tugend der Vaterlandsliebe zu einer ruhmreichen Tat verbinden ließ[69] – ebenso hatte Augustinus im Falle der Römer argumentiert.

Als Gegenstück zur *auctoritas principis* hat ferner das Kriterium der *inneren Gesinnung* seit der Kreuzzugsbewegung des Mittelalters eine große Wirkung entfaltet: Nach Bernhard von Clairvaux (um 1125) entstünde für den Christen „Gefahr nicht aus dem Ergebnis des Krieges, sondern aus den Empfindungen des Herzens beim Kampf".[70] Gratian erklärte 15 Jahre später, dass ein christlicher Soldat nur dann schuldhaft handle, wenn seine innere Haltung nicht von der *recta intentio* eines barmherzigen Friedens, sondern von Rachsucht, Kampfeslust und Bereicherung bestimmt sei.[71] In der frühen Neuzeit bildete die *recta intentio* die Grundlage für die Bemühungen der europäischen Staaten zur Begrenzung der Gewaltanwendung im Krieg (*ius in bello*).

Innere Haltung und Gehorsamsgebot halfen freilich wenig, wenn der Christ mit der Erfahrung von *Niederlagen* und lang andauernder *Kriegsleiden* konfrontiert wurde. Für diese Situation bot der Gedanke vom *Krieg als Strafe Gottes* ein *sinngebendes Konsolationsmuster*, das sich tief in die europäische Mentalität eingeprägt hat: Sie erklärte Niederlagen gegen Ketzer und Heiden (z. B. während des 2. Kreuzzuges);[72] ihre weite Akzeptanz in der Frühen Neuzeit haben Anton Schindling und seine Mitarbeiter am Beispiel des Dreißigjährigen Krieges nach-

---

68 Vgl. Dickmann (s. Anm. 65), S. 129ff.; zur weiteren „Verfremdung" des ursprüngichen *bellum-iustum*-Konzeptes in der Zeit der souveränen Fürsten vgl. M. Behnen, Der gerechte und der notwendige Krieg. „Necessitas" und „Utilitas republicae" in der Kriegstheorie des 16. und 17. Jahrhunderts, in: J. Kunisch (Hrsg.), Staatsverfassung und Heeresverfassung in der europäischen Geschichte der frühen Neuzeit (= Historische Forschungen Bd. 28), Berlin 1986, S. 43–106, bes. 45ff.

69 Vgl. z. B. Friedrich d. Gr. in seinem Politischen Testament von 1768: „Ehrgefühl, Ruhmbegierde und Vaterlandsliebe müssen die beseelen, die sich dem Waffendienst widmen, ohne dass schnöde Leidenschaften so edle Gesinnungen beflecken." Zitiert in: Schrey (s. Anm. 64), Sp. 31.

70 Bernhard v. Clairvaux, de laude novae militiae 1,2 (ed. Leclerco/Rochais S. 215): „Ex cordis nempe affectu, non belli eventu pensatur vel periculum (…)."

71 Gratian, Decretum Causa 23, q.1 cc. 4 und 5. Ebenso Causa 23 q.5 cc. 14 und 16. Vgl. R. H. W. Regout, La Doctrine de la guerre juste de Saint Augustin à nos jours d'après les théologies et les canonistes catholiques. Paris 1934, ND Aalen 1974, S. 62f. E.-D. Hohl, Kirche und Krieg im 12. Jahrhundert. Studien zu Kanonischem Recht und politischer Wirklichkeit, Stuttgart 1980, S. 65f.; Russel (s. Anm. 58), S. 58ff. Zu Thomas' Auffassung von der „intentio recta", die sich aus der „praeparatio cordis" ergibt, vgl. O. Schilling, Das Völkerrecht nach Thomas von Aquin, Freiburg 1959, S. 40.

72 Vgl. Bernheim (s. Anm. 63), S. 34.

gewiesen,[73] wir finden die gleiche Formel in den Revolutionskriegen 1792–1801 und im deutsch-französischen Krieg 1870/71 – um nur einige Beispiele zu nennen.[74]

Diese Schlaglichter aus der Rezeptionsgeschichte zeigen, wie flexibel das augustinische Gesamtverständnis vom Krieg unter sich wandelnden historischen Umständen tradiert, innerhalb seiner Bestandteile neu gewichtet und so den jeweiligen politischen und theologischen Bedürfnissen angepasst werden konnte.[75] Hier wäre ein Ausgangspunkt für zukünftige Forschungen gegeben, die (z. B. in Fortführung vergleichbarer Ansätze K. Repgens über „Kriegslegitimationen in Alteuropa"[76]) eine Typologie von Kriegskonzeptionen und -verarbeitungsstrategien entwickeln und ihre Rezeption innerhalb der europäisch-atlantischen Geschichte verfolgen würde. In diesem Rahmen eröffnet besonders das für Augustinus so typische Phänomen der Weitergabe und Umformung aristokratischer *virtutes* eine zu wenig beachtete Analyseperspektive, die im Kontext einer vergleichenden (transnationalen) Ideengeschichte des Krieges die Althistorie wieder enger mit den mediävistischen und neuhistorischen Fragestellungen zum Thema ertragreich verknüpfen könnte.

---

73 M. Asche/A. Schindling (Hrsgg.), Das Strafgericht Gottes. Kriegserfahrungen und Religion im Heiligen Römischen Reich Deutscher Nation im Zeitalter des Dreißigjährigen Krieges, Münster 2001, passim.

74 Chr. Rak, Ein großer Verbrüderungskrieg? Kriegserfahrungen von katholischen Feldgeistlichen und das Bild vom Deutsch-Französischen Krieg 1870/71, in: H. Berding/K. Heller/W. Speitkamp (Hrsgg.), Krieg und Erinnerung. Fallstudien zum 19. und 20. Jahrhundert, Göttingen 2000, S. 39–63; H. Carl, „Strafe Gottes" – Krise und Beharrung religiöser Deutungsmuster in der Niederlage gegen die Französische Revolution, in: ders./H.-H. Kortüm/D. Langewiesche/F. Lenger (Hrsgg.), Kriegsniederlagen. Erfahrungen und Erinnerungen, Berlin 2004, S. 279–295, S. 283ff. Selbst in der Zeit nach dem Zweiten Weltkrieg erlebte das Konzept eine kurzzeitige Renaissance; vgl. als eindrucksvolles Zeugnis: Gottes Strafgericht im Weltgeschehen. Ein Vortrag von Pastor Frerichs, Salzuflen, Oktober–November 1945. Das Thema hätte längst eine epochenübergreifende und transnationale Bearbeitung verdient.

75 J. R. E. Bliese, The Just War as Concept and Motive in the Central Middle Ages, in: Medievalia et Humanistica 17 (1991), S. 1–26, hat jüngst den dominanten Einfluss des augustinischen *bellum-iustum*-Konzeptes auf die hochmittelalterliche Diskussion bestritten. Tatsächlich muss man sich aber klar machen, dass die Vorstellungen Augustins nur selten in toto rezipiert wurden, sondern – wie oben argumentiert – häufig bruchstückhaft den jeweiligen politischen und theologischen Funktionen angepasst wurden und zudem selten in das Bewusstsein der breiten (lateinunkundigen) Masse eindrangen. Vgl. gegen die Einschätzung Blieses auch A. P. Bronisch, Reconquista und Heiliger Krieg. Die Deutung des Krieges im christlichen Spanien von den Westgoten bis ins frühe 12. Jahrhundert, Münster 1998, S. 25.

76 K. Repgen, Kriegslegitimationen in Alteuropa: Entwurf einer historischen Typologie, München 1985 (= Schriften des historischen Kollegs Vorträge Bd. 9), besonders S. 10f.

Abstract

This article analyses the significance of war also beyond the classical conceptualisation of the theory of the *bellum iustum* in the thinking of Augustine. The central assumption being that Augustine acknowledged Roman military virtues proven in the course of the expansion throughout the Mediterranean, attributing to the Roman quest for glory a relative value as a paradigm for the formation of Christian ideals of demeanour. Within this frame, the criteria of a Christian interpretation of a *bellum iustum* allow for a dissipation of theological reservations towards military service and the summoning of Christians to a defence of the Empire.

Christianizing the Epic – Epicizing Christianity: Nonnus' Paraphrasis and the Old-Saxon Heliand in a Comparative Perspective

A Study in the Poetics of Acculturation

Sebastian Matzner

"To read them is a torture."[1]
E. R. Curtius on biblical epics

This study takes its starting point at the fringes of canonical European literature, and yet its subject, "the subject of acculturation lies at the heart of Comparative Literature in its relationship to cultural studies. It attempts to capture and to articulate the nature of the interaction of cultures through literary texts."[2] At the first glance, the two texts, which will be introduced in more detail further below, seem to have little in common except for the sparse information we have about the circumstances of their origin, their rather marginal position in the canon of their respective literatures, and the biblical nature of their hypotexts. But precisely the latter aspect, the literary adaptation of biblical matter forms the common core of the complex poetics of these texts.

Many adaptations of biblical matter have to deal with an interlingual translation from the biblical languages into the local vernacular, a linguistic process that is naturally inextricably linked with a cultural translation. The author has to bridge the cultural, geographical and chronological gap between the biblical account and his own time. Genuinely Christian terms and/or concepts may not have equivalents in the author's language and culture and he has to make a decision how to handle this problem. Furthermore, in order to avoid a clash of diverging values of the different cultures it may be necessary for him to show consideration for the cultural and intellectual tradition of his recipients. Moreover, as Greek and Roman Bible epics show, a transformation may even appear desirable

---

1   Curtius, Ernst Robert, European Literature and the Latin Middle Ages, trans. by William R. Trask (London and Henley 1953), originally published in German: Europäische Literatur und lateinisches Mittelalter (Bern 1948), p. 36.

2   Kushner, Eva, and Dimić, Milan (eds.), Acculturation, Actes du XIe Congrès de l'Association Internationale de Littérature Comparée (Paris, 20–24 août 1985), vol. 9 (Bern 1994), p. 3, cf. similar Abousenna, Mona, "Cultures in Conflict or in Dialogue?", in: Kushner/Dimić, pp. 39–48, p. 40.

where neither linguistic barriers nor major cultural differences have to be over-come. In such cases, conformity to the literary tradition in terms of style and diction seems to be the major issue which usually leads to a transposition of the biblical prose into a poetic genre that ranks higher in the respective culture's hierarchy of the literary kinds and is therefore perceived as more dignified and, hence, more appropriate for the content. This part of the adaptational effort that is concerned with the literary tradition could be called a generic-stylistic translation. Biblical poetry is thus arguably a priori based on the productive interaction of languages, cultural conceptions, styles and genres and results necessarily in manifestations of cultural dialogue. For a genuinely literary analysis of such works[3] it is therefore

---

3   The literary dimension seems to get lost when the study of biblical poetry is supersed-ed by a rather theological evaluation of whether or not an adaptation still conforms to orthodox Christianity. The complex situation of an intercultural encounter and its literary manifestation is here being reduced to the question of whether or not the Christian content was intentionally and significantly (in terms of orthodoxy) changed to make it more acceptable for the intended recipients. Scholarly literature on the Heliand is a striking example for this approach: insofar as it is not concerned with lin-guistic questions regarding the work's origin, it can be almost entirely divided into studies arguing for and against an unorthodox "germanisation" of the gospel. The "germanisation" theory was brought up by Vilmar, August Friedrich Christian, Deutsche Altertümer im Heliand als Einkleidung der evangelischen Geschichte: Beiträge zur Erklärung des altsächsischen Hêliand und zur inneren Geschichte der Einführung des Christentums in Deutschland (Marburg 1862), and is still pursued in recent publications, cf. e.g. Augustyn, Prisca, The Semiotics of Fate, Death, and the Soul in Germanic Culture: The Christianization of Old Saxon, Berkeley Insights in Linguistics and Semiotics, 50 (New York et al. 2002) or Murphy, Ronald G., The Saxon Savior: The Germanic Transformation of the Gospel in the Ninth-Century Heliand (New York; Oxford 1989) and Murphy, Ronald G., "The Old Saxon Heli-and", in: Brian Murdoch and Malcolm Read (eds.), Early Germanic Literature and Culture (Rochester, NY 2004), pp. 263–283. It soon and continuously provoked refutation, most strikingly in the revelation of the work's conformity to contempor-ary orthodox Carolingian theology as demonstrated by Göhler, Hulda, "Das Chris-tusbild in Otfrids Evangelienbuch und im Heliand", in: Zeitschrift für deutsche Phi-lologie 59 (1935), pp. 1–52 and Rathofer, Johannes, Der Heliand: Theologischer Sinn als architektonische Form, Niederdeutsche Studien, 9 (Köln; Graz 1962). A synthesis describing the author as standing in between Christianity and the pagan tradition was also attempted (cf. Eberhard, Gertrud, Germanische und christliche Elemente im Heliand: Dargestellt an der dichterischen Gestaltung des Christusbildes [unpublished doctoral thesis, Freiburg im Breisgau 1948]). A broader survey of positions taken in this debate gives Sowinski, Bernhard, Darstellungsstil und Sprachstil im Heliand (Köln; Wien 1985), p. 16f. All these studies, however, have in common that their crite-ria of assessing the text are not text-immanent (despite some notable observations of textual mechanisms) but extratextual, namely to prove or disprove the work's theolo-gical orthodoxy.

appropriate to combine a focus on literary techniques of acculturation[4] using the methodological framework of translation theory with a special emphasis on the interrelation of acculturation and genre. A genre-theoretical approach comes closest to the intraliterary dynamics of intercultural encounters and will allow an examination of the underlying poetics of acculturation. The guiding questions of the subsequent reading of the two epic poems are therefore: what happens to the Christian content when it is presented in an epic manner, i.e. forced to conform to the genre's conventions and tradition? And conversely, what happens to the epic form when it is confronted with non-heroic subject matter that is many ways alien to the culture in which the epic tradition has its roots? Before attempting to answer these questions, however, it seems sensible to give a short introduction to both texts.

The Παράφρασις εἰς Ἰωάννην (Paraphrase of John['s Gospel]), is a (nearly) verse by verse paraphrase of the gospel of John,[5] composed in hexameters and like the gospel text subdivided into 21 sections. Apart from the dominating gospel text itself there is evidence for the use of Cyrillus of Alexandria's commentary on John[6] and of a gospel harmony.[7] Tradition and manuscripts[8] give Nonnus of Panopolis, the poet of the Dionysiaka, as the work's author, but due to the strikingly divergent religious background of the two works, his authorship has been

---

4   A good introduction into the concept stemming from lingustics (cf. Schumann, John, "The acculturation model for second language acquisition", in: Rosario C. Gingras [ed.], Second Language Acquisition and Foreign Language Teaching [Arlington, VA 1978], pp. 26–50 and Ushioda, Ema, Acculturation Theory and Linguistic Fossilization: A Comparative Case Study, CLCS Occasional Papers 37 [1993], pp. 2–20) and sociology (cf. Trimble, Joseph E., "Introduction: Social Change and Acculturation", in: Kevon M. Chun et al. [eds.], Acculturation: Advances in Theory, Measurement, and Applied Research [Washington, DC 2003], pp. 3–13) provides Herskovits, Melville J., Acculturation: The Study of Culture Contact (Gloucester, MA 1958); for first applications of acculturation theory by scholars of comparative (modern) literature cf. Kushner/Dimić (cf. fn. 1).
5   As to the author's Vorlage cf. Agosti, Gianfranco, Nonno di Panopoli: Parafrasi del Vangelo di San Giovanni, Canto Quinto: Introduzione, edizione critica, traduzione e commento (Florence 2003), pp. 229–239. Textedition and Translation into German: Nonni Panopolitani Paraphrasis Sancti Evangelii Ioannei, ed. by Augustinus Scheindler (Leipzig 1831), Nonnos: Werke, trans. by Dietrich Ebener, Bibliothek der Antike, 35, 2 vols., vol. 2: Leben und Taten des Dionysos, XXXIII–XLVIII, Nachdichtung des Johannesevangeliums (Berlin 1985).
6   Cf. Agosti (cf. fn. 5), p. 52f.
7   Cf. Sherry, Lee Francis, "The Paraphrase of St John attributed to Nonnus", in: Byz 66 (1996), pp. 409–430, p. 429.
8   Cf. Golega, Joseph, Studien über die Evangeliendichtung des Nonnos von Panopolis: Ein Beitrag zur Geschichte der Bibeldichtung im Altertum (Breslau 1930), pp. 4–8.

questioned continually, which naturally also affects the work's dating. Metrical, stylistic and vocabulary analyses have shown similarities between the Paraphrasis and the Dionysiaka,[9] which are even acknowledged by those critics who oppose a single author of both works, mostly because of the absence of sophisticated allusions to canonical works of literature[10] and a less developed mastery of the hexameter.[11] But Sherry is right to argue that the explanations brought up to explain the prosodic anomalies[12] of an apparently less qualified (and, hence, arguably different) writer are unsatisfying and have to be rejected.[13] Efforts to come to a relative chronology by constructing a conversion story of the pagan poet of the Dionysiaka to the Christian paraphrast[14] rely on the assumption that only a Christian author could have written a poem based on Christian subject-matter,[15] which constitutes a gross neglect of artistic freedom and must therefore, and for lack of factual evidence for the author's religion, be rejected. All that can be said from the textual evidence is that the Dionysiaka and the Paraphrasis belong to the same poetical background and are in whatsoever way (same author, same school, pseudepigraphical imitation, etc) genetically interrelated. As to the dating of the work, the only valid text-inherent evidence is the frequent usage of the term θεοτόκος, which became an important dogmatic term of the orthodox side in the Nestorian controversy and would make the Third Ecumenical Coun-

---

9 Cf. e.g. Golega (cf. fn. 8), pp. 8–48 and Hilhorst, Antoon, "The Cleansing of the Temple (John 2, 13–25) in Juvencus and Nonnus", in: Jan den Boeft and Antoon Hilhorst (eds.), Early Christian Poetry: A Collection of Essays, Vigiliae Christianae Supplementa, 22 (Leiden 1993), pp. 61–76, p. 68f.

10 Cf. Hilhorst (cf. fn. 9), p. 75; attempts to prove the opposite by unveiling a (neo)Platonic numerological symbolism as well as allusions in vocabulary and imagery to Homer's Odyssee and Aeschylus' Prometheus in the crucifixion story in Accorinti, Domenico, and Livrea, Enrico, "Nonno e la crocifissione", in: Studi italiani di filologia classica 6 (terza serie, 1988), pp. 261–278 have failed. The conclusions are far-fetched and unconvincing, mostly because the presented "evidence" is too little and too generic to prove concrete allusions.

11 Cf. Chuvin, Pierre, "Nonnos de Panopolis entre paganisme et christianisme", in: Bulletin de l'association Guillaume Budé (1986), pp. 387–396, p. 387 and Sherry (cf. fn. 7), pp. 418–42.

12 Cf. e.g. Agosti (cf. fn. 5), pp. 175–210 and Livrea, Enrico, Nonno di Panopoli: Parafrasi del Vangelo di San Giovanni, Cento B (Bologna 2000), pp. 40–44.

13 Cf. Sherry (cf. fn. 7), p. 420f.

14 Cf. e.g. Golega (cf. fn. 8), p. 80, Lumpe, Adolf, "Nonnos", in: BBKL 6 (1993), pp. 1008–1010, p. 1008 and Shorrock, Robert, "Nonnus" in: John Miles Foley (ed.), A Companion to Ancient Epic (Malden, MA 2005), pp. 374–385, p. 374.

15 Made explicit by Agosti when he writes "Nonno era cristiano, come del resto la scelta di parafrasare (cioè rispettare) il vangelo giovanneo dimostra a priori [...]." Agosti (cf. fn. 5), p. 46.

cil at Ephesus in 431 the earliest terminus post quem[16] and would speak for a composition in the second half of the 5th century.[17] The author would then presumably have to be counted amongst the "wandering poets" who made Egypt in this period the centre of a new blossoming of late antique Greek literature.[18] Similar to the Alexandrian poets of the Hellenistic age, these poets coming from a local upper-class background had gained profound linguistic skills and literary knowledge by training in grammar and rhetoric.[19] They were writing as heirs of a long standing literary tradition for a sophisticated local audience of connoisseurs described by Eunapius of Sardei with the words ἐπὶ ποιητικῇ μὲν σφόδρα μαίνονται (they are absolutely mad for poetry)[20] and mentioned as target recipients in a gloss preceding the text in the Marcianus manuscript: ἡ παροῦσα μετάφρασις [...] ἐγεγράφη [...] πρὸς τέρψιν τοῖς φιλομαθέσι καὶ φιλολόγοις (the present metaphrase has been written in order to give pleasure to lovers of learning and literature).[21] Whether the first historical recipients of the Paraphrasis were still pagan[22], Christian[23] or mixed[24] can – like the author's intention – not be reconstructed with certainty. A liturgical usage and function of the text, however, is generally understood as improbable[25] and precluded in favour of a genuinely literary mode of reception, arguably the recitation in literary circles.[26]

The anonymously composed Heliand on the other hand narrates the life of Christ in 5983 alliterative verses in the presumed style of traditional Old-Saxon

---

16 Cf. Golega (cf. fn. 8), pp. 88–115, Livrea, Enrico, Nonno di Panopoli: Parafrasi del Vangelo di S. Giovanni: Canto XVIII, Introduzione, testo critico e commentario (Naples 1988), pp. 19–35 and Sherry (cf. fn. 7), p. 409.

17 Friedländer with his reliance on a single author and the derived relative chronology also comes to this conclusion, cf. Friedländer, Paul, "Die Chronologie des Nonnos von Panopolis", in: Hermes 47 (1912), pp. 43–59, esp. p. 58.

18 The literary and cultural background is broadly presented in Cameron, Alan, "Wandering Poets: A Literary Movement in Byzantine Egypt", in: Historia 14 (1965), pp. 470–509.

19 Cf. Hose, Martin, Poesie aus der Schule: Überlegungen zur spätgriechischen Dichtung, Bayerische Akademie der Wissenschaften: philosophisch-historische Klasse, Sitzungberichte, 1 (München 2004), p. 9.

20 Eunap. VS 493 (Philostratus and Eunapius, The Lives of the Sophists, ed. and trans. by Wilmer Cave Wright [London; Cambridge, MA 1952]).

21 Scheindler, Augustinus (ed.), Nonni Panopolitani Paraphrasis Sancti Evangelii Ioannei (Leipzig 1831), p. viii.

22 Cf. Livrea (cf. fn. 16), p. 41.

23 Cf. Agosti (cf. fn. 5), p. 98.

24 Cf. Chuvin (cf. fn. 11), passim.

25 Cf. e.g. Livrea (cf. fn. 16), p. 39.

26 Cf. Agosti (cf. fn. 5), p. 102.

heroic (epic) poetry.[27] Its narrative is based on Tatian's Diatessaron, a second century gospel harmony,[28] but the author also made use of contemporary exegetic commentaries such as the commentary of Bede on Luke, Alcuin on John and Hrabanus on Matthew.[29] The text is associated with a Latin *praefatio* which is used by most critics to date the text and to ascertain its purpose. It says that the work was ordered by *Ludouuicus piissimus Augustus*, which could refer to either Louis the Pious (814–840) or Louis the German (833–876), so as to have a vernacular version of the gospel providing access to the Scripture for all his people and not only the Latin-educated class. This fits well into the historical context and the religious policy of the Frankish rulers who, after conquering and forcefully converting the Saxons to Christianity under Charlemagne, sought to promote the cultural integration of the Saxons, mostly with the help of the church's missionary and educational infrastructure.[30] Based on this understanding of the

---

27 A caveat is necessary here as no evidence for the preceding oral continental Saxon poetry has survived. It is likely to have been encomiastic poetry for reigning rulers and heroic poetry praising the ancients (cf. Haubrichs, Wolfgang, "Altsächsische Literatur", in: Klaus von See [ed.], Neues Handbuch der Literaturwissenschaft, 25 vols., vol. 6: Frühes Mittelalter [Wiesbaden 1985], pp. 217–236, p. 219) but Gantert questions the existence of an epic tradition in continental Germania and accepts only style and metre but not length and mode of composition as genuinely Saxon assuming that the latter have been modelled after classical or Christian epics of late antiquity cf. Gantert, Klaus, Akkommodation und eingeschriebener Kommentar: Untersuchungen zur Übertragungsstrategie des Helianddichters (Tübingen 1998), p. 122f.

28 Concise background information on this work and the tradition of gospel harmonies provides Hörner, Petra, Zweisträngige Tradition der Evangelienharmonie: Harmonisierung durch den "Tatian" und Entharmonisierung durch Georg Kreckwitz u.a. (Hildesheim; Zürich; New York 2000), pp. 13–42; the scholarly discussion on the exact version of the Vorlage reviews Weringha, Johannes Jacobus van, Heliand and Diatessaron (Assen 1965), pp. 1–40.

29 Source criticism has been a major interest in the positivistic Heliand research of the 19th and early 20th century which lead to a vast literature on this question, esp. as it is related to attempts to locate the place of the works origin. The most important studies are Windisch, Wilhelm Oscar Ernst, Der Heliand und seine Quellen (Leipzig 1868), Keintzel, Georg, Der Heliand im Verhältniss zu seinen Quellen (Hermannstadt 1882), Weber, Carl August, "Der Dichter des Heliand im Verhältnis zu seinen Quellen", in: Zeitschrift für deutsches Altertum und deutsche Literatur 64 (1927), pp. 1–76 and Krogmann, Willy, Die Heimatfrage des Heliand im Lichte des Wortschatzes (Wismar 1937). An extensive survey of previous source criticism provides Huber, Wolfgang, Heliand und Matthäusexegese: Quellenstudien insbesondere zu Sedulius Scottus (München 1969), pp. 12–57, whose assessment is judged critically by Sowinski (cf. fn. 3), pp. 32–39.

30 For the historical context cf. Simek, Rudolf, "Germanic Religion and the Conversion to Christianity", in: Brian Murdoch and Malcolm Read (eds.), Early Germanic Literature and Culture (Rochester, NY 2004), pp. 73–101, pp. 93–99.

text's origin and function, the intended recipients are thought to have been illiterate or at least not Latin-educated Saxon nobles who still maintained strong rejections against both the Frankish rulers and their Christian religion. Neumes above the text in the manuscripts give good evidence that the Heliand was chanted[31] which strengthens the opinion that the epic was designed for (after-)dinner singing in the mead halls of the nobility and/or the monastic refectories.[32] There is no evidence for a usage of the epic poem in church as part of official worship.[33] The poet himself is described in the *praefatio* as *viro de gente Saxonum qui apud suos non ignobilis uates habebatur* (a man from the Saxon tribe who was held to be not unnoble a poet amongst his people),[34] his task as *vetus ac nouum testamentum in Germanicam linguam poetice transferre* (to translate the Old and New Testament in a poetic way into Germanic language).[35] The interpretation of the *praefatio* has led to various conclusions about the author. *uates* was understood as denoting a traditional vernacular poet as opposed to a theologically educated monk.[36] This seeming opposition was tried to be reconciled by seeing the poet as a traditionally raised and then Christian educated convert[37] or by associating a vernacular (ex-)pagan poet responsible for the form with a Christian theologian as clerical advisor responsible for the content.[38] With linguistic and theological arguments scholars have developed various divergent views on localising the work's origin. Due to the various linguistic layers within the text and the unsolved question of its dependence on a preceding Anglo-Saxon tradition even the author's *stabilitas loci* has been called into question, which has led to the construction of various combinations of places of the author's home and formation.[39] Of all proposed

---

31 Cf. Murphy (2004, cf. fn. 3), p. 264.
32 Cf. Haubrichs (cf. fn. 27), p. 223 and Gantert (cf. fn. 27), pp. 265–277.
33 Cf. Murphy, Ronald G., The Heliand. Translation and Commentary (New York; Oxford 1992), p. xvi.
34 Heliand, ed. Behaghel (Heliand und Genesis, ed. by Otto Behaghel, Altdeutsche Textbibliothek, 4, 10th edn. [Tübingen 1996]), p. 1.
35 Heliand, ed. Behaghel (cf. fn. 34), p. 1.
36 Cf. Augustyn (cf. fn. 3), p. 147 who effectively reiterates Vilmar's position.
37 Cf. Bostock, J. Knight, A Handbook on Old High German Literatur, 2nd edn. (Oxford 1976), p. 176.
38 Cf. Jostes, Franz, "Der Dichter des Heliand", in: Zeitschrift für deutsches Altertum und deutsche Literatur 40 (1896), pp. 341–368, as well as Bruckner, Wilhelm, Der Helianddichter ein Laie (Basel 1904) and for a critical response Ehrismann, Gustav, "Wilhelm Bruckner, Der Helianddichter ein Laie", in: Englische Studien 37 (1907), pp. 279–286 and Bostock (cf. fn. 37), p. 178; this position has been taken up again recently by Burghardt, Herbert, Der Dichter des Heliand (Göttingen 1972).
39 Cf. Baesecke, Georg, "Fulda und die Altsächsischen Bibelepen", in: Niederdeutsche Mitteilungen 4 (1948), pp. 5–43, Rathofer (cf. fn. 3), p. 4–6, Hofmann, Dietrich, "Die altsächsische Bibelepik ein Ableger der angelsächsischen geistlichen Epik?", in: Jür-

solutions "none has been proved to be correct, for no certainty is possible".[40] The general impression that remains after evaluating the research on the Heliand is the admission that there is no secure knowledge about the work's external history: "Die Heliandforschung ist gekennzeichnet durch die bis heute andauernde Unsicherheit in allen wesentlichen Fragen."[41] The frequently quoted *praefatio*, which is not even found in any of the manuscripts, is partly contradictory[42] and problematic in its authenticity.[43] It is certainly not reliable enough to form the basis of an interpretation of the text. What can be said is that the text is most likely to have been composed around 830 against the background of efforts to internally evangelise the forcefully converted Saxons, that it displays evidence of theological learning, and that in terms of language and style it attempts to link itself with the preceding Old-Saxon poetic tradition.

When comparing these two texts with their respective hypotexts and with each other the most obvious finding is that the Heliand differs far more from its Vorlage then the Paraphrasis. This is not surprising regarding the dissimilar level of cultural difference that has to be dealt with. Nonnus and his intended audience come themselves from a Mediterranean background and are acquainted with the cultural and geographical setting of the gospel account. Furthermore, the choice of the hypotext itself was apt to keep the distance between source text and target recipients small: "non si sottolineerà mai abbastanza che Nonno ha scelto proprio il quarto evangelio, il più 'greco'."[44] Whereas the only alien elements of the gospel Nonnus had to expound to his recipients were peculiarities of the Jewish religion, the Heliand poet was faced with the greater task to make events taking place in an entirely foreign culture and environment understandable to his audience. If this task can be understood as an act of translation, then translation theory shows that the author effectively had only two potential options, which theorists describe as foreignizing or domesticating the source text.[45] Whereas the first option seeks to preserve the idiosyncrasies of the source text and to insert them into the target culture, the domesticating option aims at reducing the distance between the two texts and cultures by striving for dynamic equiva-

---

gen Eichhoff and Irmengard Rauch (eds.), Der Heliand, WdF, 321 (Darmstadt 1973), pp. 173–343 and Zanni, Roland, Heliand, Genesis und das Altenglische: Die altsächsische Stabreimdichtung im Spannungsfeld zwischen germanischer Oraltradition und altenglischer Bibelepik (Berlin; New York 1980), pp. 106–116.

40   Bostock (cf. fn. 37), p. 179.
41   Kartschoke, Dieter, Altdeutsche Bibeldichtung (Stuttgart 1975), p. 81.
42   Cf. Bostock (cf. fn. 37), p. 182.
43   Cf. Kartschoke (cf. fn. 43) p. 55f.
44   Agosti (cf. fn. 5), p. 98.
45   Terms introduced by Venuti, Lawrence, The Translator's Invisibility (London; New York 1995).

lence[46] with the source text through finding or modelling analogous conceptions for culturally alien aspects of the source text. This is precisely what the Heliand author does. Ehrismann's assessment of the poet's mode of intercultural mediation,

> Der volksdichter arbeitet naiv, indem er den stoff dem vorhandenen bewusstseins-inhalt angliedert und ihm sein empfinden unterlegt (germanisierung des biblischen stoffes), nicht reflektierend, indem er umgekehrt sich in die fremde materie ein-dächte.[47]

comes closest to such an understanding of the text's poetics of acculturation, albeit with an inappropriate neo-romantic valuation. Quite conversely, if one agrees with Nida that the three fundamental criteria for the evaluation of a translation are "(1) general efficiency of the communication process, (2) comprehension of intent, and (3) equivalence of response"[48] then the Heliand poet's technique is far from indicating naivety, but rather constitutes the most efficient and appropriate form of mastering his task. He transfers the entire setting from the exotic Middle East to the well-known Northern homeland of the Saxons. The foreign cities become local hill-fort settlements (e.g. *Rumuburg* – hill-fort Rome), Christ's temptation initially set in the desert (*uuôstunnea*, 1026) turns out to have taken place in a huge forest (*sinuueldie*, 1121), the olive salves for embalming Christ's dead body are replaced by root-based balms (*uurtion*, 5786), the riverside and lakeside scenes in the gospel account are recast in a setting that evokes the North Sea coast (cf. calming the sea storm, 2167–2230, and walking on the water, 2899–2972; North-Sea fog is even present at the crucifixion scene, thus transporting the events of Golgotha to the Saxon settlements at the North Sea coast cf. 5624–5627). Alien Jewish-Mediterranean cultural practices and customs are widely domesticated, e.g. when the "an-eye-for-an-eye" law of the Old Testament is replaced by reference to the local tradition of wergeld as recompensation (cf. 1527–1535). Such replacements by analogy are far more dominant in the adaptation and acculturation of the gospel account than the preservation and highlighting and/or explicit explanation of genuinely Jewish practices which are only maintained where they are both indispensable[49] and untransferable into

---

46 For distinction between formal (word-for-word) and dynamic (sense-for-sense) equivalence cf. Nida, Eugene Albert, and Taber, Charles R., The Theory and Practice of Translation (Leiden 1969).

47 Ehrismann (cf. fn. 38), p. 280

48 Nida, Eugene Albert, Toward a Science of Translating, with Special Reference to Principles and Procedures Involved in Bible Translating (Leiden 1964), p. 182.

49 A detailed compilation of all "dispensable" passages in the Diatessaron concerned with intricate questions of Jewish religious law without immediately affecting the narrative that were consequently omitted gives Weber (cf. fn. 29).

Germanic terms. In total, there are only seven instances where formulaically marked explications take place (e.g. *Sô uuas than thero liudeo thau | thur then aldon êu, Ebreo folks* – For this was the land-way, | the hallowed old law of the Hebrew folk[50]; 306f., cf. further 453–455, 2731, 3845, 4552f., 5275–5279). It is clear that such insertions affect the dynamics of a narrative as they point out the continuously bridged cultural difference and thus implicitly introduce a feeling of the extraneousness of the content and point to the writer as the agent of this mediation. The Heliand poet's choice for a general transfer of the events of the gospel to a familiar Northern setting and the assimilation of foreign elements through replacements by analogy avoids these effects. In terms of translation theory it is a domestication of the source text par excellence and hugely reduces the distance between target recipients and source text without affecting either the narrative's dynamics or its message.

The latter initially seems not to be the case in the changes made in the characterisation of the protagonists. Christ is depicted as a chieftain (*drohtin, mundboro*), the disciples figure as his retinue (*druhtfolk, gisidos, theganos*). Exactly like a Saxon chieftain Jesus demands from his followers unrestricted allegiance, loyalty and readiness to serve as he offers in return his protection and care (cf. e.g. 2169–2175).[51] Critics favouring the "germanisation theory" have based their argumentation massively on this usage of comitatus terminology claiming that it constitutes a fundamental modification of the gospel's portrayal of Christ and his followers by re-modelling the relationship of God/Christ and man/disciples correlative to the established traditional feudal order, and, hence, in terms of military and hierarchy.[52] Although more recent research has indisputably shown that the notion of Christ as ruler is not only orthodox (cf. the early Christian lordly epithets κύριος and *dominus*) but also in particular accordance with contemporary Carolingian theology,[53] a consideration of the vocabulary and conceptual resources available in Old Saxon language and culture reveals that the Heliand poet actually did not re-model but translate the relationship between Christ and his disciples as faithfully as the target language and culture allowed him to. One has to consider that "the Germanic religion never developed into a codified religion, nor did it ever possess a dogmatic set of rules or even truths to be accepted by every believer"[54] and that, hence, there was no direct equivalent available

---

50   Trans. Scott (The Heliand, trans. by Marian Scott [Chapel Hill 1966]), p. 10.
51   Cf. Rupp, Heinz, "Der Heliand: Hauptanliegen seines Dichters", in: Eichhoff/Rauch (cf. fn. 39), pp. 247–269, pp. 251–256.
52   This line of argument begins with Vilmar (cf. fn. 3), pp. 58–80 and Lagenpusch, Emil, Das germanische Recht im Heliand (Breslau 1894).
53   Groundbreaking in this regard is Göhler (cf. fn. 3), Rathofer (cf. fn. 3) provides more detail.
54   Simek (cf. fn. 30), p. 83.

for the relationship of a rabbi and his disciple and the acceptance of a dogmatically fixed faith from an authoritatively speaking religious teacher it implies. An even more fundamental difference between Christianity and Germanic religion is that "the whole concept of membership in a religion was foreign to it".[55] In order to translate this crucial concept of Christian discipleship the author used that Germanic concept which was most comparable in expressing mutual ties of loyalty, trust and care: the feudal relation of chieftain and warrior-companions, which, albeit in a very different context, equally combines a binding, authoritative voice and a loyal, attentive follower. A good example of this is the Sermon on the Mount. Instead of preaching to the crowd and giving rabbinic instructions, Christ selects only his best and most loyal vassals, the twelve apostles, and calls them *te theru rûnu* (to a secret council, 1273). The warrior council is chosen as an equivalent to the rabbinic teaching situation – faute de mieux, as it were, and not, as Murphy, implies in order to militarise the allegedly unattractively pacifist gospel.[56] In its exclusivity and reliance on the intimate bonds between the chieftain and warrior-companion it comes closest to the Jewish-Christian conception and makes the instruction's situation and content both desirable and authoritative.[57] Moreover, the spiritual nature of Christ's chieftainship is underlined by combining terminology of the worldly-feudal field with unmistakably religious titles such as *hebankuning* (heavenly king) and furthermore by giving him in parallel the appearance of a *uuârsago* (soothsayer, wizard). It is assumed that these religious experts stood in high esteem in Germanic religion exercising the functions of seers and wonder workers.[58] It is also apparently used to translate the biblical term "prophet" (cf. *Elias,* [...] | *uuîs uuârsago* – Elijah, [...] wise prophet; 3043f.). However, it is remarkable that the term is never used when the author himself refers directly to Christ, but only when reporting the popular opinion on Christ (cf. 2876 and 3718). The traditional and familiar indigenous concept is thus attached to Christ without wholly merging his role into it. He is thus marked as a religious expert with the corresponding powers, but the character of his religious position expressed in terms of the feudal order remains true to the introduced foreign concept. It turns out that the usage of *comitatus* terminology is not a falsifying accommodation of the gospel account making it more acceptable for the Saxon recipients, it is rather the most adequate possible *ad sensum* translation of a crucial aspect of the source text that would otherwise, for lack of an available literal translation, be completely lost and/or not understood.

---

55   Simek (cf. fn. 30), p. 83.
56   Cf. Murphy (2004, cf. fn. 3), p. 266.
57   Cf. Sowinski (cf. fn. 3), p. 274f.
58   Cf. Murphy (cf. fn. 33), fn. 108, p. 73.

The same mode of approaching biblical terms and concepts that have no literal counterpart in the poet's culture can be observed regarding other genuinely Christian terms, such as the notion of "eternal life" (cf. 4055–4060) that is based on an antithesis of body and soul alien to Germanic thought, or "grace" for which the author again helps himself with a term from the comitatus terminology. Ohly-Steimer has shown how in the case of *huldi* (grace) the author chooses a word that brings with it most of the desired connotations and then resemanticises its original denotation by placing it in a new religious context[59] and using the formal device of alliteration to establish and reinforce an intimate connection with unambiguously religious Christian terms.[60] Sometimes this approach fails due to linguistic-conceptual limitations, e.g. when the pair of words used to translate "eternal life" (*lîf* and *ferah*) cannot express this concept adequately because they denote a materially understood life-power.[61] The poet struggles literally "to come to terms" with such concepts that have neither linguistic nor conceptual equivalents in the Old-Saxon language. According to Eggers "geht der christliche Einfluß im Heliand bei aller Festigkeit des Glaubens noch nicht so tief, daß er die Sprache ganz durchdrungen hätte".[62] In pointing out the lack of an adequate vocabulary which precludes a literal translation, this statement reaffirms the thesis that the author's adaptational efforts are in the first instance a corollary of the linguistics of lexical acculturation, and not a matter of the author's personal faith or of a special authorial intent to actively modify the gospel. Most remarkable, however, are the instances where the poet refrains from attempting an unambiguous literal translation and imprints the cultural divergence into the text. There he uses a multilayer technique similar to the one demonstrated for the characterisation of Christ above, but combines a translation into the cultural equivalent with preserving the unfamiliar image or concept. He "first renders the concept in a Northern, Germanic form, and immediately thereafter gives the more standard Southern and more literal Mediterranean form".[63] A good example is Pilate's threat to Christ *sô thik te spildianne an speres orde,* | *sô ti quellianne an crûcium, sô quikan lâtan* (either to slay thee with the point of the spear, | to torture thee unto the cross or to let thee quick and alive[64]; 5346f.) where the poetic equivalents spear (Germanic) and crucifixion (Roman) together

---

59   Cf. Ohly-Steimer, Marianne, "Huldi im Heliand", in: Zeitschrift für deutsches Altertum und deutsche Literatur 86 (1956), pp. 81–119, p. 92f.
60   Cf. Ohly-Steimer (cf. fn. 59), p. 104f., 115f.
61   Cf. Eggers, Hans, "Altgermanische Seelenvorstellungen im Lichte des Heliand", in: Eichhoff/Rauch (cf. fn. 39), pp. 270–304, p. 296f.
62   Eggers (cf. fn. 61), p. 302.
63   Murphy (cf. fn. 33), fn. 11, p. 6.
64   Trans. Scott (cf. fn. 50), p. 18.

form the threat of executing Christ. This technique is of particular importance for the Heliand author's blending of Christian and pagan images and religious concept which will be discussed further below.

As has been said before, Nonnus who writes within the same framework of the Hellenistic-Mediterranean culture has far fewer cultural differences to overcome, but when it comes to genuinely Jewish terms and traditions he also has to decide how to engage with the foreign culture. The text displays all possible options available from the simplest response of either omitting or just taking over foreign, and thus potentially incomprehensible, elements to providing literal translations or explicit explanations and, finally, eliminating cultural differences through replacement by conceptual analogy. As to the first, Nonnus omits Jn 4.22 where the salvation is promised to the Jews only as well as the Hosanna proclamation in Jn 12.13 where βασιλεὺς τοῦ ᾽Ισραήλ (King of Israel) again confines the relevance of Christ's life and death to the Jews. Furthermore, Nonnus minimises the parallel of Christ's body given as spiritual food with the Old Testament account of the manna story by omitting Jn 6.42–54, but the allusion itself is maintained and remains unexplained. Similarly, in some other instances background knowledge of the Old Testament and of Jewish culture is simply presupposed, e.g. when the prophets Elijah and Isaiah appear in song I without any explanatory introduction, when the allusion to the story of Moses raising the bronze snake in the desert in III, 71–79[65] remains uncommented, or when the text throughout simply relies on an understanding of what constitutes the Jewish group called the Pharisees. Literal translations of terms and place names are provided only where they are given in the Vorlage too: ῥαββίν is translated as διδάσκαλος (I, 142), Μεσσίας as Χριστός (I, 157f.), Γαββαδά as λιθόστροτον (XIX, 62–65), and Γολγοθά as κρανεῖον (XIX, 89–91). The last two, however, are not only translated but also explained etiologically. The author thus makes productive use of the exotic places by applying to them a literary device that relates his poem to the learned writing culture of Alexandrian Hellenism. Explicit explanations are given for circumcision as a religious practice (VII, 76–78) and for the Feast of Dedication (X, 77–80). The concept of Sabbath is explained by elaborating what precisely constituted Jesus' religious crime (V, 59–61 and 66f.) and by using the explanatory-descriptive adjectives ἑβδομάτη δ᾽ἀπρηκτος (seventh and restful; IX, 70 and 80). The technical term for getting expelled from the synagogue (ἀποσυνάγωγος γενέσθαι) is replaced by a paraphrase (IX, 117) and thus made generally understandable. Furthermore, concepts that are of particular

---

65   For a rather bold interpretation of this passage as conveying Nonnus' alleged (but unproven) "Gnostic syncretism" cf. Livrea, Enrico, "Towards a new edition of Nonnus' Paraphrase of St. John's gospel", in: Mnemosyne 41 (1988), pp. 318–324, p. 321f.

importance for the Jewish religion but do not have exact equivalents in Hellenism are specified. To make Christ's clearing of the temple more comprehensible, the Jewish concept of holy space, which, as opposed to Hellenistic practice, categorically excluded partial or temporary secular usage, is explained by adding εὐχῆς γὰρ τόδε δῶμα (for this is indeed a house of prayer; II, 88). Similarly, the concept of holy scripture which is only to a limited extent comparable to Greek sacred texts (e.g. Orphic and Hermetic writings) is specified by using qualifying epithets such as θεοπνεύστῳ (inspired of god; II, 89) and θεογλώσσοιο (with the tongue of god; II, 108). Apart from such explanatory devices, the replacement by analogy can be found in the dialogue between Christ and the Samaritan woman. The term προσκυνεῖν which denotes the Near Eastern practice of worship and dominates the passage Jn 4.20–24 bears for the classically educated recipient heavy negative connotations of the traditional stereotype of the slavish Oriental and is consequently replaced by expressions from the field of Greek sacrifice and prayer (IV, 89–121). This is, however, the only instance where the author domesticates the source text in a way that reduces the cultural difference by replacing a term with a particular potential to repel Hellenistic recipients. In general, the text embraces the cultural diversity it transports and even extends the amount of foreign terms and information about other cultures without any intratextual demand for it, e.g. when a verse on the Indian origin of aloe is inserted (XIX, 207) or when the Thymbrian name for the cloth Christ uses to dry his disciples' feet is given (XIII, 21f.). Such insertions once more show the text's belonging to the tradition of learned Alexandrian poetry with its desire to flaunt exotic and encyclopaedic knowledge, though it lacks accuracy when the explanation of the Feast of Dedication is incorrectly said to have originated in the time of Solomon, or when it wrongly calls the Latin loanword σουδάριον Syrian (XI, 173).[66] The comparison with the Heliand regarding lexical and conceptual acculturation shows that the shared Mediterranean background and the influence of the literary tradition of Alexandrianism allow and even encourage a broader presence of foreign terms. This, however, does not make the new rendering a foreignizing translation in terms of translation theory the Paraphrasis rather follows a poetics of acculturation in which foreign material is smoothly embedded according to a pattern of the target culture, namely as gems of exoticism and learning in a text that reflects the target culture's appreciation for sophistication.

Not all features of the two epic poems' adaptational efforts, however, are explained by the linguistic and cultural dimension of the authors' translation task discussed so far. The generic-stylistic translation from the gospel's prose into the epic genre also entails numerous striking differences between source and target

---

66   Cf. Sherry (cf. fn. 7), p. 429.

text. As has been demonstrated in the case of the linguistic-conceptional and cultural translation, it will likewise become clear that these differences are in many ways a corollary of the conditions of the very act of this translation, i.e. that they follow from the inherent dynamics of the chosen genre and its conventions. On the macrolevel this is certainly true for the apparent tendency in both poems to render all action more plastic and concrete.[67] The notorious epic long-windedness resulting from the genre's conventions such as variation and epithetic adjectivation also promotes vivid multifaceted descriptions and narrative realism, and often raises emotional intensity or gives psychological insights. The feeding of the 5000 in its Heliand version shows the characteristic tendency to explicitly narrate processes and not only their results in the unbiblical insertion *undar iro handun uuôhs* (it [the food] grew in their hands; 2859) whereas the same scene in the Paraphrasis has an insertion which reveals Christ's intention in feeding the 5000 in a participial construction (VI, 105–108). Aspects of the gospel account that seem insufficiently precise are supplemented, e.g. when Nonnus explains why Peter arrives second at the empty grave (XX, 19f.) and names the sickness of the son in Capharnaum (IV, 211f.) or in the Heliand's extension of the biblical plot by rendering the naming of John the Baptist a quarrel between an older and a younger relative (214–238). Emotionality is increased, for example, in the inserted movement of fathers of those healed by Christ (IV, 221 and IX, 122–4) and a vividness of description marks in both epics the crucifixion and resurrection scenes which are elaborated in great visual and dramatising detail.

On the word-level, the focus on the literary mechanisms resulting from the texts' epicizing production aesthetics provides arguments against the intentionalist "germanisation theory" in Heliand scholarship. Some scholars have already argued in a similar direction. De Boor, for example, strongly rejects the idea of a "germanisation" by explaining the presence of worldly comitatus terminology as a taking-over of traditional formulae from the local heroic poetry concluding, "es war keine Gesinnungsfrage, sondern eine Stilfrage, höchstens eine Frage der Erlebnisart".[68] Similarly, Kartschoke who generally sees biblical poetry against the background of the ecclesiastical-rhetorical tradition notes:

> Zu den Mitteln der amplificatio im inhaltlichen Sinn gehören auch alle Elemente der einst so genannten 'Germanisierung' der christlichen Botschaft, also jene Zusätze, Epitheta, Apostrophen, alle heroischen Konventionen in 'Gefolgschaftsterminologie' und Kampfschilderungen […].[69]

---

67 For the Heliand cf. Sowinski (cf. fn. 3), p. 228.
68 De Boor, Helmut, Die deutsche Literatur von Karl dem Großen bis zum Beginn der höfischen Dichtung, 6th edn. (München 1964), p. 61.
69 Kartschoke, Dieter, Bibeldichtung: Studien zur Geschichte der epischen Bibelparaphrase von Juvencus bis Otfrid von Weißenburg (München 1975), p. 186.

Although these approaches already rightly point to genuinely literary, namely stylistic aspects they have to be refined and developed further. Firstly, critics in favour of the "germanisation theory" have claimed with reference to the Parry-Lord-theory[70] that precisely the presence of poetic formulae characterises the Heliand author as a traditional poet writing out of (and thus conveying) the spirit of heroic pagan oral poetry.[71] The comparison with Nonnus, however, gives evidence against this claim: Nonnus writes as a representative of a longstanding literary culture, nevertheless his epic displays the same formulaic and other stylistic devices as the Heliand does. Yet, no one would claim that Nonnus' writing stems from a traditional background of oral poetry. It is, thus, necessary to differentiate between "primary orality"[72] referring to the orality of a culture that has never had any contact with writing and "oral derived"[73] literature which designates a purposeful reproduction of characteristic features of oral style in textual composition. In this sense Duphney assesses the Heliand as "a work deliberately composed [...] in the style of local oral poetry, yet none of the material is received tradition: this is the original composition of a highly literate poet".[74] The Heliand's seemingly traditional appearance is thus not the naïve perpetuation of an oral tradition but represents a reflected literary composition aiming at traditional oral aesthetics.[75] That this technique is both traditional and innovative becomes clear in the example of introductory formulae: whilst the Heliand formula *thô gifragn ik* (so I heard it say) "appears to be an oral formula from heroic epic poetry indicating the beginning of an important passage"[76], the author also integrates as an introductory formula for Christ's teachings *than seggeo ic iu uuâron* (now I say to you in truth), which both translates the gospel's "Amen, amen I tell you" and serves to maintain an epic formulaic style. Nonnus goes even further and without the source text demanding it creates a new formula, Ἰησοῦς δ'ἀγόρευεν ἀσημάντῳ τινι μύθῳ (and Jesus said in obscure speech;

---

70 Cf. Zanni (cf. fn. 39), pp. 120–187.
71 Cf. e.g. Vilmar (cf. fn. 3), pp. 3–6, Augustyn (cf. fn. 3), p. 147.
72 Cf. Daphny, R. Graeme, "Orality", in: Brian Murdoch and Malcolm Read (eds.), Early Germanic Literature and Culture (Rochester, NY 2004), pp. 103–118, p. 104, Gantert (cf. fn. 27), pp. 64–71.
73 Term coined by Foley, John Miles, Traditional Oral Epic: The Odyssey, Beowulf and the Serbo-Croatian Return Song (Berkeley, LA 1990) in his revision of the Parry-Lord thesis.
74 Daphny (cf. fn. 72), p. 108.
75 A sophisticated composition of the text thus remains arguable although attempts to demonstrate a numerical-structural composition (cf. Rathofer [cf. fn. 3]) have faced severe criticism (cf. e.g. Krogmann, Willy, Absicht oder Willkür im Aufbau des Heliand [Hamburg 1964]) and rejection (cf. Murphy [cf. fn. 33], p. 221).
76 Murphy (cf. fn. 33), fn. 23, p. 15.

III, 15), to mark the opening of Christ's enigmatic-allegorical speeches (cf. further IV, 42; VIII, 124; X, 22; XII, 132). The formula is rendered explicit when it is preceded in X, 20 by the words τοῖον ἔπος κατέλεξε παράτροπον (he recounted a strange [literally: a turned-aside, i.e. emblematic] speech).

This example shows clearly that it is not only necessary to pay attention to the literariness of such a modifying appropriation of traditional oral aesthetics in the epic stylisation, but that there is also a need to correct the notion of its rhetoricity. Kartschoke's reference to the particular rhetorical device of amplificatio links his approach with the so-called paraphrase theory.[77] This widely accepted approach draws a connection between biblical epic poetry and the classical school exercise of rhetorical paraphrase concerned with stylistic embellishment (often combined with a metrical rendering) of a plain prose text.[78] Whereas the emphasis of the indebtedness of Christian epic to the ecclesiastical-rhetorical tradition has helped to counterbalance "germanising" readings of the Heliand,[79] its application to Nonnus' Paraphrasis has occluded many scholars' view on the work's subtle idiosyncrasies. Springer, for example, who is generally critical towards the paraphrase theory qualifies the work as one "of the Greek biblical poems of Late Antiquity [that] present fewer problems to analysis as simple paraphrases"[80] because the author allegedly merely "does expand at some length upon a word or a group of words in John's Gospel, but this could be accurately described as amplification".[81] Similarly Hose argues that the verses of the Paraphrasis "entsprechend der Tradition der Rhetorenschule eng an den Vorlagen-Text anschließen, ihn lediglich in die epische Sprache transponieren".[82] Although this theory's elaborations on the paraphrastic technique helpfully highlight important features and production mechanisms of these texts, a closer analysis as will follow reveals that too narrow a focus on the "application" of stylistic devices such as this is insufficient since it ignores both the creative dealing with the given stylistic conventions of the genre and the internal narrative dynamics of the epic genre due to which, as will be shown, in the course of the genre transposition the "formally" epicizing paraphrase entails self-reinforcing tendencies in characterisation and plot design.

---

77 After only semi-developed ideas and assumptions in Golega (cf. fn. 8) and Curtius (cf. fn. 1) this theory was elaborated in detail by Roberts, Michael, Biblical Epic and Rhetorical Paraphrase in Late Antiquity (Liverpool 1985).

78 Cf. Roberts (cf. fn. 77), pp. 37–60.

79 Cf. Sowinski (cf. fn. 3), p. 322.

80 Springer, Carl P. E., The Gospel as Epic in Late Antiquity: The Paschale Carmen of Sedulius, Vigiliae Christianae, 2 (Leiden; New York et al. 1988), p. 14.

81 Springer (cf. fn. 80), p. 14.

82 Hose (cf. fn. 19), p. 29.

Nonnus' work displays the paraphrastic implementation of formal devices that conform to the Greek epic tradition such as homerising descriptive-atmospheric half-verses like μελισσοβότῳ δ'ἐνι λόχμῃ (in the thicket fed on by bees; I, 13) or παιδοτόκου γάμος [...] βίου πρωτοσπόρος ἀρχή (marriage, source of life taking its first voyage [into this world]; II, 4), the demotikon as epithet e.g. in Θεσβίτιδος ἀστὸς ἀρούρης | Ἠλίας (citizen of the land of Thesbe | Elias; I, 70f.) or the epic excursus, e.g. in XVIII, 16–24 where in Homeric manner the description of an item (here a lamp) is given by telling the history of its production. He uses Homeric epithets (e.g. ἀντιθέοισι μαθηταῖς – godlike disciples; III, 112) but these are outweighed by far more neologistic homerising epithets[83] (e.g. ὀπισθοκόμον μερόπων – guests wearing the hair long behind; II, 6). The general epicizing stylistic elevation is furthermore most fundamentally present on the level of the chosen vocabulary. Nonnus "enjoys substituting John's Hellenistic prose words by synonyms of the epic tradition".[84] This comprises the replacements of words from the source text that lack the dignity of classical word usage and carry unwanted connotations, e.g. τρώγων in Jn 6.58 which for an educated reader must still have carried its classical connotation of "gnaw, munch, nibble" and must have sounded utterly inappropriate for describing the consumption of Christ's body. Similarly, John's term for the people (ὄχλος – crowd) is consequently replaced by the heroic sounding λαός (people) or ἐσμός (swarm). But even terms without undesired connotations are substituted by archaising epic vocabulary without any major change in meaning, e.g. ἱερόν by νηός (sanctuary), πατήρ by γενέτης or τοκεύς (father), and ὑγιὴς γενέσθαι by ἀσκηθὴς ἔμμεναι (to mend). Furthermore, Nonnus uses genuinely Greek terms with allusive potential to hellenizingly refine the Christian matter. He calls the Jewish priests enquiring about John's prophetism ἐσμὸς ἀνιπτοπόδων ἱερήων (swarm of priests with unwashed feet; I, 73), thus attributing to them the epithet of the Zeus priests of Dodona, the Greek experts on prophecy. Christ is twice given the epithet κοίρανος ὀμφήεντος (prophetic lord; I, 194 and VI, 58) which is in Homer only used for gods and may thus subtly underline Christ's divine nature. Other homeric terms that may give equivalent Christian concepts a more Greek epic colouring are, for example, the epithetic adjectivation of the ἀγγελικῆς [...] φάλαγγος εὐπτέρον ἐσμὸν (well-winged swarm of an angelic battle-array; I, 212) with διάκτορον (messenger; I, 217), an epic epithet of Hermes who fulfils the same function as divine envoy, and the Olympic connotation given to eternal life in heaven by calling it ἀμβροσίην (divine V, 94). These changes in

---

83 Cf. Keydell, Rudolf, "Über die Echtheit der Bibeldichtungen des Apollinaris und des Nonnos", in: BZ 33 (1933), pp. 243–254, p. 248 and Golega (cf. fn. 8), p. 50.
84 Hilhorst (cf. fn. 9), p. 73.

vocabulary elevate the narrative to the stylistic level of traditional epic poetry but they do not substantially influence the content itself – except for one remarkable substitution: Nonnus continuously replaces the gospel term ἐξουσία (authority) by the traditional heroic epic concept of τιμή (honour). It is οὐρανίη τιμή (heavenly honour) that is promised to the faithful follower of Christ (cf. I, 33; II, 106f.; III, 168; V, 103; XIV, 3) and it is such epic honour that Christ was granted by God the Father so that he could fulfil his earthly mission (cf. XVII, 4) as demonstrated e.g. in the miracle in Kana showing Christ's ὑψαύχενα τιμήν (stately honour; II, 58) or his passion resulting in φαεσίμβροτον τιμήν (honour bringing light to the mortals; XIII, 128) and κῦδος (glory; XIII, 129) so as to publicly reveal his divine nature. Moreover, in XV, 31 God the Father himself is attributed ὑψίζυγον τιμήν (high-throned honour), an adjective used in Homeric and Hesiodic epics for Zeus only. It seems that this substitution exceeds a mere atmospheric adaptation but constitutes a conceptual and narrative change. In replacing ἐξουσία by τιμή, traditionally the pivotal point of motivation in heroic epic poetry, Christ's life and passion receive the colouring of a (successful) heroic quest and through metaleptic exhortations the practice of Christian faith likewise appears to be a rewarding heroic enterprise. Thus, similarly to the Heliand, where the spiritualised model of chieftain and warrior-companion involves the feudal ideal of reward for service in terms of protection and care, does the Paraphrasis display another acculturation of the biblical concept of reward for the faithful through an epic value, here τιμή.

This heroization of the content takes place also on all other levels of epic stylisation, with increasing consequences on a narrative level. Most prominently, the abundant epithets promote the genre-motivated transfer into the heroic sphere: Christ continually figures as an epic lord (ἄναξ and κοίρανος replacing his biblical epithet κύριος) whose speeches are given in *pluralis maiestatis* but just as the epic concept of τιμή was redefined as spiritualised οὐρανίη τιμή and similar to the mode of translating Christian concepts as demonstrated above for the Heliand, Christ's heroic appearance is bound back to its religious nature, for example in the combination of his titles as ραββὶν ἄναξ in VI, 105. Yet, with Christ figuring as a heroic ἄναξ, the literary dynamics of the heroic epic genre take hold of the narrative. Firstly, the epithetic adjectivation leads to an earlier, stronger and more unambiguously negative characterisation of the Jewish people, priests, the Pharisees (cf. e.g. δύσμαχος ἑσμὸς βαρυζήλων Φαρισαίων – hard to fight swarm of overjealous Pharisees; IV, 3; cf. further VII, 121f., 180–182; XI 214f.; XII, 17, 42) and of single characters (cf. e.g. Kaiaphas in XI, 199). The genre-motivated necessity of an enemy results in the common people figuring from an early point on and to a far greater degree than in the Johannine Vorlage as the furious and determined enemy of Christ and his followers (cf. e.g. Ἑβραῖοι μανιώδεες ἄμφρονι θυμῷ | Ἰησοῦν ἐδίωκον – the Jews chased Jesus like mad-

men with senseless hearts; V, 57f.). Consequently, the intensification of this conflict becomes the core of the epicized narrative, finding its most dramatic elabo-
ration in the final battle beginning with the confrontation of the two groups in
the Malchus scene and culminating in the passion story itself. Both scenes are elaborated with atmospheric insertions making them more vivid and concrete than
in the gospel and they are clearly portrayed as warrior confrontations (cf. XVIII,
92f. and XIX, 92–97).[85]

Before proceeding to discuss further aspects of the epic genre's backlashes on
the source text's narrative formation, and before analysing the reconfiguration of
epic stylistic devices, it will be worthwhile comparing these findings on heroizing
tendencies in the Paraphrasis with those in the Heliand. The elevation of the gospel account to a heroic epic level is also performed here by an epithet-based hero-
ization of almost all characters: in addition to Christ and the disciples the evangelists as original witnesses (21), Joseph (360), even the miraculously fed 5000
(2824) are given the epithet *heliđ* (hero) whilst the three wise men are named
uuordspâhe uueros (wordwise warriors; 563). As in the Paraphrasis, the heroiza-
tion of Christianity is extended to the extraliterary faithful when the ideal
believer, as outlined in the Sermon on the Mount, is not pictured as a sheep following the shepherd but as a hero himself (cf. the change from "Blessed are the
merciful" to *sâlige sind ôc them hîr mildi uuirđit | hugi an heliđo briostun* – bles-
sed be also such men | whose hearts are mild in their heroes' breasts[86]; 1312f.).
Again a certain self-reinforcing tendency in epicizing the narrative similar to the
one observed in the Paraphrasis can be noted. The linguistic-conceptual translation of discipleship into terms of a feudal relation is first of all followed by its
stylistic expression in heroic epithets and heroizing reconfiguration, for example,
in the overall tendency to elevate the social class and milieu of the gospel account
according to the aristocratic orientation historically attached to early epic poetry.
Whilst emphasising the noble birth of Christ (cf. 356–367) was already a concern
of the gospel authors,[87] the epithetic description of Christ's followers as noble-
born (e.g. *iungron Cristes, | erlos ađalbrorana* – disciples of Christ, aethling-born
earls[88]; 4002f.) are possibly, as Yeandle carefully suggests, "part of the poet's

---

85 The choice of the hypotext here again contributes to the epicizing of the gospel since,
    in contrast to the synoptics, "John has a pattern of developing conflict and tension
    [...] [giving] unity, dramatic tension and pace to the story". Stibbe, Mark W. G., John
    as Storyteller: Narrative Criticism and the Forth Gospel (Cambridge 1992), p. 18. The
    comparison of the gospel text and its vivid epic rendering, however, shows clearly that
    the latter develops this potential significantly further.
86 Trans. Scott (cf. fn. 50), p. 43.
87 Cf. Göhler (cf. fn. 3), p. 11.
88 Trans. Scott (cf. fn. 50), p. 137.

technique of epic elaboration of his source material".[89] This suggestion can be substantiated if one takes into account the vast number of instances where a similar social upgrading takes place, for example the omission of the no-place-for-them-at-the-inn-story that would have been inappropriate for a well-born, noble couple,[90] the somewhat paradox luxurious clothing of baby Jesus in the crib (379f.), the substitution of sheep and shepherds by the horses and horse guards of a noble household,[91] the replacement of the plea for bread in the Lord's Prayer, presumably unacceptable for a warrior aristocrat, by asking for *râd* (support; 1607) from the overlord, or the general unbiblical ambiguity of the work regarding the virtue of the poor (cf. e.g. 5413–5418). Yet, Murphy's reception aesthetic conclusion that all these upper-class appropriations "must have its reason in the class-consciousness of the thanes who must have been the intended audience of the Heliand"[92] is not a corollary, at least it is not comprehensive. The heroizing and, hence, aristocratising of characters and scenes is arguably an inevitable consequence of the epic rendering of the gospel. Notwithstanding the poet's intention to appeal to his intended audience it is an intrinsic convention of the epic genre that causes these divergences from the Vorlage. The same genre-inherent dynamics apply to changing the course of events in the gospel into the account of an epic conflict as it has been demonstrated for the Paraphrasis too. As early as in Simeon's soothsaying to Mary (*than ina heliđo barn | uuâpnun uuîtnod* – when heroes' sons | will kill him with weapons[93]; 500f.) the plot is characterised as an epic battle and conflict between Christ and his followers and the Jews. As in the Paraphrasis, there is no distinction made between the various groupings of the Jews, they are, instead, depicted as the one epic enemy, a hostile clan. Whilst the scribes and Pharisees are remade into Germanic warriors that plan a war attack in a thing meeting (4135–4176) and challenge Christ to a verbal combat (3798–3839; note again the translation of an unparalleled rabbinic scene into what is arguably its most likely warrior-society equivalent), the Jewish police forces figure almost as a proper army (*grim folc Iudeono* – the grim folk of the Jews[94]; 4826). The ensuing quarrel is clearly rendered as a battle of warrior-companies and not a civil action to maintain public order. Thomas's important speech before the dramatic events of the passion story (note the considerable expansion compared

---

89 Yeandle, David N., "Review: Ronald G. Murphy, The Saxon Savior: The Germanic Transformation of the Gospel in the Ninth-Sentury Heliand", in: Spec 67 (1992), pp. 457–459, p. 458.
90 Cf. Murphy (cf. fn. 33), fn. 26, p. 17.
91 Cf. Murphy (cf. fn. 33), fn. 25, p. 16.
92 Murphy (cf. fn. 33), fn. 96, p. 60.
93 Trans. Scott (cf. fn. 50), p. 16.
94 Trans. Scott (cf. fn. 50), p. 165.

with the laconic statement in Jn 11.16) reads as a confession of loyalty in last-stand military terms and consequently the confrontation in the garden is, in remarkable contrast to Jn. 18, vividly elaborated (cf. 4848–4883). While many scholars tend to explain the clear-cut opposition between "the Jews" and Christ with his followers as a move to reduce the (cross-cultural) complexity of the situation in the gospel account,[95] the comparison with the very same pattern found in the Paraphrasis makes it more plausible to understand this as a result of the transition into the epic genre's narrative structure, as has been argued here.[96] The traditional poetics of the epic genre foster an oppositional narrative structure directed towards a final conflict.

Moreover, the causal determination and psychological motivation during the narrative follow an implicit value system that is transported by and intimately linked with the genre itself. In the Paraphrasis, for example, the concept of ξενία ([laws of] hospitality) as known from the Homeric poems is transposed into the gospel account and provides narrative motivation for two instances, namely the meeting with the Samaritan woman at the pond where Christ as a foreigner asks for ξεινήιον ὕδωρ (water as a host's gift; IV, 27) and the resurrection of Lazarus, the φίλτατος ξεινηδόκος (most beloved host; XI, 40), with the aim that he may πάλιν ψαύοντα τραπέζης | ξεινοδόκον Χριστοῖο τὸ δεύτερον (again as a host of Christ touch the [dinner] table for a second time; XI, 53f.). More importantly, Toohey remarks that "heroism and the hero are at the very heart of […] epic. Praise of the glory of heroes (κλέα ἀνδρῶν) is perhaps the basis of the concept of heroism".[97] It has been shown already how the heroic values of τιμή and of being a *helið* are both intratextually and metaleptically promoted by the two poems. The motivating epic value of τιμή as heroic κλέος is also present in the Heliand, e.g. in the formula *thar scolde is namo uuerðen | mannun gemârid* (there his name | would become famed among men[98]; 2177f.) and is integrated in the Paraphrasis *ex negativo* in Judas' bad fame in posterity: διάβολος νέος ἄλλος ἐν ὀψιγόνοι-σιν ἀκούων (as a new second devil known among the after-born; VI, 225). More fundamentally, in the case of the Heliand, the ethics of the feudal system of relationships provide the motivation and meaning for all actions: Christ acts out of loyalty to God the Father and in responsibility for his own human vassals, the apostles' actions are motivated by their feudal bond with Christ (including Judas'

---

95 Cf. e.g. Rathofer (cf. fn. 3), pp. 114ff. and Murphy (1989, cf. fn. 3), p. 95.

96 To a similar conclusion comes from a different angle Hagenlocher, Albert, "Theologische Systematik und epische Gestaltung. Beobachtungen zur Darstellung der Juden im Heliand und in Otfrids Evangelienbuch", in: Beiträge zur Geschichte der deutschen Sprache und Literatur 96 (1974), pp. 33–58.

97 Toohey, Peter, Reading Epic: An Introduction to the Ancient Narratives (London; New York 1992), p. 7f.

98 Trans. Scott (cf. fn. 50), p. 74.

treason and Peter's failure which are made comprehensible as a violation of the warrior code of loyalty), and, on a larger scale of clans in conflict, the battle between the Christ's clan and the Jews. *treuua* (loyalty, as demanded and exercised until death by Christ) and *untreuua* (unfaithfulness, as exemplified by Judas and Peter) are the pivotal terms around which the narrative unfolds.

In terms of epic heroic values in the Heliand, Peter is the most interesting character. He is widely seen as the author's favoured character (cf. *thegno bezt* – best of all thanes; 3092, 3101, 3242, 4950). Whilst all other disciples are merely typecast as *gôd* (good) or *uuîs* (wise),[99] Peter is individualised by epithets such as *baruuirdig gumo* (very dignified man; 2932, 4597), *helið hardmôdig* (audacious hero; 3136), *snel suerdthegan* (quick swordfighter; 4866), *êrthungan gumo* (richly honoured; 3305), *thrîstmôd thegan* (bold man; 4737) – in short, he is presented as "the archetypal Saxon warrior".[100] Interestingly, Peter is attributed an individualising epithet in the Paraphrasis too, namely θρασύς (bold XVIII, 51 and XXI, 71) but the verse οὐδέ μιν εἴρετο Πέτρος, ἄτε θρασύς (not even Peter was speaking, albeit his bold nature; IV, 134) makes clear that this characteristic trait of Peter is rated negatively from the Greek perspective. Yet, whilst Peter is of no further central meaning for the Paraphrasis, his outstanding position in the Heliand has led to the conclusion that, next to Christ, he is the epic hero of the poem. As such he displays in the Malchus scene, "die alten Tugenden, die der Dichter bei seinen Sachsen durch die neuen christlichen ersetzt wissen möchte: er ist kampflustig, beruft sich auf eigene Kraft und rühmt sich ihrer. Dafür wird er getadelt oder versagt [...]."[101] Thus, not only are epic values transported, promoted and serve to structure the narrative by providing motivation and explanation for the characters' behaviour and the course of events, they are also themselves an object of critical revision. Especially Christ's reprehension of Peter's physical attack and his failure to stand by his chieftain when it comes to the worst (both are explained by reference to divine providence exceeding human will and power) can be seen as "die völlige Negierung des heroischen Tatsinns, [und] läßt die Heldenpose des Petrus in ihrer ganzen Nichtigkeit aufscheinen".[102] Yet, such a critical re-examination of the hero is far from showing an incompatibility of the epic and Christianity, it rather gives the poem another very characteristic feature of the epic genre since the Iliad. The critical potential of the only seemingly conservative and merely affirmative epic genre is fully used to re-assess and re-configure Saxon warrior values from the Christian perspective.[103]

---

99   Cf. Sowinski (cf. fn. 3), p. 265f.
100 Murphy (cf. fn. 33), fn. 313, p. 193.
101 Rupp (cf. fn. 51), p. 262.
102 Haubrichs (cf. fn. 27), p. 227.
103 Rupp (cf. fn. 51) and Gantert (cf. fn. 27), pp. 108–113 discuss further examples for critical re-examinations and Christian modifications of traditional heroic/epic values.

Apart from the heroic dimension with its implicit value system, the epic genre is traditionally also intimately linked with pagan world-view and mythology. How closely knit this connection is is shown in the formulae used by Nonnus to mark the beginning of a new day or to indicate a long time. In the first case, Nonnus widely replaces John's simple μετὰ δὲ (hereafter) by variations of Eos' (dawn) matutinal appearance in the sky (cf. I, 102, 128; II, 1f.; VI, 84f.; XII, 51; XXI, 19). Scheindler's text edition varyingly gives ἠώς and ᾿Ηώς so that the writing does not indicate whether the goddess or the natural phenomenon is meant. Whilst this is arguably a metonymical usage that no longer has any religious connotation, the second formula indicating eternity has more difficulties for such a reading. The majority of instances allow a reading of αἰών as a dead metonymy for eternity (cf. VI, 146f., 178f.; IX, 154; X, 102; XIII, 38; Scheindler again remains ambiguous regarding capital and small letters) but Aion is also a personally acting godhead (cf. ζωὴν ἀθανάθην, τὴν ἔλλαχε σύνδρομος αἰὼν | ἀενάῳ στροφάλιγγι – immortal life, which Aion running in everlasting circle path protects [as tutelary deity]; XII, 198f.; and καὶ βρέφος οὔποτε τοῖον ἀνόμματον ἥλικι κόσμῳ | ἡνίοχος βιότοιο φυτοσπόρος ἤγαγεν αἰών – and never had Aion driver of life, father, carried such an eyeless baby in the equally aged universe; IX, 8f.). Golega notes: "Es läßt sich nachweisen, daß die Paraphrase sämtliche Züge der Aiongestalt der Dionysiaka enthält [...]."[104] Similarly, the Horae (cf. ἱερῆς ὅτε κῶμον ἑορτῆς | μητέρες εὐσεβίης θιασώδεες ἤγαγον ὧραι – when the Horae, festive mothers of piety, lead the procession of the feast; IV, 204f.) and Hades in the Lazarus story (᾿Αΐδης δὲ μάτην παρὰ γείτονι Λήδῃ | πανδαμάτωρ ἀδάμαστον ἐδίζετο νεκρὸν ἀλήτην – But Hades, the all-subduer, seeked in vain at the neighbouring Lethe for the unsubdued, straying dead; XI, 165f.) figure as active divine characters (note, however, that Hades' traditional epithet is contradicted by the context).

Pagan mythology is also present in recurrent epic scenes. It has already been shown for the treatment of the Malchus episode how recurrent scenes, battle scenes in this case, transport and depend on cultural values and concepts inscribed into the epic genre. The same is true for another important epic standard scene, the feast. Whilst in the Heliand the marriage at Cana and Herod's birthday are depicted as traditional feasts in a Germanic mead hall – exceeding, as in the Paraphrasis, their respective Vorlage in length and elaboration by a great deal – and whilst the characteristics of the worldly feast are used here to illustrate the Christian concept of heaven as *langsam lôn endi lîf êuuig | diurlîcan drôm* (Long-lasting reward and eternal life, | glorious loud joy/life/action; 1789f.),[105] Nonnus'

---

104 Golega (cf. fn. 8), p. 63.
105 Cf. Gantert (cf. fn. 27), pp. 115–120.

rendering of the passages is full of Dionysiac vocabulary: in II, 112f. "erkennen wir in zwei Versen nicht weniger als fünf dionysische Kulttermini wieder, vier-mal spricht der Paraphrast vom κῶμος ἑορτῆς (IV, 204; VII, 11, 31; XII, 52)".[106] The festivity running out of wine is characterised as ἀβακχεύτοιο (forsaken by Dionysus; II, 15), the miraculously produced wine's smell as φιλεύιος (loving the cry of euio, an epithet of Dionysus; II, 38). The specific prevalence of Diony-siac terms is usually explained by the author's connection with the Dionsiaka whatever precise nature it may have taken as well as by a certain potential in John's gospel itself that seems to suggest a comparison of Christ with Diony-sus.[107] The remarkable general presence of pagan mythology in the Christian epic is said to be a consequence of Nonnus' syncretistic age.[108] Yet, it seems advisable to recall that mythology was not only arguably linked with the epic genre more than with any other literary kind but that it was also a central subject-matter of contemporary παιδεία and, hence, of the poetics of Nonnus' age. Chuvin right-ly emphasizes that "être païen c'est donc d'abord participer à la culture classique. [...] Le paganisme paraît ici [dans l'Antiquité tardive] se ramener à une attitude 'mondaine' au sens pascalien."[109] In the realm of literature pagan mythology can and maybe must, therefore, remain in its place even where it conflicts with the Christian subject-matter simply because the alternative would mean a self-aliena-tion from the Greek literary tradition.[110] Furthermore, it has to be noted that the formulae, figures of speech and mini-scenes are rather self-contained and hardly ever interact with or affect the poem's characters or its course of event; this liter-ary paganism remains only an atmospheric colouring. The only examples poten-tially exceeding such colouring are the scenic and terminological proximity of Dionysus and Christ due to the Dionysiac vocabulary in the feast scenes descri-bed above and the possible attribution of aspects of the healing-saviour god Apollo to Christ when his teaching as spiritual healing is rendered resembling an Apollonian paean in ἐμῷ παιήονι μύθῳ | ἰητὴρ ἀσίδηρος ἐχέφρονα φάρμακα πάσσων (with my healing speech, | a doctor without sword applying sensible remedies; XII, 161f.). Overall, however, it seems that the presence of Greek mythology and paganism is first and foremost motivated by the traditional poetic language and the conventions of the epic genre. Thus, instead of following Agosti who first refuses "a vedere nelle allusioni ad Asclepio (e ad alter divinità pagane,

---

106 Golega (cf. fn. 8), p. 63.
107 Cf. Stibbe (cf. fn. 85), pp. 129–147, Koester, Craig R., Symbolism in the Forth Gos-pel: Meaning, Mystery, Community, 2nd edn. (Minneapolis 2003), p. 85.
108 Cf. Golega (cf. fn. 8), p. 67, Sherry (cf. fn. 7), p. 416.
109 Chuvin (cf. fn. 11), p. 390f.
110 Similar argues Piccardi, Daria Gigli, "Dioniso e Gesù Cristo in Nonno Dionys. 45, 228–38", in: Sileno 10 (1984), pp. 249–256, p. 356.

come Iside ed Hermes) un mero portato della tradizione letteraria"[111] but then fails to convincingly substantiate his argumentation for pagan Kontrastimitationen (e.g. the healing at Bethesda as an Asclepian miracle or the revival of Lazarus as displaying the mummification iconography of the Isis and Osiris cult),[112] it will be helpful to re-assess the impression outlined above in the light of the presence of dogmatic Christian elements in the Paraphrasis and in comparison with the presence of Germanic religion in the Heliand.

As to the first, it can be said that, whilst pagan elements are either present as contextually isolated formulae or on the low-level of etymological connotation, dogmatic and exegetic statements clarifying the Christian content clearly outdo the pagan elements both in number and structural embeddedness. Epithets are frequently used to convey the doctrine of Christ's virgin birth: the Heliand only points to Mary's virginity where it plays a crucial part in the nativity story (cf. 314, 319). Just once it is referred to as part of an epic *epitheton ornans* (cf. *Thera hêlagun thiornun,* | *Mariun thera gôdun* – the holy virgin, | Mary, the good; 360f.) and even then the rather unspecific term *thiornun* (virgin, maiden) is used, which also appears twice referring to the young girl dancing for Herod (cf. 2745, 2783). Nonnus, on the other hand, emphatically emphasises Mary's virginity in both epithets and exegetic insertions. She is παϱθενικὴ Χϱιστοῖο θεητόκος [...] μήτηϱ (virgin mother of Christ, Mother-of-God; II, 9), θεητόκος (Mother-of-God; XIX, 135), φιλοπάϱθενε μῆτεϱ (virginity loving mother; XIX, 139), and παϱθενική φιλοπάϱθενε (virgin loving virginity; XIX, 141), the latter being a remarkable affirmation of Mary's virginity put in Christ's own mouth. Moreover, the doctrine of the immaculate conception is explicitly unfolded in two insertions (cf. II, 9–11 and 65f.) and implied in XX, 76 where epithetic variation specifies the biblical reference to Christ's brethren as his disciples. Non-Mariological exegetic-homiletic instances include the explanation of Peter's renaming as πίστιος ἀϱϱαγέος σημήιον (sign of unbroken faith; I, 165–167), an (anachronistic) authorial insertion ensuring that Christ's simile of rebirth and cleanness (cf. III, 25–37) is understood as referring to the sacrament of baptism (cf. III, 6) as well as a catalogue of requirements and rewards for converting to Christianity (cf. III, 83–86, 90–95; notably different in quantity and protreptic quality from Jn 3.16). Finally, Christ's freedom of will is constantly stressed (cf. X, 61–64; XII, 111; XIX, 160) which, besides its theological orthodoxy, may also serve to explain the epic hero's passivity in suffering: in willingly embracing

---

111 Agosti (cf. fn. 5), p. 95.

112 Cf. Agosti (cf. fn. 5), pp. 73–94. The reading is unconvincing because it relies on generic (and not distinctive) mythological patterns and general poetic diction. Agosti himself later speaks more adequately of "[...] una certa similarità strutturale", Agosti (cf. fn. 5), p. 103.

the events Christ is in a way in control of his fate like a traditional epic hero, though one πολλὰ δ'ὅ πάϑεν ἄλγεα ὂν κατὰ ϑυμόν (who suffered [like Odysseus] many pains in his soul). This is all the more true as the Heliand also displays a continuous emphasis on Christ's freedom of will which may be seen as a theological-dogmatic commentary[113] but again seems more likely to be an explanation for Christ's passivity in the face of the enemy[114] and would thus be motivated by the epic genre's narrative conventions and implicit values.

Homiletic-exegetic insertions concerning Christian teachings are recurrent in the Heliand too, for example with the extensive exegesis of the story of the blind in XLIV or indirect exhortative comments as in 1574ff. and 3838f. Scholars have furthermore argued for a direct implementation of contemporary catholic ritual into the text: "die liturgie der kirche […] erkennen wir im rauchopfer des Zacharias (106–08) und in der handsegnung des weines auf der hochzeit zu Kana (2041–43)."[115] Yet both potential allusions are questionable, the first insofar as we are too little informed about potentially similar Germanic rites, the second insofar as the text only says *segan selbo sînun handun* (he blessed it with His hands[116]; 2042) which may or may not be the Eucharistic *signum crucis*. More importantly, however, Murphy has elaborated on the many instances in which the pagan past is also present in images and terms that may allude to, evoke, recast or deconstruct pagan concepts. Satan's epithet *nîðhugdig fiund* (evil-minded enemy; 1056) may allude to the serpent *Nidhogg* which in Germanic mythology is eternally devouring the roots of the cosmic tree and thus bears a structural similarity to Satan as the arch-enemy of cosmic order.[117] The Christian Day of Judgment is called *mûtspelli* (cf. 2591, 4358) originally designating the southern heat wave that is part of the destructive forces of the twilight of the gods.[118] These and other "pagan concepts are recurrently infused into the biblical context without the need to illuminate foreign terminology".[119] For the Day of Judgment, for example, the text itself gives the "purely" Christian alternative *dômes dag* (doomsday; 4333, 4353). Other instances for such a deliberate combination of pagan concepts and imagery with the Christian text comprise the depiction of paradise and hell, the first combining the garden of Genesis with the green meadows of Valhalla[120] (cf. 3135f.), the latter taking up the realm of the Germanic

---

113 Cf. Sowinski (cf. fn. 3), p. 233f.
114 Cf. Murphy (cf. fn. 33), fn. 248, p. 177f.
115 Weber (cf. fn. 29), p. 72; cf. the same points in Murphy (cf. fn. 33), p. xvi.
116 Trans. Scott (cf. fn. 50), p. 69.
117 Cf. Murphy (cf. fn. 33), fn. 58, p. 37.
118 Cf. Murphy (cf. fn. 33), fn. 120, p. 85.
119 Augustyn (cf. fn. 3), p. 150f.
120 Cf. Murphy (cf. fn. 33), fn. 145, p. 103.

horror figure Hel and combining it with the "purely" Christian option available in the loanword *fern* from Latin infernum (cf. 898f.).[121] In the same way, the central stations of Christ's mission, his baptism, crucifixion, resurrection, and ascension are iconographically double-layered. In the baptism scene the two overlapping iconographies are the biblical picture of Christ with the dove above his head (*uuonoda im oƀar them uualdandes barne* – hovered over the Wielder's Bairn[122]; 989) and a Germanic depiction (*sat im uppan ûses drohtines ahslu* – sat on Him, upon our sweet Lord's shoulder[123]; 988) "in the manner of Woden who always had the bird(s) of consciousness and memory on his shoulder".[124] Wodanic imagery may also be evoked by the presentation of the crucifixion where Christ is continuously alternately said to have died on the (Roman) cross (cf. *crûci* 5508) and on the (Germanic) rope (cf. *galgon* – gallow; 5532; *sîmon* – halter; 5659), the two killing methods being merged into one image (cf. *gang thi than fan them crûce niđer,* | *slôpi thi fan them sîmon* – go thou down from the cross, | slip loose from these snares[125]; 5584f.). Whilst being on the one hand the Northern equivalent to the unfamiliar Greco-Roman crucifixion as the most humiliating and painful death sentence[126] and, thus, a matter of cultural translation, Murphy argues that "the listeners heard clear echoes of the hanging of Woden in the cosmic tree when he tried to learn the answer to the riddle of death, and discovered the mysterious runes".[127] He substantiates this interpretation by pointing to a further parallel between Woden and Christ in the ascension scene, where Christ is not only like in the gospel seated at the right hand of the father but also *thanan all gesihit* | [...], *sô huat sô thius uuerold behabet* (from where [...] he gazes down and sees what power doth surround the world[128]; 5977f.). Christ thus takes up Woden's ultimate characteristic which the latter only attained after his own suffering on the tree.[129] Allusions to Germanic mythology continue with the inserted phrase *endi te himile uueg* | *giuuaraht fan thesaro uueroldi* (and the way to Heaven | from the world was fashioned[130]; 5774f.) after Christ's resurrection. As there is no such image in the gospel account Murphy argues that this alludes to the Germanic religious concept of *bifrost* (the Milky Way), the pathway between

---

121 Cf. Murphy (cf. fn. 33), fn. 50, p. 32.
122 Trans. Scott (cf. fn. 50), p. 32.
123 Trans. Scott (cf. fn. 50), p. 32.
124 Murphy (cf. fn. 33), fn. 52, p. 35; cf. further Murphy (1989, cf. fn. 3), p. 79f.
125 Trans. Scott (cf. fn. 50), p. 191.
126 Cf. Gantert (cf. fn. 27), p. 187.
127 Murphy (cf. fn. 33), fn. 297, p. 187; cf. similar Gantert (cf. fn. 27), p. 193.
128 Trans. Scott (cf. fn. 50), p. 205.
129 Murphy (cf. fn. 33), fn. 319, p. 198.
130 Trans. Scott (cf. fn. 50), p. 198.

heaven and earth used by gods and the souls of the dead.[131] Two other major complexes where Germanic pagan thought is present in the Heliand are runic magic and fate. Murphy has attempted to demonstrate that the gospel as a whole as written by the evangelists, Christ's teachings, and the miracles worked by Christ with the power of his words are all understood and rendered in terms of Germanic magical thought. Although his argument that the miracles are described in detail with a precise depiction of the miraculous action itself[132] has to be rejected because this, as has been shown above, is arguably a general trait resulting from the transition into the epic genre, he convincingly demonstrates the scenic implementation of the secretism implied in *geruni* (runes; cf. e.g. 2037–2039) and can ground his argument on the proven performative notion of *mahtig* (powerful).[133] The Jewish-Christian understanding of a miracle as dependent on a singular divine intervention as maintained by Nonnus who inserts an explanation of the miracle of calming the sea storm as a direct divine intercession (VI, 81–3) is replaced here by the Germanic notion of the inherent power of magic formulae to evoke such effects. Following Murphy's assessment that "magic was a convenient and familiar vehicle for expressing the sacred and sacramental mysteries to the Northern European mind"[134], this pagan concept in the Heliand can be understood as a translation or conceptual acculturation similar to those discussed above in providing not an exact equivalent but what is arguably the closest available concept. More difficult to assess is the author's dealing with the other central element of Germanic belief present in the Heliand: fate. Whereas a magic understanding of Christ's miracles and prayers may be a divergence from the gospel account but does not essentially undermine the Christian message, the Germanic notion of fate as the ultimate all-subduing instance superior to both men and gods hugely conflicted with the Christian notion of an almighty God. The scholarly discussion of fate terminology in the Heliand is extensive and immensely ramified and therefore cannot be fully represented here. Unlike earlier etymologically orientated scholarship, however, which argued for a survival of the pagan semantics that eventually subverted the Christian content, recent research has shown in various ways how the traditional concept of fate has been taken over, but has also been limited in its powerfulness by displaying it only as an immanent force within the sublunar world that is eventually subdued to the sovereign will of the transcendental Christian God.[135] Whilst critics disagree on whether the pagan notion of fate and the Christian concept of omnipotence are in

131 Cf. Murphy (cf. fn. 33), fn. 307, p. 191.
132 Cf. e.g. Murphy (cf. fn. 33), fn. 128, p. 93.
133 Cf. Flowers, Stephen R., Runes and Magic: Magical Formulaic Elements in the Older Runic Tradition (New York 1986).
134 Murphy (2004, cf. fn. 3), p. 283.
135 Cf. Hagenlocher (cf. fn. 96), pp. 210–21.

the course of the poem brought into a new hierarchy[136], to a synthesis[137] or whether the first's semantics are subverted and finally replaced by the latter's[138] it is widely acknowledged that the "Heliand displays this shift [...] as [...] an intricate interplay of given and new".[139] This interplay is once more based on the inherent structures of the epic genre: the epic-mythological concept of fatedness plays a considerable role in explaining and motivating events, e.g. in exculpating the disciples' unheroic behaviour in deserting their embattled chieftain during the last stand. Yet, whilst serving to structure the narrative, it is itself subject to a critical revision. Although the highly formulaic nature of fate terminology almost necessitates the concept's presence in the attempt to evoke the aesthetics of traditional oral epic, it is revised smoothly through a Christian epithetic adjectivation of pagan terms as well as exegetic excurses that shape the relation of fate and the Christian god in half-verses, thus using the genre's own given means that support such an interplay.

Whatever conclusion regarding the interreligious constellation one may wish to draw from the extensive imagistic and conceptual interaction observed in the Heliand[140] it is clear that the pagan elements in the Paraphrasis do not have a similarly shaping or accommodating acculturative impact on the Christian content. The comparison of the two texts, however, should have raised awareness of how strongly pagan concepts and allusions to mythological imagery are linked with the formulaic language of the epic tradition, and of the fact that the extent to which they are activated as conflicting or interacting with the Christian matter in effect depends on the recipient's religious stand and horizon of expectations. Yet, it seems worthwhile to return to the Paraphrasis to verify whether there may or may not be an equivalent to the continuous acculturative pattern displayed in the Heliand with the technique of cultural and mythological double-layers and the dynamic dealing with heroic and pagan terminology and concepts.

It has been observed that Nonnus avoids the well-known Homeric epithets (from the 115 most frequent Homeric epithets only 4 appear in the Paraphrasis[141]) and prefers to use only those Homeric epithets more frequently that are themselves rarities in Homer, most frequently ἀλήτης and ἀλήμων (both: stray-

---

136 Cf. Gantert (cf. fn. 27), pp. 196–200.
137 Cf. Murphy (cf. fn. 33).
138 Cf. Rathofer (cf. fn. 3), pp. 130–136, p. 161.
139 Augustyn (cf. fn. 3), p. 41f.
140 Murphy goes furthest here in arguing not unconvincingly that the continuous emphasis on Christ doing all his Germanic parallel bearing wonders, as opposed to the Germanic gods, is *selbes craft* (by his own power) including overcoming the power of fate by his resurrection, shows a deliberate confrontation of Christianity and paganism through the allusions discussed; cf. Murphy (1989, cf. fn. 3), p. 48f.
141 Cf. Golega (cf. fn. 8), p. 52.

ing).[142] Precisely the preponderance of these two epithets seems to be the key to Nonnus' most comprehensive adapational strategy. The entire poem is marked by a constant stressing of the opposition of constancy and inconstancy. Not only "nell'uso dell'antitesi, figura dominante nei versi di Nonno [...], il poeta reassume una lunga tradizione di ricchezza e artificiosità, che comincia dalla Seconda Sophistica"[143] he also uses this pattern to intellectualise the Christian religion because he combines the biblical opposition of firmness and weakness in faith with a newly added intellectual dimension. He establishes and maintains throughout the entire poem a clear opposition between Christ's followers and the rest of the world using the word fields of (in)constancy and (ir)rationality beginning with the programmatic statement

καὶ λόγον οὐ γίνωσκεν ἐπήλυδα κόσμος ἀλήτης.
ἐγγὺς ἔην ἰδίων, ἴδιοι δέ μιν ἄφρονι λύσσῃ
ὡς ξένον οὐκ ἐγέραιρον· ὅσοι δέ μιν ἔμφρονι θυμῷ
ἀπλανέες δέξαντο καὶ οὐ νόον εἶχον ἀλήτην,
οὐρανίην πάντεσσι μίαν δωρήσατο τιμὴν

But the straying cosmos did not recognise the Word coming [as a foreigner].
He was near to His own, but His own [people] in senseless madness
Showed Him no honor, as a foreign guest; but those, with sensible heart
steadfast, Whoever did receive Him and did not have a straying mind,
To them all he gave one heavenly honour.[144]

As opposed to the νοοπλανέων Φαρισαίων (wandering-in-mind Pharisees; III, 1), to the common Jewish people who are ἀπειθέες ἄφρονι λύσσῃ (disobedient in senseless madness; VI, 197) and lack education (cf. ἀδίδακτος νόος – uneducated mind; III, 58; νόμον ἀγνώσσων – not knowing the law; VII, 181f.), and to the ἄφρονα κόσμον ἀλήτην (senseless straying cosmos; IX, 176) in general, Christ and his followers are massively intellectualised. This is realised mostly through the extensive usage of σοφός (wise, applied 43 times), ἔμφρων (sensible, 15 times) and νοερός (intellectual, 9 times) and various other intellectual epithets. The total merger of faith and intellectuality is manifest in expressions like πιστὸν ἔχων νόον (having a faithful mind; VIII, 3). John the Baptist figures as σοφὸν ἄνδρα θεηγόρον (a wise man having discourse with god; I, 89), Christ as the Μεσσίαν σοφόν (wise Messiah; I, 157) and ῥαββὶν ποικιλόμυθε (rabbi of various discourses; III, 9). He is the ἀνθρώπου σοφὸν υἷα (the wise son of man;

---

142 Cf. Golega (cf. fn. 8), p. 53.
143 Agosti (cf. fn. 5), p. 165.
144 I, 29–33; other pointed and elaborated instances of this opposition include III, 90–93, IV, 104–111, VI, 207–219 and XV, 74–80.

VIII, 69), the ἀμνὸς ἐχέφρων (sensible lamb; I, 106) and λάλος ἀμνὸς (lamb gifted with speech; I, 134), the last two concepts probably balancing possible negative connotation of the biblical animal image which would also apply to the epicizing and intellectualising rendering of Christ's followers as ἔμφρονας ἄρνας ἀσιγήτους (never silent sensible sheep; XXI, 89) and νοήμονα πώεα μήλων (intelligent flock of sheep; XXI, 98). The holy spirit is similarly intellectualised (cf. πνεῦμα θεοῦ νοεροῖο – intellectual spirit of God; I, 123) and so is the concept of sin which is seen as an error committed out of ignorance when Nonnus renders ὁ ποιῶν τὴν ἁμαρτίαν (he who commits a sin; Jn 8.34) ἀμπλακίην τελέων ἀεσίφρονι θυμῷ (committing an error silly in mind; VIII, 89). Further intellectualisations on the level of content comprise an implicit contrasting of obscure-ritualistic mystery religions and the purported rational clarity of Christianity, cf. e.g. the conversation with the Samaritan woman where an intellectualised vocabulary of mystery cults describes Christian worship as σοφαῖς τελετῇσι (initiation into wise mysteries; IV, 110) by ἀληθέες μύσται (truthfully initiated ones; IV, 111) or the disciple's contrastive relief and praise when saying to Christ ἀμφαδὰ νῦν λαλέεις, οὐ φθέγγεαι ὄργια μύθων | λοξὰ παρατροπέων ἑτέρης ἐπιδευέα φωνῆς – now you speak without disguise, you do not say ambiguous mysteries of misleading speeches that need another [explanatory] utterance; XVI, 111f.). Moreover, John the Baptist's mission is intellectualised as βαπτίζων ἀδίδακτον ἀπευθέα λαὸν ἀλήτην (baptising the uneducated ignorant straying people; I, 112) as is Christ's teaching when depicted as healing with ἐχέφρονα φάρμακα (sensible remedies; XII, 162). Christ is greatly elaborated as teacher of teachers in his dialogue with Nikodemus, where his superior knowledge and the constancy of his truth are emphatically underlined (cf. III, 25, 50–58). His lack of an academic education is not omitted (cf. VII, 56f.) but balanced by his epithet πολύιδρις (of much knowledge; VII, 59) which alludes to the outstanding intelligence of Odysseus. One might also argue that for a well-read audience certain terms may contain a considerable potential for philosophical allusions such as παλιγγενής (born again) in III, 37 and IV, 95, the Platonic sounding description for the religious teachings of the Samaritans μιμηλὴν [...] ἀληθέος εἰκόνα μύθου (imitative image of the true story; IV, 106), the use of the Platonic term παλιναυξής (growing again) in III, 169 and XV, 1 and the philosophical terms describing Christ's knowledge of heaven (ὁ ὢν ἐν τῷ οὐρανῷ – that what is in heaven; Jn. 3.13) as οὐρανίης [...] φύσιν ὕλης (the nature of the heavenly matter; III, 64). All these observations taken together show that Nonnus also used stylistic devices of the epic genre, first and foremost epithetic adjectivation, to accommodate the Christian content – though not so much for a persistently pagan but for a philosophically educated audience. His epic can thus be described as a literary application of Clemens Alexandrinus' statement that philosophy was to the

Greeks what the law had been to the Jews: a tutor or παιδαγωγός to bring them to Christ.[145]

The evaluation of the interlingual-lexical, cultural-conceptual and generic-stylistic translations that take place in the two epic poems has revealed complex poetics of acculturation that are key to the shape of the two works as a whole. Whereas on the lexical level it must remain uncertain to which extent a re-semantisation was successful,[146] an interplay led to new notions[147] or old meanings persisted in exercising their denotative and connotative power[148] the generic-stylistic analyses have shown that the epic genre's conventions were exceptionally apt for the acculturative task. The comparative analysis led to general insights into the epic genre itself, such as its intrinsic narrative dynamics, their connection with formal devices and the observation that possibly more than any other genre the epic is bound to the culture in which it is rooted and carries its central values. The close interrelation between a potential target culture and its traditional epic make it already suitable to bring together the core of a culture with a new cultural influx. Yet, more important is, as has been shown, the particular suitability of the characteristic epic stylistic devices as the literary means enabling acculturation: epithets, excurses, formulae, variation and iteration, in short, the usually despised epic redundancy allows constant textinternal implicit commentation and helps to maintain a balance between desired cultural domestication and theologically necessary foreignisation. The epic is thus christianized by implementing a constant stylistic device-based self-exegetic commentary whilst Christianity is epicized by taking over formal genre conventions and thus epic values contained therein and thereby entailing the very epic feature of re-thinking traditional values such as heroism. The cultural and literary encounter of Christianity and the epic is, of course, as has been demonstrated, not without tensions but this does not justify the judgement that

> Throughout its existence – from Juvencus to Klopstock – the Biblical epic was a hybrid with an inner lack of truth, a genre faux. The Christian story of salvation, as the Bible presents it, admits no transformation into pseudo-antique form.[149]

Translation theory as applied in this study helps to understand and appreciate this

---

145 Cf. Clem. Al. Strom. I, 5, 28 (Clemens Alexandrinus, 4 vols., vol. 2: Stromata Buch I–VI, GCS, 52, ed. by Otto Stählin, 3rd edn., [Berlin 1960]).
146 Cf. for the Heliand Ohly-Steimer (cf. fn. 59), p. 82 and 116.
147 Cf. for the Heliand Hagenlocher (cf. fn. 96), p. 16f.
148 Cf. for the Heliand Augustyn (cf. fn. 3), p. 2; Murphy (1989, cf. fn. 3), p. 7.
149 Curtius (cf. fn. 1), p. 462.

hybridity of translated texts. They are written in the target language, but the cultural and textual 'otherness' of the source is unlikely to be wiped out altogether in translation. Translated texts invariably signal to textual modes of at least two cultures at once.[150]

From such a perspective it becomes possible to acknowledge positively that the "preservation of so many characteristic features of the pagan epic was quite possibly deliberate, intended to help [...] readers to see the difference between a Christian and a pagan epic"[151] or, more cautiously and free of assumptions on authorial intentions, to study the dynamics of the semantic interplay that lies at the core of culturally hybrid texts such as the two studied in the present article. Moreover, such a perspective reveals that the allegedly irreconcilable opposition between "the epic" and Christian matter as promoted by Curtius[152] is based on a notion of the epic genre that presents itself as ahistorical, but is in fact the hypostatised abstract idealisation of the in itself historically bound classical epic. From this point of view, which neglects the fact that "'epic' is a contingent and culture-bound category"[153] which "emerges as a notional instead of normative term"[154], the interactive moment of the generic-stylistic translation that is part of the adaptation process cannot but be seen as a falling short of the genre's standards. Such a static understanding of genre clearly gives no room for analysing the mutually reactive modes and results of cultural and generic transpositions as exposed in this study. Yet, with the insights gained it is possible to reject readings that deny such texts their status as epics by calling them a genre faux, lacking "epic spirit"[155] and reducing them to mere didactic poems[156] – or indeed declare reading these fascinating texts "a torture".

Abstract

By comparing Nonnus' Paraphrase of John's Gospel and the anonymously composed Old-Saxon Heliand this study undertakes to analyse the poetics of two examples of adaptations of biblical matter in which the story of the gospel is re-

---

150 Hermans, Theo, "Norms of Translation", in: Peter France (ed.), The Oxford Guide to Literature in English Translation (Oxford 2000), pp. 10–15, p. 13.
151 Springer (cf. fn. 80), p. 78.
152 Cf. also Curtius (cf. fn. 1), p. 459.
153 Martin, Richard P., "Epic as Genre", in: Foley (cf. fn. 14), pp. 9–19, p. 9.
154 Martin (cf. fn. 154), p. 11.
155 Routh, Harold V., God, Man and Epic Poetry: A Study in Comparative Literature, 2 vols., vol. 2: Medieval (Cambridge 1927), p. 86.
156 Cf. Scherer, Wilhelm, Geschichte der deutschen Literatur (Berlin 1883), p. 47, Burghardt (cf. fn. 38), p. 4.

narrated in the form of traditional epic poetry. Despite the geographical, chronological and cultural distance between the two texts, any such epic adaptation of a non-heroic, non-traditional subject matter invariably leads to a number of structurally comparable cultural and literary conflicts (diverging values and conceptions of the different cultural traditions, claims and restrictions of the target genre, etc) that need to be resolved. Biblical poetry in general, operating with and between the (literary) culture(s) of the Bible and that of the respective poet, seems to be a priori based on the productive interaction of languages, cultural conceptions, styles and genres, and ought to be read as a manifestation of cultural dialogue. This article seeks to establish a genuinely literary analysis for two works of this kind, so as to unveil the intercultural negotiations at work here in the medium of literature instead of simply (theologically) assessing the works' "orthodoxy". The approach chosen for this purpose is based on the methodological framework of translation theory and combines a general focus on literary techniques of acculturation with a special emphasis on the interrelation of acculturation and genre, in order to examine the poetics of acculturation that underlie these texts. After briefly introducing both texts and their cultural context, the linguistic and cultural-conceptional dimensions of the two authors' epic "translation" of the gospel text into their target culture in terms of vocabulary and general framework will be discussed and compared. The focus then shifts to a discussion of the interplay between demands and restrictions of the epic genre on the one hand and of the narrative's evangelical nature on the other hand. It will be demonstrated how traditional characteristics of the epic genre, both rhetorical devices (epithets, formulae, archaisms, similes, excursus) and narrative-shaping literary traditions (epic values, the hero, mythology) are interacting with, modified by, or used for mediating exegetic statements and how the epic genre appears to be particularly apt to the task of literary acculturation.

Augustine and the *Praedestinatus*: Heresy, Authority and Reception

DAVID LAMBERT (St Andrews)

The *Praedestinatus* is the earliest surviving work devoted specifically to providing a critique of the ideas of Augustine. It was written in the mid fifth century,[1] and directed against Augustine's ideas on predestination and original sin. Other early works attacking Augustine's views on these issues survive only in the form of extracts embedded in works by Augustine or his supporters, but the *Praedestinatus* is extant in its entirety. It is not until the *De gratia* of Faustus of Riez, written at least twenty, and possibly as much as forty years after the *Praedestinatus*, that another (very different) full-length work survives which discusses the issue of predestination from a perspective differing from that of Augustine.

In spite of its status as a unique document of the early reception of Augustine's ideas, the *Praedestinatus* has received relatively little scholarly attention. In general accounts of the fifth-century controversies about predestination and grace it is usually mentioned only in passing, if at all.[2] Reasons for this are not hard to find: accounts of the controversies over predestination have long been built around a narrative in which controversy took place in Gaul, and was centred on monastic figures such as John Cassian, Vincentius of Lérins, and Faustus of Riez. The *Praedestinatus*, a work of non-Gallic origin, and in which the issues raised, and the perspective from which Augustine is criticised, are very different from the Gallic texts, does not fit into this narrative. Another issue which has made the *Praedestinatus* problematic, and has certainly played a part in making scholars cautious about discussing it, is that since its first modern discovery it has been affected by persistent uncertainty about its authorship.

As transmitted in its manuscripts, the *Praedestinatus* is anonymous and untitled, and it may well have circulated in such a form from the beginning. In the ninth century it was known to Hincmar of Reims, who referred to it and quoted from it in a work directed against contemporary supporters of predes-

---

1 The *Praedestinatus* was written after the death of Pope Celestine I in 432 (*Praed.* praef. 3), but refers to events taking place under his pontificate as if they were fairly recent.

2 See for example the very brief references by R. H. Weaver, Divine Grace and Human Agency: A Study of the Semi-Pelagian Controversy (Macon GA, 1996), 161–2; D. Ogliari, Gratia et Certamen: The Relationship Between Grace and Free Will in the Discussion of Augustine with the So-Called Semipelagians (Leuven, 2003), 431–2.

tination.[3] Five manuscripts of the work survive, copied between the ninth century and the thirteenth,[4] but by the Renaissance the work had been forgotten, and it therefore appeared as a completely new discovery when it was published by the seventeenth century Jesuit Jacques Sirmond.[5] It was Sirmond who gave it the title *Praedestinatus*. He also suggested that the work had been written by an author known as Arnobius Junior. At the time, two works by Arnobius were known: a commentary on the Psalms, and a dialogue on Christological controversies called the *Conflictus Arnobii et Serapionis*.[6] Sirmond attributed the work to Arnobius on the basis of resemblances between the style and ideas of the *Praedestinatus* and those in parts of Arnobius' *Commentarii in Psalmos*.[7]

This identification was far from universally accepted, even into the twentieth century. The most popular alternative attribution was to Julian of Eclanum or a member of his circle, since the view of some of the key issues relating to predestination and original sin in the *Praedestinatus* is very close to Julian's ideas, and was evidently influenced by him.[8] Over the last century, however, the view that Arnobius was the author of the *Praedestinatus* has become more firmly established, primarily through a series of articles by Germain Morin, in which he argued on the basis of a detailed examination of the style and ideas of the works attributed to Arnobius that those known since the sixteenth and seventeenth centuries (the commentary on the Psalms, the *Praedestinatus*, and the *Conflictus Arnobii et Serapionis*), together with two texts discovered by Morin himself (the *Expositiunculae in Evangelium* and the *Liber ad Gregoriam*), were all the work

---

3   Hincmar, *De praedestinatione dei et libero arbitrio* 1, 7 (PL 125, 70D, 93C). Hincmar attributed the work to an author called Hyginus, but this is based on a misreading of the incipit of book 1, where Hyginus is listed as the author of a work epitomised in the book, not of the book itself.

4   F. Gori, Praedestinatus qui dicitur (CCSL 25B; Turnhout, 2001), xv–xvii.

5   J. Sirmond, Prædestinatus. Prædestinatorum hæresis & libri s. Augustino temere adscripti refutatio (Paris, 1643). Sirmond's edition is reprinted in PL 53, 583–672.

6   The author of the *Commentarii in Psalmos* gives his name as Arnobius (*Commentarii*, prologus); in the *Conflictus* the speaker in the dialogue who acts as the spokesman for orthodoxy is named Arnobius. The tag 'Junior' is used to distinguish this author from the better-known Arnobius of Sicca.

7   Sirmond (cf. fn. 5), iii. Sirmond printed some of the relevant passages from the *Commentarii in Psalmos* as an appendix, repeating that the resemblances showed that the works were either by the same person or that the author of one had borrowed from the other (ibid. 217).

8   The most substantial attempt to argue for an attribution to Julian or one of his associates was H. von Schubert, Der sogenannte Praedestinatus. Ein Beitrag zur Geschichte des Pelagianismus (TU 24.4; Leipzig, 1903). The attribution was accepted by H.-I. Marrou, Lexikon für Theologie und Kirche, vol. 8 (Freiburg, 1963), 672; B. Studer, Patrologia, vol. 3 (Turin, 1978), 539.

of the same author.[9] Morin's conclusions in relation to the *Praedestinatus* have now been strongly endorsed by Franco Gori, the author of the only recent monograph on the work,[10] and the editor of the CCSL edition of the text.[11]

Arnobius is an author about whom very little is known. The evidence of his texts suggests that he wrote towards the middle of the fifth century and was resident at Rome, but may have originally come from Africa.[12] He describes himself as a *servus Christi*, suggesting that he was a monk or ascetic.[13] Nothing more can be inferred from his writings and he is not mentioned by any contemporary writer, so it is not possible to link him with any other individuals, or to place him in a specific milieu.

The *Praedestinatus* is a work in three books, written with the ostensible purpose of attacking a group of heretics who believed in an extreme form of predestination. Each of the three books has a quite different character. Book 1 is a catalogue of heresies, listing ninety, and providing a (usually) brief account of their doctrines. Book 2 is a text supposedly produced and circulated by a group of predestinationist heretics. Book 3 consists of a hostile commentary on book 2. The work opens with a preface which explains this structure: the author begins by denouncing the newly arisen predestinationist heretics, their practice of attributing their texts to Augustine, and the way in which this threatens to insinuate their doctrines into the church (praef. 1–2), he describes how one of these texts came into his hands, and how he intends to defeat the heretics by publishing it (praef. 3), and explains that it will be preceded by a survey of heresies in order to put it in its true place as merely the last in a long series of heretical attacks on the church (praef. 4). As he summarises it:

> Praef. 4: *In detectione igitur falsitatis et in defensione ueritatis catholicorum sumus secuti uestigia, et id gessimus ut in primo libro ueterata haereseos superstitio perpatescat, in secundo uero nouae adinuentionis uenena non lateant, tertius uero liber haereseos deuictae tumulum fideique tropaeum cunctis ecclesiis tradat.*

---

9   G. Morin, 'Examen des écrits attribués à Arnobe le Jeune', RB 26 (1909), 419–32; 'Un traité inédit d'Arnobe le Jeune: Le *Libellus ad Gregoriam*', RB 27 (1910), 153–71; 'Étude d'ensemble sur Arnobe le Jeune', RB 28 (1911), 154–90. The main discussion of the *Praedestinatus* is 'Examen', 424–32. Kate Cooper has recently expressed scepticism about Morin's attribution of the *Liber ad Gregoriam* to Arnobius: The Fall of the Roman Household (Cambridge, 2007), 44–5, 220, 223.

10 F. Gori, Il Praedestinatus di Arnobio il Giovane. L'eresiologia contro l'agostinismo (Studia Ephemeridis Augustinianum 65; Rome, 1999).

11 Gori (cf. fn. 4), ix–xii. Arnobius' other writings have been edited by K.-D. Daur (CCSL 25, 25A; Turnhout, 1990, 1992).

12 Gori (cf. fn. 10), 5–6; G. Morin, 'L'origine africaine d'Arnobe le Jeune', Revue de sciences religieuses 16 (1936), 177–84.

13 *Conflictus Arnobii et Serapionis* 1.2.

> In the detection of falsehood and the defence of truth, we have followed the footsteps of the catholics, and have arranged that in the first book the ancient superstition of heresy is revealed, in the second the poison of the new discovery is not hidden, and that the third book hands over the tomb of the defeated heresy and the trophy of faith to all the churches.

The major ostensible purpose of the *Praedestinatus* is therefore to attack extreme predestinationist heretics; a lesser one, but one which is heavily emphasized by the author at certain points, is to defend the reputation of Augustine. Whenever Arnobius mentions Augustine by name (praef. 2–3; 1.90; 3.prol.; 3.2), it is to praise him and to insist that he wishes to defend him from the attribution to him of heretical predestinationist ideas.

> Praef. 3: ... *ad manus nostras peruenit liber, qui Augustinum mentitur in titulo, cum se haereticum ostendat in textu. Quis enim nesciat Augustinum orthodoxum semper fuisse doctorem, et tam scribendo quam disputando omnibus haereticis obuiasse? ... Qui liber, uelut sepulcrum fetens, a foris quidem Augustini nomine dealbatur, intus uero scaturit uermibus mortuorum.*

> ... the book reached our hands which falsely has Augustine in the title, though it shows itself to be heretical in the text. For who is ignorant that Augustine was always an orthodox teacher, and opposed all heretics by writing as much as arguing? ... This book, like a stinking tomb, is whitewashed on the outside with the name of Augustine, while within it seethes with the worms of the dead.

The simile used here by Arnobius is taken from an attack by Jesus on the hypocrisy of the Pharisees (Matt. 23:27), but the imagery of death and decay is strengthened by Arnobius to provoke an effect even stronger than its biblical model.

The most striking characteristic of the *Praedestinatus*, however, is that it can be shown from the text itself that Arnobius was not really pursuing the goals which he claims. Far from defending Augustine, the content of the *Praedestinatus* only makes sense as an attempt to undermine some of Augustine's key ideas by exaggerating their implications and implying that they are heretical. Arnobius can be shown to be pursuing a literary strategy which is quite different from the overt claims which he makes about his purpose.

Book 1 of the *Praedestinatus* consists of a list of ninety heresies together with descriptions of their doctrines and histories. It ranges in more or less chronological order from Simon Magus (1.1) to the recent heresies of Nestorius (1.89) and the *Praedestinati* (1.90). This survey of heresies is described by Arnobius as having being researched by himself, based on the anti-heretical writings of Greek authors (praef. 4). In the incipit of book 1 he lists these authors as Hyginus, Epiphanius, Philaster, Polycrates, Africanus, and Hesiodus.[14] He does not mention

---

14   He also refers to Polycrates, Africanus and Hesiodus in the course of the text (1.49, 83).

Augustine. In fact the list of ninety heresies is based almost entirely on Augustine's *De haeresibus*. Of the authors listed by Arnobius, Epiphanius and Philaster did write heretical compendia which were used by Augustine as sources for *De haeresibus*, but they were not used by Arnobius directly. The remaining names are not those of authors known to have written anti-heretical works: they are either drawn from Christian antiquity or are simply fictional.[15]

The most obvious change which Arnobius makes to Augustine's list of heresies is to add two new heresies to the eighty-eight included in *De haeresibus*. These are Nestorianism and the heresy of the *Praedestinati* (1.89–90). Augustine had written *De haeresibus* in 428/9, just before the outbreak of controversy over the ideas of Nestorius, but by the time the *Praedestinatus* was written Nestorianism had become a major focus of attention in the church. Since he was producing a list of heresies that claimed to be comprehensive, Arnobius would therefore have had little choice but to include an entry on it.[16] The final addition to the list, the heresy of the *Praedestinati*, is of course the one which sets the scene for the next two books, and for whose sake the entire work was written. However, the two new entries are in every sense the tip of an iceberg of changes which Arnobius makes to Augustine's text. While he lists the same heresies in more or less the same order as Augustine, there is hardly a single entry whose content is left unaltered.

In *De haeresibus*, Augustine generally gives only a bare summary of the doctrines which caused a sect to be considered heretical – a high proportion of entries consist only of a single sentence, while few are longer than a few lines, with the exception of the entries for such major heresies as Manichaeism, Donatism and Pelagianism (*De haeresibus* 46, 69, 88). The typical practice of Arnobius in these cases is to quote part or all of Augustine's text, but to add details of his own, such as the names of churchmen who opposed the heresy, incidents from its history (such as condemnations by synods or church councils), or general comments of his own about the nature of the heresy.[17] When Arnobius refers to individuals who opposed specific heresies, the people he names are sometimes drawn from Christian history, ranging from such early figures as Linus (1.2), Barnabas (1.7), and Clement of Rome (1.14), to more recent individuals such as John Chrysostom (1.29), Basil (1.48), Ambrose (1.82), and Jerome (1.82, 84). However, many of the individuals named by Arnobius are otherwise unknown, as are most

---

15 Gori (cf. fn. 10), 11.

16 Conversely, the fact that Arnobius does not include any later heresies (notably Eutychianism, the central issue of the controversies leading to the Council of Chalcedon in 451), suggests that the *Praedestinatus* was written before the mid-440s.

17 The pattern is followed more or less closely in *Praed.* 1.2, 4, 7–10, 12–14, 17–27, 29–41, 47–49, 52, 56, 59, 70, 82, 84–5, 87.

of the incidents which he relates. There can be little doubt that in the majority of these cases the information which Arnobius has added to Augustine's entries is fictional.

This is not always the case. In some instances Arnobius has added accurate information omitted from Augustine's brief entries. This is predominantly the case with entries for more recent heresies such as the Jovinianists (1.82) and Helvidians (1.84), in which Arnobius refers to the literary works written by Jerome against Jovinian and Helvidius, or for the Pelagians (1.88), in which Arnobius refers to a number of attested details about the condemnation of Pelagius and Caelestius which are not mentioned in *De haeresibus*. But even in some entries for earlier heresies, Arnobius adds genuine information, noting the literary activity of Tertullian against the Marcionites (1.21), and Cyprian against the Novatians (1.38). In his entry on the Tertullianists he goes into much greater depth about Tertullian's beliefs than Augustine had (1.86). In general the information in these entries is of a kind which would be known to someone well-read in Latin Christian literature, rather than being the fruit of independent research.

In few, if any, of these instances do the individual changes made by Arnobius have any obvious polemical intention. However, the most widespread change which he makes to Augustine's text (affecting about two thirds of entries) has a discernable rhetorical purpose. This is his alteration to the pattern of Augustine's entries, so that most no longer merely describe heresies, but include the names of individuals who opposed them, usually in an emphatic position at the conclusion of the entry.[18] Cumulatively, this has the effect of changing the catalogue of heresies from a mere summary of deviant beliefs into an account of how heretical sects had been challenged and defeated by individual champions of orthodoxy, from the earliest days of the church down to Arnobius' own time. In effect, Arnobius has depicted a tradition of opposition to heresy into which his own self-portrayal as the champion of orthodoxy against the heresy of predestination fits perfectly.

There are a number of entries in which Arnobius has entirely (or almost entirely) replaced Augustine's text with a composition of his own. Again, in many of these instances there is no discernible polemical purpose.[19] There are exceptions, however: Arnobius' entry on Origen (1.43) almost entirely abandons Augustine's (*De haeresibus* 1.43), which is hostile to Origen, and instead argues that heretical ideas in Origen's works are the result of their misrepresentation and

---

18 *Praed*. 1.1, 2, 5–27, 29–36, 38–9, 41, 47–51, 56–58, 60–61, 66, 74, 76, 82–86, 88. In a few cases the credit for defeating a heresy is attributed to a synod or council rather than an individual (1.44–5, 52, 54–5, 71).

19 See for example 1.45, or 1.73–8.

adulteration by others.[20] It has been plausibly suggested that Arnobius wished to resist the depiction of Origen as a heretic because he was sympathetic to the mystical ideas of Origen and writers influenced by him, such as Evagrius Ponticus,[21] but his claims about Origen also parallel his depiction of Augustine as the victim of heretics who attribute their own works to him. Arnobius' entry on Pelagianism (1.88) is also entirely different from that in *De haeresibus*. Augustine's entry, though longer than most of those in *De haeresibus*, follows the pattern of the work as a whole in providing only a summary of those beliefs of Pelagius and Caelestius that he considered heretical. Arnobius begins with an account of the condemnation of Caelestius and Pelagius (largely derived from Augustine),[22] followed by a some comments of his own, in which he insists on the need for divine assistance in freeing oneself from sin (but without discussing whether grace is necessary to the origin of faith), and the necessity of baptism.[23] The entry avoids any implication of sympathy for Pelagius and his beliefs, and can reasonably be taken as a summary of Arnobius' own objections to Pelagianism.

Book 1 therefore provides a foundation for Arnobius' attack on predestination in a variety of ways. In the immediate context of the *Praedestinatus* it establishes both the lineage of predestination as the most recent in a succession of heresies going back to apostolic times, as promised by Arnobius in his preface (praef. 4), and the author's own place as the successor to those who had fought and defeated heresy in the past. Using a catalogue of heresies as the framework for his attack on predestination also had less overt, but perhaps more far-reaching advantages. Anti-heretical compendia were already well-established as a genre of Christian literature.[24] By constructing the *Praedestinatus* as he did, Arnobius made it appear to be part of this genre, part of the eternal struggle of orthodoxy against heresy, rather than a more limited and ephemeral religious polemic. The

---

20   There are a number of references to Origen elsewhere in the book, always positive (1.21–2, 42, 83). One of these also makes the claim that Origen's works were adulterated (1.22).

21   V. Grossi, 'A proposito della presenza di Origine in *Praedestinatus*. Il cristianesimo latino del sec. V tra Origine e Agostino', Augustinianum 26 (1986), 229–40.

22   The entry reproduces details about the condemnation of Caelestius and Pelagius taken from *De gratia Christi et de peccato originali*, and a quotation from Pelagius taken at second hand from *De peccatorum meritis et remissione et de baptismo parvulorum* (Gori [cf. fn. 10], 49–53).

23   Arnobius uses almost the same words while discussing grace in a passage in another work, in which he states directly that human beings are able to choose freely whether or not to seek God's help (*Conflictus* 2.29, 4.9.12).

24   J. McClure, 'Handbooks against Heresy in the West, from the Late Fourth to the Late Sixth Centuries', JThS n. s. 30 (1979), 186–97; A. Cameron, 'How to Read Heresiology', Journal of Medieval and Early Modern Studies 33 (2003), 471–92.

deep irony of his use of a work by Augustine to provide his raw material is apparent to the modern reader, though it would probably be anachronistic to see this
as part of his own intention.

The second book of the *Praedestinatus* is an account of predestination written in the persona of someone who approves of the doctrine. Arnobius gives the
following account of the nature and origin of this text (praef. 3; 3.31): it was written by a heretical predestinationist, falsely attributed to Augustine, and then circulated in secret among a closed circle of heretics who used it as a creed, something not to be discussed, but believed without question (*in modum symboli non
discutiendus … sed credendus* – praef. 3). Eventually one of the heretics made the
mistake of showing a copy to a woman who was really a Catholic, and who was
so horrified by what she read that she handed the book over to the Catholic authorities (3.31). The book was shown to Pope Celestine (which would place these
events in the years 422–432), who was so shocked by the book that he ordered it
to be condemned to 'perpetual silence' (praef. 3). At some later date Arnobius
read it, and determined to root out the heretics by publicising its heretical nature
(by circulating it as part of the *Praedestinatus*) and refuting its doctrines (in his
commentary on the text in book 3).

No other source provides any confirmatory evidence for this account, and
scrutiny of book 2 of the *Praedestinatus* strongly suggests that it was written by
Arnobius himself.[25] It serves the dual purpose of discrediting the idea of predestination through its contents, and providing material which Arnobius uses to put
forward his own views in book 3. The text is not a gross caricature, in the manner
of some texts written in the fifth century opposing predestination, such as the
Obiectiones Vincentianae, which attempt to discredit the idea of predestination
by asserting that it implies that most of the human race has been created for the
Devil, and makes God responsible for adultery and incest.[26] Arnobius could not
have been so crude if he was going to maintain the illusion that the text was written by a supporter of predestination. Instead the text makes claims about predestination which exaggerate aspects of Augustine's ideas, and draw attention to
some of the more rebarbative implications of the concept, but it maintains the
persona of a supporter of predestination effectively enough to have caused a
number of scholars over the decades to accept it as genuine.[27] However, if the text

---

25 Gori (cf. fn. 10), 89–90.
26 Prosper, *Pro Augustino responsiones ad capitula obiectionum Vincentianarum* (PL 51,
    177ff.), 4, 10–1. It has recently been forcefully pointed out that the *Obiectiones Vin-
    centianae* and a number of other texts critical of predestination are known only
    through the hostile summaries of Prosper of Aquitaine, which may well have misre-
    presented them: A. M. C. Casiday, Tradition and Authority in St John Cassian (Ox-
    ford, 2007), 30–4.
27 Notably Morin (cf. fn. 9), 425.

is examined closely, enough resemblances to the other writings of Arnobius can be shown to make a strong case for his authorship.[28] One of Arnobius' other works, the *Conflictus Arnobii et Serapionis*, makes effective use of what is essentially the same strategy. This work on Christological issues is written in the form of a dialogue between a spokesman for orthodoxy (Arnobius), and one for the complex of beliefs that later became known as Monophysitism (Serapio). Though in older scholarship it was sometimes accepted as the record of a genuine disputation,[29] it has now been shown in detail that Serapio's dialogue is constructed solely to provide material for refutation, in a manner that parallels book 2 of the *Praedestinatus*.[30]

The predestinationist tract contains a large number of diverse claims and arguments in a short space. It begins with a standard denunciation of those who impair the power of God by suggesting that it can be moved by human beings, and who believe that salvation can be achieved by the human will (2.1), going on to argue that God foresees everything which will be thought, said or done, and predestines on the basis of this foreknowledge (2.1–2)

> *Praed.* 2.2: *Iam quos praesciit nullo modo conuerti, hos praedestinauit ad mortem, quos praesciit omni modo conuerti, hos praedestinauit ad uitam.*
>
> Those whom he already foreknew were in no way going to be converted, he predestined to death; those whom he foreknew were going to be converted in any way, he predestined to life.

It goes on to argue that predestination is irresistible, that the number of the just is fixed, and that no one predestined to damnation can truly convert or repent, nor anyone fall if they are predestined to salvation. Consequently, striving after personal holiness or anxiety about one's sins are pointless, since one's salvation depends solely on whether one is predestined (2.2–5), this argument is supported with the opposite examples of Judas and Saul (2.3). The author then argues that in statements in the Bible such as that the Son died for all, the use of 'all' does not

---

28 Resemblances noted by Gori (cf. fn. 10), 89–90: book 2 reflects the same writings of Augustine that Arnobius cites elsewhere in the *Praedestinatus*, chiefly the *Opus imperfectum contra Iulianum* and *Contra duas epistulas Pelagianorum*; characteristic usages appear in book 2 and elsewhere in Arnobius' works (the expression *inferi inferiores*, 2.4.21 and 1.60.22; use of the word *apices* to denote the Bible, 2.4.46 and *Conflictus Arnobii et Serapionis* 1.14.11); a biblical passage is cited wrongly with the same mistake 2.3.3–5 and 3.5.34–41; resemblance between 2.4.39–43 and Arnobius, *In Ps.* 126.

29 H.-M. Diepen, 'La pensée christologique d'Arnobe le Jeune', Revue Thomiste 59 (1959), 535–64, 538.

30 F. Gori, Arnobio il Giovane. Disputa tra Arnobio e Serapione (Turin, 1993), especially p. 12; Gori (cf. fn. 4), ix.

literally mean the totality of the human race, citing passages in the Bible where 'all' is used in rhetorically exaggerated sense (2.6).[31] The book concludes by arguing that free will was destroyed by the sin of Adam,[32] and that there is a mutually exclusive choice between attributing salvation to the will with no role for grace, or to grace with no role for the will. It insists that the power of original sin over the will is so overwhelming that baptism is only a temporary and ineffective remedy, as is demonstrated by the resilience of concupiscence, which reasserts itself after baptism in the way that hair grows again from the root after being shaved (2.7).[33]

The tract therefore mixes up genuinely Augustinian principles such as the irresistibility of grace and the fixed number of the elect, with a mocking portrayal of the implications of predestination for Christian life, which undermines and subverts these principles.

> 2.2: *Quid putatis uos, o fragiles, o caduci, miseri et mortales homines, si quid bene agitis, esse laudandos, aut forte delinquentes prorsus esse damnandos, cum ideo lex loquatur ut timorem incutiat? Ceterum nihil fit, nisi quod uoluerit deus. Quem uoluerit deus sanctum esse, sanctus est, aliud non erit. Quem praescierit esse iniquum, iniquus erit, aliud non erit. Praedestinatio enim dei iam et numerum iustorum, et numerum constituit peccatorum, et necesse erit constitutum terminum praeteriri non posse.*

> Why do you think, o fragile, transient, miserable and mortal human beings, that if you do well you should be praised, or indeed that if you do badly you should be straightaway condemned, when the law speaks so as to excite fear? Nothing happens except what God wants. Whoever God wants to be holy is holy, and will be nothing else. Whoever God foresees will be wicked, will be wicked, and will be nothing else. For the predestination of God has already decided both the number of the just, and the number of sinners, and it will be necessary that the limit determined cannot be exceeded.

> 2.4: *Quid ergo tu qui in peccatis permanes expauescis? Si te deus dignatus est, sanctus eris.*

> Why are you who remain in your sins afraid? If God has thought you worthy, you will be a saint.

---

31 Arnobius refers here to 2 Cor 5:14 and Heb 2:9 ("Christ died for all"), suggesting that he is thinking of such texts by Augustine as *Contra Iulianum* 4.8.44 and *Contra Iulianum opus imperfectum* 2.175, as opposed to *De correptione et gratia* 44, which discusses 1 Tim 2:4.

32 Echoing *Contra duas epistolas Pelagianorum* 1.2.4–5; *Contra Iulianum opus imperfectum* 1.94.

33 The image is taken from *Contra duas epistolas Pelagianorum* 1.13.26.

These quotations reflect the tone of the whole text, which is characterised by an almost jaunty tone when discussing the implications of predestination, however serious, together with a tone of sarcastic mockery towards anyone who is disturbed by these implications, rather than of engagement or serious argument. It is this tone more than any of the specific points made which leads me to conclude that the tract in the *Praedestinatus* was written by someone who wanted to discredit predestination, notwithstanding that the discrediting is relatively subtle by the standards of some religious controversy (and of some of the reaction to Augustine's ideas on predestination).

There are a number of texts from the fifth century which are directed against predestination or contain comments hostile to predestination, and which either survive themselves or are quoted or summarised by other authors (in addition to more substantial responses such as the *De gratia* of Faustus of Riez).[34] These include the Gallic texts attacked by Prosper of Aquitaine,[35] a passage in the *Commonitorium* of Vincentius,[36] and an attack on predestination by Gennadius of Marseille.[37] Given its pretence of being written by a supporter of predestination, book 2 of the *Praedestinatus* was obliged to be more restrained than these texts, which were written as overt attacks. But its general strategy is essentially the same: it presents claims which were actually made by Augustine mixed up with exaggerations or distortions of his ideas, and attempts to discredit the concept of predestination by showing that it entails unacceptable conclusions.

For example, the claim that predestination implied the elimination of free will was one that Augustine always denied: *De gratia et libero arbitrio* was written in 426/7 specifically for that purpose.[38] Similarly the idea that predestination implied that there was no point in any attitude except passivity was one of the targets against which he directed *De correptione et gratia* (also in 426/7). When the tract uses the image of shaving to characterise the transient effect of baptism in purifying sin (2.7.37), it is directing sarcasm at Augustine's ideas about the ine-

---

34 The most comprehensive account of these texts is R. Mathisen, 'For Specialists Only: The Reception of Augustine and His Teachings in Fifth-Century Gaul', in: Augustine: Presbyter Factus Sum, ed. J. Lienhard, E. Muller, and R. Teske (New York, 1993), 29–41.

35 Prosper, *Pro Augustino responsiones ad capitula obiectionum Vincentianarum* (cf. fn. 26), also the *Pro Augustino responsiones ad capitula obiectionum Gallorum calumniantium* (PL 51, 155ff.).

36 *Commonitorium* 26.

37 The passage on those that Gennadius calls *Praedestinatiani* is found in manuscripts of an anti-heretical compendium known as the *Indiculus de haeresibus* of Pseudo-Jerome, and in a few manuscripts of Augustine's *De haeresibus*. A printed text can be found in F. Oehler, Corpus Haeresiologicum, vol. 1 (Berlin, 1856), 297–8.

38 See especially *De gratia et libero arbitrio* 1–4.

radicability of concupiscence. The image was not invented by Arnobius, however. It comes from a work of Julian of Eclanum, as quoted in Augustine's *Contra duas epistulas Pelagianorum* (1.13.26). The simile is unique to the *Praedestinatus* and to this passage in Augustine, so it cannot have come from another source: an image originating from Julian's mockery, and which had been denounced by Augustine, could only have been used by someone who wished to discredit Augustine's ideas.[39]

In book 3 Arnobius sets out to refute the predestinationist tract. His refutation takes the form of a commentary, in which he quotes passages ranging from sentences to substantial paragraphs, and discusses them at a length ranging from a few lines to several pages. The discussion emphasizes the removal of human responsibility implied by predestination (3.4), the lack of mercy which it implicitly attributes to God (3.5), the withdrawal of agency from human beings (3.10–12, 20), and the excessive downgrading of the power of the will (3.13). Much of the text (3.6–9, 14–19) addresses the interpretation of key biblical passages which appear to support predestination (chiefly Rom 8:28–30, 9:10–23; John 6:44; Ps 126:1), either arguing that such an interpretation misrepresents them, or that supporters of predestination are citing them in isolation from other passages with different implications (3.19).

Arnobius is refuting a caricature, which often does not reflect Augustine's actual doctrines. Nonetheless, it is clear from the text that he differed very markedly from Augustine on a number of major issues. He states directly that he believes that will precedes grace in obtaining baptism and in conversion to penitence (3.13.24-6), which was a major point in the controversies sparked off in Gaul by Augustine's late works.[40] But the most striking part of book 3 is Arnobius's response to the predestinationist account of original sin, concupiscence, and the effects of baptism (3.31-7). He argues that the continuation of the capacity to sin after baptism is not something to be regretted, but is a function of free will, since someone can only be regarded as good if they have the capacity to choose evil, and vice versa (3.33). Most strikingly of all, he rejects the idea that the persistence of concupiscence is a sign of evil in human nature, arguing that sexual desire is a positive good which was always planned by God to be part of human nature, and had existed since before the Fall (3.35-7). In both of these passages, Arnobius is not only radically at odds with the ideas of the late Augustine, he is directly adopting ideas put forward by Julian of Eclanum.[41] Indeed, some of phraseology, such as the phrase *naturalis concupiscentia* is taken directly from Julian.[42] This is particu-

---

39   Gori (cf. fn. 10), 88.
40   See on this issue such general works as Weaver (cf. fn. 2) and Ogliari (cf. fn. 2).
41   Gori (cf. fn. 10), 112-8.
42   *Contra Iulianum* 3.42; 4.9, 52; *Contra Iulianum opus imperfectum* 4.67.

larly striking, since there are very few direct echoes of Augustine (or Julian quoted by Augustine) in those parts of book 3 in which Arnobius is speaking *in propria persona*.[43]

At first sight it would therefore appear that Arnobius is simply a Pelagian follower of Julian's.[44] How far Arnobius had any knowledge of Julian independently of Augustine is unclear. The text of the *Praedestinatus* suggests that Arnobius knew Julian only via Augustine, though since Julian's works survive almost exclusively through Augustine's quotations this cannot be conclusive. However, nothing that gives the suggestion of independent information about Julian has been identified in the *Praedestinatus*.[45] Books 2 and 3 of the *Praedestinatus* contain direct textual echoes from all Augustine's works against Julian: *Contra duas epistulas Pelagianorum* (written 421), *De nuptiis et concupiscentia* (419/21), *Contra Iulianum* (421/2), and the *Contra Iulianum opus imperfectum* (429/30), but not of any other works by Augustine (as opposed to book 1, which apart from its obvious use of *De haeresibus*, contains passages dependent on *De gratia Christi et de peccato originali*, and *De peccatorum meritis et remissione et de baptismo parvulorum*).[46] This does not necessarily imply that Arnobius came to the task of undermining Augustine's ideas because he was a follower of Julian. It is at least equally plausible to conjecture that he decided independently to write a work attacking predestinationist ideas, and used the works against Julian as raw material.

One implication of this worth noting is that the *Praedestinatus* appears to be independent of the controversy in Gaul sparked off by Augustine's late works, even though it dates from approximately the same time. There is no evidence in the text that Arnobius knew about the controversies in the monastery at Hadrumetum and then in southern Gaul, or was familiar with the works that Augustine wrote in response.[47] In the supposed predestinationist tract, he writes about God's foreknowledge in a way that seems to imply that God saves people because he foresees their future merits (2.2–3),[48] which in Gaul was the doctrine held by Augustine's opponents, or at least attributed to them by Augustinians like Prosper of Aquitaine,[49] and when discussing the idea that salvation is not literally meant

---

43   Most of the citations given in the notes to book 3 in CCSL 25B are general parallels of thought rather than direct textual echoes.
44   As argued most strongly by Schubert (cf. fn. 8). Morin largely accepted this view of Arnobius' ideas on predestination ('Étude' [cf. fn. 9], 169).
45   Gori (cf. fn. 10), 87–9.
46   The annotation to CCSL 25B cites *De dono perseverantiae* 16.41 as a parallel to *Praed.* 2.5.10–11, but the parallel is only a general resemblance of ideas.
47   Gori (cf. fn. 10), 59–60, 85–89.
48   Quoted above, p. 156.
49   Prosper [Augustine], *ep.* 225.3.

for all (2.6), he refers to different biblical texts from those used by Augustine when he had addressed the same point in *De correptione et gratia*.[50] Book 2 also discusses issues which did not feature significantly in the Gallic controversy, such as concupiscence and the efficacy of baptism in eradicating sin.

So what is Arnobius' purpose? Self-evidently the work is directed against some of Augustine's ideas. Predestination was identified with Augustine by the 430s; the concept evoked his name, whether or not all the ideas attributed to him were accurate. And among his exaggerations Arnobius does include ideas that Augustine genuinely held. But no matter how hostile Arnobius is to some of Augustine's ideas, it would be an oversimplification to characterise his work as indiscriminately anti-Augustinian. What we have to consider with the reception of a writer as overwhelming in range, and already by the time of his death, in authority, as Augustine, is that he cannot be escaped, but that for many people he cannot simply be accepted either.[51] We know that Augustine in his later years was anxious to control his own reception, most obviously through the *Retractationes*. And he was certainly spurred towards this by the use of his own earlier writings, such as *De libero arbitrio* (written 388–95) by critics trying to undermine his later ideas.[52] In matters of doctrine he believed that his legacy was non-negotiable: it had to be accepted in its entirety.[53] In effect, he achieved this: by the time of his death, his authority had become so overwhelming that it was impossible to reject any part of his legacy openly and directly without risking marginalisation and vilification, if not being identified outright as a heretic. While some, such as Prosper, were happy to accept and propagate this situation, the evidence shows that for many of those who confronted Augustine's legacy in the years after his death, negotiation with it – the adoption of some or most features without having to take on ideas, such as predestination, which people found unpalatable – was precisely what many people sought. This did not make them anti-Augustinian. It is questionable whether *any* writer by the 430s or 440s can be characterised as simply anti-Augustinian without serious oversimplification, because everyone who rejected one element of Augustine's legacy wanted to use others. A work like the *Praedestinatus* does not attempt to destroy Augustine, but to quarantine some of his ideas that the author found unacceptable; to discredit a fraction of Augustine's ideas while leaving the rest available. The anti-heretical genre was particular-

50   2 Cor 5:14 and Heb 2:9. Augustine, *correp.* 44, cited 1 Tim 2:4.

51   For discussion of this issue, see M. Vessey, '*Opus Imperfectum*: Augustine and His Readers, 426–435 A.D.' VChr 52 (1998), 264–85.

52   Reported of Augustine's critics in southern Gaul by Prosper and Hilary [Augustine], *epp.* 225.3–6, 226.2–8. Augustine responded in *De praedestinatione sanctorum* 3.7.

53   K. Pollmann, '*Alium sub meo nomine*: Augustine Between His Own Self-Fashioning and His Later Reception', StP (forthcoming).

ly suited to this. The literary advantages which Arnobius obtained for his own self-presentation from his use of the genre have been noted. But there were more practical advantages as well: handbooks against heresy were a form of utilitarian literature: they were in demand so that those churchmen and lay Christians who might consider themselves poorly informed could have a simple, accessible guide as to which beliefs were heretical.[54] By putting into circulation such a work, which placed predestination among the heresies, Arnobius had found a potentially very effective way of hampering the dissemination of the idea, while by insisting that predestination was attributed to Augustine falsely he reduced the risk that his own work would be seen by its readers (except for those who were particularly well-informed) as deviating from an orthodoxy which had increasingly come to be defined by Augustine. It is likely that Arnobius put his text into circulation anonymously – not because he was afraid of being identified as its author, but in order to give the text an impersonal authority, and thereby to make it more effective in achieving his goals. It is therefore a precise example of someone trying – very deliberately – to *negotiate* the reception of Augustine; to keep what the author wanted of Augustine's legacy, while rejecting other parts and instigating others to do the same.

Abstract

This articles examines the *Praedestinatus*, a work written in the mid fifth century CE which responds to the ideas on predestination and original sin put forward by Augustine of Hippo. The *Praedestinatus* is an anonymous work consisting of a catalogue of heresies (based on Augustine's *De haeresibus*), a short tract ostensibly written to defend the idea of predestination, and a commentary on this tract which attacks it and denies that such ideas were put forward by Augustine. Close study of the text shows that all three parts were written by the same author, and that the purpose of the *Praedestinatus* is to attack Augustine's ideas while appearing to defend him.

This article discusses the authorship of the *Praedestinatus*, and then examines the content, discussing the role of the catalogue of heresies in book 1, the way in which the author uses and adapts his source material, and the purpose of the catalogue in the overall structure of the work. It goes on to examine the way in which the author uses the supposed predestinationist tract (book 2) to caricature and discredit the idea of predestination, and considers the critique of predestination

---

54 As shown by the letters written by Quodvultdeus to Augustine, requesting the composition of what became *De haeresibus*: [Aug.] *epp.* 221, 223.

put forward by the author in book 3, and its place among contemporary reactions to Augustine's ideas. The article concludes by examining some of the ways in which the *Praedestinatus* sheds light on the early process of the reception of Augustine's works.

Vom Sinnbild zum Abbild

Der justinianische Realismus und die Genese der byzantinischen Heiligentypologie *

P̲h̲i̲l̲i̲p̲p̲ N̲i̲e̲w̲ö̲h̲n̲e̲r̲

1. Vom Sinnbild zum Abbild

Auch eine falsche Theorie kann zum Erkenntnisgewinn beitragen, indem sie eine Richtigstellung provoziert. So will es jedenfalls T. Mathews, der sein Buch über „The Clash of Gods" mit einem Kapitel zu „The mistake of the emperor mystique" beginnt.[1] In übertragenem Sinn ist Mathews damit selbst bei seinem kritischsten Rezensenten, Johannes G. Deckers, auf Zustimmung gestoßen. Deckers beschließt seine Rezension zu „The Clash of Gods" nämlich mit der Hoffnung, auch aus den Fehlern von Mathews möchte zu lernen sein.[2] Das soll im Folgenden versucht werden.

Mathews geht davon aus, die christliche Bildsprache habe wesentlich dazu beigetragen, dass sich das Christentum im 4. Jh. gegen konkurrierende Religionen durchsetzte. Er spricht deshalb von einem „war of images".[3] Die bisherige Forschung habe den Fehler gemacht, den Triumph des Christentums auf Kaiser Konstantin anstatt auf die Wirkungsmacht der christlichen Bildsprache zurückzuführen. Deshalb habe man in Christus auch immer nur den Kaiser gesehen.[4] Das könne aber nicht sein, da der Kaiser eine viel zu umstrittene Figur gewesen sei, als dass die Gläubigen sich mit einem Kaiser-Christus hätten identifizieren können.[5] Mathews ist der Überzeugung, das Christentum habe sich nicht etwa aufgrund historischer Umstände, sondern wegen seiner überlegenen Glaubens-

---

*   Erste Überlegungen zu diesem Thema habe ich auf der 18. Tagung der Arbeitsgemeinschaft Christliche Archäologie am 11. Mai 2006 in Bonn vorgetragen und viel aus der anschließenden Diskussion gelernt. Später haben Natalja Teteriatnikov (Washington) und David Knipp (Rom) das Manuskript gelesen, und ich möchte ihnen für Kritik und Hinweise danken.

1   T. F. Mathews, The Clash of Gods. A Reinterpretation of Early Christian Art. Princeton 1993, 3–22.
2   BZ 89 (1996) 478–488. Vgl. J. G. Deckers, Göttlicher Kaiser und kaiserlicher Gott. In: F. A. Bauer/N. Zimmermann (Hrsg.), Epochenwandel? Kunst und Kultur zwischen Antike und Mittelalter. Mainz 2001, 3–16.
3   Mathews (s. Anm. 1), 4.
4   Mathews (s. Anm. 1), 12–21.
5   Mathews (s. Anm. 1), 177–179.

inhalte gegen die anderen Religionen durchgesetzt.[6] Diese Inhalte und nicht die vom Kaiser verliehene Macht seien in den christlichen Bildern dargestellt gewesen. Deshalb fragt Mathews sich, „how images of Christ affected the way people conceptualized him. Not in an abstract sense, for images take us well beyond the world of ideas, but how they grasped him, how they felt about him, how they related to him, and what kind of a person they thought he was. And by ‚person‘ I mean not the subtle theological definition of person, but person in the more familiar sense of personality, temperament, or disposition, including the way he speaks or behaves, whether he seems warm and sympathetic or cold and remote, direct and forceful or dreamy and nebulous."[7] Mathews nimmt also an, das Christusbild sei schon im 4. Jh. nicht bloß als abstraktes Sinnbild, sondern als realistisches Abbild verstanden worden. Er kommt zu dem Schluss: „Christ [...] showed himself a god of the 'little man', a genuine 'grass-roots' god."[8] Das habe dazu geführt, dass sich die Gläubigen mit den Bildern identifizierten und diese zu wirkmächtigen Faktoren im „war of images" wurden.

Peter Brown bezweifelt in seiner Rezension zu „The Clash of Gods" jedoch, dass ein derart persönlicher Appell an den einzelnen Betrachter beabsichtigt war.[9] Brown geht davon aus, dass es erst in späterer Zeit üblich wurde, die Gläubigen durch Bilder zur persönlichen Identifikation mit Christus und den Heiligen zu animieren. Die frühchristliche Bildsprache habe hingegen in erster Linie dazu gedient, den Triumph der Kirche zu propagieren,[10] ohne die traditionelle hierarchische Gesellschaftsstruktur dadurch in Frage zu stellen, dass dem einzelnen Betrachter ein unmittelbarer Zugang zum Heil eröffnet wurde.

Hier klingt die Theorie vom Bilderstreit als Kampf des Establishments gegen subversive Bilder an. Demnach wären die Bilder bekämpft worden, weil sie sich seit dem 6. Jh. immer häufiger unmittelbar an die Gläubigen wandten. Dadurch hätten sie die Mittlerrolle des Klerus und damit auch dessen Kontrolle über das religiöse Leben in Frage gestellt.[11] Besondere Bedeutung kommt in diesem Zusammenhang den Ikonen zu. Ihnen konnte der Betrachter seit dem 6. Jh. von

---

6 Vgl. B. Ward-Perkins, The Fall of Rome and the End of Civilization. Oxford 2005, 188, der in den USA gar einen Trend zu *interpretatio christiana* ausmacht.
7 Mathews (s. Anm. 1), 10f.
8 Mathews (s. Anm. 1), 92.
9 The Art Bulletin 77 (1995) 499–502, 502.
10 Brown verweist hierzu auf A. Grabar, Christian Iconography. A Study of its Origins = The A. W. Mellon Lectures in the Fine Arts 10. Princeton 1969, 47.
11 P. Brown, A Dark Age Crisis. Aspects of the Iconoclastic Controversy. In: EHR 88 (1973) 1–43. Vgl. J. C. Anderson, The Byzantine Panel Portrait Before and After Iconoclasm. In: L. Brubaker/R. Ousterhout (Hrsg.), The Sacred Image = Illinois Byzantine Studies 4. Urbana 1995, 25–44.

Angesicht zu Angesicht gegenüber treten, wodurch sie sich besonders gut zu einer persönlichen Begegnung mit Christus oder einem Heiligen eigneten.

Mathews, der davon ausgeht, dass die christlichen Bilder nicht erst seit dem 6. sondern bereits im 4. Jh. appellativ gemeint und verstanden wurden, führt konsequenter Weise auch die Ikonen auf das 4. Jh. zurück. Sie seien schon damals nach dem Vorbild paganer Tafelbilder entstanden, die das gleiche Format und eine ähnliche Ikonographie aufweisen und ebenfalls in Privathäusern aufgestellt waren.[12]

S. Sande hat diese Hypothese jedoch zurückgewiesen. Sie glaubt nicht an eine unmittelbare Abhängigkeit der christlichen von paganen Ikonen, weil viele christliche Tafelbilder porträthafte Züge aufwiesen, für die es unter den paganen Ikonen keine Vorbilder gebe. Statt dessen hält Sande das Privat- oder Beamtenporträt für das wichtigste Vorbild der christlichen Ikone, denn nur in dieser Gattung sei bis in frühbyzantinische Zeit ähnlich porträthaft dargestellt worden.[13]

Was Sande mit Porträthaftigkeit von Ikonen meinen könnte, mag die berühmte Christus-Ikone des Katharinenklosters auf dem Sinai illustrieren. Sie stellt Christus bildfüllend, lebensgroß und mit asymmetrisch-spannungsvollen Gesichtszügen auf realistische Weise dar, wie er den Betrachter frontal anblickt.[14] Die feine Malweise verrät, dass das Bild auf Nahsicht angelegt ist. Es lädt den Betrachter dazu ein, sich Christus wie einem Gesprächspartner auf Reichweite zu nähern und sich den lebensgroß wiedergegebenen Gott als Menschen aus Fleisch und Blut vorzustellen.

Beim frühbyzantinischen Porträt, das Sande als Vorbild in Vorschlag gebracht hat, sucht man die realistische Nahbarkeit der Christus-Ikone allerdings vergeblich: Das rundplastische Porträt blieb einer stereotypen Idealisierung verpflichtet, die es seit theodosianischer Zeit charakterisiert. Im 5. Jh. wurde diese zwar gelegentlich durch Altersmerkmale und neue Frisuren belebt,[15] aber die

---

12 T. F. Mathews, The Clash of Gods. A Reinterpretation of Early Christian Art. Revised and Expanded Edition. Princeton 1999, 177–190. Vgl. die Rezension v. J. G. Deckers in: BZ 94 (2001) 736–741; T. F. Mathews, The Emperor and the Icon. In: Acta ad archaeologiam et artium historiam pertinentia 15 = N. S. 1 (2001) 163–177; ders./ N. Muller, Isis and Mary in Early Icons. In: M. Vassilaki (Hrsg.), Images of the Mother of God. Aldershot 2005, 3–11.

13 S. Sande, Pagan Pinakes and Christian Icons. Continuity or Parallelism? In: Acta ad archaeologiam et artium historiam pertinentia 18 = N. S. 4 (2004) 81–100.

14 K. Weitzmann, The Monastery of Saint Catherine at Mount Sinai. The Icons 1: From the Sixth to the Tenth Century. Princeton 1976, 12–15 Kat. B.1 Taf. 1f. 39–41; H. Belting, Bild und Kult. Eine Geschichte des Bildes vor dem Zeitalter der Kunst. 6München 2004, 152f.; T. F. Mathews, Byzantium from Antiquity to the Renaissance. New York 1998, 50–52.

15 H.-G. Severin, Zur Portraitplastik des 5. Jahrhunderts nach Christus = MBM 13.

Beamten präsentierten sich weiterhin unnahbar auf hohen Sockeln, mit ihren Insignien und stilisiertem Fernblick.[16] Dabei sind die Köpfe typischerweise auch nicht frontal auf den Betrachter ausgerichtet wie auf der Christus-Ikone, sondern leicht zur Seite gedreht.[17] Außerdem lief die Gattung im 5. Jh. aus. Aus dem 6. Jh., als die ersten erhaltenen Ikonen auftauchten, hat sich kein datierter Porträtkopf erhalten.

Womit soll man den appellativen Realismus des Sinai-Christus also vergleichen? Handelt es sich tatsächlich um eine Neuentwicklung des 6. Jhs., und die christliche Bildsprache kannte zuvor kein vergleichbar intimes Verhältnis von Abgebildetem und Betrachter? Das würde Mathews Prämisse widersprechen und seinen Kritiker Brown bestätigen, und so scheint es sich auch zu verhalten. Lediglich das erste der im Folgenden zu besprechenden realistischen Bilder könnte noch aus vorjustinianischer Zeit stammen und gilt deshalb gemeinhin als das älteste Beispiel für frühbyzantinischen Realismus,[18] obwohl seine Datierung nicht gesichert ist.

Gemeint ist das gebeugte Altersbild des Mailänder Bischofs Ambrosius mit eckigem Schädel, asymmetrischer linker Nasolabialfalte, tiefen Augenhöhlen, hohen Geheimratsecken und großen Ohren. Das Mosaik befindet sich an der Nordwand der Mailänder Grabkapelle San Vittore in Ciel d'Oro. Ambrosius

---

München 1972, 106–113, insbesondere 111; J. Meischner, Das Porträt der theodosianischen Epoche II (400 bis 460 n. Chr.). In: JDAI 106 (1991) 385–407, 385f.; dies., Bildnisse der Spätantike. 193–500. Problemfelder. Die Privatporträts. Berlin 2001, 127f. Anders S. Sande, Zur Porträtplastik des sechsten nachchristlichen Jhs. In: Acta ad archaeologiam et artium historiam pertinentia 6 (1975) 65–106, 97–105 Taf. 17f. Abb. 55–61, die vier undatierte ephesische Köpfe minderer Qualität mit den realistischen Stifterbildern im Apsismosaik der Euphrasiana von Parenzo/Poreč vergleicht; W. Raeck, Raum und Falten. „Realismus" als Option der spätantiken Kunst. In: M. Büchsel/P. Schmidt (Hrsg.), Realität und Projektion. Wirklichkeitsnahe Darstellung in Antike und Mittelalter, Neue Frankfurter Forschungen zur Kunst 1 (2005) 87–102.

16 R. R. R. Smith, Late Antique Portraits in a Public Context. In: JRS 89 (1999) 155–189, 168–188.

17 E. Alföldi-Rosenbaum, Reflections on the Portrait of „Eutropius" from Ephesus. In: Studi in memoria di Giuseppe Bovini = Biblioteca di Felix Ravenna 6. Ravenna 1989, I 1–12 weist eigens darauf hin, weil die leichte Drehung der meisten Köpfe bislang häufig vernachlässigt worden ist.

18 E. Kitzinger, Some Reflections on Portraiture in Byzantine Art. In: Mélanges Georges Ostrogorsky I. = Zbornik Radova Vizantoloskog Instituta 8, 1. Belgrad 1963, 185–193, 187. Repr. in: ders., The Art of Byzantium and the Medieval West. Selected Studies. Bloomington 1976, 256–269. B. Brenk, Homo coelestis oder von der physischen Anonymität der Heiligen in der Spätantike. In: W. Schlink (Hrsg.), Bildnisse = Rombach Wissenschaft. Reihe studeo 5. Freiburg 1997, 103–160, 132–137 = ders., Mit was für Mitteln kann einem physisch anonymen Auctoritas verliehen werden? In: E. Chrysos/I. Wood (Hrsg.), East and West = TRW 5. Leiden 1999, 143–172.

wird von den Märtyrern Protasius und Gervasius flankiert. Ambrosius gegenüber an der Südwand steht ebenfalls ein Mailänder Bischof, Maternus, der gleichfalls von zwei Märtyrern umgeben ist, Felix und Nabor.[19] Allerdings ist der
Erhaltungszustand der Mosaiken problematisch, was M. Raspe dazu veranlasst,
das realistische Porträt von Ambrosius als Neugestaltung des 16. Jhs. abzutun.[20]

Als Indiz für eine neuzeitliche Datierung führt Raspe die „barocke Aureole"
an, die den Kopf von Ambrosius hinterfängt und vom Bildgrund abhebt.[21] Bei
allen anderen Köpfen in der Kapelle wird diese Aufgabe statt dessen durch eine
schwarze Konturlinie erfüllt. Allerdings kommen derartige Aureolen auch in
anderen frühbyzantinischen Mosaiken vor, wie Raspe selbst bemerkt, zum Beispiel bei den Apostelköpfen in der erzbischöflichen Kapelle von Ravenna. Die
Aureole an sich ist also keine Besonderheit. Erklärungsbedürftig ist lediglich,
warum sie in San Vittore nur für Ambrosius verwendet wurde.

Die einfachste Erklärung wäre wohl, dass Ambrosius als einziger schwarze
Haare hat, so dass eine schwarze Konturlinie ihren Zweck nicht erfüllt hätte,
Figur und Bildgrund voneinander zu scheiden. Außerdem kommen für den rea-
listischen Kopf des Ambrosius nicht die gleichen Vorlagen in Frage, nach denen

---

19 Für Farbabbildungen s. F. Reggiori, La basilica di Sant'Ambrogio. Mailand 1966,
    Abb. 153–162.
20 M. Raspe, „Un naturale ritratto di Santo Ambrogio". Carlo Borromeo und das Mo-
    saik in S.Vittore in Ciel d'Oro zu Mailand. In: M. Jordan-Ruwe/U. Real (Hrsg.),
    Bild- und Formensprache der spätantiken Kunst. Hugo Brandenburg zum 65. Ge-
    burtstag = Boreas 17. Münster 1994, 203–215. Tatsächlich ist wohl nicht von der
    Hand zu weisen, dass Veränderungen an der Figur des Ambrosius vorgenommen
    worden sind: Rossi, der 1864 die Ergänzung „zahlreicher" Fehlstellen an den Figuren
    veranlasste (F. Reggiori, La Basilica Ambrosiana. Ricerche e restauri 1929–1940. Mai-
    land 1941, 122. 124), hatte zuvor einen Karton von Ambrosius anfertigen lassen (Reg-
    giori, 217), der einen vom heutigen abweichenden Zustand wiedergibt: Der Karton
    zeigt zum Beispiel noch nicht die waagerechte Haste, welche die senkrechten Ge-
    wandfalten und/oder Stickereien auf der Brust von Ambrosius heute zu einem Kreuz
    ergänzt. Maternus trägt das gleiche Klerikergewand wie Ambrosius mit entsprechen-
    den Falten und Stickereien auf der Brust, aber kein Kreuz. Raspe hat also recht, wenn
    er das anachronistische Brustkreuz als Beleg für eine nachträgliche Veränderung
    anführt (Raspe, 208). Allerdings erfolgte diese Veränderung wegen Rossis Karton erst
    nach 1864 und kann deshalb nichts mit einer Neugestaltung des 16. Jhs. zu tun haben.
    Das gleiche gilt für den an ein Omophorion erinnernden Schal, den Ambrosius über
    seiner Tunika, aber unter seinem kaselartigen Überwurf, einer *planeta*, zu tragen
    scheint. Ein Blick auf den Karton von vor 1864 lehrt, dass die hellen Tesserae des
    Schals ursprünglich wohl nur den Hals konturierten, so wie das bei Maternus noch
    heute der Fall ist. Erst später wurden die hellen Streifen über den Halsausschnitt der
    Tunika nach unten verlängert, so dass sie bei einem heutigen Betrachter die Assozia-
    tion Schal hervorrufen. Die realistischen Züge des Ambrosius werden von dem Kar-
    ton hingegen bestätigt, sind also älter als die 1860er Jahre.
21 Raspe (s. Anm. 20), 208.

die übrigen Köpfe in San Vittore kopiert worden sein werden: Ambrosius ist
flächiger ausgeführt.[22] Ihm fehlen die dunkleren, Schatten evozierenden Partien
seitlich der Wangen, unterm Kinn und seitlich am Hals, die den übrigen Köpfen
in San Vittore einen Anschein von Plastizität verleihen. Das gleiche gilt für die
Klerikergewänder der beiden Bischöfe Ambrosius und Maternus. Sie sind vergleichsweise steif und unkörperlich ausgefallen, während die Tuniken und Pallia
der Märtyrer mit mehr Falten lebendiger und voluminöser wiedergegeben sind.
Dieser Eindruck wird weiter dadurch verstärkt, dass die beiden Bischöfe frontal
vor dem Betrachter stehen, während die Märtyrer in Übereinstimmung mit ihren
Flankenpositionen jeweils in leichter Kopf- und Körperdrehung dargestellt sind.

Die illusionistische Darstellungsweise der Märtyrer wird zusammen mit
ihren traditionellen Gewändern und idealtypischen Köpfen von älteren Vorlagen
übernommen worden sein. Die Bildtradition dieser Typen reicht bis in die Kaiserzeit zurück, als man die illusionistische Darstellungsweise noch beherrschte.[23]
Die zeitgenössischen Klerikergewänder der beiden Bischöfe sowie das realistische Porträt von Ambrosius müssen dagegen in frühbyzantinischer Zeit neu entworfen worden sein, wobei man die illusionistische Durchgestaltung offenbar
vernachlässigte. So erklären sich die formalen Unterschiede der verschiedenen
Figuren typengeschichtlich, ohne dass man mit Raspe einen Eingriff des 16. Jhs.
postulieren muss. Das Ambrosius-Bild belegt, dass der frühbyzantinische Realismus nicht an die illusionistischen Techniken gebunden war, mit denen er auf der
Christus-Ikone vom Sinai gepaart ist. Die Gestalt des Ambrosius wirkt durch
ihre individuellen Züge realistisch, auch ohne raumgreifende Körperlichkeit vor-
zutäuschen.

Was sollten die realistischen Züge von Ambrosius jedoch zum Ausdruck
bringen? Offenbar ging es nicht darum, den Bischof als Menschen von den hl.
Märtyrern zu unterscheiden. Das war zum einen bereits durch die verschiedenen
Gewänder gewährleistet, und zum anderen hat Bischof Maternus ja die gleiche,
idealtypische Art von Gesicht wie die Märtyrer. Statt dessen schlägt B. Brenk vor,
die Mosaiken könnten ausgeführt worden sein, als man das Aussehen des 397
n. Chr. verstorbenen Ambrosius noch erinnerte.[24] Der Pontifikat des Maternus
lag damals hingegen schon mehrere Generationen zurück.

---

22 Kitzinger (s. Anm. 18), 187.
23 B. Brenk, Zum Problem des Altersbildnisses in der spätantik-frühchristlichen Kunst.
    In: Arte medievale 2 (2003) 9–15, 10–12. Vgl. A. Effenberger, Die Darstellung des
    Alters in Werken der spätantiken und frühbyzantinischen Kunst. In: C. Brockhaus
    (Hrsg.), Altersbildnisse in der abendländischen Skulptur. Duisburg 1996, 133–145.
24 B. Brenk, Kulturgeschichte versus Stilgeschichte. Von der „raison d'être" des Bildes
    im 7. Jh. in Rom, in: Uomo e spazio nell'alto medioevo = Sett 50. Spoleto 2003, II
    971–1054, 1037.

Eine Alternative, die ohne eine frühe Datierung der Mosaiken schon bald nach dem Tod von Ambrosius auskommt, besteht in einem realistischen Tafelbild, das noch zu Lebzeiten von Ambrosius angefertigt worden sein und seinem postumen Mosaikbild als Vorlage gedient haben könnte. Von solchen Bildern berichtet Johannes von Ephesos aus dem 6. Jh., dass sie beim Amtsantritt eines Bischofs angefertigt und in seiner Kirche aufgehängt wurden.[25] Allerdings ist nicht klar, wann diese Sitte aufkam. Bei Johannes Chrysostomos heißt es zwar, von dem 381 verstorbenen Antiochener Bischof Miletius hätten wenige Jahre nach seinem Tod zahlreiche Bilder bestanden, aber deren skandalisierende Beschreibung lässt darauf schließen, dass das damals noch ungewöhnlich war.[26] Paulinus von Nola verweigerte sich im frühen 5. Jh. noch, als Sulpicius Severus ihn um ein Porträt bat, das er zusammen mit dem des Martin von Tours im neu errichteten Baptisterium von Primuliacum anbringen wollte.[27] Johannes Kollwitz gilt diese Anekdote deshalb nur erst als „Vorläufer" der späteren Gepflogenheit, Bischöfe regelmäßig zu porträtieren.[28] Die zahlenmäßige Entwicklung der überlieferten Bischofsbilder weist in die gleiche Richtung: Während aus dem 4. Jh. kaum etwas bekannt ist, weiß man aus dem 6. Jh. über eine beträchtliche Anzahl von Bischofsbildern aller Art.[29]

2. Der justinianische Realismus

Die Basilika von Sant'Apollinare in Classe wurde 549 geweiht und stellt in ihrem Apsismosaik fünf ravennatische Bischöfe dar:[30] Apollinaris, der erste Bischof von Ravenna und heilige Patron der Kirche, steht als nimbierter Orant in der Apsiskalotte. Die anderen vier sind keine Heiligen, dementsprechend nicht nimbiert und an weniger prominenten Stellen zwischen den Apsisfenstern platziert.

---

25 Kirchengeschichte Teil 3 Buch 1, 36, 2, 27 (aus dem Syrischen übersetzt mit einer Abhandlung über die Tritheiten von J. M. Schönfelder München 1862). Vgl. RAC 2, 1954, 331 s. v. Bild 3, christlich (J. Kollwitz); RbK 2, 1971, 1038 s. v. Heilige (A. Chatzinikolaou).

26 Καὶ γὰρ καὶ ἐν δακτυλίων σφενδόναις, καὶ ἐν ἐκτυπώμασι, καὶ ἐν φιάλαις, καὶ ἐν θαλάμων τοίχοις, καὶ πανταχοῦ τὴν εἰκόνα τὴν ἁγίαν ἐκείνην διεχάραξαν πολλοί (PG 50, 516). Vgl. Chatzinikolaou (s. Anm. 25), 1038; Brenk (s. Anm. 24), 137 Anm. 31.

27 Epistula 30, 2–5 (Sancti Pontii Meropii Paulini Nolani opera, hrsg. v. G. de Hartel, ergänzt v. M. Kamptner = CSEL 29f. Wien 1999, I 262–266). Vgl. Brenk (s. Anm. 24), 124–128.

28 Kollwitz (s. Anm. 25), 331 Bild 3.

29 F. W. Deichmann, Ravenna. Wiesbaden 1969–1989, Bd. 1 S. 123–125.

30 Deichmann (s. Anm. 29), Bd. 2 Teil 2 S. 259–262.

Es handelt sich um Ecclesius, Severus, Ursus und Ursicinus. Severus und Ursus lebten im 4., Ecclesius und Ursicinus im 6. Jh.[31]

Wie Ambrosius und Maternus in Mailand sind auch die ravennatischen Bischöfe im Ornat wiedergegeben. Das unterscheidet sie von Moses und Elias weiter oben in der Apsiskalotte, die Tunika und Pallium tragen. Wie in Mailand hängen die zeitgenössischen Gewänder auch in Classe verhältnismäßig steif und unkörperlich an frontal ausgerichteten Trägern herab. Die Tuniken und Pallia der Propheten sind dagegen mit leichten Drehungen und vergleichsweise reichem und lebendigem Faltenwurf verbunden.

Die Köpfe von Moses und Elias sowie der drei älteren Bischöfe sind idealtypisch, jugendlich oder bärtig, und haben regelmäßige Frisuren, niedrige Stirnen und geschwungene Brauen. Ecclesius und Ursicinus fallen dagegen durch gerade, dicke und knittrige Brauen auf. Ecclesius hat außerdem Geheimratsecken, ausgeprägte Nasolabialfalten und herabgezogene Mundwinkel, weshalb er einen traurigen Eindruck macht. Ursicinus wirkt dagegen trotz Halbglatze und abstehender Ohren vital, was er wohl seinen breiten, vollen Wangen und hoher Stirn verdankt. Die beiden Bischöfe des 6. Jhs. sind also realistisch wiedergegeben, diejenigen des 1. bis 4. Jhs. und die alttestamentarischen Propheten hingegen nicht.

Einen Sinn erhält der neue Realismus im benachbarten Ravenna, wo Bischof Ecclesius zur gleichen Zeit[32] noch ein zweites Mal abgebildet wurde, im Apsisbild von San Vitale. Hier begleitet er den thronenden Christus.[33] C. Ihm führt dieses Thema auf das 4. Jh. und den kaiserlichen Hofstaat zurück.[34] Dementsprechend handelt es sich bei Christus und seiner Engelgarde um idealtypische, jugendliche Gestalten in Tuniken und Pallia und mit leicht gedrehten Köpfen. Christus blickt mit leerem Weltenherrscherblick in die Ferne, obwohl er dabei ist, dem hl. Vitalis die Märtyrerkrone zu reichen. Ammianus Marcellinus hat die gleiche Haltung bei Constantius II. beschrieben.[35] Sie charakterisiert z. B. auch Theodosius auf dem Missorium in Madrid.[36]

---

31 Deichmann (s. Anm. 29), Bd. 2 Teil 3 S. 173.
32 Zur Datierung des Apsisbilds von San Vitale s. grundlegend Deichmann (s. Anm. 29), Bd. 2 Teil 2 S. 3–7, und ergänzend I. Andreescu-Treadgold/W. Treadgold, Procopius and the Imperial Panels of S. Vitale. In: Art Bulletin 79 (1997) 708–723, 721.
33 Abbildungen: P. Angiolini Martinelli (Hrsg.), La Basilica di San Vitale a Ravenna = Mirabilia Italiae 6. Modena 1997, 248–258 Abb. 451–461.
34 C. Ihm, Die Programme der christlichen Apsismalerei vom 4. Jh. bis zur Mitte des 8. Jhs. ²Darmstadt 1992, 11–41.
35 Res gestae XVI 10, 9–11, hrsg. v. W. Seyfarth. ³Berlin 1975, 176f. Vgl. Synesios von Kyrene zu Kaiser Arkadius: De regno XI (PG 66, 1080; Synesii Cyrenensis hymni et opuscula II 1, hrsg. v. N. Terzaghi. Rom 1944, 32f.).
36 J. Meischner, Das Missorium des Theodosius in Madrid. In: JDAI 111 (1996) 389–432.

Ecclesius am rechten Rand des Apsisbilds von San Vitale ist dagegen wie in Sant'Apollinare realistisch und frontal wiedergegeben, mit den gleichen traurigen Zügen. Obwohl er Christus das Modell der von ihm gegründeten Kirche präsentiert und ein Engel ihn an seiner rechten Schulter berührt, bleiben seine Füße, sein Kopf und sein Blick geradeaus auf den Betrachter ausgerichtet. Offenbar ist er als Adressat vorgesehen. Das scheinen auch die Gesten des Engels sagen zu wollen, der Ecclesius eine Hand auf die Schulter legt und den Betrachter mit der anderen Hand nicht etwa an Christus, sondern an den Bischof verweist.

So erklärt sich auch, warum der Märtyrer Vitalis realistisch dargestellt ist, obwohl sein tatsächliches Aussehen nicht überliefert gewesen sein dürfte:[37] Unter wirrem Haar bildet die Stirn über der Nasenwurzel zwei tiefe Falten. Die Augenbrauen sind wie bei Ecclesius zackig bewegt, die Nasolabialfalten asymmetrisch. Seine Bekleidung mit gegürteter Tunika und Chlamys entspricht derjenigen zeitgenössischer kaiserlicher Würdenträger[38] und passt zu seiner Rolle als himmlischem Höfling Christi. Vitalis gibt das erste datierte Beispiel für einen Märtyrer in dieser Uniform.[39]

Der hl. Demetrios und andere Märtyrer auf den Mosaiken der Demetrios-Kirche in Thessaloniki tragen die gleiche Tracht. Das gilt sowohl für eine Thronszene als auch in anderen Zusammenhängen, z. B. am nördlichen Bemapfeiler, wo Demetrios zwischen zwei Stiftern abgebildet ist. Offenbar waren Tunika und Chlamys inzwischen zu einem Erkennungszeichen von Märtyrern geworden und wurden ihnen deshalb auch außerhalb eines höfischen Zusammenhangs beigegeben.

Das Demetrios-Mosaik wird nach einem Brand entstanden sein, der die Basilika in der ersten Hälfte des 7. Jhs. schwer beschädigt haben muss.[40] Es handelt sich um ein *Ex voto*, von dem sich die mitabgebildeten Stifter, ein Kleriker mit Bibel und ein Staatsbeamter mit seinen Insignien, eine persönliche Protektion durch den Heiligen versprochen haben werden. Dementsprechend ist der Heilige frontal als Adressat wiedergegeben und so niedrig angebracht, dass er von den Gläubigen auch als solcher wahrgenommen werden konnte. Demetrios spielt also die gleiche Rolle wie Ecclesius in San Vitale. Dennoch hält er im Gegensatz zu jenem an einem idealtypischen Gesicht fest: Seine ideale Jugendlichkeit tritt besonders deutlich hervor, weil sie mit den realistischen Porträts der flankieren-

---

37 Vitalis erfuhr sein Martyrium im frühen 4. Jh. in Bologna. Vgl. Brenk (s. Anm. 18), 140.

38 Smith (s. Anm. 16), 176f.

39 Deichmann (s. Anm. 29), Bd. 2 Teil 2 S. 179.

40 R. S. Cormack, The Mosaic Decoration of S. Demetrios, Thessaloniki. A Re-Examination in the Light of the Drawings of W. S. George. In: The Annual of the British School at Athens 64 (1969) 17–52, 42–45.

den Stifter kontrastiert. Letztere sind durch ihre eckigen Nimben als Lebende
gekennzeichnet und entsprechend individuell wiedergegeben (siehe unten).

Das Demetrios-Bild folgt hingegen früheren Mosaiken aus der Zeit vor dem
Brand[41] und geht wahrscheinlich auf ein Urbild zurück, das im Allerheiligsten
der Gedächtniskirche, am Kenotaph des Märtyrers, unter einem silbernen Zibo-
rium aufgestellt war.[42] Der Schöpfer der Urfassung wollte den idealtypischen
Kopf sicherlich nicht als authentisch verstanden wissen. Durch die ihm zuteil
werdende Verehrung erhielt dieser im Lauf der Zeit aber offenbar die Autorität
eines wirklichen Porträts, das alle späteren Darstellungen des Heiligen kopierten
und dessen Züge in zeitgenössischen Visionen wieder auftauchen.[43] Offenbar
liegt hier ein ähnlicher Fall vor wie bei den Aposteln Petrus, Paulus und Andreas,
die man schon früh mit bestimmten Kopftypen identifizierte, die in der Folge wie
persönliche Porträts behandelt wurden, obwohl sie ursprünglich sicherlich
keinerlei realistischen Anspruch hatten.[44] Daraus erklärt sich auch, warum
Demetrios trotz seiner Rolle als Adressat mit seinem angestammten Idealgesicht
und nicht mit einem neuen realistischen Porträt abgebildet wurde. In diesem Fall
war der Wiedererkennungswert des etablierten Heiligenbilds offenbar wichtiger
als Nähe und Zugänglichkeit, die ein realistisches Porträt vielleicht zum Ausdruck gebracht hätte.

Die bisherigen Beobachtungen zusammenfassend und verallgemeinernd lässt
sich zwischen zwei Darstellungsweisen unterscheiden: Die eine, sinnbildhaft
idealisierende war im 4. Jh. üblich und mit traditionellen Gewändern und Stand-
motiven verbunden. Auch viele spätere Bilder lassen erkennen, dass sie auf
idealisierende Urfassungen des 4. Jhs. zurückgehen. Neuschöpfungen des 6. Jhs.
können hingegen betont realistische Züge tragen und sind daran als jünger zu
erkennen. Jetzt legte man besonderen Wert darauf, dem Betrachter abbildhaft-
realistische Identifikationsfiguren in zeitgenössischen Gewändern frontal gegen-
überzustellen.

---

41 Cormack (s. Anm. 40), Taf. 11a.
42 Johannes von Thessaloniki, Miracula S. Demetrii I 22 (PG 116, 1217–1220; P. Le-
    merle, Les plus anciens recueils des miracles de Saint Démétrius et la pénétration des
    Slaves dans les Balkans. Paris 1979, I 66 Z. 26–28). Vgl. A. Grabar, Martyrium. Paris
    1946, II 25f.; G. A. Soteriou/M. G. Soteriou, Η βασιλική του αγίου Δημητρίου
    Θεσσαλονίκης = Βιβλιοθήκη της εν Αθήναις αγχαιολογικής εταιρείας 34.
    Athen 1952, 19.
43 Johannes von Thessaloniki, Miracula S. Demetrii IX 70; X 89; XV 167 (PG 116, 1255.
    1267. 1319; P. Lemerle [s. Anm. 42], 102 Z. 7–9; 115 Z. 16f.; 162 Z. 16–18). Vgl.
    A. Kazshdan/H. Maguire, Byzantine Hagiographical Texts as Sources of Art. In:
    DOP 45 (1991) 1–22, 7.
44 J. Ficker, Die Darstellung der Apostel in der altchristlichen Kunst = Beiträge zur
    Kunstgeschichte N. F. 5. Leipzig 1887, 152f.

Seit justinianischer Zeit wurden nicht nur Heilige oder heiligmäßig verehrte
Bischöfe, sondern auch Stifter auf die gleiche abbildhaft-realistische Weise dargestellt. An erster Stelle ist hier Kaiser Justinian im Apsismosaik von San Vitale in
Ravenna zu nennen. Jenes Mosaik umfasst neben der bereits besprochenen
himmlischen Szene mit Christus, Ecclesius und Vitalis in der Kalotte noch ein
niedriger gelegenes irdisches Register im Westen der Fensterzone. Dort sind an
der Nordwand Kaiser Justinian und an der Südwand seine Frau Theodora jeweils
mit Gefolge dargestellt.[45]

Das kaiserliche Paar eifert Gründungsbischof Ecclesius in der Kalotte nach,
indem es liturgisches Gerät auf die gleiche Weise präsentiert wie jener das Modell
der Kirche: Justinian hält eine Patene,[46] Theodora einen Kelch in Richtung Christus, beide bleiben ansonsten aber ebenso frontal auf den Betrachter ausgerichtet
wie Ecclesius und Vitalis. Wie jene ist auch das Kaiserpaar mit realistischen
Gewändern, Gesichtern und Frisuren wiedergegeben. Das gleiche gilt für ihre
hochrangigen Begleiter.

Theodora und die erste Hofdame zu ihrer Linken sind mit hageren Gesichtern und eingefallenen Wangen älter dargestellt als die zweite Hofdame rechts
daneben.[47] Justinians volle Wangen und sein Doppelkinn entsprechen den
Schriftquellen, die ihn übereinstimmend als korpulent beschreiben, und zwar
sowohl die enkomiastische Chronographia von Johannes Malalas als auch die
kritischen Anekdota von Prokop.[48] In San Vitale treten die persönlichen Züge
des Kaisers besonders deutlich hervor, weil er von ebenso realistisch dargestellten
Begleitern umgeben ist. Die beiden Personen zur Linken des Kaisers wurden erst
später eingefügt bzw. verändert: Bischof Maximian ist als einziger inschriftlich
benannt. Maximian traf erst 546 aus Konstantinopel in Ravenna ein. Damals wer-

---

45 Abbildungen: Angiolini Martinelli (s. Anm. 33), 220–237 Abb. 421–440.

46 „Einen flachen, goldenen, geflochtenen Korb, der meist als Patene gedeutet wird"
    (J. G. Deckers, Der erste Diener Christi. Die Proskynese des Kaisers als Schlüsselmo-
    tiv der Mosaiken in S. Vitale [Ravenna] und der Hagia Sophia [Istanbul]. In: N. Bock
    u. a. [Hrsg.], Art, cérémonial et liturgie au moyen âge = Études lausannoises d'histoire
    de l'art 1. Rom 2002, 11–70, 24 Anm. 42). So auch von C. Jäggi, Donator oder Funda-
    tor? Zur Genese des monumentalen Stifterbilds. In: Georges-Bloch-Jahrbuch des
    Kunsthistorischen Instituts der Universität Zürich 9/10 (2002/03) 26–45, 31. 35. 43
    Anm. 40.

47 Andreescu-Treadgold/Treadgold (s. Anm. 32), 714f. Abb. 10–12; 719f.

48 Malalas, Chronographia XVIII 1, hrsg. v. H. Thurn = CFHB 35. Berlin 2000, 354;
    Prokop, Anekdota VIII 12, hrsg. v. O. Veh. München ³1981, 70f. Vgl. C. Head, Physi-
    cal Descriptions of the Emperors in Byzantine Historical Writing. In: Byz 50 (1980)
    226–240, 229; M. Staesche, Das Privatleben der römischen Kaiser in der Spätantike =
    Europäische Hochschulschriften Reihe 3. Geschichte und ihre Hilfswissenschaften
    784. Bern 1998, 68.

den die Mosaiken bereits fertig gewesen sein, denn Maximian ließ sie verändern
und wahrscheinlich das Porträt seines Vorgängers durch sein eigenes ersetzen,
bevor er San Vitale weihte. Möglicherweise wurde bei dieser Gelegenheit auch
das Brustbild zwischen dem Kaiser und dem Bischof eingefügt. Es erweist sich
schon dadurch als eine spätere Ergänzung, dass ihm im Gegensatz zu den übrigen
Honoratioren ein Unterkörper fehlt.[49] Am rechten Bildrand gehen Bischof Maximian zwei Diakone mit Codex und Weihrauchfass voraus. Auch sie haben individuelle realistische Porträts. Wahrscheinlich handelt es sich um Mitglieder des
lokalen ravennatischen Klerus, die wiedererkannt werden wollten.

Allein die kaiserliche Leibgarde am linken Bildrand ist zwar durch Unifor-
men, Waffen und rotblondes Haar als solche gekennzeichnet, aber keiner individuellen realistischen Darstellung für würdig befunden worden. Sie ist lediglich
als Gruppe von Interesse, die das Gefolge des Kaisers vergrößert und ergänzt.
Dementsprechend suchen die Leibgardisten keinen Blickkontakt mit dem Betrachter, sondern sind schräg auf den Kaiser ausgerichtet. Da es auf den Einzelnen nicht ankommt, haben alle das gleiche jugendliche Idealgesicht, das auch
vom Vordermann verdeckt sein kann, damit die dichte Staffelung die Anzahl der
Gardisten und dadurch die Bedeutung des Kaisers erhöht. Das gleiche gilt für die
fünf Hofdamen am rechten sowie für den einen Höfling am linken Ende des
Theodora-Mosaiks. Sie alle haben Statistenrollen, die sich etwa mit derjenigen
der Engelgarde vergleichen lässt, die Christus in der Apsiskalotte flankiert.

Justinian, Theodora und die sie begleitenden Honoratioren zeichnen sich
hingegen durch eine persönliche Präsenz aus, die diejenige von Ecclesius und
Vitalis in der Apsiskalotte sogar noch übertrifft: Zum einen stehen sie dem
Betrachter an ihrem niedrigeren Anbringungsort näher. Zum anderen sind sie als
Zeitgenossen nicht im Himmel, sondern an einem irdischen Ort abgebildet. Es
könnte sich sogar um eine Kirche handeln, womit ein unmittelbarer Bezug zur
Realität des Betrachters hergestellt wäre: Die Anwesenheit des Klerus sowie
Weihrauchfass, Codex, Handkreuz, Patene und Kelch deuten darauf hin. Justi-
nian ist von einer Kassettendecke überfangen, die gut zum Inneren einer Kirche
passen würde. Ihre Achsen fluchten nach dem Prinzip der umgekehrten Zentral-
perspektive im Auge des Betrachters. Theodoras Zug hält an einem Brunnen vor
einem verhängten Durchgang, also vielleicht an einem Atriumsbrunnen vor dem
Aufgang zur Empore, die den Frauen als γυναικωνῖτις gedient haben könnte.[50]

---

49 Andreescu-Treadgold/Treadgold (s. Anm. 32), 719–721.
50 Diese realistische Lesart ist umstritten. Vertreten wird sie von T. F. Mathews, The
    Early Churches of Constantinople. Architecture and Liturgy. London 1971, 146f.;
    ders. (s. Anm. 1), 171; R. Taft, The Great Entrance. A History of the Transfer of Gifts
    and other Preanaphoral Rites of the Liturgy of St. John Chrysostom = OCA 200.
    Rom 1975, 30f. Anm. 77. Gegen eine realistische Lesart haben argumentiert: Deich-

Dabei spielt es keine Rolle, dass Theodora einen Kelch in ihren Händen hält, der nicht auf die Empore, sondern auf den Altar gehört. Jedem byzantinischen Betrachter wird klar gewesen sein, dass die Mosaiken kein historisches Ereignis zeigen, denn das Kaiserpaar war nie in Ravenna. Allerdings könnten sie der neuen Kirche liturgisches Gerät gestiftet und das den Anlass dafür gegeben haben, Justininan und Theodora mit Patene und Kelch darzustellen.[51]

Während Theodora Abstand vom vorderen Bildrand hält, steht Justinian unmittelbar an der Kante und damit dem Betrachter ohne jegliche räumliche Trennung gegenüber. Dieser Eindruck wird durch den Goldgrund noch verstärkt, der dem Bild räumliche Tiefe versagt, in die sich die Figuren zurückziehen könnten. Den gleichen Effekt macht sich das bereits besprochene Demetrios-Bild am Bemapfeiler seiner Kirche in Thessaloniki zu Nutze. Auch dort stehen der Heilige und die beiden Stifter an der vorderen Bildkante. Außerdem werden sie bis in Schulterhöhe von einer hellen Wand hinterfangen, die ihnen keinerlei Raum lässt, in den sie zurückweichen könnten. Darüber werden ihre Köpfe von neutralem Blau hinterfangen. Das gleiche Blau über einer hellen, schulterhohen Nischenwand bildet auch den Bildgrund der Christusikone auf dem Sinai. Die Wirkung ist in allen drei Fällen die gleiche: Der Bildraum wird auf ein Minimum reduziert und dem Betrachter auf diese Weise die Illusion vermittelt, die realistisch Abgebildeten stünden ihm unmittelbar hinter der Bildoberfläche gegenüber, so dass er sie mit ausgestreckter Hand berühren könnte, wenn die Bildoberfläche ein Durchgreifen erlaubte.

Etwa zur gleichen Zeit als sich im Apsismosaik von San Vitale in Ravenna neben dem Kaiser auch der Bischof und weitere kirchliche und weltliche Würdenträger abbilden ließen, wurde auf der anderen Seite der Adria in Parenzo/Poreč ein ähnliches Mosaik angelegt.[52] Allerdings stand den Stiftern dort in der Apsis der Euphrasius-Basilika kein eigenes Register zur Verfügung, sondern sie

---

mann (s. Anm. 29), Bd. 2 Teil 2 S. 181f.; S. G. MacCormack, Art and Ceremony in Late Antiquity = The Transformation of the Classical Heritage 1. Berkeley 1981, 259–266; J. Engemann, Die religiöse Herrscherfunktion im Fünfsäulenmonument Diocletians in Rom und in den Herrschermosaiken Justinians in Ravenna = FMSt 18. Berlin 1984, 336–356, 351. Strube und Deckers sehen sie als eine von mehreren Interpretationsmöglichkeiten an, die das vielschichtige Mosaik zulässt: C. Strube, Die westliche Eingangsseite der Kirchen von Konstantinopel in justinianischer Zeit. Architektonische und quellenkritische Untersuchungen = Schriften zur Geistesgeschichte des östlichen Europa 6. Wiesbaden 1973, 102f. Anm. 420; Deckers (s. Anm. 46), 29f.

51 Deichmann (s. Anm. 29), Bd. 1 S. 241f.; Bd. 2 Teil 2 S. 181.

52 B. Molajoli, La Basilica Eufrasiana di Parenzo. ²Padua 1943, 26–28; G. Bovini, Il complesso delle basiliche paleochristiane di Parenzo. In: Corso di cultura sull'arte ravennate e byzantina 6 (1960) II 13–39, 13–15.

erweitern die Thronszene in der Apsiskalotte.[53] Wie Christus in San Vitale thront hier Maria mit Kind im Zentrum und wird von einer stehenden Engelgarde sowie von Märtyrern flankiert. Am linken äußeren Bildrand folgen Bischof Euphrasius, der Erzdiakon Claudius sowie dazwischen ein kleiner „Sohn", dessen Identität umstritten ist. Seine Beischrift könnte „Euphrasius, Sohn des Erzdiakon"[54] oder „Euphrasius Junior [d. h. Sohn des Bischofs] und Erzdiakon" zu lesen sein.[55] Die irdische Dreiergruppe trägt keine Nimben und ist darüber hinaus auch durch die Darstellungsweise von den himmlischen Höflingen Marias unterschieden:

Euphrasius ist der Stifter der Kirche und präsentiert Maria ein Modell der Basilika. Dabei bleibt er jedoch wie Bischof Ecclesius in der Apsiskalotte von San Vitale frontal auf den Betrachter ausgerichtet. Das gleiche gilt für Erzdiakon Claudius, der einen Codex hält. Beide tragen Ornat. Derjenige von Claudius fällt wie ein Vorhang an ihm herab, während Euphrasius immerhin seinen Mantel rafft, um seine Hände damit zu verhüllen. Dennoch erreicht auch seine Figur nicht die Plastizität der Engel und Märtyrer. Letztere sind einander in bewegten Posen zugewandt und tragen das traditionelle Idealgewand, Tunika und Pallium, das sich in reiche Falten legt.

Neben Frontalität und steifen zeitgenössischen Gewändern unterscheiden sich Euphrasius und Claudius nicht zuletzt auch durch veristische Gesichtszüge von den schöngesichtigen Engeln und Märtyrern. Letztere haben jugendlich glatte und runde, unbewegte Gesichter mit heller Haut. Die bärtigen Köpfe der erwachsenen Kleriker sind dagegen eher oval, mit dunklem Inkarnat, Nasolabialfalten, dunklen Tränensäcken und tiefen Stirnfalten. Bei Euphrasius ist all dies am stärksten ausgeprägt, und Krähenfüße deuten auf ein fortgeschrittenes Alter hin. Das Gesicht macht insgesamt einen sorgenvoll bekümmerten Eindruck. Claudius hat dagegen glatte Schläfen und ein weniger dunkles Inkarnat, ist also wohl jünger dargestellt als Euphrasius. Der kleine Sohn hat noch ein ganz und gar unversehrtes Kindergesicht mit längeren Haaren und ohne Tonsur. Offensichtlich war man in Parenzo bemüht, die drei Kleriker auch hinsichtlich Alter und hierarchischer Stellung realistisch wiederzugeben.[56]

---

53 M. Prelog, Poreč Mosaics. Belgrad 1959, Einband und S. 1–11 mit SW- und Farbabbildungen; ders., Die Euphrasius-Basilika von Poreč = Monumenta artis Croatia Reihe 1 Bd. 4. Zagreb 1986, Farbtaf. 32. 37–41. 46; H. Maguire/A. Terry, The Wall Mosaics of the Cathedral of Eufrasius in Poreč. Second Preliminary Report. In: Hortus artium medievalium 6 (2000) 159–181, 170–177 Farbabb. 21–32.

54 Bovini (s. Anm. 52), 20–22; A. Sonje, I mosaici parietali del complesso architettonico della basilica Eufrasiana di Parenzo. In: Atti del Centro di ricerche storiche Rovigno 13 (1982/83) 65–138, 95f.; Prelog (Basilika, s. Anm. 53), 19; Maguire/Terry (s. Anm. 53), 170f.

55 R. Warland, Status und Formular in der Repräsentation der spätantiken Führungsschicht. In: MDAI(R) 101 (1994) 175–202, 184f.

56 Kitzinger (s. Anm. 18), 188.

So oder ähnlich gilt das auch für zahlreiche weitere Stifterbilder der justinianischen oder späterer Zeit: In den unteren rechten und linken Ecken des justinianischen Apsismosaiks des Katharinenklosters auf dem Sinai geben zwei Brustbilder den Abt Longinus und den Diakon Johannes frontal und mit veristischen Zügen wieder. Offensichtlich handelt es sich um Stifterbilder, denn der Abt wird in der Stifterinschrift am Fuß der Apsiskalotte ein weiteres Mal namentlich genannt.[57] Die beiden Mönche sind in dunkles Habit gekleidet und tragen fünf kreuzförmig angeordnete, knopfgroße Applikationen auf jeder Schulter. Im Vergleich mit der biblischen Szene im Zentrum des Apsismosaiks scheint der Realismus der Stifterbilder klar zu Tage zu treten: Wie üblich sind das Inkarnat der Stifter dunkler, die Stirnen der biblischen Gestalten dagegen zu klein und ihre Züge rhythmisch idealisiert, was bei dem frontalen Antlitz Christi besonders deutlich wird. Allerdings sind über den Stiftern in weiteren Medaillons auch noch die Brustbilder der Apostel angeordnet und weisen das gleiche dunkle Inkarnat und die gleichen vermeintlich realistischen Züge auf. Es kommt hinzu, dass in den goldgrundigen Medaillons keine Heiligenscheine angegeben und auch die Gewänder der meisten Apostel auf unspezifische Faltenmotive reduziert sind. So besteht von den unscheinbaren Schulterkreuzen der Mönche abgesehen nur ein deutlicher Unterschied zwischen Stiftern und Aposteln, die eckigen „Nimben" der Stifter.

Diese eckigen „Nimben" sind für den realistischen Anspruch der Stifterbilder von entscheidender Bedeutung, denn sie erklären unmissverständlich, dass die Stifterbilder als realistische Porträts zu gelten haben. Warum, wird weiter unten im Text im Zusammenhang mit den Fresken der Theodotuskapelle in Santa Maria Antiqua besprochen. An dieser Stelle sei lediglich noch darauf hingewiesen, dass die Bedeutung der eckigen „Nimben" auf dem Sinai bei nochmaligem genauerem Hinsehen auch durch die besondere Sorgfalt bestätigt wird, die auf die Augenpartie des Abts verwendet worden ist. Soweit das die publizierten Farbphotographien beurteilen lassen, hat er als einziger blaue Augen. Außerdem sind nur seine Oberlider durch je eine zusätzliche braune Linie von dem lilafarbenen Grund der Augenhöhle abgesetzt. Kurt Weitzmann hat deshalb wohl recht mit seiner Einschätzung, dass der Mosaizist im Fall der beiden Mönche „is not portraying character faces as in the case of the apostles and prophets, but individual features".[58]

Zwei Stifterbilder der Demetrioskirche von Thessaloniki sind oben im Zusammenhang mit dem Bild jenes Märtyrers bereits zur Sprache gekommen. Sie

---

57 G. H. Forsyth/K. Weitzmann, The Monastery of Saint Catherine at Mount Sinai. The Church and Fortress of Justinian. Plates. 13 Farbtaf. Ann Arbor 1973, 120f.

58 Forsyth/Weitzmann (s. Anm. 57), 13.

befinden sich an der Südseite des nördlichen Bemapfeilers und geben die Stifter zu beiden Seiten des Märtyrers stehend wieder.[59] Zwei weitere Mosaiken an der Ostseite desselben Pfeilers und an der Westwand des Mittelschiffs zeigen weitere Stifter auf ähnliche Weise neben dem Heiligen postiert.[60] Ein viertes Mosaik an der Nordwand des inneren nördlichen Seitenschiffs ist bei dem Brand von 1917 zerstört worden und nur durch die Zeichnungen von W. S. George überliefert: Über der sechsten Arkade von Westen, wo für ganzfigurige Stifterbilder nicht genug Platz ist, hat man das Schema auf das Format von Medaillons übertragen. Ein mittleres zeigt das Brustbild des Märtyrers, zwei seitliche diejenigen von Stiftern.[61]

Alle diese Mosaiken sind von verhältnismäßig geringer Qualität und geben die Figuren ohne jegliche Andeutung von Körpervolumen wieder. Sie gehören sämtlich der zweiten frühbyzantinischen Ausstattungsphase nach dem Brand in der ersten Hälfte des 7. Jhs. an.[62] Märtyrer und Stifter sind in allen Fällen übereinstimmend frontal ausgerichtet. Sie unterscheiden sich jedoch erstens dadurch, dass dem Märtyrer der runde Nimbus des Heiligen vorbehalten ist, während die Stifterköpfe von eckigen „Nimben" oder von weißen Aureolen hinterfangen werden. Zweitens trägt Demetrios wie bei Märtyrern üblich Chlamys, die Stifter sind hingegen ihrem jeweiligen Stand entsprechend in Toga oder Ornat gekleidet. Drittens hält der hellhäutige, bartlose und kurzhaarige Kopf von Demetrios am jugendlich-ebenmäßigen Ideal theodosianischer Zeit fest, das seit jeher mit seinem Porträt identifiziert wurde. Die Stifterköpfe unterscheiden sich davon durch Vollbärte, dunkleres Inkarnat und Merkmale fortgeschrittenen Lebensalters wie Nasolabialfalten, dunkle Tränensäcke, Stirnfalten, Geheimratsecken oder Stirnglatze.[63]

Das Mosaik an der Westwand einer Kapelle, die in das Amphitheater von Durres, dem antiken Dyrrachium, eingebaut wurde, zeigt Maria Regina stehend mit Engelgarde und davor in kleinerem Format ein Stifterpaar.[64] Maria und die

---

59 Soteriou (s. Anm. 42), 193f. Taf. 63f.

60 Soteriou (s. Anm. 42), 196–198 Taf. 67–70.

61 Cormack (s. Anm. 40), 40f. Taf. 4. 8.

62 Cormack (s. Anm. 40), 42–45; ders., Writing in Gold. Byzantine Society and its Icons. London 1985, 90–92; G. Velenes, Σχόλια σε δύο ψηφιδωτές επιγραφές του αγίου Δημητρίου Θεσσαλονίκης. In: Deltion tes Christianikes Archaiologikes Etaireias Periode 4 Bd. 24 (2003) 37–44.

63 Kitzinger (s. Anm. 18), 189; L. Brubaker, Elites and Patronage in Early Byzantium. The Evidence from Hagios Demetrios in Thessalonike. In: L. I. Conrad/J. Haldon (Hrsg.), Elites Old and New in the Byzantine and Early Islamic Near East. The Byzantine and Early Islamic Near East 6 = Studies in Late Antiquity and Early Islam 1. Princeton 2004, 63–90.

64 Kapelle und Bilder werden meist frühbyzantinisch datiert, sind aber auch schon und jüngst wieder der mittelbyzantinischen Zeit zugewiesen worden, so zuletzt von

beiden flankierenden Engel sind mit frontaler Körperstellung aber leicht gedrehten Köpfen wiedergegeben. Die Engel blicken zu Maria hin, diese wie auf der Sinai-Ikone unbestimmt an dem Engel zu ihrer Linken vorbei. Bei den Stiftern verhält es sich umgekehrt: Sie sind körperlich zu Maria orientiert, die sie rechts und links flankieren und der sie ihre verhüllten Hände entgegenheben. Köpfe und Blicke des Stifterpaares sind dagegen frontal auf den Betrachter ausgerichtet. Der Kopf von Stifter Alexander zur Rechten Marias unterscheidet sich durch Spitzbart, Nasolabialfalte, buschige Brauen und Glatze von den vollen, runden Lockenköpfen der Engel, deren ideale Jugendlichkeit in der Tradition der theodosianischen Zeit steht.

Ein ähnliches Bildprogramm wie in der Apsis der Euphrasiana befindet sich am Triumphbogen von San Lorenzo fuori le mura in Rom. Christus thront im Zentrum und wird von den Apostelfürsten und Märtyrern flankiert. Dazu tritt wie in Parenzo links außen der Bischof und Stifter auf und präsentiert ein Modell der Kirche. Der Rumpf dieses Bischofs – es handelt sich um Papst Pelagius II. (579–590) – ist erneuert worden, aber der Kopf gehört zusammen mit demjenigen der hl. Laurentius neben Pelagius und Hippolitus am anderen Ende der Szene zum original erhaltenen Bestand des 6. Jhs.[65] Der Bischof unterscheidet sich von den beiden Märtyrern dadurch, dass er niedriger steht, keinen Nimbus trägt, frontal und äußerst hager dargestellt ist.[66] Sein schmales Gesicht läuft zum Kinn hin spitz zu, und die eingefallenen Wangen führen zu einer unregelmäßigen Konturlinie. Unruhe und Anspannung kommen weiter durch winkelförmige Augenbrauen und senkrechte Stirnfalten über der Nasenwurzel zum Aus

K. Bowes/A. Hoti, An Amphitheatre and its Afterlives. Survey and Excavation in the Durres Amphitheatre. In: JRA 16 (2003) 381–392, 391. Zu den Mosaiken und deren frühbyzantinische Datierung siehe N. Thierry, Une mosaïque à Dyrrachium. In: CahArch 18 (1968) 227–229; I. Nikolajević, Images votives de Salone et de Dyrrachium. In: Zbornik Radova 19 (1980) 59–70; J. Reynis-Jandot, La mosaique murale dans la chapelle de l'amphitheatre de Dyrrachium. In: Iliria 13 (1983) I 229–232; G. Steigerwald, Purpurgewänder biblischer und kirchlicher Personen als Bedeutungsträger in der frühchristlichen Kunst = Hereditas 16. Bonn 1999, 133–143; L. Miraj, The Chapel in the Amphitheater of Dyrrachium and its Mosaics. In: M. Buora/S. Santoro (Hrsg.), Progetto Durrës = Antichità altoadriatiche 53. Trieste 2003, 245–290, 256–280. 365–368 Farbtaf. 4–7.

65 E. Anselmi u. a., Il mosaico pelagiano di San Lorenzo fuori le mura a Roma. Studio degli strati e dei materiali preparatori. In: G. Biscontin/G. Driussi (Hrsg.), I mosaici = Scienza e beni culturali 18. Venedig 2002, 185–194, insbesondere 194 Abb. 7. Vgl. E. Kitzinger, Byzantine Art in the Period Between Justinian and Iconoclasm = Berichte zum 11. Internationalen Byzantinisten-Kongress IV 1. München 1958, 17 Anm. 62. Repr. in: ders. (Selected Studies, s. Anm. 18), 157–232; G. Matthiae, Mosaici medioevali delle chiese di Roma. Rom 1967, II Graphik.

66 Matthiae (s. Anm. 65), II Abb. 89; Kitzinger (s. Anm. 18), 188f.

druck.[67] Hippolitus und Laurentius eignen dagegen regelmäßige runde Konturen, volle Wangen und ebenmäßig geschwungene Brauenbögen.[68]

Das Oratorium Johannes VII. (705–707) wurde 1606 zusammen mit Alt-St. Peter zerstört, aber das ikonographische Programm der Mosaiken war zuvor von Giacomo Grimaldi skizziert worden,[69] und auch Teile der Mosaiken selbst haben sich erhalten. Im Zentrum einer Serie von Szenen aus dem Leben Christi standen Maria Regina und zu ihrer Rechten der Stifterbischof. Das Mosaikbild Marias befindet sich heute in Florenz. Ihr Kopf erreicht einen hohen Grad an Plastizität. Schatten in den Augenhöhlen, unterm Kinn und am Hals modellieren das volle, runde Gesicht.[70] Der in Rom verbliebene Kopf des Gründungsbischofs ist dagegen graphisch wiedergegeben. Johannes VII. trägt einen eckigen „Nimbus" und hält den Kopf schräg. Sein Inkarnat ist im Gegensatz zu demjenigen Marias auffällig dunkel. Außerdem unterscheidet sich Johannes VII. wie schon sein Amtsvorgänger Pelagius II. in San Lorenzo fuori le mura durch eine hagere, zum Kinn hin spitz zulaufende Gesichtsform und markante Stirnfalten.[71]

Unter Papst Zacharias (741–752) wurde eine Kapelle in Santa Maria Antiqua neu ausgemalt und dabei auch der Bischof, der Stifter Theodotus und weitere lebende Personen dargestellt. Sie sind durch eckige „Nimben" von den ansonsten abgebildeten Heiligen unterschieden. An der Stirnwand der Kapelle thront Maria mit dem Jesuskind flankiert von verschiedenen Heiligen sowie dem Bischof auf der einen und Theodotus mit einem Modell der Stiftung auf der anderen Seite. Das Gesicht des Stifters ist nicht erhalten, aber dasjenige des Bischofs zeichnet sich durch ein dunkles Inkarnat, eine spitze Kinnpartie sowie durch graphisch eingetragene Nasolabial- und Stirnfalten aus. Die Heiligen in derselben Szene sowie in der darüber dargestellten Kreuzigung haben dagegen runde Gesichter

---

67 Matthiae (s. Anm. 65), II Farbt. 19.

68 Matthiae (s. Anm. 65), II Farbt. 20 Abb. 91.

69 G. Grimaldi, Descrizione della basilica antica die S. Pietro in Vaticano. Codice Barbarini latino 2733, hrsg. v. R. Niggl = Codices e Vaticanis selecti 32. Zürich 1972, 12 fol. 95r. Vgl. W. de Grüneisen, Saint Marie antique. Rom 1911, Taf. 66; M. v. Berchem/E. Clouzot, Mosaïques chrétiennes du 4me au 10me siècle. Genf 1924, 211 Abb. 269.

70 P. J. Nordhagen, The Mosaics of John VII (705–707 A.D.). The Mosaic Fragments and their Technique. In: Acta ad archaeologiam et artium historiam pertinentia 2 (1965) 121–166, 125–128 Taf. 1–3. Repr. in: ders., Studies in Byzantine and Early Medieval Painting. London 1990, 58–130; Matthiae (s. Anm. 65), II Abb. 134.

71 „A photograph of the fragment, taken at the beginning of this century, shows the head of the Pope as it looked in its original condition" vor einer entstellenden Restaurierung: Nordhagen (s. Anm. 70), 129 Taf. 5; Matthiae (s. Anm. 65), II Abb. 135. Das hat auch eine Untersuchung der Sinopien bestätigt: P. Pogliani, Le campiture cromatiche. Un caso exemplare. I frammenti musivi dell'oratorio di Giovanni VII (705–707) dall'antica basilica di San Pietro. In: Biscontin/Driussi (s. Anm. 65), 59–68, 61f.

mit heller, faltenloser Haut und stärkerer plastischer Modulierung. Mit den formalen Unterschieden einer geht ein technischer: Die Köpfe von Bischof und Stifter sind bzw. waren im Gegensatz zu allen übrigen auf einer gesondert eingefügten und mit Nägeln befestigten Stuckschicht gemalt.

In den für die Einsätze vorgesehenen eckigen Bildfeldern waren zunächst nur die Umrisse der Porträtköpfe skizziert worden.[72] Es ist nicht klar, warum man so vorging und die Gesichtszüge von Zacharias und Theodotus anfänglich nicht wiedergab.[73] Die Methode ist älter und zum Beispiel schon aus der Calixtus-Katakombe bekannt, bei deren Freskierung man im 4. Jh. anstelle vom Kopf des Verstorbenen ein eckiges Feld aussparte. Nagellöcher bezeugen auch dort, dass dieses Feld später mit einem eckigen Einsatz gefüllt wurde, der das Porträt des Verstorbenen getragen haben wird, heute aber verloren ist.[74] Es könnte sich um ein hölzernes Tafelbild oder auch um eine Leinwand gehandelt haben. Hölzerne Tafelbilder mit den Porträts der Verstorbenen wurden den ägyptischen Mumien römischer Zeit eingesetzt. Alternativ konnten die Mumien in Tücher eingeschlagen werden, denen die Bilder der Toten aufgemalt waren. Dabei kam es vor, dass man an Stelle des Porträts zunächst eine eckige Leerstelle beließ, auf die dann später ein zweites Tuch mit dem Porträt des Verstorbenen appliziert wurde.[75]

Der Grund für das komplizierte Vorgehen ist in allen Fällen offenbar der, dass man zunächst noch nicht wusste, wie die abzubildende Person aussah oder aussehen würde, und deshalb mit der Ausfertigung des Porträts noch zuwarten musste. Daraus geht zum einen hervor, dass es auf Porträtähnlichkeit ankam und ein typisches Idealgesicht dem Zweck nicht genügte. Zum anderen scheint die sich aus der Einsatztechnik ergebende eckige Kontur als Zeichen dafür verstanden worden zu sein, dass darin eine dem Angesicht nach bekannte zeitgenössische Person abgebildet war. So berichtet Johannes Diaconus im 9. Jh. in seiner Vita Gregors des Großen von einem Porträt jenes Papsts (590–604), das zu dessen Lebenszeit angefertigt wurde,

72 G. B. Ladner, Die Papstbildnisse des Altertums und des Mittelalters = Monumenti di antichità cristiana Serie 2, Bd. 4. Rom 1941–1984, III 23; H. Belting, Eine Privatkapelle im frühmittelalterlichen Rom. In: DOP 41 (1987) 55–69, 56.
73 G. B. Ladner, The So-Called Square Nimbus. In: Mediaeval Studies 3 (1941) 15–45, 21–23.
74 Grundlegend J. Wilpert, Beiträge zur christlichen Archäologie 6. Zum quadratischen Nimbus. In: RQ 21 (1907) I 93–107, 102–104 Abb. 3; Ladner (s. Anm. 73), 21f. Anm. 46. Vgl. R. Warland, Das Brustbild Christi = RQ Suppl. 41. Rom 1986, 36 Abb. 22; H. L. Kessler, Real Absence. In: Morfologie sociali e culturali in Europa fra tarda anticità e alto medioevo = Settimana internazionale di studi 45. Spoleto 1998, 1157–1211. Repr. in: ders., Spiritual Seeing. Philadelphia 2000, 104–148, 133f. Abb. 19; Jäggi (s. Anm. 46), 38 Abb. 16.
75 Grundlegend Ladner (s. Anm. 73), 27–29 Abb. 9–13. Vgl. Warland (s. Anm. 74), 36.

circa verticem vero tabulae similitudinem, quod viventis insigne est, praeferens, non coronam. Ex quo manifestissime declaratur, quia Gregorius dum adviveret, suam similitudinem depingi salubriter voluit, in qua posset a suis monachis, non pro elationis gloria, sed pro cognitae districtionis cautela, frequentius intueri.[76]

So erklärt sich, warum die eckigen Felder als sog. „Nimben" im Katharinenkloster auf dem Sinai, in der Demetrioskirche von Thessaloniki und im Oratorium Johannes VII. auch dann wiedergegeben sind, wenn es sich bei den Köpfen gar nicht um nachträgliche Einsätze handelt.[77]

Auch in der Theodotuskapelle war man darum bemüht, die Stifter über die eckigen Nimben hinaus auch noch durch eine andere Art von Gesicht zu unterscheiden. Das gilt nicht nur für die aufwendigen Einsätze mit den Gesichtern von Zacharias und Theodotus, sondern auch für einen weiteren Mann und zwei Kinder, deren Porträts sich auf zwei Votivbildern der Kapelle erhalten haben und ebenfalls eckige „Nimben" tragen. Der Kopf des Mannes ist frontal wiedergegeben, obwohl sein Körper zur Seite gewandt ist und er in Proskynese vor zwei Heiligen kniet. Das sieht tatsächlich so aus, als wäre dem in Seitenansicht gemalten Körper ein frontales Tafelbild als Kopf aufgesetzt worden. Der Mann teilt das dunkle Inkarnat, ein spitzes Kinn sowie graphisch eingetragene Nasolabial- und Stirnfalten mit Zacharias.[78] Sein schütteres Haar lässt außerdem Geheimratsecken aus. Alle diese realistischen Züge stehen im Gegensatz zur schematisch idealisierenden Darstellungsweise der Heiligen in allen Fresken der Kapelle. Die Köpfe der beiden Kinder, eines Mädchens und eines Jungen, sind wie in Parenzo zurückhaltender gestaltet. Im Vergleich mit dem Kinderheiligen Quiricus im Dedikationsbild an der Stirnwand der Kapelle wird jedoch deutlich, dass auch das Bild des Jungen auf plastische Modellierung verzichtet und seine Züge statt dessen graphisch in einen flächigen Gesichtsumriss eingetragen sind.[79] Einmal

---

76   Vita Gregorii Magni IV 84 (PL 75, 231 A). Vgl. Ladner (s. Anm. 73), 19f.; J. Osborne, The Portrait of Pope Leo IV in San Clemente, Rome. A Re-Examination of the So-Called „Square" Nimbus in Medieval Art. In: PBSR 47 (1979) 58–65, 63f.; Warland (s. Anm. 74), 36f.

77   Warland (s. Anm. 74), 36. Anders Ladner (s. Anm. 72), III 312f., der in Thessaloniki nicht „Nimben" sondern Mauerzinnen erkennt, was Warland aber wohl zurecht als abwegig bezeichnet: Warland (s. Anm. 74), 159 Anm. 126. Ladner weist darauf hin, dass immer wieder auch andere, insbesondere zahlensymbolische Bedeutungen mit eckigen „Nimben" verbunden worden sind: Ladner (s. Anm. 73), 24–45; Ladner (s. Anm. 72), III 314–317. Vgl. Osborne (s. Anm. 76), 61–63. In den hier besprochenen Fällen lässt die Kombination von eckigen „Nimben" mit realistischen Gesichtszügen aber wohl keinen Zweifel daran, dass es tatsächlich um die Darstellung von Zeitgenossen ging.

78   Grüneisen (s. Anm. 69), Taf. 76. 79; Belting (s. Anm. 72), Abb. 8. 9.

79   Grüneisen (s. Anm. 69), Taf. 77f. (Junge und Mädchen); Kitzinger (s. Anm. 18), 189 Abb. 3. 4 (Junge und Quiricus).

mehr ist klar, dass die andere Darstellungsweise mit einer anderen Technik ein-
herging.

Die drei zuletzt besprochenen Porträts tragen im Unterschied zu denjenigen
von Zacharias und Theodotus keine Namensbeischriften. Sie sind lange als ein
weiteres Bild von Theodotus und als solche seiner Kinder angesprochen worden.
Demnach handelte es sich bei den beiden Erwachsenen, welche die Kinder
begleiten, deren Köpfe sich jedoch nicht erhalten haben, ebenfalls um Theodotus
und um seine Frau.[80] Inzwischen hat A. Rettner jedoch darauf hingewiesen, dass
schon die Vorzeichnung unter dem verlorenen Kopf-Einsatz von Theodotus an
der Stirnwand der Kapelle erkennen lässt, dass es sich bei ihm und dem knienden
Mann auf dem Votivbild nicht um dieselbe Person handeln wird. Theodotus
hatte der Vorzeichnung zufolge keine Geheimratsecken, aber eine Tonsur.[81]
Außerdem ist zu berücksichtigen, dass man das Porträt von Theodotus an der
Stirnwand nachträglich einsetzen musste, während dasjenige des Knienden auf
dem Votivbild zugleich mit der übrigen Malerei ausgeführt wurde. Auch das
spricht dagegen, dass es sich bei beiden um dieselbe Person handelt. Rettner
kommt denn auch zu dem Schluss, dass in dem Knienden der Insasse eines davor
gelegenen Bodengrabs abgebildet ist, möglicherweise Theodorus, der Bruder von
Theodotus, der vielleicht als weiterer Stifter an der Ausmalung der Kapelle beteiligt war. Die Kinder befinden sich an der Langseite desselben Grabes. Sie wären
demnach diejenigen von Theodorus und seiner kurz nach ihm verstorbenen Frau
und würden ihre toten Eltern an den Händen führen.[82]

Für Heilige und Christus ist die abbildhaft-realistische Darstellungsweise
oben damit in Zusammenhang gebracht worden, dass sie dem Betrachter als
Adressaten anempfohlen werden. Wie ist jedoch zu erklären, dass man auch den
Kaiser sowie hohe weltliche und kirchliche Würdenträger auf diese Weise darstellte, obwohl sich deren Bilder in spätantiker Zeit traditionell durch übermenschliche Idealisierung auszeichneten?

Am besten lässt sich diese Frage für Bischöfe beantworten, die seit dem 6. Jh.
häufig zu Heiligen erklärt wurden. Zuvor war das selten und in der Regel nur
dann vorgekommen, wenn ein Bischof zugleich Apostel und/oder Märtyrer war.

---

80 Grundlegend G. Mc N. Rushforth, The Church of S. Maria Antiqua. In: PBSR 1
    (1902) 1–123, 51f. Jüngst Belting (s. Anm. 72), 56f.; N. Teteriatnikov, For Whom is
    Theodotus Praying? An Interpretation of the Program of the Private Chapel in
    S. Maria Antiqua. In: CahArch 41 (1993) 37–46, 39–41.
81 A. Rettner, Dreimal Theodotus? Stifterbild und Grabstiftung in der Theodotus-
    Kapelle von Santa Maria Antiqua in Rom. In: P. Büttner/C. Jäggi/H.-R. Meier
    (Hrsg.), Für irdischen Ruhm und himmlischen Lohn. Stifter und Auftraggeber in der
    mittelalterlichen Kunst. Berlin 1995, 31–46, 34 Taf. 6 Abb. 10f.
82 Rettner (s. Anm. 81), 35–39.

Im 6. Jh. stellten Bischöfe jedoch bereits ein Drittel aller Heiligen.[83] Dieser massenhafte Zuwachs war möglich geworden, weil Heiligkeit – traditionell der Lohn des Martyriums – neuerdings auch durch Askese erreicht werden konnte[84] und diese in Bischofsviten seit dem 6. Jh. als hauptsächliche Tugend hervorzutreten begann.[85]

Askese war typischerweise mit einem vernachlässigten Äußeren, einem ausgemergelten Körper und leidvollen Zügen verbunden.[86] Dazu heißt es schon bei Basileios von Kaisarea († 1. Januar 379): „Der demütigen und niedergeschlagenen Stimmung entspricht ein ernster, auf die Erde gesenkter Blick, ein nachlässiges Äußeres, ungepflegtes Haar, schäbige Kleidung, so dass das, was die Trauernden absichtlich tun, an uns ohne weiteres zum Ausdruck kommt."[87] Dieses Leitbild könnte erklären, warum viele Bischöfe und Kleriker mit gezeichneten, ja geradezu gequälten Gesichtszügen dargestellt sind, zum Beispiel der traurige Ecclesius in San Apollinare in Classe und in San Vitale, der verhärmte Kleriker zur Linken von Maximian ebendort oder der sorgenvoll bekümmerte Euphrasius in Parenzo/Poreč.

Außerdem erfüllt die realistische Darstellungsweise den Zweck, die zeitgenössischen Kleriker von den althergebrachten Heiligen zu unterscheiden, neben denen sie seit dem 6. Jh. in den christlichen Apsisprogrammen abgebildet wurden.[88] Ausweislich der appellativen Frontalität der Darstellungsweise ging es dabei insbesondere darum, die irdische Präsenz der Kleriker im Hier und Jetzt herauszustellen. Diese reale Erfahrbarkeit war nämlich von entscheidender

---

83 C. Rapp, Holy Bishops in Late Antiquity. The Nature of Christian Leadership in an Age of Transition = The Transformation of the Classical Heritage 37. Berkeley 2005, 293 zitiert aus P. Halsall, Women's Bodies, Men's Souls. Sanctity and Gender in Byzantium. Diss. Fordham Univ. 1999 (non vidi).

84 C. Markschies, Körper und Körperlichkeit im antiken Mönchtum. In: B. Feichtinger/H. Seng (Hrsg.), Die Christen und der Körper. Aspekte der Körperlichkeit in der christlichen Literatur der Spätantike = Beiträge zur Altertumskunde 184. München 2004, 189–212, 204–208.

85 Rapp (s. Anm. 83), 296.

86 G. Frank, The Memory of the Eyes. Pilgrims to Living Saints in Christian Late Antiquity = The Transformation of the Classical Heritage 30. Berkeley 2000, 142f.; Markschies (s. Anm. 84), 189–204.

87 Brief 2 an Gregor von Nazianz, Absatz 6: Des heiligen Kirchenlehrers Basilius des Grossen ausgewählte Briefe. Aus dem griechischen Urtext übersetzt v. A. Stegmann = BKV 46, München 1925, 16. Vgl. Rapp (s. Anm. 83), 102.

88 K. B. Beuckers, Stifterbilder und Stifterstatus. Bemerkungen zu den Darstellungen Papst Paschalis I. (817–24) in Rom und ihren Vorbildern. In: S. Lieb (Hrsg.), Form und Stil. Festschrift für Günther Binding zum 65. Geburtstag. Darmstadt 2001, 56–74, 63f.; Jäggi (s. Anm. 46), 37f. Zuvor war dieser Platz biblischen Gestalten und Märtyrern vorbehalten: Ihm (s. Anm. 34).

Bedeutung für den Appeal der neuartigen Heiligkeit, an der die Bischöfe seit dem 6. Jh. so großen Anteil hatten. Das wird deutlich, wenn man diese Heiligkeit bis zu den Mönchen und Asketen allgemein zurückverfolgt, die als sogenannte heilige Männer auch unabhängig von kirchlichen Ämtern allein aufgrund ihres spirituellen Charismas großen Einfluss entfalteten und damit die neue Art von irdischer Heiligkeit begründeten, lange bevor sie in der Person des Bischofs in die Apsismosaiken Einzug hielt.[89]

Insbesondere dem Gesicht eines heiligen Mannes wurde heilstiftende Wirkung zugeschrieben.[90] Das geht zum Beispiel aus der Vita des ägyptischen Mönchs hervor, der sich weigerte, Frauen zu empfangen, sich durch die wiederholten Annäherungsversuche einer unnachgiebigen Verehrerin jedoch zu folgendem Kompromiss gezwungen sah: Er zeigte ihr sein Antlitz im Traum, und sie verzichtete im Gegenzug darauf, ihm in Fleisch und Blut zu begegnen.[91] Ein Anhänger eines anderen ägyptischen Asketen hatte es da leichter: Zusammen mit zwei Gesinnungsgenossen besuchte er alljährlich den hl. Antonius († 356). Allerdings schwieg der Pilger dabei beständig. Von Antonius darauf angesprochen, erklärte er, es genüge ihm, den heiligen Mann zu sehen.[92]

War eine persönliche Begegnung nicht möglich, konnte an Stelle einer Vision auch ein Bild treten. Schon Gregor von Nazianz († 390) berichtet nämlich, dass eine Ikone die gleiche Wirkung entfalten konnte wie der Heilige selbst: So wurde eine Prostituierte beim Anblick einer Ikone des hl. Polemon vor Scham überwältigt, als ob sie dem heiligen Mann persönlich gegenübergestanden hätte.[93] Die

---

89 Grundlegend P. Brown, The Rise and Function of the Holy Man in Late Antiquity. In: JRS 61 (1971) 80–101. Repr. in: ders., Society and the Holy in Late Antiquity. London 1982, 103–152. Speziell zu heiligen Männern und Ikonen Brown (s. Anm. 11), 12–15. Vgl. – auch zur jüngeren Literatur – P. Brown, The Rise and Function of the Holy Man in Late Antiquity. 1971–1997. In: JECS 6 (1998) 353–376; A. Cameron, On Defining the Holy Man. In: J. Howard-Johnston/P. A. Hayward (Hrsg.), The Cult of Saints in Late Antiquity and the Middle Ages. Essays on the Contribution of Peter Brown. Oxford 1999, 27–43; Frank (s. Anm. 86); M. Meier, Das andere Zeitalter Justinians. Kontingenzerfahrung und Kontingenzbewältigung im 6. Jh. n. Chr. = Hypomnemata 147. Göttingen 2003, 542–545.

90 Frank (s. Anm. 86), 134–145.

91 Historia monachorum in Aegypto I 4–9, hrsg. v. A.-J. Festugière. = SubHag 34. Brüssel 1961. Repr. mit französicher Übersetzung: SubHag 53. Brüssel 1971. Vgl. Frank (s. Anm. 86), 138–140.

92 Apophthegmata patrum 1: Antonius, Absatz 27 (PG 65, 84 D). Vgl. Brown (s. Anm. 11), 12; N. Gendle, The Role of the Byzantine Saint in the Development of the Icon Cult. In: S. Hackel (Hrsg.), The Byzantine Saint. London 1981, 181–186, 185; Frank (s. Anm. 86), 134.

93 Carmina 1: De Theologia, Teil 2: Poemata moralia, Nr. 9: De virtute, Vers 803–807 (PG 37, 738). Vgl. Gendle (s. Anm. 92), 182.

Vita Simeon des Jüngeren (521–592) weiß von einer Pilgerin, die von dem Säulensteher geheilt wurde und seine Ikone mit nach Hause nahm. Dort wurde diese Ikone dann von einer anderen Heilungsbedürftigen aufgesucht, der es genügte, das gemalte Antlitz des Heiligen zu sehen.[94] Die Vita Theodors von Sykeon († 613) berichtet davon, dass man sich in einem Konstantinopler Kloster ein Bild und durch das Bild den Segen jenes im fernen Galatien ansässigen heiligen Mannes wünschte. Allerdings wollte Theodor sich nicht malen lassen, so dass der Maler heimlich arbeiten musste.[95]

Leider hat sich keines dieser frühen Heiligenbilder erhalten.[96] Mönche und Asketen spielten in den städtischen Kirchen, deren Mosaiken und Fresken das Gros der überkommenen frühbyzantinischen Heiligenbilder ausmachen, keine Rolle. So kann man nur vermuten, dass heilige Männer typischerweise realistisch porträtiert wurden und das der Ursprung dieser Darstellungsweise war. Immerhin gewinnt dieses Hypothese dadurch an Plausibilität, dass sie auch erklären kann, warum der Realismus auch auf weltliche Würdenträger bis hin zum Kaiser angewandt wurde: Für Justinian ist nämlich bezeugt, dass er heilige Männer konsultierte und sich wohl auch selbst mit dieser Rolle identifizierte. Jedenfalls wurde er von seinen Biographen als heiliger Mann bezeichnet und beschrieben.[97]

---

94 Vita Symeon des Jüngeren, Kap. 118: P. van den Ven (Hrsg.), La vie ancienne de S. Syméon stylite le Jeune (521–592) = SubHag 32. Brüssel 1962–1970, I 96–98. Vgl. E. Kitzinger, The Cult of Images in the Age Before Iconoclasm. In: DOP 8, 1954, 83–150, 109. Repr. in: ders. (Selected Studies, s. Anm. 18), 89–156; Brown (s. Anm. 11), 15; Gendle (s. Anm. 92), 185 Anm. 28.

95 Vita Theodors von Sykeon, Kap. 139: A.-J. Festugière (Hrsg.), Vie de Théodore de Sykéôn = SubHag 48, Brüssel 1970, I 109f. Vgl. H. Maguire, The Icons of Their Bodies. Saints and their Images in Byzantium. Princeton 1996, 7f.

96 Infolgedessen werden sowohl die Originalität als auch die Relevanz der Textstellen, die belegen, dass solche Ikonen bereits im 6. Jh. in größerer Zahl verbreitet waren und verehrt wurden (J. Kollwitz, Zur Frühgeschichte der Bilderverehrung. In: RQ 48 [1953] 1–20, 9f.; Kitzinger [s. Anm. 94], 94–109), angezweifelt: P. Speck, Wunderheilige und Bilder. Zur Frage des Beginns der Bilderverehrung. In: ders., Varia 3 = Ποικίλα βυζαντινά 11. Bonn 1991, 163–247 argumentiert, bei den fraglichen Textstellen handele es sich um spätere Interpolationen. L. Brubaker, Icons Before Iconoclasm? In: Morfologie sociali e culturali in Europa fra tarda antichità e alto medio evo = Sett 45, Spoleto 1998, II 1215–1254 gibt zu bedenken, dass solche Bilder, selbst wenn es sie schon gab, doch noch nicht in gleicher Weise verehrt worden sein müssen wie in späteren Jahrhunderten. Man hat diese Einwände jedoch weder von philologischer noch von kunsthistorischer Seite akzeptiert, sondern ihnen neuerlich Argumente für einen frühen Ikonenkult entgegengestellt: J.-M. Sansterre, Entre deux mondes? Le vénération des images à Rome et en Italie d'après les textes des 6e–11e siècles. In: Roma fra oriente e occidente = Sett 49. Spoleto 2002, II 993–1050, 993–1000; Meier (s. Anm. 89), 528–560.

97 Meier (s. Anm. 89), 608–638.

Da liegt die Annahme nahe, dass sich die Bildsprache parallel entwickelte und ihr dasselbe Paradigma zugrunde lag wie der Schriftsprache. Das gleiche ist oben bereits für die bischöfliche Askese angenommen worden, die man offenbar gleichzeitig in Text und Bild herauszustellen begann. Demnach war die Einführung des justinianischen Realismus das Pendant zu einem Paradigmenwechsel in der Schriftsprache, in der zur gleichen Zeit über die genannten hinaus auch noch viele andere traditionelle Motive durch solche christlichen Gehalts ersetzt wurden.[98]

3. Die Genese der byzantinischen Heiligentypologie

Als ein weiteres, vielleicht entscheidendes Argument für die Existenz früher Heiligenbilder im Stil des justinianischen Realismus lässt sich die Bildsprache der mittel- und spätbyzantinischen Zeit anführen, aus der sich im Gegensatz zum 6. Jh. zahlreiche Ikonen erhalten haben. Seit mittelbyzantinischer Zeit wurden heilige Männer nämlich regelmäßig dargestellt und weisen Merkmale des justinianischen Realismus auf: Frontalität, steife zeitgenössische Gewänder und Gesichtszüge von nicht selten drastischem Realismus,[99] der allerdings zur typischen Formel erstarrt ist und die individuelle Lebendigkeit der justinianischen Zeit verloren hat.

Das bisherige Bild von der Genese der byzantinischen Heiligentypologie spricht jedoch dagegen, dass von nachikonoklastischen Bildern auf die frühbyzantinische Darstellungsweise geschlossen werden kann: H. Maguire geht in seiner Monographie zur mittel- und spätbyzantinischen Heiligentypologie wie üblich davon aus, dass diese aus dem Bilderstreit hervorgegangen war und theologische Prinzipien veranschaulichte: Die Byzantiner „distinguish between the categories of saints according to their natures, whether corporeal, as in the case of soldiers and witnesses to the incarnation of Christ, or incorporeal, as in the case of ascetic monks and bishops: For the Byzantines, flatness and rigidity, signifying immortality and immobility, composed a true and accurate definition of the nature of ascetic saints, while motion and roundness displayed either the vigour and strength of the holy warriors or the materiality of those who participated in the earthly life of Christ".[100]

---

98 A. Cameron, Christianity and the Rhetoric of Empire. The Development of Christian Discourse = Sather Classical Lectures 55. Berkeley 1991, 190–200. Vgl. J. F. Haldon, Byzantium in the Seventh Century. The Transformation of a Culture. ²Cambridge 1997, 403–435; J. H. W. G. Liebeschuetz, The Decline and Fall of the Roman City. Oxford 2001, 239–248.
99 Maguire (s. Anm. 95), 66–74.
100 Maguire (s. Anm. 95), 195.

Die Einteilung, die Maguire unter den mittel- und spätbyzantinischen Heiligenbildern vornimmt, entspricht der Unterscheidung zwischen der idealisierenden und der realistischen Bildtradition frühbyzantinischer Zeit. Die postikonoklastische Heiligentypologie bedurfte also gar keiner theologischen Konstruktion, sondern lässt sich zwanglos aus den verschiedenen frühbyzantinischen Bildtraditionen ableiten. So ist die verhältnismäßig plastische und bewegte Darstellungsweise der meisten biblischen Gestalten und Märtyrer allein dadurch hinreichend erklärt, dass die Urbilder im 4./5. Jh. geschaffen wurden, bevor der justinianische Realismus mit der antiken Tradition brach. In vielen Fällen wird das durch antike Gewänder und Standmotive bestätigt.

Die steife Unkörperlichkeit vieler mittel- und spätbyzantinischer Bischofs- und Asketenbilder dürfte dagegen auf das 6. Jh. zurückgehen, als Bischöfe erstmals regelmäßig abgebildet wurden. Da die mittel- und spätbyzantinischen Asketenbilder die typischen Merkmale der Bischofsbilder teilen, liegt es zumindest nahe, dass auch sie ihre Wurzeln im 6. Jh. haben.[101] Schließlich war das die Hochzeit der heiligen Männer, die damals zwar nur selten in den Kirchen, aber wahrscheinlich häufiger auf privaten Ikonen abgebildet wurden.

Die byzantinische Heiligentypologie könnte also bereits vor dem Bilderstreit weitgehend etabliert gewesen sein.[102] Die Bildtheologie, die sich während des Bilderstreits entwickelte, hätte demnach keine neue Bildsprache hervorgebracht, sondern lediglich eine bereits bestehende sanktioniert.[103] Immerhin dürfte das zu deren Stabilität beigetragen haben und war vielleicht ein Grund dafür, warum häufig auch nachgeborene, mittel- oder spätbyzantinische Heilige nach den frühbyzantinischen Schemata dargestellt wurden. Umgekehrt bietet die Erkenntnis, dass die byzantinische Heiligentypologie historisch gewachsen ist, Raum für zahlreiche Ausnahmen und Unregelmäßigkeiten, mit denen die ältere Vorstellung von einem theologischen Konstrukt schlecht zu vereinen war. Zum Beispiel wurden Soldatenheilige in mittel- und spätbyzantinischer Zeit häufiger gerüstet und seltener in der aus frühbyzantinischer Zeit bekannten höfischen Uniform wiedergegeben.[104] Das ist jedoch damit zu erklären, dass sich diese Märtyrer aus

---

101 Vgl. O. Demus, Two Palaeologan Mosaic Icons in the Dumbarton Oaks Collection. In: DOP 14 (1960) 87–119.

102 Vgl. E. Kitzinger, Byzantine Art in the Making. Main Lines of Stylistic Development in Mediterranean Art. 3rd – 7th Century. London 1977. Repr. 1980, 105; R. Cormack, Painting after Iconoclasm. In: A. Bryer/J. Herrin (Hrsg.), Iconoclasm. Birmingham 1977, 147–163; P. J. Nordhagen, Iconoclasm. Rapture or Interlude. A Reassessment of the Evidence = Acta ad archaeologiam et artium historiam pertinentia 18 = N. S. 4 (2004) 205–215.

103 Vgl. G. Dagron, L'image de culte et le portrait. In: J. Durand/A. Guillou (Hrsg.), Byzance et les images. Paris 1994, 123–150, 136f.

104 C. Walter, The Warrior Saints in Byzantine Art and Tradition. Aldershot 2003.

dem szenischen Zusammenhang eines himmlischen Thronbildes gelöst hatten, in dem die höfische Uniform im 6. Jh. zum ersten Mal bezeugt ist. Auf Einzelbildern kamen Soldatenheilige auch in frühbyzantinischer Zeit schon gerüstet vor.[105]

Die mittel- und spätbyzantinische Bildtradition legt also nahe, dass die heiligen Männer an dem Prozess beteiligt waren, der zu den abbildhaft-realistischen Heiligen- und Stifterbildern des 6. Jhs. führte. Die späteren Ikonen bestätigen außerdem, dass diese Art von Heiligenbild tatsächlich als Andachtsbild verstanden und geschätzt wurde. Aus vorjustinianischer Zeit ist hingegen nichts vergleichbares bekannt. Mathews Annahme, schon die sinnbildhaft-idealisierende Bildsprache des 4. Jhs. habe in einem „Kampf der Bilder" die gleiche appellative Wirkung entfaltet wie die späteren Ikonen, erscheint angesichts des justinianischen Realismus eher unwahrscheinlich. Erst im 6. Jh. entwickelte die byzantinische Bildsprache die faszinierende Eindringlichkeit, über die während des Ikonoklasmus gestritten wurde. Im Lauf der Zeit erstarrte dann auch sie zum Typus, blieb als solcher aber während der gesamten mittel- und spätbyzantinischen Zeit in Gebrauch.

Abstract

This paper deals with two different modes of presentation in Byzantine pictorial art, idealistic and realistic. Part one asks what meaning may be attached to the different modes. It is observed that the idealistic mode has a long tradition in Roman art whilst the realistic mode was introduced fairly late during the early Byzantine period. Part two observes that the realistic mode came to the forefront in the age of Justinian. It was used for contemporary figures and was probably meant to highlight earthly presence and availability. A similar meaning seems to have been intended where saints were depicted in the same way. The realistic fashion may be traced back to the holy men and their earthly sanctity. It was contrasted with the idealistic mode that stayed in use for biblical figures and martyrs, that is to say for the heavenly sphere. Part three points to the same modes and their analogues use during the later Byzantine periods after iconoclasm. It becomes clear that middle and late Byzantine art depicted saints along the same lines as before iconoclasm. Over a century of theological debate on icons seems to have done little more than confirm the pictorial tradition.

---

105 R. Zacharak, Darstellung der Kriegerheiligen in der orthodoxen Kunst. Diss. Uni Marburg 1988, 45; Maguire (s. Anm. 95), Abb. 88.

Late Antique churches in the south-eastern Iberian Peninsula: The Problem of Byzantine Influence[1]

María de los Ángeles Utrero Agudo[2]

1. Introduction: A Brief Research History

From the beginning of modern research into Hispanic architecture of late antiquity and the early medieval period, there has been a need to interpret an architecture that unfortunately is without a secure chronology and the benefit of accurate archaeological fieldwork. The use of parallels was therefore an alternative way of dating buildings, western (or Carolingian) and eastern (or Byzantine and Muslim) influences often being the main chronological arguments. Modern archaeological methods, applied in recent fieldwork undertaken in most of these buildings, are revealing new facts, allowing us to reopen the discussion about their chronology, interpretation and layout.

The Byzantine occupation of the south-eastern Iberian territory in the second half of the 6th century and the beginning of the 7th century has been for long used as a chronological and historical framework,[3] by which to identify a number of ecclesiastical buildings and to explain how eastern influences were transmitted westwards from the 6th century onwards. Ibarra[4], studying La Alcudia (Alicante), Cabré[5], researching Gabia la Grande (Granada), Puig[6], analysing the

---

1 This paper is based on my PhD thesis, M.ª Á. Utrero Agudo, Iglesias Tardoantiguas y Altomedievales en la Península Ibérica. Análisis arqueológico y sistemas de abovedamiento, Anejos del Archivo Español de Arqueología 40, Madrid 2006, directed by Dr. L. Caballero Zoreda (Universidad Autónoma de Madrid 2005). Additional discussion and arguments for chronology about the buildings here presented can be found there. A brief summary of this article was presented as communication to the 21st International Congress of Byzantine Studies (London 2006).

2 Member of the research team Arqueología de la Arquitectura: Tránsito entre la Tardoantigüedad y la Alta Edad Media, Instituto de Historia, CSIC, Madrid.

3 About the problem of the definition of the chronology and geographical limits of the Byzantine occupation: S. F. Ramallo and J. Vizcaíno, Bizantinos en Hispania. Un problema recurrente en la arqueología española, in: Archivo Español de Arqueología 75 (2002) 313–332, here 315–316.

4 P. de Ibarra, Antigua basílica de Elche, in: Boletín de la Real Academia de la Historia 49 (1906) 119–132.

5 J. Cabré, Monumento cristiano bizantino de Gabia la Grande (Granada), Informes y Memorias 55, Madrid 1923.

6 J. Puig, L'Architecture religieuse dans le domaine Byzantin en Espagne, in: Byz 1 (1924) 519–533.

Balearic basilicas, Mergelina, studying the basilica of Aljezares[7] and the mausolea of La Alberca and Jumilla[8], all of them sited in the current region of Murcia, and Schlunk[9], analysing the basilica of San Pedro de Alcántara (Málaga), all characterised these buildings as Byzantine.

Byzantine decorative and architectural models were supposed to have arrived in the Iberian peninsula, via some isolated examples located in the western Mediterranean area (Santa Croce Camerina/Bagno di Mare[10], Sicily, formerly considered to be two churches), and north Africa (Henchir Maatri, Tunisia). Visigothic architecture has thus become a key to the early medieval period, combining the late antique and Byzantine traditions and transmitting them on to Asturian, Mozarabic and Islamic art.[11] Byzantine elements were then thought to be found in these later periods as well. It would not have been then necessary to wait until the 8th century for the arriving of eastern elements to the Iberian Peninsula.[12]

Opposite to this traditional theory, some researchers[13] have recently introduced the idea of a later chronology for these buildings according to the Islamic features found out in some of them. The Islamic conquer of the Iberian Peninsula would have actually been the way of transmission, therefore regretting the role of the Byzantine influence hitherto defended by the above mentioned researchers.

---

7   C. Mergelina, La iglesia bizantina de Aljezares, in: Archivo Español de Arte 40 (1940) 5–32.

8   C. Mergelina, Tres sepulturas levantinas, in: Boletín del Seminario de Estudios de Arte y Arqueología 9 (1942–43) 27–43.

9   H. Schlunk, Relaciones entre la Península Ibérica y Bizancio durante la Época Visigoda, in: Archivo Español de Arqueología 60 (1945) 177–204.

10 Bagno di Mare has been doubtfully identified as a Roman *therma*, or an early medieval church, and has also been associated with a (probably non-existent) building at Vigna di Mare. Lattest interpretation by L. Caballero, Bagno di Mare (Santa Croce Camerina, Sicilia, Italia) y Santa Comba de Bande (Orense, España). Un eslabón entre Oriente y Occidente para dos modelos explicativos de la Alta Edad Media Hispánica, in: Annali 9 (2000) 71–91.

11 M. Gómez Moreno, Iglesias mozárabes. Arte español de los siglos IX al XI, Madrid 1919. Id., Arte mozárabe, in: Ars Hispaniae III, Madrid 1951, 355–409. H. Schlunk and Th. Hauschild, Die Denkmäler der frühchristlichen und westgotischen Zeit, Mainz 1978. A. Arbeiter and S. Noack-Haley, Christliche Denkmäler des frühen Mittelalters, Mainz 1999.

12 Idea recently highlighted and argued by A. Harris, Byzantium, Britain & the West. The Archaeology of Cultural Identity AD 400–650, Gloucestershire 2003, here 121–130.

13 L. Caballero, Un canal de transmisión de lo clásico en la Alta Edad Media Española. Arquitectura y Escultura de influjo omeya en la Península Ibérica entre mediados del siglo VIII e inicios del siglo X, in: Al-Qantara 15/2 (1994) 321–348 and 16/1 (1995) 107–124. M. L. Real, Inovação e resistência: dados recentes sobre a antiguidade cristã no ocidente peninsular, in: IV Reunión de Arqueología Cristiana Hispánica, Barcelona 1995, 17–68.

It is worth emphasising, however, that Byzantine influence has been held to become stronger, explaining the architecture and decorative elements usually dated to the 7th century.[14] This hypothesis means that Byzantine influence would have been stronger from the moment onwards the Byzantine had left the Iberian Peninsula. But the Byzantine architectural features identified in the basilicas cited above have nothing to do with the architecture traditionally ascribed to the second half of the 7th century, which was characterised by cruciform plans, vaulted spaces and ashlar stone masonry. The groin vault from Santa Comba de Bande (Orense)[15], the pendentive domes of Santa María in Quintanilla de las Viñas (Burgos) or São Fructuoso de Montélios (Braga)[16] or the decorative elements in San Pedro de La Nave (Zamora, second master, compared to Byzantine ivories), for instance, were identified as Byzantine. Byzantinism was therefore one of the main arguments supporting a Visigothic date for these churches, although no specific examples were named. Finally, the evolution from basilican plans and pitched roofs, characteristic of the "Byzantine" 6th century, to cruciform plans and vaulted spaces in the "Visigothic" second half 7th century, has hardly been investigated.[17]

It must also be emphasised that the Byzantine parallels have been always found in the western empire, mainly in Italy, as the usual comparisons show: São Fructuoso de Montélios with Galla Placidia; Santa Comba de Bande with Santa Croce Camerina. Mention of eastern Byzantine architecture refers to general concepts, such as the cruciform plan or groin and pendentive vaults. All these elements are common to the churches for which a Visigothic date has recently been ascribed – Valdecebadar (Badajoz), Montinho das Laranjeiras (Alcoutim), Most-

14 Schlunk (cf. fn. 9). J.-M. Hoppe, L'Église espagnole visigothique de San Pedro de la Nave (El Campillo-Zamora). Un programme iconographique de la fin du VIIe siècle, in: Annales d'Histoire de l'Art & d'Archeologie 9 (1987) 59–81. Id., La sculpture visigothique et le monde byzantin, in: Byzantiniaka 11 (1991) 61–95. A. Arbeiter, Alegato por la riqueza del inventario monumental hispanovisigodo, in: Visigodos y Omeyas. Un debate entre la Antigüedad tardía y la alta Edad Media, Anejos del Archivo Español de Arqueología 23, Madrid 2000, 249–263.

15 M. Gómez Moreno, Primicias de arte cristiano español, in: Archivo Español de Arte 39 (1966) 101–139, here 126.

16 E. Camps, El arte hispanovisigodo, in: Historia de España 3, Madrid 1940, here 661. H. Schlunk, Arte Hispanovisigodo. Arte Asturiano, in: Ars Hispaniae II, Madrid 1947, 225–416, here 282. J. C. Serra (La "villa" romana de la Dehesa de "La Cocosa", Badajoz 1952) considered the cruciform mausoleum of La Cocosa (Badajoz) as the most western example of the Byzantine influence and the right precedent to explain the mentioned building of Montélios. P. de Palol, Esencia del arte hispánico de época visigoda: romanismo y germanismo, in: Sett 3 (1956) 65–126, here 98.

17 P. Palol, Arqueología Cristiana de la España Romana, Madrid-Valladolid 1967, who proposes intermediate models between the basilican and the cruciform types.

eiros (Portel), or San Vicente (Valencia), for instance – thus creating a bigger and more homogenous group of buildings thought to belong to the second half of the 7th century.[18]

2. Analysis of Buildings

Having given this background, the aim of the present paper is to discuss those buildings clearly identified as Byzantine and, therefore, supposed to have been built in the second half of the 6th century. The analysis of these buildings (Fig 1), which are attributed to direct Byzantine influence in the peninsula, intend to understand the likely effect on the later architecture ascribed to the 7th century.

The building found at La Alcudia (Alicante; Fig 2 and Plate 1) in the earliest of the 20th century has often been discussed.[19] Due to the scanty archaeological results, its layout, chronology and function are all uncertain. The building has usually been described as having a single, big hall and one semicircular apse, but the early excavations do not provide a coherent plan combining these two spaces. Ibarra and Albertini[20] say that the apse in the southern wall runs for a distance of 2 m over the mosaic pavement of the hall, while the northern wall ends 1 m away from this pavement. This apse must therefore be later. Furthermore, the so-called apse is not directly related to the hall; it is without mosaic floors and not in line with the iconography of the hall. Moreover, only the northern and western walls of the hall were actually discovered, both of them founded at a lower level than the walls belonging to the supposed apse. Thus, Poveda's suggestion[21] about a

---

18 Cruciform churches traditionally dated to second half of the 7th century recently revised by the author: M.ª Á. Utrero, Las Iglesias Cruciformes del siglo VII en la Península Ibérica. Novedades y Problemas Cronológicos y Morfológicos de un Tipo Arquitectónico, in: L. Caballero, P. Mateos and M.ª Á. Utrero (eds.), El siglo VII versus el siglo VII. Arquitectura tardorromana y alto medieval, Visigodos y Omeyas – IV, Mérida 2008 (forthcoming).

19 La Alcudia was first discovered in 1905 by P. Ibarra Ruiz and M. E. Albertini. R. Lorenzo, La basílica cristiana de Ilici, in: Iberia, Hispania, Spania. Una mirada desde Ilici, Elche 2004, 223–230, here 228, has recently quoted the excavations carried out at the end of the 80s by the German Archaeological Institute of Madrid, who removed the mosaic pavement and later replaced it together with the walls. These restorations have to be taken into account by interpreting the present building.

20 Ibarra (cf. fn. 4), 126. M. E. Albertini, Fouilles d'Elche, in: Bulletin Hispanique 9/2 (1907) 109–127, here 121.

21 A. M. Poveda, Arquitectura sacra de la Carthaginiensis oriental durante la Antigüedad Tardía: las aportaciones de La Alcudia (Elche) y El Monastil (Elda), in: III Congresso de Arqueologia Peninsular, Porto 2000, vol. 6, 569–579, here 572.

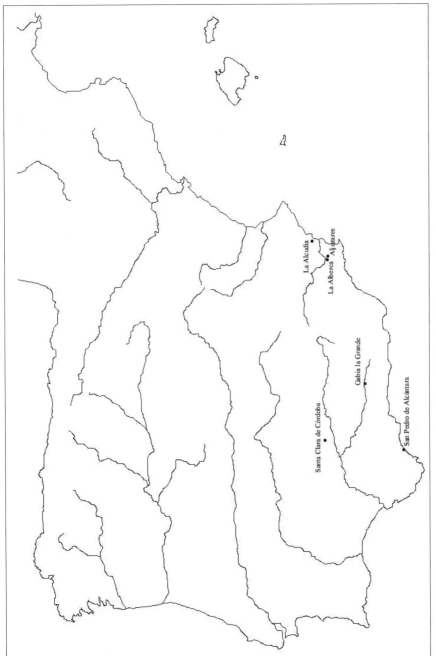

Fig 1 Map with the buildings mentioned

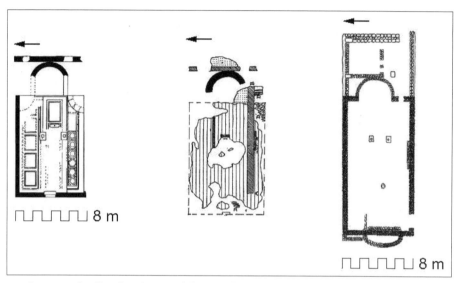

Fig 2   La Alcudia after Ibarra (cf. fn. 4), Albertini (cf. fn. 20) and Poveda (cf. fn. 21)

second western apse in the 5th century is highly improbable, because this irregular space is not aligned to the hall and its walls overlie the latest ruined walls of the hall.

Some researchers have thought that this building was originally a basilica[22] and others have considered it a synagogue[23] or a commercial building, later transformed into a basilica by the addition of the eastern apse and the back wall, which formed two new sacristies.[24] Those researchers who thought it was a basilica have dated it mainly by its mosaic.[25] Gutiérrez Lloret[26] denies the date and the peri-

---

22   Lorenzo (cf. fn. 19) dates it to the second half of the 4th century or early 5th century.

23   Schlunk and Hauschild (cf. fn. 11), 9, do not propose any date.

24   J. Lafuente, La supuesta sinagoga de Elche, in: Archivo Español de Arqueología 21 (1948) 392–399, thinks that it was transformed in the 4th century. Palol (cf. fn. 17), 66, and J. C. Márquez and A. M. Poveda, Espacio religioso y cultura material en Ilici (ss. IV–VII d.C.), in: V Reunió d'Arqueologia Cristiana Hispànica, Barcelona 2000, 185–198, defend a transformation in the 5th century.

25   H. Schlunk, El arte de época paleocristiana en el sudeste español. La sinagoga de Elche y el "martyrium" de La Alberca, in: III Congreso de Arqueología del Sudeste Español, Murcia 1947, 335–379, here 343. Palol (cf. fn. 17), 66, and J. Fontaine, El Prerrománico, Madrid 1978, here 432, ascribes it to the second half of the 4th century. Ibarra (cf. fn. 4), 130, although Ibarra mentions the discovery of a bronze coin of Magencio (350–353), he considers that the La Alcudia was built under the Byzantine conquer of the area in the 6th century. He bases this chronology on an altar piece thought to come from the building (mentioned by Albertini [cf. fn. 20], 125), although, he thinks that some of the walls might be Islamic, and J. Puig, A. Falguera and J. Goday, L'Arquitectura Romànica a Catalunya, vol. I: Precedents: L'Arquitectura

meter of the northern and southern walls, which by chance happen to be parallel to the Iberian temple situated to the north. In her opinion, the current building is a complete re-creation.

In conclusion, neither the dating, variously assigned within a long period from the 4th to the 6th centuries, nor the function nor the layout of the building at La Alcudia are certain, which therefore makes it difficult to keep on speaking of a 'Byzantine church' there.

The mausoleum of La Alberca (Murcia; Fig 3) is in the same region. Although it was known since the end of the 18th century, the building was first excavated by C. Mergelina[27] and, later on, by Th. Hauschild[28]. Only a basement floor is preserved, interpreted as likely to have been a crypt, divided into a rectangular, brick vaulted room and a western apsidal space. Schlunk[29] maintains that the platforms attached to the walls could have been buttresses, but due to their form and position, they are more likely to have been half-columns attached to pilasters supporting decorative arches, as Mergelina initially proposed.[30]

Based on the Byzantine elements, Mergelina[31] dates La Alberca to the 6th century, but most researchers[32] date it to the 4th century, on the evidence of its brick vault, the *opus spicatum* masonry and the mosaics, and by comparison with other buildings (Marusinac, Salona, and Pècs, Hungary) also dated to the 4th century. Finally, although assumed to have had a Christian function, there are neither finds nor other evidence to confirm this.[33]

Romana. L'Arquitectura Cristiana Prerromànica, Barcelona 1909, here 295, date it at the end of the 6th century.

26 S. Gutiérrez Lloret, Ilici en la Antigüedad Tardía. La ciudad evanescente, in: Iberia, Hispania, Spania. Una mirada desde Ilici, Elche 2004, 95–110.

27 Mergelina (cf. fn. 8).

28 Th. Hauschild, Das "Martyrium" von La Alberca (Prov. Murcia), in: Madrider Mitteilungen 12 (1971) 170–194.

29 Schlunk (cf. fn. 25), 345.

30 Mergelina (cf. fn. 8), Fig. 3.

31 C. Mergelina, El sepulcro de La Alberca, in: III Congreso de Arqueología del Sudeste Español, Murcia 1947, 283–293, here 288.

32 Schlunk (cf. fn. 25), 352; Palol (cf. fn. 17), 113; Fontaine (cf. fn. 25), 85; Schlunk and Hauschild (cf. fn. 11), 11, date it to the second half of this century; E. Llobregat, Las épocas paleocristianas y visigodas, in: Arqueología del País Valenciano: panorama y perspectivas, Alicante 1985, 383–414, here 388. Th. Hauschild, El mausoleo de La Alberca, in: J. M. Noguera (ed.), Arquitectura de la Antigüedad Tardía en la obra de C. De Mergelina. Los mausoleos de La Alberca y Jumilla, Murcia 1999, 71–89.

33 Hauschild (cf. fn. 28), discussed the likely martirium character and found out later a necropolis and some elements (columns and fragments of capitals), which he thought could belong to a likely late 6th century basilica nearby. S. F. Ramallo, J. Vizcaíno and J. M. García, La decoración arquitectónica en el sureste hispano durante la Antigüedad Tardía. La basílica de Algezares (Murcia), in: L. Caballero and P. Mateos (eds.),

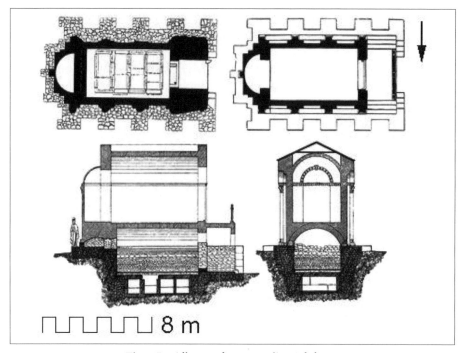

Fig 3 La Alberca after Mergelina (cf. fn. 8)

In summary, its early date, in the 4th century, and the uncertainty of its original Christian purpose are sufficient arguments to doubt the Byzantine attribution of La Alberca.

The basilica of Aljezares[34] (or Algezares, Murcia; Fig 4) is composed of a three-aisled hall, a southern semicircular apse and an attached circular baptistery. The building could have had a narthex, judging by the remains of some column

---

Escultura decorativa tardorromana y altomedieval en la Península Ibérica, Anejos del Archivo Español de Arqueología 41, Madrid 2006, 367–389, here 372, date to the beginning of the 6th century those decorative elements. La Alberca was closely related to the nearby mausoleum known as "Casón" de Jumilla, whose Christian function is also uncertain. Although new fieldworks have been carried out in this building (J. M. Noguera [cf. fn. 32]), there are no new archaeological elements to date it. The layout parallels (Mausoleum of Ságvár, Somogy, Hungary), and the Christianisation of this area are still the main arguments for an early 4th century date.

34   This basilica and, mainly, its baptistery had been badly damaged by clandestine works carried out previously to its archaeological discovery in the early 30s. New archaeological works directed by S. Ramallo took place on this site in 1985 and the decorative elements were reanalysed by M. García Vidal (R. González Fernández, La basílica de Algezares, Murcia 1997, here 7).

bases on site, and the hall could have been divided into three naves, either by columns or pillars.[35] Llobregat[36] thinks that there was a hall divided into three aisles by columns, and a transept ending in two exedras. Only the southern exedra, which until now has been interpreted as an apse, is preserved. This proposal would completely change the usual layout of Aljezares, but it needs to be tested archaeologically.

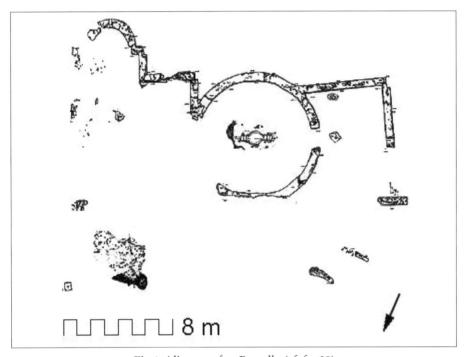

Fig 4 Aljezares after Ramallo (cf. fn. 39)

Dating the building to the second half of the 6th century, during the historically-attested Byzantine occupation of the region (554–621), Mergelina[37] ascribes its construction to a period of peace achieved by the Visigothic king, Recaredo, in 587–602. Decorative elements are also dated to the end of the 6th century[38] or the early 7th century[39].

---

35 Mergelina (cf. fn. 7), 8, affirms that the foundations are continuous.
36 Llobregat (cf. fn. 32), 392.
37 Mergelina (cf. fn. 7), 29.
38 Schlunk (cf. fn. 9), 186, and Schlunk and Hauschild (cf. fn. 11), 167.
39 Palol (cf. fn. 17), 86, due to the plan and baptistery. Palol thinks that Aljezares might have been built during the Byzantine occupation, although analogies were to be found in the late antique North Africa. Schlunk (cf. fn. 16), 230, and Fontaine

The results of the latest excavations are still unpublished, but the Islamic pottery discovered on site by Mergelina[40] and newly studied by Gutiérrez Lloret[41] and some repairs to the building show that it was reoccupied later, at the end of the 9th and the beginning of the 10th centuries. The evidence of coins[42] and pottery, however, reflect a long period of occupation between the 4th and 6th centuries. Finally, other structures around it suggest the probable existence of a bigger complex, which seems to have had a longer life than only one century, as yet unconfirmed by excavation.[43]

The odd subterranean monument in Gabia la Grande (Granada; Fig 5 and Plate 2) was divided into a main vaulted corridor leading to a square, likely pendentive-domed room, in which an octagonal pool was found. The easy reconstruction of the upper part of the walls and of the central dome avoids a requirement for any more facts. The windows in the upper part of the walls of the corridor raise the possibility of this having been a completely free-standing building, rather than a subterranean structure.

The information given by Cabré and Gómez Moreno[44] would lead us to think that a Roman settlement or villa was likely. Sotomayor and Pareja[45] discovered several rooms, but these are not enough to confirm what type of site this was in Gabia. Cabré[46] relates it to Byzantine models because of the form of the vault and the discovery of *tubi fittili* in the nearby area. He doubts a Constantinian or "Visigothic-Byzantine" date, nor does he consider the building a baptistery, whether aisled or related to a basilica. Schlunk[47] thinks the building was

---

(cf. fn. 25), 86, also consider these affinities. S. Ramallo, Aspectos arqueológicos y artísticos de la Alta Edad Media, in: Historia de Cartagena, vol. V, Murcia 1986, 128–160, here 128, based on the forms of the apse and baptistery. Ramallo, Vizcaíno and García (cf. fn. 33), 384–386, about a chronology in the 7th century.

40 Mergelina (cf. fn. 7), 8.
41 S. Gutiérrez Lloret, La Cora de Tudmīr: de la antigüedad tardía el mundo islámico, Madrid-Alicante 1996, here 300.
42 One example belongs to Constance the 2nd (341–346) and it was found within a wall dividing the aisles. S. F. Ramallo, Informe preliminar de los trabajos realizados en la basílica paleocristiana de Algezares (Murcia), in: Memorias de Arqueología 85–86, Excavaciones y prospecciones en la región de Murcia 2, Murcia 1991, 297–307.
43 Recent works seem to uncover a civil building related to the church, both of them likely belonging to an urban context. L. A. García, El atrium paleocristiano de Algezares (Murcia), in: Antigüedad y Cristianismo 23 (2006) 113–132.
44 Cabré (cf. fn. 5). M. Gómez Moreno, Miscelánea. Historia-Arte-Arqueología (dispersa, emendata, addita, inedita). 1ª serie: La Antigüedad, Madrid 1949.
45 M. Sotomayor and E. Pareja, El yacimiento romano de Gabia la Grande (Granada), in: Noticiario Arqueológico Hispánico 6 (1979) 423–440.
46 Cabré (cf. fn. 5), 10.
47 Schlunk (cf. fn. 9), 185.

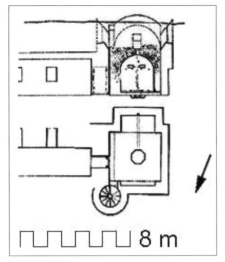

Fig 5 Gabia la Grande after Gómez Moreno
(cf. fn. 44)

Christian, but not a baptistery, and dates it to the 4th century according to its sculptures. Gómez Moreno[48] thinks that it could have been a hypogeum belonging to a villa, or a building in a Christian complex. Palol[49] does not suggest a date, but interprets the building as a Roman crypto portico attached to a baths. In conclusion, nearly nothing can be said about the chronology and function of Gabia, and its interpretation remains so far unresolved.

The basilica situated in San Pedro de Alcántara[50] (or Vega del Mar, Málaga; Fig 6 and Plate 3) was described at first as having a main hall divided into three aisles, with two opposed apses. The north-western apse contains the altar and is flanked by two lateral rooms enclosed by a rear wall. The northern room is occupied by two baptismal pools. The pillars of the hall are not properly opposite each other. This anomaly disposition was explained by Pérez de Barradas[51] as a later irregular reconstruction of the southern nave. Later on, Posac and Puertas[52]

---

48 Gómez Moreno (cf. fn. 44), 389.
49 Palol (cf. fn. 17), 158.
50 The excavations carried out by M. Oppelt in 1916 remain unpublished. J. Pérez de Barradas, La basílica paleocristiana de Vega del Mar (San Pedro de Alcántara, Málaga), in: Archivo Español de Arte y Arqueología 22 (1932) 53–72, and, later on, C. Posac and R. Puertas, La basílica paleocristiana de Vega del Mar, Málaga 1989, were in charge of the latest archaeological works on the site.
51 J. Pérez de Barradas, Excavaciones en la necrópolis visigoda de Vega del Mar (San Pedro de Alcántara, Málaga). Memorias de la Junta Superior de Excavaciones Arqueológicas y Antigüedades 128/1933, Madrid 1934, here 12.
52 Posac and Puertas (cf. fn. 50), 59.

recorded some ashlar stones aligned regularly at intervals of 1m. These are the original supports, which partially confirms the idea of Pérez de Barradas, and could have held either columns or pillars.

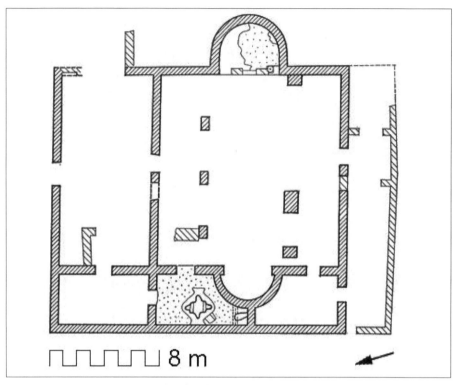

Fig 6 San Pedro de Alcántara after Ulbert (cf. fn. 58)

Besides all these aspects, which show that the original layout of the basilica of Alcántara remains quite unclear, there are two other main doubts related together with the likely evolution of the building. Firstly, some researches have defended that two successive apses were built. Schlunk[53] believed that the northern sacristy was later converted into a baptistery. Although the rectangular pool is attached to the interior surface of the western wall, it does not belong necessarily to a later period provided that the new cruciform pool does not render the rectangular one. Both of them could therefore be original and coeval. According to Schlunk and Hauschild[54], the pottery discovered in the necropolis would be related to the

53 Schlunk (cf. fn. 16), 231.
54 Schlunk and Hauschild (cf. fn. 11), 46 and 154.

building of the southern space attached in a second phase ascribed to the 6–7th centuries and the western-apse basilica would be thus dated to the 5–6th centuries, being the earliest one in the whole Peninsula, although no references are included to date the likely second eastern-apse basilica. Fontaine and Palol[55] also thought that the western apse could have belonged to a previous building later modified by introducing a new eastern apse. Although this idea was intended to understand the coexistence of both spaces within the Hispanic liturgy and find a link with the examples studied by Duval in North Africa[56], it has no archaeological arguments. Building technique and layout show that the building was originally conceived as a whole.

Secondly, it remains unclear the layout of the apse's entrance. This could have been framed by two brick square pillars supporting three arches, as Pérez de Barradas[57] proposed according to the find of several voussoirs. Ulbert[58] defended a basilica conceived as having originally two opposite apses and southern spaces, where the baptistery must be included. The mentioned brick square pillars in the eastern apse, the northern porch and other minor walls would belong to a second phase. He denied that the architectural decorative elements were coeval, because they were different typologically, and aimed to date the basilica related to the baptismal pools in other Iberian double apses basilicas and the development of the baptismal rites according to the written documents. The north-western room would have been always a baptistery, firstly with a rectangular pool and, secondly, with a cruciform one added in the 6th century.[59]

Pérez de Barradas[60] supplies the historical context for construction of the basilica. This would have been built during the reconstruction of the Roman city of *Silniana* in the last third of the 4th century, and destroyed in the 6th century by a seaquake.[61] It has usually been dated, however, to the 6th century.[62]

---

55 Fontaine (cf. fn. 25), 90. P. Palol, Arte y arqueología, España visigoda. La monarquía. La cultura. Las artes, in: Historia de España dirigida por R. Menéndez Pidal, III/2, Madrid 1991, 269–428, here 305, mentions parallels known in North Africa.

56 N. Duval, Les Églises africaines a deux absides. Recherches archéologiques sur la liturgie chrétienne en Afrique du Nord, 2 vols., Paris 1971–73.

57 Pérez de Barradas (cf. fn. 50), 59.

58 T. Ulbert, Frühchristliche Basiliken mit Doppelapsiden auf der Iberischen Halbinsel, Archäologische Forschungen 5, Berlin 1978.

59 Ulbert (cf. fn. 58), 176.

60 Pérez de Barradas (cf. fn. 50), 68.

61 Although he realised that the latest dates in the necropolis belonged to the 7th century.

62 Schlunk (cf. fn. 9), 187, and id. (cf. fn. 16), 231, defends North African and Italian parallels and discusses the northern sacristy. W. Hübener, Zur chronologischen Gliederung des Gräberfeldes von San Pedro de Alcántara, Vega del Mar (Prov. Málaga), in: Madrider Mitteilungen 6 (1965), 195–214, here 213, graves. Palol (cf. fn. 17), 74, com-

Although most researchers recognise several modifications in this building, they differ as to the original conception. Schlunk and Hauschild[63] and Palol[64] think that it could originally have been a basilica with only a western apse. On the contrary, Ulbert[65] interprets it as a basilica with two opposed apses, southern spaces and baptistery. He concludes that it is really difficult to date, and denies the homogeneity of all its decorative architectural elements.

The last example is a building which has been conjecturally reconstructed from remains discovered in the church known as Santa Clara (Córdoba; Fig 7 and Plate 4). Marfil[66] describes a cruciform-plan church inscribed in a rectangle, with three semicircular apses at the eastern end, although no trace of these apses has been found. Marfil[67] puts the date of this building as being during the Byzantine occupation of Cordoba in the period 554–572, that is, before the Visigothic conquer of the town.[68] The iconography of the mosaics and its many parallels have been the arguments in support of this date. Penco[69], studying the pottery found in the demolition layer of the tapia walls, confirms this chronology.

Although the date might be right, the problem here lies in the layout. The mosaics have been cut away by the walls ascribed to the church, which is difficult to understand if we consider both mosaics and walls to have been contemporary. Besides this, the mosaics and the walls have different orientations, as the plan published by Marfil shows.[70] Finally, most of the walls have been conjecturally reconstructed on the basis of assumed symmetry, although only the south-eastern walls were found (walls in black in Fig 7). There are no arguments in

---

pares San Pedro de Alcántara to Son Bou (Balearic Islands). In both of them, the lateral rooms to the apse were first used liturgically and, secondly, the northern one was converted into a baptistery in the second half of the 6th century. Fontaine (cf. fn. 25), 90. Posac and Puertas (cf. fn. 50), 76, with later alterations in the second half of the 6th century, when the cruciform pool and the southern space would have been added and the eastern apse closed. The group of churches with two opposed apses have been mainly dated to the 6th century, Ulbert (cf. fn. 58).

63 Schlunk and Hauschild (cf. fn. 11), 46, 5th–6th century, although consider that the southern space was attached in the 6th–7th century.

64 Palol (cf. fn. 55), 305.

65 Ulbert (cf. fn. 58).

66 P. Marfil, La Iglesia Paleocristiana de Santa Catalina en el Convento de Santa Clara (Córdoba), in: Caetaria 1 (1996) 33–45, here 35.

67 Marfil (cf. fn. 66), 41.

68 About the Byzantine presence in Córdoba, see R. Collins, Visigothic Spain 409–711, Oxford 2004, 48–49, including further references on the issue.

69 F. Penco, Un pavimento musivo de influencia bizantina en el antiguo convento de Santa Clara de Córdoba, in: V Reunió d'Arqueologia Cristiana Hispànica, Barcelona 2000, 245–261.

70 Marfil (cf. fn. 66), 35, Fig. 6.

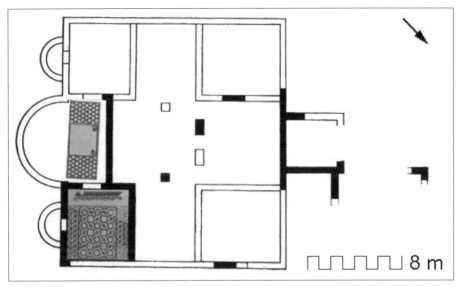

Fig 7 Santa Clara de Córdoba after Marfil (cf. fn. 66)

favour of a cruciform plan, therefore, such as that supposed. Liturgical elements have not been found either.

Considering the evidences, Santa Clara seems to be a housing complex likely dated to the 6th century, whose anomalies might be understood related to the reusing of several structures belonging to different historic moments.

To conclude this analysis, a brief mention to the Balearic basilicas must be here inserted.[71] The Balearic group was conceived since the beginning as homogeneous, dated to the 5th (Cap des Port and Son Bou, both in Menorca) and 6th centuries though (Es Fornás de Torrelló and Illeta del Rey, both in Menorca; and Son Peretó, Sa Carrotxa and Santa María del Camí, all of them in Mallorca, though the last two completely lost). Partially destroyed and excavated at the end of the 19th century, their chronologies were established according to the iconography of the mosaics and the typology of some individual elements (mainly the baptisteries). It is remarkable that the last basilica recently found out in Son Fradinet (Mallorca) has been, otherwise, ascribed to the early 7th century.[72] It is possible that the development of the archaeological methodology and historical models might have to do with this later date, which causes an inevitable critical thought about the other Balearic churches and their traditional chronologies.

71 Buildings and group revised by the author: Utrero (cf. fn. 1), 217–219 and 479–485, with further references.
72 Th. Ulbert and M. Orfila, Die frühchristliche Anlage von Son Fradinet (Campos, Mallorca), in: Madrider Mitteilungen 43 (2002) 239–298, with further transformations.

3. Conclusions

This short review shows that it is very difficult to keep on talking about a Byzantine ecclesiastical architecture in Hispania in the 6th century. We are unable to confirm that the building discovered at La Alcudia is a church, as Gutiérrez Lloret has already pointed out,[73] and a 4th-century date is highly improbable in the light of the evolution of Christian architecture in the whole Mediterranean area. Also dated to the same century, the layout of La Alberca can easily be understood in the terms of the Roman construction tradition. The same can be said about Gabia la Grande, where the facts are even more uncertain. Aljezares should be the clearest examples in this discussion, showing clear Byzantine influences in their decoration and layout, but it already dates from the 7th century.[74] San Pedro de Alcántara might be added to this latest group of buildings, but the archaeological facts are poorer.

Considering the form of these basilicas (Aljezares and San Pedro de Alcántara), it is also difficult to explain the sudden appearance of cruciform plans in the second half of the 7th century. It seems to have been more like a rupture between two completely different kinds of architecture than a matter of continuity between them. New chronologies, such as those established for the basilicas of Tolmo de Minateda[75] and Son Fradinet[76], dated to the 7th century, prove that the basilican form was still common at this time and it is therefore more difficult to explain its relationship to the cruciform plan traditionally dated to the same century.

Although the Byzantine presence in the south-eastern area of the Iberian peninsula is historically clear, we want to emphasise that all these buildings raise too many doubts for them to be considered as clear indicators in the study of this huge region in that period. New archaeological work, such as that in Tolmo de Minateda[77], Cartagena[78] and Cordoba[79], will surely produce new information

---

73 Gutiérrez Lloret (cf. fn. 26).
74 Ramallo and Vizcaíno (cf. fn. 3), 324. Ramallo, Vizcaíno and García (cf. fn. 33), 384–386, about chronology.
75 L. Abad and S. Gutiérrez Lloret, Iyih (El Tolmo de Minateda, Hellín, Albacete). Una civitas en el limes visigodo-bizantino, in: Antigüedad y Cristianismo 14 (1997) 591–600.
76 Ulbert and Orfila (cf. fn. 72).
77 Abad and Gutiérrez Lloret (cf. fn. 75).
78 S. Ramallo and E. Ruiz, La realidad de la presencia bizantina en Cartagena: algunos apuntes y problemas, in: Bizancio en Carthago Spartaria. Aspectos de la vida cotidiana, Cartagena 2005, 15–28.
79 R. Hidalgo, Algunas cuestiones sobre la Corduba de la Antigüedad Tardía, in: VI Reunió d'Arqueologia Cristiana Hispànica, Barcelona 2005, 401–414, here 407–408,

enabling us to study this period, and its likely later influences, a complex process to be considered,[80] in a more accurate way.[81] The influences on the architecture dated to the second half of the 7th century cannot be proved either, and some researchers[82] now strongly support a later chronology for this group of buildings, after the Islamic conquest of the Iberian Peninsula, but that is a subject for another article.

Abstract

This paper attempts to discuss how the Byzantine occupation of the south-eastern Iberian territory has been used as a chronological and historical framework, by which to identify and date a number of churches sited on that area. The critical analysis of these buildings shows that the evidences are uncertain to keep on talking about a Byzantine ecclesiastical architecture in Hispania in the 6th century.

---

80 R. Collins, Mérida and Toledo: 550–585, in: E. James (ed.), Visigothic Spain: New Approaches, Oxford 1980, 189–219, here 204, highlights the difference between influence and similarity taking Mérida as example. See also Utrero (cf. fn. 1), 206–208.

81 General overviews: D. Bernal, La presencia bizantina en el litoral andaluz y en el Estrecho de Gibraltar (ss. VI–VII d.C.): análisis de la documentación arqueológica y novedades de los últimos años, in: III Congreso de Historia de Andalucía, Córdoba 2003, 41–68, and Ramallo and Vizcaíno (cf. fn. 3).

82 Caballero (cf. fn. 13).

Plate 1 La Alcudia, general view looking Northwest

Plate 2 Gabia la Grande, access trough corridor, looking West

Plate 3 San Pedro de Alcántara, baptistery, looking East

Plate 4 Santa Clara de Córdoba, mosaic in eastern room

Basileios II. und Bardas Skleros versöhnen sich[*]

Michael Grünbart

Wenn im Folgenden das Versöhnungstreffen zwischen Basileios II. und Bardas Skleros behandelt wird, dann geschieht das aus dem Grund, da die Vorgänge anlässlich dieses Exempels aus der byzantinischen Geschichte bislang kaum unter dem Aspekt von konfliktlösenden Strategien behandelt worden sind.

Im Gegensatz zu anderen Gebieten der Mediävistik ist die Analyse des ritualisierten Umgangs bei Streitbeilegungen in der byzantinistischen Forschung noch kaum anzutreffen.[1] Dabei bieten – trotz der larmoyant verbreiteten Meinung von der Quellenarmut des griechischen Mittelalters – byzantinische Historiographen doch genügend Material, um zumindest zu versuchen, geregelte bzw. ritualisierte Abläufe zu erkennen und kennen zu lernen.

Bekannt und folgenreich ist die Versöhnung, die zwischen Kaiser Basileios II. und Bardas Skleros im Jahre 989 stattgefunden hat. Bislang ist sie hinsichtlich ihres rituellen Charakters kaum untersucht worden, doch man kann sie als ein Musterbeispiel des Ablaufes einer Versöhnung bezeichnen.[2]

Zunächst soll der historische Hintergrund skizziert werden, der zu diesem Ereignis führte. Basileios II. übte ab dem Jahre 976 zwar *de iure* die Alleinherrschaft aus, *de facto* hatte er aber mehr als ein Jahrzehnt gegen kleinasiatische

---

[*] Ich danke Günter Prinzing (Mainz) und Klaus Oschema (Bern) für anregende Kommunikationen. Dieses Fallbeispiel war Teil von Präsentationen an den Universitäten von Mainz und Ioannina.

[1] Einigungen auf zwischenstaatlicher Ebene in der Spätantike: W. Pohl, Konfliktverlauf und Konfliktbewältigung: Römer und Barbaren im frühen Mittelalter. FMSt 26 (1992) 165–207.

[2] Vgl. die lapidare Feststellung bei G. Ostrogorsky, Geschichte des byzantinischen Staates (HdAW XII.1.2). München 1963, 252: „Ein neuer Aufstand des Bardas Skleros endete mit einer friedlichen Einigung und der Unterwerfung des Usurpators"; nicht näher eingegangen wird darauf bei D. A. Zakythinos, Byzantinische Geschichte. 324–1071. Wien 1979, 199; W. Seibt, Die Skleroi. Eine prosopographisch-sigillographische Studie (BV 9). Wien 1976, 55: „Die näheren Einzelheiten des Friedensschlusses bzw. des Zusammentreffens von Kaiser Basileios II. mit Bardas Skleros weisen in der byzantinischen Literatur, insbesondere bei Psellos, Spuren legendärer Ausschmückung auf." J.-C. Cheynet, Pouvoir et contestation à Byzance (963–1210) (Byzantina Sorbonensia 9). Paris 1990, 33f. (Nr. 16); A. Beihammer, Der harte Sturz des Bardas Skleros. Eine Fallstudie zu zwischenstaatlicher Kommunikation und Konfliktführung in der byzantinisch-arabischen Diplomatie des 10. Jahrhunderts. RHM 45 (2003) 21–57 (geht auf die Versöhnung nicht ein); I. Stouraitis, Neue Aspekte des Machtkampfes im Zeitraum 976–986 in Byzanz. JÖB 55 (2005) 99–120.

Aristokraten mit Großgrundbesitz im Hintergrund, die seine Herrschaft nicht billigten, zu kämpfen. Einer von diesen war Bardas Skleros. Sofort nach dem Herrschaftsantritt von Basileios usurpierte Skleros,[3] doch konnte der Kaiser mit der Hilfe von Bardas Phokas, ebenfalls ein Magnat aus Kleinasien, diesen Aufstand bei Amorion niederschlagen. Skleros floh 979 zu den Arabern und betrat erst acht Jahre später, im Jahre 987, wieder byzantinischen Boden und ließ sich abermals zum Kaiser ausrufen. Basileios sandte daraufhin seinen Feldherren Bardas Phokas erneut gegen ihn, doch ließ auch er sich zum Gegenkaiser proklamieren. Die beiden Usurpatoren kooperierten kurze Zeit, man dachte sogar an eine Teilung der Herrschaft: Bardas Phokas solle den Bereich des byzantinischen Reiches, der westlich von Konstantinopel liege, bekommen, Bardas Skleros den östlichen Teil; doch dann setzte Phokas Skleros gefangen. Phokas' letaler Schlaganfall im Jahre 989 vereitelte seine weiteren Pläne, und Skleros kam wieder frei. Er versuchte nochmals gegen Basileios II. aufzubegehren, was aber nicht von Erfolg gekrönt war. Er war einerseits schon in hohem Alter (geboren um 920 ging er auf den 70er zu) und andererseits dürfte die Unterstützung von Seiten der Araber für seine Operationen auf byzantinischem Hoheitsgebiet nachgelassen haben.[4]

Die beiden Kontrahenten suchten einen Ausgleich, der bei drei Historiographen des 11. und 12. Jahrhunderts ausführlicher behandelt wird,[5] wobei Basileios – traut man den Quellen – stärker auf eine Versöhnung hinwirkte. Doch will die jüngste Studie zu Basileios II. als Grundlage der Schilderung seiner ersten 13 Regierungsjahre eine Quelle erkennen, die Skleros sehr positiv gegenüber eingestellt ist.[6]

Bei Michael Psellos, der als hoher Beamter unter verschiedenen Kaisern im elften Jahrhundert diente und alle Register der Hofintrigen kannte (und auch zu ziehen verstand), wird der gesamte Ablauf in seiner Chronographie genau beschrieben:[7] Der Kaiser Basileios erkannte, dass er Bardas Skleros niemals

---

3   Seibt (s. Anm. 2), 37. – Zu seinen Herrschaftsgelüsten und den Missbrauch äußerer Zeichen siehe unten.
4   Seibt (s. Anm. 2), 55f.
5   Kurze Erwähnung bei Nikephoros Bryennios; Nicéphore Bryennios, Histoire. Introduction, texte, traduction et notes par P. Gautier (CFHB IX). Brüssel 1975, 75,1–8.
6   C. Holmes, Basil II and the Governance of Empire (976–1025). Oxford 2005, bes. 278–289 (die Versöhnungsszene kurz S. 284); dies., Constantinople in the Reign of Basil II. In: E. Jeffreys (Hrsg.), Byzantine Style, Religion and Civilisation. In Honour of Sir Steven Runciman. Cambridge 2006, 326–339.
7   Lesarten des psellianischen Geschichtswerkes bei E. Pietsch, Die Chronographie des Michael Psellos. Kaisergeschichte, Autobiographie und Apologie (Serta Graeca 20). Wiesbaden 2005; zuletzt R.-J. Lilie, Fiktive Realität: Basileios II. und Konstantinos VIII. in der „Chronographie" des Michael Psellos. In: M. Grünbart (Hrsg.),

besiegen könne und so entschloss er sich, mit ihm in Verhandlungen zu treten. Er schickte eine Gesandtschaft zu ihm, die ihm folgende Punkte unterbreitete:[8]

Wenn er die Konditionen der Übereinkunft akzeptieren würde, dann würde er im Rang an zweiter Stelle hinter dem Kaiser stehen.[9] Skleros wartet mit einer Reaktion ab, denn er fühlt sich alt und ist des ständigen Kampfes überdrüssig. Schließlich ringt er sich zu einer positiven Antwort durch: Er versammelt seine Truppe, die ihn beim Empfang der kaiserlichen Unterhändler unterstützen solle, und geht dann auf das Versöhnungsangebot des Kaisers ein. Folgendes wird festgesetzt: Skleros muss seine Krone ablegen, er darf nicht mehr Purpur tragen, aber er ist in der Nachfolge direkt hinter dem Kaiser. Für seine engsten Vertrauten will Skleros erreichen, dass sie die Ämter und Ränge beibehalten, die er ihnen verschafft hat, und dass sie ihre Güter nicht verlieren.[10]

Theatron / Rhetorische Kultur in Spätantike und Mittelalter / Rhetorical Culture in Late Antiquity and the Middle Ages (Millennium-Studien 13). Berlin/New York 2007, 211–222.

8   Michele Psello, Imperatori di Bisanzio (Cronografia). Volume I (Libri I–VI 75). Introduzione di D. Del Corno, testo critico a cura di S. Impellizzeri, commento di U. Criscuolo, traduzione di S. Ronchey (Scrittori greci e latini). Mailand 1984, I 26, 1–7 (36): Ὁ μὲν οὖν βασιλεὺς πάσης ἐπ᾿ αὐτὸν ἥπτετο σκέψεώς τε καὶ πράξεως, ὁ δὲ ῥᾷστα πάντα διέλυε, στρατηγικῶς ταῖς ἐκείνου βουλαῖς τε καὶ γνώμαις ἀντιπράττων καὶ ἀντιμηχανώμενος· καὶ ἐπειδὴ πάσαις ἀνάλωτον τοῦτον εἶδε λαβαῖς ὁ Βασίλειος, πρεσβείαν πρὸς αὐτὸν ἀπεστάλκει σπείσασθαί τε πείθουσαν καὶ ἀπαλλαγῆναι πραγμάτων, τὰ πρῶτα μετά γε τοῦτον τῆς ἀρχῆς ἔχοντα.

9   F. Dölger, Regesten der Kaiserurkunden des oströmischen Reiches von 565–1453. 1. Teil, 2. Halbband. Regesten von 867–1025. 2. Aufl. neu bearbeitet von A. E. Müller. München 2003. Nr. 777a–c: Der sehr hohe Titel *kuropalates* werde an sich nur Mitgliedern des Kaiserhauses verliehen und möglicherweise liege darin eine Übertreibung der Quelle. J.-C. Cheynet, The Byzantine Aristocracy (8th–13th centuries). In: ders., The Byzantine Aristocracy and Its Military Function (Variorum Collected Studies Series 859). Aldershot 2006, I; Michael Psellos, Chronographie 1–43, 25 und besonders 31, Basileios II. hatte große Angst vor Skleros auf der einen Seite, auf der anderen bewunderte er das Genie des Feldherren. Dass er den *kuropalates*-Titel bekam, ist aus diesem Grund nicht verwunderlich.

10   Michael Psellos, Chronographie I 26, 7–21 (36 Impellizzeri [s. Anm. 8]): Ὁ δὲ τὰ μὲν πρῶτα οὐκ εὐμενῶς τοῖς πράγμασιν ἄγαν ὡμίλησεν, ἔπειτα πολλοὺς ἑλίξας καθ᾿ ἑαυτὸν λογισμοὺς καὶ τοῖς προλαβοῦσι τὰ ἐνεστῶτα συγκρίνας, καὶ τὰ μέλλοντα πρὸς ταῦτα εἰκάσας, πρὸς ἑαυτόν τε ἀπιδών, τῷ γήρᾳ καταπονούμενον, πείθεται τοῖς πρεσβευμένοις, καὶ τὸ στρατόπεδον ἅπαν συλλήπτορας εἰς τὴν παραδοχὴν τῆς πρεσβείας συνειληφώς, σπένδεται Βασιλείῳ ἐπὶ τούτοις, ὥστε τὸ μὲν στέφος τῆς κεφαλῆς ἀποθέσθαι καὶ ἐπισήμου μεθέσθαι χρώματος, εὐθὺς δὲ μετ᾿ ἐκεῖνον ἑστάναι, καὶ τούς τε λοχαγοὺς καὶ τοὺς ἄλλους ὅσοι τῆς τυραννίδος αὐτῷ ἐκοινώνησαν τὰς αὐτὰς ἔχειν ἀρχὰς καὶ τῶν αὐτῶν μέχρι παντὸς ἀπολαύειν ἀξιωμάτων, ὧν τε εἶχον καὶ ὧν παρ᾿

Man einigt sich, und der Kaiser verlässt die Hauptstadt und begibt sich in eines seiner Güter, wo der abtrünnige Skleros empfangen, die Zeremonie abgehalten und der Vertrag besiegelt werden soll.[11]

Psellos schildert das Procedere der Begegnung, die öffentlich in Szene gesetzt wird. Basileios sitzt in einem kaiserlichen Zelt. Skleros wird in einiger Entfernung davon von den Wachen empfangen, die ihn zum Kaiser führen. Skleros sitzt nicht auf einem Pferd, sondern wird zu Fuß begleitet.[12] Er ist von großer Statur und muss gestützt werden.[13] Der Kaiser sieht ihn und bemerkt, dass er noch die purpurnen Schuhe anhat, der Kaiser schließt verärgert die Augen, er will ihn nur anblicken, wenn er als einfacher Bürger vor ihm erscheint. Skleros zieht daraufhin am Zelteingang seine Schuhe aus und tritt vor den Kaiser.[14]

αὐτοῦ προσειλήφασι, μήτε τινῶν ἄλλων τῶν προσκεκληρωμένων αὐτοῖς ἀπεστερῆσθαι.

11 Michael Psellos, Chronographie I 27, 1–3 (38 Impellizzeri [s. Anm. 8]): Ἐπὶ τούτοις ἄμφω συνεληλυθέτην, καὶ ὁ βασιλεὺς ἐξεληλύθει τῆς Πόλεως ἔν τινι τῶν λαμπροτάτων χωρίων ὑποδεξόμενός τε τὸν ἄνδρα καὶ τὰς σπονδὰς ποιησόμενος.

12 Michael Psellos, Chronographie I 27, 3ff. (38 Impellizzeri [s. Anm. 8]): ὁ μὲν οὖν ὑπὸ βασιλικῇ καθῆστο σκηνῇ, τὸν δὲ Σκληρὸν πόρρωθεν εἰσῆγον οἱ δορυδοροῦντες ἅμα καὶ εἰς ὁμιλίαν τοῦ βασιλέως προσάγοντες, οὐχ ἱππότην, ἀλλὰ βάδην μετακομίζοντες – Wahrscheinlich handelt es sich dabei um das Philopation, das in Sichtweite der Landmauern lag; dort sind ab dem 9. Jahrhundert kaiserliche Jagden (z. B. unter Basileios I.) und Aufenthalte belegt, bei Nikolaos Mesarites (G. Downey, Description of the Church of the Holy Apostles at Constantinople. Transactions of the American Philosophical Society n. s. 47 [1957] 864–898, 864 [5,1–6]) ist auch davon die Rede, dass der Kaiser dort Zelte hatte, vgl. dazu (mit weiteren Stellen) H. Maguire, Gardens and Parks in Constantinople. DOP 54 (2000) 251–264, bes. 253–254 sowie N. P. Ševčenko, Wild Animals in the Byzantine Park. In: A. Littlewood/H. Maguire/J. Wolschke-Bulmann (Hrsg.), Byzantine Garden Culture. Washington, D.C., 2002, 69–86, 73.

13 Michael Psellos, Chronographie I 27, 7–8 (38 Impellizzeri [s. Anm. 8]): ὁ δέ, ἅτε δὴ εὐμεγέθης, ἤδη δὲ καὶ γεγηρακώς, προσῄει χειραγωγούμενος ἑκατέρωθεν. Ὁ δὲ βασιλεὺς πόρρωθεν τὸν ἄνδρα ἰδών, τοῖς ἀγχοῦ ἐφεστῶσι τοῦτο δὴ τὸ δημῶδες καὶ κοινὸν ἀνεφθέγξατο· Ἰδοὺ ὃν ἐδεδοίκειν, οὗτος χειραγωγούμενος ἱκέτης μου πρόσεισιν.

14 Michael Psellos, Chronographie I 27, 11–20 (38–40 Impellizzeri [s. Anm. 8]): Ὁ μὲν οὖν Σκληρός, εἴτε σπουδάσας, εἴτε ἄλλως καταφρονήσας, τὰ μὲν ἄλλα παράσημα τοῦ κράτους ἀπέθετο, οὐ μέντοιγε καὶ τοὺς πόδας τοῦ φοινικοβαφοῦς πεδίλου ἐγύμνωσεν, ἀλλ’ ὥσπερ μέρος τῆς τυραννίδος ἑαυτῷ ἐπαφεὶς προσῄει τῷ βασιλεῖ· ὁ δέ γε Βασίλειος, καὶ πόρρωθεν ἰδών, ἐδυσχέρανε καὶ τοὺς ὀφθαλμοὺς ἔβυσε, μὴ ἂν ἄλλως τοῦτον ἐθέλων ἰδεῖν, εἰ μὴ πάντῃ ἰδιωτεύσοι τῷ σχήματι· αὐτοῦ γοῦν που πρὸς τῇ τοῦ βασιλέως σκηνῇ ἀπελίττεται καὶ τὸ ἐρυθρὸν πέδιλον ὁ Σκληρός, καὶ οὕτως ὑπέδυ τὴν στέγην. – Der Kaiser ist neben anderen äußeren Zeichen auch an seinem Schuhwerk

Als er eintritt, erhebt sich der Kaiser, und die beiden umarmen sich. Sie sprechen miteinander, Skleros entschuldigt sich für seine Revolte, gibt darüber Auskunft, warum er sie geplant und ausgeführt habe; der Kaiser akzeptiert die Entschuldigung und schreibt das Vorgehen des Skleros der δαιμονία τύχη zu.[15] Sie teilen sich ein Trinkgefäß (κρατήρ) und versöhnen sich durch diesen Akt, wobei der Kaiser zuerst aus diesem trinkt und es dann erst seinem Gast anbietet (Psellos meint, dass der Kaiser damit zeigen will, dass kein Gift im Getränk ist – sogar hier lauert die Gefahr der Falschheit und Verstellung), dann reicht er den Becher Skleros.[16] Damit war die Gültigkeit / die Heiligkeit ihres Vertrages bestätigt (τὸ ὅσιον τῶν σπόνδων).[17]

---

erkennbar. Zu den Purpurschuhen s. O. Treitinger, Die oströmische Kaiser- und Reichsidee nach ihrer Gestaltung im höfischen Zeremoniell. Bad Homburg von der Höhe ²1969, 25, Anm. 74; K. Sickel, Das byzantinische Krönungsrecht bis zum 10. Jahrhundert. BZ 7 (1898) 511–557, 554 Anm. 95; L. Hoffmann, Geschichtsschreibung oder Rhetorik? Zum *logos parakletikos* bei Leon Diakonos. In: Grünbart (s. Anm. 7), 105–139, 121. Nikephoros Phokas zögerte zunächst, zog aber dann doch die kaiserlichen Stiefel an.

15 Michael Psellos, Chronographie I 28, 1–6 (40 Impellizzeri [s. Anm. 8]): Καὶ ὁ βασιλεὺς εὐθὺς ἐξανέστη ἰδών· καὶ ἐφιλησάτην ἄμφω ἀλλήλω, εἶτα δὴ καὶ διαλόγων πρὸς ἀλλήλους ἡψάσθην, ὁ μὲν τῆς τυραννίδος ἀπολογούμενος, καὶ αἰτίας τιθεὶς δι' ἃς ἐβουλεύσατό τε τὴν ἀποστασίαν καὶ ἔδρασε· ὁ δὲ ὁμαλῶς τὴν ἀπολογίαν δεχόμενος, καὶ ἐς δαιμονίαν τύχην ἀναφέρων τὸ πεπραγμένον.

16 Michael Psellos, Chronographie I 28, 6–10 (40 Impellizzeri [s. Anm. 8]): Ὡς δὲ καὶ κοινοῦ μετεῖχον κρατῆρος, ὁ βασιλεὺς τὴν δεδομένην κύλικα τῷ Σκληρῷ τοῖς οἰκείοις προσαγαγὼν χείλεσι καὶ πιὼν ὅσον δὴ μέτριον, αὖθις ἀντιδίδωσι τῷ ἀνδρί, ὑποψίας ἀπάγων καὶ τῶν σπόνδων παραδεικνὺς ὅσιον.

17 Das gemeinsame, Freundschaft bekräftigende Trinken kommt bei Psellos auch bei der Besieglung des Freundschaftsvertrages zwischen Konstantinos IX. Monomachos, Zoe und seiner Mätresse Skleraina zum Ausdruck; das Abkommen wird dadurch bestätigt, dass man den Becher der Freundschaft trank (Michael Psellos Chronographie VI 58, 10–13 Impellizzeri [s. Anm. 8]): ἐπαινοῦντες δὲ ὅμως τῆς συγγραφὴν ὡς ἐξ οὐρανίων καταχθεῖσαν δέλτον, κρατῆρά τε φιλίας ταύτην κατονομάζοντες καὶ τἄλλα τῶν ἡδίστων ὀνομάτων ὁπόσα δὴ κολακεύειν ἢ ἐξαπατᾶν εἴωθεν ἐλαφρὰν καὶ κούφην ψυχής. – Ein zufälliger Fund in einem psellianischen Stück (A. Littlewood [Hrsg.], Michaelis Psellis oratoria minora. Leipzig 1985, nr. 32) ist in diesem Kontext wichtig: Psellos interpretiert für den Kaiser Konstantinos X. Dukas eine mythologische Szene auf einem Kunstwerk. Odysseus und Kirke sind darauf dargestellt und auf der rechten Seite ist nach Psellos' Auslegung ein Altar abgebildet, auf dem der Kopf eines geschlachteten Opfertieres liegt. Links steht der Schlächter mit dem Schwert. Psellos meint, die Bedeutung der Szene sei klar, da man von der Inschrift darauf schließen kann (die Inschrift lautet σπονδὴ ὁμονοίας, Or. 32, 39 [127, 39 Littlewood]). Psellos lässt seine Ausführungen folgendermaßen enden: Πολλὰ δὲ καὶ ἕτερα τούτων βαθύτερα ἐν τῷ λίθῳ διέγνωκα, τὰ μὲν

Danach befragt ihn Basileios über seine Herrschaft und bittet um Ratschläge.[18] Durch den vertraglichen fixierten Ausgleich musste er nichts mehr fürchten. Hier haben wir das typische Beispiel eines integrierten Fürstenspiegels vor uns.

„Er <Skleros> aber führte nicht die Meinung eines Feldherren an, sondern die eines listigen Mannes; die zu mächtigen Herrschaftsbereiche sollten bereinigt werden, keinem der zu Felde ziehenden sollten zu viele Ressourcen zur Verfügung stehen, sie sollen mit ungerechten Handlungen ermüdet werden, damit sie mit ihren eigenen Angelegenheiten beschäftigt bleiben, keine Frau soll in den kaiserlichen Palast gelassen werden <Anm.: Basileios war übrigens nie verheiratet>, niemandem soll man zugänglich sein und nicht viele Mitwisser seiner eigenen Pläne soll man haben."[19]

Die Szene wird nicht nur von Michael Psellos – in der Tat ausgeschmückt – erzählt, man findet eine kurze Schilderung der Vorgänge auch bei Ioannes Skylitzes, der in seiner Chronik die Ereignisse der Jahre 811–1057 beschreibt. Auch er erwähnt Vorverhandlungen, Skleros sei durch die Briefe des Kaiser erweicht worden und nachdem er Garantien (πίστεις) zugesichert bekommen hatte, schließt er mit ihm Frieden (σπένδεται). Bei Skylitzes wird erwähnt, dass

---

θειότερα, τὰ δὲ τῷ κράτει σου εἰς ἀμφοτέρας τὰς ἐξηγήσεις ἡ γλυφὴ καὶ τὰ γράμματα· ὅ τε γὰρ κρατὴρ τῆς ὁμονοίας εἰρηνικόν ἐστι σύμβολον καὶ ὁ Ὀδυσσεὺς ἥρως ἀνὴρ τὰς ἀντικειμένας φύσεις νικῶν. Εὖ δέ μοι εἴης εἰρηνικώτερος μᾶλλον ἢ μαχιμώτερος (Or. 32, 41–46 [127, 41–46 Littlewood]).

Ch. Angelidi übersetzt: „these interpretations are not exclusive. I was able to discern on the stone a whole range of hidden meanings, some of them of Christian content, others pagan, but I chose to present you only those two, because they seem to me better adapted to your imperial authority. The first represents Odysseus, the hero who overcomes his adversaries; the second presents the cup of Concord, a symbol of peace. May you be more peaceful than bellicose"; s. Ch. Angelidi, Observing, Describing and Interpreting: Michael Psellos on Works of Ancient Art. Νέα ῾Ρώμη. Rivista di ricerche bizantinistiche 2 (2005) (= Ἀμπελοκήπιον. Studi di amici e colleghi in onore di Vera von Falkenhausen) 227–242, 230f.

18 Michael Psellos, Chronographie I 28, 10–12 (40 Impellizzeri [s. Anm. 8]): Εἶτα δὴ καὶ οἷον στρατηγικὸν ἄνδρα ἠρωτήκει περὶ τοῦ κράτους καὶ ὅπως ἂν αὐτῷ ἀστασίαστος ἡ ἀρχὴ τηρηθείη·

19 Michael Psellos, Chronographie I 28, 12–18 (40–42 Impellizzeri [s. Anm. 8]): ὁ δὲ ἄρα οὐ στρατηγικὴν βουλήν, ἀλλὰ πανοῦργον εἰσηγῆται γνώμην, καθαιρεῖν μὲν τὰς ὑπερόγκους ἀρχάς, καὶ μηδένα τῶν ἐν στρατείαις ἐᾶν πολλῶν εὐπορεῖν, κατατρύχειν τε ἀδίκοις εἰσπράξεσιν, ἵνα τοῖς ἑαυτῶν ἀσχολοῖντο οἴκοις, γυναῖκά τε εἰς τὰ βασίλεια μὴ εἰσαγαγεῖν, καὶ μηδενὶ πρόχειρον εἶναι, μήτε τῶν ἐν ψυχῇ βουλευμάτων πολλοὺς ἔχειν εἰδήμονας. – Diese Ratschläge sind typisch für Fürstenspiegel, s. dazu G. Prinzing, Beobachtungen zu „integrierten" Fürstenspiegeln der Byzantiner. JÖB 38 (1988) 1–31.

Skleros auf seinem Weg zum Kaiser erblindet sei,[20] was bei Psellos nicht explizit erwähnt wird.[21]

Als dritter berichtet Johannes Zonaras (12. Jh.) ausführlich in seinem Geschichtswerk von der Begegnung.[22] Der Kaiser und Skleros treten nach dem Tod des Bardas Phokas in Verhandlungen. Der Kaiser empfängt Skleros, der auf dem Weg zu ihm erblindet ist, in seinem Zelt, wobei er ihn erst dann vor sich treten lässt, nachdem er die purpurnen Schuhe ausgezogen hat (die anderen kaiserlichen Insignia [γνωρίσματα] hatte er schon vorher abgelegt). Der Kaiser begrüßt ihn (gibt ihm die Hand), sie sprechen miteinander, setzen sich an einen Tisch, trinken aus demselben Becher und die τυραννίς hat ein Ende.[23] Zonaras scheint die beiden vorher genannten Quellen zu kombinieren.

---

20 Ioannis Scylitzae synopsis historiarum. Recensuit I. Thurn (CFHB V – Series Berolinensis). Berlin/New York 1973, 338,57–339,59: τούτοις δὲ τοῖς γράμμασι μαλαχθεὶς ἐκεῖνος καὶ πίστεις λαβών, ὡς οὐδὲν ὑποστήσεται φλαῦρον, κατατίθεται τὰ ὅπλα καὶ τῷ βασιλεῖ <u>σπένδεται</u>, κουροπαλάτης τιμηθείς. οὐ μέντοι γε καὶ ὀφθαλμοῖς τὸν βασιλέα θεάσασθαι ἠξιώθη. κατὰ γὰρ τὴν ὁδὸν ἀορασίᾳ πληγεὶς τὴν ὁρατικὴν ἀπέβαλεν αἴσθησιν καὶ τυφλὸς εἰσήχθη πρὸς βασιλέα. ὃν χειραγωγούμενον ἐκεῖνος θεασάμενός φησι πρὸς τοὺς παρόντας· „ὃν ἐφοβούμην καὶ ἔτρεμον, χειραγωγούμενος ἔχεται." Vgl. die französische Übersetzung Jean Skylitzès, Empereurs de Constantinople, texte traduit par B. Flusin et annoté par J.-C. Cheynet (Réalités byzantines 8). Paris 2003, 282–283.

21 Allerdings ist auffällig, wie oft Psellos das Wort ἰδών in dieser Textpassage verwendet (s. Anm. 13 jeweils unterstrichen).

22 Ioannis Zonarae Epitomae historiarum libri XVIII. Ex recensione M. Pinderi, III (CSHB 31). Bonn 1897, 555,17–556,20: Ὁ δέ γε Σκληρὸς τοῦ Φωκᾶ θανόντος λυθεὶς τῆς εἱρκτῆς εἴχετο καὶ αὖθις τοῦ πρὶν ἐγχειρήματος καὶ τυραννεῖν καὶ πάλιν οὐκ ἀνεβάλλετο. ὁ δὲ βασιλεὺς γράμμασι πρὸς αὐτὸν ἐγχαραθεῖσι παρήνει τὸν ἄνδρα παύσασθαι τῆς ἀπονοίας ποτέ καὶ μὴ ἀεὶ βούλεσθαι αἴτιον εἶναι πολέμων ὁμογενέσι καὶ τὴν γῆν αἵμασι χραίνειν, καὶ τούτοις χριστιανῶν. ὁ δὲ τῷ τε γήρᾳ τρυχόμενος ἤδη καὶ πρὸς τὸ μέλλον ἰλιγγιάσας <u>σπένδεται</u> καὶ πρόσεισι τῷ κρατοῦντι. κἀκεῖνος ὑπὸ σκηνὴν καθῆστο βασίλειον, καὶ ὁ Σκληρὸς βάδην ᾔει πρὸς τὴν σκηνήν, ὑπερειδόμενος ἑκατέρωθεν, τὸ μέν τι διὰ τὸ γῆρας, τὸ δὲ διὰ τὸν ὄγκον τοῦ σώματος· ἦν γὰρ εὐμεγέθης· ὅτε καὶ τὸ ᾀδόμενον εἰπεῖν ὁ βασιλεὺς Βασίλειος λέγεται „ὃν ἐδεδοίκειν προσάγεταί μοι χειραγωγούμενος." οἱ δὲ ἀορασίᾳ πληγῆναί φασι τὸν Σκληρὸν ἐν τῷ ἀπιέναι καὶ διὰ τοῦτο χειραγωγεῖσθαι. ἐγγίσαντος δὲ τοῦ ἀνδρὸς τῇ σκηνῇ, κατανοήσας ὁ βασιλεὺς ἔτι τοὺς πόδας αὐτοῦ ὑποδούμενος ὑποδήμασι φοινικοῖς (τὰ μὲν γὰρ ἄλλα τῆς βασιλείας γνωρίσματα ὁ Σκληρὸς ἀπεδύσατο, τὰ δέ γε πέδιλα οὐκ ἀπέθετο „ἢ γὰρ <u>λάθετ'</u> ἢ οὐκ ἐνόησεν") ἀπέστρεψε τὰς ὄψεις εὐθύς, μὴ ἄλλως αὐτῷ ἐντυχεῖν ἀνεχόμενος εἰ μὴ ἐν ἰδιώτου στολῇ. ὁ δὲ πρὸ τῆς σκηνῆς ἀπογίψας τὰ ἐπίφθονα πέδιλα οὕτως ὑπέδυ αὐτήν, (...).

23 Zonaras 556,20–557,3: καὶ ὁ βασιλεὺς ἐξανέστη καὶ τὸν ἄνδρα ἐδεξιώσατο, καὶ ὡμιλησάντων ἀλλήλοιν καὶ ἐκοινωνησάντων τραπέζης καὶ ἐπιέτην ἐκ τῆς αὐτῆς κύλικος. Τοῦτον μὲν οὖν τὸν τρόπον καὶ τοῦ Σκληροῦ τυραννὶς καταλέλυτο, (...).

Wie auch immer, die drei Quellen lassen die Struktur eines genormten Ablaufes erkennen:

Allen drei Historiographen sind Vorverhandlungen wichtig,[24] bei denen nicht nur der Inhalt eines möglichen Ausgleiches, sondern wahrscheinlich auch die Organisation des Versöhnungszeremoniells diskutiert wurde. Die Versöhnung wird bei zwei Autoren außerhalb der Hauptstadt Konstantinopel lokalisiert, wobei offenbar beabsichtigt war, den Eindruck zu erwecken, dass das Ganze zu Felde stattfinden solle. Denn man befand sich *de facto* und *de iure* noch in Kriegszustand. Nur eine Versöhnung erlaubte eine Wiederherstellung des Friedenszustandes. Oder hatte Basileios einfach Angst, der Einzug des Skleros in die Stadt am Goldenen Horn könnte von ihm zu einem Aufstand ausgenützt werden (Skleros hatte die Stadt nie einnehmen können). Die Unterstützung durch die hauptstädtische Bevölkerung war wichtig für die erfolgreiche Umsetzung einer Usurpation.

Nach der Versöhnung lebte Bardas Skleros mit seinem Bruder Konstantinos auf ihren thrakischen Gütern in Didymoteichon, wo die beiden Basileios II. im Jahre 991 noch einmal besuchte, um sie für einen Feldzug anzuwerben. Doch die beiden starben aufgrund ihres schlechten gesundheitlichen Zustandes im März 991.[25]

Verlassen wir nun die textliche Ebene und wenden wir uns der optischen zu, denn der Ausgleich zwischen den beiden Kontrahenten wurde auch bildlich dargestellt. In einer berühmten Handschrift aus der *Biblioteca Nacional de Madrid* (Matrit. Graecus vitr. 26-2), die aufgrund ihres Inhalts einfach als Skylitzes Matritensis bezeichnet wird, ist die Szene in zwei aufeinander folgenden Abbildungen illustriert. Der Skylitzes Matritensis, die einzige illustrierte Chronik aus mittelbyzantinischer Zeit, wird in das 3. Quartal des zwölften Jahrhunderts oder in das zweite Quartal des zwölften Jahrhunderts datiert und ist in der Gegend von Messina entstanden.[26]

---

24 Zuletzt G. Althoff, Beratungen über die Gestaltung zeremonieller und ritueller Verfahren im Mittelalter. In: B. Stollberg-Rilinger (Hrsg.), Vormoderne politische Verfahren (Zeitschrift für Historische Forschung, Beiheft 25). Berlin 2001, 53–71.

25 Cheynet (s. Anm. 29), 283, Anm. 106. Nach Seibt (s. Anm. 2), 60 stirbt Bardas am 6., Konstantinos am 11. März 991. R. R. Schneider Berrenberg, Hatte Kaiserin Theophanu einen Bruder? Pulheimer Beiträge zur Geschichte 29 (2005) 7–21 (Der Abt Gregor von Burtscheid könnte ein Sohn des Bardas Skleros und Cousin der Theophanu gewesen sein).

26 Ältere Faksimile Ausgabe von A. Grabar/M. Manoussacas, L'illustration du manuscript de Skylitzès de Madrid (Bibliothèque de l'Institut Hellénique d'Études Byzantinès et Post-Byzantines de Venise 10). Venedig 1979; vgl. jetzt das bei Miletos erschienene Faksimile Ioannes Skylitzes, Synopsis historion. Athen 2001. – I. Ševčenko, The Madrid Manuscript of the Chronicle of Skylitzes in the Light of Its New Dating. In: I. Hutter (Hrsg.), Byzanz und der Westen. Wien 1984, 117–130. Anders N. Oikonomides, Η στολή του επάρχου και ο Σκυλίτζης της Μαδρίτης, in: Euphrosynon.

In der jüngsten Untersuchung konnten die insgesamt 574 Illustrationen sieben Malern zugewiesen werden, wobei zwei als byzantinisch bezeichnet werden.[27] Die Bilder stellen eine Fundgrube für die byzantinische Kulturgeschichte dar, wobei am prominentesten die Gruppe mit Darstellungen vom Krieg ist (32 % Krieg, 10 % Diplomatie).[28]

Auf fol. 183[recto] und 183[verso] wird das Aufeinandertreffen der beiden Männer illustriert. Die Miniaturen ausgeführt hat ein der westlichen Gruppe zugeordneter Maler.[29]

Auf der ersten Miniatur sitzen die beiden Kontrahenten gegenüber, der Kaiser ist *prima vista* erkennbar, da er mit einem Architekturteil / Palast verbunden ist (wie dies in der Handschrift bei Darstellungen des Souveräns fast durchgehend der Fall ist). Zwischen dem Kaiser und dem Usurpator Bardas Skleros werden Dokumente ausgetauscht, die den versöhnenden Ausgleich vorbereiten und regeln sollen. Zwei Boten befördern Dokumente zwischen den beiden.

Man blättert im Kodex um und kommt auf der nächsten Seite zur Versöhnung der beiden, wobei sofort die Veränderung der Machtverhältnisse deutlich wird: Der Kaiser rückt in den Mittelpunkt des Geschehens, und er befindet sich nun dementsprechend im Zentrum des Bildstreifens. Die ursprünglichen Machtverhältnisse sind also (in unmittelbarer Zukunft) wieder hergestellt.

Der Kaiser sitzt im Palast (und nicht im Zelt) in – man möchte fast sagen – kecker Pose, die Beine überkreuzt, den Kopf nach hinten zu seinem Hofstaat gewandt, und ihm liegt der Spruch „Der, den ich fürchtete und vor dem ich zitterte, wird nun an der Hand geführt" auf den Lippen. Die Darstellung sucht ihresgleichen! In seiner linken Hand hält er ein Szepter, in der rechten ein weißes Tuch und er zeigt scheinbar auf den von einem Helfer gestützten Skleros. Interessantes Detail ist die linke nackte Wade. Skleros hat seinen Thron verlassen und ist blind dargestellt.

Aphieroma ston Manole Chatzidake. Athen 1992, 422–434 (= VIII). Dagegen Georgi Parpulov in seiner Rezension des Buches von V. Tsamakda, The Illustrated Chronicle of Ioannes Skylitzes in Madrid. Leiden 2002, in JÖB 56 (2006) 383–386; aufgrund der Schreibfehler könne man nicht von einer Vorlage ausgehen: „Folglich ist der Madrider Miniaturenzyklus *ad hoc* und nicht als Kopie eines früheren Modells entstanden."

27 Tsamakda (s. Anm. 26); vgl. jetzt Parpulov (s. Anm. 26), 385, der meint, dass „der Stil der Skylitzes-Miniaturen in der zweiten Hälfte des 12. Jhs. undenkbar" sei.

28 H. Hunger, Alltag in Byzanz. Bilder aus dem Codex Matritensis des Johannes Skylitzes. In: Philia. Zeitschrift für wissenschaftliche, ökumenische und kulturelle Zusammenarbeit der Griechisch-Deutschen Initiative 1996, 2 (1996) 5–13; E. Piltz, Byzantium in the Mirror: The Message of Skylitzes Matritensis and Hagia Sophia in Constantinople (BAR International Series 1334). Oxford 2005.

29 Tsamakda (s. Anm. 26), 377–378. S. dazu jetzt L. Theis, Ist Frieden darstellbar? Byzantinische Bildlösungen. In: Frieden – eine Spurensuche. Hrsg. von M. Meyer. Wien 2008.

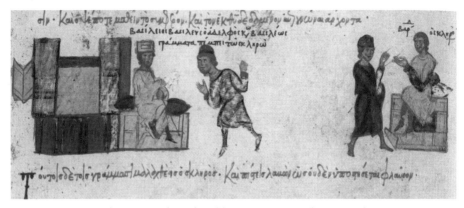

Basileios II. und Bardas Skleros sitzen einander gegenüber
(nach Ioannes Skylitzes, Synopsis historion, 2001, fol. 183r)

Bardas Skleros wird Basileios II. vorgeführt (nach Grabar/Manoussacas Nr. 233, fol. 183v)

Diese Art zu sitzen findet man in der byzantinischen Ikonographie nicht, ab dem 12. Jahrhundert kann man jedoch ähnliche westliche Beispiele finden.[30] Das Sitzen mit Beinkreuzung gehört zur Haltung des Richters. Etliche Darstellungen

---

30 Tsamakda (s. Anm. 26), 275f. Vgl. Grabar/Manoussacas (s. Anm. 26), 193–194, fig. 19 und Cappella Palatina. – Weitere ähnliche Beispiele im Skylitzes Matritensis: Die überkreuzten Beine findet man in der Handschrift noch öfters: 197ᵛ: Konstantin VIII. sitzt in seinem Palast auf seinem Thron mit den Beinen überkreuz (Tsamakda zählt diese Darstellung demselben Maler von 183ʳ zu, allerdings sehe ich kaum stilistische Übereinstimmungen); 200ʳ: Romanos III sitzt auf seinem Thron mit überkreuzten Beinen und empfängt Geschenke von der Witwe des Georgios von Abasgia für einen Friedensvertrag; 219ᵛ: Michael V. übergibt auf dem Thron mit überkreuzten Beinen sitzend dem Eparchen Anastasios ein πιττάκιον. Im Sachsenspiegel dagegen (also in

davon gibt es im Sachsenspiegel und auch die Skylitzeshandschrift weist noch mehrere Beispiele für diese Sitzhaltung auf. Warum ein Bein nackt dargestellt ist, konnte ich bisher nicht klären. Bisher fand ich lediglich einen Hinweis darauf, dass Christus in westlichen Weltgerichtsdarstellungen manchmal nackten Fußes abgebildet ist.[31]

Möglicherweise ist die Fußhaltung des Basileios mit der Darstellung des Skleros einige Folios davor in Verbindung zu setzen. Hier muss auf die Darstellung des Skleros hingewiesen werden, der seinen Fuß mit purpurnem Strumpf bei seiner Usurpation Stephanos von Nikomedeia zeigt.[32] Stephanos war ausgeschickt worden, um den Aufständischen zu überzeugen, die Waffen niederzulegen.[33]

Der Illustrator folgt also der textlichen Darstellung des Skylitzes ziemlich genau.

Die Malstile der Illustratoren B4 und B5 stehen in einer Tradition, die mit der frühen romanischen Kunst beginnt und in Byzanz am Ende des 12. Jahrhunderts nachzuweisen ist; besonders beim zweiten Bild wird das deutlich.

---

der bebilderten Handschriften desselben) erscheinen auch Könige häufig mit verschränkten Beinen, wobei sie hier eben den Typus der Richterhaltung annehmen (vgl. über die gekreuzten Beine als Richterhaltung etwa Norbert H. Ott, Der Körper als konkrete Hülle des Abstrakten. Zum Wandel der Rechtsgebärde im Spätmittelalter. In: K. Schreiner/Norbert Schnitzler [Hrsg.], Gepeinigt, begehrt, vergessen. Symbolik und Sozialbezug des Körpers im späten Mittelalter und in der frühen Neuzeit. München 1992, 223–241. – R. Schmidt-Wiegand, Gebärdensprache im mittelalterlichen Recht. FMSt 16 [1982] 363–379, bes. 366: Richter und Urteiler sitzen, wodurch sie einerseits Ruhe ausdrücken und zum anderen die Überordnung ausdrücken).

31 K. Schreiner, „Nudis pedibus“. Barfüssigkeit als religiöses und politisches Ritual. In: G. Althoff (Hrsg.), Formen und Funktionen öffentlicher Kommunikation im Mittelalter (VuF 51). Stuttgart 2001, 53–124, 117.

32 Ioannis Scylitzae synopsis historiarum 317,43–54 Thurn (s. Anm. 20): ἐν ὅσῳ δὲ ταῦτα ἐπράττετο, ὁ σύγκελλος Στέφανος καὶ τῆς Νικομηδείας πρόεδρος, ἀνὴρ ἐλλόγιμος καὶ ἐπὶ σοφίᾳ καὶ ἀρετῇ διαβόητος καὶ πειθοῖ μαλάξαι ἱκανὸς γνώμην σκληρὰν καὶ ἀτίθασσον, πρέσβυς ἐς τὸν Σκληρὸν ἀποστέλλεται, εἴ πως δυνηθῇ πεῖσαι τοῦτον ἀποθέσθαι τὰ ὅπλα. ἀλλ᾿ οὗτος πρὸς ἓν ἔχων τὴν διάνοιαν τεταμένην, τὴν τῆς βασιλείας ὄρεξιν, ἐλθόντα πρὸς αὐτὸν καὶ πολλὰ εἰπόντα ἐπαγωγὰ καὶ θελκτήρια λόγων μὲν πολλῶν οὐκ ἠξίωσεν, ἀνατείνας δὲ τὸν δεξιὸν πόδα καὶ τὸ κοκκοβαφὲς δείξας πέδιλον· „ἀδύνατον, ὦ ἄνθρωπε“, ἔφη, „τὸν τοῦτο ἅπαξ περιβαλλόμενον ἐπ᾿ ὄψει πολλῶν ῥαδίως ἀποβαλεῖν. φράσον τοίνυν τοῖς ἀποστείλασιν, ὡς ἢ ἑκοντί με παραδέξονται βασιλέα, ἢ καὶ μὴ βουλομένων πειράσομαι λαβεῖν τὴν ἀρχήν.“

33 M. P. Vinson, The Correspondence of Leo, Metropolitan of Synada and Syncellus (CFHB XXIII = DOT VIII). Washington, D.C. 1985, 119–120 (ep. 34); A. J. van der Aalst, The Palace and the Monastery in Byzantine Spiritual Life c. 1000. In: A. Davis (Hrsg.), The Empress Theophano. Byzantium and the West at the Turn of the First Millennium. Cambridge 1995, 314–336, 328.

Basileios ist nach der Versöhnung mit Skleros unangefochtener Kaiser und schafft die Grundlagen für die Stärke des Reiches in den nächsten zwei Jahrhunderten.

Auf das Theatralische / Inszenierende ist bei der Behandlung abgesehen von den unmittelbar am Kaiserthron stattfindenden Aktionen bislang kaum tiefer greifende Forschungsarbeit geleistet worden. Und auch in der byzantinischen Gesellschaft war – wie in westlichen mittelalterlichen Gesellschaften – die öffentliche Inszenierung nicht wegzudenken.

Nachsatz:

Im Strategikon des Kekaumenos findet man einen Reflex auf das Treffen der beiden. 98,1–3: Kekaumenos bezieht sich auf die Ratschläge des Bardas Skleros, die er Basileios gibt. Bardas steht mit seinem Rat im Gegensatz zu Agapetos.[34]

Abstract

In 989, after a long and continuous power-struggle, Emperor Basil II. and Bardas Sclerus, the usurper, arranged a reconciliation meeting before the walls of Constantinople. Both pictorial and written sources of this event exist, which are interpreted in context to explicate the complex proceedings of this ritualised meeting.

---

34 Agapetos Diakonos. Der Fürstenspiegel für Kaiser Iustinianos (Ἑταιρεία φίλων τοῦ λαοῦ 4). Erstmals kritisch herausgegeben von R. Riedinger. Athen 1995, 25, 1176A; zu den Ratschlägen vgl. auch van der Aalst (s. Anm. 33), 317; Ch. Roueché, The Literary Background of Kekaumenos. In: C. Holmes/J. Waring (Hrsg.): Literacy, education and manuscript transmission in Byzantium and beyond (The medieval Mediterranean 42). Leiden/Boston/Köln 2002, 111–138, 128: „There is an elegant irony in this giving bad advice to an emperor who is going to feature as the hero and point of reference for eleventh-century writers." – Erkannt hat dies G. Litavrin, Kekavmen i Michail Psell o Bardje Sklirje. BF 3 (1968) 157–164.

Sonderbare Heilige

Zur Präsenz orthodoxer Heiliger im Westen während des 11. Jahrhunderts

RALPH-JOHANNES LILIE

Zwischen der Spätantike und der beginnenden Renaissance sind Privatpersonen aus dem byzantinischen Kulturraum im westlichen Europa eher selten anzutreffen. Eine Ausnahme bietet eigentlich nur Italien, wobei insbesondere Rom und der Süden der Halbinsel regelmäßige Reiseziele für Byzantiner bildeten. Im restlichen lateinischen Europa sind Griechen – oder auch allgemein Orientalen – seltene Ausnahmen, sieht man einmal von Gesandtschaften oder anderen in offizieller Eigenschaft reisenden Personen ab.[1] Dies gilt auch für orthodoxe Kleriker, die außerhalb Roms und Unteritaliens gleichfalls nur selten in Erscheinung treten.[2] Eine Ausnahme bieten allerdings die ersten Jahre des 11. Jahrhunderts, wo wir nicht nur auf einige orthodoxe Kleriker in Westeuropa treffen, sondern sogar konstatieren können, dass diese Kleriker ein außerordentlich hohes Ansehen genossen, ja in mehreren Fällen überdies zu Heiligen wurden, deren Heiligkeit in mehr oder weniger offiziellen Prozessen festgestellt wurde.[3]

Bei diesen Heiligen handelt es sich um Macarius von Gent († 1012), um Symeon von Polirone († 1016) und um Symeon von Trier († 1035). Nicht genau datierbar, aber wohl auch in die Anfänge des 11. Jahrhunderts einzuordnen sind Davinus, der in Lucca, und Gregorius von Nikopolis, der in Pithiviers gestorben ist. Zu nennen sind in diesem Zusammenhang auch noch Jorius (Joris bzw. Georgios) von Béthune und Gregorius von Niedernburg in Passau, die aber nur durch

---

1   Eine Aufzählung der wechselseitigen Kontakte im frühen Mittelalter, die allerdings nicht vollständig und auch sonst nicht problemlos ist, findet sich bei M. McCormick, The origins of the European economy: communications and commerce, AD 300–900, Cambridge 2002, 799ff.

2   In der ersten Hälfte des 9. Jahrhunderts begegnet ein Iacobus, der in Bourges als Einsiedler lebte und aus Byzanz gekommen sein soll. Ob das stimmt, lässt sich anhand der nicht sehr vertrauenswürdigen Vita nicht zweifelsfrei überprüfen; zu ihm cf. PmbZ, s. v. Iacobus (# 2622).

3   Während die Heiligsprechung bis dahin eher von der lokalen Verehrung abhing, beginnt der Heiligsprechungsprozess um die Jahrtausendwende unter Einschaltung des Papstes formalisiert zu werden. Nach Bischof Ulrich von Augsburg, der anscheinend 993 von Papst Johannes XV. heiliggesprochen wurde, zählen Symeon von Polirone und Symeon von Trier zu den ersten unter Einschaltung des Papstes heiliggesprochenen Personen.

ihre Grabinschriften bzw. durch eine kurze chronikale Erwähnung bekannt sind. Ähnliches gilt für die Erwähnung eines armenischen Eremiten in einem Salzburger Verbrüderungsbuch aus dem späten 11. Jahrhundert. Im Folgenden sollen die Nachrichten über diese Heiligen näher beleuchtet werden, wobei der Schwerpunkt auf den Nachrichten aus dem Orient liegen wird.[4]

1. Macarius von Gent:

Wichtigste Quelle, von der die anderen abhängen, ist die Vita prima S. Macarii (BHL 5100).[5] Sie berichtet Folgendes: Im Jahr 1011 erschien Macarius zusammen mit drei Begleitern in Gent. Seinen Angaben zufolge befand er sich auf einer Pilgerreise und wollte eigentlich sofort weiterwandern, um in seine Heimat zurückzukehren. Er erkrankte jedoch und wurde daher im Kloster des hl. Bavo in Gent behandelt. In diesem Kloster erlebte er eines Nachts eine Vision des hl. Bavo und wurde daraufhin wieder gesund, beschloss jedoch, in Gent zu bleiben. Nach einem Jahr Aufenthalt starb er am 10. April 1012 an einer Seuche, die zu dieser Zeit die Region von Gent heimsuchte. Macarius nahm diese Seuche auf sich, die folgerichtig, wie von ihm vorhergesagt, nach seinem Tod aufhörte und deren Ende seinen Gebeten zugeschrieben wurde. Schon zu Lebzeiten genoss er wegen seines heiligmäßigen Lebenswandels (*ob devotionem sanctae conversationis*) hohes Ansehen und wurde daher, obwohl ihn niemand kannte, in das Kloster aufgenommen. Kurz nach seinem Tod gab Erembold, der Abt des Klosters

---

4 Eine Übersicht über die Präsenz orthodoxer Kleriker, Mönche und auch Laien geben P. McNulty und B. Hamilton, Orientale lumen et magistra Latinitas: Greek Einfluences on Western Monasticism, in: Le Millénaire du Mont Athos. 963–1963. Études et Mélanges I, Chevetogne 1963, 181–216 (Wiederabdruck in: B. Hamilton, Monastic Reform, Catharism and the Crusades [900–1300], Aldershot 1979, Nr. 5). Sie unterscheiden allerdings nicht zwischen realen und fiktiven Personen, so dass die von ihnen gegebenen Zahlen höher erscheinen, als sie tatsächlich sind; cf. auch weiter unten.

5 Zu Macarius von Gent fehlt eine eigene Untersuchung; cf. die Bemerkungen von W. Berschin, Griechisch-Lateinisches Mittelalter: von Hieronymus zu Nikolaus von Kues, Bern 1980, 227f.; T. Heikkilä, Vita S. Symeonis Treverensis: ein hochmittelalterlicher Heiligenkult im Kontext (Suomalaisen Tiedeakatemian toimituksia: Humaniora 326), Helsinki 2002, 112. 206; G. Dédéyan, Les Arméniens en Occident fin Xe siècle – début du XIe siècle, in: Occident et Orient au Xe siècle. Actes du IXe Congrès de la Société des historiens médiévistes de l'enseignement supérieur public (Publications de l'Université de Dijon 57), Paris 1979, 123–143, 128–131; Vita prima S. Macarii episcopi Antiochiae Armeniae, †Gandavi 1012 (Bibliotheca Hagiographica Latina Antiquae et Medii Aetatis [im Folgenden: BHL] 5100), in: AASS April. I (3. ed. Paris 1867) 866–868, hier 868E–F.

(998–1017), seine Vita in Auftrag. Der Autor stützte sich hierbei auf die persönlichen Aussagen des Macarius, die er von ihm selbst erfahren haben will. Diesen Aussagen zufolge war Macarius Erzbischof von Antiochia in Armenien gewesen:

> *Quo sacra S. Bavonis detecta sunt membra [tempore] ac ordine supra memorato reposta, adiit hoc Gandense coenobium quidam magnae gravitatis vir, cum coeuntibus sibi allis tribus: qui se quidem Macarium nomine, Antiochiae vero Archiepiscopum fatebatur: quae urbs Armeniae flos est, nobilitate, divitiis, rerum gestarum gloria longe ceteris praestans, morum probitate, bello et pace memoranda, ejusque opera magnifica, utpote nos accipimus, obumbrantia omnem illustrationem praeclarae gloriae. Haec talem hunc virum, incogniti moris peregrinaeque institutionis, et ad hoc tempus nulli umquam visum, nobis transmisit.*

Mehr ist über die Herkunft des Macarius in der Vita nicht zu finden. Eine jüngere Version bietet zwar erheblich mehr Nachrichten, aber diese beruhen nicht auf zusätzlichen Informationen, sondern sind eine freie Ausgestaltung der Vorlage, die mit weiteren Personen sowie mit zusätzlichen Episoden und Wundern des Heiligen angereichert wurde. Gleichfalls von der Vita abhängig ist ein Eintrag in den Genter Annalen, die zum Jahr 1011 über die Ankunft und zum Jahr 1012 vom Tod des Macarius berichten:

> *Anno 1011 in cenobio Gandensi adventus beati Macharii peregrini, viri nobilissimi et Antiochene sedis archiepiscopi. Anno 1012 sanctus Macharius mortiferam Gandensis populi pestem precibus et lacrimis continuis redimens, eademque peste se divinitus affligi optinens, in cenobio Gandensi quarto Ydus Aprili obiit sanctissime, et ibidem in cripta beate Marie ante altare sancti Pauli apostoli miraculis plurimis choruscans, sepelitur honorifice.*[6]

Analyse: Über den Aufenthalt des Heiligen in Gent muss hier nichts gesagt werden. Zweifellos handelte es sich bei Macarius um eine eindrucksvolle Figur, die sicher ein gewisses Charisma ausstrahlte. Aber die Angaben über seine Karriere vor dem Aufenthalt in Gent können nicht stimmen: Ein Antiochia in Armenien, das Sitz eines Erzbischofs war, hat niemals existiert. Aus der Beschreibung der Vita geht zweifelsfrei hervor, dass Antiocheia am Orontes in Nordsyrien gemeint ist. Aber auch diese Stadt war nicht Sitz eines Erzbischofs, sondern eines Patriarchen. Ein Patriarch mag sich zwar aus Gründen der Bescheidenheit als *episcopus* bezeichnen, aber kaum als *archiepiscopus*, da das dem Bescheidenheitstopos zu wenig entsprechen würde. Es ist auch unwahrscheinlich, dass dem Verfasser der Vita, der ja im Auftrag seines Abtes schrieb, dieser Rangunterschied nicht

---

6 Vita altera S. Macarii episcopi Antiochiae Armeniae, †Gandavi 1012 (BHL 5101), in: AASS April. I (3. ed. Paris 1867) 868–882; Annales S. Bavonis Gandensis, a Iulio Caesare et a. 608–1350, ed. I. von Arx, in: MGH SS II 185–191, 189,7–12.

bekannt gewesen ist. Aber selbst wenn dem so gewesen sein sollte, bleiben weitere unlösbare Fragen: Einen Patriarchen von Antiocheia mit Namen Macarius hat es zu dieser Zeit nicht gegeben. Die Reihenfolge der Patriarchen ist bekannt, auch wenn es zwischen den einzelnen Amtsinhabern Lücken gegeben hat.[7] Zudem herrschten in Antiocheia nach der byzantinischen Rückeroberung 969 relativ stabile Verhältnisse. Es ist unwahrscheinlich, dass ein Patriarch, der dort in diesem Zeitraum amtiert hat, und sei es auch kurz, nur in einer lateinischen Quelle aus Westeuropa Erwähnung gefunden hätte. Man hat versucht, eine Lösung darin zu finden, dass Macarius Archimandrit eines Klosters in oder bei Antiocheia gewesen ist, der während der zeitweiligen Verbannung des Patriarchen Agapios I. dessen patriarchale Befugnisse ausgeübt habe. Aber auch davon steht nichts in den Quellen, und vor allem erklärt es nicht das Hauptproblem: Was hatte Macarius überhaupt in Gent zu suchen?

Dass einzelne Mönche aus dem orthodoxen Raum das Lateinische Europa in dieser Epoche durchwandert haben, mag vorgekommen sein, auch wenn es in den Quellen – von den hier behandelten Beispielen einmal abgesehen – keinerlei Erwähnung gefunden hat. Aber dass einer der hochrangigsten Bischöfe überhaupt – der der Patriarch von Antiocheia auch in dieser Zeit noch war – quasi inkognito durch ein anderes Patriarchat reiste, ist so gut wie ausgeschlossen. Wir kennen nicht einmal Beispiele für Reisen nach Rom, geschweige denn nach Flandern, das um die Jahrtausendwende weder über ein überregionales Pilgerzentrum verfügte, noch sonst in irgendeiner Hinsicht eine Verlockung für den Besuch eines (Ex)patriarchen von Antiocheia gewesen wäre. Wenn es sich wenigstens um Santiago de Compostela gehandelt hätte, wohin sich 1012 ja möglicherweise ein griechischer Bischof verirrt hat![8] Aber Flandern ist in dieser Zeit für einen orthodoxen Kirchenfürsten zweifellos eines der unwahrscheinlichsten Reiseziele, das man sich überhaupt vorstellen kann.

Weitere Punkte, die Argwohn gegen den Bericht der Vita wecken könnten, sind die offenkundigen Sprachkenntnisse des Macarius, von dem zwar gesagt wird, dass er unbekannte Sitten pflegte und einer fremden Institution angehörte (*incogniti moris peregrinaeque institutionis*), der sich aber überraschenderweise trotzdem ohne große Schwierigkeiten mit den Einwohnern von Gent verständigen konnte, also zumindest Latein beherrscht haben muss, was für einen antiochenischen Patriarchen um die Jahrtausendwende gleichfalls ungewöhnlich gewesen sein dürfte. Schließlich ist zu bedenken, dass wir, wie die Vita selbst erklärt, nur die eigene Aussage des Macarius haben. Ausweise oder vergleichbare

---

7   Patriarchen seit der Rückeroberung durch Byzanz (nach V. Grumel, La Chronologie, Paris 1958, 447): Eustratios (969); Theodoros II. (970–976); Agapios I. (978–996); Ioannes III. (996–1021).
8   S. dazu unten 248f.

Bescheinigungen kannte man in dieser glücklichen Epoche noch nicht,[9] so dass die Genter keine Möglichkeiten hatten, seine Behauptung zu überprüfen. Von seinen drei Begleitern ist im Folgenden keine Rede mehr, und wir wissen daher auch nicht, wie lange sie überhaupt mit ihm zusammen gereist waren. Sein Gefolge waren sie offenbar nicht, sonst müsste es eine Mitteilung darüber geben, ob sie gleichfalls im Kloster aufgenommen wurden oder was sonst mit ihnen geschah.

Man kann wohl mit Sicherheit annehmen, dass Macarius eine eindrucksvolle und charismatische Persönlichkeit gewesen ist, da es ihm trotz fehlender Beweismittel gelang, die Einwohner von Gent davon zu überzeugen, dass es sich bei ihm um den Erzbischof (bzw. Patriarchen) von Antiocheia handelte. Aber dass er tatsächlich eine solche Würde innegehabt hatte, ist abzulehnen. Nach heutigen Begriffen müsste man ihn wohl als Hochstapler bezeichnen, es sei denn, dass der Autor seiner Vita hier seinerseits bewusst die Unwahrheit geschrieben hat.

2. Symeon von Polirone:

Über das Leben Symeons sind wir ausschließlich durch seine Vita sowie durch einen, zusammen mit der Vita überlieferten Empfehlungsbrief des Patriarchen von Jerusalem, Arsen(ios), unterrichtet.[10] Die Vita wurde relativ kurz nach seinem Tod im Jahre 1016 von einem Mönch des Polirone-Klosters bei Mantua verfasst, in dem Symeon gestorben war.

Der Vita zufolge wurde Symeon in Armenien als Sohn eines armenischen Adligen und Feldherrn geboren: *In partibus ... Armeniae ... ex clara stirpe prodiens, magistri militum filius.* Wenn man von seinem Todesdatum (1016) ausgeht, dürfte er etwa um die Mitte des 10. Jahrhunderts geboren worden sein. Dem Wunsch seiner Eltern zufolge musste er heiraten, floh jedoch, bevor die Ehe vollzogen wurde, und ließ seine Frau so als unberührte Jungfrau zurück. Symeon trat in ein Kloster ein, zog sich aber nach einiger Zeit als Einsiedler in die Wüste zurück, wo sich auch Schüler um ihn zu sammeln begannen. Wie lange er in der Wüste lebte, wird in der Vita nicht gesagt. Aus der Wüste zog er nach Jerusalem und von dort nach Rom, wo er in der Lateranbasilika den Papst traf, der dort

---

9 Abgesehen natürlich von Reisenden in offizieller Eigenschaft, wie etwa Gesandten. Aber zu dieser Kategorie zählte Macarius ja gerade nicht.

10 La „Vita" di s. Simeone monaco, ed. P Golinelli, in: SM 20 (1979) 709–788 (Ed. der Vita: p. 745–786; Appendice: Epistola Arsen patriarchae Ierosolimitani, ibidem p. 787); zu Symeon s. ausführlich P. Golinelli, ibidem 709–744; Dédéyan (s. Anm. 5), 124f.; zuletzt B. W. Häuptli, Art. Simeon von Polirone, in: BBKL 23 (2004) 1387–1389.

gerade eine Synode abhielt. Symeon wurde von einem Kleriker der Häresie angeklagt. Der Papst leitete eine Untersuchung ein, durch die Symeon rehabilitiert
wurde. Von Rom aus pilgerte Symeon über Pisa und Lucca weiter bis nach Santiago de Compostela, um von dort über Frankreich und England nach Oberitalien zurückzukehren und sich schließlich in einem Benediktinerkloster in
Polirone bei Mantua niederzulassen, wo er am 26. Juli 1016 auch starb. Schon
kurz nach seinem Tod begannen Bemühungen ihn heiligzusprechen. Der Papst
erklärte sich einverstanden, und so gehört Symeon zu den ersten Heiligen, die
unter formeller Einbeziehung des Papstes kanonisiert wurden, wenn auch noch
nicht in dem formalisierten Verfahren, wie es sich in der Folgezeit entwickelte.

Analyse: Die Vita berichtet wenig nachprüfbare Einzelheiten. Für die Jugend
des Heiligen bis zu seinem Aufenthalt in Jerusalem beruft sie sich auf einen
angeblichen Brief des Patriarchen Arsenios von Jerusalem, der nicht erhalten ist
und auf den weiter unten eingegangen werden wird. Ihr einziger nachprüfbarer
Punkt ist der Bericht über die Ankunft Symeons in Rom, wo Papst Benedikt
gerade eine Synode abhielt. Die Forscher, die sich mit der Vita beschäftigt haben,
sind übereinstimmend der Ansicht, dass es sich hierbei um Papst Benedikt VII.
gehandelt haben muss, der von Oktober 974 bis zum 10. Juli 983 amtierte, und
von dem bekannt ist, dass er 981 eine Synode abgehalten hat. Die Vita berichtet,
dass Symeon in den Lateran gekommen sei und dort nach seiner üblichen Weise
gebetet habe. Daraufhin habe ihn ein Kleriker der Häresie angeklagt und das
Volk aufgefordert, den Häretiker zu töten: *In quo cum devotae orationis moram
(ut ei semper consuetudo fuerat) diu in longum protraheret, unus ex clero … Symeonem virum sanctum et catholicum omnibus in synodo residentibus ore polluto
infamavit haereticum.* Der Papst habe einen anwesenden Bischof aus Armenien
gebeten, die Rechtgläubigkeit Symeons zu prüfen: *Aderat tunc quidam religiosus
et reverendus episcopus, qui ab Armeniae finibus peregre Romam petens, consilio
et sapientia praeditus, reverentia sanctitatis habebatur egregius.* Dieser Bischof
prüfte daraufhin Symeon, der aus dem Examen natürlich glänzend gerechtfertigt
hervorging, so dass der Bischof schließlich aus lauter Verehrung vor ihm nieder-
fiel: *Quod cum peregrinus episcopus audisset, famulum videlicet Dei Symeonem
plenum fide et sanctitate veraciter cognovisset, magno repletus gaudio, pro reverentia sanctitatis, eius pedibus se prostravit humilitatis obsequio.* Danach redete
man noch eine Weile auf Armenisch (*Postquam igitur plura inter se Armenica lin-
gua contulissent ad invicem*) und informierte schließlich Papst und Synode, die
die Rechtgläubigkeit Symeons öffentlich bestätigten: *Quod protinus Papae ac
omnibus qui aderant, virum Dei scilicet Symeonem verae fidei possessorem, iustum et sanctum, aeternae Trinitatis cultorem, omnipotentis Dei adoratorem palam
omnibus declaravit.*[11]

---

11   Vita di s. Simeone p. 757–759 (cap. V Golinelli [s. Anm. 10]).

Soweit der Bericht über die Synode, der, soweit ich sehe, bisher nicht in Frage gestellt worden ist, obwohl er nicht wenige Unklarheiten aufweist. Symeons Art des Betens kann in Rom eigentlich nicht so unbekannt gewesen sein, da es dort griechische Klöster gab und man auch mit Jerusalem in einem gewissen Kontakt gestanden haben dürfte. Aber entscheidender ist etwas anderes: Woher kam der armenische Bischof, und was hatte er auf der Synode in Rom überhaupt zu suchen? Es handelte sich zweifellos um eine lokale Synode der römischen Kirche, an der ein Bischof aus einem anderen Patriarchat eigentlich nicht teilnehmen konnte. Überraschend ist auch, dass ein Bischof aus Armenien überhaupt genügend Latein beherrscht haben soll, um aktiv an einer solchen Synode teilnehmen zu können. Er wäre eine seltene Ausnahme gewesen, zumal die armenische Kirche seit Chalkedon nicht mehr mit Rom (und mit Konstantinopel) übereinstimmte. Es wäre ein geradezu an ein Wunder grenzender Zufall gewesen, wenn ein solcher Bischof sich ausgerechnet dann in Rom aufgehalten hätte, als Symeon dort eintraf, der bezeichnenderweise noch dazu genau an dem Tag dieser Synode die Kirche betrat.

Weitere historisch nachprüfbare oder zumindest hinterfragbare Nachrichten sind in der Vita nicht zu finden, sieht man einmal davon ab, dass der Aufenthalt des Heiligen in Tuscien von dem Autor mit einer Reihe von lokalen Fürsten und Bischöfen in Verbindung gebracht wird, die auf diese Weise die Richtigkeit der biographischen Darstellung bestätigen sollen. Dies ist hier nicht zu untersuchen. Ansonsten entspricht der Inhalt der Vita dem, was man in dieser Zeit von einer Heiligenvita erwarten kann. Das betrifft auch die zahlreichen Wunder, die bei jeder Gelegenheit vom Heiligen gewirkt werden.

In der Vita wird ausdrücklich auf einen Brief des Patriarchen Arsen von Jerusalem Bezug genommen, der über die Herkunft Symeons Auskunft gebe: *Huius denique parentes non novimus, sed sicut reverentissimus Arsenius Hierosolimorum patriarcha sibi notus et familiarissimus nobis per epistolam retulit, ex clara nobilium stirpe prodiens, magistri militum filius fuit.*[12] Erstaunlicherweise handelt es sich dabei aber nicht um den erhaltenen Brief, der im Archiv von Mantua liegt und ein reines Empfehlungsschreiben ist, sondern um einen Brief, den Arsen an den Autor der Vita geschrieben haben soll (*nobis per epistolam retulit*). Ein solcher Brief kann eigentlich nur nach dem Tod Symeons geschrieben worden sein, denn zu Lebzeiten Symeons hätte der Autor ihn selbst fragen können und es wohl kaum für nötig gehalten, Informationen durch einen Dritten einzuholen. Wenn der Brief aber erst nach dem Tod geschrieben worden ist, kann Arsen nicht der Verfasser gewesen sein, denn er starb 1009, während Symeon 1016 verstorben ist. Man fragt sich überhaupt, wieso nicht beide Briefe erhalten

---

12   Vita di s. Simeone p. 749,4–750,1 (Golinelli [s. Anm. 10]).

sind, sondern nur einer, auf den in der Vita dann überhaupt nicht Bezug genommen wird.

Der erhaltene Brief ist allerdings noch weitaus problematischer. Der Patriarch rühmt Symeon in einem Maße, wie es bei einem realen Empfehlungsbrief eines Patriarchen kaum möglich ist. Symeon wird praktisch Christus gleichgestellt: *Et non habuit comparem, nisi Iesum Christum.*[13] In einer Heiligenvita mag so etwas möglich sein, in einem Empfehlungsschreiben, das eine reale Absicht verfolgt, wäre eine solche Übersteigerung äußerst ungewöhnlich. Noch problematischer ist ein weiterer Passus, in dem der Patriarch sich über die Pilgerreisen Symeons auslässt: *Ad sepulchrum enim Domini ivit, inde venit ad ecclesiam beati Petri apostoli; posthinc ad limina beati Iacobi Galliciani perrexit, atque sic in modum apostolorum, Deo et domino nostro Christo serviendo, circuiret totum orbem.* Woher weiß der Patriarch über diese Pilgerreisen Bescheid? Wenn man der Vita Glauben schenken will, war Symeon von Jerusalem über Rom nach Santiago de Compostela und von dort über Frankreich und England zurück nach Oberitalien gereist. Nach Jerusalem ist er nicht zurückgekehrt. Woher wusste der Patriarch also von diesen Reisen, und wieso schrieb er überhaupt einen Empfehlungsbrief für jemanden, der sich weit entfernt von Jerusalem aufhielt?

Die Form des Empfehlungsbriefes verrät eine Vertrautheit mit weltlichen Titeln im Lateinischen Europa, die für einen Patriarchen von Jerusalem kurz nach der Jahrtausendwende erstaunlich anmutet:

> *Quicumque ergo imperator sive rex vel regina sive episcopus seu abbas sive marchio seu comes vel quicumque christianus amore Christi sibi benefecerit vel eum defenderit et viam ostenderit, quia non scit linguam, sit benedictus a Patre et Filio Sanctoque Spiritu; conservet eum Dominus in omni opere bono... Qui vero sibi male fecerit vel eum iniuraverit, cum dampnatis pereat in aeternum et in saecula saeculorem. Amen.*

Es wäre interessant zu wissen, woher ein Patriarch von Jerusalem den Unterschied zwischen einem *marchio* und einem *comes* gekannt haben soll.[14] Aber das ist nicht entscheidend, wenn wir es mit dem Hauptproblem vergleichen. Arsen bezeichnet sich in dem Brief als Patriarch von Jerusalem: *Ego Arsen non meis meritis patriarcha Ierosolimita firmo signo sancti sepulchri omni ecclesiae catholicae salutem et precem.* Lassen wir beiseite, dass ein „orthodoxer" Patriarch, der der Patriarch von Jerusalem um die Jahrtausendwende war, kaum die Formel von der *ecclesia catholica* benutzt haben dürfte. Das könnte man vielleicht noch der Problematik der Übersetzung ins Lateinische in die Schuhe schieben. Aber es hat

---

13   Der Brief ist abgedruckt in: Vita di s. Simeone p. 787 (Golinelli [s. Anm. 10]).

14   Hinzuweisen ist hier darauf, dass Bonifacius, der Schutzherr des Klosters, in dem Symeon starb, den Titel eines *marchio* führte; cf. den Brief des Papstes an Bonifacius: *Bonifatio gratia Dei marchioni onclito salutem...* (Golinelli [s. Anm. 10], p. 787).

keinen Patriarchen Arsen von Jerusalem gegeben! Die Liste der Patriarchen von Jerusalem ist bekannt. Ein Arsen kommt in ihr nicht vor. Im fraglichen Zeitraum amtierten Joseph II. (980–983/84), Agapios (983/84–985) und Orestes (986–1006). Letzterer war im Jahre 1000 als Gesandter des Kalifen al-Ḥākim nach Konstantinopel gereist, von wo er nicht nach Jerusalem zurückkehrte, sondern entweder 1006 in Konstantinopel oder vielleicht auch erst später in Unteritalien starb.[15] Auf Wunsch des Kalifen übernahm Arsenios, der Bruder des Orestes und Patriarch von Alexandreia (1000–1010), in Vertretung seines Bruders für einige Zeit auch die Verwaltung Jerusalems. Es ist daher sehr wahrscheinlich, dass mit dem Arsen des Briefes und der Vita Arsenios, der Patriarch von Alexandreia und sozusagen stellvertretende Patriarch von Jerusalem gemeint ist. In einer Heiligenvita mag eine Verwechslung zwischen einem „richtigen" Patriarchen und einem zeitweiligen Vertreter erklärlich sein, nicht aber in einem offiziellen Schreiben des Patriarchen selbst. Es scheint mir ausgeschlossen zu sein, dass Arsen nicht auf seinen eigenen Titel als Patriarch von Alexandreia hingewiesen hätte, ebenso wie er wohl kaum die Tatsache unterschlagen hätte, dass sein eigener Bruder der rechtmäßige Patriarch von Jerusalem war. Die Echtheit des Briefes ist daher abzulehnen.

Alles zusammengenommen lässt sich vermuten, dass dem Autor der Vita bekannt war, dass in Jerusalem jemand mit Namen Arsen als Patriarch amtierte oder amtiert hatte. Dass er über die konkreten Einzelheiten nicht Bescheid wusste, dürfte bei einem oberitalienischen Mönch, der fernab der großen Zentren in seinem Kloster lebte, nicht weiter erstaunlich sein. Wir können daher als wahrscheinlich festhalten, dass der Autor der Vita den angeblichen Brief des Patriarchen Arsen von Jerusalem selbst geschrieben hat, um auf diese Weise seiner Vita eine höhere Authentizität zu verleihen. Besonders sorgfältig ist er dabei nicht vorgegangen, wie der Fehler mit der Jugend des Heiligen beweist, die in dem Brief ausgeführt worden sein soll, sich in ihm aber gar nicht findet. Ohnehin zeigt der Brief nur ein sehr geringes Bemühen, einen korrekten Briefstil nachzuahmen, sondern der Autor lässt sich in ihm, wie in der Vita, von der Heiligkeit seines Protagonisten hinreißen, so dass das angebliche Empfehlungsschreiben zu einer reinen Eloge Symeons wird.

Dem Heiligsprechungsprozess hat dies nicht geschadet, wie man aus einem entsprechenden Brief Papst Benedikts VIII. (1017–1024) sehen kann, der an den Markgrafen Bonifacius schrieb:

---

15 So eine ansprechende Vermutung von V. von Falkenhausen, Straußeneier im mittelalterlichen Kampanien, in: Festschrift Engelina Smirnova, Moskau (im Druck; der Autorin sei für die Erlaubnis, das ungedruckte Aufsatzmanuskript benutzen zu dürfen, herzlich gedankt).

Si ita corruscat miraculis ut vester homo nobis asseruit, aedificate ecclesiam, collocate in ea eundem, iuxta quem altare consecrari rogate, in quo reliquiae antiquorum sanctorum recondantur cum sacrissimo corpore domini nostri Iesu christi, et sic demum divina misteria celebrentur. Tractate eum ut sanctum, sanctus sanctorum reddat vobis mercedem sancti…[16]

Der Papst stimmt damit der Heiligsprechung Symeons zu, wälzt die Verantwortung aber zugleich auf den Markgrafen ab: Wenn die berichteten Wunder wahr sind, soll man Symeon eine Kirche bauen und ihn als Heiligen verehren.

Es ist nicht zu bestreiten, dass Symeon von Polirone existiert hat. Ebenso muss man nicht bezweifeln, dass er tatsächlich aus dem Orient kam und Rom und Santiago de Compostela besuchte. Die Herkunft aus Armenien mutet schon unwahrscheinlicher an, und die Fälschung des Arsenbriefes zeigt, dass man dem Autor nicht trauen kann. Damit aber werden auch alle Überlegungen hinfällig, wie man den Bericht der Vita mit tatsächlichen Ereignissen in Einklang bringen kann. Dies gilt vor allem für die angebliche Häresieuntersuchung anlässlich einer Synode in Rom, die sich daher auch nicht, wie das versucht worden ist, mit einer bestimmten Synode, konkret der von Benedikt VII. 981 veranstalteten Synode, verbinden lässt. Warum der Autor gerade einen Papst mit Namen Benedikt anführt, lässt sich nicht mehr sagen. Vielleicht spielte für ihn eine Rolle, dass zum Zeitpunkt der Heiligsprechung Benedikt VIII. amtierte und er auf diese Weise eine Verbindung zwischen dem Papst und dem Heiligen andeuten konnte. Außerdem lag dieser Name für den Mönch eines Benediktinerklosters wohl ohnehin nahe.[17]

Wenn wir alle Verdachtsmomente zusammennehmen, ergeben sich so starke Zweifel an der Vertrauenswürdigkeit des Autors, dass man eigentlich nichts, was nicht aus anderen Quellen heraus gestützt würde, für wahr halten kann. Über die Tatsache hinaus, dass es einen Symeon gegeben hat, dass dieser Symeon wahrscheinlich aus dem Orient gekommen und ein weitgereister Pilger gewesen ist, bis er in dem Benediktinerkloster von Polirone bei Mantua zur Ruhe kam, lassen sich keine gesicherten Aussagen treffen. Wohl aber lässt sich an einzelnen Punkten nachweisen, dass der Autor bewusst gefälscht hat, um die Heiligkeit seines Helden unter Beweis zu stellen.

---

16   Golinelli (s. Anm. 10), p. 787f.

17   Die Vita konkretisiert nicht, um welchen Benedikt es sich gehandelt hat, sondern nennt nur *Ecclesiae pontificem, Benedictum nomine,* s. Vita di s. Simeone p. 757,7 (Golinelli [s. Anm. 10]).

3. Symeon von Trier:

Auch die Herkunft und das Leben Symeons von Trier vor 1027 sind nur aus seiner Vita bekannt, deren Autor behauptet, die Einzelheiten von Symeon selbst
erfahren zu haben.[18] Diesen Angaben zufolge wurde Symeon ca. 990 in Syrakus
auf Sizilien als Sohn vornehmer byzantinischer Eltern geboren. Als er sieben
Jahre alt war, zog sein Vater, der in den Dienst des Kaisers treten wollte, mit ihm
nach Konstantinopel, wo Symeon eine sorgfältige Erziehung erhielt. Eines Tages
sah er eine lateinische Pilgergruppe, die auf dem Weg ins Heilige Land war, und
beschloss seinerseits, nach Jerusalem zu pilgern.

In Jerusalem[19] verdiente Symeon sieben Jahre lang seinen Lebensunterhalt als
Pilgerführer. Er war jedoch mit diesem Leben unzufrieden und schloss sich
einem Einsiedler am Jordan an, um ihm zu dienen. Nach einiger Zeit erkannte er,
dass er ohne eine richtige Ausbildung als Mönch keinen Erfolg als Einsiedler
haben würde, und trat in das Marienkloster in Bethlehem ein, wo man ihn als
Mönch aufnahm und er nach einiger Zeit zum Diakon geweiht wurde. Zwei
Jahre später verließ er das Kloster und zog weiter auf den Sinai. Dort trat er in
das Katharinenkloster ein. Mit Erlaubnis des Abtes zog er sich einige Zeit später
für zwei Jahre als Einsiedler in eine Höhle am Roten Meer zurück. Als er sich
dort zu sehr von Seefahrern gestört fühlte, die nach Öl suchten, kehrte er in das
Katharinenkloster zurück. In den folgenden Jahren lebte er abwechselnd im
Kloster und als Einsiedler in der Nachbarschaft.

Der normannische Herzog Richard II. von der Normandie hatte dem Katharinenkloster Geld zugesagt. Da die Mönche, die es holen sollten, gestorben
waren, bat der Abt Symeon, die Aufgabe zu übernehmen. Nach anfänglicher
Weigerung reiste dieser nach Ägypten, wurde jedoch von den Hafenwächtern in

---

18 Vita Symeonis Treverensis (BHL 7963), in: AASS Iun. I (3. ed. Paris 1867) 86–92; zu
    Symeon cf. W. Berschin, Griechisch-lateinisches Mittelalter: von Hieronymus zu
    Nikolaus von Kues, Bern 1980, 228. 240; zu der Person Symeons und zu seiner Vita
    cf. Heikkilä (s. Anm. 5); zuletzt B. Kettern, Art. Simeon von Trier, in: BBKL 10 (1995)
    366–368 (zuletzt aktualisiert am 15.05.2006).

19 Mehrere Handschriften bieten statt Jerusalem *laodicie, lichaonie, in Lycaonia* u. a., s.
    Vita Symeonis 88A–B; cf. Heikkilä (s. Anm. 5), 116 Anm. 474. Man könnte daher
    auch annehmen, dass Laodikeia in Lykaonien oder Laodikeia in Nordsyrien gemeint
    ist. Für letzteres könnte sprechen, dass es die Grenzstadt zum ägyptischen Macht-
    bereich hin gewesen ist. Symeon wäre dann nur bis zur byzantinischen Grenze ge-
    kommen. Allerdings ist die Wahrscheinlichkeit doch relativ groß, dass Symeon
    zumindest zeitweilig ein Mönch des Katharinenklosters gewesen ist. Wenn auch das
    nicht stimmen sollte, müsste er gegenüber seinem Biographen ein geradezu gigan-
    tisches Lügengebäude aufgebaut haben, denn dass dieser den gesamten Aufenthalt
    Symeons im Heiligen Land selbst und ohne fremde Informationen erfunden haben
    sollte, dürfte noch unwahrscheinlicher sein.

Babylon (Kairo) wegen angeblicher Spionage festgenommen, dann aber nach einer Untersuchung wegen erwiesener Unschuld wieder freigelassen. In Babylon schiffte Symeon sich auf einem venezianischen Handelsschiff ein. Der Kapitän, ein gewisser Dominicus, lief trotz Warnungen vor Seeräubern aus und wurde folgerichtig auf dem Nil von Piraten überfallen. Nachdem man sechs Stunden gekämpft hatte, griffen die Piraten zu einer List: Sie gaben vor, ihrerseits gegen Räuber zu kämpfen, so dass man sie, neun an der Zahl, auf das Schiff ließ, wo sie mit Ausnahme Symeons alle Insassen umbrachten. Dem Kapitän schnitten sie den Kopf ab. Nur Symeon konnte entkommen, indem er sich ohne Kleider ins Wasser stürzte und ans Ufer schwamm. Nach mehreren Tagen wurde er von Anwohnern gefunden und mit Nahrung und Kleidung versorgt, obwohl er – trotz seiner überragenden Sprachkenntnisse – ihre Sprache nicht verstand.[20] Er wanderte dann nach Antiocheia, wo er ehrenvoll aufgenommen wurde und auch von dem Patriarchen und den Herren der Stadt hohe Wertschätzung erfuhr.

In Antiocheia traf Symeon auf eine größere Pilgergruppe, in der sich Pilger aus Aquitanien, Lothringen, dem Rheinland, Flandern und der Normandie zusammengefunden hatten und die auf dem Weg nach Jerusalem war. Anführer waren Richard, der Abt von St. Vanne (Verdun), und Eberwin, der Abt von St. Martin in Trier, der spätere Autor der Vita Symeons. Mit diesen Pilgern freundete Symeon sich an, wobei er sich besonders dem Abt von St. Vanne anschloss: *Famulus Dei Symeon junctus est nobis in amicitia, praedictum Abbatem Richardum adoptans sibi in Patrem.*[21] Trotzdem weigerte er sich, mit den Pilgern nach Jerusalem zu gehen, sondern er wartete in Antiocheia auf ihre Rückkehr von dort. Zusammen mit Kosmas, einem anderen Mönch, begleitete er die Pilger danach auf ihrer Rückreise durch das Byzantinische Reich. In Belgrad verbot der dortige Statthalter den beiden Mönchen die Weiterreise.[22] Folglich trennten Symeon und Kosmas sich von den Pilgern und reisten über Italien, vielleicht über Rom,[23] nach Nordfrankreich, wo sie Graf Wilhelm von Angoulême freundlich aufnahm. Hier besitzen wir das erste konkrete – und darüber hinaus von der Vita

---

20 Er sprach angeblich fünf Sprachen: *Instructus enim Aegyptiaca, Syriaca, Arabica, Graeca, et Romana eloquentia,* s. Vita Symeonis 88A.

21 Vita Symeonis 88A–B.

22 In den Kommentaren zur Vita wird dies allgemein damit begründet, dass der *princeps* von Belgrad möglicherweise byzantinische Spionage oder ähnliches befürchtet habe. Jedoch war Belgrad zu dieser Zeit byzantinisch, so dass es sich bei dem *princeps* um den byzantinischen Statthalter gehandelt haben muss. Warum der Statthalter die Weiterreise untersagte, lässt sich nicht feststellen. Wahrscheinlich sah er in Symeon und Kosmas byzantinische Untertanen, während er den durchreisenden Pilgern keine Vorschriften machen wollte oder durfte.

23 Die Fahrt über Rom, die in der gedruckten Fassung der Vita beschrieben wird, ist laut dem handschriftlichen Befund nicht sicher, cf. Heikkilä (s. Anm. 5), 118.

unabhängige – Zeugnis für das Leben Symeons, denn beide Mönche, Symeon und Kosmas, hatten anscheinend an einer Synode teilgenommen, die angeblich im November 1031 in Limoges stattfand und auf der beide die Apostolizität des hl. Martial bezeugten: *Qui alter Symeon, alter nomine Cosmas, consono ore responderunt, dicentes: Utique Martialem novimus apostolum.* Man nimmt allgemein an, dass diese Protokollnotiz auf den Chronisten Ademar von Chabannes zurückgeht, da der Ablauf der Synode nur in einer Handschrift Ademars von Chabanne überliefert ist. Allerdings lässt diese Angabe sich nicht mit der aus der Vita zu erschließenden Chronologie vereinbaren, derzufolge der Aufenthalt in Angoulême, wo Kosmas gestorben sein soll, 1027 stattgefunden haben muss. Entweder ist die Chronologie der Vita hier völlig durcheinandergebracht worden, oder das Protokoll der Synode ist nicht korrekt. Angesichts der Tatsache, dass die ganze Synode wahrscheinlich von Ademar, der mit ihr den Apostelstatus des hl. Martial beweisen wollte, erfunden oder zumindest im Protokoll weitgehend verfälscht worden ist, dürfte Letzteres wahrscheinlicher sein.[24]

In dieser Zeit starb Kosmas, und Symeon reiste allein weiter nach Rouen, um dort das von Herzog Richard (II.) von der Normandie versprochene Geld für das Sinaikloster in Empfang zu nehmen. Jedoch war der Herzog mittlerweile gestorben. Sein Sohn und Nachfolger Richard III. erkannte das Anrecht des Klosters nicht an, so dass Symeon seinen Auftrag nicht erledigen konnte. Er kehrte aber nicht in den Orient zurück, sondern reiste über Verdun nach Trier, wo er das Vertrauen des Trierer Erzbischofs Poppo (1016–1047) gewann, den er auf dessen Pilgerreise ins Heilige Land 1028–1030 begleitete und mit dem er auch wieder nach Trier zurückkehrte. Im Jahre 1030 ließ er sich im Ostturm der „Porta Nigra" in Trier einschließen, um dort als Inkluse zu leben. Er starb am 1. Juni 1035. Bald nach seinem Tod wurde er von Papst Benedikt IX. heiliggesprochen. Man verehrt ihn in Trier noch heute. Im Trierer Domschatz befinden sich ein griechisches Lektionar aus dem 9. Jh. und eine Kopfbedeckung (*biretum*), die beide Symeon gehört haben sollen.

Analyse: Die Vita des hl. Symeon von Trier genießt allgemein gerade aufgrund ihres Reichtums an Details große Vertrauenswürdigkeit, obwohl T. Heikkilä daneben auch den starken Anteil an topischen Elementen betont. Allerdings

---

24 Mansi XIX 517 bzw. PL 142, col. 1363C; cf. dazu Heikkilä (s. Anm. 5), 119; zur Zeitproblematik 119–130; zu Ademar von Chabannes, dessen Vertrauenswürdigkeit unterdessen sehr angezweifelt wird, cf. R. Landes, Relics, Apocalypse, and the Deceits of History: Ademar of Chabannes, 989–1034, Cambridge, Mass. – London 1995, bes. p. 158. 161–167. 340f.; P. Bourgain, in: Ademari Cabannensis Chronicon, cura et studio P. Bourgain iuvamen praestantibus R. Landes et G. Pon (CCCM 129 / Ademari Cabannensis Opera omnia 1), Turnhout 1999, p. VII–CXVI (Introduction. Annexe); 193–339 (Notes critiques. Bibliographie).

gilt letzteres vor allem für die zahlreichen Wunder, die von Symeon gewirkt werden, und ganz allgemein für seinen heiligmäßigen Lebenswandel, was alles naturgemäß nicht überprüfbar ist.[25] Untersuchen wir also die nachprüfbaren Details dieses Heiligenlebens:

Der Vita zufolge wurde Symeon in Syrakus auf Sizilien als Sohn vornehmer griechischer Eltern geboren: Der Vater kam aus Syrakus, die Mutter aus Kalabrien: *Igitur vir Dei Symeon, patre Graeco, Antonio dicto, matre Calabrica, in Sicilia civitate Syracusane progenitus, a nobilissimis et Christianis parentibus Christianiter est educatus.* Als er sieben Jahre alt war, zog sein Vater – von der Mutter ist keine Rede mehr – mit ihm nach Konstantinopel, wo er in den Dienst des Kaisers treten wollte und wo Symeon eine sehr gute Erziehung erhielt: *Cum vero bonae indolis puer septem annorum esset, a patre, qui militaturus erat, Constantinopolim deducitur; ibique eruditissimis viris sacris imbuendus litteris traditur.*[26]

Diese Angaben sind schlicht falsch! Syrakus war 878 von den Arabern erobert worden. Die Bevölkerung war entweder geflohen oder versklavt worden. Es ist ausgeschlossen, dass in der Stadt ein knappes Jahrhundert später *nobilissimi Graeci* gelebt haben. Selbst die Heirat eines Einwohners von Syrakus mit einer Einwohnerin aus Kalabrien ist nicht sehr wahrscheinlich, da diese Region in der zweiten Hälfte des 10. Jahrhunderts fast ununterbrochen zwischen Byzantinern, Deutschen, Langobarden und Arabern umkämpft war. Immerhin ist sie nicht unmöglich. Dass der Vater aber als Bewohner des arabischen Machtbereichs nach Konstantinopel reiste, um dort in den Dienst des Kaisers zu treten, ist gleichfalls so gut wie ausgeschlossen.[27] Man gewinnt den Eindruck, dass der Autor der Vita nicht gewusst hat, dass Syrakus nicht (mehr) zum byzantinischen Reich gehörte, und daher einfach davon ausging, dass Symeon und sein Vater aus einer Provinzstadt in die Hauptstadt reisten, wo der Vater Karriere machen wollte.

Damit wird auch die angebliche Ausbildung Symeons in Konstantinopel hinfällig, die ohnehin eher ein Topos sein dürfte.

Die folgenden Stationen Symeons im Heiligen Land sind mangels überprüfbarer Nachrichten nicht zu beurteilen, auch wenn sie außerordentlich stereotyp wirken. Im Endeffekt wird hier der typische Werdegang eines mittelalterlichen Heiligen geschildert, durchsetzt mit einer ganzen Reihe von Wundern. Aus dem Rahmen fällt eigentlich nur die Tätigkeit als Fremdenführer, die für einen Heiligen ungewöhnlich ist: *Per septem annos ductor peregrinorum fuit.*[28]

---

25 Heikkilä (s. Anm. 5), 42.
26 Vita Symeonis 86F–87A.
27 Wobei *militaturus* nahelegt, dass er in das Heer des Kaisers eintreten wollte.
28 Vita Symeonis 87A. Man beachte die Zahlensymbolik.

Symeon trat schließlich in das Katharinenkloster auf dem Sinai ein und lebte dort mehrere Jahre. Er verließ es auf Anordnung des Abtes, um dem Kloster versprochene Gelder des Herzogs Richard II. von der Normandie in Empfang zu nehmen:

> *Interea Fratres aliqui, pro necessitatibus loci Occidentalibus partibus directi, moriuntur. Pecunia, pro qua Fratres abierant, quae de terra Richardi Comitis Normanniae, monasterio debebatur, ab ipso diligenter conservatur; et ut aliquis fidelis Frater mitteretur, qui eam monasterio deferret, per legatos mandatur.*[29]

Tatsächlich wissen wir von Radulphus Glaber, dass die Herzöge der Normandie als Spender des Katharinenklosters aufgetreten sind. Insofern ist ein entsprechender Auftrag Symeons nicht auszuschließen.[30]

Völlig unwahrscheinlich aber ist die bereits erwähnte Reise Symeons bis Antiocheia, wie sie in der Vita erzählt wird. Lassen wir die angebliche Gefangennahme in Babylon (Kairo) durch einen muslimischen Torwächter und die folgende Freilassung beiseite, auch wenn der ganze Vorgang nicht sehr glaubhaft ist.[31] Nach einigen Tagen Aufenthalt in Babylon fand Symeon ein venezianisches Handelsschiff (*navis de Venetia illuc cum mercibus venerat*), das auf dem Nil von Piraten überfallen wurde. Das ist schon deshalb nicht möglich, weil venezianische Schiffe nicht bis nach Kairo fahren durften, sondern nur bis zu den Häfen an der Küste: vor allem Alexandreia und Damiette. Aber selbst wenn die Venezianer die Erlaubnis erhalten hätten, bis Kairo zu fahren, so wäre ein Angriff von Piraten auf dem Nil in der Nähe der ägyptischen Hauptstadt äußerst unwahrscheinlich, da dies die fatimidischen Behörden kaum geduldet hätten. Der Vita zufolge handelte es sich auch nicht um einen plötzlichen unvorhersehbaren Überfall, denn der Kapitän wurde gleich von mehreren Handelsschiffen vor den Piraten gewarnt: *Cum igitur prosperis ventis per Nilum navigatur, forte aliae naves obviant; in illis et illis locis piratas, ad praedam congregatos, nuntiant.* Auch der Kampf selbst ist nicht glaubhaft geschildert: Erst kämpft man ohne Ergebnis

---

29 Vita Symeonis 88D.
30 Rodulfi Glabri Historiarum libri quinque. Rodulfus Glaber. The Five Books of the Histories, edited and translated by J. France, Oxford 1989, Buch I cap. 21, p. 36: *Dona etiam amplissima sacris ecclesiis pene in toto orbe mittebant, ita ut etiam ab oriente, scilicet de nominatissimo monte Sina, per singulos annos monachi Rotomagum uenientes, qui a predictis principibus plurima redeuntes auri et argenti suis deferrent exenia.*
31 Vita Symeonis 88D–E. Man hat eher den Eindruck, dass Symeon hier als (potentieller) Märtyrer vorgestellt werden soll (*ad palatium ducitur trahitur, calumniatur*); davon abgesehen wird die ganze Angelegenheit von dem Autor so kurz abgehandelt, dass ihr Stellenwert für ihn, verglichen mit der folgenden Prüfung, nicht sehr groß gewesen sein kann.

sechs Stunden lang, dann täuschen die Piraten, als sie merken, dass ihr Sieg unwahrscheinlich ist, vor, dass sie selbst von anderen Piraten angegriffen würden. Sofort legen die Venezianer die Waffen nieder, lassen sie an Bord und werden alle niedergemacht. Ein derart naives Verhalten dürfte von einer erfahrenen venezianischen Schiffsmannschaft kaum zu erwarten sein. Davon abgesehen war die Besatzung eines venezianischen Levantefahrers üblicherweise so zahlreich und auch so kampferfahren, dass die neun Piraten, von denen die Vita spricht, sie ohnehin kaum hätten überwältigen können.[32]

Aber auch die folgenden Ereignisse sind nicht glaubhafter: Symeon kann sich als einziger retten, indem er ins Wasser springt und ans Ufer schwimmt, wo er nackt ankommt: *Ergo per vices natando, per vices in fundo gradiendo, in littore, valde lassus, tandem nudus exponitur.* Er wird von Dörflern aufgenommen, deren Sprache er nicht versteht, so dass er nicht einmal erfahren kann, ob sie Christen oder Heiden sind: *Si homines illi Christiani an Pagani essent, scire non potuit. Instructus enim Aegyptiaca, Syriaca, Arabica, Graeca et Romana eloquentia, linguam illius gentis intellegere non potuit.* In einem Dorf am Nil fand sich also nicht einmal eine einzige Person, die Ägyptisch oder Arabisch gesprochen hätte? Auch dies dürfte ausgeschlossen sein.

Nach zwei Tagen, die er nackt verbracht hatte, erhielt er von einem Dörfler ein paar armselige Kleidungsstücke, mit denen er nach vielerlei Mühen Antiocheia erreichte: *Biduo ita nudus mansit: tertia die quidam ex illis hominibus miseratus, vilissimum vestimentum illi proiecit: quo indutus, per multas tribulationes et angustias, Antiochiam venit.*[33]

Man fragt sich, welche geographischen Kenntnisse der Autor der Vita hatte. Die Vita legt nahe, dass der Weg nach Antiocheia zwar mühsam war, aber doch nur wenige Tage gedauert haben kann. Vom Nil nach Antiocheia sind es aber mehrere hundert Kilometer. Auf dem Weg liegt das Katharinenkloster, von dem Symeon aufgebrochen war. Warum hat er es nicht aufgesucht? Er hatte doch alles verloren und sich nur nackt ans Ufer retten können. Außerdem brauchte er ja irgendeine Legitimation, mit der er sich nach der Ankunft in der Normandie als Bote des Klosters ausweisen konnte, um die versprochenen Gelder abzuholen. Und selbst wenn Symeon – vielleicht aus Scham wegen seines Misserfolgs – das Kloster mied, dann lag als nächste Stadt Jerusalem auf seinem Weg, wo er gleichfalls bekannt war und sich wieder hätte ausrüsten können. Stattdessen schleppte er sich ohne Zwischenstopp bis nach Antiocheia, um erst dort wieder in einen menschenwürdigen Zustand versetzt zu werden und darüber hinaus sofort das Wohlwollen des Patriarchen und der Honoratioren der Stadt zu gewinnen:

---

32 Vita Symeonis 88E–F.
33 Vita Symeonis 88F–89A.

... Antiochiam venit: ubi a fidelibus viris caritative susceptus, induitur, amplexatur et honorifice sustentatur. In brevi Patriarchae et ipsis Principibus habetur notissimus: omnes enim qui eum noverant, quasi dulcissimum Patrem venerabantur et diligebant.[34]

Es ist offensichtlich, dass der Autor der Vita hier seinen Gewährsmann, eben Symeon selbst, entweder völlig falsch verstanden hat oder von ihm schlicht belogen worden ist oder aber selbst die ganze Geschichte frei erfunden oder doch zumindest eine rudimentäre Vorlage gewaltig ausgeschmückt hat. Für letzteres könnten einige kleinere Indizien sprechen: Der venezianische Kapitän hieß Dominicus: ein Name, der in Venedig durchaus verbreitet war. Auch der Überfall durch die Piraten muss nicht völlig erfunden sein. Nur hat er sich keinesfalls auf dem Nil zugetragen. Wenn Symeon in Ägypten ein venezianisches Handelsschiff bestiegen hat, um auf ihm nach Italien zu reisen, dann hätte die normale Fahrtroute von Alexandreia aus nach Norden die Küste Palästinas und Syriens entlang geführt. Das Schiff wäre dann der Küste Kleinasiens nach Westen gefolgt und von dort weiter über Rhodos, Kreta und die Peloponnes nach Unteritalien gelangt.[35] In diesem Fall wäre ein Piratenüberfall vor der Küste Syriens nicht ausgeschlossen gewesen. Damit würde man auch eine Erklärung dafür finden, warum Symeon die Sprache der Küstenbevölkerung nicht verstand, denn hier lebten neben Griechen und Syrern auch eine ganze Reihe anderer Völkerschaften, z. B. Armenier, so dass es nicht unwahrscheinlich wäre, wenn selbst ein polyglotter Mann wie Symeon hier Verständigungsschwierigkeiten gehabt hätte. Außerdem hätte der Weg von der Küste nach Antiocheia tatsächlich nur ein paar Tage in Anspruch genommen. Wenn es sich so verhalten haben sollte, fragt man sich allerdings, warum der Autor der Vita die Geschehnisse nach Ägypten auf den Nil verlegt hat.[36]

Aber auch im Folgenden verhielt Symeon sich zumindest merkwürdig: Obwohl die Pilger, denen er sich angeschlossen hatte, ihn anscheinend baten, sie nach Jerusalem zu begleiten, lehnte er dies unter Hinweis auf seine Aufgabe, die ihm vom Katharinenkloster übertragen worden war, ab: *Cui* (i. e. Abt Richard de

---

34 Vita Symeonis 88A.

35 Cf. R.-J. Lilie, Handel und Politik zwischen dem byzantinischen Reich und den italienischen Kommunen Venedig, Pisa und Genua in der Epoche der Komnenen und der Angeloi (1081–1204), Amsterdam 1984, cap. XI, p. 243–263.

36 Könnte es sein, dass er hier einen Vergleich mit Moses andeuten wollte, der ja auch gleichsam nackt aus dem Nil gerettet wurde, so dass Symeon als eine Art zweiter Moses erschien? Allerdings entspricht eine solche subtile Andeutung – ohne Nennung des Namens usw. – eigentlich nicht der sonst in der Vita anzutreffenden Schreibweise des Autors, der sich beim Lobpreis seines Helden keine Hemmungen auferlegte.

St. Vanne, der Anführer der Pilger) *cum exposuisset per ordinem quae sibi injuncta essent, vel quae contigissent; addidit, nullis periculis vel angustiis se retineri posse, quin Abbatis sui mandata impleret pro posse.*[37] Das ist nachvollziehbar. Aber anstatt weiterzureisen, blieb Symeon in Antiocheia und wartete dort, bis die Pilger aus Jerusalem zurückkehrten, um sich ihnen dann anzuschließen. Es hätte also keinerlei Verzögerung bedeutet, sie nach Jerusalem zu begleiten, und als erfahrener Führer hätte er ihnen dort zweifellos gute Dienste leisten können. Warum tat er dies nicht? Durfte er nicht oder scheute er sich, dort gesehen zu werden, wo man ihn – jedenfalls nach Ausweis der Vita – kannte?

Von Antiocheia aus begleiteten Symeon und ein weiterer Mönch namens Kosmas die Pilger auf ihrer Rückreise bis Belgrad. Dort trennten sie sich gezwungenermaßen voneinander, und Symeon und Kosmas reisten über Italien nach Frankreich, wo Richard III., der Nachfolger des verstorbenen Richard II., die von seinem Vater gemachte Schenkung, die dieser ja, wenn man der Vita glauben darf, für Boten des Sinaiklosters verwahrt hatte, nicht herausgab: kein Wunder, da Symeon, wenn er tatsächlich alles erlebt hat, was ihm in der Vita zugeschrieben wird, über keinerlei Legitimation verfügte, die ihn wirklich als Abgesandten des Katharinenklosters auswies.

Die folgenden Ereignisse haben mit dem „orientalischen" Lebensabschnitt Symeons nichts mehr zu tun und müssen daher nicht behandelt werden.

Nimmt man den Bericht der Vita insgesamt und trennt die nachweislich falschen Nachrichten von denen, die nicht überprüfbar sind, ergibt sich, dass Symeon sicher im Heiligen Land oder zumindest in Nordsyrien gelebt hat. Vielleicht war er wirklich ein Mönch des Katharinenklosters und als Bote nach Frankreich unterwegs, um dort versprochene Gelder einzusammeln. Die byzantinische Herkunft ist möglich, aber nicht sonderlich wahrscheinlich. Die lateinischen Sprachkenntnisse sprechen eher dafür, dass Symeon tatsächlich im Heiligen Land gelebt und von den Pilgern aus dem Abendland mehr oder weniger gut Latein gelernt hat. Mehr lässt sich nicht sagen. Wenn Eberwin, der Autor der Vita, wirklich, wie er behauptet, alle Einzelheiten von Symeon selbst erfahren hat, hat dieser ihm entweder eine ganze Reihe von Bären aufgebunden, oder aber seine Sprachkenntnisse waren doch nicht so gut, dass Eberwin ihn problemlos verstanden hat. Als dritte Möglichkeit kommt in Betracht, dass Eberwin bewusst einige Mitteilungen Symeons entsprechend aufgebauscht hat, um die Heiligkeit seines Helden gebührend herausstreichen zu können. Eine auch nur halbwegs sichere Entscheidung ist nicht möglich, so dass es letztlich dem persönlichen Ermessen überlassen bleibt, was man glauben mag. Nur „wahr" ist die Vita sicher nicht!

---

37 Vita Symeonis 89A–B.

4. Gregorius von Nikopolis:

Wie bei den anderen besprochenen Heiligen ist der Lebenslauf des Gregorius von Nikopolis nur aus seiner Vita bekannt, die von einem anonymen Kleriker aus Pithiviers (Frankreich) verfasst worden ist.[38] Ihr zufolge stammte Gregorius aus einer vornehmen Familie in der Region von Nikopolis in Armenien.[39] Schon als Kind fiel er durch seine hohe Begabung auf. Nach dem Tod seiner Eltern verschenkte er seinen Besitz an die Armen und wurde Mönch. Bald fiel er dem Erzbischof von Nikopolis auf und wurde von ihm in den Dienst genommen. Auch in dieser Stellung zeichnete er sich aus, so dass er nach dem Tod des Erzbischofs dessen Nachfolger wurde. Er bekehrte viele Heiden, litt dann aber unter der Last seines Amtes und floh eines Nachts mit zwei Begleitern, überquerte die Alpen und kam nach Pithiviers in Frankreich, einem Ort etwa 80 Kilometer südlich von Paris. Dort nahm ihn zunächst die adlige Dame Ailvisa (*nobilis matrona, Ailvisa nomine bonae memoriae*) auf und half ihm, sich als Einsiedler in einer kleinen Kirche, die dem hl. Martin geweiht war, niederzulassen, wo er nach sieben Jahren an einem 16. März starb. Das Todesdatum ist nicht mehr genau festzustellen, lag aber aller Wahrscheinlichkeit nach in den ersten zwei Jahrzehnten des 11. Jahrhunderts.[40] Die Vita zieht die Reise von Nikopolis nach Pithiviers sehr kurz und lapidar zusammen: *Igitur sub cujusdam noctis silentio, sumptis secum duobus religiosis Fratribus* (von denen später nie mehr die Rede ist), *quibus omne sui cordis arcanum denudaverat, celeris fugae iter arripiens, Alpium crepidines transiit, et ad Gallias copiosum iter direxit.* Zwar eröffnete sich Gregorius später seiner Gönnerin Ailvisa, aber er sagte gleichfalls nichts Näheres über seine Person:

> *Tuae bonitatis fama, Domina mi, ad aures usque meas deveniens, oppido me compellit, ut mei cordis arcanum tibi denudare non timeam. Sum quippe ex Armeniorum finibus non infimo genere ortus, ejusdem regionis Archiepiscopalis officii pondere pressus: huc usque Deo ducente perductus, et in ecclesia, quae juxta vos est, quam S. Martinum solum nominatis, coelesti admonitione omni tempore vitae meae ad serviendeum Deo viventi deditus: quod volo ut fiat cum tua licentia.*[41]

Analyse: Die unzureichenden Angaben sind verräterisch. Es ist offensichtlich, dass der Autor der Vita nichts über seinen Helden wusste, außer der Behauptung,

---

38 De S. Gregorio episcopo Armeno Pitivei in Gallia (BHL 3669), in: AASS April. I (3. ed. Paris 1867) 457–459; zu ihm cf. Dédéyan (s. Anm. 5), 127f.

39 Tatsächlich müsste es sich wohl um Nikopolis in Chaldia handeln, einem Suffraganbistum von Sebasteia.

40 Ailvisa war die Mutter des Odolricus, der von 1021 bis 1035 Bischof von Orléans war. Da sie als *matrona* bezeichnet wird, müsste sie schon älter gewesen sein.

41 De S. Gregorio 458A–C.

dass dieser aus Armenien gekommen war, wo er angeblich Erzbischof von Nikopolis gewesen war. Wie er von dort ausgerechnet nach Pithiviers gelangt war, bleibt offen, und auch sonst wissen wir nichts über ihn. In Byzanz gab es zwei Bischofssitze mit Namen Nikopolis, einen auf dem Balkan (Epiros) und den anderen in Kleinasien (Chaldia). Letzteres gehörte in dieser Zeit zum byzantinischen Reich und nicht zu Armenien. Allerdings lag es in der früheren Provinz *Armenia secunda,* so dass man die Angabe als untechnische Bezeichnung wohl akzeptieren kann. Schwieriger ist es schon mit dem Titel, denn Nikopolis in Chaldia war kein Erzbistum, sondern dort amtierte als Suffragan von Sebasteia nur ein normaler Bischof.[42] Wenn von einem Erzbischof von Nikopolis die Rede ist, dann bezieht sich dies nur auf Nikopolis in Epiros. Insofern ist die Selbstbezeichnung des Gregorius als *Archiepiscopus* auch nicht glaubhaft, ganz abgesehen davon, dass es in jedem Fall der Bescheidenheit eines heiligmäßigen Asketen widersprochen hätte, die eigene vornehme Abkunft herauszustellen und sich selbst als (Erz)bischof auszugeben. Auch ist die Behauptung, dass Gregorius als (Erz)bischof viele Heiden bekehrt habe, Unsinn, denn diese Region war seit Jahrhunderten christianisiert. Heiden bzw. Nichtchristen gab es dort nicht mehr. Das einzige, was für die Richtigkeit der Angaben des Gregorius sprechen könnte, ist der Umstand, dass einem französischen Vitenschreiber kaum die Kenntnis orthodoxer Kirchenverhältnisse zuzutrauen ist. Wenn er diese Angaben selbst erfunden hat, woher hat er den Namen Nikopolis? Insofern scheint nicht ausgeschlossen, dass Gregorius tatsächlich aus dieser Region nach Frankreich und Pithiviers gekommen ist oder solches zumindest behauptet hat.[43] Aus dem orthodoxen Raum stammte er sicherlich, aber Erzbischof von Nikopolis war er ebenso sicher nicht. Dies wie auch die anderen Angaben über seine Familie dürften Erfindungen durch den Vitenschreiber sein.

---

42 Auf dem Konzil von 692 unterschrieb ein Bischof Photios (s. PmbZ: # 6247): ἐλέῳ θεοῦ ἐπίσκοπος τῆς Νικοπολιτῶν φιλοχρίτου πόλεως τῆς Μεγάλης τῶν Ἀρμενίων ἐπαρχίας; auf dem Konzil von 787 der Presbyteros Gregorius (s. PmbZ: # 2434) als Stellvertreter des Bischofs: Γρηγορίου πρεσβυτέρου καὶ τοποτηρητοῦ τῆς ἐπισκοπῆς Νικοπόλεως.

43 Die Behauptung der Vita (462), dass später Verwandte des Gregorius nach Pithiviers gekommen seien, die die Angaben über ihn bestätigt hätten, hat kaum Beweiskraft, da sie gleichfalls nur durch den Autor der Vita verbürgt ist.

5. Davinus von Lucca:

Der Bericht über den heiligen Davinus von Lucca ist nur kurz und wenig aussa-
gekräftig, dafür im Großen und Ganzen glaubhaft.[44] Auch Davinus kam aus
Armenien und war natürlich von vornehmer Geburt (*Hic denique vir Dei
Armeniae partibus extitit oriundus, nobilique prosapia exortus*). Er verließ seine
Familie und nahm das Leben eines Pilgers auf (*Tollens itaque Crucem Domini...
Reliquit omnes suos carissimos parentes et affines, cum omni familia et patria sua,
et peregre profectus est*).[45] Zunächst besuchte er Jerusalem, dann Rom, von wo er
nach Santiago de Compostela aufbrach. Sein Weg führte ihn über Lucca, wo er
von einer vornehmen Frau namens Atha aufgenommen wurde (*in domo cujusdam nobilissimae matronae, quae Atha vocabatur*). Er wollte zunächst weiterrei-
sen, erkrankte aber und starb nach fünf Monaten an einem 3. Juni.[46]

Das Todesjahr wird nicht angegeben, und es gibt in der Vita auch kein klares
Indiz für ein bestimmtes Datum. Der spätere Papst Alexander II. (1061–1073)
ließ, als er noch Bischof von Lucca war, den Leichnam in die Kirche des hl.
Michael überführen und dort bestatten. Das Todesdatum muss also einige Zeit
vor dem Pontifikat Alexanders II. liegen. Dédéyan nimmt 1051 an, ohne dies
allerdings beweisen zu können.

Analyse: Tatsächlich liegt Lucca in gewisser Weise auf dem Weg, wenn man
von Rom aus über Land nach Santiago reisen will, wie wir schon in der Vita des
Symeon von Polirone lesen können, der gleichfalls diese Route eingeschlagen
hatte. Ansonsten war Davinus zwar von vornehmer Geburt – fast eine *conditio
sine qua non* bei diesen Heiligen –, aber ein höheres Kirchenamt wird ihm nicht
angedichtet.[47] Ob die armenische Herkunft auf seinen eigenen Angaben beruht
oder von dem Verfasser seiner Vita hinzugefügt wurde, um seinem Helden eine
exotischere Ausstrahlung zu verleihen, lässt sich nicht mehr sagen. Man muss
jedenfalls nicht daran zweifeln, dass es sich bei ihm um einem Pilger aus dem
orthodoxen Raum gehandelt hat.

---

44 De Sancto Davino Peregrino Lucae in Hetruria (BHL 2114), in: AASS Iun. I (3. ed.
    Paris 1867) 320–328 (Text 320–324); cf. Dédéyan (s. Anm. 5), 125f.
45 De Sancto Davino 322E.
46 De Sancto Davino 322E–F. 323A.
47 Zum familiären Hintergrund byzantinischer Heiliger cf. Th. Pratsch, Der hagiogra-
    phische Topos. Griechische Heiligenviten in mittelbyzantinischer Zeit (Millennium-
    Studien 6), Berlin – New York 2005, 58–72. Allerdings dürften die hier behandelten
    Heiligenviten eher den lateinischen Vorbildern folgen.

6. Jorius von Béthune:

Er ist insofern ein Sonderfall, als wir nicht wissen, ob er überhaupt als Heiliger verehrt worden ist, da wir nur seine Grabinschrift kennen, die in der Bartholomäuskirche in Béthune, einem Ort im Artois (Nordfrankreich) angebracht war und schon im 16. Jahrhundert publiziert worden ist.[48] Dieser Inschrift zufolge kam er aus Großarmenien, hatte sechs Brüder, und seine Eltern hießen Stephanus und Helena. Außerdem soll er Bischof vom Berg Sinai gewesen sein. Er starb am 26. Juli des Jahres 1033: *Obiit beatus Jorius VII KL. Augusti. Venit de Armenia majore. Et fuit episcopus de monte Sinaï. Pater ejus Stephanus, et mater ejus Helena, VII fratres fuerunt Macarius. Ab Incarnatione mill. trigesimus III.*[49]

Analyse: Auch hier ist man von dem Titel merkwürdig berührt, da es keinen „Bischof vom Berg Sinai" gegeben hat. Zwar könnte Jorius Abt des Katharinenklosters auf dem Sinai gewesen sein. Als Abt dieses Klosters hätte er einen bischofsgleichen Status besessen. Aber es erscheint ausgeschlossen, dass er in diesem Fall nicht auch an anderer Stelle Erwähnung gefunden hätte, zumal ein Abt des Sinaiklosters, der aus Armenien stammte, angesichts der religiösen Unterschiede einigermaßen erstaunlich gewesen wäre.[50] Auch hier muss man sagen, dass die in der Inschrift genannten Einzelheiten eigentlich nur auf Jorius selbst zurückgehen können, aber in sich unglaubhaft sind.

7. Gregorius von Passau:

Es hat noch mehr orthodoxe „Heilige" im Lateinischen Europa gegeben, deren Status aber nicht weniger zweifelhaft anmutet. So kennen wir einen angeblichen armenischen Erzbischof namens Gregorius, der als Einsiedler bei Passau gelebt hat und am 23. September 1093 gestorben sein soll:

---

48 AASS Jul. VI (3. ed. Paris 1868) 340f.; cf. R. Janin, Art. Jorio, in: Bibliotheca Sanctorum 7 (1966) 1026f.; Dédéyan (s. Anm. 5), 131. Immerhin wird Jorius in der Vita als *Macarius* bezeichnet.

49 Der Hinweis auf Macarius hat einige frühe Forscher dazu verführt, Jorius für einen Bruder des Macarius von Gent zu halten. Jedoch hat bereits der Editor der AASS überzeugend darauf hingewiesen, dass *Macarius* hier (unter Ausfall eines Interpunktionszeichens) als Attribut des Jorius zu verstehen ist und nicht einen bestimmten Bruder meint.

50 Dédéyan legt sich daher auch nicht auf den Bischofstitel fest, sondern möchte nur einen Mönch aus dem Sinaikloster nicht ausschließen und legt außerdem darauf Wert, dass Jorius dem chalkedonensischen Bekenntnis angehangen haben muss.

... sancti Gregorii, Armeniorum quondam ut ferunt archiepiscopi, set tunc uberiori spe caelestis premii voluntariam paupertatem cum preegrinatione circa Pataviam sectati. Quo defuncto secundum quod ipse predixerat nona Kalendarum Octobris circa meridiem, hora qua illa famosissima solis eclypsis addidit... [51]

Analyse: Die Existenz des Gregorius ist unzweifelhaft, da man vor etwa 30 Jahren sein Grab in der Heiligkreuzkirche des Klosters Niedernburg in Passau gefunden hat. Auf seiner Brust lagen zwei Bleiplatten, in die sein Lebenslauf eingraviert worden war und aus denen hervorgeht, dass er nicht allein nach Passau gekommen war, sondern in Begleitung einiger Mitbrüder: *Compatriotarum eius religiosorum videlicet virorum*.[52] Trotzdem sind auch hier Zweifel am Status angebracht, die in diesem Fall sogar bei den Zeitgenossen nicht völlig ausgeräumt gewesen zu sein scheinen, wie die Angabe *ut ferunt* nahelegt. Vor allem würde man eine genauere Ortsbestimmung erwarten, nicht nur ein allgemeines *Armeniorum archiepiscopus*.

Immerhin ist es relativ wahrscheinlich, dass diese Mönchsgruppe, um die es sich hier gehandelt haben dürfte, aus Byzanz gekommen sein wird. Man kann dies anhand einer bronzenen Gürtelschnalle annehmen, die laut R. Christlein „im östlichen Mittelmeer- oder im Schwarzmeergebiet hergestellt worden" ist. Auch von der Situation her wäre es nicht unmöglich, dass eine solche Mönchsgruppe in den chaotischen Verhältnissen, die auf die byzantinische Niederlage bei Mantzikert 1071 gegen die Seldschuken folgten, aus den europäischen Reichsgebieten in sicherer scheinende Gebiete gezogen ist. Bedenkt man, dass fast ganz Kleinasien an die Seldschuken gefallen war, während die europäischen Reichsteile unter den Angriffen von Petschenegen und Normannen litten und in den verbliebenen Reichsteilen immer wieder Bürgerkriege ausbrachen, wäre ein solches Verhalten nicht weiter verwunderlich. Unter diesen Mönchen können natürlich auch Armenier gewesen sein, wenn sich nicht sogar die ganze Gruppe aus solchen zusammengesetzt hat. Schließlich wurden die östlichen Reichsprovinzen in Kleinasien vorwiegend von Armeniern bewohnt, und auch in den europäischen

---

51 De beato Engilmaro, in: MGH SS XVII 561,46–50; zu ihm cf. B. Bischoff, Armenisch-Lateinisches Glossar (Zehntes Jahrhundert), in: Ders. (Hg.), Anecdota novissima. Texte des vierten bis sechzehnten Jahrhunderts (Quellen und Untersuchungen zur lateinischen Philologie des Mittelalters 7), Stuttgart 1982, p. 250–255, 250; R. Christlein, Die Ausgrabungen in der Klosterkirche Hl. Kreuz zu Passau (Mitteilungen der Freunde der bayerischen Vor- und Frühgeschichte 11 [Mai 1979]), München 1979; ders., Das Grab des Erzbischofs Gregorius von Armenien in der Klosterkirche Niedernburg zu Passau, Niederbayern, in: Das archäologische Jahr in Bayern 1980. Herausgegeben für die Abteilung Vor- und Frühgeschichte des Bayerischen Landesamtes für Denkmalpflege und die Gesellschaft für Archäologie in Bayern von R. Christlein, Stuttgart 1980, 174f.
52 Bischoff (s. Anm. 51), 251.

Reichsteilen gab es armenische Niederlassungen und Klöster. Unwahrscheinlich ist aber, dass der besagte Gregorius ein Erzbischof gewesen war. Abgesehen von der fehlenden Nennung des Bistums sprechen auch die Grabbeigaben dagegen, denn das Pektoralkreuz, das gleichfalls in dem Grab gefunden wurde,[53] ist zu einfach und schlicht, um einem veritablen Erzbischof zu gehören. Auch die sonstigen Grabbeigaben lassen darauf nicht schließen. Die Inschrift auf den Bleiplatten ist durch Bleifraß zu weit zerstört, um mehr als die armenische Abstammung und die Begleitung durch seine Landsleute entziffern zu können.[54]

8. Petrus von Salzburg:

In einem Salzburger Verbrüderungsbuch aus dem Ende des 11. Jahrhunderts findet sich ein *Petrus heremita et pbr. de monte Armenio*.[55] Laut der Eintragung wurde er von zwei Genossen begleitet: *Iohannes socius diac. Paulus socii ipsius.* Diese Eintragungen erfolgten auf Latein. Dann folgen zwei weitere Personen, deren Namen auf Griechisch angegeben werden: Θωμας επ. und Ια. Γεωργιος. Das abgekürzte επ. könnte als ἐπίσκοπος verstanden werden. Aber es ist völlig unklar, ob sie in irgendeinem Zusammenhang mit dem Eremiten Petrus gestanden haben und woher sie gekommen sind. Da es keine zusätzliche Angaben gibt, fehlt die Grundlage für weitere Interpretationsversuche.[56]

9. Andreas, „Bischof aus Griechenland":

Dieser Bischof ist nur durch eine Urkunde bekannt, die im Jahre 1012 in Oviedo in Asturien ausgestellt wurde und auf deren Zeugenliste er zusammen mit seinem Schüler Gregorius auftaucht: *Andreas episcopus de Grecia, Gregorius discipulus illius.*[57] Die Annahme liegt nahe, dass beide sich auf einer Pilgerfahrt nach Santiago de Compostela in Galizien befanden und in Oviedo Station gemacht hatten.

---

53 S. die Abbildungen bei Christlein (s. Anm. 51).
54 S. Bischoff (s. Anm. 51), 251.
55 MGH Necrologie II 48,12; zu dem Verbrüderungsbuch cf. K. Forstner, Das Verbrüderungsbuch von St. Peter in Salzburg, Graz 1972, Tafel 31.
56 Aus dem 10. Jahrhundert ist ein armenisch-lateinisches Glossar erhalten, das aus der Bibliothèque municipale in Autun (Burgund) stammt. Da wir aber über die Umstände, unter denen es dorthin gelangt ist, nichts wissen, verbieten sich selbst Hypothesen; dieses Glossar ist ediert von Bischoff (s. Anm. 51), 250–255; cf. dazu auch Dédéyan (s. Anm. 5), 131.
57 Colección de documentos de La Catedral de Oviedo, ed. S. García Larragueta, Oviedo 1962, Nr. 41, p. 140.

Analyse: Die Unterschrift ist nicht unproblematisch, denn der genaue Titel und das Bistum des Andreas werden nicht genannt. Man kann nur annehmen, dass er aus dem byzantinischen Reich stammte. Offenbar konnte er auch kein Latein, denn sonst hätte er sicher mit seiner korrekten Bezeichnung unterschrieben und nicht mit einem Titel, den es in dieser Form nie gegeben hat. Im Übrigen hätte er natürlich auch auf Griechisch seine Unterschrift leisten können, wie wir es ab und an in süditalienischen Urkunden finden, wo griechische und lateinische Unterschriften auch gemischt zu finden sind. Da byzantinische Bischöfe im allgemeinen lesen und schreiben konnten, hätte es hier kein Hindernis gegeben. Die Unterschriften der beiden stehen am Ende der ganzen Zeugenliste und sind wohl nur hinzugefügt worden, um diese Liste noch eindrucksvoller erscheinen zu lassen. Weitere Aussagen sind nicht möglich.[58]

10. Gregorius von Burtscheid:

Gregorius stammte aus dem byzantinischen Unteritalien, konkret aus dem Grenzgebiet zwischen Apulien und Kalabrien.[59] Seinen – nur lateinischen – Viten zufolge floh er als junger Mann vor der Verheiratung und wurde als Mönch in das Kloster des hl. Andreas im griechisch besiedelten Cerchiara (Kalabrien bei Cassano) aufgenommen, wo er später auch Abt wurde. Nach einem arabischen Angriff wich er nach Norden aus und ließ sich in Buccino in Kampanien nieder, von wo aus sein Ruf sich weiter verbreitete. Wohl in den achtziger und frühen neunziger Jahren des 10. Jahrhunderts war er auch in Rom präsent, wo er offenbar die Bekanntschaft der Kaiserin Theophano und ihres Sohnes Otto III. machte.[60] Wohl zu Anfang der neunziger Jahre zog er auf Wunsch Kaiser Ottos III. nach Deutschland, wo er in Burtscheid bei Aachen ein Kloster gründete. Nicht ganz klar ist, ob dieses Kloster einen griechischen Charakter hatte und erst nach dem Tod seines Gründers die benediktinische Regel übernahm, oder ob es von vorneherein eine benediktinische Gründung war. Gregorius selbst starb am 4. November 998 oder 999.[61]

---

58 Unklar ist die Bedeutung des Begriffes *discipulus* für den Begleiter Gregorius. Man möchte in ihm eher einen Begleiter oder Diener als einen Schüler des Andreas vermuten. Aber vielleicht hat es auch hier Verständigungsschwierigkeiten gegeben.

59 S. Vita prior Gregorii abbatis Porcetensis (BHL 3671), ed. O. Holder-Egger, in: MGH SS XV,2, 1187–1190; Vita posterior Gregorii abbatis Porcetensis (BHL 3672), in: AASS Nov. II (3. ed. Paris 1867) 467B–477E. 599 (Excerpt in: MGH SS XV,2, 1191–1199).

60 Nach der jüngeren Vita schon diejenige Ottos II.

61 Zu Gregor cf. E. Sauser, Art. Gregor von Burtscheid, in: BBKL 16 (1999) 612f.; ausführlich V. von Falkenhausen, Gregor von Burtscheid und das griechische Mönchtum in Kalabrien, in: RQ 93 (1998) 215–250.

Analyse: Zwar zählt auch Gregorius zu den orthodoxen Heiligen, die in das Lateinische Europa auswanderten und durch in lateinischer Sprache abgefasste Viten zu Heiligen wurden, dennoch bildet er einen Sonderfall, da er aus Süditalien stammte und auch dort sein Leben vor der Klostergründung in Burtscheid verbrachte. Er kam nicht als gänzlich unbekannter orthodoxer Kleriker und Pilger in den Norden, sondern gleichsam offiziell im Auftrag Kaiser Ottos III. Seine Kontakte mit der Römischen Kirche und dem deutschen Kaiser speisten sich aus seiner Einbindung in die inneritalienischen Beziehungsgeflechte, die auch die griechische Kirche in Unteritalien einschlossen. Insofern war er nicht, wie die anderen besprochenen Kleriker, ein Fremder in einem fremden Land, sondern er gehörte quasi dazu.[62]

Ähnliches gilt für einen gewissen Leo(n), der offenbar Bischof im (byzantinischen) Kalabrien gewesen war, aber auf Seiten des deutschen Kaisers Otto II. gestanden hatte und deshalb aus Kalabrien vertrieben worden war und schließlich im Exil in Liége gestorben ist:

> *Post haec Leonem quemdam ex nobilissimis Graecorum episcopum venientem ad se profugum cum suis excepti; qui bello Calabrico, quod Otto secundus imperator contra Graecos gessit, expulsus fuerat a Graecis, asserentibus quod Romanis Calabriam prodiderit.*

Auch wenn er in der Quelle als Grieche bezeichnet wird, gehört er doch eher in den Raum Unteritaliens, in dem sich griechische und lateinische Kultur vermischten.[63]

Weitere Griechen im Westen:

Auch wenn man von den bereits behandelten Personen halten mag, was man will, so steht doch zumindest mit ziemlicher Sicherheit fest, dass sie existiert haben. Im folgenden seien kurz noch einige weitere behandelt, bei denen selbst dies fraglich ist.

Symeon und Constantinus: So berichtet eine Erzählung über die Wunder des hl. Marcus und die Translation seines Leichnams in das Kloster Rheinau davon, dass zur Zeit König Heinrichs I. (919–936) zwei Mönche in Rheinau erschienen seien, die ihren Angaben nach aus Jerusalem gekommen seien. Der ältere, Sy-

---

62   Dies teilte er mit anderen süditalienischen Heiligen dieser Zeit, wie etwa mit dem hl. Neilos von Rossano, der gleichfalls in gewissem Sinn ein Grenzgänger zwischen dem orthodoxen und dem römisch-katholischen Unteritalien war.

63   Ruperti Chronica Sancti Laurentii Leodiensis a. 959–1095, ed. W. Wattenbach, in: MGH SS VIII 261–279, 266,3–6; zu Leo cf. McNulty/Hamilton (s. Anm. 4), 199.

meon, sei ein Grieche gewesen, der jüngere, Philippus, ein Venezianer. Man habe sie auf ihre Bitten hin in dem Kloster aufgenommen. Diese beiden Fremden bezweifelten, dass der hl. Marcus wirklich in Rheinau liege: *Dubitabant vere beatum Marcum ibi manere.* Wenig später hatte Symeon einen Traum, in dem er in der völlig leeren Kirche stand und einen Bischof sah, der sich als Marcus vorstellte und klagte, dass sein Leichnam eigentlich ruhig hier (in Rheinau) liegen solle. Wegen der Sünden der Menschen sei ihm aber keine Ruhe gegönnt. Dies werde auch den Menschen zum Schaden gereichen, da es bald einen Einfall von Feinden mit entsprechenden Verwüstungen geben werde. Dieses Traumgesicht trat dann, wie in der Vita festgestellt wird, natürlich auch genauso ein, wie der hl. Marcus es vorhergesagt hatte.

Wenig später sei dann aus Griechenland der Bischof Constantinus gekommen, ein Verwandter des Symeon: *Venit de Grecia quidam episcopus nomine Constantinus, praedicti Symeonis cognatus.* Auch Constantinus hatte eine Vision, die aufgrund einer Textlücke zwar nicht erhalten ist, aber in der mit Sicherheit wieder der hl. Marcus aufgetreten ist.

Ob es die genannten Personen wirklich gegeben hat oder ob sie Erfindungen des Autors der Vita gewesen sind, lässt sich nicht mit letzter Sicherheit entscheiden. Sie treten hier aber nicht um ihrer selbst willen auf, sondern dienen als Zeugen für die Verbindung des hl. Marcus mit Rheinau, die offenkundig durch ihre Visionen bekräftigt werden soll. Die Wahrscheinlichkeit, dass beide von dem Autor erfunden worden sind, um als Zeugen für die Anwesenheit der Marcusreliquien in Rheinau zu dienen, ist daher ausgesprochen groß.[64]

Barnabas: Höchstwahrscheinlich fiktiv ist auch der griechische Bischof Barnabas, der unter dem Abt Wilhelm (990–1031) als normaler Mönch in dem von Wilhelm wiederhergestellten Kloster von St. Bénigne in Dijon gelebt haben soll. Er dient hier eindeutig als Beleg für den großen Ruf, den Wilhelm laut seiner Vita in der ganzen Christenheit genossen haben soll, so dass Fromme aus aller Herren Länder gekommen seien, um unter seiner Führung zu leben.[65] Dass der Autor Radulph Glaber vor keiner Übertreibung zurückschreckt, um seinen Hel-

---

64 Ex translatione sanguinis Domini, miraculis S. Marci, vita S. Wiboradae et miraculis S. Verenae, ed. D. G. Waitz, in: MGH SS IV 445–460, 452; cf. McNulty/Hamilton (s. Anm. 4), 196. Zu der Problematik passt auch, dass als Begleiter Symeons ausgerechnet ein Mönch aus Venedig genannt wird, wohin ja bekanntermaßen zu Beginn des 8. Jahrhunderts die Marcusreliquien von Ägypten überführt worden waren. So dient der Venezianer praktisch als stiller Zeuge dafür, dass die Reliquien nicht in Venedig, sondern in Rheinau lagen. Auch ihn noch mit einer entsprechenden Vision auszustatten, wäre dem Vitenschreiber wohl selbst zu unglaubwürdig vorgekommen.

65 S. die Darstellung bei J. Mabillon, Acta sanctorum Ordinis S. Benedicti VI/1, Venedig ²1740, 284–314, 302; cf. McNulty/Hamilton (s. Anm. 4), 199; zu Wilhelm s. zuletzt J. Madey, Art. Wilhelm von Saint-Bénigne, in: BBKL 17 (2000) 1558f.

den zu verherrlichen, zeigt auch die Mitteilung der Vita, derzufolge der venezianische Patriarch Orso Orseolo (1013–1045) gleichfalls den Wunsch geäußert habe, in das Kloster Wilhelms zu kommen und dort unter ihm als Mönch zu leben. Wilhelm habe das aber abgelehnt, weil die Venezianer auf ihren Patriarchen nicht verzichten könnten. Wer so etwas behauptet, für den bietet auch die Erfindung eines ansonsten völlig unbekannten griechischen Bischofs kein großes Problem mehr.[66]

Alagrecus: Nicht viel anders steht es mit dem Kleriker Alagrecus, der als Zeuge für die Genealogie des hl. Servatius dient, dessen Reliquien noch heute in Maastricht verehrt werden. Zwischen 1070 und 1076 schrieb der Priester Jocundus eine Vita des hl. Servatius, die vor allem zum Ziel hatte, eine Verwandtschaft des Heiligen mit der Gottesmutter Maria zu beweisen. In diesem Zusammenhang werden auch verschiedene Belege für die Verbindung des Servatius mit Maastricht und Zeugen für die Genealogie des Heiligen genannt, unter ihnen nicht zuletzt der Kleriker Alagrecus, der von armenischer Herkunft gewesen und – mehr oder weniger zufällig – aus Jerusalem nach Maastricht gekommen sei: *Quidam Hierosolimitanus clericus nomine Alagrecus, homo iustus et religiosus, Latinae quoque haut ignarus linguae … et de Armenia … se ortum esse aiebat.* Als dieser Alagrecus erfuhr, dass die Reliquien des hl. Servatius an dem Ort lagen, wo er sich aufhielt, geriet er in größte Erregung, trat mitten in der Versammlung der Mönche vor und erklärte, dass er lange nach den Reliquien dieses Heiligen gesucht habe. Er wisse überdies, dass Servatius ein Großenkel der Esmeria gewesen sei, der Schwester der hl. Anna, der Mutter Mariens, und selbst Großmutter Johannes' des Täufers. Dies schrieb er auch sofort auf. Der Schreiber der Vita hatte das Schriftstück nicht gesehen, berief sich aber auf Mönche, die es gesehen und seine Existenz bezeugt hätten.[67]

Doch damit nicht genug: Offenbar bestanden trotz Alagrecus weiterhin Zweifel an der Abkunft des Servatius. Diese wurden auf einer Synode in Mainz 1049 offen diskutiert. Sowohl der päpstliche Legat als auch der Beauftragte des Kaisers bezweifelten die über ihn behauptete Abstammung. Jedoch befanden sich glücklicherweise byzantinische Gesandte in Mainz, die man nun wegen der Sache befragte, und diese Gesandten bestätigten alles, was Alagrecus einst geschrieben hatte, und erzählten noch weitere Wundertaten des Heiligen:

> *Es voluntate vero Omnipotentis aderant tunc quidam Greci, omni sapientia pleni, ipsa etiam qua venerant legatione regia, viri dignissimi; missi quippe fuerant ab imperatore Constantinopolitano. Adducuntur; requisiti super hoc dilecto Domini Servatio, quod*

---

66 Rodulfi Glabri vita domni Willelmi abbatis, in: France (s. Anm. 30), cap. 14, p. 296.
67 Iocundi Translatio S. Servatii, ed. R. Koepke, in: MGH SS XII 85–126, 89,50–91,40; cf. zu ihm McNulty/Hamilton (s. Anm. 4), 195.

pater pie recordationis Alagrecus olim scripserat, idem et alia multa mira ac miranda absque mora referebant, et in magna constantia nec sine auctoritate magnorum confirmabant.[68]

An der Gesandtschaft ist nicht zu zweifeln, da sie auch durch andere Quellen bestätigt wird. Ob die Gesandten aber wirklich über Servatius befragt worden sind oder ob es sich um eine ingeniöse Verbindung durch den Autor Iocundus handelt, lässt sich kaum mehr klären.[69] Aber die Person des Alagrecus ist doch einigermaßen verdächtig. Schon der Name ist für einen armenischen Mönch in Jerusalem merkwürdig und sonst, soweit ich sehe, nirgends belegt. Und dass man in Jerusalem einen eher lokalen Heiligen vom Unterlauf des Rheins gekannt hat, dürfte gleichfalls einigermaßen unwahrscheinlich sein, von der Unmöglichkeit seiner angeblichen Genealogie ganz zu schweigen, denn der „historische" Servatius – wenn es ihn denn gegeben hat – lebte im 4. oder 5. Jahrhundert, und Iocundus musste ihm schon ein übermenschlich langes Leben andichten, um die ganze Sache überhaupt einigermaßen logisch erscheinen lassen zu können. Das war ihm auch selbst durchaus bewusst, wie man seinem Eingangssatz entnehmen kann, in dem er den Spieß sozusagen umdreht und die Unwahrscheinlichkeit seiner Erzählung zum Prüfstein des Glaubens macht: *Est in litteris humanis, fratres, quod, si caritas adtendat vestra et fidem astruat, dubietatem quoque hanc removeat.*[70]

Entweder ist Alagrecus von dem Autor der Vita glatt erfunden worden, oder Iocundus hat die Nachricht über einen angeblichen Besucher aus dem Heiligen Land dazu benutzt, um ihn als Zeugen für die Genealogie des Servatius einzusetzen.

(Anonymus) Grecus episcopus: Fragwürdig ist auch die Angabe in der Vita Godehardi, derzufolge auf der Synode vom Pöhlde (vielleicht am 29. September oder Oktober 1029) neben diversen, namentlich aufgeführten deutschen Bischöfen auch ein römischer und ein griechischer Bischof teilgenommen haben sollen: *Et unus Romanus, alius Grecus in sinodo consederunt.* An und für sich hatten beide auf einer solchen lokalen Synode nichts zu suchen, und darüber hinaus ist verdächtig, dass beide – als einzige der beteiligten Bischöfe – nicht mit Namen genannt werden. Wenn sie überhaupt anwesend gewesen sein sollten, dann allenfalls, weil sie sich aufgrund anderer Geschäfte in der Gegend aufhielten. Zu den-

---

68 Iocundi Translatio 90,33–38.
69 Zu der Gesandtschaft s. Regesten der Kaiserurkunden des Oströmischen Reiches von 565–1453, bearb. v. F. Dölger. 2. Teil. Regesten von 1025–1204; 2. erw. u. verb. Auflage, bearb. v. P. Wirth, mit Nachträgen zu Regesten Faszikel 3 (Corpus der griechischen Urkunden des Mittelalters und der neueren Zeit, Abt. I), München 1995, Nr. 896 (vor 19. Okt. 1049).
70 Iocundi Translatio 89,49f.

ken wäre etwa an die byzantinische Gesandtschaft von Anfang 1029, die über ein von Kaiser Konrad II. vorgeschlagenes Eheprojekt verhandeln sollte. Allerdings würde auch diese Gesandtschaft nicht die Anwesenheit des römischen Bischofs erklären, der neben dem griechischen an der Synode teilgenommen haben soll.[71]

Ariston: Unzweifelhaft ist hingegen die Existenz eines gewissen Ariston, der aus Jerusalem kam und von Bischof Adalbert von Bremen in den sechziger Jahren des 11. Jahrhunderts in Ratzeburg (Holstein) als Bischof eingesetzt worden ist: *In Razzisburg esse disposuit Aristonem quendam ab Iherosolimis venientem.* Dem Namen nach könnte es sich um einen Griechen gehandelt haben. Aber die Angabe ist zu dürftig, um aus ihr weitergehende Schlüsse ziehen zu können. In der zweiten Hälfte des 11. Jahrhunderts hatte der Pilgerverkehr ins Heilige Land sich sehr intensiviert, so dass man nicht ausschließen kann, dass besagter Ariston mit einer solchen Pilgergruppe in deren Heimat zurückgereist ist. Bezeichnenderweise weiß der Chronist über Ariston auch nichts weiter zu sagen.[72]

Neben den genannten Personen tauchen noch einige weitere auf, deren Behandlung aber den hier gegebenen Rahmen sprengen würde. Zum Teil handelt es sich um eher allgemeine Angaben – Gruppen von Mönchen oder einzelne anonyme Besucher aus Griechenland (Byzanz), dem Heiligen Land oder auch aus Süditalien –, zum Teil auch über konkrete Einzelpersonen, an deren Existenz zwar nicht gezweifelt werden kann, über deren konkrete Motive zur Reise in das Lateinische Europa aber kaum sichere Informationen möglich sind. An dem Gesamtbild ändern sie wenig.[73]

---

71 Vita Godehardi episcopi prior, in: MGH SS XI 167–196, 193,12f.; cf. McNulty/ Hamilton (s. Anm. 4), 202, die die Angabe nicht in Zweifel ziehen. Das genaue Datum der Synode ist unklar. In der Literatur ist sowohl vom Oktober 1028 als auch von September/Oktober 1029 die Rede. Insofern könnte der Bischof zu der erwähnten Gesandtschaft gehört haben; cf. Dölger/Wirth (s. Anm. 69), Nr. 832a; in diesem Fall wäre er zwar real, würde als Mitglied einer Gesandtschaft aber ohnehin nicht zu dem hier diskutierten Personenkreis gehören.

72 Magistri Adam Bremensis Gesta Hammaburgensis Ecclesiae Pontificum, ed. B. Schmeidler (Scriptores rerum Germanicarum in usum scholarum … separatim editi), Hannover ³1917, 164,3f.

73 Zu einigen dieser Personen s. die Aufstellung bei McNulty/Hamilton (s. Anm. 4), passim; eher nützlich für die innerbyzantinischen Verhältnisse ist die Analyse der Reisen byzantinischer Heiliger bei E. Malamut, Sur la route des saints byzantins, Paris 1993. Mit Ausnahme Roms (p. 316f.) wird das Lateinische Europa hier nicht behandelt.

Einige Schlussfolgerungen:

Wenn wir die Liste der oben vorgestellten Personen insgesamt ansehen, so fällt auf den ersten Blick das Übergewicht der armenischen Pilger auf: Sieben von den zehn stammen den Angaben zufolge aus Armenien, zwei aus Byzanz und nur einer aus Unteritalien.[74] Alle zehn sind nur durch lateinische Quellen bezeugt, in solchen aus Byzanz oder Armenien bleiben sie unerwähnt. Aber was haben armenische Pilger im Abendland zu suchen? Natürlich mag es abenteuerlustige Reisende gegeben haben, die die damalige bekannte Welt bis an ihr Ende durchstreiften, aber der Regelfall war das nicht, schon gar nicht für einen Pilger. Wenn ein Armenier wirklich als Asket oder Eremit leben wollte, so fand er in Armenien selbst genug Plätze, wo dies problemlos möglich war. Weitere Kloansammlungen, die im Osten ja immer auch quasi dazugehörende Eremiten einschlossen, gab es in Byzanz, vor allem aber im Heiligen Land.[75] Für einen Armenier, dem wirklich und vor allem daran gelegen war, ein Leben fern der Heimat als Eremit zu führen, wären Syrien und Palästina die geeignetsten Ziele gewesen, aber kaum das ferne Westeuropa, dessen Sprache er nicht verstand und wo es auch keine religiösen Anziehungspunkte gab, die es mit denen des Heiligen Landes hätten aufnehmen können, wo Christus selbst auf Erden gewandelt war und wo die Apostel und viele andere Heilige des Alten und des Neuen Testaments gelebt hatten. Es ist eigentlich unvorstellbar, dass ein überzeugter Asket dieses religiöse Paradies freiwillig aufgegeben hätte, um sich in Gent, Pithiviers, Béthune, Passau oder Polirone niederzulassen. Merkwüdig ist auch, dass offenbar vor allem Armenier von dieser Sehnsucht geprägt gewesen sein sollen, seltener aber Pilger aus Byzanz oder gar Asketen und Mönche aus dem Heiligen Land selbst.

Ein weiterer überraschender Punkt ist der Umstand, dass offenbar armenische Erzbischöfe mehr als alle anderen in die Provinzen der westeuropäischen Reiche strebten: Unter den sieben Armeniern waren drei Erzbischöfe und ein Bischof. Auch dies ist vollkommen unglaubhaft: Ein Erzbischof mochte sein Amt aufgeben, um ein Leben als Mönch zu führen, auch wenn das sicherlich eine Ausnahme darstellte. Aber dann ging er in ein Kloster in der Nähe oder reiste vielleicht auch in das Heilige Land, aber kaum weiter nach Westeuropa, wo er

---

74 Symeon von Trier wird hier unter Byzanz gezählt, da er den Angaben seiner Vita zufolge dort seine Ausbildung empfing. – Die „weiteren Griechen im Westen" werden, da großteils fiktiv, in diesem Zusammenhang nicht berücksichtigt.

75 Cf. dazu J. M. Laboa (Hrsg.), Mönchtum in Ost und West. Historischer Atlas. Aus dem Italienischen übers. von F. Dörr, Regensburg 2003; zu den Verhältnissen in Byzanz cf. zuletzt Th. Pratsch, Mönchsorden in Byzanz? – Zur Entstehung und Entwicklung monastischer Verbände in Byzanz (8.–10. Jh.), in: Millennium 4 (2007) 261–277.

seinen Rang dann auch noch sofort offen erklärte, was für einen demütigen Pilger, der die Einsamkeit und die Askese suchte, gleichfalls sehr ungewöhnlich gewesen wäre. Wenn wir darüber hinaus berücksichtigen, dass bei mindestens dreien der vier (Erz)bischöfe die Titel falsch oder zumindest grob unkorrekt sind, wird das Misstrauen noch größer.[76]

Sieht man die Quellen unter diesem Aspekt genauer an, so zeigt sich, dass es in keinem einzigen Fall einen unabhängigen Nachweis für den Titel oder für die Herkunft des jeweiligen Protagonisten gibt. Mit Ausnahme Symeons von Trier erschienen sie alle unverhofft an ihrer neuen Wirkungsstätte, und alle Angaben über ihre früheren Lebensumstände stammten ausschließlich von ihnen selbst. Über ihre Herkunft ist nur das bekannt, was sie selbst ihren Biographen oder deren Gewährsmännern erzählten oder aber laut deren Angaben erzählt haben sollen. Diese Angaben wiederum sind entweder so allgemein oder entsprechen so sehr hagiographischen Topoi, dass sie nicht überprüfbar sind.[77] Gibt es hingegen nachprüfbare Fakten, so sind sie in der Regel falsch oder zumindest verfälscht und in jedem Fall außerordentlich unwahrscheinlich.

Völlig unbeantwortbar bleibt die Frage, warum diese Heiligen überhaupt in den Westen gekommen sind. Pilgerreisen orthodoxer Kleriker in das lateinische Europa sind äußerst selten gewesen. Außer den genannten Personen gibt es, soweit ich sehe, in dem hier behandelten Zeitraum keine weiteren orthodoxen Pilger oder Heilige im Westen Europas. Selbst Rom war eigentlich kein Pilgerziel, außer vom byzantinischen Süditalien aus, sondern es wurde vorwiegend aus politischen Gründen aufgesucht. Das restliche Westeuropa war für die Byzantiner um die Jahrtausendwende, von einigen offiziellen Gesandtschaften abgesehen, praktisch terra incognita.

Die große Zahl armenischer Pilger im lateinischen Europa bleibt in jedem Fall verblüffend. Pilger aus Byzanz oder aus dem Heiligen Land sind eindeutig in der Minderzahl, obwohl Westeuropa für sie genau so viel oder wenig anziehend gewesen sein wird, wie für Pilger aus Armenien. Hier könnte man sich allerdings auch eine andere Erklärung vorstellen: Armenien war im Lateinischen Europa nicht unbekannt. Es wurde in der Bibel erwähnt, und man begegnete ihm öfter in der antiken Literatur. Konkrete zeitgenössische Kenntnisse über Land und Bevölkerung gab es hingegen überhaupt nicht. Möglicherweise übertraf Armenien in der Sicht der Lateiner daher als Ort exotischer Frömmigkeit noch Byzanz oder Jerusalem, das doch durch zahlreiche Pilger auch im lateinischen Europa

---

76 Gregorius von Passau ist hier nur deshalb nichts nachzuweisen, weil wir über ihn keine genaueren Angaben haben. Ähnliches gilt für *Andreas de Grecia,* dessen Titel aber gleichfalls, wie gezeigt worden ist, verdächtig anmutet.

77 Dies gilt auch für die häufig wiederkehrende Verwendung von symbolischen Zahlen und Jahresangaben wie etwa sieben und drei.

relativ bekannt war. Die innerarmenischen Verhältnisse waren im Lateinischen Europa kaum überprüfbar, denn Kontakte zwischen dem Lateinischen Europa und Armenien sind in der Zeit vor den Kreuzzügen so gut wie überhaupt nicht nachweisbar. Bedenken wir, dass es damals noch keine Ausweise, Geburtsurkunden und andere Dokumente gab, mit denen ein privater Reisender seine Identität und seinen Status belegen konnte, so dürfte eine Herkunft aus Armenien praktisch nicht nachprüfbar gewesen sein. Vor allem aber war es nicht möglich, die kirchlichen Ränge, die die Fremden in Armenien eingenommen haben sollen, einer Überprüfung zu unterziehen.

Man könnte daher unterstellen, dass es für einen Pilger aus dem Orient relativ unproblematisch gewesen wäre, sich gegenüber seinen Gastgebern als Bischof oder Erzbischof aus Armenien zu bezeichnen und sich auf diese Weise vielleicht eine freundlichere Aufnahme zu sichern, als sie ein einfacher „normaler" Pilger sonst erwarten konnte. Dies würde auch erklären, warum z. B. Macarius von Gent und Gregorius von Nikopolis – entgegen aller hagiographischen Praxis – sofort ihre Herkunft offenlegten und nicht etwa, wie man es in einer durchkomponierten Vita erwarten würde, erst auf übernatürliche Weise einem staunenden Publikum gegen ihren Willen als veritable Erzbischöfe enthüllt wurden. Hier war ein armenischer Erzbischof zweifellos schwieriger zu falsifizieren, als es bei einem Würdenträger aus dem Heiligen Land, dessen kirchliche Verhältnisse im Westen vergleichsweise gut bekannt waren, der Fall gewesen wäre.

Aber woher kamen diese Pilger, wenn nicht unmittelbar aus Armenien? Nicht unwahrscheinlich dürfte eine Herkunft aus dem Heiligen Land sein, was seinerseits Armenien als Geburtsland dieser Personen – oder zumindest einiger von ihnen – nicht unbedingt ausschließt. Das Heilige Land übte auf Christen aller Konfessionen eine starke Anziehungskraft aus, und es haben sich dort zweifellos auch viele Armenier aufgehalten, sei es vorübergehend als Pilger oder auf Dauer als Einwohner oder auch als Mönche in einem der zahlreichen Klöster. Vor dort könnten sie natürlich auch in das Lateinische Europa weitergereist sein, wenn sich die Gelegenheit ergab oder sie von der Not gezwungen wurden.

Eine Aussage im jeweiligen Einzelfall ist natürlich nicht möglich, zumal nicht alle „Heiligen" genau datierbar sind. Aber zumindest für einige von ihnen bietet es sich an, ein konkretes Ereignis zu Beginn des 11. Jahrhunderts zur Erklärung heranzuziehen: Im Jahr 996 war als fatimidischer Kalif der junge al-Ḥākim im Alter von elf Jahren auf den Thron gekommen. Zunächst regierte er nur formal, aber im Jahre 1000 setzte er seine Alleinherrschaft durch. Schon wenig später begannen in seinem Machtbereich erste Christenverfolgungen, die sich im Lauf der Jahre steigerten und schließlich mit der Zerstörung der Grabeskirche in Jerusalem am 29. September 1009 ihren Höhepunkt erreichen sollten. Im Lauf dieser Verfolgungen wurden auch Christen gemartert und zum Übertritt zum Islam gezwungen.[78] Wäre es nicht denkbar, dass diese Verfolgungen auch dazu geführt haben, dass einige Mönche und Kleriker das Heilige Land verlassen haben und in das lateinische Europa geflohen sind, das ungefährlicher zu sein schien? Unter diesen Flüchtlingen könnten sich natürlich auch Armenier befunden haben, die sich, sei es vorübergehend oder auf Dauer, als Pilger oder Mönche im Heiligen Land aufgehalten hatten. Tatsächlich berichten einige wenige Quellen, dass viele Mönche wegen der Verfolgungen das Heilige Land verließen und zum Teil nach Byzanz, zum Teil aber auch in das Lateinische Europa flohen.[79]

In Rom und Unteritalien konnten solche Kleriker sicherlich Unterschlupf finden, aber auch nicht viel mehr, da Rom ohnehin von Klerikern überfüllt war und der Status der Neuankömmlinge schnell festgestellt werden konnte. Aber wer wäre im fernen Flandern, in Pithiviers in der französischen Provinz oder auch in einem fernab gelegenen Kloster am Po in der Lage gewesen, die Angaben eines fremden Pilgers über seine Herkunft zu überprüfen? Man braucht sicher nicht daran zu zweifeln, dass diese Pilger Persönlichkeiten gewesen sind, die durch ihre fremdartige Erscheinung, ihre aufsehenerregende Gebetspraxis und durch ihren ganzen exotischen Habitus einen tiefen Eindruck auf ihre Gastgeber, die ja kaum selbst über Erfahrungen mit weitgereisten Fremden verfügten, gemacht haben müssen. Sie mögen auch ein gewisses Charisma ausgestrahlt

---

78   Zu al-Ḥākim cf. J. van Ess, Chiliastische Erwartungen und die Versuchung der Gött-
      lichkeit: Der Kalif Al-Hakim (386–411 a. h.) (Abhandlungen der Heidelberger Aka-
      demie der Wissenschaften, Phil.-hist. Klasse 2, Heft 2), Heidelberg 1977; H. Halm,
      Die Kalifen von Kairo. Die Fatimiden in Ägypten (979–1074), München 2003,
      167–304.

79   Die Vita Lazari (BHG 97) (Vita Lazari Galesiotae auctore Gregorio monacho, in:
      AASS Nov. III (3. ed. Paris 1867) 508–588; engl. Übers. von R. P. H. Greenfield, The
      Life of Lazaros of Mt. Galesion. An Eleventh-Century Pillar Saint, Introduction,
      translation, and notes, Washington, D. C. 2000 [Byzantine Saints' Lives in Translation
      3]), cap. 19, p. 515F, berichtet, dass die Verfolgung durch al-Ḥākim dazu führte, dass
      viele Mönche in die Romania flohen, und dass sie darüber hinaus, wie einst die Apostel
      nach dem Tod des Stephanos, über den „gesamten Kosmos" zerstreut wurden: αἰτία
      τῆς εἰς τὸν σύμπαντα κόσμον διασπορᾶς. In ähnlicher Weise berichtet auch Skylit-
      zes (Ioannis Scylitzae Synopsis historiarum, editio princeps, rec. I. Thurn, Berlin 1973
      [CFHB V, Series Berolinensis] 347,83–89 [cap. 33]) davon, dass al-Ḥākim nicht nur die
      Grabeskirche zerstörte und viele Klöster verwüstete, sondern auch die in diesen Klö-
      stern lebenden Mönche aus dem Hl. Land vertrieb: Ἀζίζιος … τόν τε ἐν Ἱεροσολύ-
      μοις ἐν τῷ τάφῳ τοῦ σωτῆρος Χριστοῦ ἀνεγηγερμένον πολυτελῶς θεῖον ναὸν
      κατεστρέψατο, καὶ τὰ εὐαγῆ ἐλυμήνατο μοναστήρια, καὶ τοὺς ἐν τούτοις
      ἀσκουμένους ἀπανταχοῦ τῆς γῆς ἐφυγάδευσε. Sollte im übrigen Alagrecus wider
      alle Wahrscheinlichkeit doch real gewesen sein, so könnte auch er zu diesem Per-
      sonenkreis gehört haben, der vor den Verfolgungen aus dem Heiligen Land geflohen
      ist. Zumindest aus chronologischer Sicht wäre dies problemlos möglich.

haben, dass alle Zweifel an ihrer Herkunft überdeckte. Insofern boten sie sich auch als Heilige an in einer Zeit, die durchaus Bedarf an Heiligen hatte und in der das Pilgerwesen begann, sich zu einem bedeutenden Wirtschaftsfaktor für Klöster, Kirchen und die Orte in ihrer Nähe zu entwickeln. Aber ebenso zweifellos sind die hier behandelten Heiligen nicht diejenigen gewesen, für die sie sich ausgaben oder für die sie später ausgegeben worden sind.[80] Heutzutage würde man die meisten von ihnen wahrscheinlich sehr schnell als unerwünschte Ausländer abschieben, im dunklen Mittelalter machte man sie zu Heiligen: für die Betroffenen, wie man vermuten kann, die erfreulichere Lösung!

Abstract

Latin hagiography also celebrates a number of Orthodox saints in own vitae. As far as information on the homeland of these saints can be verified, it can be established that it is, without exemption, inaccurate, exaggerated and, moreover, in most cases blatantly wrong. In some cases, one cannot fail to suspect that these "saints" were actually impostors, who hoped to secure a better treatment by giving false information. In other cases, one can assume a deliberate exaggeration on the side of the authors of the vitae concerned, aimed at the aggrandisement of certain other saints or locations. This also includes a number of saints who, in all probability, were simply made up.

---

80 Dies könnte, wie gezeigt worden ist, auch bei dem in Oviedo bezeugten Bischof Andreas der Fall gewesen sein, bei dem man ebenfalls Zweifel an seiner Eigenschaft als Bischof haben kann. Gleiches gilt für Jorius von Béthune. Nur im Fall des Davinus lassen sich beim besten Willen keine Aussagen machen, da wir über ihn zu wenig wissen. Für Gregorius von Passau gelten angesichts der politischen Entwicklung in Byzanz nach 1071 ohnehin andere Gesichtspunkte. Aber ein armenischer Erzbischof dürfte auch er kaum gewesen sein.

Zu den beiden Reiterstandbildern auf dem Tauros von Konstantinopel*

ARNE EFFENBERGER

I.

Im Jahre 1418 begab Cyriacus von Ancona (1391–1452) zum ersten Mal nach Byzanz, weil er – wie sein Freund und Biograph Francesco Scalamonti es ausdrückte – endlich die große Stadt Konstantinopel kennenlernen wollte.[1] Er reiste als Kleriker auf einem Handelschiff seines Verwandten Pasqualino[2] auf der üblichen Route durch das Ionische Meer, den Archipel und die Propontis und kam am 7. Oktober im Hafen von Konstantinopel an (§ 37). Dort traf er Filippo Alfieri,[3] der ihn zu den Sehenswürdigkeiten (insignia) der Stadt führte, wobei Cyriacus auch Gelegenheit hatte, Manuel II. Palaiologos (1391–1425) in seiner kaiserlichen Majestät zu erblicken (§ 38). Er umrundete die dreieckige Stadt entlang der beiden Seemauern und der Theodosianischen Landmauer, besah das Goldene Tor mit seinen beiden Marmortürmen und die Reliefs am Vortor, in denen er Arbeiten des Phidias und Darstellungen der Waffen des Achill, von schönen Säulchen eingefaßt, zu erkennen glaubte (§ 39).[4] Dann begab er sich in

---

* Für mancherlei Hilfe danke ich Wolfram Brandes (Max-Planck-Institut für Europäische Rechtsgeschichte, Frankfurt am Main), Wolfgang-Widu Ehlers (Freie Universität Berlin), Edit Escer-Kazimir (Universitätsbibliothek Budapest), Christoph Koch (Freie Universität Berlin), Cyril Mango (Exeter College Oxford), Ihor Ševčenko (Harvard University) und Peter Schreiner (Köln/München). Besonderer Dank gilt meinem Freund Ulrich Reuter, der sämtliche Zeichnungen angefertigt hat.

1 Vita viri clarissimi et famosissimi Kyriaci Anconitani by Francesco Scalamonti. Edited and translated by Charles Mitchell – Edward W. Bodnar, S. J. (Transactions of the American Philosophical Society 86,4), Philadelphia 1996, 14, 38–41 §§ 37–44 (lateinischer Text), 111–112 (englische Übersetzung), 147–148 Anm. 46–55; vgl. Stella Patitucci, Per la storia della topografia. Nel VI centenario della nascità di Ciriaco. Italia, Grecia e Levante. L'eredità topografica di Ciriaco d'Ancona, in: Rivista di topografia antica 1 (1991) 147–162, hier 149. – Eine zweite Reise nach Konstantinopel fand 1419 statt, doch werden darüber keine Einzelheiten mitgeteilt; siehe Mitchell/Bodnar, 14, 41 § 45 (lateinischer Text), 113 (englische Übersetzung).

2 Zu Pasqualino Mucciarelli siehe Mitchell/Bodnar (s. Anm. 1), 155 Anm. 126.

3 Zu Filippo degli Alfieri, anconitanischer Konsul von Konstantinopel und der Romania seit 1419, siehe Mitchell/Bodnar (s. Anm. 1), 147 Anm. 46.

4 Siehe zuletzt Neslihan Asutay-Effenberger, Die Landmauer von Konstantinopel. Historisch-topographische und baugeschichtliche Untersuchungen (Millennium Studien 18), Berlin – New York 2007, 61–71.

das Innere der Stadt und besuchte die Kirchen, allen voran die Hagia Sophia. Auf dem Platz davor sah er die Justinianssäule mit dem Reiterstandbild, das sein Biograph als „Heraclius" bezeichnete (§ 40).[5] Der nächste Ort war der Hippodrom, wo Cyriacus die Sphendone mit den wenigen noch vorhandenen Säulen, die Reste der Zuschauerränge, den gemauerten Obelisken, die Schlangensäule und besonders den Theodosios-Obelisken bewunderte, den er auf Grund der lateinischen und griechischen Inschriften an der Unterbasis dem „Architekten" Proculus zuschrieb (§ 41).[6] Danach besichtigte er die beiden Spiralsäulen des „Theodosius" auf dem Tauros und dem Arkadiosforum und sah viele andere Säulen aus Marmor und Porphyr, Statuen aus Bronze und verschiedenen Steinarten, Basen, Inschriften, Nymphäen und Brunnen sowie den Valensaquädukt.[7] Schließlich hatte er Zugang zu etlichen Klosterbibliotheken, wo ihm kostbar mit Gold illuminierte und illustrierte griechische Handschriften sakralen wie profanen Inhalts gezeigt wurden (§ 42). Dann setzte er nach Galata über und durchwanderte die Genuesenstand mit ihren turmbewehrten Mauern, Kirchen, Speichern, Handelshäusern, großen öffentlichen und privaten Palästen sowie dem Hafen voller Last-

---

5   Bereits Robert de Clari, La conquête de Constantinople LXXXVI. Édition bilingue. Publication, traduction, présentation et notes par Jean Dufournet (Champion classiques. Série „Moyen Âge" 14), Paris 2004, 176–179 (deutsche Übersetzung: Chroniken des vierten Kreuzzugs. Die Augenzeugenberichte von Geoffroy de Villehardouin und Robert de Clari, ins Neuhochdeutsche übersetzt, eingeleitet und erläutert von Gerhard E. Sollbach [Bibliothek der historischen Forschung 9], Pfaffenweiler 1998, 131), teilt mit, daß die „Griechen" die Reiterstatue als Kaiser Heraclius bezeichnet hätten.

6   Scalamonti unterstellt hier, daß Cyriacus bereits 1418 beide Inschriften lesen konnte. Mitchell/Bodnar (s. Anm. 1), 147–148 Anm. 47, 208 bezweifeln allerdings, daß die Beschreibung der Stadt und ihrer Monumente in den §§ 38–43 schon 1418 entstanden sein kann: „it is unlikely that Ciriaco knew enough Latin at that time." Doch bereits 1423 konnte er fließend Latein, wie sein Brief an Pietro di Liberio de Boarellis in Rimini vom 15. März 1423 beweist, vgl. ebd. 148 Anm. 53 zu Appendix I, 166–175 (lateinischer Text), 176–180 (englische Übersetzung und Anm.). Zu seinen Griechischkenntnissen siehe Anna Pontani, I *Graeca* di Ciriaco d'Ancona (con due disegni autografi inediti e una notizia su Cristoforo da Rieti), in: Θησαυρίσματα 24 (1994) 37–148; Dies., Ancora sui *Graeca* di Ciriaco d'Ancona, in: Quaderni di storia. Rassegna di antichità 43/44 (1996) 157–172; zu seinem Latein siehe Piergiorgio Parroni, Il latino di Ciriaco, in: Ciriaco d'Ancona e la cultura antiquaria dell'Umanesimo. Atti del convegno internazionale di studio, Ancona 6–9 febbraio 1992, a cura di Gianfranco Paci – Sergio Sconocchia, Reggio Emilia 1998, 269–289.

7   Es ist allerdings fraglich, welche Bronzestatuen Cyriacus außer dem Reiterstandbild Justinians in Konstantinopel sehen konnte. Einzig die erst nach 1261 aufgestellte Gruppe von Kaiser Michael VIII. Palaiologos und dem Erzengel Michael stand in der ersten Hälfte des 15. Jahrhunderts noch auf der Säule bei der Apostelkirche; vgl. Neslihan Asutay-Effenberger – Arne Effenberger, Die *columna virginea* und ihre Wiederverwendung in der Süleymaniye Camii, in: Millennium 1 (2004) 369–407.

schiffe (§ 43). Schließlich kehrte er auf dem Schiff des Pasqualino nach Ancona zurück (§ 44).

Wie lange Cyriacus 1418 in Konstantinopel und Galata verweilt hat, erfahren wir nicht, doch wird er vor Anbruch des *mare claustrum* die Rückreise angetreten haben. Vieles von dem, was Scalamonti über den ersten Aufenthalt zu berichten weiß, dürfte allerdings den verlorenen *Commentaria* der späteren Reisen von 1443/44 oder 1446/47 entnommen sein, obgleich die Vita mit dem Jahr 1435 endet.[8] Zudem erinnert das Itinerar in etlichen Details an das Konstantinopel-Kapitel im *Liber insularum archipelagi* des Cristoforo Buondelmonti,[9] von dem Cyriacus nachweislich eine Abschrift besaß.[10] Wann er damit begonnen hatte, auch in Konstantinopel – wie auf seinen zahllosen archäologisch-epigraphischen Entdeckungsreisen[11] – einzelne Monumente in Zeichnungen festzuhalten und Inschriften zu kopieren, ist unbekannt. Für die Anfertigung der Zeichnungen der

---

8 Mitchell/Bodnar (s. Anm. 1), 148 Anm. 47 (Abfassung der Vita nach 1441, vgl. ebd. 10–11). – Eine mögliche Quelle für die Beschreibung von Galata könnte Cyriacus' *laus urbis Galatae* sein, verfaßt am 21. August 1446 in einem Brief an den Podestà von Galata-Pera, Baldassare Maruffo: Edward W. Bodnar, S. J., Ciriaco's Cycladic Diary, in: Paci/Sconocchia (s. Anm. 6), 49–70, hier 53 mit Anm. 25; Mitchell/Bodnar (s. Anm. 1), 148 Anm. 55; Cyriaco of Ancona, Later Travels. Edited and translated by Edward W. Bodnar with Clive Foss, Cambridge, Mass. – London 2003, 264/265–270/ 271, Brief 39, §§ 11–19.

9 Buondelmontis Beschreibung von Konstantinopel im *Liber insularum archipelagi* (s. unten Anm. 104) als mögliche, aber erst von Scalamonti verwendete Quelle: Mitchell/Bodnar (s. Anm. 1), 11–12 und Anm. 72.

10 Ein Kodex mit Apographa nach Cyriacus in Oxford, Bodleian Library, Ms. Canon. Misc. 280, fols. 2r–67v (gemäß Eintrag auf fol. 63r kopiert von Gianfranceso Cataldini da Caglia [nahe Urbino], 1.–14. Oktober 1474) enthält auf fol. 56r auch die Konstantinopel-Vedute. Siehe dazu Charles Mitchell, Ex Libris Kiriaci Anconitani, in: Italia medioevale e umanistica 5 (1962) 283–299, hier 284; Claudia Barsanti, Costantinopoli e l'Egeo nei primi decenni del XV secolo: la testimonianza di Cristoforo Buondelmonti, in: Rivista dell'Istituto Nazionale d'Archeologia e Storia dell'Arte 56 (2001) 87–88, Abb. 87; G. Ragone, Il *Liber insularum Archipelagi* di Cristoforo dei Buondelmonti: Filologia des testo, filologia dell'immagine, in: Humanisme et culture géographique à l'époque du Concile de Constance autour de Guillaume Fillastre. Actes du Colloque de l'Université de Reims, 18–19 novembre 1999, éd. par Didier Marcotte (Terrarum Orbis 3), Turnhout 2002, 183–184.

11 Die Literatur hierzu ist inzwischen fast unübersehbar geworden; außer den im Folgenden zitierten Arbeiten seinen noch genannt: Karl August Neuhausen, Die vergessene „göttliche Kunst der Totenerweckung". Cyriacus von Ancona als Begründer der Erforschung der Antike in der Frührenaissance, in: Atlas. Bonner Beiträge zur Renaissanceforschung. Hrsg. von Gunter Schweikhart, Bd. 1: Antiquarische Gelehrsamkeit und Bildende Kunst. Die Gegenwart der Antike in der Renaissance, Köln 1996, 51–68; Angelika Geyer, Kyriacus von Ancona oder die Anfänge der modernen Archäologie, in: Boreas 26 (2003) 117–133.

Hagia Sophia, von denen nur zwei in Kopien des Giuliano da Sangallo überliefert sind, scheinen wohl eher die Jahre 1443/44 oder 1446/47 in Betracht zu kommen.[12] Der *Codex Parmensis* 1191, der auf Hartmann Schedel zurückgeführt werden kann, enthält außer den leer gebliebenen Seiten mit erklärenden Überschriften für sieben Zeichnungen der Hagia Sophia[13] auf den Folios 66v und 67r noch die Titel für zwei vom Kopisten ebenfalls nicht ausgeführte Ansichten des Theodosios-Obelisken.[14] Auch ein Manuskript in Florenz, auf das gleich näher einzugehen ist, birgt Hinweise auf einst vorhandene Wiedergaben der beiden Obelisken und der Schlangensäule im Hippodrom sowie der Hagia Sophia.[15] Alle diese Zeichnungen waren demnach in den verlorenen *Commentaria* der Reisen von 1443/44 oder 1446/47 enthalten, womit ihre Entstehungszeit ungefähr gesichert sein dürfte.

Nirgendwo findet sich jedoch ein Hinweis, daß unter den von Cyriacus hinterlassenen Materialien auch eine Wiedergabe der Reiterstatue Justinians I. vom Augustaion existierte.[16] Um so schwerer fällt es daher, die bekannte Zeichnung in

---

12 Biblioteca Apostolica Vaticana, Cod. Barb. lat. 4424, fols 28r und 44r: Cristiano Huelsen, Il Libro di Giuliano da Sangallo. Codice Vaticano Barbariniano Latino 4424 (Codices e Vaticanis selecti phototypice expressi 11), Faksimile- und Textband, Leipzig 1910 (Nachdruck: Città del Vaticano 1984), 37, 39, 59, Taf. 30 und 46; Christine Smith, Cyriacus of Ancona's Seven Drawings of Hagia Sophia, in: The Art Bulletin 69 (1987) 16–32, hier 27 („created between 1444 and 1447"); Die Hagia Sophia in Istanbul. Bilder aus sechs Jahrhunderten und Gaspare Fossatis Restaurierung der Jahre 1847 bis 1849. Hrsg. von Volker Hoffmann, Bern 1999 [Ausstellungskatalog], 153–156 (mit weiterer Literatur). – Zu den späten Reisen zwischen 1443 und 1447 und den Konstantinopel-Aufenthalten siehe Bodnar (s. Anm. 8), 49–50; Bodnar/Foss (s. Anm. 8), Register unter *Byzantium (Constantinople)*. – Gemäß dem 38. und 39. Brief (Bodnar/ Foss [s. Anm. 8], 252/253 und 260/261) nahm Cyriacus am 15. August 1444 an einem Gottesdienst in der Hagia Sophia teil.

13 Parma, Biblioteca Palatina, Ms. 1191, fols. 61v–64v: Smith (s. Anm. 12), 16–25; Mitchell/Bodnar (s. Anm. 1), 208–212, Appendix VI. – Zur Rückführung des *Parmensis* 1191 auf Hartmann Schedel siehe Bodnar (s. Anm. 8), 51–58. Hartmann Schedel hielt sich von 1463 bis 1466 als Student in Padua auf und hatte nachweislich Zugang zu den von Cyriacus von Ancona hinterlassenen Materialien, die sich im Besitz des Matteo de'Pasti in Rimini befanden.

14 Mitchell/Bodnar (s. Anm. 1), 148 Anm. 52.

15 Filippo Di Benedetto, Un codice epigrafico di Ciriaco ritrovato, in: Paci/Sconocchia (s. Anm. 6), 147–167, hier 147: „Nel codice, inoltre, leggiamo notizie di monumenti (alcune di eccezionale rilevanza) e troviamo la prova sicura (,hic depictus erat' e simili) che l'originale era corredato di disegni illustranti le terme di Lesbo, un piede di Serapide e Eraclea del Ponto, un ninfo ad Amastri e i due obelischi, la colonna serpentina e S. Sofia a Costantinopoli."

16 Zur Justinianssäule und zur Reiterstatue siehe Johannes Kollwitz, Oströmische Plastik der theodosianischen Zeit (Studien zur spätantiken Kunstgeschichte 12), Berlin 1941, 12–15; Giovanni Becatti, La Colonna coclide istoriata. Problemi storici icono-

einer Budapester Sammelhandschrift (Abb. 1) mit einem seiner Aufenthalte in Konstantinopel (1418, 1419, 1428, 1431, 1443/44 und 1446/47) in Verbindung zu bringen.[17] Die Abhängigkeit des Bilds von einer eigenhändigen Vorlage des Cyriacus, die von einigen Forschern vertreten wird,[18] ist durchaus umstritten, wie die folgenden Darlegungen zeigen werden. Dennoch kann kein Zweifel daran bestehen, daß die Zeichnung (oder ihre Vorlage) aus unmittelbarer An-

---

grafici stilistici (Studi e materiali del Museo dell'Impero romano 6), Rom 1960, 90–94; Rudolf H. W. Stichel, Die römische Kaiserstatue am Ausgang der Antike. Untersuchungen zum plastischen Kaiserporträt seit Valentinian I. (364–375 n. Chr.), Rom 1982, 11, 105–112 Kat.-Nr. 132 (mit den Schrift- und Bildquellen); Ders., Zum Bronzekoloss Justinians I. vom Augusteion in Konstantinopel, in: Griechische und römische Statuetten und Großbronzen. Akten der 9. Internationalen Tagung über antike Bronzen, Wien 21.–25. April 1986. Hrsg. von Kurt Gschwantler und Alfred Bernhard-Walcher, Wien 1988, 130–136; Wolfgang Müller-Wiener, Bildlexikon zur Topographie Istanbuls. Byzantion – Konstantinupolis – Istanbul bis zum Beginn des 17. Jahrhunderts, Tübingen 1977, 248–249; Cyril Mango, The Columns of Justinian and his Successors, in: Cyril Mango, Studies on Constantinople, Aldershot 1993, X, 1–8; Martina Jordan-Ruwe, Das Säulenmonument. Zur Geschichte der erhöhten Aufstellung antiker Porträtstatuen (Asia Minor Studien 19), Bonn 1995, 152–153, 179–184, 231–236 (Schriftquellen in Auszügen); Franz Alto Bauer, Stadt, Platz und Denkmal in der Spätantike. Untersuchungen zur Ausgestaltung des öffentlichen Raums in den spätantiken Städten Rom, Konstantinopel und Ephesos, Mainz 1996, 158–162.

17 Budapest, Universitätsbibliothek, Cod. Ital. III (vorm. 35), fol. 144v. – Kollwitz (s. Anm. 16), 13–14, Beil. 2; Phyllis Williams Lehmann, Theodosius or Justinian? A Renaissance drawing of a Byzantine rider, in: The Art Bulletin 41 (1959) 39–57, Abb. 1, 5–7 (mit der älteren Literatur); Cyril Mango, Justinian's Equestrian Statue (Letter to the Editor), in: The Art Bulletin 41 (1959) 351–358 (wieder abgedruckt: Mango, Studies [s. Anm. 16], XI, mit neuer Paginierung 1–16, danach hier zitiert); Entgegnung von Lehmann, ebd. 357–358; Siri Sande, The Equestrian Statue of Justinian and the σχῆμα Ἀχίλλειον, in: Acta ad Archaeologiam et Artium Historiam Pertinentia, Ser. 8,6 (1987) 99–111, Abb. 4; Mango (s. Anm. 16), 5–7, Abb. 1; Bauer (s. Anm. 16), 162, Taf. 19,1; Jordan-Ruwe (s. Anm. 16), 153, 179, Taf. 17,2; Barsanti (s. Anm. 10), 89–253, hier 217–218, Abb. 92.

18 So von Bernhard Degenhart – Annegrit Schmitt, Corpus der italienischen Zeichnungen, 1300–1450, Teil II. Venedig, Jacopo Bellini, Bd. 5, Berlin 1990, 211–213, Abb. 229b, hier 212: „Aufgrund stilistischer Vergleiche mit eigenhändigen Antikennachzeichnungen Ciriaco d'Anconas wird hier zum ersten Mal Ciriaco als Autor der Zeichnung der Reiterstatue vorgeschlagen", mit Verweis auf das Totenmahlrelief im Kodex Mailand, Bibl. Ambros., Ms. Trotti 373, fol. 115, ebd. Abb. 229a. – Siehe auch Anna Pontani, Conclusione, in: Paci/Sconocchia (s. Anm. 6), 525 (unter Bezugnahme auf die unten behandelte Inschrift); Barsanti (s. Anm. 10), 218: „esemplato probabilmente su uno schizzo che era stato fatto in situ da Ciriaco d'Ancona". – Vorsichtig und ohne sich auf einen Künstler festzulegen, nur Mango (s. Anm. 16), 8: „There must have been a preliminary sketch that was made either two or three decades before or just after the fall of Constantinople."

Abb. 1 Zeichnung der Reiterstatue Justinians I. vom Augustaion. Budapest,
Universitätsbibliothek, Cod. Ital. III (vorm. 35), fol. 144v
(Foto: Universitätsbibliothek Budapest)

schauung des Reiterstandbilds – d. h. aus nächster Nähe – entstanden sein muß. Der Budapester Kodex befand sich bis 1877 in der Bibliothek des Topkapı Sarayı.[19] Dort hatte ihn Philipp Anton Dethier 1864 entdeckt und das Bild der Reiterstatue zunächst in einer Nachzeichnung publiziert.[20] Auch erkannte er bereits, daß es sich um eine Wiedergabe des Reiterstandbilds Kaiser Justinians I. vom Augustaion handelt. Am oberen Blattrand befindet sich eine Notiz, die nach Franz Babinger folgendermaßen zu lesen sei:[21] *Noto q<uod> In<peratori-Imperatori> Fr<i>d<erico> si<mi>lis. Noto q<antu>m ve<re> simi>lis Fig<urae>.*

---

19   Die Handschrift wurde 1877 von Sultan Abdülhamit II. der Budapester Universitäts-
     bibliothek zusammen mit 34 weiteren Codices geschenkt, siehe: XXXV Handschrif-
     ten (Geschenk des Sultans Abdül Hamid II.). Nach Csontosi mit erläuternden Zusät-
     zen, Berichtigungen und sonstigen sachlichen Bemerkungen von Árpád v. Török,
     Budapest 1878, 51–52 Nr. XXXV; Alexander [Sándor] Szilágyi, Catalogus Codicorum
     Bibliothecae Universitatis R. Scientiarum Budapestinensis, Budapest 1881, 17 Nr. 35;
     Emil Jacobs, Untersuchungen zur Geschichte der Bibliothek im Serai zu Konstanti-
     nopel 1 (Sitzungsberichte der Heidelberger Akademie der Wissenschaften, Phil.-Hist.
     Klasse, 24. Abhandlung), Heidelberg 1919, 112–113; Adolf Deissmann, Forschungen
     und Funde im Serai, Berlin – Leipzig 1933, 16, 23; Emil Jacobs, Cyriacus von Ancona
     und Mehmet II., in: BZ 30 (1929) 197–202; Franz Babinger, Johannes Darius (1414–
     1494), Sachwalter Venedigs im Morgenland, und sein griechischer Umkreis, in: Sit-
     zungsberichte der Bayerischen Akademie der Wissenschaften, Phil.-Hist. Klasse
     1961, Heft 5, München 1961, 74–129, hier 77–78. – Fol. 143v enthält das Ende des
     Inhaltsverzeichnisses und einen türkischen Eintrag in Goldschrift mit dem Datum H
     1289 (1877/78). Es gibt sonst nur die alten Inhaltbeschreibungen von Philipp Anton
     Dethier, Augusteon vagy Nagy-Jusztinian óriás lavasszobra barna rezből, in: Akadé-
     mia évkönyvei. Tizenegyedik kötet XI, Pest 1869, 1–60, hier 6–8 sowie von Csontosi/
     v. Török und Szilágyi. Eine ausführliche, auch kodikologische Untersuchung fehlt
     bislang. – Babinger, ebd. 78: „Die kurze Inhaltsangabe im ‚*Catalogus*‘ erlaubt doch
     wohl, den Codex als frühhumanistische Sammelschrift zu betrachten … Auf jeden
     Fall ist sie von einem Venediger … angelegt worden." Nach dem Eintrag am Beginn
     (Csontosi/v. Török, ebd. 51): „Código Español, que contiene trozos escoidos de Ari-
     stotéles, Ciceron, Séneca, Cassiodor etc." handelt es sich jedoch um spanische Über-
     setzungen, siehe auch Mango (s. Anm. 16), 6 („contains a *Spanish* translation of
     various classical texts").
20   Philipp Anton Dethier, in: Ὁ ἐν Κωνσταντινουπόλει Ἑλληνικὸς Φιλολογικὸς
     Σύλλογος,῾Ετος II, Τόμος 2, Konstantinopel 1864, 103–105, Falttaf. im Anhang;
     Ders., L'Augustéon ou la statue colossale et équestre de bronze de Justinien le Grand,
     in: L'Univers. Revue orientale 1,4 (1875) 233–242. – In der Abb. der Erstpublikation
     noch mit fehlerhafter Wiedergabe etlicher Details und der Beischrift (siehe dazu
     unten); danach abgebildet bei Andreas David Mordtmann d. J., Esquisse Topographi-
     que de Constantinople, Lille 1892, 65 und seither häufig wiederholt, vgl. Lehmann
     (s. Anm. 17), 41 Anm. 9. – Erste fotografische Wiedergabe bei Gerhart Rodenwaldt,
     Das Problem der Renaissancen, in: AA (1931) 318–338, hier 328–329, Abb. 11–12.
21   Zitiert nach Lehmann (s. Anm. 17), 51; dort Anm. 76 zwei weitere Lesungsvor-
     schläge.

Phyllis W. Lehmann zufolge habe der Besitzer oder Leser des Kodex damit „the similarity in appearance between the figure represented in the drawing and the contemporary ruler Frederick III" zum Ausdruck bringen wollen.[22] Da Friedrich III. 1452 in Rom zum Kaiser gekrönt wurde, ist zwar ein *terminus post quem* für die Aufschrift, nicht aber für die Entstehungszeit der Zeichnung gewonnen.

Das vorletzte Blatt des Budapester Kodex (fol. 145v) enthält nichts weiter als einen eigenhändigen Eintrag von Giovanni Dario (Abb. 2). Unter dem Kürzel *IHS* für „Jesus" stehen die drei folgenden Zeilen: *Johannes Darius scripsit atramento nimphirii / p(er) ip(s)u(m) Kiriaco Aconitano ad scribendum / adducto.*[23] Einzig diese Notiz vermag zu erklären, weshalb die Zeichnung überhaupt mit Cyriacus von Ancona in Zusammenhang gebracht werden konnte. Dethier ging

Abb. 2 Eintrag des Giovanni Dario. Budapest, Universitätsbibliothek,
Cod. Ital. III (vorm. 35), fol. 145v
(Foto: Universitätsbibliothek Budapest)

---

22 Lehmann (s. Anm. 17), 51 Anm. 75.
23 Jacobs (s. Anm. 19), 200; Babinger (s. Anm. 19), 74–129, hier 75–76, Taf. 3, Abb. 4. –
    Babinger übersetzte: „Schrieb's Johannes Darius mit der Tinte von Nymphirius(-m ?),
    die durch ihn selbst dem Cyriacus von Ancona herbeigebracht worden ist." – Blatt
    146r enthält den Eintrag: „Questo libro costa den. 8."

noch davon aus, daß Nyphirius der Künstler gewesen sei, der das Blatt mit der Reiterstatue geschaffen hatte,[24] doch meint *attramento nymphirii* vermutlich eine besondere Tintenart.[25] Anscheinend war es Emil Jacobs, der auf Grund des Dario-Eintrags dezidiert die Ansicht vertrat, wonach die Zeichnung „auf Veranlassung des Cyriacus" entstanden sei, als dieser sich nach 1453 am Hofe Mehmet II. aufgehalten habe.[26] Dieser angebliche Aufenthalt beruht jedoch, wie auch die lange Zeit vertretene Ansicht, wonach Cyriacus den jungen Sultan mit den antiken Autoren vertraut gemacht habe, auf einem Mißverständnis der Quellen.[27] Als Mehmet die Statue zwischen 1453 und 1455/56 von der Säule herabnehmen ließ,[28] war Cyriacus bereits verstorben.[29]

Lehmann übersetzte den Eintrag auf fol. 145v ziemlich frei „Johannes Darius wrote [this] with the ink of Nimphirius and with the advice of Cyriacus of Ancona" und gab dafür die reichlich gewundene Erklärung:[30] „the lettering on the drawing was written by Johannes Darius with the aid of Cyriacus but that the drawing itself was the work of another hand, presumably of the same Nimphirius whose ink was borrowed for the lettering of this inscription". Noch einen Schritt weiter ging Patricia Fortini Brown mit ihrer Übersetzung:[31] „Johannes Darius wrote (this) with the ink of Nimphirius When Cyriacus of Ancona had been persuaded by his (Darios's) advice to draw (it)". Fortini Brown interpretierte *ad scribendum* als „Zeichnen" und suggerierte dadurch eine scheinbar gegebene Verbindung zwischen dem Autor des Bilds und der Erwähnung des Cyriacus in dem Dario-Eintrag. Beide Male *(scripsit – ad scribendum)* ist aber nur von „Schreiben" die Rede. Daher müßte die korrekte Übersetzung lauten: „Johannes Darius schrieb dies mit der Tinte des Nymphirius, die er selbst für Cyriacus von Ancona zum Schreiben besorgt hatte."

---

24 Dethier (in: Σύλλογος, s. Anm. 20), 103: *Johannes Darius scripsit atramento, Nimphirius pinxit; Kyriaco Aconitano ad sribendum adducto;* zur Rezeption siehe Lehmann (s. Anm 17), 49 Anm. 58.

25 Jacobs (s. Anm. 19), 201 Anm. 1; Babinger (s. Anm. 19), 75 Anm. 4; Mango (s. Anm. 16), 7 mit anderem Vorschlag.

26 Jacobs (s. Anm. 19), 200–201.

27 Julian Raby, Cyriacus of Ancona and the Ottoman Sultan Mehmed II, in: JWarb 43 (1980) 242–246.

28 Julian Raby, Mehmed the Conqueror and the Byzantine Rider of the Augusteion, in: Illinois Classical Studies 12,2 (1987) 305–313, hier 308–311 (auch Topkapı Sarayı Müzesi Yıllığı 2 [1987] 141–150).

29 Zum wahrscheinlichen Todesdatum 1452 siehe Bodnar (s. Anm. 8), 60–61 Anm. 4; Mitchell/Bodnar (s. Anm. 1), 19 Anm. 2.

30 Lehmann (s. Anm. 17), 49.

31 Patricia Fortini Brown, Venice and Antiquity. The Venetian Sense of the Past, New Haven – London 1996, 89, Abb. 92.

Schon Edward W. Bodnar hatte die Zusammengehörigkeit von Zeichnung und
Dario-Eintrag bezweifelt,[32] und Cyril Mango wies – nach einer Untersuchung des
Budapester Kodex durch Ihor Ševčenko – darauf hin, daß die Notiz auf einem
separaten Bifolium (fol. 145r–146v) eingetragen ist, das auf den letzten Quaternio
mit der Zeichnung folgt.[33] Zwischen dem Bild und dem Eintrag besteht also keine
sichtbare Beziehung, zumal sich beide auf der Rückseite des jeweiligen Blatts
befinden. Auch zwischen der nach 1452 zu datierenden Aufschrift auf der Zeichnung und der Dario-Notiz läßt sich kein Zusammenhang herstellen. Giovanni
Dario (1414–1494) war zwar mit Cyriacus eng befreundet, doch bleibt unbekannt,
zu welchem Zeitpunkt vor 1452 die durch den Eintrag auf fol. 145v bezeugte
Begegnung der beiden Männer stattfand,[34] was den Anlaß zu diesen seltsamen Zeilen gegebenen haben könnte und ebenso, wann und durch wen das Bifolium in den
Kodex eingebunden wurde. Ohnehin wissen wir nicht, zu welcher Zeit und auf
welchem Wege der Kodex in die Bibliothek des Topkapı Sarayı gelangt war.

II.

Das einzige Dokument, das die Autorschaft des Cyriacus zumindest für die Vorlage der Budapester Zeichnung (Abb. 1) stützen könnte, befindet sich in dem
erwähnten Florentiner Kodex.[35] Dieser enthält u. a. „estratti da diversi ‚commentaria‘", vor allem 112 Inschriften, die Cyriacus auf verschiedenen und zeitlich
weit auseinander liegenden Reisen kopiert hatte, und von denen 35 bislang noch
unbekannt waren.[36] Das überaus wichtige epigraphische Zeugnis lautet:[37]

---

32 Edward W. Bodnar, S. J., Cyriacus of Ancona and Athens (= Coll. Latomus XLIII),
    Brüssel-Berchem 1960, 67: „However, the separation of the note referring Cyriacus
    (f. 145v) from the sketch (f. 144v) makes it at least doubtful that the two go together";
    siehe auch Mango (s. Anm. 17), 8–9.
33 Schema der Lagen bei Mango (s. Anm. 16), 6–7. – Ihor Ševčenko stellte mir in lie-
    benswürdigster Weise seine Aufzeichnungen zur Verfügung.
34 Babinger (s. Anm. 19), passim; Ders., Notes on Cyriac of Ancona and some of his
    friends, in: JWarb 25 (1962) 321–323; Ders., Veneto-kretische Geistebestrebungen um
    die Mitte des 15. Jahrhunderts, in: BZ 57 (1964) 62–77, hier 66–67. – In der zuletzt
    erwähnten Arbeit wies Babinger auf die drei bezeugten Kretabesuche des Cyriacus
    (1435, 1445 und 1446) hin und vertrat die seltsame Meinung, daß die Budapester
    Zeichnung „an den Ruinen von Górtyna (Gortys) entstanden sein" könnte.
35 Florenz, Bibl. Naz. Centrale, Ms. Conv. Sopp. I. IX. 30, fols. 382–393: Di Benedetto
    (s. Anm. 15), 147–167. – Die Abschrift der auf Cyriacus zurückgehenden Folios
    wurde von dem Dominikanerpater Giovan Battista Bracceschi († 1612) angefertigt.
36 Di Benedetto (s. Anm. 15), 147, 148, Appendix 161.
37 Fol. 387v, Nr. 58: Di Benedetto (s. Anm. 15), 152–154, Nr. 2; siehe Barsanti (s. Anm.
    10), 218. – Im Folgenden korrigiere ich einige meiner Ausführungen in: Arne Effen-
    berger, Die Illustrationen – Topographische Untersuchungen: Konstantinopel / İstan-
    bul und ägäische Örtlichkeiten, in: Cristoforo Buondelmonti, Liber insularum archi-

In Constantinopoli est fusum de aere quoddam symulacrum equestre Theo-
dosii imp. et equus ipse erat lon. p. XX lati. p. VII Altit. Theod. p. XX facies
p. III oculus semipes os semipes in quo equo erant sculpta hec verba
Gloria fons Theodosi perennis
compilator
Πατροφιλος πλαστης εποιησε (sic!)

(„In Konstantinopel befindet sich aus Erz gefertigt dieses Reiterstandbild des
Kaisers Theodosius. Das Pferd selbst hat eine Länge von 20 Fuß und eine Breite
von sieben Fuß. Theodosius ist 20 Fuß hoch, das Gesicht drei Fuß, das Auge
einen halben Fuß, das Ohr einen halben Fuß. Auf dem Pferd waren folgende
Worte eingraviert: *Gloria fons Theodosi perennis* [zur Lesung und Übersetzung
siehe unten]. Meister Patrophilos hat es geschaffen.")

Damit dürfte erwiesen sein, daß Cyriacus Gelegenheit hatte, die Statue vor
Ort, d. h. auf der Säule zu besichtigen und zu vermessen sowie die Worte der ein-
gravierten Inschrift auf dem Pferdekörper und die Signatur des bislang unbekannten Meisters zu notieren.[38] Wann dies geschah und ob dabei auch die Budapester Zeichnung bzw. deren Vorlage entstanden sein könnte, soll uns später
beschäftigen. Daß sich auf der Statue eine Inschrift befand, war schon 1204
bekannt, wenn auch nicht ihr Wortlaut. So berichtet Robert de Clari:[39] „Und auf
ihm [scil. dem Reiter] sind Buchstaben geschrieben, die sagen, er schwöre, daß
die Sarazenen keinen Waffenfrieden von ihm haben würden." Da bereits 840
unter Kaiser Theophilos (829–842) die Federkrone herabgefallen war und danach
wieder repariert wurde,[40] wird man seither von einer Inschrift auf dem Pferd

pelagi. Universitäts- und Landesbibliothek Düsseldorf Ms. G 13. Faksimile, hrsg. von
Irmgard Siebert und Max Plassmann. Mit Beiträgen von Arne Effenberger, Max Plassmann und Fabian Rijkers (Schriften der Universitäts- und Landesbibliothek Düsseldorf 38), Wiesbaden 2005, 43–46 [31], Abb. 32.

38 Damit sind auch die Einwände von Sande (s. Anm. 17), 97–99 gegen das Vorhandensein der Inschrift am Pferdekörper hinfällig. – Zu Patrophilos siehe Rainer Vollkom-
mer (Hrsg.), Künstlerlexikon der Antike 2: L – Z, Addendum A – K, München – Leipzig 2004, 197–198 (M. Dennert); zur Inschrift siehe zuletzt D. Feissel, Chroniques
d'épigraphie byzantine 1987–2004 (Centre de Recherche d'Histoire et Civilisation de
Byzance. Monographies 20), Paris 2006, 62, Nr. 189.

39 Vgl. Anm. 5.

40 Leonis Grammatici Chronographie, rec. Immanuel Bekker, Bonn 1842, 227,3–11; vgl.
Symeonis Magistri ac logothetae Annales, in: Theophanes Continuatus, Chronographia, rec. Immanuel Bekker, Bonn 1838, 645,11–15. – Nach Leon Grammatikos sei
ein Kletterkünstler auf die Hagia Sophia gestiegen und habe von dort einen Wurfha-
ken an einem Seile auf die Reiterstatue geworfen. Als sich dieser dort verfangen hatte,
balancierte der Mann auf dem Seil zur Statue hinüber und befestigte die Tupha. Deutsche Übersetzung: Friedrich Wilhelm Unger, Quellen der byzantinischen Kunstgeschichte, Bd. 1, Wien 1878 (Nachdruck: Osnabrück 1970), 142 § 327.

gewußt haben, obgleich die Quellen nichts dergleichen erwähnen, auch Nikephoros Gregoras († um 1359) nicht, der Gelegenheit hatte, die Statue aus nächster
Nähe zu sehen und zu vermessen.[41] Im Laufe der Zeit mag es dann zu der volkstümlichen Deutung und zu der Bezeichnung als „Heraclius" gekommen sein, die
noch in Scalamontis Vita begegnet.

Technisch gesehen ist die Budapester Zeichnung (Abb. 1) überwiegend mit
dem Pinsel unter Verwendung einer bräunlichen Tinte laviert, und nur wenige
Details wurden mit der Feder nachgezogen. Alle wesentlichen Merkmale des
Reiters wie die langärmelige Tunika, der Muskelpanzer, der „achilleische", über
die linke Schulter gelegte Mantel, die Stiefel, die Federkrone (Tupha) auf dem
Haupt,[42] die kreuzbekrönte Sphaira in der Linken, das Zaumzeug ohne Zügel,
die ungeordnete und vom Wind bewegte Mähne sowie der angehobene linke
Vorderhuf des Pferds stimmen mit den ausführlichen Beschreibungen überein,
die einerseits Prokopios[43] und andererseits Georgios Pachymeres († um 1310)[44]
von der Reiterstatue auf dem Augustaion gegeben haben. Doch weist die Darstellung auch etliche Abweichungen auf.[45] So ist besonders der rechte Arm, der – wie
alle Quellen übereinstimmend betonen – ausgestreckt war,[46] in ungeschickter
Weise nach hinten verdreht. Der fast in die Frontalansicht gewendete Oberkör-
per des Reiters, der Kopf in Dreiviertelansicht und die Federkrone wurden viel
zu groß wiedergegeben, wohingegen der linke Arm mit der Sphaira verkürzt
erscheint. Unklar ist auch die Gangart des Pferds, das den Beschreibungen zufolge mit drei Hufen fest auf dem Boden stehen müßte.[47] Hingegen überliefert

---

41 Siehe unten Anm. 52.

42 Zur Tupha siehe Mango (s. Anm. 17), 2–5; Stichel (Kaiserstatue, s. Anm. 16), 11–12;
     Sande (s. Anm. 17), 101–104; zuletzt Mango (s. Anm. 16), 5–6.

43 Prokopios I, 2, 5–12: Procopius, Peri ktismaton libri VI sive De aedificiis cum duobus
     indicibus, ed. Jakob Haury – Gerhard Wirth, Leipzig 1964; ed. stereotypa correctior
     addenda et corrigenda adiecit Gerhard Wirth (Procopii Caesariensis opera omnia 4),
     München 2001, 17,5–18,25; Prokop, Bauten. Paulos Silentiarios, Beschreibung der
     Hagia Sophia. Griechisch-deutsch, ed. Otto Veh. Archäologischer Kommentar von
     W. Pülhorn, München 1977, 34/35–36/37.

44 Georgios Pachymeres, Ἔκφρασις τοῦ Αὐγουστεῶνος, in: Nicephori Gregorae
     Byzantina Historia, ed. Ludwig Schopen, Bd. 2 (CSHB 9), Bonn 1830, 1217–1220,
     hier 1219–1220. – Deutsche Übersetzung: Unger (s. Anm. 40), 142–143 § 328. – Eng-
     lische Übersetzung: Cyril Mango, The Art of the Byzantine Empire 312–1435. Sour-
     ces and Ducuments, Toronto 1997, 111–113.

45 Vgl. Mango (s. Anm. 17), 2–5; Stichel (Kaiserstatue, s. Anm. 16), 11.

46 Zur grundsätzlichen Bedeutung des ausgestreckten rechten Arms, der den Dargestell-
     ten als „handelnd" ausweist, siehe Johannes Bergemann, Römische Reiterstatuen.
     Ehrendenkmäler im öffentlichen Bereich (Beiträge zur Erschließung hellenistischer
     und kaiserzeitlicher Skulptur und Architektur 11), Mainz 1990, 6–8.

47 Zur den üblichen Gangarten siehe Bergemann (s. Anm. 46), 4.

das Bild einige durchaus reizvolle Einzelheiten, die aus den Beschreibungen nicht hervorgehen: Das mit Perlen und Gemmen verzierte Diadem, über dem sich die Pfauenfedern in drei Reihen ausbreiten, die Laschen (Pteryges) des Muskelpanzers am rechten Oberarm und um den Schoß mit zwei bzw. drei gedrillten Troddeln an jeder Lasche, die vor dem Leib kunstvoll verschlungene Gürtelbinde und das mit großer Sorgfalt wiedergegebene Riemenwerk des rechten Halbstiefels.

Auf der Zeichnung lauten die auf Hinterhand, Schulter, Hals sowie oberhalb der Kruppe und über der Mähne des Pferds verteilten Worte *THEO//DOSI PERENNIS FON GLORIAE,* wohingegen Cyriacus *Gloria fons Theodosi perennis* notierte. Demnach müßten *gloria* der Inschriftkopie zu *gloriae* und *fon* auf dem Bild zu *fons* ergänzt werden. Diese Diskrepanz ist nicht unerheblich, sollte Cyriacus der Urheber der Abschrift *und* der Zeichnung gewesen sein. Die Art der Anordnung von *fon(s)* und *gloriae* will verdeutlichen, daß diese Worte auf der Rückseite des Pferds auf Hinterhand *(fons)* und Hals *(gloriae)* eingraviert waren.[48] Die Inschrift wäre dann, je nachdem, an welcher Seite man beginnt, entweder in der Abfolge *Theodosi perennis gloriae fons* oder – wie Cyriacus sie verstand – *Gloria fons Theodosi perennis* zu lesen.[49] Wenn, wie Johannes Malalas (6. Jahrhundert) behauptet, die Reiterstatue, die Justinian 543 auf der Säule des Augustaion aufrichten ließ, ursprünglich Arkadios darstellte und vormals auf dem Tauros gestanden habe,[50] müßte Arkadios das eigentliche Subjekt der Inschriftformel sein, was eine Deutung des Reiters als Theodosios II. nahelegen würde.[51] Auch darauf ist später zurückzukommen.

Wichtig sind vor allem die von Cyriacus mitgeteilten Maße, die nunmehr mit den von Nikephoros Gregoras überlieferten verglichen werden können.[52] Der

---

48 Mango (s. Anm. 17), 6.

49 Mango (s. Anm. 17), 12 mit Anm. 27.

50 Ioannis Malalae Chronographia XVIII, 94. Hrsg. von Ioannes Thurn (CFHB Ser. Berolin. 35), Berlin – New York 2000, 408,22–25: ἥτις στέλην ἦν Ἀρκαδίου βασιλέως, πρῴην οὖσα ἐν τῷ Ταύρῳ ἐν βωμίσκῳ. – Englische Übersetzung: The Chronicle of John Malalas. A Translation by Elizabeth Jeffreys, Michael Jeffreys, Roger Scott, Melbourne 1986, 287. – In der slavischen Fassung nach der Edition von Viktor M. Istrin, Chronika Ioanna Malaly v slavjanskom perevode, Moskau 1994 (Nachdruck der Ausgabe von 1914), bricht Buch XVIII vorzeitig ab, so daß nicht nachgeprüft werden kann, ob der Wortlaut übereinstimmte.

51 So Mango (s. Anm. 16), 7: „Arcadius as the fount of eternal glory (or the eternal fount of glory) of Theodosius (II)." Demzufolge bezog er, wie schon in Ders. (s. Anm. 17), 13 das Reiterstandbild auf Theodosios II.; vgl. auch die Diskussion ebd. 16 Anm. 31.

52 Nicephori Gregorae Byzantina Historia VII, 12, rec. Ludwig Schopen, Bd. 1 (CSHB 9), Bonn 1829, 275, Z. 13–277, Z. 16. – Deutsche Übersetzung: Nikephoros Gregoras, Rhomäische Geschichte. Historia Rhomaike. Übersetzt und erläutert von Jan-Louis van Dieten, 1. Teil (Kapitel I–VII), Stuttgart 1973 (Bibliothek der griechischen Literatur 4), 207–208, mit Kommentar 299, Anm. 471. – Zu den Maßangaben siehe auch Stichel (Kaiserstatue, s. Anm. 16), 109–110.

Umfang des Kopfes betrug nach Nikephoros einen Klafter (= ca. 1,87 m), was einem Kopfdurchmesser von ungefähr ca. 0,60 m entspräche.[53] Der Abstand von der Schulter bis zur Spitze der Federkrone wird ebenfalls mit einem Klafter (= 1,87 m) angegeben. Weitere Maße betreffen die Fingerlänge (eine Spanne = 0,234 m), die Länge der Fußsohle (drei $^2/_3$ Spannen = ca. 0,86 m), das Kreuz auf der Sphaira (Höhe vier Spannen, Breite drei Spannen = ca. 0,94 m / 0,70 m), den Umfang des Pferdenackens (fast drei Klafter), den Abstand von der Nasenspitze des Pferds bis zu den Ohren (ein Klafter = ca. 1,87 m) und den Umfang der Unterschenkel (fünf Spannen = ca. 1,17 m). Das Volumen der Sphaira schätzte Nikephoros Gregoras auf drei öffentliche Maße (μέτρα πολιτικὰ τρία). Wenn damit das θαλάσσιον μέτρον zu ca. 10,250 Liter gemeint sein sollte,[54] ergäbe sich ein viel zu geringer Kugelinhalt von ca. 31 Liter. Beruhte das μέτρον πολιτικόν hingegen auf dem Kubik-ποῦς zu 30,459 Liter,[55] betrüge der Kugelinhalt ca. 91 Liter, woraus sich ein Kugeldurchmesser von ca. 0,56 m errechnen ließe. Bedenkt man weiter, daß die Finger eine Spanne (0,234 m) maßen, dann wird die hohle Hand, welche die Kugel hielt, von den Fingerspitzen bis zur Handwurzel nicht länger als etwa 0,50 m gewesen sein. Der Durchmesser der Sphaira dürfte daher 0,60–0,65 m kaum überschritten haben. Wenn aber das Kreuz 0,94 m hoch und der Kreuzarm 0,70 m breit gewesen sein sollen, ergibt sich ein Mißverhältnis in den Proportionen von Kugel und Bekrönung, denn bei einem Durchmesser der Sphaira von 0,60–0,65 m hätten beide zusammen eine Gesamthöhe von ca. 1,54–1,59 m erreicht.[56] Kugel und Kreuz sollten daher für die Untersuchung der Maßverhältnisse besser außer Betracht bleiben.

Die Länge des Pferderumpfs von Brust bis Schwanz(ansatz?) bemaß Nikephoros mit drei Klaftern (= ca. 5,61 m). Doch auch diese Angabe erweist sich bei näherer Nachprüfung als problematisch, wie die beigegebene Zeichnung verdeutlicht (Abb. 3).[57] Dabei kann vorausgesetzt werden, daß bei einer Reiterstatue

---

53 Zu den byzantinischen Maßeinheiten siehe Erich Schilbach, Byzantinische Metrologie, München 1970, 19–20 (kleine oder kaiserliche Spanne, σπιθαμή), 22 (kleine ὀργυιά, Klafter).

54 Schilbach (s. Anm. 53), 112–113.

55 Dazu Schilbach (s. Anm. 53), 113.

56 Stichel (Kaiserstatue, s. Anm. 16), 109 dachte an einen Kugeldurchmesser von ca. 0,80 m, doch würde dieser ein Volumen von 268 Liter ergeben, abgesehen davon, daß Sphaira und Kreuz dann eine Gesamthöhe von 1,74 m erreicht haben müßten. Bei einem Radius von 0,28 m käme man nach der Formel $(4/3)r^3\pi$ auf rund 92 Liter. Gleichwohl muß von einem etwas größeren Kugeldurchmesser ausgegangen werden, da Nikephoros Gregoras den Kugelinhalt nur schätzen konnte.

57 Der Zeichnung liegt die Rekonstruktion von Cornelius Gurlitt, Die Baukunst Constantinopels, Bd. 1, Berlin 1907, 17, Taf. 5g; Ders., Antike Denkmalsäulen, in: Der Baumeister. Monatshefte für Architektur und Baupraxis 7 (1909) 55–60, B 109, Taf. 38 zugrunde, wo – im Gegensatz zu seiner falschen Wiedergabe der Säule – das Reiter-

Abb. 3 Schematische Darstellung des Reiterstandbilds
mit den eingetragenen Maßen nach Nikephoros Gregoras, Variante 1 und 2
(Zeichnung: Ulrich Reuter / Berlin)

die Gesamtlänge des Pferds etwa der Gesamthöhe des Standbilds entsprach. Wenn der Abstand von Schulter bis Kronenspitze (ein Klafter = ca. 1,87 m) als Referenzmaß genommen wird, dann reichen drei Klafter gerade einmal von der Brust bis zu den Weichen des Pferds (Abb. 3, Variante 1). Die angegeben Binnenmaße (von der Nasenspitze bis zu den Ohren des Pferds, Länge der Fußsohle) gingen dann zwar einigermaßen auf, doch müßte in diesem Falle der Rumpf von Brust bis Schwanzansatz etwa 7,50 m – gut vier Klafter – lang gewesen sein.[58] Daraus würde sich proportional eine Gesamtlänge und -höhe des Reiterstandbilds von ca. 9,70 m ergeben, was völlig undenkbar erscheint. Läßt man hingegen die Länge von „Brust bis Schwanz" (drei Klafter = ca. 5,61 m) als Referenzgröße gelten (Abb. 3, Variante 2), hätte das Reiterstandbild insgesamt eine Länge und Höhe von ca. 7,20 m erreicht. Die Abstände von Schulter bis Kronenspitze, von der Nasenspitze bis zu den Ohren des Pferds und die Länge der Fußsohle übersteigen dann aber in proportionaler Hinsicht jegliches Maß. Tatsächlich kann der Abstand von Schulter bis Kronenspitze kaum mehr als ca. 1,40 m oder reichlich sechs Spannen betragen haben. Anscheinend hatte Nikephoros Gregoras nur recht oberflächlich gemessen, zumal er überwiegend den ungeteilten Klafter benutzte.

Cyriacus zufolge war das Pferd 20 Fuß lang und Theodosius 20 Fuß hoch. Doch weder wissen wir, ob er die Gesamtlänge oder nur die Rumpflänge des Pferds gemessen noch welchen Fuß er benutzt hat. Auch hier vermag eine Zeichnung Klarheit zu verschaffen (Abb. 4): Sie zeigt zunächst, daß die Höhe des Reiters allein etwa der Länge des Pferderumpfs von Brust bis Schweifansatz entspricht. Demnach kann Cyriacus nur die Länge von Brust bis Schweif gemeint haben. Bei Anwendung des römischen Fuß zu 0,296 m errechnet sich daraus eine Rumpflänge von ca. 5,86 m, die den drei Klaftern = 5,61 m des Nikephoros Gregoras sehr nahe kommt. Aus der Rumpflänge von ca. 5,86 m ergäben sich proportional eine Gesamtlänge und -höhe des Reiterstandbilds von ca. 7,50 m, die wieder nur unerheblich von den für Nikephoros ermittelten Maßen von jeweils ca. 7,20 abweichen.[59] Die Angaben von Nikephoros Gregoras und Cyriacus sind also nur kompatibel, wenn sie auf die Rumpflänge des Pferds bezogen werden. Für die Höhe des Gesichts gibt Cyriacus drei Fuß (ca. 0,89 m) an, was jedoch voraussetzt, daß er vom Halsansatz bis zum Diadem gemessen hatte. Der

---

standbild in den Proportionen recht gut troffen ist (anders: Stichel [Bronzekoloss, s. Anm. 16], 132).

58 Stichel (Kaiserstatue, s. Anm. 16), 110 bezog die angegebene Länge von drei Klaftern auf die Plinthe.

59 Hingegen ergäbe ein Fuß, der dem byzantinischen ποῦς zu 0,3123 m entspräche, schon erhebliche Abweichungen: 20 × 0,3123 m = 6,26 m, Gesamtlänge und -höhe dann ca. 8 m.

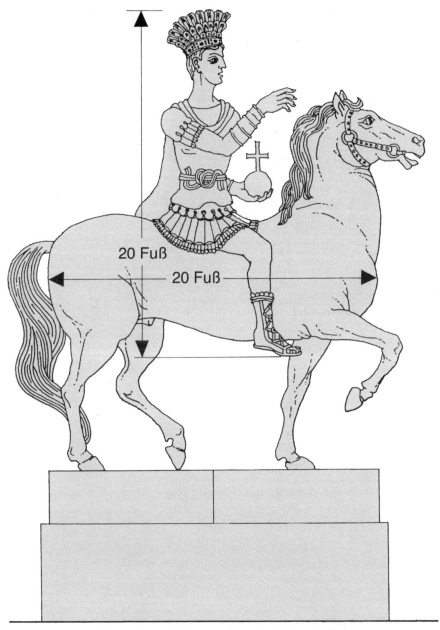

Abb. 4 Schematische Darstellung des Reiterstandbilds
mit den eingetragenen Maßen nach Cyriacus von Ancona
(Zeichnung: Ulrich Reuter / Berlin)

Abstand von Schulter bis Kronenspitze wird ca. 1,45 m kaum überschritten haben (für Nikephoros Gregoras ergaben sich ca. 1,40 m statt 1,87 m), weshalb auf die Tupha noch ungefähr 0,56 m entfallen sein müßten. Da die Federkrone auf den sonst bekannten Darstellungen sehr viel niedriger ist,[60] bestätigt sich der Eindruck, daß sie auf der Budapester Zeichnung (Abb. 1) aus lauter Freude am Detail übertrieben hoch wiedergegeben wurde. Alles in allem wird man sagen dürfen, daß das Standbild zwischen 7,20 und 7,50 m lang und ebenso hoch war und etwas mehr als die dreifache Lebensgröße erreichte. Wir gewinnen damit eine anschauliche Vorstellung von den imposanten technischen Leistungen, einen derartigen Koloß zu gießen, was im 5. Jahrhundert offenbar noch kein Problem war, und auf eine etwa 30 m hohe Säule zu hieven.[61] Der einmalige Fall, daß Justinian eine Reiterstatue auf einer Säule aufrichten ließ und dafür ein auf dem Augustaion bereits existierendes Säulenmonument Theodosios' I. beseitigte[62] sowie ein Reiterstandbild des Arkadios vom Tauros okkupierte, verdiente durchaus eine eigenständige Untersuchung – nicht nur im Rahmen seiner Bau- und Konsolidierungspolitik nach 540, sondern auch hinsichtlich seines Verhältnisses zu den Staatsdenkmälern der theodosianischen Dynastie.

Nach Johannes Malalas erhob sich die Reiterstatue des Arkadios auf einem niedrigen Podest (ἐν βωμίσκῳ) auf dem Tauros. Die *Notitia urbis Constantinopolitanae* (um 425) verzeichnet in der Regio VII außer der Theodosiossäule zwei große Reiterstandbilder *(Habet autem in se: Equites magnos duos)* und einen Teil des Theodosiosforums *(Partem eiusdem fori)*,[63] während die *Basilica Theodosiana* der Regio VIII zugerechnet wird.[64] Anscheinend bildete die über den Platz führende Mese die Regionengrenze. Die Theodosiossäule[65] und die beiden Reiterstandbilder befanden sich demnach im nördlichen Bereich des Forums. Die

---

60 Vgl. Anm. 42.
61 Zur Säulenhöhe im Verhältnis zur Höhe der Hagia Sophia siehe Stichel (Bronzekoloss, s. Anm. 16), 133, Abb. 6.
62 Johannes Zonaras, Epitome historiarum XIV 6, ed. Theodor Büttner-Wobst, Bd. 3, Bonn 1847, 157,8–16.
63 Notitia VIII, Regio septima, ed. Otto Seeck, Notitia dignitatum accedunt notitia urbis Constantinopolitanae et laterculi provinciarum, Berlin 1876 (Nachdruck: Frankfurt am Main 1962, 3. Aufl. Frankfurt am Main 1983), 235,15; vgl Albrecht Berger, Regionen und Straßen im frühen Konstantinopel, in: IstMitt 47 (1997) 365–366. – Auszüge der griechischen Quellen zum Theodosiosforum bei Jordan-Ruwe (s. Anm. 16), 218–221.
64 Notitia IX, Regio VIII (Seeck [s. Anm. 63], 236); Berger (s. Anm. 63), 367.
65 Zur Theodosiossäule siehe Kollwitz (s. Anm. 16), 3–7; Becatti (s. Anm. 16), 83–150; Müller-Wiener (s. Anm. 16), 264 (Literatur); Stichel (Kaiserstatue, s. Anm. 16), 85–86 Kat.-Nr. 57,1 (Theodosiosstatue); Jordan-Ruwe (s. Anm. 16), 141–143, 218–221 (Schriftquellen in Auszügen); Bauer (s. Anm. 16), 191–193, 197–198; Emanuel Mayer, Rom ist dort, wo der Kaiser ist. Untersuchungen zu den Staatsdenkmälern des dezentralisierten Reiches von Diocletian bis zu Theodosius II., Mainz 2002, 138–143.

sich ergebenden Fragen, wann die beiden großen Reiterstandbilder errichtet wurden, in welchem räumlichen Verhältnis sie ursprünglich zur Theodosiossäule angeordnet waren und welchen Kaiser die nach 543 auf dem Tauros verbliebenen Reiterstatue darstellte, werden in der Forschung unterschiedlich beantwortet und bedürfen daher weiterhin der Untersuchung.[66] Hinsichtlich der Lage und Ausdehnung des Tauros sowie des Standorts der Theodosiossäule haben die Überlegungen von Albrecht Berger in wesentlichen Punkten zu einer neuen Bewertung des archäologischen Befunds geführt, die weitgehend auf Zustimmung gestoßen ist.[67] Zumindest scheint gesichert zu sein, daß die beiden in Resten ergrabenen Tetrastoa zum östlichen Eingangstor gehörten und das sich westlich davon erstreckende Forum wesentlich kleiner war, als bislang angenommen wurde, obgleich Reste eines entsprechenden westlichen Eingangsbogens nicht mehr festgestellt werden konnten.[68] Da die Theodosiossäule in der Konstantinopel-Ansicht von Andrea Vavassore im südwestlichen Winkel der äußeren Mauer des Eski Saray eingetragen ist, dessen westliche und südliche Begrenzungen sich anhand der Straßenverläufe in alten Stadtplänen nachvollziehen lassen,[69] müßte die Säule tatsächlich in unmittelbarer Nähe des Bayzıt Hamamı gestanden haben, wo etliche Fragmente der Spiralreliefs in den Fundamenten verbaut sind.[70]

Die Πάτρια Κωνσταντινουπόλεως[71] erwähnen noch die silberne Statue des Theodosios auf der Säule, obgleich diese bereits beim Erdbeben von 477/480 her-

---

66 Vgl. Kollwitz (s. Anm. 16), 8–12; Mango (s. Anm. 17), 13; Albrecht Berger, Untersuchungen zu den Patria Konstantinupoleos (ΠΟΙΚΙΛΑ ΒΥΖΑΝΤΙΝΑ 8), Bonn 1988, 326–327; Jordan-Ruwe (s. Anm. 16), 150–154; Bauer (s. Anm. 16), 198–201; Mayer (s. Anm. 65), 136 (mit etlichen Irrtümern); Sarah Bassett, The urban image of late antique Constantinople, Cambridge 2004, 208–211 Nr. 117. – Stichel (Kaiserstatue, s. Anm. 16), 13, 85–87 Kat.-Nr. 57,2 und 3 unterschied hier noch zwei Reiterstatuen.

67 Albrecht Berger, Tauros e Sigma. Due piazze di Costantinopoli, in: Bisanzio e l'Occidente. Arte, archeologia, storia. Studi in onore di Fernanda de' Maffei, Rom 1996, 17–24, Abb. 1. – Zum gesamten archäologischen Befund siehe Müller-Wiener (s. Anm. 16), 258–264, Plan Abb. 294 (mit der Literatur); vgl. Claudia Barsanti, Il Foro di Theodosio I a Costantinopoli, in: Milion 1 (1995) 9–50; Bauer (s. Anm. 16), 190–191, Abb. 61; Mayer (s. Anm. 65), 131–135, Abb. 48.

68 Cyril Mango, Le Développement Urbain de Constantinople (IVᵉ–VIIᵉ siècles). Réimpression conforme à l'édition de 1990 augmentée d'un nouvel addenda de l'auteur (Travaux et Mémoires du Centre de Recherche d'Histoire et Civilisation de Byzance. Monographies 2), Paris 2004, Addenda altera 77.

69 Albrecht Berger, Zur sogenannten Stadtansicht des Vavassore, in: IstMitt 44 (1994) 329–355, hier 342–344, Abb. 8; Ders. (s. Anm. 67), 21–22, Abb. 2.

70 Zu den Fragmenten zuletzt Mayer (s. Anm. 65), 138–143 (mit der Literatur).

71 Patria II, 47: Πάτρια Κωνσταντινουπόλεως. Scriptores originum Constantinopolitanarum, ed. Theodor Preger, Bd. 2, Leipzig 1907 (Nachdruck in einem Bd.: Leipzig 1989), 175,20–176,16. – Es ist allerdings nicht eindeutig zu entscheiden, ob mit den Eingangsworten Ὅτι ἐν τῷ Ταύρῳ στήλη τοῦ μεγάλου Θευδοσίου ἵσταται der

abgestürzt war,[72] ferner Statuen seiner Söhne – Honorios auf dem westlichen und Arkadios auf dem östlichen Durchgangsbogen, wobei die Statue des Arkadios ebenfalls schon seit dem Erdbeben von 557 nicht mehr existierte[73] – sowie das auf dem Tauros verbliebene Reiterstandbild, das sie folgendermaßen beschreiben:[74]

> Μέσον δὲ τῆς αὐλῆς ἐστιν ἔφιππος μεγαλιαῖος, ὃν οἱ μὲν λέγουσιν Ἰησοῦν τὸν υἱὸν τοῦ Ναυῆ, ἕτεροι δὲ τὸν Βελλεροφόντην· ἤχθη δὲ ἀπὸ τῆς μεγάλης Ἀντιοχείας. Τὸ δὲ τετράπλευρον τοῦ ἐφίππου τὸ λιθόξεστον ἔχει ἐγγεγλυμμένας ἱστορίας τῶν ἐσχάτων τῆς πόλεως ... Καὶ τὸ ἐμπόδιον, ὅπερ ἀνθρωποειδὲς χαλκούργημα βραχὺ παντελῶς καὶ δεδεμένον γονυκλινὲς ἔχει ὁ ποὺς ὁ εὐώνυμος τοῦ ἵππου τοῦ μεγαλιαίου, καὶ αὐτὸ σημαίνει, τί ἐστιν ἐκεῖσε γεγραμμέννον.

Mitten auf dem Platz steht ein riesiges Reiterstandbild, das nach den einen Josua, nach den anderen Bellerophon darstellt; es wurde aber aus Antiochia gebracht. Der skulpierte vierseitige Sockel des Reiterstandbildes trägt als Reliefs Darstellungen des Endschicksals der Stadt ... Und auch die ganz kleine, knieend gebundene menschliche

---

Platz oder – analog zu Xerolophos für Arkadiosforum oder Arkadiossäule – die Theodosiossäule gemeint ist, vgl. Berger (s. Anm. 66), 184; Bauer (s. Anm. 16), 187.

72 Marcellinus Comes ad ann. 480: Marcellini V. C. Comitis Chronicon, in: Theodor Mommsen, Chronica minora saec. IV. V. VI. VII., vol. 2 (MGH AA IX/2), Berlin 1894 (unveränderter Nachdruck: München 1981), 92,5–10. – Es wird sich bei dem in den Patria Konstantinupoleos erwähnten Standbild kaum um die von Anastasios I. 506 aufgestellte Kaiserstatue gehandelt haben, da diese anscheinend bald wieder entfernt wurde, vgl. Jordan-Ruwe (s. Anm. 16), 178; Bauer (s. Anm. 16), 201. – Zum Erdbeben von 477/480 siehe Catalogue of ancient earthquakes in the Mediterranean area up to the 10th century, ed. by Emanuela Guidoboni with the collaboration of Alberto Comastri and Giusto Traina. Translated from Italian by Brian Phillips, Rom 1994, 302–305 Nr. 189 (zum unklaren Datum der Quellen).

73 Theophanis Chronographia ad ann. 557/558, ed. Carl de Boor, Bd. 1, Leipzig 1883, 231,27–28; The Chronicle of Theophanes Confessor. Byzantine and Near Eastern History AD 284–813. Translated with introduction and commentary by Cyril Mango and Roger Scott with the assistance of G. Greatrex, Oxford 1997, 339. – Siehe dazu Stichel (Kaiserstatue, s. Anm. 16), 87 Kat.-Nr. 57,4; Bauer (s. Anm. 16), 191; Mayer (s. Anm. 65), 137; Guidoboni (s. Anm. 72), 341–345 Nr. 225, hier 343 (mit fehlerhafter Übersetzung). – Nach Theophanes habe die Statue des Arkadios auf dem „linken" Bogen gestanden, was angesichts der eindeutigen Angabe der Patria Konstantinupoleos dann nur so zu verstehen ist, daß Theophanes (bzw. seine Quelle) die Situation von einem Standort innerhalb der Nordhälfte des Tauros und nach Süden blickend beschrieb, demnach den östlichen Bogen meinte.

74 Patria II, 47 (Preger [s. Anm. 71], 176,7–17). Die Übersetzung nach Berger (s. Anm. 66), 323. – Die Erwähnung von Reiterstandbildern des Arkadios, Theodosios II. und Hadrians beim Standbild des Theodosios unterhalb der Säule auf dem Tauros (Patria II, 38 – Preger [s. Anm. 71], 170,16–171,2) bezieht sich jedoch, wie Berger (s. Anm. 66), 494 dargelegt hat, auf die Statuengruppe beim Milion.

Figur aus Bronze, die als Hindernis (ἐμπόδιον) unter dem linken Huf des riesiges Pferdes liegt, bedeutet das, was dort geschrieben ist.[75]

Die Bezeichnung teils als Josua, teils als Bellerophon, die noch bei Niketas Choniates († 1222) wiederkehrt (s. u.), entstammt spätantiker Panegyrik, wie jüngst Rudolf H. W. Stichel überzeugend dargelegt hat.[76] Die nur von den Patria Konstantinupoleos behauptete Herkunft aus Antiochia reicht m. E. nicht aus, um in der Statue ein wiederverwendetes hellenistisches oder römisches Werk vermuten zu können.[77] Über die Haltung des Kaisers verliert der Kompilator kein Wort. Lediglich die gefesselte Barbarengestalt unter dem linken Huf wird ausdrücklich vermerkt. Die Reiterstatue, deren auffällige Größe zweimal betont wird, stand angeblich in der Mitte des Platzes, doch geht die räumliche Beziehung zur Theodosiossäule daraus nicht hervor. Ein in der Anthologia Planudea überliefertes Epigramm auf Theodosios[78] befand sich, wenn es auf dieses Reiterstandbild bezogen werden dürfte, vermutlich ebenfalls am Sockel. Der Kaiser wird hier mit der Sonne verglichen; aus den Versen, die auf das Meer und die Erde zu seinen Füßen anspielen, hat man auf Darstellungen von Okeanos und Gaia geschlossen, die ebenfalls in die Reliefkomposition des Sockels einbezogen gewesen sein könnten.[79] Ob die Eingangsworte des Epigramms Ἕκτορες ἀντολίθε („Fernher von Osten") auf eine Aufstellung östlich der Säule anspielen, ist möglich.

Mit Blick auf die Beschreibung, die zuerst Prokopios von der Reiterstatue auf dem Augustaion überliefert hat,[80] interessiert in unserem Zusammenhang vor allem die Haltung und Richtung des rechten Arms des auf dem Tauros verbliebenen Kaisers, zumal auch dieser – Niketas Choniates zufolge[81] – eine Sphaira in

---

75 Ähnlich prophetisch wurden auch die Reliefs der Theodosios- und Arkadiossäule gedeutet, vgl. Cyril Mango, The Legend of Leo the Wise, in: Zbornik radova Srpske akademije nauka LXV. Vizantološki institut 6 (1960) 59–95, hier 72–73, 81 (wiederabgedruckt: Cyril Mango, Byzantium and its Image. Collected Studies, London 1984, XVI); Gilbert Dagron, Constantinople imaginaire. Études sur le recueil des „Patria", Paris 1984, 146.

76 Rudolf H. W. Stichel, Bellerophon oder Josua – Zur vermeintlichen Mißdeutung spätantiker Kaiserstatuen Konstantinopels in byzantinischen Quellen, in: Akten des XIV. Internationalen Kongresses für Christliche Archäologie, Wien 19.–26.9.1999. Frühes Christentum zwischen Rom und Konstantinopel Teil 1, Wien 2006, 723–730.

77 So Becatti (s. Anm. 16), 88–112, hier 97 und Bassett (s. Anm. 66), 211. – Zu den antiken Statuen, die den Patria Konstantinupoleos zufolge aus anderen Orten nach Konstantinopel verbracht worden waren, siehe Dagron (s. Anm. 75), 128–150.

78 Anthologia graeca XVI, 65, ed. Hermann Beckby, 2. Aufl., München 1966, Bd. 4, 337. – Siehe dazu Stichel (s. Anm. 76), 728.

79 Kollwitz (s. Anm. 16), 8. – Stichel, Kaiserstaue (s. Anm. 16), 86 Kat.-Nr. 57,2 dachte an Stützfiguren.

80 Vgl. oben Anm. 43.

81 Siehe unten Anm. 87.

der Linken hielt. Über die Armhaltung berichten Konstantinos Rhodios und in seiner Nachfolge Georgios Kedrenos. Konstantinos Rhodios zählt in seinem Gedicht über die Sieben Wunder von Konstantinopel als sechstes die Theodosiossäule auf (202–218), die er irrtümlich auf Arkadios als Urheber zurückführt (203), und gibt danach eine emphatische Beschreibung des ehernen Pferds und des Reiters (219–240).[82] In den Versen 237–240 wird über den Reiter mitgeteilt:

καὶ χεῖρα τείνεν δεξιὰν πρὸς τὴν πόλιν,
τρόπαια δεικνύουσαν ἐγγεγραμμένα
πρὸς ὅνπερ αὐτὸς ἤδρασε στύλον μέγαν

(„Die rechte Hand zur Stadt hin ausgestreckt, auf die eingegrabenen Siegeszeichen zeigend, die er selbst mit großem Meißel aufgerichtet hatte.") Damit sind die Spiralreliefs an der zuvor beschriebenen Theodosiossäule gemeint. Aus den Versen 219–220 (Καὶ τόνδε τὸν φέριστον ἱππότην μέγαν ἑστῶτα, Θευδόσιον ἄνδρα τὸν ξένον) und aus der Erwähnung der Reliefs am Sockel der Reiterstatue mit den Kämpfen gegen Maximos (388) und die „Skythen" in Thrakien (223–224) ergibt sich eindeutig, daß der Reiter Theodosios I. darstellte und das Monument eine Stiftung seines Sohns Arkadios war.[83] Es kann sich also nur um dieselbe Reiterstatue handeln, die in den Patria Konstantinupoleos erwähnt ist und deren Sockelreliefs dort auf das Endschicksal von Konstantinopel gedeutet werden. Georgios Kedrenos bezeichnete den Erbauer der Säule und das Reiterstandbild beide Male ausdrücklich als μέγας Θεοδόσιος, wobei er mit fast denselben Worten wie Konstantinos Rhodios mitteilt, daß der rechte Arm des Kaisers zur Stadt und auf die mit dem Meißel eingegrabenen Siegeszeichen (der Säule) hingewiesen habe (χεῖρα τεῖνων δεξιὰν πρὸς τὴν πόλιν, καὶ δεικνὺς τὰ ἐγεγγραμμένα τῷ στύλῳ τρόπαια).[84] Die Zeigerichtung zur Säule darf wörtlich

---

82   Émile Legrand, Description des œuvres d'art de l'église des Saints Apôtres de Constantinople. Poème en vers iambiques par Constantin le Rhodien, in: REG 9 (1896) 32–65, hier 42–43; Theodore Reinach, Commentaire archéologique sur le poème de Constantin le Rhodien, in: REG 9 (1896) 66–193, hier 74–78. – Reinach, ebd. 77–78 hatte richtiggestellt, daß die Reiterstatue nicht auf einer Säule stand (wie die Übersetzung von Unger [s. Anm. 40], 173 § 419 nahelegt). Allerdings bezog auch Reinach die im Chronicon Paschale ad ann. 394, ed. Ludwig Dindorf, Bonn 1832, 565,6–8 erwähnte Aufstellung einer Theodosiosstatue auf dem Tauros auf das Reiterstandbild; ebenso Whitby/Whitby (Chronicon Paschale 284–628 AD. Translated with notes and introduction by Michael Whitby and Mary Whitby [Translated Texts for Historians 7], Liverpool 1989, 55 Anm. 174) und Mango (s. Anm. 68), 43 Anm. 36.

83   Bauer (s. Anm. 16), 201 Anm. 399 gegen die Auffassung von Berger (s. Anm. 66), 240, 326, 494–495, der die Statue auf Theodosios II. bezog.

84   Georgios Cedrenus, Historiarum Compendium, rec. Immanuel Bekker, Bd. 1, Bonn 1838, 566,4–9. – Zur Überlieferungsgeschichte siehe Glanville Downey, Constantine the Rhodian: His Life and Writings, in: Late Classical and Medieval Studies in Honor

genommen werden, die zur Stadt hingegen ist eher rhetorischer Aufputz, denn vom Tauros aus betrachtet erstreckte sich Konstantinopel nach allen Seiten hin. Konstantinos Rhodios (221) zufolge erhob sich die Reiterstatue „hinter einer hochgestuften Straße" (πρὸς ἀκρόβαθμον ἄμφοδον μέγα),[85] während Georgios Kedrenos nur ganz allgemein von „hinter der Straße" spricht (κατὰ τὸ ἄμφοδον),[86] womit die über den Tauros führende Mese gemeint ist. Die knappe Mitteilung der Patria Konstantinupoleos über den Standort (μέσον δὲ τῆς αὐλῆς) erfährt dadurch zwar keine Präzisierung, doch befanden sich Theodosiossäule und Reiterstatue auf jeden Fall nördlich der Mese in dem zur Regio VII gehörenden Gebiet des Tauros.

Niketas Choniates verdanken wir zwei letzte, wenn auch schon aus zweiter Hand geschöpfte Schilderungen des Reiterstandbilds kurz vor seiner Einschmelzung durch die Lateiner (1204).[87] Nur noch vom Hörensagen wußte er, daß der Reiter nach den einen Josua, nach den anderen Bellerophon genannt werde.[88] Die Theodosiossäule wird zwar nicht erwähnt, doch ist die Mitteilung wichtig, daß der Reiter „seine Rechte gegen die Bahn von Sonne und Mond ausstreckt, um sie in ihrem Lauf aufzuhalten", auch hielt er eine Kugel aus Erz in der Höhlung seiner linken Hand.[89] Im Buch von den Bildwerken beruft sich Niketas Choniates ebenfalls auf die Meinung anderer, wonach der Reiter „seine Hand gegen die dem Untergang schon zueilende Sonne ausgestreckt hielt" (πρὸς ἥλιον ἐκτάσει τῆς χειρὸς ἤδη τῆς πρὸς δύσιν πορείας ἐχόμενον).[90] An Einzelheiten erfahren wir noch, daß die Reiterstatue von staunenswerter Größe war, auf einem Steinwürfel

of Albert Mathias Friend, Jr. Ed. by K. Weitzmann et alii, Princeton, N. J. 1955, 212–221; siehe auch Albrecht Berger, Georgios Kedrenos, Konstantinos von Rhodios und die Sieben Weltwunder, in: Millennium 1 (2004) 233–242.

85   Bauer (s. Anm. 16), 200 übersetzte „auf einem hohen Sockel, der von zwei Wegen durchschnitten wird". Kritik von Mayer (s. Anm. 65), 136 Anm. 614, der ἀκρόβαθμος mit „hochstufig" übersetzt: „mit der ‚hochstufigen (?) großen Straße' ist wahrscheinlich die Mese gemeint".

86   Georgius Cedrenus, Historiarum compendium (Bekker [s. Anm. 84], Bd. 1, 566,6–7).

87   Nicetae Choniatae Historia, rec. Ioannes A. van Dieten (CFHB Ser. Berolinensis 11), Berlin 1975, 643,11–32; 649,58–83. – Deutsche Übersetzung: Die Kreuzfahrer erobern Konstantinopel. Die Regierungszeit der Kaiser Alexios Angelos, Isaak Angelos und Alexios Dukas, die Schicksale der Stadt nach der Einnahme sowie das „Buch von den Bildsäulen" (1195–1206) aus dem Geschichtswerk des Niketas Choniates. Mit einem Anhang: Nikolaos Mesarites, Die Palastrevolution des Joannes Komnenos. Je übersetzt, eingeleitet und erklärt von Franz Grabler (Byzantinische Geschichtsschreiber 9), Graz – Wien – Köln 1958, 226 und 233–234 (danach hier zitiert).

88   Vgl. Stichel (s. Anm. 76), passim.

89   Nicetae Choniatae Historia (Van Dieten [s. Anm. 87], 643,25–28).

90   Nicetae Choniatae Historia (Van Dieten [s. Anm. 87], 649,62–63); Grabler (s. Anm. 87), 233.

bzw. Sockel stand und das Pferd keine Zügel hatte. Aus der Barbarenfigur der Patria Konstantinupoleos ist in der volkstümlichen Umdeutung, die Niketas hier wiedergibt, inzwischen ein kleiner Mann von „bulgarischem Aussehen" im linken Vorderhuf des Pferds geworden, der erst zum Vorschein kam, als die Lateiner das Standbild zertrümmerten.

Alles in allem erhalten wir aus den genannten Quellen folgendes Bild: Die 543 auf dem Tauros verbliebene Reiterstatue war eine Stiftung des Arkadios und stellte Theodosios I. dar. Sie erhob sich auf einem rechteckigen Podest, das mit Reliefs der Kämpfe des Kaisers gegen den Usurpator Maximus geschmückt war. Die ausgestreckte Rechte des kaiserlichen Reiters wies auf die Reliefs der Theodosiossäule hin. In der Linken hielt er eine Sphaira. Unter dem linken Vorderhuf des Pferds war eine kniende und gefesselte Barbarenfigur angebracht. Ob auch Theodosios eine Tupha trug, wird nicht berichtet.[91] In den wesentlichen Details – mit Ausnahme des Barbaren – war das Reiterstandbild also das genaue Gegenstück der auf der Budapester Zeichnung wiedergegebenen Statue (Abb. 1 und 5), wobei vermutet werden kann, daß die Sphaira ebenfalls mit einem Kreuz bekrönt war.

Damit stellt sich die Frage, in welcher räumlichen Beziehung zwei offenkundig als Pendants konzipierte Reiterstandbilder zur Monumentalsäule aufgestellt gewesen sein werden. Es empfiehlt sich zunächst, neben die Budapester Zeichnung (Abb. 1) eine gekonterte Wiedergabe des Reitermonuments zu legen, wobei nur die Haltung der Arme vertauscht werden müßte, da natürlich der rechte Arm der vorgestreckte war und der linke die Sphaira hielt (Abb. 5). Da die besiegte Barbarenfigur unter dem linken Huf lag, war die Beinstellung und Gangart der Pferde beide Male gleich, wenn auch nicht spiegelbildlich. Sofern die Angaben von Konstantinos Rhodios und Georgios Kedrenos wörtlich genommen werden dürfen, denen zufolge Theodosios mit dem rechten ausgestreckten Arm auf die Reliefs der Säule hingewiesen habe und die zweite Aussage von Niketas Choniates ebenfalls für glaubwürdig gehalten wird, wonach der rechte Arm gegen Sonnenuntergang – also nach Westen – gerichtet war, müßte Theodosios rechts (östlich) der Säule plaziert gewesen sein.[92] Entsprechend ergibt sich für Arkadios eine

---

91 Das oben Anm. 78 zitierte Epigramm bezeichnet Theodosios als mutigen „Kämpfer im Helm".

92 Hingegen nahm Berger (s. Anm. 66), 326–327 an, daß die Hand nach Süden wies und „das Standbild vor der Säule in der nördlichen Hälfte des Tauros gestanden" habe (so auch 495). Er widerspricht sich jedoch selbst, wenn er einmal von „Südwesten" und einmal von „Süden" spricht. – Nach Jordan-Ruwe (s. Anm. 16), 154 seien beide Reiterstatuen links und rechts der Theodosiossäule, aber näher zur Mese hin ausgerichtet gewesen, wobei nicht klar wird, ob sie an eine parallele oder antithetische Anordnung dachte.

Abb. 5 Hypothetische Rekonstruktion der Reiterstatue Theodosios' I. auf dem Tauros
(Zeichnung: Ulrich Reuter / Berlin)

Anordnung links (westlich) der Säule (Abb. 6).[93] Die Angabe der Patria Konstantinupoleos über den Standort (μέσον δὲ τῆς αὐλῆς) ist jedoch zu allgemein, um daraus die Vermutung ableiten zu können, daß die Theodosiosstatue nach der Entfernung ihres Pendants 543 eine veränderte Aufstellung erfahren hatte.

In der hier vorgeschlagenen antithetischen Anordnung zu Seiten der Theodosiossäule (Abb. 6) präsentierten sich beide Reiterstandbilder in voller Seitenansicht – ihrer eigentlichen Schauseite – zur Mese hin.[94] Die ausgestreckte Rechte, die jeweils in Richtung Säule zeigte, die Linke mit der Sphaira und bei Theodosios der gefesselte Barbar unter dem linken Vorderhuf des Pferds sowie die Reliefs am Sockel waren so mit einem Blick zu erfassen. Demnach hält auch die Budapester Zeichnung (Abb. 1) die eigentliche Schauseite der Reiterstatue fest. Das setzt voraus, daß der angewinkelte linke Arm mit der Sphaira unterhalb des ausgestreckten rechten Arms deutlich in Erscheinung trat, was nur bei Aufstellung auf einem niedrigen Podest (ἐν βωμίσκῳ) möglich war.[95] Insofern dürfte auch die leichte Kopfwendung des Reiters zum Betrachter hin zutreffend wiedergegeben sein.[96] Diesem fiel an der Schauseite zunächst der Name des Theodosius auf dem Rumpf des Pferds ins Auge. Den vollen Wortlaut der Inschrift konnte er erst durch Umschreiten des Standbilds erfahren. *Theodosi perennis gloria(e) fons –* nach der Abschrift des Cyriacus umgestellt – oder *Theodosi perennis gloriae fon(s)* gemäß der Wiedergabe der Zeichnung ergibt aber beide Male keinen Sinn, wenn *Theodosi* weiterhin als inkorrekter Genitiv verstanden wird. Ich halte es

---

93 Für die Reiterstandbilder des Marcus Aurelius (vom Capitol) und seines Sohnes Commodus wurde angenommen, daß sie zu beiden Seiten der Marcussäule auf der Via Lata zu Rom aufgestellt waren; siehe Claudio Parisi Presicce, Le asimetrie della statua equestre di Marco Aurelio. Un'ipotesi sul contesto originario, in: Marco Aurelio. Storia di un monumento e del suo restauro, a cura di Alessandra Melucco Vaccaro – Anna Mura Sommella, Mailand 1989, 103–126, hier 109–113. – Parisi Presicce dachte anscheinend an eine parallele Aufstellung analog zur Gruppe aus Cartoceto im Museo Nazionale zu Ancona (vgl. ebd. Abb. 72); zur Gruppe von Cartoceto siehe Sandro Stucchi, Il gruppo bronzo tiberiano da Cartoceto, Rom 1988.

94 Nach der von Berger (s. Anm. 67), 19, Abb. 1 vorgeschlagenen Ausdehnung des Tauros hätte der eigentliche Platz nur eine Größe von 55 × 55 m aufgewiesen. In meiner hypothetischen Rekonstruktion Abb. 6 wurde für die Säule die Rekonstruktion der Arkadiossäule von Christoph B. Konrad, Beobachtungen zur Architektur und Stellung des Säulenmonumentes in Istanbul-Cerrahpaşa – „Arkadiossäule", in: IstMitt 51 (2001) 319–401, Abb. 39c verwendet.

95 Schon Mango (s. Anm. 17), 8 dachte an eine Aufstellung auf einem „low pedestal". Daß hier ebenfalls Reliefs angebracht waren, geht aus Johannes Malalas (oben Anm. 50) nicht hervor.

96 Nach Georgios Pachymeres, Ἔκφρασις τοῦ Αὐγουστεῶνος, in: Nicephori Gregorae Byzantina Historia (Schopen [s. Anm. 44], Bd. 2, 1219) soll das Pferd, bezogen auf den Standort auf dem Augustaion, seinen Kopf jedoch leicht nach Norden abgewendet haben (καὶ πρὸς βοῤῥᾶν μικρὸν παρεγκλίνουσαν).

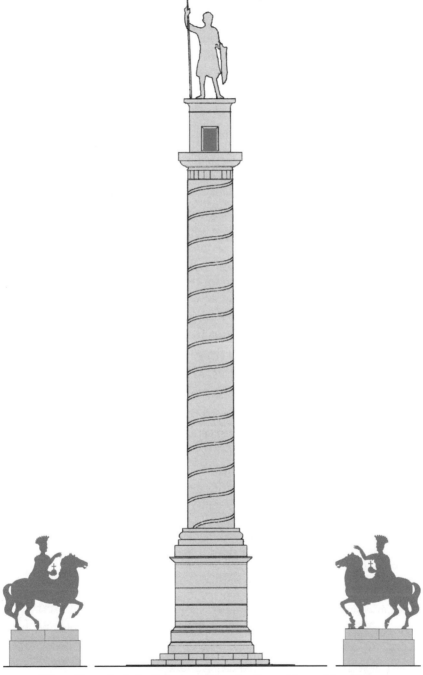

Abb. 6 Hypothetische Rekonstruktion des Ensembles auf dem Tauros
(Zeichnung: Ulrich Reuter / Berlin)

daher für wahrscheinlich, daß *Theodosi* nur eine Verkürzung von *Theodosius* ist,
da die beiden letzten Buchstaben – wie auch das *s* von *fons* vom Zeichner oder das
e von *gloriae* von Cyriacus – infolge der Korrosion der Metalloberfläche leicht
übersehen werden konnten. Die Inschrift müßte demnach *Theodosius perennis
gloriae fons* („Theodosius ist die Quelle ewigen Ruhms") gelautet haben.[97] Wenn
die Reiterstatue auf dem Augustaion ursprünglich Arkadios darstellte,[98] dann
hätte dieser sein Standbild in durchaus geschickter Weise mit dem Ruhm des
Vaters verquickt.

Die Plazierung der beiden Reitermonumente westlich und östlich der Theo-
dosiossäule (Abb. 6) wirft die Frage nach der Entstehungszeit des Ensembles auf.
Nach der glaubwürdigen Mitteilung von Konstantinos Rhodios und Georgios
Kedrenos hatte Arkadios zumindest die Reiterstatue Theodosios' I. gestiftet.[99]
Da die Komposition dafür spricht, daß hier eine einheitliche Planung vorliegt,
müßte auch das Standbild des Arkadios zur gleichen Zeit errichtet worden sein.
Als Zeitpunkt kommt dann nur ein Datum nach dem Tod Theodosios' I. (395)
und vor 408, dem Todesjahr des Arkadios, in Betracht. Andernfalls wäre die Stiftung beider Statuen erst unter Theodosios II. erfolgt.[100] Sollte sich Johannes
Malalas jedoch geirrt haben und war in der Statue Theodosios II. dargestellt,
kann die Errichtung beider Monumente erst längere Zeit nach 408 stattgefunden
haben. In diesem Falle hätte Theodosios II. sich selbst als Quelle ewigen Ruhms
feiern lassen. Da die *Notitia urbis Constantinopolitanae*, was kaum zu bezweifeln
ist, die beiden großen Reiterstandbilder meint, war das Ensemble auf jeden Fall
vor 425 vollendet.

III.

Der Florentiner Kodex enthält anscheinend keinen Hinweis, wann Cyriacus die
Reiterstatue vermessen und die Inschrift auf dem Pferd kopiert haben könnte.[101]
Das Jahr seiner ersten Reise nach Konstantinopel (1418) ist mit Sicherheit auszu-

---

97 Mango (s. Anm. 17), 12 erwog „*Fon(s) gloriae perennis Theodosi or Gloriae fon(s)
    perennis Theodosi(us)*". Insofern spricht auch nichts gegen die Umstellung *Theo-
    dosi(us) perennis gloriae fon(s)*.

98 Gänzlich unbegründet erscheint mir die Deutung als Valentinian II. durch Mayer
    (s. Anm. 65), 136.

99 Schon deshalb kann sich die Notiz im Chronicon Paschale ad ann. 394 (Dindorf
    [s. Anm. 82], 565,6–8) nur auf die Aufrichtung der Säulenstatue Theodosios' I. bezie-
    hen, vgl. oben Anm. 82.

100 Berger (s. Anm. 66), 240 erklärt die Inschrift als „Stiftervermerk des Theodosios II.
    an dem Standbild seines Vaters Arkadios".

101 Die im Appendix von De Benedetto (s. Anm. 15), 162 aufgelistete Abfolge der Lem-
    mata läßt keine zeitliche Ordnung erkennen. Konstantinopel ist hier des öfteren und

schließen, da er damals weder Latein noch Griechisch beherrschte.[102] Gleichwohl läßt sich der Zeitraum eingrenzen. Die Sphaira in der (linken) Hand des Reiters auf dem Augustaion wird von Ruy Gonzáles de Clavijo (24. Oktober bis 14. November 1403 in Konstantinopel),[103] Cristoforo Buondelmonti (1420 und Ende 1421/Anfang 1422 in Konstantinopel)[104] und ebenso von dem russischen Diakon Zosima (zuletzt 1421/22 in Konstantinopel) für die Zeit ihrer Aufenthalte bezeugt, wobei letzterer ausdrücklich das Kreuz auf der Kugel erwähnt.[105] Hingegen berichtet Johann Schiltberger (Ende 1426/Anfang 1427 in Konstantinopel):[106]

---

z. T. auch erstmals (Nr. 58, 59, 64–65, 91–93, 96, 98–99?) erwähnt. Es wäre dringend zu wünschen, daß auch diese Inschriften bekannt gemacht werden.

102 Vgl. oben Anm. 6.

103 Ruy Gonzáles de Clavijo, Embajada a Tamorlán. Edición, introducción y notas de Francisco López Estrada, Madrid 1999 (Nachdruck der Ausgabe von 1943), 128–129 (pella ...redonda e dorada). – Deutsche Übersetzung: Clavijos Reise nach Samarkand 1403–1406. Aus dem Altkastilischen übersetzt und mit Einleitung und Erläuterungen versehen von Uta Lindgren (Algorismus 10), München 1993, 29.

104 Gabriel R. L. de Sinner, Christoph. Buondelmontii, Florentini, Librum insularum Archipelagi e codicibus Parisinis regiis nunc primum totum editit, praefatione et annotatione instruxit, Leipzig – Berlin 1824, 122 (et cum laeva pomum aureum tenens); Giuseppe Gerola, Le vedute di Costantinopoli di Cristoforo Buondelmonti, in: SBN 3 (1931) 247–279, 273 (qui a leva pomum aureatum tenet). – Eine Handschrift im Vatikan, Bibl. Apost. Vat., Ms. Chigi F.IV.74, die Onofrio da Penna zwischen 1422 und 1435 auf Rhodos angefertigt hatte, enthält den Liber insularum archipelagi und die Descriptio insulae Cretae; sie überliefert auf fol. 50v eine Nachschrift Buondelmontis: Scripsi hunc librum figuramque insule in urbe Constantinopoli, die .xviij°. mensis Ianuarii. M°cccc°. xxij°. („Dieses Buch und das Inselbild [scil. Kreta] vollendete ich in der Stadt Konstantinopel am 18. Januar 1422.") Der Eintrag bezieht sich zwar auf die zu dieser Zeit abgeschlossene zweite Fassung der Descriptio insulae Cretae, gleichwohl bezeugt er Buondelmontis Aufenthalt in der byzantinischen Hauptstadt für Ende 1421/Anfang 1422. Die Subskriptio begegnet noch in zwei Kopien, die ebenfalls den Liber insularum archipelagi und die Descriptio insulae Cretae enthalten: Paris, Bibl. Nat., Cartes et Plans, Ms. Rés. Ge. FF 9351 und Padua, Bibl. Universitaria, Ms. 1606; Nachweise bei Ragone (s. Anm. 10), 206–208.

105 George P. Majeska, Russian travelers to Constantinople in the fourteenth and fifteenth centuries (DOS 19), Washington, D.C. 1984, 185 (як яблок злат, а на яблоцѣ крест), 240 (§ 9).

106 Hans Schiltbergers Reisebuch (Hans Schiltberger, Ein wunderbarliche und kürtzweylige Historie, wie Schiltberger, einer auss der Stadt München in Bayern, von den Türken gefangen, in die Heydenschafft geführt und wieder heym kommen), Faksimiledruck nach der Originalausgabe, Augsburg 1476, hrsg. von Elisabeth Geck, Wiesbaden 1969, ohne Paginierung. – Schiltberger hielt sich nach seiner Flucht aus tatarischer Gefangenschaft Ende 1426/Anfang 1427 für drei Monate in Konstantinopel auf, siehe Jos P. A. Van Der Vin, Travellers to Greece and Constantinople.

vor dem palast ist keyser Justiniano pild und ist auff einem roß auff einem hohen mar-
melstein gesetzt und ist ein seülen … Das bild hatt vor zeytten einen guldin apffel in
der hand gehabt, unnd hat bedeüt das er ein gewaltiger keyser gewesen ist über christen und über heyden. Aber nun hatt er des gewalts nicht mer. So ist auch der apffel
dannen.

Bertrandon de la Broquière, der Konstantinopel nach einem kurzen Aufenthalt
am 23. Januar 1433 verließ, gab folgende Beschreibung:[107]

> *il y a ung moult pillier de pierres quarrées où il y a des lettres escriptes, lequel est bien*
> *hault et dessus est Constantin l'Empereur, de metal sur ung grand cheval tout de fon-*
> *dure et tient le secptre en l'enchlenche main et le bras droit tendu et la main ouverte*
> *devers la Turquie et le chemin de Jherusalem par terre.*

hier ist eine sehr hohe Säule aus viereckigen Steinen mit Inschriften, welche sehr hoch
ist; darauf ist Konstantin der Kaiser, aus Metall auf einem großen Roß, alles gegossen,
und hält ein Szepter in der geschlossenen Hand; der rechte Arm ist ausgestreckt und
die geöffnete Hand weist in Richtung Türkei und den Landweg nach Jerusalem.

Demnach müßte Bertrandon die Sphaira nicht mehr gesehen oder, da er behauptet, daß die Hand des Reiters zur Faust geschlossenen war, die Kugel als Faust
und das Kreuz darauf als Szepter mißverstanden haben. Fünf Jahre nach Bertrandon berichtet Pero Tafur (zuletzt Anfang 1438 in Konstantinopel und Galata),
der den Reiter örtlicher Überlieferung zufolge ebenfalls als Konstantin bezeichnete, daß die Sphaira einst bei einem Sturm herabgestürzt, jedoch wieder an ihren
Ort zurückversetzt worden sei, wobei man die Kugel und das Pferd zum Schutz
vor Stürmen durch Ketten gesichert habe.[108] Doch schon Clavijo belegt, daß der

Ancient Monuments and Old Traditions in Medieval Travellers' Tales, İstanbul 1980,
121–123, 676–679; Stephane Yerasimos, Les voyageurs das l'Empire ottoman (XIVᵉ–
XVIᵉ siècles). Bibliographie, itinéraires et inventaire des lieux habités (Conseil sup-
rême d'Atatürk pour culture, langue et histoire. Publications der la Société Turque
d'Histoire, ser. VII No. 117), Ankara 1991, 100–101; Ders., s. v. Schiltberger, Johann,
İstanbul Ansiklopedisi 6 (1994) 476–477.

107 Bertrandon de la Broquière, Le Voyage d'Outremer, publié et annoté par Charles
Schefer, Paris 1892 (Nachdruck: Farnborough 1972), 159. – Englische Übersetzung:
Galen R. Kline, The Voyage d'Outremer by Bertrandon de la Broquière. Translated,
Edited, and Annotated with an Introduction and Maps, New York usw. 1988, 101. –
Siehe auch Van Der Vin (s. Anm. 106), 92–93, 681–689; Yerasimos (s. Anm. 106),
106–107.

108 Pero Tafur, Andanças e viajes de Pero Tafur por diversas partes del mundo avidos
(1435–1439), ed. José María Ramos, Madrid 1934, 132: *e en el otro una mançana en la*
mano, a señal que todo el mundo era en su mano. – Englische Übersetzung: Alexander Vasiliev, Pero Tafur. A Spanish Traveler of the Fifteenth Century and His Visit to
Constantinople, Trebizond, and Italy, in: Byz 7 (1932) 105. – Pero Tafur unternahm
seine ausführliche Besichtigung der Stadt erst nach seiner Rückkehr aus Kaffa im
Spätwinter 1438, als er sich zwei Monate in Konstantinopel und Pera aufhielt.

Reiter „mit eisernen Ketten, die sich um seinen Körper schlangen, an der Säule" festgemacht war, „damit er nicht runterfalle und auch nicht vom Wind in seiner Position verändert würde".[109] Solche Reparaturen erfolgten bereits in früheren Jahren, wie das Ereignis von 840 zeigte. Zuletzt hatte zur Zeit Andronikos' II. (1282–1328) ein Sturm das Kreuz von der Sphaira herabgerissen, wie Nikephoros Gregoras berichtet:[110] „man konstruierte von der Basis ab um die Säule herum ein hölzernes Gerüst mit vielen Stufen bis zu der Statue". Dies ermöglichte es Nikephoros die Säule zu besteigen sowie Pferd und Reiter zu vermessen. Im Zuge der Reparatur wurden die verrosteten Verankerungen erneuert und der Kopfschmuck sowie die Sphaira neu vergoldet. Der Säulenschaft, dessen Bronzeverkleidung die Lateiner geraubt hatten, erhielt einen glatten Verputz.

Die Sphaira müßte also nach 1422 (Buondelmonti, Zosima) und vor 1426 (Schiltberger) herabgefallen sein. Da die Angabe von Pero Tafur kaum zu bezweifeln ist, denn dieser war ein sehr genauer Beobachter, ergibt sich für die Reparatur entweder eine Zeitspanne irgendwann in den zwölf Jahren zwischen 1426 (Schiltberger) und Spätwinter 1438 (Tafur) oder – falls Bertrandon sich nur irrte und die Sphaira bereits wieder an ihrem angestammten Platz war – zwischen 1426 und Januar 1433. In jedem Falle mußte man zum Zweck der Reparatur ein Gerüst um die Säule errichtet haben,[111] denn anders als von einem solchen hätte auch Cyriacus die Statue weder vermessen noch die Inschrift kopieren können.

In drei Manuskripten des *Liber insularum archipelagi* von Buondelmonti findet sich der Zusatz, wonach an Pferd und Reiter eine Inschrift zu lesen gewesen sei, derzufolge das Standbild Theodosios darstelle.[112] Die Passage lautet im Berliner *Hamiltonianus* 108:

> *extra igitur ad ecclesiam ad meridiem in platea columpna ... videtur cuius in capite Theodosius eneus equester ... et usque ad hodiernum fuit oppinio et esset Iustinianus sed capto ordine ascendendi ad verticem ipsius columpne visus est scriptus in ipso homine et equo eneo esse Theodosium.*

> Außerhalb an der Südseite bei der Kirche befindet sich eine Säule ... auf deren Spitze man Theodosius auf einem ehernen Roß sieht ... und bis heute besteht die Meinung, daß es Justinianus sei, aber wenn man den Entschluß faßt am Schaft besagter Säule

---

109 Clavijo (s. Anm. 103), 128–129; Lindgren (s. Anm. 103), 29.

110 Nicephori Gregorae Byzantina Historia VII, 12 (Schopen [s. Anm. 52], Bd. 1, 275,13–277,16). – Die Übersetzung nach Van Dieten (s. Anm. 52), 207–208.

111 Mango (s. Anm. 17), 9.

112 1.) Berlin, Staatsbibliothek, Ms. Hamilton 108, fol. 66v–69v, hier 67v. – 2.) Venedig, Bibl. Marc., Ms. Lat. X 124 [= 3177]. – 3.) Città del Vaticano, Bibl. Apost. Vat., Ms. Ross. 704. – Vgl. Gerola (s. Anm. 104), 258 Anm. 1; Mango (s. Anm. 17), 6–7 (die Textversion im Rossianus 704 ebd. 7 und bei Barsanti [s. Anm. 10], 217).

hinaufzusteigen, ist an jener Figur und am ehernen Roß die Schrift zu lesen, daß es Theodosius ist.[113]

Da das Reiterstandbild auf den meisten Buondelmonti-Veduten wie auch im Text des *Liber insularum archipelagi* als Justinian bezeichnet wird *(hic Justinianus in equo eris* oder *colona Justiniani)*,[114] suggeriert der Zusatz, daß Buondelmonti auf die Säule gestiegen war und die Inschrift am Reiter (sic!) und am Pferd gelesen hatte.[115] Doch äußerte schon Mango die Vermutung, daß der Texteinschub in Kenntnis der Budapester Zeichnung und im venezianischen Milieu von Konstantinopel-İstanbul vorgenommen worden sein könnte.[116] Auf jeden Fall sollte ausgeschlossen werden, daß bereits Buondelmonti auf die Säule hinaufgestiegen war. Man muß auch nicht annehmen, daß Cyriacus bei einem seiner Aufenthalte auf den tollkühnen Gedanken verfallen sei „essersi fatto issare all'altezza della statua con qualche espediente".[117]

In dem Zeitraum der Reparatur irgendwann nach 1426 (Schiltberger) und vor Januar 1433 (Bertrandon) lassen sich nach Scalamonti nur zwei Aufenthalte des Cyriacus in Konstantinopel nachweisen. Im Jahre 1428 reiste er von Ancona über Monopoli, Bari, Anterium/Apulien nach Konstantinopel, wo er nicht viel Zeit hatte, sein Griechisch aufzubessern *(primum Graeca litterarum principia modico ex tempore cognovit)*, während er auf ein Schiff zur Weiterfahrt nach Zypern oder Syrien wartete.[118] 1431 begab er sich von Bursa über Konstantinopel nach Italien, um mit Papst Eugenius IV. seine Vorschläge für eine Expedition gegen die Türken zu diskutieren. Auf der Landreise nach Konstantinopel in Begleitung eines türkischen Führers machte er zunächst einen Abstecher nach Nikaia, wo er Inschriften an den Toren der Stadtmauer entdeckte und die „Basilika" besichtigte.[119] Nach einem beschwerlichen Weg gelangte er endlich nach Chalkedon,

---

113 Zum Verständnis von *capto ordine ascendendi ad verticem* siehe Di Benedetto (s. Anm. 15), 153, der dafür „*presa* la *decisione* di salire" vorschlägt.

114 Gerola (s. Anm. 104), 269/269. – Die Beischrift *theodosius* begegnet im Konstantinopel-Bild des *Hamiltonianus* 108 (s. Anm. 112), fol. 70r (Lehmann [s. Anm. 17], Abb. 15) und Venedig, Bibl. Marc., Ms. Lat. XIV.45 (= coll. 4595), fol. 123r (Barsanti [s. Anm. 10], Abb. 61).

115 So Di Benedetto (s. Anm. 15), 153; Barsanti (s. Anm. 10), 217.

116 Mango (s. Anm. 17), 7: Dafür spräche, daß der *Hamiltonianus* 108 dem Venezianer Antonio Venier († 1481) gehörte; zu diesem siehe Lehmann (s. Anm. 17), 55, Abb. 16–17; Helmut Boese, Die lateinischen Handschriften der Sammlung Hamilton zu Berlin, Berlin 1966, 58–60.

117 So Di Benedetto (s. Anm. 15), 153 mit Blick auf die oben Anm. 112 erwähnten Buondelmonti-Texte.

118 Mitchell/Bodnar (s. Anm. 1), 16 (zum Datum 1428 statt früher 1425), 52 § 62 (lateinischer Text), 121 (englische Übersetzung); vgl. Pontani (1994, s. Anm. 6), 102.

119 Damit könnte die Sophienkirche gemeint sein, obgleich diese bereits 1331 in eine Mosche umgewandelt worden war.

das jetzt „Scutari" heiße, setzte nach Galata bzw. Konstantinopel über und traf dort seinen Verwandten Pasqualino, der einen Monat später mit seinem Schiff nach Ancona aufbrechen wollte. Um die Wartezeit zu nutzen, sah sich Cyriacus in Kleinasien um, fuhr dann nach Chios und traf dort auf Pasqualinos Schiff.[120] Diese summarische Schilderung läßt nicht erkennen, ob und wie lange er 1431 vor seiner Tour durch Kleinasien in der Stadt verweilt haben könnte, doch wäre dies für ihn der späteste Zeitpunkt gewesen, um während einer Reparatur des Reiterstandbilds auf das Gerüst und die Spitze der Säule hinaufzugelangen. Es muß also purer Zufall gewesen sein, daß Cyriacus genau zum rechten Zeitpunkt in Konstantinopel war. Wenn dafür allein die Aufenthalte von 1428 und 1431 in Betracht kommen, kann Bertrandons Mitteilung doch wohl nur in dem Sinne interpretiert werden, daß er flüchtig hingesehen oder aus einer inzwischen verblaßten Erinnerung berichtet hatte, die Sphaira sich also 1433 längst wieder in der Hand des Reiters befand. Die Reparatur wird also 1428 oder 1431 erfolgt sein.

Gleichwohl stellt sich die Frage, ob die Vorlage der Budapester Zeichnung des Reiterstandbilds (Abb. 1) zwingend auf Cyriacus zurückgeführt werden kann. Die durch die Erwähnung seines Namens in der Dario-Inschrift (Abb. 2) scheinbar nahegelegte Verbindung mit der Zeichnung hat sich als unhaltbar erwiesen. Die Divergenzen in der Wiedergabe der Inschrift im Florentiner Kodex und auf der Zeichnung ließen ebenfalls daran zweifeln, daß beide Lesungen auf ein und dieselbe Person zurückgehen, obgleich gerade dieses epigraphische Zeugnis die Autorschaft des Cyriacus noch am ehesten stützen könnte und auch so verstanden wurde.[121] Ich halte es nicht für ausgeschlossen, daß die Zeichnung erst nach 1453/56, nachdem das Standbild von der Säule herabgenommen worden war, von einem uns unbekannten Künstler angefertigt wurde. Da die Budapester Sammelhandschrift durchweg spanische Übersetzungen antiker Autoren enthält, könnte der Künstler durchaus ein Spanier gewesen sein. Die trotz ihrer Winzigkeit in den wesentlichen Details (Tupha, ausgestreckter Arm, Sphaira?) getreue Wiedergabe des Reiterstandbilds – mit der Beischrift *theodosius* – auf der von allen Buondelmonti-Veduten weitgehend unabhängigen Düsseldorfer İstanbul-Ansicht (Abb. 7), die um 1485/90 im genuesischen Milieu von Galata-Pera entstanden sein dürfte,[122] setzt jedenfalls die Kenntnis der Statue und nicht etwa der Zeichnung oder einer Kopie davon voraus. Die Plazierung auf der Säule gehört hingegen zu den zahlreichen und absichtlich in das Bild eingefügten Anachronismen.[123] Osmanische Miniaturen aus dem 15./16. Jahrhunderts belegen, daß die

120 Mitchell/Bodnar (s. Anm. 1), 17, 62 §§ 84–85 (lateinischer Text), 127–128 (englische Übersetzung).
121 Siehe oben Anm. 18 (Pontani und Barsanti).
122 Effenberger (s. Anm. 37), 67–68, Abb. 32.
123 Effenberger (s. Anm. 37), 67–68.

Abb. 7 İstanbul-Ansicht, Reiterstandbild Justinians I. (Ausschnitt). Düsseldorf,
Universitäts- und Landesbibliothek, Ms. G 13, fol. 54r (Foto: Verf.)

Reiterstatue noch längere Zeit, wenn wohl auch nur von den Malern des
Nakaşhane, aus nächster Nähe besichtigt werden konnte, bevor sie zertrümmert
wurde.[124] Petrus Gyllius (1544/45–1548 und 1550–1551 in İstanbul) war der
letzte Ausländer, der Reste der Statue, die lange Zeit im Topkapı Sarayı auf-
bewahrt wurden, vor ihrer Einschmelzung gesehen und einzelne Teile davon
heimlich vermessen hat.[125]

---

124 Semavi Eyice, İki İslâm Minyatüründe Ayasofya Önündeki Atlı İmparator Heykeli,
      in: M. Uğur Derman 65 Yaş Armağanı, ed. İvin Cemil Schick, İstanbul 2000, 283–311,
      hier 303–306, Abb. 9 und 10. – Beide Miniaturen zeigen die Statue auf einem merk-
      würdigen Gestell in der Nachbarschaft der Hagia Sophia bzw. der Denkmäler des
      Hippodroms, wobei die eine (Abb. 9) noch die Sphaira ohne Kreuz in der Rech-
      ten des Reiters bewahrt, dessen linker Arm nach hinten ausgestreckt ist; das glei-
      che Armmotiv auf der zweiten Miniatur (Abb. 10) wobei die Rechte hier die Zügel
      hält.
125 Petrus Gyllius, De topographia Constantinopoleos et de illius antiquitatibus libri

Abschließend möchte ich noch kurz auf das Konstantinopel-Bild in einem Oxforder Kodex eingehen, dessen auffälligste Merkmale die Justininssäule mit dem Reiterstandbild (mit Tupha und ausgestrecktem Arm) und die Hagia Sophia sind.[126] Der Paduaner Bischof Pietro Donato hatte während des Konzils von Basel (1436) aus Speyer eine Handschrift entliehen, die u. a. die *Notitia dignitatum utriusque imperii* enthielt.[127] Er ließ davon eine Abschrift herstellen, für die Peronet Lamy die Miniaturen kopierte. Da die Titelvignette mit der Darstellung der Konstantinupolis schon im Speyrer Kodex fehlte, wurde das Oxforder Konstantinopel-Bild ebenfalls auf eine Vorlage des Cyriacus zurückgeführt. Diese Auffassung, die sich wie ein roter Faden durch die Forschung zieht, wird mit drei einander scheinbar stützenden Argumenten begründet:[128] 1.) Mit der engen Freundschaft zwischen Cyriacus und dem Paduaner Bischof, 2.) mit der Tatsache, daß Hartmann Schedel, der – wie der *Parmensis* 1161 zeigt – während seiner Paduaner Studienjahre (1463–1466) Text- und Bildkopien aus den von Cyriacus hinterlassenen *Commentaria* anfertigen konnte,[129] Anregungen daraus in den

quatuor IV, Lyon 1561 (Nachdruck: Athen ohne Jahr), II, 17,105; Jean-Pierre Grélois, Pierre Gilles, Itinéraires byzantins. Introduction, traduction du latin et notes (Centre de recherches d'histoire et civilisation de Byzance. Monographies 28), Paris 2007, 347–348.

126 Oxford, Bodleian Library, Ms. Canon. Misc. 378, fol. 84r: Paul Schnabel, Der verlorene Speirer Codex des Itinerarium Antonini, der Notitia dignitatum und anderer Schriften, in: Sitzungsberichte der Preußischen Akad. der Wiss., Phil.-hist. Klasse 29, Berlin 1926, 242–257, 248–249; Sheila Edmunds, The missals of Felix V and early Savoyard illuminations, in: The Art Bulletin 46 (1964) 127–141; Otto Pächt – Jonathan J. G. Alexander, Illuminated manuscripts in the Bodleian Library, Oxford, Bd. 1: German, Dutch, Flemish, French and Spanish schools, Oxford 1966, 52 Nr. 666; Bd. 2: Italian schools, Oxford 1970, 60 Nr. 599; Ingo G. Maier, The Barberinus and Munich Codices of the *Notitia Dignitatum omnium*, in: REL 28 (1969) 960–1035, 985–991, 995–999, 1024–1030; Jonathan J. G. Alexander, The Illustrated Manuscripts of the Notitia Dignitatum, in: Roger Goodburn (Hrsg.), Aspects of the *Notitia Dignitatum*. Papers presented to the Conference in Oxford, December 13 to 15, 1974 (BAR Supplementary Series 15), Oxford 1976, 13, 15. 17, Taf. X (wieder abgedruckt in: Jonathan J. G. Alexander, Studies in Italian manuscript illumination, London 2002, 73, Abb. 15); Barsanti (s. Anm. 10), 178, Abb. 55; Effenberger (s. Anm. 37), 44, Abb. 4.
127 Zum Inhalt des Kodex siehe Schnabel (s. Anm. 126), 243–244 Nr. 2.
128 Vgl. Alfons Maria Schneider, Die Bevölkerung Konstantinopels im XV. Jahrhundert, in: Nachrichten der Akademie der Wissenschaften in Göttingen 4 (1949) 242–243 (wieder abgedruckt: Alfons Maria Schneider, Reticulum. Ausgewählte Aufsätze und Katalog seiner Sammlungen, hrsg. von H. R. Seeliger [JbAC Erg.-Bd. 25], Münster 1998, 234–268, hier 266); Michael Vickers, Mantegna and Constantinople, in: The Burlington Magazine 118 (1976) 680–687, hier 863; Di Benedetto (s. Anm. 15), 153; Fortini Brown (s. Anm. 31), 90; Barsanti (s. Anm. 10), 178–179.
129 Siehe oben Anm. 13.

Konstantinopel-Bildern seiner Weltchronik (Blatt 129v–130r und 257r) verarbei-
tet habe,[130] und 3.) schließlich mit dem Hinweis, daß sich im Oxforder Kodex
auch eine Abschrift von *De VII spectacilis* des Ps.-Gregor von Nazianz von
Cyriacus' eigener Hand in griechischer Sprache und lateinischer Übersetzung
befinde.[131] Pietro Donato besaß zwar Autographa seines Freundes wie den ihm
gewidmeten Berliner *Hamiltonianus* 254,[132] doch läßt sich damit nicht die Vermutung stützen, daß Peronet Lamy aus solchen Materialien sein Konstantinopel-
Bild bezogen hatte. Anscheinend benutzte Peronet Lamy das Bild des *comes Italiae*[133] als Muster für seine Konstantinopel-Vignette, die demnach seine eigene
Schöpfung ist.[134] Welcher Vorlage er die Justininssäule mit der Reiterstatue ent-

---

130 Anders Albrecht Berger – Jonathan Bardill, The Representation of Constantinople in
       Hartmann Schedel's *World Chronicle,* and Related Pictures, in: BMGS 22 (1998)
       7–15, die hauptsächlich Buondelmontis Stadtansicht von Konstantinopel als Quelle
       bestimmen wollten.
131 Vickers (s. Anm. 128), 683: „We know to have been [scil. Donatus] an assiduous
       collector of Cyriacan material, and Cyriac's connection with the oxford manuscript
       is in any case known from the fact that two folios contain excerpts from Gregory of
       Nazianz in his hand." Alexander (Manuscripts, s. Anm. 126), 15 (= Ders. [Studies, s.
       Anm. 126], 78): „The representation of the latter [Justininssäule und Reiterstatue]
       may well derive from a drawing made by or for Ciriaco d'Ancona ... for there is
       material at the end of 'O' [der Oxforder Kodex] added by Ciriaco's own hand."
132 Berlin, Staatsbibliothek Cod. Hamilton 254; siehe dazu Theodor Mommsen, Über
       die Berliner Excerpthandschrift des Petrus Donatus, Jahrbuch der Kgl. Preußi-
       schen Kunstsammlungen 4 (1883) 76–89, 74, 77, 82–83, 85, Taf. A; Boese (s. Anm.
       116), 125–130, hier 127–128.
133 Abgebildet bei Edmunds (s. Anm. 126), Abb. 43.
134 Siehe zuletzt Arne Effenberger, Konstantinopel-İstanbul: Zum Wandel des Stadtbil-
       des in Veduten des 15. Jahrhunderts und zu den Minaretten der Hagia Sophia, in:
       Ulrike Koenen – Martina Müller-Wiener (Hrsg.), Grenzgänge im östlichen Mittel-
       meerraum. Byzanz und die Islamische Welt vom 9. bis 15. Jahrhundert, Wiesbaden
       2008, 189–206, hier 199–200. – Das Reiterstandbild könnte ebenso gut auf eine Buon-
       delmonti-Ansicht von Konstantinopel zurückgehen, wo es allerdings nur selten vor-
       kommt, doch ist unbekannt, ob Peronet Lamy auf eine solche Vorlage zurückreifen
       konnte: 1.) Devon/Pensylvania, Slg. Boies-Penrose, Ms. 4 (vormals Philipps Ms.
       2634): Barsanti (s. Anm. 10), 195–196, 208, 217, Abb. 74 (ca. 1450). – 2.) Venedig,
       Bibl. Marc., Ms. Lat. X. 123 [= 3784], fol. 22r: Ebd. 182, 217, Abb. 90 (Vorbesitzer:
       Ennio Silvio Piccolomini = Pius II. 1458–1464). – 3.) Città del Vaticano, Bibl. Apost.
       Vat., Ms. Ross. 702, fol. 32v: Ebd. 191, 217, Abb. 78 (Wasserzeichen ca. 1475/78). –
       4.) Rom, Bibl. Casanatense, Ms. 106 [DV 50], fol. 61v: Ebd. 90, 208, 217, Abb. 83
       (enthält das Gedicht *Pro Constantinopolis diruta* des Giano Pannonio, nach 1453–
       1472). – 5.) Treviso, Bibl. Comunale, Ms. 323, fol. 50v: Ebd. 90, 190, 217, Abb. 91
       (enthält ebenfalls das Gedicht des Giano Pannonio, nach 1453–1472). – 6.) Berliner
       Hamiltonianus 108 (s. Anm. 112), fol. 70r (gehörte Antonio Venier, † 1481; enthält
       ebenfalls das Gedicht). – 7.) Venedig, Bibl. Marc., Ms. Lat. XIV.45 [= 4595], fol. 123r:
       Ebd. 118–119, Abb. 61 (15./16. Jahrhundert).

nommen haben könnte, bleibt einstweilen unbekannt.[135] Eine von Cyriacus angefertigte Stadtansicht von Konstantinopel, vergleichbar derjenigen Buondelmontis, hat es in Wirklichkeit nie gegeben.[136]

Abstract

This article initially deals with the question if the well-known drawing from Budapest depicting the equestrian statue of Justinian I. on the Augustaeum could possibly be traced back to Cyriacus of Ancona. The possibility of Cyriacus having the opportunity of measuring and copying the inscription on the equestrian statue during one of his stays in Constantinople and the statue's repair (in 1425 or 1428) is proven by a recently unearthed epigraphic document. His making a drawing is therefore possible, but not ascertainable from extant copies of his *Commentaria*. It can thus not be excluded that the illustration was only drafted after 1453. Based on a note of John Malalas, according to which the equestrian statue of Justinian formerly stood on the Forum of Theodosius and depicted Arkadios, a second section scrutinises the placement of the two great equestrian statues mentioned in the *Notitia urbis Constantinopolitanae* on the Forum Tauri in relation to the Column of Theodosius and the question which emperors were actually represented. This leads to a new interpretation of the inscription on the horse. Finally, the existence of a depiction of the city of Constantinople going back to Cyriacus is disproved.

---

135 Zu byzantinischen und russischen Darstellungen des Reiterstandbilds Justinians siehe Stichel (Bronzekoloss, s. Anm. 16), 130–131; Stella Papadaki-Oekland, The Representation of Justinian's Column in a Byzantine Miniature of the Twelfth Century, in: BZ 83 (1990) 63–71.

136 Damit gerät auch die These von Vickers (s. Anm. 128) ins Wanken, wonach Andrea Mantegna (1431–1506) in seinem 1455 entstandenen Gemälde „Christus in Gethsemane" (London, National Gallery) auf die Konstantinopel-Ansicht im Oxforder Kodex zurückgegriffen habe und diese über Pietro Donato auf Cyriacus zurückzuführen sei. Ebenso wenig läßt sich beweisen, daß die Mauer im Vordergrund von Mantegnas Gemälde auf eine von Cyriacus angefertigte Zeichnung eines Turms der Theodosianischen Landmauerturms zurückgehen könnte (ebd. 683). Auch die Ansicht von Galata-Pera auf Mantegna Gemälde „Christus im Garten Gethsemane" in Tours kann nicht mit Cyriacus verbunden werden (ebd. 684). – Siehe auch Arnold Esch, Mauern bei Mantegna, in: Zeitschrift für Kunstgeschichte 47 (1984) 293–319.

Das Kloster des Ioannes Prodromos τῆς Πέτρας in Konstantinopel und seine Beziehung zur Odalar und Kasım Ağa Camii[1]

Neslihan Asutay-Effenberger

Das in mittelbyzantinischer Zeit über einer älteren Gründung errichtete und in der palaiologischen Epoche nach dem verheerenden Brand von 1305 restaurierte Kloster des Ioannes Prodromos τῆς Πέτρας galt als eine der prominentesten religiösen Anlagen der byzantinischen Hauptstadt.[2] Der Zustand des Klosters unmittelbar nach der Eroberung am 29. Mai 1453 ist nicht ganz klar,[3] doch muß es nach einem heute im Griechisch-Orthodoxen Patriarchat befindlichen Erlaß von Mehmet II. aus dem Jahre 1462 mit allen dazugehörigen Gebäuden der christlichen Mutter seines Großveziers Angelović Mahmut Paşa überlassen worden sein und diente seither vermutlich als Frauenkonvent.[4] Die Anlage gilt heute als

---

1   Der vorliegende Aufsatz entstand aus einem Vortrag, den ich an der Universität Wien gehalten habe.

2   R. Janin, La géographie ecclésiastique de l'Empire byzantin, première partie. Le siège de Constantinople et le patriarchat œcuménique, tome III. Les églises et les monastères, 2. Aufl. Paris 1969, 421–429, Nr. 26; V. Kidonopoulos, Bauten in Konstantinopel 1204–1328. Verfall und Zerstörung. Umbau und Neubau von Profan- und Sakralbauten (Mainzer Veröffentlichungen zur Byzantinistik 1), Wiesbaden 1999, 45–49; E. Malamut, Le monastère Saint-Jean-Prodrome de Pétra de Constantinople, in: Le sacré et son inscription dans l'espace à Byzance et en Occident. Études comparées, ed. M. Kaplan (Byzantia Sorbonensia 18), Paris 2001, 219–233; G. de Gregorio, Una lista di commemorazioni di defunti dalla Costantinopoli della prima età paleologa. Note storiche e prosopografiche sul Vat. Ross. 169, in: RSBN n. s. 39 (2001) 103–194; G. Turco, La „Diatheke" del fondatore del monastero di S. Giovanni Prodromo in Petra e l'Ambr. E. 9 Sup., in: Rassegna di scienze storiche, linguistiche e filologiche 75 (2001) 327–380.

3   Nach vorherrschender Meinung soll das Kloster am 29. Mai 1453 vernichtend geplündert worden sein. Die einzige mir bekannten Quelle, die das Kloster im Zusammenhang mit diesem Datum erwähnt, ist Dukas XXXIX, 15; siehe Dukas, Istoria Turco-Byzantina (1341–1462), ediție critică de V. Grecu (1), Bukarest 1958, 363, 1–5. Dukas sagt nur, daß die durch das Romanos-Tor in die Stadt eingedrungenen osmanischen Soldaten in Richtung dieses Klosters gegangen seien. Es wird in dieser Passage lediglich mitgeteilt, daß sie die Chorakirche geplündert haben. Man kann die Dukas-Stelle natürlich interpretieren wie man will, doch wäre es angemessener, sie neutral zu behandeln.

4   Zu diesem Erlaß *(ferman)* siehe V. Mırmıroğlu, Fatih Sultan Mehmet II Devrine ait Tarihi Vesikalar, İstanbul 1945, 89–93. – Für ihre Hilfe bei der Auseinandersetzung

verschollen. Die folgenden Ausführungen beschäftigen sich mit der Lage und
möglichen Bauten des Klosters.

In einem Großteil der byzantinischen Handschriften, die diesem Kloster
gehörten, findet sich der aus drei iambischen Versen bestehende Eintrag:[5]

'Η βίβλος αὐτὴ τῆς μονῆς τοῦ Προδρόμου
τῆς κειμένης ἔγγιστα τῆς 'Αετίου
ἀρχαικὴ δὲ τῇ μονῇ κλῆσις Πέτρα

Obwohl das Kloster dadurch in die Nachbarschaft der Aetioszisterne (Çukurbostan in Karagümrük/Salmatomruk; Abb. 5, Nr. 5)[6] lokalisiert wird und diese
Ortsangabe durch Georgios Pachymeres eine indirekte Bestätigung findet,[7] ist
seine genauere Lokalisierung nach wie vor ein ungelöstes Problem der Forschung.
Die Anlage war zwar wegen ihrer kostbaren Reliquien,[8] ihrer Bibliothek[9] und
ihres Krankenhauses mit einer Medizinschule[10] besonders in spätbyzantinischer
Zeit ein beliebter Zielort der Reisenden, ihre Lage geht aber aus den darauf bezüg-
lichen Berichten nur indirekt hervor. Der spanische Gesandte Ruy Gonzáles de

---

mit diesem Erlaß bedanke ich mich bei Professor İdris Bostan und Professor Hüsa-
mettin Aksu (Universität İstanbul, verstorben 2007). Nach A. Berger, Petra, in: İstan-
bul Ansiklopedisi 6 (1994) 248–249, sei hier erstmals im 16. Jahrhundert ein kleines
Frauenkloster gegründet worden, doch finde ich dafür keinen Beleg.

5 Janin (s. Anm. 2), 427, dort 426–427 Liste der einst dem Kloster gehörenden Scrip-
torês Byzantini Handschriften. – Den Wiener Dioskurides sah z. B. Giovanni Aurispa
(1421–1423 in Konstantinopel) *in monasterio Petrae Sancti Ioannis*. Nachweis bei
P. Schreiner, Giovanni Aurispa in Konstantinopel. Schicksale griechischer Handschriften im 15. Jahrhundert, in: Studien zum 15. Jahrhundert. Festschrift Erich Meu-
then, Bd. 2, München 1994, 629.

6 J. Strzygowski (Ph. Forchheimer/J. Strzygowski, Die byzantinischen Wasserbehälter
in Konstantinopel, Wien 1893, 150–151) identifizierte die Zisterne mit der Aspar-
zisterne. A. M. Schneider, Byzanz. Vorarbeiten zur Topographie und Archäologie der
Stadt, Berlin 1936 (Nachdruck: Amsterdam 1967), 30–31, schloß aus den byzantinischen Quellen, daß diese nur die Aetioszisterne gewesen sein kann.

7 Die entsprechenden Belege bei Kidonopoulos (s. Anm. 2), 45–46.

8 Siehe dazu J. Durand, A propos des reliques du monastère du Prodrome de Pétra à
Constantinople, in: CahArch 46 (1988) 151–167; G. P. Majeska, The relics of Constantinople after 1204. Byzance et les reliques du Christ, éd. par J. Durand et B. Flusin (Centre de recherche d'histoire et civilisation de Byzance. Monographies 17),
Paris 2004, 183–190, hier 186–188.

9 O. Volk, Die byzantinischen Klosterbibliotheken von Konstantinopel, Thessaloniki
und Kleinasien. Unpublizierte Dissertation, Universität München 1954, 64–79; für
weitere Literatur siehe zuletzt A. Cataldi Palau, Legature costantinopolitane del monastero di Prodromo Petra tra i manoscritti di Giovanni di Ragusa (1443), in: Codices
manuscripti. Zeitschrift für Handschriftenkunde 37/38 (Oktober 2001) 11–50.

10 R. Volk, Gesundheitswesen und Wohltätigkeit im Spiegel der byzantinischen Kloster-
typika, München 1983, 194–197.

Clavijo[11] schenkte dem Kloster große Aufmerksamkeit und besuchte es im Winter des Jahres 1403/04 gleich zweimal. Er hob in seinem Bericht vor allem den Brunnen im Hof, die dreiapsidiale Kirche sowie die Mosaikausstattungen hervor. Das Kloster war im 14. und frühen 15. Jahrhundert ein oft besuchter Ort der russischen Pilger, die sich vor allem auf die dort aufbewahrten Reliquien konzentrierten.[12] Der anonyme russische Pilger (1389/91) gibt einen indirekten Hinweis auf die Lage des Klosters. Danach soll sich an der rechten Seite des Eingangs ein Wasserreservoir befunden haben, womit wahrscheinlich die offene Aetioszisterne gemeint ist.[13] Auch in osmanischer Zeit weckte das Kloster das Interesse ausländischer Besucher der Stadt. So notierte der französischen Naturforscher Petrus Gyllius (1544/45–1548 und 1550–1551 in İstanbul):[14]

> Suburbium Hebdomum appellatum in sexto colle fuisse, qui nunc est intra urbem, ostendit aedes divi Ioannis Baptistae, quam etiam nunc Graeci vulgo vocant Prodromi, ea in latere ad Solis ortum pertinente sita est, à Turcis maxima ex parte diruta, vbi aliquot columnae marmorae extremam rapinam metuentes supersunt, sed pauces ex multis ablatis. Quam autem illa sumptuosa fuisset, cùm alia vestigia indicant, tum cisterna Boni nuncupata (ex eo, quod eam Patritius appelatus Bonus condiderit) paulo supra eam ipsam sita longa trecentos passus, columnis et concameratione spoliata, in qua nunc horti virent.

> Das Hebdomon genannte Suburbium war auf dem sechsten Hügel, welcher jetzt innerhalb der Stadt ist, wie die Kirche Johannes' des Täufers zeigt, den die Griechen nun gemeinhin als Prodromos bezeichnen. Sie befindet sich an der Seite, die sich nach Osten hin erstreckt. Von den Türken wurde sie zum größten Teil zerstört, wo einige Marmorsäulen übrig geblieben sind, dem letzten Raub widerstehend, aber wenige von den zahlreich erbeuteten. Wie aufwendig aber jene [Kirche] gewesen ist, zeigen schon die Reste und erst recht die Bonoszisterne (so genannt, weil ein Patricius namens

---

11 Ruy González de Clavijo, Embajada a Tamorlán, edición, introducción y notas de F. Estrada López, Madrid 1943 (Neudruck Madrid 1999), 117, 135–136; siehe auch S. Cirac, Tres monasterios de Constantinople visitados por Españoles en el ano 1403, in: REB 19 (1961) 358–382.

12 G. P. Majeska, Russian Travelers to Constantinople in the Fourteenth and Fifteenth Centuries (DOS 19), Washington, D. C. 1984, 339–345 (§ 49); F. Poljakov, Ein neues Zeugnis über Ignatij von Smolensk und die russische Kolonie in Konstantinopel im ausgehenden 14. Jahrhundert, in: DOP 46 (1992) 265–269.

13 Majeska (s. Anm. 12), 150: „The water on the right side as you enter the monastery is brought from the Danube." Majeska 345 bemerkt dazu: „Possibly a connection with the immense cistern of Aetius nearby is at the root of this fabulous idea." – Zur Quelle des russischen Anonymus siehe George Majeska, Russian Pilgrims in Constantinople, in: DOP 56 (2002) 93–108.

14 Petri Gyllii De topographia Constantinopoleos et de illius antiquitatibus libri quatuor, Lyon 1561 (Nachdruck: Athen ohne Jahr), Buch IV, Kap. IV, 198.

Bonos sie errichtet hat), die ein wenig oberhalb von ihr gelegen ist, 300 Schritte lang, der Säulen und der Überdeckung beraubt, in der nun Gärten grünen.

Gyllius bestimmte die Lage des Klosters irrtümlich als „Hebdomon", obwohl richtig auf dem sechsten Hügel, und benannte die benachbarte Zisterne fälschlich nach dem Patricius Bonus. Deren Länge gab er mit 300 Schritten an, was nur dem Çukurbostan in Karagümrük (244 × 85 m) entspricht.[15] Es wird damit bestätigt, daß die Klosteranlage sich in unmittelbarer Nachbarschaft dieser Zisterne befand. Während Gyllius nichts darüber berichtet, ob das Gebäude damals noch als Kloster in Benutzung war, gibt Stephan Gerlach in seinem Tagebucheintrag vom 11. Februar 1578 folgende Information:[16]

> Von dannen giengen wir zum Closter St. Johannis deß Täuffers, das vor Zeiten ἡ πέτρα der Fels geheissen. Scheinet, daß es gar ein schönes Closter gewesen: ist sehr weit, und mit einer von grossen Quaderstücken auffgeführter Mauern umgeben. Dessen hohe Pforten, wie auch der daran gebaute bedeckte Gang, *porticus,* ist mit sehr schönen Bildnüssen der Heiligen, Basilij, Chrysostomi, Johannis deß Vorlauffers Christi, vieler Einsiedler, und anderer πνευματικῶν, Geistlichen, gezieret. Die Kirche St. Johannis ist nahe dabey, aber nun, weil der Türcken Kirchen auch nahe beschlossen. In dem fordern Hoff dieses Closters, da das προπύλιον, *Vestibulum* oder Vorhof ist, sind die Zellen, oder Cämmerlein der Griechischen Nonnen, genannt die Armen, und ist gleichsamb als ein Armen-Spital, dann sie werden nur von den reichen Griechen erhalten. Sie haben ihre Aebtissin oder Auffseherin und einen Mönch, der, wann sie singen, beten und lesen, vorsingt, betet und lieset.

Demnach muß die offenbar recht weiträumige und mit einer Mauer umgebene Anlage gegen Ende des 16. Jahrhunderts noch immer im Besitz der Nonnen gewesen sein. Obwohl die Quellen das Kloster im Zusammenhang mit der Aetioszisterne erwähnen, wird es in der Forschung zumeist auf dem „Kesmekaya" (= geschnittener Fels) genannten Platz gesucht, der ca. 250 m weiter nörd-

---

15 Gyllius spricht von allen großen offenen Wasserbehältern in der gleichen Art und Weise und behauptet, daß diese ihre Säulen und Überdeckung verloren hätten. Vgl. J.-P. Grélois, Pierre Gilles, Itinéraires byzantins. Introduction, traduction du latin et notes (Centre de recherches d'histoire et civilisation de Byzance. Monographies 28), Paris 2007, 426.

16 Stephan Gerlachs des aelteren Tagebuch der zween glorwürdigsten Römischen Käysern Maximiliano und Rudolfo … Gesandtschaft (1573–1578), Frankfurt 1674, 455A–B; vgl auch seinen Brief an Martin Crusius: M. Crusius, Turcograecia, Basel 1584, 190. – Gerlach kam aus Richtung Blachernen, besucht das Kloster des Ioannes Prodromos τῆς Πέτρας und ging dann zu einem Kloster, das er als τῆς ἀετίον, „des Aetios", bezeichnete. Danach begab er sich zu einem alten Haus, das einem vornehmen Griechen namens Raoul gehörte. Zur Identifizierung des „Aetiosklosters" mit der Chorakirche siehe R. Ousterhout, A Sixteenth Century Visitor to the Chora, in: DOP 39 (1985) 117–124; für die Gleichsetzung des Hauses des Raoul mit Boğdan Sarayı siehe Janin (s. Anm. 2), 427–429.

lich liegt.[17] Einerseits der türkische Name des Ortes, andererseits die früher übliche Identifikation des Çukurbostan von Karagümrük/Salmatomruk mit einer anderen Zisterne scheinen dabei eine wichtige Rolle gespielt zu haben.[18] In unmittelbarer Nähe der Aetioszisterne befinden sich zwar heute noch zwei byzantinische Gebäude, die Odalar Camii[19] (fast vollständig zerstört) und die Kasım Ağa Camii Abb. 4; 5, Nr. 7 und 8), doch blieben sie aufgrund ihrer Baugeschichte für die Frage nach dem Ort des Prodromosklosters von Anfang an ausgeklammert. Die Forschung war nämlich davon überzeugt, daß beide Bauten in osmanischer Zeit eine andere Bestimmung hatten: Die Odalar Camii sei eine lateinische Kirche gewesen und die Kasım Ağa Camii habe als osmanische Moschee gedient. Im folgenden wird zunächst der Frage nachgegangen, ob die Gleichsetzung der Odalar Camii mit einer lateinischen Kirche als sicher angesehen werden darf.

---

17 Schneider (s. Anm. 6), 39, zufolge soll Gerlach das Kloster beim Boğdan Sarayı in der Nähe von Kesmekaya gesehen haben. In Miscellanea Constantinopolitana, in: OC 36 (1941) 224–225, bes. 225, bringt Schneider, Hypselantes zitierend, das Kloster des Ioannes Prodromos τῆς Πέτρας mit einer Johanneskirche am Edirnekapı in Verbindung, die bereits von Janin (s. Anm. 2), 410, als eine andere Johanneskirche angesehen worden war. Diese auch von A. K. Hypselantes, Τὰ μετὰ τὴν Ἅλωσιν, Konstantinopolis 1870 (verfaßt 1789), 140–141, erwähnte Johanneskirche ist mit der vom Patriarchen Dositheos behandelten Kirche identisch, die sich in der Nachbarschaft von Edirnekapı befand und im Jahre 1637 durch Bayram Paşa umgewandelt wurde. Da auch byzantinische Quellen davon sprechen, daß sich eine Johanneskirche dicht bei einem Johannestor befunden habe, das nur mit Edirnekapı identifiziert werden kann, ist davon auszugehen, daß es sich bei dieser nicht um die Kirche des Klosters des Ioannes Prodromos τῆς Πέτρας gehandelt haben kann; siehe dazu N. Asutay-Effenberger, Die Landmauer von Konstantinopel-İstanbul. Historisch-topographisch und baugeschichtliche Untersuchungen (Millennium-Studien. Studien zur Kultur und Geschichte des ersten Jahrtausends n. Chr. 18), Berlin/New York 2007, 104–105. – Für eine Identifikation des Klosters mit Boğdan Sarayı siehe A. D. Mordtmann, Esquisse topographique de Constantinople, Lille 1892, 75–76; A. van Millingen, Byzantine Churches in Constantinople, London 1912 (Neudruck: London 1974), 381–383; Janin (s. Anm. 2), 542; W. Müller-Wiener, Bildlexikon zur Topographie Istanbuls. Byzantion – Konstantinupolis – Istanbul bis zum Beginn des 17. Jahrhunderts, Tübingen 1977, 108.

18 J. Pargoire, Constantinople. Les derniéres églises franques, in: EO 9 (1906) 306–307.

19 L. Theis, Die Flankenräume im mittelbyzantinischen Kirchenbau, Wiesbaden 2005, 127, lokalisiert die Odalar Camii im Stadtteil „Fener" am Goldenen Horn. Die Moschee befindet sich in „Salmatomruk" an der Nordseite der Aetioszisterne.

Zur Identifizierung der Odalar Camii
mit der Kirche Santa Maria di Costantinopoli

Die Odalar Camii weist mehrere Bauphasen auf – von der früh- bis in die spät-byzantinische Zeit[20] –, was eigentlich mit der Baugeschichte des Klosters des Ioannes Prodromos τῆς Πέτρας übereinstimmen würde. Es wird allgemein angenommen, daß die Odalar Camii bereits im Jahre 1475 unmittelbar nach der Eroberung von Kaffa/Krim durch Mehmet II. den nach İstanbul umgesiedelten katholischen Christen übergeben worden sei und bis 1640 unter dem Namen Santa Maria di Costantinopoli als katholische Kirche gedient habe.[21] Eine Gleich-setzung mit Ioannes Prodromos τῆς Πέτρας wurde anscheinend auch deswegen nicht erwogen, weil dieses Kloster noch im Jahre 1578 von griechischen Nonnen bewohnt war. Die Identifizierung mit Santa Maria di Costantinopoli stützt sich auf folgende Punkte:

1. Pietro della Valle, der İstanbul 1614 besuchte, schrieb in einem Brief:[22] „Noi altri latini dentro CP., abbiamo due sole Chiesuole, assai piccole, ambendue vicine, in una medesima contrada, una che si chiama S. Nicola, è l'altra la Ma-donna … a guardia della quale vi sta un solo frate domenicano." Daraus geht her-vor, daß die in İstanbul lebenden „Lateiner" nur zwei Kirchen hatten, die sich innerhalb der Stadt befanden, recht klein waren und nicht weit voneinander ent-fernt lagen sowie von einem einzigen Dominikaner bedient wurden. Den Quel-len zufolge befand sich Santa Maria di Costantinopoli in der Nachbarschaft der von Katholiken und Armeniern gemeinsam genutzten Kirche San Nicola.[23] Der Stadtteil, wo beide Kirchen lagen, wurde in westlichen Berichten als „Cafa Ma-

---

20 Siehe dazu S. Westfalen, Odalar Camii in Istanbul. Architektur und Malerei einer mit-telbyzantinischen Kirche (IstMitt Beihefte 42), Tübingen 1998, der v. a. die Gra-bungsberichte von Paul Schazmann auswertet. Ansonsten wurde die Moschee in den letzten Jahren nur im Rahmen einiger Aufsätze behandelt, wie z. B. von S. Eyice, Odalar Camii veya Tarihî İstanbul'da bir Eserin Yok Oluşu, in: Sanat Tarihi Araştırmaları Dergisi 12 (1993–1994) 2–8.

21 Siehe unten Anm. 63. – Nach B. Palazzo, Deux anciennes églises dominicaines à Stamboul. Odalar Djami et Kefeli Mesdjidi, Istanbul 1951, 30, soll die heutige Kefeli Camii ein Teil dieses Klosters gewesen sein.

22 Lettera 2 de' 25 di ottobre 1614; vgl. M. A. Belin, Histoire de la Latinité de Constan-tinople, Paris 1894, 112; C. Cardini, La porta d'Oriente. Lettere di Pietro della Valle: Istanbul 1614, Rom 2001, 83. – Zu Pietro della Valle siehe M. della Valle, Le lettere di Pietro della Valle il pellegrino quali fonti per lo studio della storia dell'arte bizantina, in: Byzantina Mediolensia. V Congresso Nazionale di Studi Bizantini Milano, 19–22 ottobre 1994. Atti a cura di F. Conca, Rubbettino 1996, 127–142.

23 Erste Zusammenstellung der Quellen über beide Kirchen bei Belin (s. Anm. 22), 110–119.

gala"[24] bzw. „Caphe Mahagala"[25] bezeichnet. Im Jahre 1906 brachte A. D. Mordt-mann aufgrund einer armenischen Urkunde die heutige Kefeli Camii im Stadtteil Draman (Abb. 5, Nr. 9) mit der Kirche San Nicola in Verbindung.[26] Daher kam für ihn die einzige nächstgelegene (ca. 200 m südlich) und aus einer byzantini-schen Kirche umgewandelte Moschee, und zwar die Odalar Camii für eine Iden-tifizierung als Santa Maria di Costantinopoli in Frage (Abb. 5, Nr. 8).

2. Mehrere westliche Quellen, die über die Schließungszeit der Kirche Santa Maria di Costantinopoli berichten, wurden ebenfalls in die Diskussionen einbe-zogen, wodurch man glaubte, die Zeit der Umwandlung der Odalar Camii und die Schließungszeit von Santa Maria di Costantinopoli in Übereinstimmung bringen zu können.[27] Weiterhin wurde die Meinung vertreten, daß die im Jahre 1622 von Pietro Demarchis, Bischof von Santorin, während seiner Visitation der katholischen Kirchen in İstanbul aufgenommenen Maße der Kirche Santa Maria di Costantinopoli[28] nur auf die Odalar Camii zu beziehen seien. Abgesehen von gelegentlichen Zweifeln gilt die Odalar Camii in der Forschung als Santa Maria di Costantinopoli,[29] wobei ihr byzantinisches Patronat nach wie vor unbekannt blieb. Im folgenden werden zunächst die oben aufgezählten Punkte überprüft:

---

24 Von Alfonso Chierici, Vera Relatione Della Gran Città di Costantinopoli, … 1621 (gedruckte Kopie des Buches von Domenico aus Jerusalem = Domenico Ierosolimi-tano, Leibarzt des Sultans Murat III., 1574–1595), wird das Viertel als Cafamagalá bezeichnet; vgl. E. Jacobs, Untersuchungen zur Geschichte der Bibliothek im Serai zu Konstantinopel, Heidelberg 1919, 56, Anm. 1. – Zur Diskussion über Alfonso Chieri-ci's Kopie siehe Domenico's Istanbul. Translated with an Introduction and Commen-tary by M. Austin, edited by G. Lewis, Wiltshire 2001, XIII–XV; englische Überset-zung der betreffenden Stelle ebd., 7, Anm. 5.

25 Siehe dazu Belin (s. Anm. 22), 111.

26 A. D. Mordtmann, Constantinopel zur Zeit Sultans Süleiman des Großen nach einem Bilde von Melchior Lorichs, in: Bosphorus 1, 8–44, bes. 27. – Aus welcher Zeit dieses Dokument stammt, verschweigt Mordtmann. Wir wissen nur, daß der Besitzer ein gewisser Gregor Shamdanjian (wohl Şamdancıyan) war, dessen Vorfahren ursprüng-lich aus Kaffa stammten, und der selbst als Übersetzer bei der persischen Botschaft tätig war.

27 Siehe z. B. Pargoire (s. Anm. 18), 300–308, und Palazzo (s. Anm. 17), 4–12.

28 Für den lateinischen Text siehe G. Hofmann, Il Vicariato Apostolico di Costantino-poli 1453–1830 (OCA 103), Rom 1935, 63–65; Westfalen (s. Anm. 20), 49; französi-sche Übersetzung bei Palazzo (s. Anm. 17), 11.

29 Vgl. R. Janin, La topographie de Constantinople Byzantine. Études et découvertes (1918–1938), in: EO 38 (1939) 118–150, bes. 142.

1. Identifizierung der Kefeli Camii mit der Kirche San Nicola

Nach der von A. D. Mordtmann bekannt gemachten Urkunde, deren Original wir nicht kennen, standen zwei Drittel der Kirche San Nicola den Armeniern und ein Drittel den Lateinern zur Verfügung. Die Kirche soll während der Regierungszeit des Sultans Murat IV. (1623–1640) 1634 oder 1635 durch Recep Paşa enteignet und in eine Moschee umgewandelt worden sein sowie den Namen Kefeli Camii erhalten haben. Mordtmann zufolge wäre damit die Frage, wo die lateinischen Kirchen innerhalb İstanbuls standen, endgültig erledigt, da der Name Kefeli das von der Stadt Kaffa abgeleitete Adjektiv sei und das Quartier, in welchem die aus Kaffa übersiedelten Armenier wohnten, damals Caphé Mahagala geheißen habe. Da Recep Paşa bereits 1630 verstorben war,[30] entspricht zumindest ein Teil der Urkunde offensichtlich nicht den Tatsachen. Allein die Kefeli Camii ist mit der in den Hadîkatü'l Cevâmi von Ayvansarâyî Hüseyîn Efendi erwähnten Moschee identisch:[31]

> Die genannte Mescid ist aus einer Kirche umgewandelt worden. Infolge des Antrags einer Kefevi [aus Kefe stammenden] genannten Person werden ihre Kosten durch die Stiftung des Sultans Selim Han, des Eroberers von Ägypten, getragen. Ihr Mimber wurde vom Hekimbaşızade Ali Bey gestiftet und die Kosten werden von der Süleymaniye übernommen. Die neben ihr befindliche ruinöse Medrese gehört dem Gazi Mahmud. Die in der Nähe liegende hohe Tatlıkuyu Mektebi ist die Stiftung von Mustafa Cavuş. Sie hat eine eigene Mahalle. In der Nähe ist der Dragman Markt.

Der Autor gibt weder ein Datum für die Umwandlung an noch erwähnt er Recep Paşa. Abgesehen davon berichtet er nur von einer Person, die als *Kefevi* (Mann aus Kefe, Singular) bekannt war. Die Aussage von Ayvansarâyî erweckt den Anschein, als ob die Moschee ihren Namen nicht von einer hier bereits existierenden Mahalle, sondern vielmehr von jener Kefevi genannten Person erhalten hatte, wonach wahrscheinlich erst die Mahalle benannt worden war. Es stellt sich damit die Frage, ob die spätere Kefeli bzw. Kefevi Mahallesi mit einer früheren

---

30 Naîmâ Mustafa Efendi, Naîmâ Târihi, übersetzt von Zuhuri Danışman, İstanbul 1968, III, 1161–1163.

31 Ayvansarâyî Hüseyin Efendi/Alî Satı Efendi/Süleymân Besîm Efendi, Hadîkat-ül Cevâmi. Eingeleitet und Transkribiert von A. N. Galitekin, İstanbul 2001, 250: „Mescid-i mezbûr kilisadan münkalibdir. Kefevî [„nâm"] bir kimesnenin inhâsıyla vazîfesi fâtih-i Mısır Sultan Selim Han vakfından verilür. Mimberini Hekimbaşızâde Ali Paşa vaz' edüb, Süleymâniyye'den vazîfe ta'yîn olunmuşdur. İttisâlinde vâki harabe medrese Gâzî Mahmûd'undur. Kurbünde vâki fevkânî Tatlıkuyu Mektebi, Mustafâ Çavuş nâm sahibü'l hayrın binâsıdır. Mahallesi vardır. Der kurb-ı Çarşu yı Drağman (das in eckiger Klammer angegebene Wort befindet sich nicht in jeder Ausgabe des Buches, siehe die Anmerkung von Galitekin).

Mahalle, die einen ähnlichen Name hatte, identisch ist und die heutige Kefeli Camii einst die Kirche San Nicola gewesen sein könnte. Um hierauf eine plausible Antwort zu finden, sollen zunächst einige armenische Berichte über die Kirche San Nicola in Augenschein genommen werden. Davon wurde bislang zwar nur der Bericht von Carbognano (Kozmas Kömürcüyan) aus dem Jahre 1793/94 in der Sekundärliteratur gelegentlich zitiert, blieb aber zumeist ohne Kommentierung:[32]

> Zwischen dem Palast von Konstantin [Tekfur Sarayı] und Edirnekapı, in Richtung Stadtmauer, tritt eine schöne kleine Moschee mit zwei Kuppeln in Erscheinung, die eine sorgfältige Architektur aufweist. Diese ist die Hagios Nikolaos Kirche, deren geistliche Angelegenheiten von den dominikanischen Priestern geregelt wurden.

Doch kurz zuvor (1791) schrieb Gugas İnciciyan über diese Kirche etwas ausführlicher:[33]

> Diese Moschee, die sich zwischen Tekfur Sarayı und Edirnekapı in der Nähe von Karagümrük befindet, ist ein kleines Gebäude mit zwei Kuppeln und ziemlich niedlich. Früher war sie die Nicolakirche, die zwischen den aus Kefe gekommenen Armeniern und Lateinern geteilt war. Da die Kirche auch früher in der Hand der dominikanischen Mönche war, die immer wieder aus Kefe kamen, wurde ihr Quartier ‚Klein Kefe‘ genannt. Auch heute tragen sowohl die Moschee als auch das Quartier den Namen ‚Kefeli Mahallesi‘ und ‚Kefeli Camii‘.

Beiden Autoren zufolge soll die Kirche zwei Kuppeln gehabt haben. Wie das gemeint ist, bleibt unklar, doch entsprechen die von İnciciyan für andere Gebäude angegebenen Kuppelzahlen immer dem tatsächlichen Zustand der jeweiligen Bauten.[34] Das Vorhandensein von zwei Kuppeln, das in der Sekundärliteratur keine Beachtung erfuhr, läßt sich mit der uns bekannten Kefeli Camii nicht in Verbindung bringen. Weiterhin spricht İnciciyan hier zum ersten Mal vom Stadtteil Karagümrük, wo sich der osmanische Zoll bzw. das Zollamt (Karagümrük bedeutet Landzoll) befand. San Nicola wird in Verbindung mit dem Zoll auch in einem weiteren armenischen Bericht erwähnt, und zwar von dem Priester Kirkor aus Kemah. Er bezeichnet die Nikolauskirche als „Kirche am Zoll".[35] Aus meh-

---

32 C. C. Carbognano (= Kozmas Komidas Kömürcüyan), 18. Yüzyıl Sonunda İstanbul. Aus dem Italienischen übersetzt von E. Özbayoğlu, İstanbul 1993, 54–55; vgl. Belin (s. Anm. 22), 116; Pargoire (s. Anm. 18), 303.

33 P. G. İnciciyan, 18. Asırda İstanbul. Aus dem Armenischen übersetzt von H. Der Andreasyan, İstanbul 1976, 61.

34 İnciciyan (s. Anm. 33), 60, beschrieb z. B. die Fethiye Camii mit vier Kuppeln. Einschließlich der Kuppeln des Narthex der Südkirche hat die Moschee tatsächlich vier Kuppeln.

35 Zitiert nach H. Der Andreasyan/K. Pamukçiyan, in: Eremya Çelebi Kömürcüyan, İstanbul Tarihi, XVII Asırda İstanbul. Aus dem Armenischen übersetzt und editiert

reren Quellen erfahren wir, daß das Zollamt ungefähr am Karagümrük Meydanı lag.[36] Die heutige Kefeli Camii befindet sich aber bekanntlich nicht in Karagümrük, sondern im Stadtteil Draman. Weiterhin informiert uns Hovahannesyan, daß diese Gegend dicht von Armeniern bewohnt war.[37] Hovahannesyan berichtet im Zusammenhang mit der Nikolauskirche:[38]

> Kurz hinter dem Balattor, innerhalb der Stadtmauer, befindet sich die Erzengelkirche *(Surp Hirasdagabet)*, die dem Michael geweiht war. Diese Kirche wurde zur Zeit Murats IV. im Jahre 1628 den Griechen weggenommen und den Armenier übergeben. Ein Jahr danach [1629] wurde die Nikolaoskirche in der Kefeliler Mahallesi, die nahe zum Edirnekapı liegt, in eine Moschee umgewandelt. Sie wird heute noch Kefeliler Camii genannt.

Hovahannesyan lokalisiert die Kirche in der Nähe von Edirnekapı (Abb. 5, Nr. 1), gibt aber ein anderes Datum als die von A. D. Mordtmann erwähnte Urkunde an. Ihm zufolge sollen die Armenier ein Jahr vor der Schließung der Nikolauskirche die Erzengelkirche in Balat[39] übernommen haben, was aber nicht mit einer diesbezüglichen Aussage von İnciciyan übereinstimmt. İnciciyan sagt nämlich, daß die Erzengelkirche den Armeniern infolge der Schließung der Nikolauskirche zur Verfügung gestellt worden sei.[40] Eine weitere Quelle nennt für die Schließung der Nikolauskirche das Jahr 1625/26.[41] Abgesehen von diesen unterschiedlichen Angaben über die Schließungszeit geht aus keinem der oben erwähnten Berichte eine Beschreibung der Kirche hervor, die mit der heutigen Kefeli Camii in Verbindung gebracht werden kann.

Hier soll auch das Buch von Eremya Çelebi Kömürcüyan erwähnt werden. Der armenische Gelehrte, der zwischen 1637 und 1695 in İstanbul lebte, schrieb sein „İstanbul Tarihi" zwischen 1661 und 1684 bzw. 1689, also ca. 25 bis 30 Jahre nach dem zumeist angenommenen Datum für die Wegnahme der Kirche San

---

von H. Der Andreasyan, mit neuen Noten versehen von K. Pamukçiyan, 2. Aufl. İstanbul 1988, 85, Anm. 67a.
36 Siehe z. B. Evliya Çelebi Seyahatnamesi. Topkapı Sarayı Kütüphanesi Bağdat 304 Numaralı Yazmanın Transkripsiyonu-Dizini, I. Kitap, hazırlayanlar: R. Dankoff/ S. A. Kahraman/Y. Dağlı, İstanbul, 2006, 297; Sarraf Sarkis Hovahannesyan (Payitaht İstanbul'un Tarihçesi). Aus dem Armenischen übersetzt von E. Hançer, 2. Aufl. İstanbul 1996, 28, gibt präsize Auskunft, indem er sagt, daß das Zollhaus unterhalb der Mihrimah Camii (Abb. 5, Nr. 4), aber auf der gleichen Flucht mit der Kirche stehe; siehe auch İstanbul Vakıfları Tahrir Defteri 1009 (1600) Tarihli, Hazırlayan Doç. Dr. M. Canatar, İstanbul, 2004, 597 (Nr. 2740).
37 Hovahannesyan (s. Anm. 36), 28.
38 Hovahannesyan (s. Anm. 36), 24.
39 Zu dieser siehe Schneider (s. Anm. 6), 40, Nr. 2.
40 İnciciyan (s. Anm. 33), 39; vgl. Schneider (s. Anm. 6), 66.
41 Palazzo (s. Anm. 17), 58.

Nicola und ca. einhundert Jahre vor Carbognano und İnciciyan. Obwohl der Autor in seinem Bericht alle armenische Kirchen – ganz gleich, ob diese noch in Benutzung war oder nicht – vollständig wiederzugeben versuchte, ist von der Kirche San Nicola keinerlei Rede. Man fragt sich daher, ob dieses Gebäude zu seiner Zeit überhaupt noch (und nicht nur in umgewandeltem Zustand) existierte und ob sie den späteren Autoren nur aus uns unbekannten Quellen bzw. Erzählungen bekannt war, weswegen sie diese Kirche nur wegen des Namens irrtümlich mit der heutigen Kefeli Camii gleichgesetzt hatten, ohne auf deren völlig andere Dachausbildung zu achten.

Doch nicht nur die Beschreibung von İnciciyan und Carbognano, sondern auch die von Demarchis angegeben Maße der Kirche San Nicola sind nicht mit der Kefeli Camii in Verbindung zu bringen. Nach Demarchis besaß die Nikolauskirche eine Länge von 15 Schritten und eine Breite von 10 Schritten.[42] Umgerechnet muß die Kirche ca. 12 m lang und ca. 8 m breit gewesen sein. Bis zur Untersuchung durch P. Grossmann[43] im Jahr 1966 galt die Kefeli Camii als eine einschiffige Kirche mit einer Länge von 22,6 m und einer Breite von 7,22 m.[44] Über die Unterschiede zwischen den Angaben von Demarchis und den eigentlichen Dimensionen der Kefeli Camii äußerte sich bereits R. Janin.[45] A. M. Schneider nahm an, daß Demarchis nur die Maße des lateinischen Teils aufgenommen habe.[46] Einschließlich der beiden von Grossmann festgestellten seitlichen Schiffe beträgt die Breite der Kefeli Camii 16 m. Wie auch immer man die Kirche teilen will und ob man für die Lateiner eine Hälfte oder ein Drittel rechnet, die von Demarchis angegeben Maße können nicht auf die Kefeli Camii bezogen werden.

Weder die Maße noch die Beschreibung der Nikolauskirche, deren Schließungszeit nicht endgültig geklärt zu sein scheint, lassen sich also mit der heutigen Kefeli Camii in Verbindung bringen. Es soll hier zusätzlich auf die Düsseldorfer Buondelmonti-Ansicht von İstanbul aufmerksam gemacht werden. Auf dieser Darstellung ist der Bereich zwischen Edirnekapı und der Fatih Camii, also ungefähr im Gebiet von Karagümrük, als *locus Cafensium* (Ort der Leute aus Kaffa) beschriftet.[47] A. Effenberger datiert die Karte gegen 1490 und vermutet, daß der

42 Hofmann (s. Anm. 28), 62.

43 P. Grossmann, Beobachtungen an der Kefeli-Mescidi, in: IstMitt 16 (1966) 241–249.

44 A. van Millingen, Byzantine Churches in Constantinople. Their History and Architecture, London 1912 (Nachdruck: London 1974), 256: „Kefelé Mesjedi is a large oblong hall, m. 22.6 long by m. 7.22 wide."

45 R. Janin, Les sanctuaires du quartier de Pétra, in: EO 34 (1935) 402–413, bes. 409.

46 Schneider (s. Anm. 6), 66; siehe auch Palazzo (s. Anm. 17), 14.

47 A. Effenberger, Die Illustrationen – Topographische Untersuchungen: Konstantinopel/İstanbul und ägäische Örtlichkeiten, in: Christoforo Buondelmonti liber insularum archipelagi. Universitäts- und Landesbibliothek Düsseldorf, Ms. G 13. Faksimile, hrsg. von I. Siebert und M. Plassmann. Mit Beiträgen von A. Effenberger,

Auftraggeber ein ortskundiger Genuese war.[48] Allein die Tatsache, daß dieses
Quartier erstmals auf einer İstanbul-Karte eingetragen wurde, bestätigt die Annahme, daß es richtig lokalisiert ist. Obwohl die endgültige Lage der Kirche San
Nicola nur anhand weiterer Quellen festgestellt werden kann,[49] zeigen die oben
angeführten Berichte eindeutig, wie fragwürdig ihre bisherige Identifizierung mit
der Kefeli Camii ist. Allen Berichten zufolge muß die auch „Kirche am Zoll"
genannte Kirche San Nicola vielmehr in Karagümrük in der Nähe von Edinerkapı
(Abb. 5, Nr. 1) gesucht werden.[50] Damit entfällt das wichtigste Argument, um die
Odalar Camii mit Santa Maria di Costantinopoli gleichsetzten zu können.

2. Die Maße von Santa Maria di Costantinopoli

Demarchis hatte nicht nur die Maße der Kirche San Nicola, sondern auch von
Santa Maria di Costantinopoli aufgenommen. Diese Maße sowie seine Beschreibung der Kirche brachte man in der Sekundärliteratur mit der Odalar Camii in
Verbindung.[51] Demarchis zufolge soll Santa Maria di Costantinopoli eine mit
griechischen Malereien ausgestattete zentrale Kuppel gehabt haben. Er berichtet
weiterhin, daß die vier Hauptsäulen unterhalb der Kuppel entfernt und durch
Holzstützen ersetzt worden waren. Diesen Teil der Kirche bezeichnete er als

---

M. Plassmann und F. Rijkers (Schriften der Universitäts- und Landesbibliothek Düsseldorf 38), Faksimile, Wiesbaden 2005, 42, Nr. 28, Abb. 32.

48 Effenberger (s. Anm. 47), 42, Nr. 28, Abb. 32.

49 In der Stiftungsurkunde von İlyas bin Abdullah aus dem Jahre H. 11 Safer 934
    (6. November 1527) wird festgelegt, daß seine Stiftung u. a. auch die Kosten der Repa-
    ratur der Brücken (*kanatîr*) in der Kefeliler Mahallesi übernehmen soll: İstanbul
    Vakıfları Tahrîr Defteri (s. Anm. 36), 517 (Nr. 2319). Weder in der Gegend der heuti-
    gen Kefeli Camii noch in Karagümrük sind mir Brücken bekannt, auch kein Bach.
    Welcher Art diese Brücken waren und wo genau sie standen, kann nur mit Hilfe ande-
    rer Quellen festgestellt werden, wodurch sicherlich für die genaue Lagebestimmung
    der Kefeliler Mahallesi im 15. Jahrhundert ein wichtiger Beitrag geleistet würde.

50 1858 erstellte Dr. Kırtıkyan eine Liste der armenischen Schulen in İstanbul, wonach
    sich unmittelbar am Karagümrük Meydanı eine armenische Schule mit den Namen
    Tateos-Partoğimeosyan befand. Auf einem Stadtplan aus dem 19. Jahrhundert ist
    diese Schule mit einer Kirche direkt an der Kirchstraße (*Kilise Sokak*) eingetragen
    (siehe 19. Asırda İstanbul Haritası, hazırlayan: E. H. Ayverdi, İstanbul 1978, Blatt
    D 5). Diese Schule muß zwischen 1828 und 1858 errichtet worden sein, siehe dazu
    V. Seropyan, Ermeni Okulları, in: İstanbul Ansiklopedisi 3 (1994) 187. Die Frage,
    weshalb gerade dieser Ort für die beiden Gebäude ausgesucht wurde und ob er schon
    früher in der Hand der Armenier war, muß bis zur Sichten weiterer Quellen unbeant-
    wortet bleiben.

51 Vgl. unten Anm. 53.

Mitte (*metá*). Der Ostteil (*nel fina della detta prima parte della chiesa*) soll drei Arkaden aufgewiesen haben, die aber aufgrund der Absturzgefahr mit einer verriegelten Tür zugesperrt gewesen seien. Der Narthex (*parte ultima*) war ebenfalls abgestützt. Der Bericht vermittelt, daß die Kirche damals in sehr schlechtem Zustand war, doch spricht Demarchis zweifelsfrei von einer Kreuzkuppelkirche. Die Länge der Kirche gibt er mit 20 Schritten, die Breite mit 8 Schritten an. Sie müßte demnach ca. 16 m lang und ca. 6,40 m gewesen sein. B. Palazzo geht auf die Beschreibung von Demarchis folgenderweise ein:[52]

> Naturerellement les dimensions des deux édifices [Kefeli Mescidi und Odalar] ne peuvant pas correspondre, car le sanctuarie musulman qui succéda plus tard à èglise latine, élimina le narthex qui dès l'époque de Mgr. Demarchis, tombait en ruine, et englobada dans son enceinte le bas coté droit de l'ancienne église byzantine que les Latins avaient séparé de leur église par une cloison, peut-être pour en faire une sacristie ou un lieu d'habitation. Si'l on tient compte des modifications que l'edifice eut à subir pendant son occupation par les Turcs, l'on constate que les dimensions de l'église se Sainte Marie correspondent assez fidèlement à celles d'Odalar Djami. En effet, si aux 7.40 m. de long qu'avait dernièrement la mosquée on ajoute le narthex qui formait la seconde moitié de l'église latine, et des 10.45 m. de sa largeur on retranche le bas-coté droit de l'ancienne église byzantine, on obtient à peu prés les dimensions fournies par Mgr. Demarchis.

Auch St. Westphalen bemerkte die Unstimmigkeiten der Maße, hielt aber an der Gleichsetzung der Odalar Camii mit Santa Maria di Costantinopoli fest.[53] Die Odalar Camii weist (einschließlich dem Narthex) eine Länge von 20 m und eine Breite von ca. 10,50 m auf (Abb. 4).[54] Insofern können die von Demarchis angegebenen Maße genau so gut in einer anderen Kirche aufgenommen worden sein. Es scheint also auch dieses Argument für die Gleichsetzung von Odalar und Santa Maria di Costantinopoli nicht tragfähig zu sein.

3. Die Schließungszeit der Kirche Santa Maria di Costantinopoli und die Zeit der Umwandlung der Odalar Camii

Das letzte Argument für die Gleichsetzung wurde einerseits aus der Schließungszeit der Kirche Santa Maria di Costantinopoli und andererseits aus dem Datum der Umwandlung der Odalar Camii durch Kemankeş Mustafa Paşa abgeleitet.

---

52   R. Janin, Rezension von Palazzo (s. Anm. 17), in: REB 9 (1951) 285–286, bes. 286: „Quoi qu'il en soit de nos remarques, il faut etre reconnaissant au P. Palazzo d'avoir contribué efficacement à la solution d'un problème qui se posait depuis longtemps."

53   Westfalen (s. Anm. 20), 49, Anm. 168: „Vor allem ist das Breitenmaß viel zu gering und steht in keinem Verhältnis zur Länge. Vielleicht liegt hier ein Schreibfehler vor."

54   Westfalen (s. Anm. 20), 49, Anm. 168.

Obwohl in der Sekundärliteratur hin und wieder das Jahr 1640 als Datum für die Umwandlung der Odalar Camii angenommen und dabei des öfteren Ayvansarâyî zitiert wird, kommt dieses weder in dem genannten Werk noch anderswo vor. Die Moschee wird von Ayvansarâyî folgenderweise erwähnt:[55]

> Die genannte Mescid [Odalar] ist aus einer Kirche umgewandelt worden (*münkalib*). Ihr Stifter ist Kemankeş Mustafa Paşa, dessen Mausoleum (*türbe*) in Divanyolu in der Nähe seiner Medrese liegt. Unter dem Buchstaben K (*kaf*) wird sein Mescid erwähnt. Sie befindet sich in der Mitte der Kammer der Verheirateten (*müte'ehhilin Odaları*). Sie hat Tore an beiden Seiten. Sie hat auch ihr eigenes [danach benanntes] Quartier (*mahalle*). In der Nähe von Salmatomruk.

Unter dem Buchstaben *kaf* kommt die Moschee in einem anderen Zusammenhang vor:[56]

> Er [Kemankeş Mustafa Paşa] hat auch eine Kirche zur Mescid umgewandelt, die in der Nähe von Salmatomruk innerhalb der Kammer der Verheirateten liegt. Er hat die Stiftungen und die Kosten dafür festgelegt. Odalar ist seine Stiftung und hat ihre Mahalle.

Wir erfahren also nur, daß die Odalar Camii eine Stiftung von Kemankeş Mustafa Paşa war. B. Palazzo zufolge soll die Kirche zum ersten Mal um 1629 geschlossen worden sein und diente später für eine kurze Zeit wieder als Kirche.[57] In diesem

---

55 Ayvansarâyî Hüseyîn Efendi (s. Anm. 31), 81; der osmanische Text lautet: „Mescid-i Mezbûr kilisadan münkabildir. Vâkıfı Kemânkeş Mustafa Paşa'dır ki, Dîvânyolu'nda medresesi kurbünde türbesi vardır. Harfü'l Kaf'da mescidi zikr olunur. Müte'ehhilin Odaları'nın ikisi beyninde olmağla iki tarafına dahi bâbı vardır ve mahallesi dahi vardır. Der Kurb-ı Salmatomruk." – Die oft benutzte Übersetzung von J. von Hammer-Purgstall, Geschichte des Osmanischen Reiches, Bd. 9, Pest 1838 (Nachdruck: Graz 1963), 54, Nr. 44, ist nicht vollständig und nicht korrekt. Hammers Übersetzung lautet: „*Otalar Mes.*, aus einer Kirche, in der Mitte zwischen den Kammern der verheiratheten und nicht verheiratheten Janitscharen gelegen; in der Nähe Ssalma tomruk". Es ist ganz klar zu erkennen ist, daß aus den *Kammern der Verheirateten* in der Übersetzung von Hammer *Kammern der verheirateten und unverheirateten Yeniçeri* geworden sind, was bis heute so falsch zitiert wird. Der osmanische Text spricht nicht von Yeniçeri. Das Wort „Odalar" verwendete man im osmanischen Sprachgebrauch für jegliche Unterkünfte, die aus mehreren selbständigen Kammern bestehen. Diese könnten auch für Yeniçeri bestimmt gewesen sein, doch ist das nicht zwingend, vgl. S. Eyice, İstanbul'un Ortadan Kalkan Bazı Tarihi Eserleri, in: İstanbul Üniversitesi Edebiyat Fakültesi Tarih Dergisi 27 (1973) 133–176, bes. 170, Anm. 114. – Palazzo (s. Anm. 17), 6, Anm. 1, brachte Odalar ebenfalls mit Unterkünften der Yeniçeri in Verbindung und glaubte unter Bezugnahme auf Ayvansarâyî Hüseyin Efendi erstmals die zutreffende Etymologie für Odalar gefunden zu haben.
56 Ayvansarâyî Hüseyîn Efendi (s. Anm. 31), 246; der osmanische Text lautet: „ve Salmatomruk kurbünde Müte'ehhilîn Odaları dâhilinde bir kilisayı dahi mescid edüb vakf ve vazîfe ta'yîn etmişdir ki, Odalar anın vakfi ve mahallesidir."
57 Palazzo (s. Anm. 17), 6.

Zusammenhang zitiert Palazzo einen Brief vom 14. Oktober 1654, den schon Belin behandelt hatte:[58]

> D. Subiani dans une lettre du 14 octobre 1654, (imprimée par Michele Giustiniani en 1656,) fait le rapport suivant « l'église Ste-Marie in Blachernis, ou Vlacherniotica, probablement du Rosaire, dite encore aujourd'hui par les Turcs » Gül Djàmi, ou mosquée des roses, vocable correspondant à celui du Rosaire, était sise « nella contrada, communemente chiamata Balata; » elle fut enlevée aux Frères Prêcheurs, il y a environ 25 ans». Malgré ce dire la date de la « Comunitá » étant précise doit être préférée à toute autre.

Wie man sieht, enthält der Bericht etliche irreführende Informationen.[59] Denn noch 1629/31 soll Vincent de Stochove die Kirche Santa Maria di Costantinopoli besucht haben.[60] B. Palazzo zufolge muß die Entscheidung von 1629 für eine Weile zurückgenommen worden sein.[61] Nach einer anderen Quelle sei die Kirche 1636 endgültig geschlossen worden.[62] Aus einem Bericht von Innocente Marziale an den General des Dominikanerordens geht hervor, daß die erste Sorge dieses Geistlichen nach seiner Ankunft in İstanbul im Jahre 1640 darin bestand, den Botschafter von Frankreich und den Bailo von Venedig zu bitten, beim Großvezir den Konvent und die Kirche Santa Maria zurückzufordern, welche dem Orden weggenommen und in eine Moschee umgewandelt worden war.[63] Der hier genannte Großvezir war möglicherweise der damals amtierende Kemankeş Mustafa Paşa (Amtszeit 1638–1644),[64] doch beweist das nicht, daß Santa Maria di Costantinopoli tatsächlich um 1640 umgewandelt wurde. Es ist auch möglich, daß man in Angelegenheiten dieser schon früher umgewandelten Kirche mit dem damaligen Großvezir verhandeln wollte. Es gibt also keine einzige Quelle, die für das Jahr 1640 die Umwandlung der Odalar Camii bestätigt. Auch existiert kein einziger Beleg, durch den die gleichzeitige Umwandlung der Kirche Santa Maria di Costantinopoli gesichert werden könnte.

Wir können also festhalten: Weder läßt sich die heutige Kefeli Camii mit klarer Gewißheit als die frühere Kirche San Nicola bestimmen, noch kann die Odalar Camii definitiv mit der ehemaligen Kirche Santa Maria di Costantinopoli identifi-

---

58 Belin (s. Anm. 22), 112; danach hier zitiert.
59 Vgl. Belin (s. Anm. 22), 114–116.
60 V. de Stochove, Voyage du Levant, 2. Aufl. Brüssel 1630, 57 (mir nicht zugänglich, zitiert nach Palazzo [s. Anm. 17], 7–8).
61 Palazzo (s. Anm. 17), 7–8.
62 Belin (s. Anm. 22), 112. – Schneider (Anm. 6), 66, erwähnt einen gewissen Kanopios, dem zufolge eine Lateinerkirche in der Nähe von Edirnekapı im Jahre 1636 geschlossen worden sei.
63 Palazzo (s. Anm. 17), 7.
64 Naîmâ Tarihi (s. Anm. 30), IV, 1604–1608.

ziert werden. Wie die Quellen – zum Teil auch irreführend – berichten, stand die Schließung dieser beiden lateinischen Kirchen, die mit großer Wahrscheinlichkeit in der Umgebung von Karagümrük zu lokalisieren sind, im ersten Viertel des 17. Jahrhunderts eine Zeitlang zur Debatte, doch kann die Frage, wann sie endgültig umgewandelt wurden und wer dafür verantwortlich war, nach heutiger Lage der Quellen und anhand des Denkmälerbestandes nicht klar beantwortet werden. Vielmehr scheint es, daß sie bereits vor dem Werk von Eremya Çelebi Kömürcüyan aus dem Stadtbild verschwunden waren.

Für die weiteren Überlegungen ist eine in der Sekundärliteratur zumeist ignorierte Notiz von Wichtigkeit: Paspatis zufolge befand sich im 19. Jahrhundert in der Odalar Camii ein Hagiasma des Hagios Ioannes, das von den Griechen noch immer besucht wurde.[65] Die Odalar Camii, die in der unmittelbaren Nachbarschaft der Aetioszisterne liegt, könnte daher genau so gut die Kirche des Klosters des Ioannes Prodromos τῆς Πέτρας gewesen sein. Doch muß man diese Annahme mit weiteren Argumenten untermauern. Daher soll im folgenden die direkt neben der Odalar Camii gelegene Kasım Ağa Camii (Abb. 5, Nr. 7 und 8), die einst zweifelsfrei zum gleichen Komplex gehörte, näher betrachtet werden.[66]

Die Kasım Ağa Camii (Abb. 1–4) wurde in der Forschung mehrmals behandelt, wobei ihre Funktion in byzantinischer Zeit bisher nicht geklärt werden konnte.[67] Die Stiftungsurkunde der Moschee stammt aus dem Jahre 1506, also aus der Zeit von Bayezıt II.[68] Sie wurde im Jahre 1894 von einem starken Erdbeben[69] und 1919 vom großen Stadtbrand betroffen.[70] In den 30er Jahren stand sie

---

65 A. G. Paspates, Βυζαντιναὶ μελέται τοπογραφικαὶ καὶ ὑστορικαί, Konstantinopel 1877, 363: Ἐντὸς τοῦ ὑπογείου εἶναι φρέαρ καλούμενον ἁγίασμα τοῦ Ἁγίου Ἰωάννου, τὸ ὁποῖον ἐπισκέτονται οἱ ἐλαβεῖς γείτονες, ἄνευ ἐςνοχλήσεως.

66 Vgl. Eyice (s. Anm. 55), 168; T. F. Mathews, The Byzantine Churches of Istanbul. A Photographic Survey, University Park/London 1976, 186.

67 Die Kasım Ağa Mescidi wurde von Ayvansarâyî Hüseyîn Efendi (s. Anm. 31) ohne den Hinweis erwähnt, daß es sich dabei um ein ehemaliges byzantinisches Gebäude gehandelt habe. Die Moschee fand deswegen bis 1902 keinerlei Aufmerksamkeit. Für die erstmalige Bekanntgabe siehe X. A. Sideridis, Αἱ ἐν Κωνσταντινουπόλει κιστέρναι τοῦ Ἀετίου καὶ τοῦ Ἄσπαρος καὶ αἱ πέριξ αὐτοῦ μοναί, in: EPhS 29 (1902) 256.

68 İstanbul Vakıfları Tahrîr Defteri 953 (1546) Târîhli, hrsg. Ö. L. Barkan und E. H. Ayverdi, İstanbul 1979, 406, Nr. 2376.

69 M. Cezar, Osmanlı Devrinde İstanbul Yapılarında Tahribat Yapan Yangınlar ve Tabii Afetler, in: Güzel Sanatlar Akademisi Türk Sanatı Tarihi Araştırma ve İncemeleri 1 (1963) 392, Anm. 18.

70 Auf diesen Brand und sein Ausmaß (2. Juli 1919) machte E. Mamboury, Ruines byzantines. Autour d'Odalar Djamisi à Istanbul, in: EO 19 (1929) 69–73, aufmerksam. Eyice (Anm. 55), 172, Anm. 121, führt dazu auch zwei Zeitungsartikel aus dem

noch einigermaßen als Ruine aufrecht. In den 60er und 70er Jahren war sie in ziemlich bedauerlichem Zustand.[71] Zwischen 1975 und 1977 wurde der Bau restauriert und wieder als Moschee hergestellt, wobei ihre ursprüngliche Substanz zum größten Teil verlorengingen.[72] Daher werden für die folgenden Überlegungen die Archivbilder aus den 30er Jahren herangezogen, worauf der ursprüngliche Zustand noch besser zu erkennen ist (Abb. 2 und 3).

Bisher wurden in der Sekundärliteratur zwei Grundrisse verwendet, die jedoch von einander abweichen und mit der realen Situation nicht genau übereinstimmen.[73] Der älteste ist nur eine Skizze, angefertigt vom Denkmalamt İstanbul. Der zweite stammt von W. Müller-Wiener und ist differenzierter (Abb. 1 C).[74] Die Moschee zeigt einen annähernd quadratischen Grundriß von 8 × 9 m im Innenraum. Das Schichtenmauerwek wurde von S. Eyice in die frühbyzantinische,[75] von Th. Mathews in die palaiologische Zeit datiert.[76] Man sprach bisher von mehreren Bauphasen des Gebäudes, ohne näher darauf einzugehen, wie diese Phasen aufeinander gefolgt seien. Auffallend für ein solch kleines Gebäude sind die ungewöhnlich starken Mauern und das an der linken Seite stehende Minarett (Abb. 2), dem man ebenfalls keine Aufmerksamkeit schenkte. An der Westseite ist das Mauerwerk noch dicker, was mit der Hanglage erklärt werden kann. Die Stärke des Mauerwerks wäre nur berechtigt, wenn hier mehrere Etagen übereinander gestanden haben, und ein osmanisches Minarett, das in der Regel an der rechten Seite der Moschee steht, wird nur dann an der falschen Seite errichtet, wenn es dafür einen erklärbaren Grund gab.

Ich beginne meine Beobachtungen an der Eingangsseite – also an der Nordseite.[77] Hier befindet sich an der linken Ecke eine Verstärkung in der Art einer

---

„Tasvir-i Efkâr" (3. Juli 1919 und 4. Juli 1919) an. Danach soll der Brand in der Kefeli Mahallesi ausgebrochen sein, wobei antitürkische Gruppen die Gelegenheit nutzten, in anderen Stadtteilen weitere Brände zu legen, wodurch das Ausmaß der Katastrophe noch erhöht wurde.

71 Siehe die Fotos bei Mathews (s. Anm. 66), 187, Abb. 19-1; 188, Abb. 19-2.

72 Im Jahre 1989 soll das Minarett der Moschee repariert worden sein, siehe S. Eyice, Kasım Ağa Camii, in: İstanbul Ansiklopedisi 4 (1994) 479–480.

73 Eyice (s. Anm. 55), Taf. XIV, Abb. 24; Mathews (s. Anm. 66), 187; Müller-Wiener (s. Anm. 17), 164, Abb. 164.

74 Müller-Wiener (s. Anm. 17), 164, Abb. 164.

75 Eyice (s. Anm. 55), 176.

76 Mathews (s. Anm. 66), 19 (Eyices Aufsatz nicht zitiert).

77 Müller-Wiener (s. Anm. 17), 165, Abb. 165. – Für die an der Nordseite des Gebäudes kürzlich entdeckten Mauerreste siehe K. Dark /F. Özgümüş, Istanbul Rescue Archaeological Survey 1998. The Districts of Balat and Ayvansaray. First Preliminary Report, London 1999, 12: „This wall extends toward the lane immediately north of the building, in a small modern garden area. It may therefore represent a structure predating or contemporary with the previously known Byzantine building. As the arch is not oriented east/west this wall is unlikely to be eastern apse of a church, although it

Pfeilervorlage (Abb. 2). Von der Pfeilervorlage aus folgt rechts ein Torbogen mit einem zugesetzten Fenster darüber. Ein weiterer Mauerteil, der wohl osmanisch ist, steht weiter rechts, woran in osmanischer Zeit eine kleine Nische angebracht wurde. Die rechte Außenwand – also die Westwand – zeigt im oberen Teil noch eine intakte Mauerstirn, die mit der linken Mauer in einer Flucht steht. Man erkennt hier einen Bogenansatz, der beweist, daß es an dieser Stelle der Nordwand in byzantinischer Zeit einen hohen, von einem Bogen überfangenen Durchgang gegeben hat. Sowohl die Eckverstärkung als auch das intakte Mauerwerk lassen keinen Zweifel daran, daß diese Wand im ursprünglichen Zustand die Nordfassade des byzantinischen Gebäudes war. Vor der rechten Gebäudeecke mit der Wandstirn der Westwand ist aber eine spätere Mauer stumpf angesetzt worden (Abb. 1 B), die etwas schmaler als die Westwand ist (ca. 1,20 m). Sowohl der osmanische Charakter dieser späteren Mauer als auch die Tatsache, daß die Nordwand die Außenfassade des byzantinischen Gebäudes war, lassen keinen Zweifel daran, daß diese Verlängerung eine spätere Zutat ist, deren weitere Teile wahrscheinlich mit den an der Nordseite registrierten Fundamenten (Abb. 1 B und C) in Verbindung standen. Folgende Fragen stellen sich:

1. Wurden diese Verlängerungsmauer und die Fundamentreste im Norden in der Phase der Umwandlung errichtet und dienten sie als Gründung für die osmanische Vorhalle?

2. Oder folgte diese osmanische Verlängerung schon einer vorher, nämlich in einer zweiten Phase ebenfalls stumpf angebrachten byzantinischen Mauer?

Wir können diese Fragen beantworten, wenn wir die gesamte innere Westwand in Augenschein nehmen.[78] An der Innenseite zeigt die Westmauer drei bisher ebenfalls meist unberücksichtigt gebliebene Arkosolnischen (Abb. 1 B und C). Ganz rechts folgt jedoch eine vierte Arkosolnische, die über die Flucht der Nordmauer hinausgeht. Demnach war diese vierte Arkosolnische ursprünglich etwa zur Hälfte in die stumpf angefügte Verlängerung der Westmauer eingelassen, woraus folgt, daß wenigstens diese vierte Arkosolnische erst nach der Errichtung der Verlängerung der Westmauer entstanden ist und auch in der osmanischen Mauer erhalten blieb. Es ist somit sicher, daß diese Verlängerung ursprünglich byzantinisch war, also einer zweiten Bauphase angehörte. Sie wurde in osmanischer Zeit repariert und mit den Fundamenten an der Nordseite für die Vorhalle der Moschee benutzt. Die spätere osmanische Wand der rechten Seite des Eingangs wurde stumpf gegen die vierte Arkosolnische gesetzt (Abb. 1 C).

---

could be an apsed transept of a triconch church represented by or beneath the present Kasim Aga structure."

78 Müller-Wiener (s. Anm. 17), 165, Abb. 166.

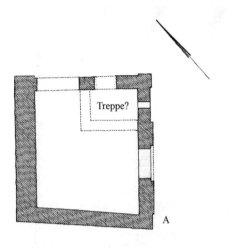

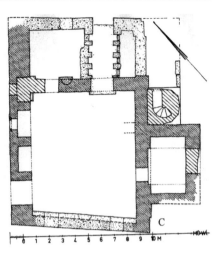

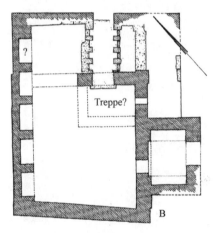

Abb. 1 Grundriß der Kasım Ağa Camii – A: Byzantinisch, 1. Phase – B: Byzantinisch,
2. Phase – C: Osmanische Phase nach W. Müller-Wiener, Bildlexikon zur Topographie
Istanbuls, Tübingen 1977, 164, Abb. 164 („byzantinische Reste engschraffiert;
Anbauten aus osmanischer Zeit weitschraffiert; Fundamentreste punktiert")

Die Ostmauer zeigt heute eine etwas nach Süden verschobene Kammer.[79] Nördlich neben der Kammer ist das Minarett errichtet (Abb. 1 C). Doch die gesamte
Gliederung verrät, daß hier ebenfalls schon Veränderungen in byzantinischer
Zeit stattgefunden haben. In der ersten Phase muß hier eine große Bogenöffnung
gewesen sein, die später – wie das Mauerwerk zeigt – bis auf einen schmalen

79 Die Kammer war einst mit Malereien versehen, die im Jahre 1916 von E. Dallegio
    d'Alessio aufgenommen worden sein sollen, vgl. Eyice (s. Anm. 55), 175, Anm. 132.
    P. Schazmann, Die Grabung an der Odalar Camii in Konstantinopel, in: AA 50 (1935)
    519, erwähnt Fresken in dem Gebäude.

Abb. 2 Nordseite der Kasım Ağa Camii (Foto: DAI Istanbul, Negativ Nr. 2698)

Abb. 3 Kasım Ağa Camii von Südwesten (Foto: DAI Istanbul, Negativ Nr. 2699)

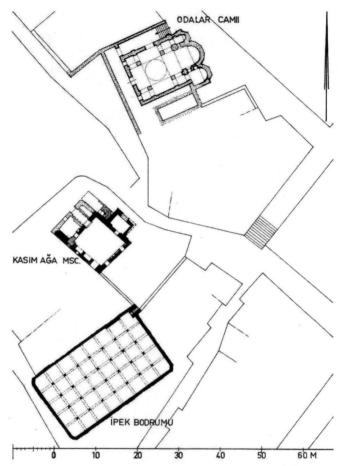

Abb. 4 Lageplan der Odalar Camii und Kasım Ağa Camii
(nach Müller-Wiener [s. Abb. 1], 189, Abb. 202a)

Durchgang verkleinert wurde (Abb. 1 A und B). Diese Änderung muß erfolgt sein, als man an dieser Seite die kleine Kammer vorgelagert hat und die große Bogenöffnung nicht mehr benötigte. Weshalb schon die ursprüngliche Öffnung etwas nach Süden verschoben war, werde ich gleich darlegen.

Die Südfront mit der Mihrabnische scheint in osmanischer Zeit neu aufgeführt worden zu sein (Abb. 3). Die Ecken der West- und Ostmauer waren in den 30er Jahre noch intakt.[80] Die durchgehende byzantinische Wand in der unteren Zone läßt zwar vermuten, daß es hier bereits in byzantinischer Zeit Öffnungen

---

80 Eyice (s. Anm. 55), Taf. XVII, Abb. 29 und 30; Müller-Wiener (s. Anm. 17), 164, Abb. 163.

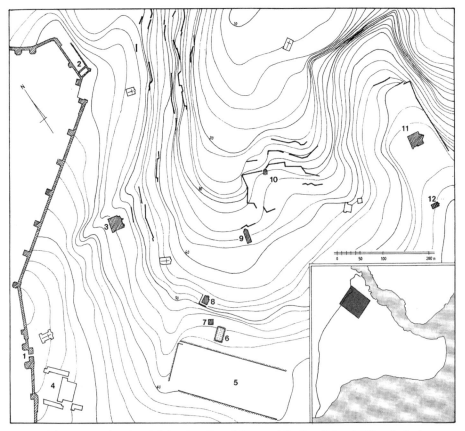

Abb. 5 Lageplan der Odalar Camii und Kasım Ağa Camii (nach Westphalen)
1 Edirnekapı – 2 Tekfur Sarayı – 5 Aetioszisterne – 6 İpek Bodrum –
7 Kasım Ağa Camii – 8 Odalar Camii – 9 Kefeli Mescidi

gab, die in osmanischer Zeit durch Spitzbogenfenster – zumindest oben – ersetzt
wurden, doch läßt sich nicht mehr die Frage beantworten, ob diese Öffnungen
zur ersten oder zur zweiten byzantinischen Phase gehörten.

Die auffällige Dicke der Mauern und die Tordurchgänge, ferner die Eckverstärkung sprechen dafür, daß wir hier das Untergeschoß eines Turms vor uns
haben. Daß solche Türme in Konstantinopel nicht unbekannt waren, zeigt z. B.
der Eireneturm, dessen Zugehörigkeit und Funktion bisher noch nicht geklärt
werden konnten.[81] In der ersten Bauphase muß der Turm im Westen eine geschlossene Wand aufgewiesen haben (Abb. 1 A). Der Ursprung der beiden Öff-

---

81 Müller-Wiener (s. Anm. 17), 376, Abb. 435; zuletzt Effenberger (s. Anm. 47), 41,
    Nr. 26, Abb. 32.

nungen an der Südwand bleibt – wie erwähnt – ungeklärt. Warum die ursprüngliche Bogenöffnung der Ostwand nach Süden verschoben wurde und weswegen
die Nordwand zwei Öffnungen besaß, kann man m. E. nur zusammen bewertet
werden. Eine zweite Türöffnung an der Nordwand wäre nur in dem Fall notwendig gewesen, wenn sich innerhalb des Turms ein weiterer Raumteil befunden
hätte, wofür ein zusätzlicher Eingang notwendig war. Sowohl die von E. H. Ayverdi[82] und S. Eyice[83] notierte kleine Fensteröffnung als auch der von Müller-Wiener eingetragene Gurtbogen an der Nordostecke des Turms (Abb. 1 C) sollte
man in die Überlegungen einbeziehen. In diesem Teil des Turms muß sich eine
geschlossene Räumlichkeit befunden haben, die m. E. nur ein Treppenhaus gewesen sein kann, weswegen auch die Öffnung der Ostwand nach Süden verschoben wurde. Die großen Öffnungen an der Ost- und Nordwand lassen annehmen,
daß das untere Geschoß des Turms in der ersten Phase keine weitere Raumfunk-
tion hatte. Anscheinend diente es nur als Durchgang (Abb. 1 A).

In einer zweite Phase wurden in die innere Westmauer, nachdem sie nach
Norden verlängert worden war, die vier Arkosolnische eingearbeitet (Abb. 1 B).
Dies spricht dafür, daß zu diesem Zeitpunkt das untere Turmgeschoß nach Norden und nach Osten um zwei Anbauten erweitert wurde und als Grabanlage
diente. Es ist aber nicht ausgeschlossen, daß die Erweiterungen erst nach und
nach angefügt worden sind. Anhand der Fundamentierungen kann angenommen
werden, daß der Eingang zum Treppenturm in der zweiten Phase erhalten blieb.
Die falsche Platzierung des Minaretts ist damit zu erklären, daß dieses auf vorge-
fundenen Fundamenten errichtet wurde. Es ist durchaus möglich, daß eine Öffnung an der Südwand in der zweiten Phase als Durchgang in die Grabkammer
gedient hatte, wobei ich mich nicht festlegen will. Schließlich können mehrere
Details nur anhand einer archäologischen Untersuchung geklärt werden.

Es kann jetzt die Fragen gestellt werden, was der mächtige Turm mit dem
Kloster des Ioannes Prodromos τῆς Πέτρας zu tun hatte. Wie aus den Quellen
hervorgeht, kann ein solcher Turm nur mit unserem Kloster in Verbindung
gebracht werden. Der erwähnte spanische Gesandte Ruy Gonzáles de Clavijo
konnte bei seinem ersten Besuch die Reliquien des Klosters nicht besichtigen, da
die Reliquienkammer nicht einmal für die Mönche zugänglich war und den
Schlüssel dafür der Kaiser selbst verwahrte. Am folgenden Tag stellte der Kaiser
den Schlüssel zu Verfügung, und Clavijo berichtet von seiner Besichtigung folgenderweise:[84]

---

82 E. H. Ayverdi, Osmanlı Mi'mârîsinde Fâtih Devri 855–886 (1451–1481), İstanbul
    1973 (Neudruck: İstanbul 1989), 431–432, bes. 431.
83 Eyice (s. Anm. 55), 175.
84 Clavijo (s. Anm. 12), 135–136. – Deutsche Übersetzung: Clavijos Reise nach Samar-
    kand 1403–1406. Aus dem Altkastilischen übersetzt und mit Einleitung und Erläute-

Este día fueron veer las reliquias que estavan en la iglesia de san Juan, que les no fueron mostradas el dá de antes por mengua de las llaves. E como llegron a la iglesia, los monjes revestiéronse e encedieron muchas fachas e cirios e tomaron sus llaves e, cantando sus cánticos, subieron a una como torre do estevan las dichas reliquias.

An diesem Tag gingen sie die Reliquien in der Kirche des Heiligen Ioannes besichtigen, die ihnen am Vortag wegen fehlender Schlüssel nicht hatten gezeigt werden können. Als sie in die Kirche kamen, kleideten sich die Mönchen um, entzündeten viele Fackeln und Kerzen, nahmen ihre Schlüssel und – ihre Lieder anstimmend – stiegen sie in ein turmartiges Gebäude, wo sich die besagten Reliquien befanden.

Daraus geht klar hervor, daß das Kloster einen Turm besaß, dessen obere Etage als Reliquienkammer diente. Der 8×9 m breite und tiefe Turm wäre hierfür bestens geeignet gewesen. Über die weitere Funktion des Turms berichtet die Kleinchronik Nr. 98B zum Jahr 1450:[85]

ἐν ἔτει, ͵ϛϡνη΄, ἰνδικτιῶνος ιγ΄, μηνὶ ἰαννουαρίῳ ιϛ΄, ἡμέρα ϛ΄,ὥρα ε΄ τῆς ἡμέρας, ἀπέτισε τὸ χρεὼν ἡ ἐμοῖ ἁγία κυρία καὶ μήτηρ, κυρὰ Μαρία Λασκαρίνη ἡ Λεον-ταρίνη, καὶ ἐτάφη ἐν τῇ σεβασμίᾳ μονῇ τοῦ τιμίου, ἐνδόξου προφήτου, προδρόμου καὶ βαπτιστοῦ Ἰωάννου, τῆς εὐλογημένης πέτρας Χριστοῦ, εἰς τὸν τάφον τοῦ πεν-θεροῦ αὐτῆς, τοῦ ὄντος πλησίον τῆς πύλης τοῦ μοναστηρίου, ὑποκάτου τοῦ καμ-παναρίου ... ὁ δὲ ταῦτα γράψας δοῦλος καὶ υἱὸς αὐτῆς Δημήτριος Λάσκαρις ὁ Λεοντάρης.

Im Jahr 6958, in der 13. Indiktion, am 16. Januar, einem Freitag, zur 5. Stunde des Tages, verschied meine Herrin und Mutter, Maria Laskarina Leontarina, und sie wurde begraben im verehrungswürdigen Kloster des geachteten, berühmten Propheten, Vorläufers und Täufers Johannes, das geweiht ist dem Felsen Christi, im Grabe ihres Schwiegervaters, nahe dem Klostertor, unterhalb des Glockenturmes. ... Der dies schreibt, ist ihr Diener und Sohn Demetrios Laskaris Leontaris.[86]

Demnach muß das untere Geschoß des Turmes zumindest bereits seit dem Tod des Demetrios Laskaris Leontares (9. Juni 1431), des Feldherrn Kaiser Manuels II. Palaiologos,[87] als Familiengrab gedient haben, was die im Inneren angebrachten

---

rungen versehen von Uta Lindgren, München 1993, 33. Aus den vorherigen Abschnitten des Buches (117) geht hervor, daß es sich bei dieser Kirche um Ioannes Prodromos τῆς Πέτρας handelt.

85   P. Schreiner, Die byzantinischen Kleinchroniken. 1. Teil. Einleitung und Text, Wien 1975, 647, 98 B/3 (dat. 16. Januar 1450); 2. Teil. Historischer Kommentar, Wien 1977, 477. – Janin (s. Anm. 2), 425, zitiert diese Quelle verkürzt und gibt keinen Kommentar, wo dieser Glockenturm gestanden haben könnte.

86   P. Schreiner, Die byzantinischen Kleinchroniken, 3. Teil. Teilübersetzungen, Addenda et Corrigenda, Indices, Wien 1979, 132.

87   Schreiner (s. Anm. 85), 1. Teil, 648, 98 C/1; 2. Teil, 445. – Zu Demetrios Laskaris Leontares (Schwiegervater) siehe E. Rapp, Prosopographisches Lexikon der Palaiologenzeit, Wien 1976–1994, 14676 (im folgenden PLP); zu Maria Laskarine Leontarine

Arkosolnischen und die weiteren Anbauten erklärt. Somit stellen sich jetzt zwei Fragen:

1. Stand dieser Turm frei oder war mit einer Kirche verbunden?
2. Welche von den beiden oben genannten war seine eigentliche Funktion?

Wäre der Turm mit einer Kirche verbunden gewesen – etwa in der Art der Vefa Kilisse Camii[88] –, müßte die Kirche sehr groß und wie der Turm selbst nach Nordosten orientiert gewesen sein. Die Hanglage und die geringe Entfernung zwischen der Kasım Ağa Camii und der im Nordosten benachbarten Odalar Camii schließen diese Möglichkeit jedoch aus (Abb. 4 und 5). Sowohl die Aussage der Kleinchronik als auch die Fassadenbildung und die an der Nord- und Ostseite angefügten Räumlichkeiten lassen annehmen, daß der Turm in der Nähe des Klostereingangs frei stand. Das Katholikon des Klosters des Ioannes Prodromos τῆς Πέτρας kann dann nur die nördlich benachbarte Odalar Camii gewesen sein, wobei der Turm etwas höher stand.

Das Kloster wurde – wie oben erwähnt – im Jahre 1462 der Mutter des Mahmut Paşa geschenkt. Ob dieses Geschenk auch den Glockenturm einschloß, läßt sich nicht beantworten, obgleich ihr das Anwesen mit allen Gebäuden übereignet worden war. Es ist anzunehmen, daß die Glocke nicht mehr in Betrieb war. Der Turm muß diese Funktion spätestens damals verloren haben. Nach den Schriftquellen lagen die Reliquien des Klosters bereits vor dem Jahre 1492 in der osmanischen Schatzkammer.[89] Daher können wir sicher sein, daß auch die Funktion als Schatzkammer nicht mehr aktuell war, was es wahrscheinlich leicht gemacht hatte, diesen Teil des Klosters im Jahre 1506 in eine Moschee zu verwandeln. Das Kloster muß mindestens bis zum Tod der Mutter von Angelović Mahmut Paşa als solches funktioniert haben. Stephan Gerlach sah es bereits verfallen und die Kirche aufgrund der in der Nähe errichteten Moschee geschlossen. Diese Moschee kann dann nur die Kasım Ağa Camii gewesen sein. Die Nonnen lebten hier wahrscheinlich bis zur Umwandlung des zugehörigen, aber längst geschlossenen Katholikon, also der Odalar Camii.

PLP 14691, mit falscher Angabe ihres Graborts; zu Demetrios Laskaris Leontares (Sohn des Ioannes Laskaris Leontares, PLP 14679) siehe PLP 14677.

88 Siehe dazu H. Hallensleben, Zu Annexbauten der Kilise camii in Istanbul, in: IstMitt 15 (1965) 208–217; A. Effenberger, Die Klöster der beiden Kyrai Martha und die Kirche des Bebaia Elpis-Klosters in Konstantinopel, in: Millennium 3 (2006) 278–280.

89 Siehe Durand (s. Anm. 2), 165, Anm. 32.

Abstract

After the Byzantine documents the Monastery of Johannes Prodromos τῆς Πέτρας, one of the famous religious foundation of Constantinople, has once stood in the neighborhood of the Cistern of Aetios. The complex was already in a poor condition during the visit of Stephan Gerlach (1578) and now nothing remains of it. Modern scholars seek it mostly in the vicinity of Draman and the both surviving Byzantine buildings nearby the cistern, Odalar Camii and The Kasım Ağa Camii, found no consideration in this matter. Odalar Camii has been identified as the later Latin Church of Santa Maria di Costantinopoli (its byzantine patronage is still unknown) and the Byzantine history of the present Kasım Ağa Camii remains obscure.

An examination of the written sources show that the identification of the Odalar Camii with the later Church of Santa Maria di Costantinopoli is not certain. So this one also may have been a part of the Monastery of the Johannes Prodromos τῆς Πέτρας, which was visited by Stephan Gerlach. The documents and some architectural features of both of these buildings let me suggest that the Kasım Ağa Camii was once the tower and the Odalar Camii the Katholikon of this famous Monastery.

Framing transformation, transforming the framework[1]

John Haldon

We have long grown accustomed to understanding the late ancient world, and in particular the world of the later Roman empire, as one element of a more complex and more varied cultural and geographical setting. Increasingly over the last years studies of this context have come to the fore, studies which not only place the Roman world in its wider economic setting, but which look at the elements from which it was constructed and seek to examine the relationships and influences which existed between them and which made the "Roman empire" as political, military and economic phenomenon possible. The connections between people in the Roman world and the regions around it have formed one important part of this direction – "barbarians" in the north and west, the peoples of the Caucasus region, the Parthian or Sasanian realm to the east, the steppes to the north, stretching away across to China, or the Arabian peninsula and the Red Sea and Gulf territories, with their mercantile and sometimes political associations with either or both of east Africa or with the Indian Ocean and beyond. The Mediterranean Sea itself has formed another focus, either in the Braudelian sense of a binding (yet separating), unifying (yet dividing) geopolitical and physical feature which determined much of what we understand to have been the Roman world; or as the scene of economic relationships driven by novel forces and exploiting new routes and pathways which led to the medieval successor(s) of the Roman Mediterranean-centric economy.[2] For the analysis of Horden and Purcell, the Mediterranean was a fragmented and sometimes confusing jigsaw-puzzle of competing and conflicting forces, in which even the notion of town and countryside are challenged as inadequate to understanding the constantly flowing dynamic of human social existence; for McCormick it represents a focus of movement for people and goods which eventually generates a completely new world. For Chris Wickham, the Mediterranean starts as a focus because he begins in the late Roman period, but it rapidly becomes de-centred as we are led through a landscape of changing socio-economic and political structures from Ireland to North Africa and from Denmark to Syria. These books are but one part of a

---

1 Some remarks on: Chris Wickham, Framing the early middle ages. Europe and the Mediterranean 400–800 (Oxford: OUP 2005), i–xxvii, 990 pp. + 13maps.
2 P. Horden and N. Purcell, The corrupting sea: A study of mediterranean history (Oxford 2000); M. McCormick, Origins of the european economy: communications and commerce, AD 300–900 (Cambridge 2001).

range of new approaches to the history of the western Eurasian world, ancient
and medieval, and it is worth mentioning at the outset that while none of them
pays much attention to a much broader paradigm within which they might be
situated, looking at other work, largely by comparative social-history theorists,
is a useful way of framing these projects. The later Roman empire was a relatively ancient and very mature political system, the result of a continuous process of
evolution from the first century BCE as the political system and the economic
structures of the circum-Mediterranean world adjusted to shifts and changes in
its conditions of existence. Recent generations of historians have been, on the
whole, less concerned with the question why it "fell", than with that of how it
worked. With the books by McCormick and Wickham in particular, the issues of
change and transformation have been brought back into the limelight, partly a
reflection of an accumulation of more accessible archaeological data, partly of a
revival of meta-theoretical interest in comparative world systems and long-term
social evolution.[3] In particular, setting the Roman state against other comparable
state systems in the late ancient or early medieval worlds has forced historians to
consider a range of issues outside the immediate confines of local social, political,
economic and cultural history.

Wickham's book is substantial – in all senses of the word – and is the result of
many years working on the structure and dynamic of medieval societies in
western Europe as well as on comparisons between such societies, their origins in
the later Roman period and, perhaps most importantly, on the dynamics of change
and transformation across the late Roman and early medieval world. He has dealt
not only with Europe, of course, but has compared European with other social-
economic and cultural areas, most notably with China and Iran, and has worked
from within a broadly historical materialist framework, in particular attempting
to elucidate the causal relationships between the structures of late ancient and
medieval societies and their political histories. So he is as well qualified as any,
and probably better qualified than most, to take on the challenge represented by
the present volume. For "framing the early middle ages" is just what he has done,
presenting the reader not simply with a vast wealth of material from both the
archaeological as well as the written record about each of the areas he takes as his
focus, but offering a context for understanding, and an interpretation of that con-

---

3   See, for example (among a fairly large and rapidly growing literature): S. K. Sander-
     son, Social transformations. A general theory of historical development (New York –
     Oxford 1999); idem, ed., Civilizations and world systems. Studying world historical
     change (Walnut Creek, Ca. – London – Delhi 1995); W. G. Runciman, A treatise on
     social Theory, II: substantive social theory (Cambridge 1989); M. Mann, The sources
     of social power, I: a history of power from the beginnings to A.D. 1760 (Cambridge
     1986).

text, within which a coherent and holistic explanation of why change happened as well as how it happened can be generated.[4] The period between 400 and 800 CE has proved to be especially intractable because the evidence is so complex and fragmentary, permitting such a variety of interpretations from so many different perspectives that a common understanding or agreement on the basic shape of change has been almost impossible to arrive at. By adopting a regionally comparative approach, by focusing on a series of specific themes for each region, from Ireland to Egypt and from Anatolia to Mauretania, and by assessing the archaeological and written evidence for each, W. has been able to establish a framework, a solid foundation for analysis and for understanding the social and economic structures of the social formations which succeeded the Roman world. The theoretical assumptions about the causal relationships between economic, cultural and social-political fields of praxis and discourse remain largely implicit, however, perhaps understandably so in light of the length of the book and the vast amount of material the author has to present and consider in detail, and perhaps also in light of the well-established dislike of "theorising" which informs most practical historical research and writing, especially in the fields of medieval history. The present reviewer would have liked to read something more on these issues. Leaving this to one side, however, the benefits of W.'s comparative approach are pretty clear: quite simply to reveal the patterns, continuities and discontinuities in the different regions, and thus to highlight what changed and what did not. The result is a book of immense learning and erudition, displaying an impressive familiarity with, and critical insight into, areas outside his own specialism, both linguistically and culturally, and demonstrating an enviable ability to synthesise without losing sight of specificities and variations across time and place. But it is always easy to pick at the arguments made by a non-specialist on the basis of one's own areas of specialist knowledge, and it is a pleasure to acknowledge in a book of such breadth as well as depth that the author is only very rarely to be caught out in this way. Indeed, I will eschew any criticism at all of this nature, since that is not to the point: Wickham's enterprise, even if it were flawed, would still be worth praise, if only because the study of the early medieval world has for many years urgently needed a historian's treatment of social change and transformation across the whole territory of the late Roman world. While one may disagree with, or at least have some questions about, specific points of interpretation, as we will see below, this hardly detracts from the value of the exercise – quite the reverse.

---

4   For some idea of the direction W.'s work was to take in this respect, see his "The uniqueness of the east", Journal of Peasant Studies 12 (1985) 166–96 and "The other transition: from the ancient world to feudalism", P&P 103 (1984) 3–36.

It is not easy to summarise the basic lines of the argument without losing some of the sophistication built into the treatment of the evidence, so I will necessarily restrict myself to comment on the basic structure of the book and a few key issues it raises. In brief the picture that emerges can be summarised as follows. Four issues are taken as focal points for discussion: the form of the state (especially its fiscal apparatus); the aristocracy or elite; the peasantry; and, finally, networks of exchange, to include both urbanism and the economy more broadly. These four major sections, each of which addresses a particular set of themes across which W. intends to draw connections and associations of a causal nature, are then further broken down by specific topics – his aim is to show both the differentness and variation between and within regions and sub-regions, and at the same time to show that certain types of key relationship generated specific sorts of results or phenomena. The volume commences with a general introduction and a resume of the historiography of the debate from Dopsch and Pirenne onwards, together with a brief discussion of the sources (chapter 1). The scene is set in Part I, "States", in which the relationship between geography and political structures (chapter 2), on the one hand, and between these and the nature of state forms is presented (chapter 3); in Part II, "Aristocratic power-structures" hold centre-stage, treated under three separate headings: chapter 4, "Aristocracies", chapter 5, "Managing the land" and chapter 6, "Political breakdown and state-building in the North". Part III, entitled "Peasantries", looks in 3 chapters (7–9) at the nature of peasant production, village structures, means of exploiting the land, peasant social hierarchies and power-relationships, and the relationship between peasants of all types and the non-peasant hierarchies which surrounded them but also depended upon them, economically and thus, indirectly, politically – states, local and supra-local elites and aristocracies, and so forth. Part IV is entitled "Networks", and deals with systems of international, regional and local exchange, markets and the nature of urban economies and their evolution. The volume closes with a short concluding summary of the main argument.

This is not a totalising history, covering everything – social, economic, cultural, political and ideological – as the author makes quite clear in the introduction. Rather, it is an attempt to pinpoint variations and different rates of change in both the social and economic structures that determined the processes of transformation which the political history of the late Roman world and early medieval periods reflects, and in the forms which such change took in the different cultural and social-economic regions or zones that are picked out for detailed treatment. Neither is the book a history of the different regions of the late Roman world in its entirety – understandably, W. has not felt able to deal with every single area of interest, but rather to take those where it is possible, whether as an outsider or not, to gain some familiarity with both the sources and the modern literature, and then compare them both against one another within the framework set by the late Roman political and economic system, as well as against areas which were never Roman – in this case, Denmark and Ireland. To some extent this was necessarily an arbitrary choice; and it may be regretted, for example, that the Balkans were not included, since in many respects the history, or histories, of that region, both in respect of urbanism, local elites and immigrant populations, as well as the issues of method and material – the complex relationship between archaeological and written evidence – are not dissimilar to those of the western provinces of the empire, and where they are different, are so different as to offer valuable comparanda. By the same token Armenia is not drawn into the net – W. suggests (pp. 5f.) that this is because its development "ran along such genuinely different lines", although in fact one could make a case that the eastern provinces of the empire and Armenia had a great deal more in common in terms of elite culture, for example, than is often recognised (and hence would have served as a useful corrective to the tendency, found in many "mainstream" histories of the empire, to assume such differentness). Yet this can only be a minor criticism – the vast breadth of the socio-economic landscapes W. does treat, and the even-handedness and balance of his approach, is not seriously jeopardised by this selection.

There are several key themes running through the whole – states and taxation, or lack of it; elites and their ability to dominate and control the distribution and consumption, if not necessarily the production of resources; local, regional and international exchange networks; the transformation in many areas, and changing emphases and forms in others, of urbanism and of "towns", their relationship to their hinterlands, both near and far, and to the elites of their region. And finally, the change from a more-or-less politically and economically unified world and its peripheral cultures, still obvious at the end of the sixth century in many respects, even if challenged and stressed in the western half of the Roman world, to a highly regionalised patchwork of economic sub-systems. No area was typical, and many need to be placed in comparative context in order to grasp the whole picture and to understand how the process of re-integration – in terms of both state structures as well as exchange and elite formation – could evolve at the end of the period under review. The impressive geographical coverage is, thus, an essential precondition for any analysis of this sort – the British Isles (except for Scotland) and Denmark are taken as examples of the non-Roman or thinly-Romanized areas, while northern and southern Gaul, the Iberian peninsula, North Africa, and Italy are presented as examples of what happens in the western empire. Egypt, greater Syria, and the Byzantine territories in Anatolia and the Aegean region are taken as representative of the former Roman lands in the east. In his own words, when the political and economic unity of the Roman empire was shattered, it fragmented, and "each piece took the surviving elements of Roman social, economic, and political structures and developed them in its own way" (p. 10).

The main developments that the detailed region-by-region analysis of the evidence reveals are summarised in the short, perhaps too short in some respects, concluding section. One obvious change was a retreat of taxation, centrally-administered resource management, regardless of its forms, and a simplification of fiscal structures across the board, except for particular reasons in particular regions – notably the rump of the eastern empire, and the new Islamic state which swallowed up the eastern provinces. In W.'s account, late imperial taxation was managed and extracted at local and regional level, but in many cases then redistributed over considerable distances to support Rome and Constantinople, or to support the military. In the course of the fifth century in the west taxation systems became localized, before often breaking down completely to be replaced by new forms of surplus extraction and redistribution, modes that reflected changed power-relationships between political centres and elites or aristocracies. In the east, where fiscal structures survived, there was nevertheless a regionalisation of taxation arrangements, in both the surviving Byzantine state as well as in the caliphate, with centrally managed collection but highly regionalised distribution or consumption. This impacted directly on patterns of exchange, since it was on the back of fiscal structures that international and interregional exchange networks had been able to flourish. In many areas it was thus the residual aristocratic demand which provided henceforth the main motor of longer-distance commerce and exchange. The retreat of fiscality is seen in consequence as a crucial mechanism for the transformation of such patterns. A further concomitant of this was, according to W., a relative weakness of elites, referred to as aristocracies (and justified as such in a short terminological discussion, pp. 153f., although I find "elite[s]", topically defined in time and space, a handier and less potentially misleading term), precisely because such aristocracies had derived much of their wealth-generating potential from their position within a highly fiscalised late Roman system. A consequence of this, although highly regionally nuanced, and less obvious in Francia (and the Levant, according to W., although this seems to me arguable) was a global retreat in aristocratic landowning, an increase in peasant economic independence, a reduction in aristocratic purchasing power and demand, and a corresponding reduction in exchange. With the exception of those in France and Syria, post-Roman elites appear to have been poorer than their imperial predecessors. Their holdings were more locally focused and peasants could easily escape their control. Given the nature of the largely de-centralised states that evolved in the west, for example, along with the greater emphasis placed on maintaining power and social and political position by force, the elites became increasingly militarised, and in the west in particular warfare and fighting became the defining characteristic and cultural identifier of aristocracies (and this also applies to the Byzantine world, certainly in its war-zones along the eastern frontiers). The forms of self-representation of these elites was thus transformed, as political change, warfare and ethnic and linguistic transformations also affected the established patterns, with a reduction in emphasis on ancestry, for example, although again differently expressed from one cultural zone to another. At these points W. makes the association between structure and agency explicit, useful guides to what might in a different context become a micro-social study of the ways in which elite behaviours responded to and further impacted on shifting social, political and geographical environments, or the ways in which such changed environments affected peasant economic praxis.

Regional divergence is a key element of the process of transformation which W. traces, a result both of the disappearance of the unifying political-ideological system of the late Roman empire as well as of all the tendencies noted already. In this context, W. notes an apparently greater degree of fluidity or flexibility in social identities, status and power-relationships, with access to and the ability to control the distribution and consumption of wealth becoming the single most obvious focus for social distinction, although of course rarely the only one. In contrast, the weakening of systematic taxation and the localisation of surplus extractive mechanisms meant that peasants did relatively well out of the changes, achieving in many areas a degree of social and economic autonomy – only towards the end of the period under consideration were elites able fully to re-establish their power to coerce and extract. W. shows clearly that there were a number of ways in which peasant society was structured, and that no single area offers a universal paradigm, at least at micro-organisational level – in particular the pattern which emerges from the documentation for the Ile de France, where the elite remained powerful enough to coerce, should not be taken as normative.

The implications of some of these shifts become apparent when W. turns to the subject of networks and generalised exchange, including the discussion of cities and the economy. Here, the central role in the late Roman period of bulk exchange of ceramics and grain over long distances is stressed, and he argues that these are a key indication of the concentration of wealth and of how effectively elites could extract wealth from peasants. The wealthier and more effective elites were at extracting resources, the greater the potential for long-distance bulk commerce, and the greater the potential for the less wealthy to benefit from this fact. As elites lost their ability to extract resources on the scale that had been possible under the late Roman fiscal regime, so the peasantries benefited and improved their position vis-à-vis their elites, and the elites of those areas with wealthier or more autonomous peasantries might well rely on humbler domestic or local production, just as their peasantries did (see the summary at pp. 706f.). And in looking at areas which had never been under Roman control, he shows that – to judge from the amount of gold found in sites such as Gudme on Fyn (Denmark) – there is evidence that some aristocrats in the area certainly benefited from the end of the Imperial presence in the west, acquiring Roman wealth either as gifts or booty.

In arriving at these broad conclusions, W. has taken the reader through a massive amount of data and has shown just how complex and ramified the debates around many of his key themes have been. This serves also to demonstrate how often scholars have been so immersed in their own particular area of study that they have missed important indicators of a wider pattern which may have assisted them in understanding the more circumscribed phenomena in which they were interested, and how this may be overcome by a work of synthesis of this sort. A comparative study of these regions allows him to move away from simplistic conclusions while still providing an appropriate heuristic framework for understanding the whole period. In spite of showing the degree of discontinuity in many areas, both economic and socio-political, there remains a fairly strong element of continuity in W.'s analysis, rather than of catastrophe, although this is never an issue that dominates or intrudes on the discussion. Thus in Egypt, neither the state nor economic prosperity waned, in spite of Arab conquest, while the east Roman imperial centre, Constantinople, remained the pre-eminent city in Europe. After a period of crisis lasting through the later seventh and into the eighth century, successfully overcome through the maintenance of an effective fiscal apparatus, the eastern empire was able to re-establish itself as a major political and cultural factor in the east Mediterranean and Balkan region.

In contrast, "catastrophe" seems appropriate for what occurred in formerly Roman Britain, particularly in the south east, where the Roman cultural model of villas and cities had been dominant. The value and power of W.'s comparative approach is particularly clear in this case, because in suggesting, on the basis of both the problematic written evidence as well as the archaeology, that the patchwork of tiny principalities and kingdoms long pre-dated the Anglo-Saxon invasions, he draws a parallel with (Berber) North Africa: the small scale familial and tribal structures which functioned alongside the Roman state in those regions eventually succeeded it by virtue of their functional potential to manage affairs, both politically local as well as economic, in a way that made state structures redundant. Non-Roman traditions had always been more central to political life there than in Britain, so the process was not as traumatic as in Britain, but the similarities between the two areas are greater than their differences. In Britain, the withdrawal of the Roman state meant the total abandonment of its fiscal management system, and with it the breakdown of the power and authority of the established lowland landowning elites. This contrasts greatly with Britain's nearest neighbour in geographical terms, northern Gaul, because here a strong and militarised aristocracy provided the means to allow many local structures of political power to continue. The comparison is striking, and it permits an analysis of the British context which no longer needs to depend upon the survival of a

Romanised aristocracy, or the decisive impact of new settlers or invaders, in order to explain dramatic political transformation. Instead, W. shows that societies could become "tribalized" in such a way and by degrees that the universal façade of Roman institutions and vocabulary conceals the actual realities of social and political practice, whereby the "official" structures of the fisc, of the law, of all aspects of regulatory management often assumed to belong to a superior political authority are actually entirely subverted by kinship and devotional structures and relationships which carry out all the same functions but at a different level of social praxis. Useful parallels to such developments, well outside the geographical sphere which the book considers, can be found in other social-cultural formations, of course: if we assume that states provide both centralised authority and, more importantly, normative rules for legal, social and economic relationships, then it becomes clear that in the Hindu context these characteristics of state organisation are already present in, and can be replaced by, the internal order of religious and social life – the lineage structures and caste attributions alone provide for much of this.[5] By the same token, given the permeative strength of Shari'a as a guide to day-to-day patterns of behaviour down to the humblest levels of household existence, a similar case could, in fact, be made for certain varieties of Islam, although the two cases have rarely been compared; while in a few cases within Christianity – more especially, in certain post-Reformation movements – one could draw similar conclusions about the interface between state structures (and their functions), law and normative social behaviour, and the generation of socio-political sub-systems almost entirely autonomous of the state forms with which they co-exist.

The ground is thus prepared for an analysis of the emergence of post-Roman states in northern Europe on the edge of the Roman empire. In the case of Britain, for example, W. argues that such small-scale "tribal" states slowly evolved into the kingdoms of the early-seventh century (pp. 313f.), and that the obligations outlined around the year 700 by the West-Saxon laws of Ine represent in effect a codification of the token authority kings had over the territories of which they were rulers, taking resources – produce – from followers who themselves had rights in the land, so that what they passed on to the kings represented a combination or elision of rent, tribute, and tax. Using an interesting modern parallel, W. invokes the way the Mafia operates in Palermo, involving a combination of "military" functionaries and a wider network of patrons and clients, the loyal

---

5   See in particular B. Stein, "Politics, peasants and the deconstruction of feudalism in medieval India", Journal of Peasant Studies 12 (1985) 54–86, esp. 74ff.; and in general B. Saraswati, Brahmanic ritual tradition in the crucible of time (Simla 1977). For a detailed discussion of these points, with further literature, see J. F. Haldon, The state and the tributary mode of production (London 1993), 242ff.

and the protected as well as the exploited, through which it can operate effectively and through which its elites derive their wealth, status and power. In the context of a supposed absence or withdrawal of both the Italian state and its police and fiscal functionaries as well as the city council, then the nearest parallel to the Mafia operation is such an early-medieval "tribal" state. The hypothesis is then that the fifth- and sixth-century ruler of such a petty kingdom built loyalties from the attachments of kin, geography, and religion, but that the granting of material concessions to a whole hierarchy of different individuals in order to maintain an effective loyalty and to create a collective identity across the territory he "ruled" would have meant that he was comparatively the poorer, with all the consequences for the decline of any market infrastructure that would then follow (pp. 330f.).

But the book also has a very particular theme running through it, which deserves a little more attention at this point. This theme is that of fiscal structures and taxation. To oversimplify a little, but I hope not unfairly, taxation is presented as the key to many of the evolutionary processes sketched out in such detail across the book's 11 main chapters. Taxation supported and bolstered the strong central authority of the late Roman state, assisted through the *annona* as well as other fiscal mechanisms in bringing together widely-dispersed markets and production centres, and through its vast geographical spread enabled the elites of the empire both at the centre and from the provinces to deepen their economic and political reach within, and to extend it well beyond, their own province. When taxation was weakened and when integrative fiscal mechanisms broke down or were suborned by local elites, then fragmentation of both the empire-wide economy and its elite was a necessary result.

To privilege the late Roman fiscal system in this way seems to me to be fundamentally correct, even if one might wish to shift the emphases within the model. Essentially, W. is suggesting that it was fiscal mechanisms and their history, within the parameters set by a range of other factors, each operating under their own causal logic but dialectically bound up with tax and resources, that set the framework for what happens when the late Roman state system breaks down in the west or is replaced by a rump successor state in Byzantium or an Islamic successor state further east. Of course, there is no intention of making a monocausal argument here – fiscal arrangements are given priority but not primacy in W.'s explanatory model, although it is also the case that this is not always made clear. Indeed, there are points where W. himself seems to doubt the relevance of his fiscal interpretation. Thus the eastern provinces taken by Islam from the 630s demonstrate "that the lasting strength of urban civilization was not, in this corner of the Mediterranean, dependent on the survival of the political and fiscal structures of the Roman empire" (p. 625), and in fact suggests a range of economic relationships which were much broader than "just the state infrastructure" (p. 713). Is there a reluctance here to admit the presence of a more tradi-tional model of economic relationships, in which the motor is the relationship between demand and production and in which fiscality and, more centrally for W.'s argument, the financial clout of the aristocracy, while representing import-ant inflecting elements, are only one part of the picture? This may be the case, since it seems that in both the northern lands of the Franks as well as some south Italian territories relatively wealthy aristocracies appear to have been pretty stable, whether they were newly-formed (Francia) or traditional (Italy), and with sufficient wealth to "compensate for the end of the fiscal system" (p. 804). In support of such a view, and from the other side of the empire, is the recognition of the specialisation and commercialisation of particular crops and the establish-ment of a large-scale commercially-orientated production – for example, in res-pect of olive oil in the limestone hills of north Syria (see pp. 446–9, 625). This seems to have been a response both to local and then regional demand in the fourth and fifth-sixth centuries in particular, and was facilitated by the existence of a sufficiently monetised economy as well as the availability from other regio-nal producers of products not otherwise accessible locally. The importance of this commerce in Syrian olive oil remains at issue: Tchalenko argued that the export of oil was crucial to the wealth of the villages he surveyed, and that it continued into the seventh century;[6] in contrast, it has more recently been argued that local demand in north and central Syria was sufficient to account for the apparent increase in production; that local production was by no means as mono-cultural and market-orientated as Tchalenko suggested; and that once the level of demand fell, beginning from the second half of the sixth century and culminating during the later seventh, as the markets of the great urban centres of its hinterland declined, so the prosperity of the region and its olive oil production went into decline.[7] While the extent of the trade remains disputed (with Wickham support-ing the notion that the oil export went much farther afield, and for far longer, on

6   G. Tchalenko, Villages antiques de la Syrie du nord. Le massif du Bélus a l'époque romaine (Paris 1953–1958), 1, 435–7; M. Decker, "Food for an empire: wine and oil production in North Syria", in: S. Kingsley and M. Decker, eds., Economy and exchange in the east Mediterranean during late Antiquity (Oxford 2001), 69–86.

7   J. H. W. G. Liebeschuetz, The decline and fall of the Roman city (Oxford, 2001), 71; C. Morrisson and J.-P. Sodini, "The sixth-century economy", in: A. Laiou et al., eds., The economic history of Byzantium from the seventh through the fifteenth century (Washington, D.C. 2002), 171–220, see 196; C. Foss, "The Near-Eastern countryside in late Antiquity: a review article", in: J. Humphreys, ed., The Roman and Byzantine Near East (Ann Arbor 1995), 213–34, see 219f.; in general, G. Tate, Les campagnes de la Syrie du nord du IIe au VIIe siècle, 1 (Paris 1992); for the later dating of this decline, see J. Magness, The archaeology of the early Islamic settlement in Palestine (Winona Lake, Ind., 2003).

the basis of the numismatic evidence into the later seventh and eight centuries), it was an essential element of the late Roman economy and must not necessarily be tied into fiscal exchange mechanisms. More importantly, it challenges the idea that it was the wealth and disposable incomes of elites alone, whether partially supported by the fiscal apparatus and the state-managed movement of bulk goods or not, which drove the international commerce.

From further to the east, in lands not included in W.s survey, is the pretty clear evidence for vast quantities of monetised wealth moving around the Sasanian economy, offering a useful comparison: a substantial commerce existed via the major routes which traverse northern Mesopotamia, and Sasanian rulers had invested in the construction of caravanserais to facilitate this activity, and the profits accruing to Persia from trade were noted by Roman commentators.[8] Trade in silks and other luxury items was important and profitable.[9] Trade eastwards, across the northern route and through Khurasan, or via the Gulf and the Arabian peninsula, was well-established,[10] and it is clear that the Sasanian kings actively encouraged certain commercial links, in particular the silk route and the Indian Ocean trade. Sasanian political intervention in South Arabia and the establishment of permanent military and commercial bases in the south and east of the peninsula attest to the importance ascribed to the region. A chain of small fortresses and strongholds has been tentatively identified stretching from the Gulf as far as the mouth of the Indus, for example, reasonably interpreted as intended to protect the coastal trade and the major entrepôts.[11] The advantages held by the Sasanians in this respect were considerable since, although the northern silk trade was liable to disruption from the steppes, there were no serious political hindrances in the Gulf and Indian Ocean to long-distance trade,[12] and

8 J. Wiesehöfer, Ancient Persia from 550 BC to 650 AD (London – New York 1996), 192–7.

9 M. G. Raschke, "New studies in Roman commerce with the east", ANRW II, 9.2 (1978) 604–1361, see 606–50, 821 (for caravanserais); in general, J. Miller, The spice trade of the Roman empire (Oxford 1969).

10 F. Thierry, "Sur les monnaies sassanides trouvées en Chine", in: R. Gyselen, ed., Circulation des monnaies, des merchandises et des biens (Louvain 1993), 89–139, see 121–5 with maps 6 and 7; 125–32; V. F. Piacentini, "Ardashir I Papakan and the wars against the Arabs: working hypothesis on the Sasanian hold of the Gulf", Proc. Seminar in Arabian Studies 15 (1985) 57–77.

11 M. Kervran, "Forteresses, entrepôts et commerce: une histoire à suivre depuis les rois sassanides jusqu'aux princes d'Ormuz", in: R. Curie and R. Gyselen, eds., Itinéraires d'Orient: Hommages à Claude Cahen (Louvain, 1994), 325–51, esp. 331–8; D. Whitehouse and A. Williamson, "Sasanian maritime trade", Iran 11 (1973) 29–49, at 43–5.

12 M. Loewe, "Spices and silk: aspects of world trade in the first seven centuries of the Christian era", JRAS (1971) 166–79; Thierry (cf. fn. 10).

the investment by the kings in port facilities suggests that it was seen as a significant element in the royal economy. Indeed, the ceramic evidence would argue that the intensity of this trade was hardly surpassed in the later Middle Ages, and that there was a near monopoly operated by Sasanian merchants supported by the state.[13] There is also good evidence of a revival in trade overland with China – a highly monetised trade – in the last forty or so years of Sasanian rule, as political conditions in China stabilised and as Sasanian power and influence in the regions beyond Khurasan were strengthened. Sasanian commercial activity in a wide range of luxury goods, both from west to east and vice versa was influential, and played also an important role in the economies of those regions of central Asia as well as of China with which it was associated.[14]

No-one has yet suggested that Sasanian aristocratic wealth or medium- and long-distance exchange are connected with the Sasanian fiscal apparatus and its demands, especially for the army, although in fact that there was a relationship of some sort is not unlikely, and the Sasanian elite, as well as many others, may have done well out of it; nor that it was the Sasanian elite alone which drove commerce and long-distance bulk exchange of goods. Indeed, the (admittedly still very limited) ceramic evidence from some rural sites near major cities would suggest that market demand at much lower levels of society could be both substantial and highly monetised.[15] And W. is quite aware of the market-driven nature of much of the demand within the late Roman world that he discusses. He is also aware of the high levels of monetisation of the late Roman world, since he cites, among others, Sarris and Banaji, both of whom have demonstrated the extraordinary amounts of monetised wealth in the hands of the elite.[16] But W. doesn't really

---

13 R. N. Frye, "Byzantine and Sasanian trade relations with northeastern Russia", DOP 26 (1972) 265–9; B. E. Colless, "Persian merchants and missionaries in medieval Malaya", Journal of the Malaysian Branch of the Royal Asiatic Society 42 (1969) 10–47; Whitehouse/Williamson (cf. fn. 11), 45f.; Kervran (cf. fn. 11), 338f.; summary of evidence in J. Banaji, "Precious metal coinages and monetary expansion in late Antiquity", in: Dal Denarius al Dinar. L'oriente e la moneta romana. Atti del'incontro di studio, Roma 16–18 sett. 2004 (Rome 2006), 265–303, see 285–90.

14 Thierry (cf. fn. 10), 134–9; and esp. J. K. Skaff, "Sasanian and Arab-Sasanian silver coins from Turfan: their relationship to international trade and the local economy", Asia Major 11/2 (1998) 67–114. See also É. de la Vaissière, "Les marchands d'Asie Centrale dans l'empire khazar", in: M. Kazanski, A. Nercessian and C. Zuckerman, Les centres proto-urbains ruisses entre Scandinavie, Byzance et Orient (Paris 2000), 367–78.

15 E. g. M. Altaweel, "Excavations in Iraq: the Ray Jazirah project, first report", Iraq 68 (2006) 155–81; cf. R. McC. Adams, "Tell Abu Sarifa: a Sasanian-Islamic ceramioc sequence from south central Iraq", Ars Orientalis 8 (1970) 87–119.

16 J. Banaji, Agrarian change in late Antiquity – gold, labour and aristocratic dominance (Oxford 2001); P. Sarris, "Rehabilitating the great estate: aristocratic property and

take this issue into account, whether in respect of the velocity of circulation of coinage or the amount of bullion that was actually coined, in his discussion of aristocratic wealth.

This is where a tension in W.'s argument becomes evident. He prefers the fiscal infrastructure and demands of the state, in particular of the army and the major cities that had to be supported, such as Rome and Constantinople (among others), as a major causal element in both the monetisation of exchange relationships and the structure of demand (see, for example, pp. 62ff., 708ff.), characterising his position as on the "substantivist" in contrast to the "market forces" side of the debate about the nature of exchange (pp. 694f.). Now I am fully sympathetic with this position, yet at the same time it also creates problems, unless one takes much more explicit account of the independence from the fiscal sector of an enormous amount of exchange activity using gold, for example, a point which can otherwise be used as the basis for a clear challenge to his fiscally-nuanced model. The question therefore becomes, to what extent do fiscal arrangements *determine* the form and possibilities for exchange, and to what extent do they merely channel and constrain them, and under what conditions? This is a question to which W. does offer some answers, although they remain to a degree implicit, because he is quite rightly keen to avoid, it seems, any a prioristic reasoning about "prime movers". The real answers to the question appear at the end of the volume, and are expressed through an argument for contingency, for the ways in which the 4 key elements combine and recombine with different results according to regionally-determined factors (geographic, demographic, socio-political, cultural) in a non-deterministic and anti-teleological model.

This works, but only if one is actually looking to read the argument sympathetically. And it does deprive the fiscal model of some of its assumed power, because it is basically an admission that fiscal systems affect, inflect and sometimes direct other aspects of social and economic life, but are only under very particular circumstances determining. It can certainly mean, and W. shows this quite clearly, I believe, that fiscal arrangements absolutely benefited aristocracies or elites across the Roman world, and that fiscal systems which were highly monetised did this to an even greater degree, offering incentives for investment and expenditures. But can it be shown that the commercial exchanges across the length and breadth of the Roman world were themselves dependent on fiscally-determined paths and networks? I do not think it can. In fact, although I suspect that W. may well be seen as arguing this case, I do not think he is: what he is sug-

economic growth in the late antique east", in: W. Bowden, L. Lavan and C. Machado, eds., Recent research on the late Antique countryside (Leiden 2004), 55–71 (but see also P. Sarris, review of Banaji, Historical Materialism 13 [2005], 207–19).

gesting is the crucial importance of tax as inflecting all other aspects of economic life, even if the degree to which this actually happens varied enormously from region to region and across time (see, for example, p. 718: "commerce was not, anywhere, *simply* an epiphenomenon of the tax network" [W.'s emphasis]). This is what his painstaking presentation of the regions he selects for his analysis and discussion actually shows, and this, it seems to me, is what his conclusion makes pretty clear: the breakdown of fiscal structures impacted upon both commercial exchange as well as wealth generation, because it had both enhanced and also channelled pre-existing commercial arrangements and opportunities. But it had not necessarily caused them. Indeed, a glance at the trajectory of Mediterranean economic development from well before the Principate would suggest that many other forces were at work. Hopkins and De Calataÿ demonstrated that sea-borne commerce and trade massively expanded from the later third century BCE and began to fall off during the later second and into the third century – a pattern that can bear no relation to the Roman state's fiscal demands. Late Republican and early imperial levels of pollution generated by metal extraction and working (as evidenced in Greenland ice-cores) reached a peak not to be attained until the modern period, falling off rapidly after the second century. Patterns of building activity based on accurately dated wood remains from parts of Germany show a peak in the first and early second centuries CE with a dramatic decline thereafter, and a limited recovery in the fourth century;[17] evidence for diet, and in particular the wider access to meat which skeletal and other material seems to suggest for the western provinces during the period of the early Principate in western and north-western Europe, suggests again very dramatic improvements in standards of living and diet followed by an equally dramatic reduction in the later second century, with a minor recovery in the fourth century. Whether the Antonine plague can be made responsible for some or all of these changes at this time is not an issue which we can pursue here. What is apparent is that mechanisms entirely independent of the fiscal structures of the Roman state, and certainly of the period from the fourth century, were at work here, mechanisms which can be much more readily understood in the context of an expansion and contraction of com-

---

17 See F. de Calataÿ, "The Greco-Roman economy in the super long run: lead, copper and shipwrecks", JRA 18 (2005) 361–72, following the well-known and provocative article by K. Hopkins, "Taxes and trade in the Roman empire (200 B.C.–A.D. 400)", JRS 70 (1980) 101–25 (both following F. Parker, Ancient shipwrecks of the Mediterranean and the Roman provinces [Oxford 1992]); W. M. Jongman, "A golden age. Death, money supply and social succession in the Roman empire", in: E. Lo Cascio, ed., Credito e moneta nel mondo romano (Bari 2003), 181–96; B. Schmidt and W. Gruhle, "Klimaextreme in römischer Zeit – eine Strukturanalyse dendrochronologischer Daten", Archäologisches Korrespondenzblatt 33 (2003) 421–7.

mercialised production and exchange, in which state fiscality is secondary and in which levels of coinage production reflects levels of demand.[18]

Now none of this meshes with W.'s fiscal model, because the cycle of growth and decline predates the period of economic and commercial vitality and decline with which his discussion is concerned. Indeed, it might seem to disprove his proposition that a shared imperial fiscal system was the necessary requirement for regional economies to have more than marginal links with one another (p. 820), since this was clearly not the case between ca. 200 BCE and 170 CE. But if we accept that fiscal structures *could* impact upon the ways in which wealth was extracted and redistributed, and if we give W. the benefit of the doubt, to the effect that his fiscally-driven model represents only *one* potential mechanism, one which is period-specific rather than a causal universal, then W.'s argument can be rehabilitated, indeed might better account for the recovery of the empire at the end of the third century. With the re-establishment of a stable monetary system under Constantine, an effective and more centralised fiscal apparatus, the closer tying-in of regional elites to the imperial system at all levels, and the stability coupled with state demands which led to a recovery of trans-Mediterranean commerce, one could argue that it was now the state and its fiscal apparatus which acted as the "framing" element in facilitating the economic recovery which the archaeological and written evidence demonstrates. While it was thus not the state alone that generated the vast and highly commercialised market system of late Antiquity, it did act as the key stabilising agent which made possible the recovery of commerce and production for a large, empire-wide market of consumers at all social levels. And as this system evolved, so it became progressively independent of the conditions which had originally stimulated it. One is therefore left with a model in which fiscal mechanisms are crucial at a certain point, and remain key inflecting factors with specific consequences. When they do eventually break down or were weakened or suborned by local elites, fragmentation of the empire-wide economy and its elite was indeed a necessary result, but only down to a certain level. For as W. himself notes, in many regions the survival of strong elites, local and regionalised exchange, and the use of money on a grand scale remained the norm, and this cannot just be a reflection of the fiscal system.

The absence of any discussion of these alternatives is certainly a weakness in the book, and leaves W. open to criticism on the sort of grounds described above. The difficulty is exacerbated by the fact that key issues about, say, aristocratic

---

18 G. Kron, "Archaeozoology and the productivity of Roman livestock farming", Münstersche Beiträge zur antiken Handelsgeschichte 21 (2002) 53–73; C. Bakels and S. Jacomet, "Access to luxury foods in central Europe during the Roman period", World Archaeology 34 (2003) 542–57.

wealth and the way that impacted on society below and around elite expenditures remain under-discussed for the late Roman period (but not, interestingly, for the post-Roman societies that are discussed). The high levels of monetised exchange that both textual and numismatic evidence suggests for the sixth century are referred to, but largely within the context of the fiscal arrangements through which some of them appear. The issue of the amount of wealth circulating at any given time in coined form, but outside of the tax-system, is not really discussed, although in fact some useful work on this could have been brought in at this point. So while the general lines of development of each of the chosen areas can be closely related to taxation and the forms of the state, as well as to certain other key factors, this particular issue is rather neglected, and it would be interesting to find out how it is understood to have fitted into the broader picture. One assumes, in fact, that we must conceive of a "compromised" market-demand model, in which the availability of coin, through government recognition of the role of coinage in facilitating all forms of exchange, is a key element; but in which the need for the state to move substantial amounts of produce in bulk for the army, for example, sets up certain more advantageous contexts for both investment and production as well as inflecting the production and distribution of coin at certain levels and in certain regions, or even opens up new market possibilities as, for example, along the Danube *limes* or the Rhine. There seems little doubt, for example, that in the later seventh and early eighth century the crisis-ridden Byzantine state's fiscal needs absolutely determined coin production, distribution and use – there are several situations where this can be shown to have been the case, but it is particularly nicely demonstrated by numismatic evidence which shows that in the period 619/620–641 a very considerable quantity of older bronze coins were countermarked with new values by the mint in Constantinople and despatched to Sicily as recompense to the estate owners who supplied the grain for a dramatically increased Constantinopolitan demand following the loss of Egypt to the Persians.[19]

In the neighbouring caliphate, in contrast, this seems not to have been the case at all, indeed what appears to be the deliberate consigning of substantial amounts of Byzantine bronze up to the later 650s, on the one hand, and on the other the vast number of imitative Byzantine coins struck in numerous local mints throughout the newly-conquered provinces of Syria, Palestine and Arabia between the early 660s and the 670s, testifies to a need for money which seems far to surpass the requirements of local military units, but which in any case must

---

19   V. Prigent, "Le rôle des provinces d'Occident dans l'approvisionnement de Constantinople (618–717). Témoignages numismatique et sigillographique", MEFRM 118 (2006) 269–99, see 273–89, 294f.

reflect more than simply the demands of a monetised taxation.[20] These patterns reflect to a degree pre-existing conditions and relationships. Thus, with W., we can appreciate the high level of regionalisation which existed within the late Roman world and which determined to a degree the later evolution of those regions after the Roman imperial state ceased to be of relevance. If, as W. insists, there simply was not enough commercial activity within the provinces of the empire to enable the mass of the ordinary population to exchange goods for gold, or any form of cash, with which to pay taxes in money (pp. 74ff.), then the explanation that the state put this money into circulation chiefly through transactions designed to serve its own ends would seem to be the best. This certainly works for certain periods and in specific circumstances, as he shows, or in particular localities, for particular reasons.

But can it be accepted as a generalised means of explaining the redistribution of social wealth? It would not work for Sasanian Iraq, for example, and it is hard to imagine that the Roman world was so utterly different from its near neighbour. Was the fiscal apparatus really the major means of converting produce into cash as well as of moving goods around the empire which W. seems to be suggesting? It is clear from both the numismatic evidence as well as written sources, even in the hard-pressed Byzantine state of the eighth century, that the state continued to mint very considerable amounts of gold in order to reward, not just its soldiers (who were paid through a combination of means, including coin, supplies, equipment, exemptions from extraordinary fiscal obligations), but the members of its fiscal and military apparatus; and that a good proportion of this coin was released into circulation through commercial exchange, probably far more than the limited archaeological and numismatic evidence allows us to see. This is an area in which much work remains to be done; but it does suggest that too one-sided a model of fiscal mechanisms can miss some key variables. One issue is the relationship between the extractive power of the state and the producers, of whatever level. W. opts for a relatively high overall level of taxation – as much as 25–30% of the product in some cases (pp. 64–6) – in contrast to other, much lower, estimates. This is obviously a major problem, not just because the

---

20 A. Walmsley, "Production, exchange and regional trade in the Islamic Near East Mediterranean: old structures, new systems?", in: I. L. Hansen and C. J. Wickham, eds., The long eighth century. Production, distribution and demand (Leiden 2000), 264–343, see 332–9; L. Domascewica and M. Bates, "Copper coinage of Egypt in the seventh century", in: J. Bachrach, ed., Fustat finds (Cairo – New York 2002), 88–111; C. Foss, "The coinage of Syria in the seventh century: the evidence of excavations", Israel Numismatic Journal 13 (1999) 119–32; M. Phillips and A. Goodwin, "A seventh-century Syrian hoard of Byzantine and imitative copper coins", NC 157 (1997) 61–87.

documentation is both regionally nuanced and problematic, but because of its implications for W.'s understanding of the impact of taxation on both elites and on the amount of disposable wealth remaining to taxpayers after the state had taken its share. Later Byzantine practice, insofar as we understand it, would suggest a lower level than this, estimated at something between 15–23 %, thus somewhere between W.'s very high estimates and the very low estimates – apparently generally accepted now – for the Roman empire before the third century proposed by Hopkins – as little as 5–7 % of the gross product. That there took place an increase in the effectiveness of tax collection between the late second and later fourth centuries is generally admitted, of course, but even so the very high levels of tax from the examples W. cites seem on the face of it more likely to be exceptional than normative.[21]

In the late Roman context, we do not know enough about how much access ordinary people – peasants, urban artisans, craftsmen of one sort or another – had to the regular use of gold; we do not know how widespread the use of instruments of credit were, although Peter Sarris has suggested that it was much wider than usually assumed; and we can only guess at the extent of market activity on the part of primary producers not related to the tax system and the need to convert produce to money. Numismatic and ceramic evidence would, however, suggest that it was substantial. So while I have no doubt that the volume of transactions carried out by agents of the state using gold put huge quantities of coin into circulation, I also have some difficulty in accepting that, at least outside periods of serious financial and political crisis, there did not at the same time exist an extensive and much greater volume of purely commercial activity. This was unconnected with the state, and is a sphere which is to some extent invisible in the sources, reflecting not just the vast fortunes of many members of the late Roman elite (whom W. sees as a key element in the creation of both demand and hence exchange and production – pp. 819f.), but the presence of very substantial amounts of cash at lower levels of society, cash which oiled the wheels of exchange at every level between town and countryside and between one region and another, whether near or far. Incidental references in a whole range of texts from the fifth and sixth centuries show that there were vast reserves of coined money at times in the imperial treasury, that thousands of pounds weight in coined gold was disbursed by the state on a range of enterprises. It seems on the face of it highly improbable that the state controlled more than a fraction of the available money put into circulation.

---

21 See K. Hopkins, "Rome, taxes, rent and trade", Kodai. Journal of ancient history 6–7 (1995–1996) 41–75 (repr. in W. Scheidel and S. von Reden, eds., The ancient economy [Edinburgh 2002], 190–230); C. Morrisson and J.-Cl. Cheynet, "Prices and wages in the Byzantine world", in: Laiou (cf. fn. 9), 815–878, at 821f.

It is in the context of the economic revival of the ninth and tenth centuries that the absence of any discussion of the Balkans becomes particularly obvious. Economic regeneration in the east in particular is ascribed to the "growing revival and recentralization of state structures" (p. 791). But this is to some extent to underplay the economic role of the Bulgars and Slavs, and the growing commercial dynamism of Byzantine provincial centres such as Thessalonika or Amastris or Trebizond, where the caravan routes from Iran ended. A similar point might be made regarding the Byzantine outpost at Cherson in the Crimea, an entrepôt for traders from all the neighbouring regions, including the steppe, and from which a substantial *kommerkion* or trade tax had come to be levied by the earlier ninth century. The point is that these developments appear to be independent of (even) the Byzantine state.

Tax and fiscal systems are one major current running through the book, but there are many others. The structure and pace of rural economies and the changing nature of rural habitation is one; the forms taken by urbanism in response to the major transformations of the fifth-seventh centuries in different parts of the formerly Roman world is another; and the ways in which these relate to one another and to the evolution of local and supra-local elites is a third, and to each of them, as well as to several other themes, W. brings new insights, suggests new and fruitful ways of looking at problems, and proposes in many respects alternative models or explanations of the development and transformation of a series of key early medieval institutions and structures from those currently accepted. Of course, his interpretation of some of the evidence, in particularly the vast body of archaeological material, can on occasion be questioned – a particular assemblage in a particular location is subject to more than one plausible contextualised interpretation – and this can in turn lead to challenges to elements in the broader picture. He eschews some of the more catastrophist approaches to the stimuli for major changes – the plague of the mid-sixth century, on the one hand, and the great "dust veil" event of the late 530s, on the other (pp. 548f.). Quite rightly so, although we still do not know enough about the effects of the plague and its regional incidence to be quite sure that it wasn't as insignificant as W. is suggesting, even if he is right that it clearly cannot have been the cause of the slow and regionalised demographic downturn that he documents. Definitive evidence from DNA analysis has shown, for example, that the Justinianic pandemic was caused by an exceptionally virulent and exceptionally lethal biovar of *Yersinia pestis*, the bubonic plague. As far as the evidence suggests, this is significantly different from that which caused the plague narrated by Thucydides, for example, indeed from any known biovar of this category. This version of *Yersinia Pestis* was thus an entirely new pathogen for the populations of the empire in 541, which as a result lacked any acquired immunity at all, and this would have rendered the pathogen exceptionally virulent. The same biovar reappeared as the agent of the Black Death in the fourteenth century, by which time those human populations most affected by it had acquired a degree of resistance.[22] If one bears this in mind, therefore, it is in fact likely that the sixth-century plague actually had much more dramatic impact on populations than is currently generally thought, even if W. is surely correct to emphasise that the archaeology does indeed suggest a highly regionalised pattern. More work needs to be done in this respect, but W. does not perhaps devote as much attention to the issue as he might, even if I would agree that his general account would still not be substantially changed by the result.

At the same time, the absence of any consideration of belief systems as elements in the configuration and articulation of patterns of demand and exchange is perhaps a weakness, even though one absolutely sympathises with the need to draw the line somewhere in terms of just how much a single volume can take on board. But the church, whether on the northern margins of the Roman world, in Wales or the lowlands of Scotland, or in the middle of Italy or Anatolia, was a consumer and an expropriator of wealth, and religious habits and understanding did directly affect choices in patterns of consumption, of building, of the disposal and investment of wealth, often on a large scale, and this needs to be taken into account somehow, especially when we consider a key aspect of W.'s analysis, namely the patterns of investment of wealth of elites – indeed, it seems quite apparent that the transformation of urban spaces and the use of as well as the design of buildings in and around late Roman towns was fundamentally affected by shifts in patterns of investment determined by changes in patterns of belief and the sort of activities that bring social status and respect to an individual. A good deal of the disposable income of the wealthy appears thus to have gone into religious buildings or related objects, and it is important that we bear in mind the fact that this was as much a new and evolving pattern of investment, as it was a "decline", reflected also in the changing use of public and private space and the disposition of buildings within towns which accompanied the gradual Christianisation of late antique urban topography.[23] In respect of social praxis, the distribu-

---

22 L. K. Little, Plague and the end of Antiquity: the pandemic of 541–750 (Cambridge 2006); I. Wiechmann and G. Grupe, "Detection of Yersinia pestis in two early medieval skeletal finds from Aschheim (Upper Bavaria, 6th century A.D.)", American Journal of Physical Anthropology 126 (2005) 48–55.

23 See especially J.-M. Spieser, "L'Évolution de la ville byzantine de l'époque paléochrétienne à l'iconoclasme", in: C. Morrisson et al., eds., Hommes et richesses dans l'Empire byzantin I: IVe–VIIe siècles (Paris 1989), 97–106, at 103f.; G. Cantino Wataghin, "Christian topography in the late antique town: recent results and open questions", in: L. Lavan and W. Bowden, eds., Theory and practice in late Antique archaeology (Leiden 2003), 224–56; L. Lavan, "The political topography of the late

tion of wealth, the forms through which wealth and patterns of investment of disposable income can be tracked and detected, this is surely an important aspect which cannot be neglected.

None of this detracts from the achievement of this book. Crucially, W. is able to join up and consider as parts of a whole a vast range of social, economic and political historical developments. He is also able to show that the inclusion of Denmark, North Africa, Egypt, Palestine, Syria, and Anatolia is not simply a reflection of his own personal intellectual preferences or of the extent and penetrative depth of Roman imperial culture, but an integral part of the historical story – it should henceforth be impossible to discuss any region of the late Roman world in isolation, because even at the level of local structures W. underlines what we already take for granted about the modern world (regardless of theories of globalisation): that nowhere exists for itself alone and that interdependence is the norm, not the exception.

Although W. begins with a brief survey of the geographical context of the changes and transformations with which he is concerned, there is one interesting issue which he avoids, perhaps understandably – it is likewise an issue avoided by McCormick, and although the geography of the Mediterranean world is directly addressed by Horden and Purcell, this particular aspect is likewise given very little space. If we are going to discuss the transformations in state and political systems, we need to think about the context, the physical context, in which they were enabled to evolve in the first place. One of the more obvious issues arising from any such comparison is the question of the degree to which states repeatedly arise within a particular territory and the reasons for the maintenance, or regular re-assertion, of empire or at least of political unity across such wider territories. Few specialist historians address this, although those with a more global and comparativist interest take it very seriously. For example, China, in spite of its frequent periods of disunity – in territorial blocs which in the south certainly, and in the north frequently, reflected geographical and environmental conditions – has tended from the first Ch'in emperor in the later third century BCE towards political unification, even if regularly contested and often difficult to achieve. This tendency reflects a number of factors, but geography is certainly a key element, a geography which from the beginning favoured the evolution of cultural phenotypes bound to and contributing to the reproduction of specific cultural, economic and social forms, which in turn tended to make the promotion of political unity a norm to be achieved. The same points can be made for other regions in

antique city: activity spaces in practice", ibid., 314–37; N. Gauthier, "La Topographie chrétienne entre idéologie et pragmatism", in: G. P. Brogiolo and B. Ward-Perkins, eds., The Idea and Ideal of the Town between Late Antiquity and the Early Middle Ages (Leiden 1999), 195–209.

which stable cultural forms have evolved, especially those where there exists a favorable ratio between the length of frontiers and surface area, and where the core territory is relatively well shielded by geographical features such as mountains, desert or seas. Such features all confer certain key advantages, or at least promote certain types of social-cultural-political development and identity. "China" as a geographical zone is demarcated by the Tibetan plateau to the west, by the Tarim basin, the Tian Shan and Altai mountains to the north-west and by the Mongolian steppe and related mountains to the north and north-east. In spite of the vast differences in climate and geography within this macro-region, these major features separate it from the regions beyond very clearly. By the same token Iran is demarcated in the east by the Makran desert and mountains and the mountains of Afghanistan, in the north by the Caspian Sea and the steppe and desert of the Karakum, and in the west by the fertile lands of Iraq, although Iraq and Iran have historically generally formed a unity, since beyond Iraq the great Syrian desert has always marked another clear geopolitical divide. In the same way, Syria and Egypt, with the outlying lands westwards along the north African coast, have generally been associated politically – both the struggle over Syria between Egypt and the Hittite kingdom in the second and first millennium BCE, as well as the tendency for Egypt-based Islamic dynasties to move north and east – the Tulunids in the 9th century, the Fatimids in the tenth, the Mamluks in the thirteenth – testify to this. Asia Minor, similarly clearly marked off by the Taurus – Anti-Taurus and Caucasus ranges, likewise forms a geographical entity which has often reflected political separateness. This is not to suggest that such divisions cannot be overcome or are the sole determinants – the example of the Achaemenid empire is a case in point. But it is to underline the fact that each of these areas has generated distinctive cultural and political types, and that they have repeatedly fallen together in particular political formations. They represent, so to speak, relative geopolitical constants.

The Roman empire *as a geopolitical unity* contrasts very clearly with this pattern, so much so, indeed, that it ought to be seen as an exception, an historical aberration, and analysed from that perspective. Its geographical "openness" played a role, for more than anywhere in the extended western Eurasian world, the absence of any major obstacle in its northern regions – in the form of mountain ranges or deserts – rendered it more vulnerable and exposed to population movements. Since its origins lie in very particular circumstances, its fragmentation is perhaps almost predictable, in the sense that it possessed no natural geographical limit, no clearly-defined geophysical and geopolitical boundary – certainly its eastern successor, the medieval Byzantine state, constitutes (more or less) a natural geopolitical entity, since in terms of the regions around them both Asia Minor and the southern Balkans form a geographical continuum. In thinking about states and how they evolve and develop, we should perhaps pay greater attention to these admittedly crude geophysical aspects. Geographical features alone are unlikely to account for divergent trends in the strength of state systems, as opposed to their size or the tendency for specific zones to favour their formation. Yet without wishing to slide into a geographical determinism, it does seem clear that some, at least, of the political fate of state systems should be anchored in their physical context and the cultural phenotypes which these contexts have generated. Some consideration of this issue would certainly enhance understanding of both the process of breakdown and fragmentation of the Roman world and the ways in which its various successor states evolved and developed thereafter.[24]

Regardless of any issues left unresolved, this is without a doubt one of the most important books for the late ancient and early medieval historian to have appeared in decades. It is immensely thoughtful, rich in detail, painstakingly researched, and yet successful in combining the huge amount of material dealt with into a coherent and plausible explanation of a period of dramatic and often rapid change. The different levels of analysis are closely articulated and integrated into a comprehensive and comprehensible whole, which forces us radically to rethink how we approach the history of the early medieval world and to re-frame the sorts of questions we have been asking. W. thus draws a line under many older debates and sets the whole discussion about the structure and dynamic of early medieval societies on a new footing. Crucially, and in spite of the vast amount of evidence reviewed, he is able to articulate the material in a way that allows us to see the wood for the trees, to draw out some fundamental causal relationships, and to show how a series of complex, intertwining strands generated the varied and apparently quite different trajectories of different parts of the medieval world. The book also serves as a challenge to historians of the western medieval world in particular to look well beyond their own horizons.

In the end, this is as persuasive a demonstration as one could ask for of the impossibility of arriving at meaningful conclusions about individual regions without also setting them in their broader trans-regional context. However one judges the argument for prioritising the fiscal instance in the causal relationships which generated the early "middle ages", this book sets an entirely new standard for historians to aspire to and will undoubtedly remain the standard narrative analysis of the process of transformation from Roman to post-Roman society and economy for many years to come. Wickham has "framed" the Middle Ages. In doing so, he has built a new framework for thinking about the beginnings of the western medieval world.

24　For some discussion of these issues, see J. Diamond, Guns, germs, and steel: the fates of human societies (New York 1997), 411–7.

Abstract

This review article is a critical appreciation of the recently-published book by Chris Wickham, *Framing the middle ages*. It underlines the substantial achievement and major advances made by the book in understanding the process of transformation from the late Roman to the early medieval world in Europe and the Middle East, and points in particular to the ways in which the analysis brings out the strong regional variations and divergences that mark the process of social and economic change while at the same time drawing out the common denominators which underlay these developments. While Wickham lays especial stress on the economic infrastructures of the late Roman world, and in particular on the causal role of the state and its fiscal system, the review points to some difficulties with the heavily fiscal model as it is presented in the book. Yet while modifying one of the book's prime theses in this respect, the review seeks at the same time to rescue the fundamental points made in respect of the causal and determining role of fiscal structures in the processes of social, economic and political transformation which took place between the fifth and eighth centuries CE.

Königsherrschaft oder nachantike Staatlichkeit?

Merowingische Monetarmünzen als Quelle für die politische Ordnung des Frankenreiches

JÜRGEN STROTHMANN

Die Perspektive unserer Quellen für die Geschichte des Frankenreiches im 7. Jahrhundert richtet sich ganz wesentlich auf das Handeln der Könige, der Bischöfe und zahlreicher Heiliger, oft selbst Bischöfe. Hinzu kommen einige Personen aus der Nähe des Königs, die man als Amtsträger qualifizieren kann, und solche, die selbst in herrscherähnlicher Funktion auftreten, wie am Ende des Jahrhunderts die Hausmeier.

Auf dieser Perspektive beruht unser Bild von der politischen Ordnung des Frankenreiches im 7. Jahrhundert. Wir sind geneigt, dieses Jahrhundert als eine Zeit politischer Ungeordnetheit zu begreifen und unter dem Eindruck karolingischer Geschichtsschreibung über das Ende der merowingischen Ordnung die gesamte quellenarme Zeit aus der Sicht Gregors von Tours zu verstehen. Es muss also ein Zeitalter gewesen sein, in dem barbarische Könige den Niedergang der römischen Zivilisation in Gallien durch ihr zügelloses Handeln endgültig herbeiführten. So könnte man Gregor als den letzten Vertreter der zivilisierten Senatsaristokratie in Gallien sehen, der unter Aufbietung aller seiner Möglichkeiten in der Lage ist, etwa dem Ansinnen der merowingischen Könige auf Steuererhebung in seiner Stadt Tours zu widerstehen und dieses Unbill von seiner Stadt abzuwenden. So sehen wir zugleich unsere Vorstellungen von der Bischofsherrschaft bestätigt, indem von einer Struktur unterhalb bischöflicher Herrschaft bei Gregor jedenfalls nicht die Rede ist.

Was uns aber fehlt, ist eine ganze Reihe von Quellen, die für andere Gesellschaften zu anderen Zeiten Einblicke in Strukturen gewähren, die unterhalb der Ebene der Herrschenden liegen und die Verhältnisse zwischen den vermeintlich oder faktisch Beherrschten zeigen. Ansatzweise liefern solche Informationen zwar die Heiligenviten; diese jedoch zeigen letztlich wieder das Handeln einer hochrangigen Person.

Was ist mit Einblicken in städtische Verwaltung, Handel und Kommunikation unter den „Nichtherrschenden"? Wie wird eine Civitas verwaltet, wie ein Vicus? Wie ist die politische Struktur eines Pagus? Wer treibt Handel und wie sind die Verbindungen unter den Handeltreibenden? Und was ist mit Formen gemeinschaftlichen Kultes, welche Rolle spielen städtische und dörfliche Gruppen bei der Organisation der nunmehr christlichen Kulte? Quellen zu diesen Fragen sind rar oder gar nicht überliefert.

Gegen das oben geschilderte Bild sprechen wenige und der Überlieferungslage wegen spätere Quellen, die von politisch relevantem Handeln der *„pagenses"* berichten,[1] die ansatzweise innere politische Strukturen einer Civitas offenbaren und Grabungsbefunde, deren mögliche Ausdeutung ansatzweise politische Gemeinschaften auch auf der Ebene der Villae denkbar werden lassen.[2]

Nun ist ja nicht zu erwarten, dass ein Quellenfund diese Defizite der Quellenlage aufhebt und uns all die gestellten Fragen eindeutig beantwortet. Mehrere Beobachtungen aber sollten bei der Beurteilung des Grades politischer Ordnung des Frankenreiches bis in das 7. Jahrhundert berücksichtigt werden: Trotz der vielfachen militärischen Auseinandersetzungen zwischen den königlichen Brüdern bzw. ihren Teilreichen besteht das Frankenreich als eine Einheit fort; selbst regelrechte Handlungsunfähigkeit merowingischer Könige führt nicht zum politischen Zusammenbruch ihrer Reiche. Und es sollte noch eine ganze Weile dauern, bis die Herrschaft im Frankenreich von anderen als solchen aus der Familie der Merowinger auch offen ausgeübt werden konnte.

Als Quelle für die Kenntnis der politischen Ordnung des Frankenreiches bisher wenig beachtet wurde die merowingische Münzprägung.[3] Wohl wurden einzelne Befunde in die Forschung eingeführt, so vor allem Untersuchungen von Fundumständen und des Geldumlaufs.[4] Das System dieser einzigartigen Münzprägung aber blieb weithin unberücksichtigt; und dies, weil es auch in der Numismatik umstritten ist und allgemein als ungeklärt gilt.[5] Ganz wesentlich

---

1 S. zu den pagenses Elisabeth Magnou-Nortier, Les pagenses, notables et fermiers du fisc durant le haut moyen âge, in: RBPhH 65 (1987), 237–256, 239.

2 Guy Halsall, Villas, Territories and Communities in Merovingian Northern Gaul, in: People and Space in the Middle Ages, 300–1300, hg. v. Wendy Davies, Guy Halsall und Andrew Reynolds, Turnhout 2006 (Studies in the Early Middle Ages 15), 209–231, 222.

3 Maßgeblich geworden ist das Handbuch von Mark Blackburn und Philip Grierson, Medieval European Coinage. With a Catalogue of the Coins in the Fitzwilliam Museum, Cambridge. I: The Early Middle Ages (5th–10th centuries), Cambridge 1986, das aber gerade weil dort höchst konzis und zugleich umfassend der Befund dargestellt und erläutert wird, auch in der Einschätzung des Systems der Monetarmünzen geradezu maßgeblich geworden ist und sich für den Historiker hervorragend eignet, auf eigene Untersuchungen des Befundes zu verzichten.

4 Vgl. durchaus gelungen, aber mit dem Nachteil der Beschränkung auf einen fränkischen Teilraum Waltraut Bleiber, Naturalwirtschaft und Ware-Geld-Beziehungen zwischen Somme und Loire während des 7. Jahrhunderts, Berlin 1981. – Vgl. die rein wirtschaftsgeschichtliche Fragestellung bei Klaus Petry, Monetäre Entwicklung, Handelsintensität und wirtschaftliche Beziehungen des oberlothringischen Raumes vom Anfang des 6. bis zur Mitte des 12. Jahrhunderts, Trier 1992.

5 So stellt Bernd Kluge, Numismatik des Mittelalters. Band I: Handbuch und Thesaurus Nummorum Medii Aevi, Berlin/Wien 2007, 83, fest: „Die Frage nach dem sich dahinter verbergenden System ist bis heute nicht geklärt." – Edward James, The

liegt das daran, dass die Kompetenzen von Numismatik und Geschichtswissen-schaft bisher unverschränkt nebeneinander standen und die Geschichtswissen-schaft wesentlich rezeptiv mit den numismatischen Erkenntnissen umging.[6]

Da dieser Quellenbestand in aller Regel nicht zum Kanon der für unsere Frage herangezogenen Quellen gehört, sei der Befund hier kurz erläutert: Die sogenannten merowingischen Monetarmünzen zeichnen sich dadurch aus, dass sie in aller Regel keinen Königsnamen tragen, auf der einen Seite ein Herrscher-bild (meist mit Diadem) zeigen und in der Umschrift einen Ortsnamen tragen; auf der anderen Seite zeigen die meisten Münzen ein Kreuz und teilen in der Umschrift einen Personennamen mit, dessen Träger als „Monetarius" qualifiziert wird.[7] Diese Münzen, die von etwa 570/585 bis 720/750 geprägt wurden,[8] sind bis etwa 670 ausschließlich Goldmünzen in der Form eines Drittelsolidus, eines Trienten (Tremissis). Ab etwa 670 wird nach einer längeren Phase der kontinuier-lichen Reduzierung des Goldgehaltes frankenreichweit das Gold durch Silber abgelöst, nämlich in der Prägung von Denaren etwa gleichen Gewichts wie die Trienten.[9]

Franks, Oxford/New York 1988, 196, stellt schlicht die zentralen Fragen, deren Beantwortung er aber (aus gutem Grund) offen lässt.

6   Erstmalig hat Egon Felder, Die Personennamen auf merowingischen Münzen der Bibliothèque nationale de France, München 2003 (Bayerische Akademie der Wissen-schaften, Phil.-Hist. Kl., Abhandlungen NF 122), systematisch die Kompetenzen der Numismatik und der Sprachwissenschaften zusammengeführt und damit eine neue Basis für die weitergehende Bearbeitung auch des Pariser Bestandes geliefert. – Die folgenden Überlegungen basieren auf dem interdisziplinären DFG-Projekt „Mero-wingische Monetarmünzen als interdisziplinär-mediaevistische Herausforderung", an dem vier wissenschaftliche Disziplinen beteiligt sind: Numismatik (Prof. Dr. Bernd Kluge, Münzkabinett der Staatlichen Museen zu Berlin), Geschichtswissenschaft (Prof. Dr. Jörg Jarnut, Universität Paderborn), Germanistische Sprachwissenschaft (Prof. Dr. Albrecht Greule, Universität Regensburg) und Romanistische Sprach-wissenschaft (Prof. Dr. Maria Selig, Universität Regensburg). Aufgabe des Projektes ist, methodisch über Felders Arbeit hinausgehend einen recht großen Bestand unter unmittelbarer Beteiligung aller genannten Disziplinen zu verzeichnen und so zu einem Datenbestand zu gelangen, der sich nicht nur durch hohe Qualität der Lesun-gen, sondern auch durch hohe Transparenz auszeichnet.

7   In aller Regel abgekürzt zu „MON".

8   Blackburn/Grierson (s. Anm. 3), 92, sehen das Jahr 587 als wahrscheinlichsten Zeit-punkt des Wechsels zu diesem System an.

9   Die Trienten wiegen etwa 1–1,3 g, die Denare gelegentlich auch weniger. Zum Über-gang vom Gold zum Silber und seiner Datierung s. die Ausführungen von Black-burn/Grierson (s. Anm. 3), 93–95. – S. den umfassenden Katalog dieser Denare von Georges Depeyrot, Le Numéraire Mérovingien. L'Âge du Denier, Wetteren 2001 (Collection Moneta 22).

Bis vielleicht 720, an manchen Orten auch kürzer, bleibt das System der Nennung von Ort und Monetar bestehen.[10] Danach erscheinen auf den Münzen keine Monetare mehr, und anders als bis 670 tragen die Münzen Namen von Personen, die als Münzherren aufzufassen sind, aber gar keine Königsnamen mehr. Neben den reinen Monetarmünzen wurden in geringerem Umfang königliche Münzen geprägt, die gelegentlich auch einen Monetarnamen tragen.[11]

Von den sogenannten Monetarmünzen, also den Münzen, auf denen Ortsnamen und Monetarnamen überliefert wurden, sind mehrere tausend Münzen der Forschung zugänglich.[12] Davon befinden sich die meisten, ebenfalls mehrere tausend Stück, im Cabinet de Medailles der Bibliothèque Nationale de France in Paris,[13] der nächst größere Bestand mit etwa 250 reinen Monetarmünzen liegt im Münzkabinett der Staatlichen Museen zu Berlin. Es sind auf den bekannten Monetarmünzen annähernd 2000 Personennamen und etwa 800 Ortsnamen überliefert.[14]

---

10 Die Datierung der Denarprägung ist gerade wegen der rudimentären Beschriftung sehr schwierig; außerdem repräsentieren Horte, in denen die Denare gefunden wurden, allesamt sehr späte Vergrabungen, was es nahezu unmöglich macht, aus numismatischer Sicht zu klaren Datierungen innerhalb des Systems zu kommen, Blackburn/ Grierson (s. Anm. 3), 140. Wenn hier die Jahreszahl 720 eingeführt wird, dann ist das als Annahme zu verstehen, die sich allein auf das endgültige Verschwinden der Monetarnamen bezieht. Irgendwann zwischen 670 und 750 verschwanden nicht nur die Monetarnamen, sondern wurden auch die Angaben überhaupt auf den Münzen auf reine Abkürzungen für vermeintliche Prägeorte oder eventuell Münzherren reduziert. Dabei nahm die Zahl der geistlichen Prägestätten relativ zu den anderen beträchtlich zu. Die Jahreszahl 720 als mutmaßliches Ende der eigentlichen Monetarmünzprägung markiert die Zeit der Wirren um die Nachfolge Pippins des Mittleren und der völlig veränderten politischen Situation mit der Etablierung der Herrschaft Karl Martells.

11 Vor dieser Phase der „nationalen" Prägung wurden im Frankenreich byzantinische Münzen nachgeprägt, die sogenannten „pseudoimperialen" Prägungen.

12 Eine Übersicht über alle damals bekannten Münzen bietet Auguste de Belfort, Description générale des monnaies mérovingiennes, 5 Bde., Paris 1892–1895. – Vgl. nun die neue Zusammenstellung von Georges Depeyrot, Le numéraire mérovingien, l'âge de l'or, 4 Bde., Wetteren 1998 (Collection Moneta 10,11,13,14). Beide Werke dienen im wesentlichen der Orientierung.

13 Den Katalog der Pariser Münzen besorgte Marcel Prou, Les monnaies mérovingiennes, Catalogue des monnaies françaises de la Bibliothèque Nationale, Paris 1892. Die Untersuchung der Personennamen durch Felder enthält auch die Neuerwerbungen der Bibliothèque Nationale, verzichtet aber auf weitere Münzverzeichnungen und beschränkt sich auf die Wiedergabe der Personen- und Ortsnamen. – Felder verzeichnet 3660 Pariser Münzen, Felder (s. Anm. 6), 30.

14 Diese Zahlen finden sich etwa bei Peter Berghaus, Wirtschaft, Handel und Verkehr der Merowingerzeit im Licht numismatischer Quellen, in: Untersuchungen zu Handel und Verkehr der vor- und frühgeschichtlichen Zeit in Mittel- und Nordeuropa.

Bei den Personen handelt es sich unzweifelhaft um Monetare, wobei bisher nicht hinlänglich geklärt ist, wer die Monetare sind bzw. welche Funktion sie eigentlich haben.[15]

Die Ortsnamen werden in der Geschichtswissenschaft sowie in manchen Bereichen der Numismatik als Prägeorte aufgefasst.[16] Eine Erklärung, wozu es 800 Prägeorte im Frankenreich gegeben haben sollte, ist auch in der Numismatik ein Forschungsdesiderat. Die Frage nach den durch die Ortsnamen bezeichneten Orten ist eine Schlüsselfrage für das Verständnis des Systems der Merowingischen Monetarmünzen. Hilfreich bei der Beantwortung dieser Frage sind die verschiedenen Ortsqualifikationen auf einer großen Zahl der Münzen. Den in aller Regel ausgeschriebenen Ortsnamen sind erklärende Begriffe beigegeben, die die benannten Orte näher bezeichnen, wie etwa CIVITAS, VICVS, VILLA, CASTRVM sowie seltener PAGVS, MALLVS, PONS und PORTVS.[17] Die Formel, bestehend aus Ortsnamen und Ortsqualifikation steht im Ablativ respektive im Casus obliquus und kann daher verschiedene Beziehungen der Münze zu dem

---

Teil III: Der Handel des frühen Mittelalters, hg. v. Klaus Düwel, Herbert Jankuhn, Harald Siems und Dieter Timpe, Göttingen 1985, 193–213, 197. – Blackburn/ Grierson (s. Anm. 3), 118, sprechen von über 1500 Monetaren. Dabei ist unbekannt, wieviele verschiedene Monetare denselben Namen tragen, wieviele Monetarnamen an verschiedenen Orten auf dieselbe Person verweisen und wieviele unterschiedliche Lesungen von Namen den gleichen bzw. denselben Namen repräsentieren. – Felder (s. Anm. 6), 22, spricht von „etwa 600 Ortsnamen und 1.200 Personennamen".

15 Arthur Suhle, Deutsche Münz- und Geldgeschichte von den Anfängen bis zum 15. Jahrhundert, Berlin 1964, 24, sieht in ihnen Goldschmiede, die bei Bedarf an verschiedenen Orten geprägt hätten.

16 Das gilt vor allem für Arbeiten zum Geldumlauf, für die die Prägeorte ein wesentliches Mittel ihrer Fragestellung darstellen; s. in letzter Zeit etwa Josef Franz Fischer, Der Münzumlauf und Münzvorrat im Merowingerreich. Eine Untersuchung der zeitgenössischen Münzfunde aus dem Gebiet des Reihengräberkreises, (Diss.) Freiburg 2000; konzentriert auf die Einzelfunde s. den Katalog von Jean Lafaurie und Jacqueline Pilet-Lemière, Monnaies du Haut Moyen Âge découvertes en France (Vᵉ–VIIIᵉ siècle), Paris 2005 (Cahiers Ernest-Babelon 8), und darauf aufbauend die Untersuchung von D. M. Metcalf, Monetary Circulation in Merovingian Gaul, 561–674. A propos Cahiers Ernest Babelon, 8, in: RN 162 (2006), 337–393. – Eine Liste der Arbeiten zu Fragen von Münzumlauf und Handelswegen würde recht umfangreich geraten. In diesem Bereich liegt eine vorrangige Frage der Numismatik, repräsentiert u. a. durch zahlreiche Arbeiten von Jean Lafaurie. Vgl. hier den archäologisch-wirtschaftsgeschichtlichen Ansatz unter umfassender Berücksichtigung von Münzumlauf und Geldmenge von Richard Hodges, Dark Age Economics. The origins of Towns and Trade A.D. 600–1000, London 1982.

17 S. die Diskussion der Ortsqualifikationen bei Berghaus (s. Anm. 14), 197–200, wobei Berghaus ebenda 200 „portus" und „pons" jeweils als Teil des Ortsnamens versteht.

genannten Ort bezeichnen.[18] Hinzu tritt in einigen Fällen eine Sigle, die auf einen Hauptort verweist. Das ist der Fall vor allem in den Regionen um Limoges (LEMO für Lemovecas), Chalon-sur-Saône (CA für Cabilonno),[19] Bannassac (BAN für Bannaciaco), Marseille (MA für Masilia, ohne weiteres Umland) und Clermont-Ferrand (AR für Avernum).[20]

Schriftquellen zur Münzprägung überhaupt sind rar, Monetare erscheinen an sehr wenigen Stellen in der Überlieferung. Es besteht ein krasses Missverhältnis zwischen den erhaltenen Nachrichten über die Münzprägung und den Informationen, die die erhaltenen Münzen selbst bieten. Dieser Befund führte auch in der Forschung zu sehr unterschiedlichen Einschätzungen. Grundsätzlich spielt die Ausgangsannahme eine ganz wesentliche Rolle bei der Einschätzung des Phänomens der merowingischen Monetarmünzen. Die zentrale Rolle dabei spielt die Annahme über den Grad der politischen Organisation. Für den mit Ottonen und Karolingern vertrauten Mediävisten ist möglicherweise die Merowingerzeit noch „mittelalterlicher", für den mit der Antike und ihrer Numismatik vertrauten Althistoriker oder Numismatiker gehören die Franken eben schon in das Mittelalter und damit in „barbarische" Zusammenhänge. Die Überlieferung macht es nicht leichter, weil sie wenig Einblick gibt in Fragen der politischen Struktur und andere Formen der Zivilisation. Nur gelegentlich ist einmal die Rede von der Instandsetzung eines Theaters oder von funktionierender Steuererhebung. Man gewinnt leicht den Eindruck von einer „Königsherrschaft ohne Staat". Da die Könige regelmäßig in existentielle Konflikte gerieten, bewertet man die politische Ordnung des Frankenreiches entsprechend.

Die Vorstellung von einem starken Gegensatz von antik-romanischem Süden und einem fast völlig barbarisierten Norden und Nordosten führte dazu, anzunehmen, dass alle politischen Strukturen des merowingischen Kernraumes in

---

18 Am Beispiel von „Bodesio vico fit" erklärt Alan M. Stahl, The merovingian coinage of the region of Metz, Louvain-la-Neuve 1982, 29, dass das heißen kann: „gemacht in Bodesio vico", „gemacht für Bodesio vico" oder auch „gemacht durch Bodesio vico". Zu ergänzen wäre, „gemacht von Bodesio vico". – Prou (s. Anm. 13), LXVIf., nennt sowohl deklinierte Ortsnamen als auch solche, die nicht dekliniert werden, bei denen aber aus der zugefügten Qualifikation der Kasus des Ortsnamens zu erschließen ist.

19 „CA" steht in einer immobilisierten Variante für die Gegend um Metz und Trier, s. dazu die mustergültige Untersuchung von Stahl (s. Anm. 18).

20 Der Befund ist aber nicht so eindeutig, dass man ohne weiteres von der Sigle auf den räumlich nächsten bedeutenderen Ort schließen könnte, weil der vermeintliche Prägeort vom Ort, auf den die Sigle eigentlich verweist, sehr weit entfernt sein kann. S. mit einer Auflistung zu dem Befund Prou (s. Anm. 13), LXXIff. Wollte man also in den Siglen die eigentlichen Prägeortbezeichnungen erkennen, müsste man die Fälle verfolgen und erklären, die einem solchen Zusammenhang zu widersprechen scheinen.

gewisser Weise „privat" und „germanisch" seien.[21] Ältere archäologische Annahmen über einen damit korrespondierenden Gegensatz von Monetar- und Feinwaagenlandschaft, also eines Raumes im Süden, in dem Geld umgelaufen sei und eines Raumes im Nordosten, in dem das Geld nur nach Gewicht gehandelt worden sei,[22] verstärkten eher noch die Vermutung, dass es sich bei den Monetarmünzen nicht um ein „staatliches" System gehandelt haben könne.[23] Man war geneigt, in den Monetaren sogar selbständige Unternehmer zu sehen,[24] und geht auch heute noch gelegentlich davon aus, dass die meisten Prägeorte als ephemer anzusehen seien.[25] Man schließt aus den Zahlen der zu einem Ort bekannten Monetare und erhaltenen Münzen, dass an zahlreichen Orten nur gelegentlich Münzen geschlagen worden seien. Das ist ja nicht auszuschließen; da man aber nicht viel über die ursprünglichen Zahlen der Prägeorte, Monetare und Münz-

---

21 Unterschiede in der „Barbarisierung" bzw. im Grad der Romanität sollen hier keineswegs geleugnet werden; s. zu einer sehr nachhaltigen „Romanität" des Südens, vor allem der Provence, aber auch Burgunds, Stefan Esders, Römische Rechtstradition und merowingisches Königtum. Zum Rechtscharakter politischer Herrschaft in Burgund im 6. und 7. Jahrhundert, Göttingen 1997 (Veröffentlichungen des Max-Planck-Instituts für Geschichte 134), 268ff.

22 Im wesentlichen Thesen von Joachim Werner, Waage und Geld in der Merowingerzeit, München 1954 (Sitzungsberichte der Bayerischen Akademie der Wissenschaften, Phil.-Hist. Klasse 1954); ders., Fernhandel und Naturalwirtschaft im östlichen Merowingerreich nach archäologischen und numismatischen Zeugnissen, in: Moneta e Scambi nell'Alto Medioevo, Spoleto 1961 (Sett 8), 557–618, 580–618, 593; diskutiert bei Fischer (s. Anm. 16), 21f., und danach offensichtlich auch innerhalb der Archäologie zurückgewiesen. Maßgeblich für die Ablehnung der These sind die Argumente von Heiko Steuer, Geldwirtschaften im frühgeschichtlichen Europa – Feinwaagen und Gewichte als Quellen der Währungsgeschichte, in: Untersuchungen zu Handel und Verkehr der vor- und frühgeschichtlichen Zeit in Mittel- und Nordeuropa. Teil IV: Der Handel der Karolinger- und Wikingerzeit, hg. v. Klaus Düwel, Herbert Jankuhn, Harald Siems und Dieter Timpe, Göttingen 1987, 405–527, 452–454, der auch die Fundsituation zu früheren Münzsystemen berücksichtigt und feststellt, dass es zwar solche Funde nur in Reihengräbern gebe, dies aber nichts über einen Währungsraum, sondern allenfalls über eine Bestattungsgewohnheit aussage, und zudem bei sich verringerndem Goldgehalt das Wiegen gar nicht ausreiche, den Wert einer Münze zu bestimmen.

23 Joachim Werner (Fernhandel, s. Anm. 22), 592f.

24 So etwa Berghaus (s. Anm. 14), 196. Ihm folgt Karl-Josef Gilles, Die merowingerzeitliche Münzprägung an Mosel und Rhein, in: Die Franken – Wegbereiter Europas. 5. bis 8. Jahrhundert n. Chr. Ausstellungskatalog, hg. v. Alfried Wieczorek, Patrick Périn, Karin von Welck und Wilfried Menghin, Mainz [1996] 1997, Bd. 1, 509–513, 510f.

25 Diese Annahme begegnet schon bei Karl Theodor von Inama-Sternegg, Deutsche Wirtschaftsgeschichte bis zum Schluss der Karolingerperiode, Leipzig ²1909, ND Hildesheim 1965, 255.

mengen weiß, können solche Annahmen aber schwerlich eine Basis für weitergehende Schlussfolgerungen sein.

In den letzten Jahren haben sich eine ganze Reihe von Beobachtungen ergeben, die den Befund der merowingischen Monetarmünzen in einem neuen
Licht sehen lassen: Der Übergang von der Spätantike zum Frühmittelalter wird
zunehmend nicht mehr als Bruch begriffen, sondern als längere Entwicklung, die
ihre Wurzeln in den spätantiken politischen und sozialen Voraussetzungen selbst
findet. Die Germanen werden ebenfalls zunehmend nicht mehr als die maßgebliche Kraft bei der Gestaltung mittelalterlicher Strukturen gesehen; vieles, was
noch vor 50 Jahren für „germanisch" erachtet wurde, erweist sich bei näherem
Hinsehen als mindestens so wahrscheinlich römisch.[26]

Archäologische Befunde zeigen, dass der Nordosten nicht vollständig „germanisch" geworden war, sondern dass es auch noch zu Beginn des 7. Jahrhunderts sichtbar romanische Bevölkerung gegeben haben wird.[27] Außerdem zeigt
die neuere Archäologie, dass es vorstellbar ist, dass nicht die „Herrschaft" als
durchgehendes Prinzip zu verstehen ist, weil nämlich Gräberfelder nicht notwendigerweise herrschaftliche Strukturen erkennen lassen.[28]

Alles in allem darf man gegenwärtig wohl davon ausgehen, dass das Frankenreich des 7. Jahrhunderts weitaus römischer und antiker ist, als es die zunehmend
„barbarische" Führungsschicht vermuten lässt. In einem solchen Licht lassen
sich die Befunde der Münzprägung ganz anders bewerten, als dies mehr oder
weniger bisher üblich war.

---

26 Vgl. grundsätzlich: Hoheitliches Strafen in der Spätantike und im frühen Mittelalter,
    hg. v. Jürgen Weitzel, Köln/Weimar/Wien 2002 (Konflikt, Verbrechen und Sanktion
    in der Gesellschaft Alteuropas, Symposien und Synthesen 7). S. zur Wechselwirkung
    von verschiedenen Rechtsgewohnheiten: Harald Siems, Zum Weiterwirken römi-
    schen Rechts in der kulturellen Vielfalt des Frühmittelalters, in: Leges – Gentes –
    Regna. Zur Rolle von germanischen Rechtsgewohnheiten und lateinischer Schrift-
    tradition bei der Ausbildung der frühmittelalterlichen Rechtskultur, hg. v. Gerhard
    Dilcher und Eva-Marie Distler, Berlin 2006, 231–255, 255; s. auch Friedrich Prinz,
    Formen, Phasen und Regionen des Übergangs von der Spätantike zum Frühmittel-
    alter. Reliktkultur – neue Ethnica – interkulturelle Synthese im Frankenreich, in: Auf
    den Römerstraßen ins Mittelalter. Beiträge zur Verkehrsgeschichte zwischen Maas
    und Rhein von der Spätantike bis ins 19. Jahrhundert, hg. v. Friedhelm Burgard und
    Alfred Haverkamp, Mainz 1997 (Trierer Historische Forschungen 30), 15–50, 40.
    S. zur Annahme weitgehender Kontinuitäten antiker Formen die Reihe „The Trans-
    formation of the Roman World".
27 S. hier etwa zur Siedlungskontinuität und dem langen Verbleiben romanischer Bevöl-
    kerung in Boppard Walburg Boppert, Die Anfänge des Christentums, in: Die Römer
    in Rheinland-Pfalz, hg. v. Heinz Cüppers, Stuttgart 1990, 233–257, 250.
28 Halsall (s. Anm. 2), 222 und 228.

In der Numismatik hat sich in den neueren Arbeiten abgezeichnet, dass die Frage, wozu es zwischen 570/585 und 670/720 nahezu 800 Prägeorte brauchte, nicht unbedingt mit mangelnder Staatlichkeit zu erklären ist, die zur Folge gehabt haben könnte, dass zahlreiche Einzelgewalten aus eigener Macht Geld prägen ließen.[29]

Eine Erklärung findet der Befund zum Teil darin, dass vermutlich die Ortsnamen auf den Münzen nicht notwendigerweise auch immer Prägeorte sind.[30] Außerdem begreift man die Münzprägung nicht mehr ausschließlich als Akt der Geldherstellung für den Handel, sondern zieht erneut in Erwägung, ob es sich bei der Münzprägung an so zahlreichen Orten nicht auch um eine Funktion der Steuererhebung handeln könnte.[31]

Einen möglichen Schlüssel für solche Überlegungen bietet die Vita des Eligius, der ganz offensichtlich Monetar war, bevor er 641 zum Bischof von Noyon erhoben wurde.[32] Obwohl Eligius in seiner Vita selbst gar nicht ausdrücklich als „Monetarius" bezeichnet wird,[33] so wird doch berichtet, dass er als Kind in Limoges einem Goldschmied namens Abbo in die Lehre gegeben wurde, „qui eo tempore in urbe Lemovecina publicam fiscalis monetae officinam gerebat".[34]

---

29 Vgl. diese Annahme mit ihren Konsequenzen sehr pointiert bei H. Longuet, A Propos du Monnayage Mérovingien, in: RN ser. 5, Bd. 3 (1939), 43–64.

30 H. U. Geiger, Die merowingischen Münzen in der Schweiz, in: Schweizerische Numismatische Rundschau 58 (1979), 83–178, 151, resümiert in seiner Untersuchung der Schweizer Monetarmünzen: „Eines steht jedoch fest: der Emissionsort ist nicht unbedingt auch der Prägeort."

31 Philip Grierson, The Coins of Medieval Europe, London 1991, 25: „It is possible, indeed, that the place-names on the coins … were those of the places where taxes where collected and not necessarily those where the coins where struck." Sehr ähnlich äußerte sich Bernd Kluge, Münzen der Merowingerzeit, in: Wieczorek/Périn/von Welck/Menghin (s. Anm. 24), Bd. 2, 1126–1139, 1127: „Eher könnte man an Steuereinnehmer bzw. Beauftragte des Fiscus denken, wobei die Ortsangabe dann entsprechend nicht als Münzstätte, sondern als Ort der Steuerzahlung bzw. des Verwaltungssitzes angesehen werden müsste."; s. ebenda 1134–1139 die sehr guten Abbildungen. – Metcalf (s. Anm. 16), 337–393, 343, wendet sich dagegen, weil er annimmt, dass in diesem Fall „political frontiers" sichtbar werden müssten. Dem ist aber entgegenzuhalten, dass auch für die Steuererhebung gemünztes Geld durchaus „normal" in den Handel geraten kann.

32 Georg Scheibelreiter, Ein Gallorömer in Flandern: Eligius von Noyon, in: Die Suche nach den Ursprüngen: Von der Bedeutung des frühen Mittelalters, hg. v. Walter Pohl, Wien 2004 (Forschungen zur Geschichte des Mittelalters 8), 117–128.

33 S. aber Vita Eligii Episcopi Noviomagensis II,77, ed. Bruno Krusch, Hannover 1902, MGH SS rer. Merov. IV, 634–761, 739: „…multos ex publica moneta misit solidos per creditam personam…". Gegen die übliche Annahme einer Bearbeitung der Vita im 8. Jahrhundert argumentiert überzeugend C. M. M. Bayer, in: RGA 35 (2007), 461–524 (s.v. Vita Eligii).

34 Vita Eligii I,3, ed. Krusch (s. Anm. 33), MGH SS rer. Merov. IV, 671.

Abbo führte das öffentliche (hier im Sinn von „staatlich") Amt (die Behörde) der staatlichen Münze, und zwar in der Stadt Limoges.[35] Der Satz bedeutet, dass es eine königliche bzw. „staatliche" Einrichtung zur Münzherstellung gab, die mehrfach als „staatliche" Einrichtung qualifiziert wird, nämlich durch die Adjektive *„publicus"* und *„fiscalis"* sowie durch den Begriff *„officina"*.[36] Meines Erachtens ist es ausgeschlossen, dass diese Formulierung der Überarbeitung der Vita aus dem 8. Jh. entstammt, weil es in der Karolingerzeit weder eine solche Einrichtung gibt, die so klar auf den Staat, nicht etwa den König zurückgeführt wird, und zudem die Terminologie in dieser Häufung von abstrakten Begriffen der staatlichen Ordnung zumindest für das 8. Jh. einzigartig wäre. Zu bedenken ist ebenfalls die Bedeutung von „fiscalis", die klar auf das staatliche Vermögen verweist und in der römischen Antike eng mit der Steuererhebung verbunden ist, ja noch in karolingischer Zeit eindeutig als dem König respektive der Res publica zugehörender Bereich verstanden wurde. Beachtenswert ist auch die Beziehung, die diese Passage zwischen dem „Staat" und der Stadt herstellt. Wenn man die Formulierung als Ausdruck eines bestehenden Sachverhaltes verstehen darf, dann ist diese Officina zwar staatlich-königlich, aber zuständig ausschließlich für Limoges.

Münzherstellung und Steuererhebung

Zentral für unser Verständnis des Systems der merowingischen Monetarmünzen ist eine weitere Stelle aus der Vita Eligii, bei deren Untersuchung ebenfalls zu beachten ist, dass die Vita im 8. Jahrhundert überarbeitet wurde und kein Textzeuge vor diese Überarbeitung zurückreicht. Es sei hier der einzigartige Quellenbeleg für das Wirken des Monetars bei der Steuererhebung mitgeteilt:

> Denique inter cetera expetiit [Eligius] ei *villam* quandam in *rure Lemoveceno* cognominante Solemniaco … …rex…concessit…
> Erat enim tempus, quo *census publicus ex eodem pago* regis thesauro exigebatur inferendus. Sed cum *omni censo in unum collecto* regi pararetur ferendum hac vellet *domesticus simul et monetarius* adhuc aurum ipsum fornacis coctionem purgare, ut iuxta

---

35 Zu Münzen eines Monetars Abbo für Limoges s. Depeyrot (s. Anm. 12), IV, 21, Type 20–1A; Blackburn/Grierson (s. Anm. 3), 99, kennen keine Münzen eines Abbo aus Limoges, diskutieren den zitierten Satz deshalb auch nicht weiter. – Zu dem Zitat vgl. Berghaus (s. Anm. 14), 196, der die Aussage aber ohne weitere Quellenkritik aus der Sicht des Münzbefundes relativiert.

36 Blackburn/Grierson (s. Anm. 3), 99, schließen es aus, dass die Monetare „normally royal officials" gewesen seien, weil sie nicht auf Unterschriftenlisten unter Urkunden erscheinen. Dasselbe gilt aber wohl auch für die meisten Domestici.

ritum purissimus ac rutilus *aulae regis praesentaretur metallus*, – nesciebant enim prae-
dium esse Eligio concessum – toto nisu atque conatu per triduum vel quatriduum labo-
ris insistentes, nulla poterant, Deo id praepediente, arte proficere, usquequo ab Eligio
praeveniens nuntius opus coeptum interciperet idemque eius dominio revocaret.

Eligius, dessen Funktion neben seiner Goldschmiedetätigkeit seiner Vita zufolge
zu einem guten Teil darin bestand, kirchliche Einrichtungen zu gründen, hatte
sich vom König eine Villa in der Gegend von Limoges erbeten, nämlich die Villa
Solemniacus, die er zur Errichtung eines Klosters auch gewährt bekam.[37]

Zu dieser Zeit wird die Steuer erhoben, nämlich aus dem Pagus von Limoges
(wohl ohne die Civitas), in dem Solemniacus (Solignac, Haute-Loire) liegt.[38] Die
Steuer war pagusweit erhoben worden. Das eingelieferte Gold sollte gereinigt
werden,[39] bevor es dem König überwiesen werden würde. Mit der Aufgabe
betraut waren Domesticus und Monetarius.[40] Wir wissen, dass der Monetarius
(in bisher nicht genau spezifizierter Weise) für die Herstellung von Münzen verantwortlich ist, während der Domesticus klar dem Umkreis des Königs zuzu-
rechnen ist.[41] Die Karriererewege beider Amtsträger sind nach dem, was wir

---

37 Zum Kloster Solignac s. Ian Wood, The Merovingian Kingdoms, 460–751, London/
    New York 1994, 186.
38 Lokalisierung nach Auguste Longnon, Atlas Historique de la France depuis César
    jusqu'a nos jours, Paris 1885, 202.
39 Es handelt sich offensichtlich nicht um eine Naturalabgabe, wohl nach der römischen
    Einrichtung der „adaeratio", konkret benannt in einem Gesetz der Kaiser Theodo-
    sius und Valentinianus von 445 „De Tributis fiscalibus…" (Codex Theodosianus, ed.
    Th. Mommsen, Zürich 1904, Novellae XIII: „Has autem militares annonas cum pro-
    vinciales pro longinqui difficultate itineris in adaeratione persolverint…"). – Vgl.
    Walter Goffart, Old and New in Merovingian Taxation, in: P&P 96 (1982), 3–21, 8,
    mit der Feststellung, dass dieses Prinzip grundsätzlich erhalten blieb.
40 Sicherlich handelt es sich um zwei verschiedene Personen, obwohl für beide einmal
    der Plural und einmal der Singular verwendet wird.
41 S. zur Annahme einer Kontrollfunktion des Domesticus über den Monetarius Von
    Inama-Sternegg (s. Anm. 25), 254. – Longuet (s. Anm. 29), 43–64, 55, vermutet im
    Domesticus den „agent du roi" und im Monetar einen Vertreter der steuerpflichtigen
    Gemeinschaft, der aber grundsätzlich im Namen der Gemeinschaft für die Münzprä-
    gung verantwortlich ist, die Longuet von der Steuererhebung geschieden wissen will.
    – Nach Dietrich Claude, Untersuchungen zum frühfränkischen Comitat, in: ZRG
    germ. Abt. 81 (1964), 1–79, 15f., ist der Domesticus im 6. Jahrhundert dem Comes
    übergeordnet, im 7. Jahrhundert scheint es andersherum zu sein (Vgl. auch ebenda
    34). Es sieht aber danach aus, als ob das Amt eines „domesticus" nicht notwendiger-
    weise ein Spezifisches gewesen wäre. Das klingt auch bei Claude ebenda an und lässt
    sich am Auftreten des Titels in karolingischer Zeit im kirchlichen Bereich beobachten
    (Virtutum s. Geretrudis continuatio, cap. 4, ed. Bruno Krusch, Hannover 1888, MGH
    SS rer. Merov. II, 471–474, 474,30: „Tunc omnis familia…sacerdotes cum clero sive
    domestici ex vicina loca…concurrebant."). – Vgl. auch den „domesticorum comes"

wissen, durchaus vergleichbar: Aus einem Domesticus kann ein Dux werden,[42] und Eligius wurde Bischof.

Es gibt hier – es handelt sich bei dem dargestellten Prozess um einen Akt der Steuererhebung, bei der der Monetar maßgeblich mitwirkt – eine offensichtliche Verschränkung von Steuererhebung und Münzherstellung.[43] Es wird angenommen, dass am Ende des beschriebenen Prozesses Barren stehen.[44] Aber bereits vor über hundertundfünfzig Jahren hatte Pierre-Charles Robert vermutet, dass an Stelle der Barren Münzen mit der Aufschrift des für dieses Gold steuerpflichtigen Ortes geprägt worden seien, und so versucht, die hohe Zahl der Prägeorte zu erklären. Ihm folgten gegen Ende des 19. Jahrhunderts Arthur Engel und Raymond Serrure und stellten die Überlegungen in einen Zusammenhang mit den weiteren numismatischen Befunden.[45] Der These war in der Numismatik kein großer Erfolg beschieden, vermutlich deshalb, weil ihre Begründung nicht mehr allein in den Bereich der Numismatik fällt. Methodisch betrachtet ist es eine Frage, die sowohl in die Numismatik als auch in die eigentliche Geschichtswissenschaft gehört, zudem auch der Sprachwissenschaft verpflichtet sein muss.

---

bei Gregor von Tours, Libri Historiarum decem II,9, ed. Bruno Krusch und Wilhelm Levison, Hannover [1951] 1965, MGH SS rer. Merov. I,1, 57,5. Wenngleich also im 7. Jahrhundert der Domesticus regis (Gregor von Tours, Liber de virtutibus S. Martini X,25, ed. Krusch/Levison, MGH SS rer. Merov. I,2, 151,10) vermutlich der Normalfall war, so bezeichnet doch bereits der Titel in besonderer Weise ein Verhältnis zum König, in dessen persönlicher (wenn auch nicht räumlicher) Nähe dieser verortet wurde. Die Formulae Marculfi enthalten übrigens einen Akt des Königs an einen Grafen über die Geburt eines königlichen Sohnes, in dem in Bezug auf das Handeln des Grafen von „alii domestici" die Rede ist (Marculfi Formulae I,39, ed. Karl Zeumer, Hannover 1886, MGH Formulae Merowingici et Karolini Aevi, 68 – Hinweis bei Claude ebenda 16).

42 Wie das Gregor von Tours, Libri Historiarum decem VI,11, ed. Krusch/Levison (s. Anm. 41), MGH SS rer. Merov. I,1, 281,3, von Gundulf berichtet („Gundulfum ex domestico duce facto"), allerdings ist Gundulf „de genere senatorio" (ebenda); vgl. dazu Claude (s. Anm. 41), 46.

43 Michael F. Hendy, From Public to Private: The Western Barbarian Coinages as a Mirror of the Desintegration of late Roman State Structures, in: Viator 19 (1988), 29–78, 70f., betont den engen Zusammenhang, der zwischen der Finanzverwaltung und der Münzprägung besteht, vor allem in entwickelten Systemen, wie dem römischen Reich, das allein schon aus Gründen der Militärverwaltung und -versorgung gemünztes Geld brauchte.

44 Reinhold Kaiser, Steuer und Zoll in der Merowingerzeit, in: Francia 7 (1979), 1–17, 8. Vgl. auch Hendy (s. Anm. 43), 67, der ebenfalls die klassische *adaeratio* (s. oben Anm. 39) erkennt.

45 Arthur Engel und Raymond Serrure, Traité de numismatique du moyen âge, Bd. 1, Paris 1891. Vgl. dazu Bleiber (s. Anm. 4), 32f.

Das System der Monetarmünzprägung zugleich als Teil der Steuererhebung wie als Herstellung von umlaufendem Geld zu sehen, setzt voraus, dass man bereit ist anzunehmen, dass die Voraussetzungen für ein staatliches System überhaupt gegeben waren, dass es kein eigentliches königliches System ist, in dem der König auf das Erscheinen seines Namens auf den Münzen besteht, und also, dass das Frankenreich des 7. Jahrhunderts mehr antiken Zivilisationstechniken verpflichtet ist als der karolingisch-mittelalterlichen Ordnung, in der klar wäre, dass das Fehlen des Königsnamens hieße, dass „privat" geprägt worden sei.

Außerdem setzt ein solches System voraus, dass die Monetare im Dienste der politischen Ordnung, sei es als mehr städtische oder mehr königliche Amtsträger, fungierten.[46] Zurückgewiesen wurde die Annahme von Robert, Engel und Serrure also letztlich, weil unter den angenommenen Umständen die reine Geldherstellung, etwa für Märkte, doch plausibler war.[47] Nun hat inzwischen Manfred van Rey erneut vermutet, dass am Ende des in der Eligius-Vita berichteten Prozesses Münzen gestanden haben könnten: „Es ist durchaus möglich, dass die gewaltige Zahl an Münzstätten eine Erklärung in der geschilderten Form der Steuererhebung findet...".[48] Ähnlich hat sich auch Philip Grierson geäußert.[49] Die Konsequenzen einer solchen Annahme sind aber weitreichend. Das würde nämlich heißen, dass wir mit den Monetarmünzen eine einzigartige Quelle für die staatliche Verwaltung zur Verfügung hätten.

Es ist eine Münze mit der Aufschrift „SOLENNIAC" erhalten,[50] die klar als Bezeichnung für Solignac zu identifizieren ist. Das könnte natürlich ein Zufall sein. Wäre Solignac eine Civitas, hätte das nichts zu bedeuten. Aber hier handelt es sich um einen der vielen kleineren Orte, die auf unseren Münzen genannt werden. Das bedeutet, dass der Ort Solignac zugleich eine Steuereinheit darstellt und als Ort auf einer Münze erscheint, was die Annahme, dass es sich bei dem dar-

---

46　Claude (s. Anm. 41), 31, sieht jedenfalls für die Grafen den „Amtscharakter" ihrer Funktion „bis weit" in das 7. Jahrhundert gewahrt. Vgl. ebenda 52f. zu den „duces", deren Stellung bereits zu Beginn des 7. Jahrhunderts nicht mehr der eines reinen Amtes zu entsprechen begann.

47　S. die Zurückweisung durch Longuet (s. Anm. 29), 55–57, der mit der römischen „adaeratio" argumentiert und eine Veränderung dieser Regel geradezu ausschließt und annimmt, dass in diesem Fall der Name des Königs auf der Münze erscheinen müsse. Dazu ist hier kurz zu bemerken, dass, wenn die zahlreichen Prägestätten keine Konkurrenz zur königlichen Münzprägung darstellen sollten, sondern ganz selbstverständlich „staatlich" wären, das (anonyme) Königsbild auf der Münze doch wohl ausreichen müsste.

48　Manfred van Rey, Einführung in die rheinische Münzgeschichte des Mittelalters, Mönchengladbach 1983, 21.

49　S. oben Anm. 31, mit Zitat.

50　Felder (s. Anm. 6), 547 (Paris, Nr. 2014/1).

gestellten Prozess der Steuererhebung zugleich um die Vorbereitung zur Münzprägung handeln könnte, etwas plausibler machen dürfte.

Wir wissen, dass gerade im 7. Jahrhundert die Urkunde zum Beweismittel
wird, dass also nicht mehr auf staatlicher Seite ein Kataster geführt wird, auf das
sich Rückfragen beziehen könnten, also auch auf staatlicher (königlicher) Seite
keine Kenntnis über die genauen eigentumsrechtlichen Verhältnisse besteht.[51]
Das hängt eng mit der Steuer zusammen, weil der Grundbesitz die Basis für die
Besteuerung ist, nicht etwa die Person.[52] Bis weit in das 6. Jahrhundert hören wir
bei Gregor von Tours von genauen Steuerregistern, die vermutlich auch festhiel-
ten, wie die jeweilige Person zu veranschlagen war, und ebenso vermutlich auch
die Kontrolle zuließen, wieviel Steuern (für das von ihnen besessene Land) von
Personen eingetrieben worden war.[53]

Wenn die öffentlich-staatliche Kenntnis der Eigentumsverhältnisse wegfällt,
lässt sich auch nicht mehr nachvollziehen, wieviel die jeweils handelnde Person zu
zahlen hat; es muss eine Umstellung auf das Land allein als Kriterium der Steuererhebung erfolgen. Die Folge aber ist, dass die Steuer Ort für Ort nach einer vom
Staat festgesetzten Gesamthöhe erhoben werden muss,[54] über deren Verteilung die
Kenntnis des steuerpflichtigen Landes und das Wissen der Ansässigen (bzw.
urkundlicher Nachweis) über die Eigentumsverhältnisse entscheidet. Das beauf-
sichtigt ein staatlich/königlicher Amtsträger, wie etwa ein für die Region zustän-
diger Domesticus. Der Nachweis über die eingegangene Steuer würde von den
zahlenden Personen absehen und könnte nur den Einheiten folgen, die dem Staat
bzw. König als Einheiten gegenüber stehen, und von denen wir wissen, dass die
gemeinsamen Abgaben im Inneren über Handlungsbevollmächtigte erhoben

---

51 Wood (s. Anm. 37), 203. S. auch Franz Dorn, Die Landschenkungen der fränkischen
    Könige. Rechtsinhalt und Geltungsdauer, Paderborn u. a. 1991, 274f., unter Verweis
    auf Peter Classen, Kaiserreskript und Königsurkunde. Diplomatische Studien zum
    römisch-germanischen Kontinuitätsproblem, in: Archiv für Diplomatik 1 (1955),
    1–87, und 2 (1956), 1–115.
52 Das konnte zu Komplikationen führen, weil Franken, die auf unbesteuertem Land
    saßen, bei Erwerb von steuerpflichtigem Land nun ihrerseits steuerpflichtig wurden,
    Goffart (s. Anm. 39), 14. Vgl. auch mit der Annahme, dass nicht die Franken steuer-
    befreit waren, sondern lediglich das ihnen bei der Landnahme zugefallene Land,
    Wolfgang Liebeschuetz, Latest Barbarians and Taxes, in: Archeologia e Società tra
    Tardo Antico e Alto Medioevo, hg. v. Gian Pietro Brogiolo und Alexandra Chavarría
    Arnau, Mantua 2007, 71–84, bes. 76.
53 Chris Wickham, Framing the Middle Ages. Europe and the Mediterranean, 400–800,
    Oxford 2005, 107, hält es für unwahrscheinlich, dass es ein frankenreichweites System
    der Steuererhebung gegeben habe; er nimmt an, dass Steuern je nach Civitas unter den
    jeweiligen Bedingungen durchaus unterschiedlich erhoben worden seien.
54 Liebeschuetz (s. Anm. 52), 75: „Roman land-taxation, organized on the land of civita-
    tes survived in a simplified form."

werden, die der nächsthöheren Stelle entgegentreten. Das sind die Kommunitäten, Pagi, Civitates und Vici, z. T. auch Villae[55]. Belegt ist das für Ardin gegenüber dem Bischof von Le Mans als Nutznießer des Steueraufkommens zu Beginn des 8. Jahrhunderts.[56]

Mit dem Stempel für einen steuerpflichtigen Ort (für das von ihm verantwortete Steueraufkommen) erhielte nach der oben geäußerten Vermutung der König bzw. Staat den Nachweis zu jedem Ort. So könnte das jeweilige Aufkommen nicht nur gezählt (die Steuereinheit ist vermutlich der Solidus), sondern mit der Umschrift auch gerechnet, verteilt und gebucht werden. Wege der eingenommenen Steuern innerhalb der Verwaltung würden bei dem vermuteten Verfahren nachvollziehbar geworden sein. Das hieße aber, dass das Reinigen des eingegangenen Goldes nur bis zu dem Grad der Reinheit der umlaufenden Münzen geschähe, die ja als Berechnungsgrundlage für die Steuer dienen.

---

55 Zur Villa in dieser Zeit als eine Art Dorf und nicht wie bis in das 3. Jahrhundert hinein allgemein als eine Art „domus" s. Gisela Ripoll und Javier Arce, The Transformation and End of Roman Villae in the West (Fourth-Seventh Centuries): Problems and Perspectives, in: Towns and their Territories between Late Antiquity and the Early Middle Ages, hg. v. Gian Pietro Brogiolo, Nancy Gauthier und Neil Christie, Leiden/Boston/Köln 2000 (TRW 9), 63–114, 113. Vgl. grundlegend zum Wandel in der Funktion der Villae im 6. und 7. Jahrhundert in Spanien Alexandra Chavarría Arnau, El Final de las Villae en Hispania (Siglos IV–VII D.C.), Turnhout 2007 (Bibliothèque de l'Antiquité Tardive 7), 157–159.

56 Zu Ardin gibt es eine Münze im Pariser Bestand, Prou (s. Anm. 13), Nr. 2274: „AREDVNO VICO FITVR / FANTOLENO MONETARIO". Sicherlich später wird Ardin in einer Urkunde als „curtis" bezeichnet, nämlich Childerichs an Dido von Poitiers mit der Nachricht, dass er „quod ad fiscum nostrum exigitur" der Kirche von Le Mans geschenkt habe: „...de curte cognominante Arduno, sitam in pago Pictavense...", Die Urkunden der Merowinger, hg. v. Theo Kölzer, 2 Bde., Hannover 2001, MGH Diplomata Regum Francorum e Stirpe Merovingica, Nr. 107 (669/670), s. dazu Kaiser (s. Anm. 44), 16, und wenige Jahre später in einer weiteren Urkunde als Villa, Urkunden der Merowinger, ed. Kölzer, Nr. 110 (673), mit der Bestätigung der Immunität (Introitus-Verbot) durch Childerich II.: „...villa nuncupante Arduno, in pago Pictavo..." Hier wäre zu fragen, ob es sich tatsächlich immer um denselben Ort oder aber – sollten die Ortsqualifikationen konsistent sein – geographisch um den gleichen Ort, aber jeweils um unterschiedliche Einrichtungen handelt. Das könnte bedeuten, dass es in Ardin eine königliche Curtis gibt, die auch als Villa bezeichnet werden kann, und am selben Ort einen Vicus, der auf den Münzen erscheint. Vgl. dazu unten die Urkunde der acht „iuniores": für „Vidranno [Audranno], agente de villa vestra [des Bischofs] sancti Gervasii, nuncupante Arduno" (Actus Pontificum Cenomannis in Urbe degentium, hg. v. Gustave Busson und Ambroise Ledru, Le Mans 1901 [Archives Historique de Maine 2], 240–242). Das spricht sehr dafür, dass es in Ardin eine Villa des Bischofs gab, von der aus die Verwaltung der Grundherrschaft in dieser Gegend unternommen wurde.

Bei Gregor von Tours gibt es Hinweise auf ein funktionierendes Steuersystem,[57] das von ihm jedoch – er ist Vertreter einer Steuern zahlenden Gemeinde – als räuberische Erpressung verstanden wird.[58] Es gibt Steuerverzeichnisse, die auch aktualisiert wurden, wie Gregor selbst im Falle von Poitiers berichtet.[59] König Childebert schickte dazu auf Bitten („*invitante*") des Bischofs „*maiorem domus reginae*" und „*palatii sui comitem*", also hochrangige Amtsträger, nach Poitiers. Dort wurde die Steuerlast neu verteilt, weil einige Steuerpflichtige verarmt und einige Reiche gar nicht angemessen erfasst gewesen waren. Der Begriff für Steuer ist „*census*". Offensichtlich wurde diese allgemeine Steuer, die durchaus steuerpflichtige Personen betraf, also wohl nicht das Land, sondern das Einkommen zugrundelegte, regulär erhoben, so jedenfalls in Poitiers.

Gregor schildert danach die Geschichte von der Steuerbefreiung der Civitas von Tours. Nachdem König Chlothar die Steuerrollen für Tours angeblich aus Ehrfurcht vor dem heiligen Martin verbrannt hatte, versuchte König Charibert – Gregor zufolge der Graf Gaiso ohne königlichen Auftrag – die Steuern nach alten Listen einzuziehen, entschied aber bald, dass die Steuern von Tours an den heiligen Martin fallen sollten. Im Jahr 589 versuchte Childebert erneut, von der Civitas Tours Steuern zu erheben, konnte davon aber mit dem Hinweis auf den drohenden Zorn des heiligen Martin abgehalten werden. Darauf überwies Childebert die bereits erhobenen Steuern dem heiligen Martin.[60] Übrigens schien das Gregor, den zuständigen Bischof, nicht gestört zu haben. Es ging also nicht etwa nur um den Schutz der Bürger vor der steuerlichen Belastung, sondern wesentlich um die Wahrung der der Stadt Tours zugesicherten relativen Autonomie. Die Steuern blieben also in der Zuständigkeit des Bischofs und konnten sicherlich auch für unmittelbare Infrastrukturmaßnahmen in der Stadt eingesetzt werden. Herr der Finanzverwaltung von Tours wird der Bischof gewesen sein, der wohl auch über die Abtei St. Martins eine gewisse Hoheit besessen haben wird.[61] Seine

---

57 Dieses Steuersystem ist weitgehend römisches Erbe; s. dazu Goffart (s. Anm. 39); vgl. auch ders., Frankish Military Duty and the Fate of Roman taxation, in: Early Medieval Europe 16 (2008); s. auch Jean Durliat, Les Finances Publiques de Dioclétien aux Carolingiens, Sigmaringen 1990 (Beihefte der Francia 21), 310–314, mit Text, französischer Übersetzung und Kommentar.

58 Vgl. dazu Wood (s. Anm. 37), 62.

59 Gregor von Tours, Libri Historiarum decem IX,30, ed. Krusch/Levison (s. Anm. 41), MGH SS rer. Merov. I,1, 448f.

60 Gregor von Tours, Libri Historiarum decem IX,30, ed. Krusch/Levison (s. Anm. 41), MGH SS rer. Merov. I,1, 448f.

61 Vgl. die analoge Frage zu dem Verhältnis der Basilicae zur Bischofskirche von Le Mans bei Margarete Weidemann, Bischofsherrschaft und Königtum in La Neustrie. Les pays au nord de la Loire de 650 à 850, hg. v. Hartmut Atsma, Bd. 1, Sigmaringen 1989 (Beihefte der Francia 16/1), 161–193, 166f. In Le Mans scheinen gerade auf

Bestätigung findet dieser Bericht in der Vita Eligii, der zufolge König Dagobert auf Bitten des Eligius die Steuern der Civitas Tours an die Kirche überwies:[62]

> Namque pro reverentia sancti confessoris Martini, Eligio rogante, omnem censum, quod regi [sic!] publicae solvebatur, ad integrum Dagobertus rex eidem ecclesiae indulsit atque per cartam confirmavit. Adeo autem omnem sibi ius fiscalis censurae ecclesia vindicat, ut usque hodie in eadem urbe per pontifici litteras comis constituatur.

Was „hodie" in der im 8. Jahrhundert überarbeiteten Vita Eligii bedeutet, ist natürlich schwer abzuschätzen, festgehalten werden kann aber, dass noch zu der Zeit der merowingischen Monetarmünzen die Civitas Tours ihre Steuern an die Kirche des heiligen Martin zahlte. Das bedeutet doch wohl, dass dieses Einkommen nicht unmittelbar an die Kirche von Tours ging, sondern an die Basilica des heiligen Martin. Aber grundsätzlich sind es die vornehmen Kirchen, die in den Genuss von Steuerbefreiungen kommen, sei es durch die eigene Immunität oder durch den Zugriff auf Steuerzahlungen der jeweiligen Civitas.

An anderer Stelle wäre zu überprüfen, inwieweit der Befund der Münzen mit den bekannten Steuerbefreiungen korrespondiert. Anhaltspunkte dazu gibt es, ein einheitliches Bild jedoch ist kaum herzustellen. Das liegt an der schlechten Überlieferungslage für die einzelnen Immunitätsverleihungen bzw. Steuerprivilegierungen, sodass bei bestimmten Befunden städtischer bzw. kirchlicher Münzprägung keine Überprüfung der möglichen Korrelation im Bereich der Steuererhebung möglich wird. Und es liegt daran, dass die Steuerprivilegierung in den seltensten Fällen umfassend und dauerhaft gewesen sein muss, man also mit häufigen Abweichungen von der vermeintlichen Regel im System rechnen muss.[63]

Steuern wurden – wie ja auch nach dem Bericht der Vita Eligii – nachweislich vielfach in Geld gezahlt, etwa in Limoges, Bourges, Le Mans und Angers.[64] Im Laufe des 7. Jahrhunderts kam es zunehmend zu Steuerbefreiungen. Ähnliche Privilegierungen besaßen bereits zu früherer Zeit Auxerre, Lyon, Saintes, Marseille und Arles, deren Umfang aber unbekannt ist.[65] In merowingischer Zeit kamen Tours, Limoges,[66] Clermont und Bourges[67] hinzu. Die Befreiung von

---

Wunsch von einzelnen Bischöfen die Basilicae eine gewisse Autonomie besessen zu haben (ebenda).

62 Vita Eligii I,32, ed. Krusch (s. Anm. 33), MGH SS rer. Merov. IV, 688; s. dazu Kaiser (s. Anm. 44), 12.

63 Die notwendige Examination solcher Fragen ist in Vorbereitung.

64 Kaiser (s. Anm. 44), 8.

65 Kaiser (s. Anm. 44), 9.

66 Zu Limoges s. Wickham (s. Anm. 53), 107.

67 Kaiser (s. Anm. 44), 9. – Zur Steuerbefreiung von Bourges s. Wood (s. Anm. 37), 63. Vgl. den Bericht der Vita Sulpicii ep. Biturigi, recensio B, cap. 6, ed. Bruno Krusch,

Steuerlasten bis hin zur Verleihung von Immunitätsprivilegien mag ein Charakteristikum der königlichen Politik des 7. Jahrhunderts sein. Wie im Bericht Gregors sich ja bereits deutlich ankündigt, ist die Bereitschaft der Städte, Steuern an den König bzw. die staatliche Verwaltung abzuführen, eher gering. Und im Edikt Chlothars II. aus der Zeit des Edikts von Paris, also etwa von 614, wird wohl für Burgund allen bereits einmal von der Steuer befreiten Kirchen diese Befreiung grundsätzlich gewährt.[68] Es scheint im Laufe des ersten Drittels des 7. Jahrhunderts die Steuerbefreiung für bedeutende Kirchen bzw. Klöster zum Prinzip königlicher Verwaltung zu werden. Wie weit im Einzelfall davon auch die Städte profitieren, die mit diesen Kirchen verbunden sind, mag hier offen bleiben. Es zeichnet sich aber auch in der Forschung ab, Immunitätsverleihungen grundsätzlich nicht unbedingt als Ausdruck einer schwachen politischen Ordnung zu sehen.[69] Über Einnahmen verfügten die Merowinger gewiss in ausreichender Höhe, aus den verbleibenden Einkünften aus Steuer und Zoll und vor allem aus den Gewinnen der eigenen staatlich-königlichen Güter.

Der Verzicht auf Steuereinnahmen trägt zwei politischen Momenten Rechnung, nämlich der Notwendigkeit der Mitwirkung von Civitates und Kirchen bei der Erhaltung der staatlichen Ordnung an der Basis und dem Nutzen von Infrastrukturmaßnahmen, also Förderung der effizientesten wirtschaftlichen Räume, der Städte und der Klöster.

Die Perspektive auf die politische Ordnung anstelle des reinen Blicks auf die königliche Macht und Stellung erlaubt es, sowohl die Immunitätsverleihungen als auch das gesamte Monetarmünzsystem, nämlich die Münzprägung ohne Königsnamen, als Teil der staatlichen Funktion zu betrachten, was unmittelbar auf die Frage nach der offensichtlichen königlichen Münzprägung verweist und mittelbar (weiter unten) auch die Rolle geistlicher und weltlicher Kommunitäten neu bewerten lässt.

Hannover 1902, MGH SS rer. Merov. IV, 364–380, 376f.: „…rex vero…praecepit populum illum de ipso censu relevari et descriptione ipsa quae facta fuerat de presenti reddere praecepit. Et populus ille ab [ipsa] adflictione relevatus hodieque in pristina libertate permanet."

68 Esders (s. Anm. 21), 88ff., zur Lokalisierung und Datierung der Praeceptio Chlothari, ebenda 220ff. zu cap. 11 und 12 derselben zur Immunität für Kirchen im Hinblick auf Schweinezehnt und Weidegeld (ebenda 236: Übertragung der Steuererhebung an die Kirche) und zu der erwähnten Bestätigung früherer Immunitätsverleihungen. Die beiden Bestimmungen der Praeceptio, die bei Esders ebenda 82–85 ediert und übersetzt ist, bieten Ansatzpunkte für weiter- und tiefergehende Untersuchungen der hier angerissenen Fragestellungen.

69 Vgl. Barbara Rosenwein, Negotiating Space. Power, Restraint, and Privileges of Immunity in Early Medieval Europe, Manchester 1999.

Prägungen mit Königsnamen

Unter den etwa 800 mutmaßlichen Prägeorten befindet sich gerade ein gutes
Dutzend von Orten, an denen die Könige zwischen 570 und etwa 670 Münzen
prägen ließen, auf denen sie jedenfalls als Münzherren erscheinen.[70] Dazu
gehören Münzen, auf denen auch der heilige Eligius als Monetar genannt ist, wie
man als sicher annehmen kann. Diese Eligius-Münzen wurden in Marseille und
Paris geprägt.[71] Daneben wurden königliche Münzen v. a. in Banassac, Chalon-
sur-Saône und Clermont-Ferrand geschlagen. Deutliche Schwerpunkte der
königlichen Münzprägung sind aber Marseille und Paris. Interessant sind die
Prägungen von Banassac. Während Chariberts II. Münzen die Umschrift BAN-
NACIACO tragen, verweisen die Prägungen Sigiberts III. nur mit dem Kürzel
BAN auf Banassac, ihre Umschrift lautet GAVALETANO FIT für die Civitas
Javols,[72] kaum 30 km entfernt von Banassac. Aus Marseille sind einige Solidi
bekannt, während die eigentlichen Monetarmünzen grundsätzlich nur als Trien-
ten erscheinen. Insgesamt finden sich in den Horten aber sehr wenige dieser
„königlichen" Münzen.[73] Ob das nun aber heißt, dass nur wenige „Königsmün-
zen" überhaupt geprägt wurden, ist nicht klar; schließlich wurden Münzen mit
Königsnamen offensichtlich vorwiegend dort geprägt, wo Fernhandel und
Repräsentation königlicher Funktion eine besondere Rolle spielten. An erster
Stelle steht Marseille, wo bis zu Chlothar II. (613/615) noch pseudo-imperiale
Münzen geprägt wurden,[74] das sicherlich mit seinem wichtigen Hafen das Tor
zum Mittelmeerhandel darstellte. Von Marseille aus könnten Münzen in großem
Umfang in den Mittelmeerraum abgeflossen sein, die dann aber recht schnell

---

70　Berghaus (s. Anm. 14), 194f. – S. zur Datierung der königlichen Münzprägung Black-
　　burn/Grierson (s. Anm. 3), 128, wonach frühere Zuschreibungen auch an Könige
　　nach 670 inzwischen hinfällig sind.

71　Es sind auch solche mit der Sigle AR erhalten, die unter Arles geführt werden, Prou
　　(s. Anm. 13), Nr. 1364, 1365 (Chlodwig II.).

72　Bereits bei Prou zutreffend als Javols identifiziert, Prou (s. Anm. 13), Nr. 2062–2107.
　　Javols ist im 7. Jahrhundert als „sedes Gabalitana" Bischofsort (Concilia Galliae.
　　A. 511–A. 695, ed. De Clercq, Turnhout 1963, 413, Aufstellung zur Provinz Bourges).
　　Zur Ortsbezeichnung Javols gelangt auch Holder, dessen Etymologie auf dem
　　Lemma „Gabali" fußt, was soviel wie „capere" bedeutet (Alfred Holder, Alt-celti-
　　scher Sprachschatz, 3 Bde., Leipzig 1896–1907, III, 1505–1508, der ebenda 1507f. die
　　Umschriften der Münzen aufführt). – Javols hat heute kaum 300 Einwohner.

73　Blackburn/Grierson (s. Anm. 3), 128.

74　Blackburn/Grierson (s. Anm. 3), 129f. – S. zur pseudo-imperialen Münzprägung in
　　der Provence Kevin Uhalde, The Quasi-Imperial Coinage and Fiscal Administration
　　of Merovingian Provence, in: Society and Culture in Late Antique Gaul. Revisiting
　　the Sources, hg. v. Ralph W. Mathisen und Danuta Shanzer, Aldershot 2001, 134–165,
　　135, zur Herrschaftsübernahme in der Provence im Jahr 615.

(vielleicht in einem entsprechenden Wechselverhältnis) in byzantinisches Geld getauscht worden sein könnten, und deshalb wohl dort auch nicht gefunden werden. Clermont-Ferrand und Chalon-sur-Saône sind wesentliche Handelsorte; Banassac ist für die Antike jedenfalls bekannt als bedeutendes Töpferei-Zentrum, und seine Münzen führen anstelle des Kreuzes einen Krug, was auf fortbestehendes Töpfergewerbe hindeutet. Paris verlangt als Königssitz vor allem nach königlicher Repräsentation, abgesehen davon, dass die Region durchaus wirtschaftlich florierte. Als weiteres Beispiel wäre St. Maurice d'Agaune zu nennen, das als königliches Kloster von herausragender Bedeutung ist, und vielleicht bereits deshalb auch Münzen mit Königsnamen dort geprägt wurden. Außerdem ist es das Tor zum großen St. Bernhard, damals der wohl bedeutendste Alpenpass. Weitere Orte königlicher Prägungen sind ebenfalls nicht allesamt unbedeutend.[75]

Nun stellt sich die Frage, ob die geringe Zahl königlicher Münzen königliche Schwäche dokumentiert. War der Staat bereits „privatisiert"? Warum häufen sich die königlichen Prägungen in Marseille? Man sollte doch annehmen, dass sich königliche Stärke am ehesten im fränkischen Kernraum manifestiert, also eine erhebliche Schwäche eher die Münzprägung im romanischen Süden erschwert haben müsste.

Bei dem Befund ist es ausgesprochen unwahrscheinlich, dass die politische Ordnung des Frankenreiches im 7. Jahrhundert als schwach bezeichnet werden könnte. Es müsste erklärt werden, warum die Könige in der Lage waren, ausgerechnet in fernen Räumen Münzen mit dem eigenen Namen zu prägen. Das und die relative Einheitlichkeit des Frankenreiches gerade auch im System der Münzprägung sprechen doch eher dafür, dass wir von einem starken politischen System ausgehen müssen, das erst am Ende des Systems der Monetarmünzen nicht mehr in dieser Form bestand.

Allgemein werden die Münzen dieser Zeit gegliedert nach königlichen, geistlichen und Monetarprägungen. Inwieweit diese Gliederung inhaltlich sinnvoll ist, hängt ebenfalls an der Bewertung des Systems. Es ist doch ganz offensichtlich so, dass die Münzen aller drei Gruppen regulär oder mindestens der Möglichkeit nach Monetarnamen tragen. Es geht also sowohl bei den königlichen als auch bei den geistlichen wie auch bei den Prägungen der säkularen Orte um Facetten des Systems der Monetarmünzen, das mit wenigen Einschränkungen, wie etwa der Rheingrenze und mancherorts geringerer Konzentration von vermeintlichen Prägeorten, das gesamte Frankenreich umfasst.

---

75 Anders als das Blackburn/Grierson (s. Anm. 3), 129, schreiben, die von einer Art „Reiseprägung" der Könige ausgehen. S. die weiteren identifizierten Orte königlicher Prägung bei Berghaus (s. Anm. 14), 194f., darunter: Arles, Orléans, Rodez, Toul, Reims, Tours, Viviers.

Zu den Königsmünzen werden auch solche gerechnet, die die Umschrift „RACIO DOMINI" und „RACIO FISCI" tragen. Es wird also differenziert, wie das auch bei den Kirchen der Fall ist, zwischen regulären Prägungen und Sonderformen, die zum Teil mit dem Zusatz „RACIO" versehen werden. Ob aber die genannten Sonderformen (zu ihnen zählt auch das SCOLA REGIS) in gleicher Weise als königliche Münzen anzusprechen sind und nicht etwa im Falle des RACIO FISCI als von ihnen unterschiedene Münzen mit besonderem Bezug zur staatlichen Ordnung als solcher, wäre an anderer Stelle eingehend zu untersuchen.[76]

Ob auf den König, eine geistliche Institution oder eine Stadt Bezug genommen wird; in jedem Fall bedeutet die Bezeichnung der Institution mehr als einen reinen geographischen Ort. Das gilt eben auch für die Ortsnamen. Vermutlich zeigen uns die Münzumschriften die politische Topographie des Frankenreiches.

Kommunitäten

Richtet sich der Blick auf den Herrscher und sein Handeln, fällt das Handeln derer auf, die sich am Hof des Königs bewegen, die in irgendeiner Weise reichsweit vernetzt sind. Übersehen werden dabei die zahlreichen Kommunitäten als solche, seien es die Klöster als soziale Räume, seien es die Ortschaften als soziale und politische Räume.[77] Beide Gruppen stellen zusammen einen großen Teil der wirtschaftlichen Basis des Reiches dar, und vermutlich verfügen beide als Einheiten auch über Funktionen in der politischen Ordnung, die nicht unmittelbar dem König dienen, die eben nicht nur zur Teilnahme am reichsweiten Netzwerk befähigen, sondern in ihrem Funktionieren den Staat und das Wohl des Königs erst möglich machen. Dabei müssen die Klöster insoweit ausgenommen werden, als dass sie als eventuell königliche bzw. königsnahe Klöster durchaus in den Blick des Hofes geraten. Den Klöstern gehört – anders als den Städten – die nähere Zukunft.

Das Problem ist weniger die geringe Bedeutung der Städte und der zahlreichen Vici als ihre Bedeutungslosigkeit in den Quellen. Wir wissen, dass es sie gibt, manchmal verfügen wir über Nachrichten, wie etwa, dass sich eine Stadt der

---

76 Das setzt aber voraus, dass die „RACIO"-Formel innerhalb des Monetarmünzensystems ge- und erklärt werden kann.

77 Régine Le Jan, La Société du Haut Moyen Âge. VIᵉ–IXᵉ siècle, Paris 2003, 196–198, zur Organisation von Kommunitäten, sieht trotz der viel breiteren Diskussion reichsweiter Eliten und typisch frühmittelalterlicher (um den Begriff „feudalistisch" zu vermeiden) Gesellschaftsordnung das Bestehen von Kommunitäten, auch als handelnde Einheiten.

Steuerveranlagung widersetzt. Wir verfügen aber nicht über Quellen, die tieferen Einblick in innere städtische Strukturen erlauben. Wir kennen weder städtische Urkunden dieser Zeit[78] – sie wären bei der städtischen Diskontinuität in den folgenden Jahrhunderten auch kaum überliefert worden –, noch haben wir inschriftliche Nachrichten, die uns über das Bestehen von politischen Gemeinschaften auf dieser Ebene unterrichten würden, wie das für die antiken paganen Städte durch Weiheinschriften gut belegt ist. Über die pagan-antiken gallischen Civitates, Pagi und manche Vici wissen wir, dass sie als „Gebietskörperschaften" handeln; unsere Quellen dazu sind im wesentlichen solche Weiheinschriften, in denen sich diese politischen Gemeinschaften klar als solche bezeichnen.[79]

Wir wissen zudem, dass die römischen Provinzen – dies gilt auch für Gallien – nur deshalb effizient verwaltet werden konnten, weil man die politischen Ordnungen auf regionaler Ebene bestehen ließ und sich ihrer bediente.[80] Das Verschwinden einer institutionalisierten städtischen Elite wie der Curialen bedeutet jedoch nicht, dass es keine politischen Eliten der Städte mehr gegeben haben muss. Sie verschwinden nur zunehmend unter dem Mantel der Bischöfe, die nun als Vertreter der Städte nach außen erscheinen. Solange die Civitates als „Gebietskörperschaften" eine Funktion als solche haben, müssen sie über ein gewisses Maß an politischer Selbstverwaltung verfügen. Wenn Bischöfe für die Kirchen in den Besitz der städtischen Steuern gelangen, wie das ja oben auch mit dem Zitat aus der Vita Eligii angedeutet wurde, dann heißt das, dass ein Mehrwert besteht, der in irgendeiner Weise zu verteilen ist. Das heißt aber auch, dass immer noch zwischen Civitas und Ecclesia unterschieden wird, denn andernfalls hätte im konkreten Fall die Kirche von Tours von der Steuer befreit werden müssen und nicht die Stadt.

Die Münzen zeigen ebenfalls – und damit sind sie in der Gesamtheit eine einzigartige Quelle – dass die Civitates und Vici in einer gewissen Weise rechtsfähig waren, dass sie entweder als Rechtsperson steuerpflichtig waren oder aber als solche unter eigenem Namen Münzen prägten.

---

78 Eine Ausnahme sind die in den Formulae Andecavenses überlieferten Abstraktionen von tatsächlich ausgestellten Urkunden (s. dazu unten Anm. 92).

79 Vgl. zum römischen Spanien Adela Cepas, The Ending of the Roman City: The Case of Clunia in the Northern Plateau of Spain, in: Davies/Halsall/Reynolds (s. Anm. 2), 187–207 und bes. 200ff., zu einer Inschrift des zweiten Jahrhunderts aus Peralejo de los Escuderos (Soria) mit einem Vertrag zwischen zwei Kommunitäten (mit Abdruck und Abbildung).

80 Hartmut Wolff, Die politisch-administrative Binnengliederung des gallisch-germanischen Raumes, in: Zwischen Gallia und Germania, Frankreich und Deutschland. Konstanz und Wandel raumbestimmender Kräfte, hg. v. Alfred Heit, Trier 1987 (Trierer Historische Forschungen 12), 63–82, 78–80.

Die weitaus meisten auf den Münzen genannten Orte sind Civitates und Vici. Die Münzen bilden damit die oberen Ebenen einer Hierarchie der Orte ab. Insgesamt bezeichnen die auf den Münzen vorkommenden Ortsqualifikationen allesamt Orte, an denen Abgaben entstehen. Ein Mallus ist ein Gerichtsort, an dem auch Strafen verhängt werden, nach denen eine bestimmte Summe oder gar das ganze Vermögen an den Fiscus fällt, ein Pons ist auch ein Zollort. Die anderen und zahlenmäßig weitaus die meisten der oben aufgeführten Orte sind soziale Orte mit einiger Wirtschaftskraft, von denen wir annehmen dürfen, dass sie über ein gewisses Maß an Selbstverwaltung verfügen.[81]

Sehr deutlich wird das im Falle der Kirchen, die auf den Münzen genannt werden. Sie erscheinen aber so gut wie nie unter dem Namen eines Bischofs oder eines Abtes, sondern immer als Kommunität, gegebenenfalls unter dem Namen des Patrons, in der Regel als Basilica (bei Klöstern) oder als Ecclesia (bei Bischofskirchen).[82] Mit dem Wandel zur Denarprägung und der damit verbundenen Abkehr vom System der Monetarmünzen im eigentlichen Sinn finden schließlich auch die handelnden Personen ihren Platz auf den Münzen. Nun erscheinen dort auch Bischöfe anstelle ihrer Kirchen.

Die Civitates jedenfalls treten als politische Größen im Rahmen der fränkischen politischen Ordnung auf, seit dem 7. Jahrhundert zwar zunehmend vertreten durch die Bischöfe,[83] doch als Einheiten. Es gibt Grund zu der Annahme, dass dies auch für die weiteren Orte gilt.

81　Wendy Davies, Introduction: Community Definition and Community Formation in the Early Middle Ages – Some Questions, in: Davies/Halsall/Reynolds (s. Anm. 2), 1–12, 6, sieht „the communities of the early Middle Ages" als „clearly underinvestigated".

82　Vgl. zur „kirchlichen" Prägung Suhle (s. Anm. 15), 20f. – Die Annahme, dass die Kirchen „das Münzrecht – und zwar sicher ohne königliche Verleihung – an sich" gebracht hätten (ebenda), hat nur dann ihre Berechtigung, wenn die Kirchen (in einem mittelalterlichen) Sinn selbst die Münzen verantwortet haben sollten. – Die Ausnahmen finden sich bei Berghaus (s. Anm. 14), 195; von vier auf Münzen genannten Bischöfen gehören drei in die Zeit nach der regulären Monetarmünzprägung, also nach 670, zwei von diesen Dreien sind auf Denaren überliefert; lediglich Stefan von Chalon-sur-Saône gehört der Zeit vor 670 an und erscheint auf Trienten, gehört aber vermutlich sogar in die Zeit vor der Einführung der Monetarmünzen. Zu den geschilderten regulären Erscheinungsformen von Kirchen auf Monetarmünzen s. ebenda.

83　Zur Bischofsherrschaft der Übergangszeit s. Martin Heinzelmann, Bischofsherrschaft in Gallien. Zur Kontinuität römischer Führungsschichten vom 4. bis zum 7. Jahrhundert. Soziale, prosopographische und bildungsgeschichtliche Aspekte, München 1976 (Beihefte der Francia 5); Susanne Baumgart, Die Bischofsherrschaft im Gallien des 5. Jahrhunderts. Eine Untersuchung zu den Gründen und Anfängen weltlicher Herrschaft der Kirche, München 1995. – S. aber auch den Hinweis bei Wood (s. Anm. 37), 82, auf politische Parteiungen innerhalb der Stadt, die die Bischofsherrschaft auch erheblich schwächen konnten.

Eine wichtige Frage richtet sich auf die Deutung der Ortsnamen. Der Ortsname allein könnte ja auch auf einen geographischen Ort verweisen und der
Lokalisierung dienen. Dass die Ortsnamen in vielen Fällen aber zusammen mit
einer der oben aufgeführten Qualifikationen erscheinen, widerspricht der Annahme einer bloßen Prägeortsbezeichnung, nämlich als geographische Größe.
Hier wird nicht nur eine Unterscheidung zwischen gleichnamigen Orten ermöglicht (VIENNA CIVETATE / VIENNA VICO),[84] sondern darüber hinaus wird
etwas ausgesagt über die Qualität eines Ortes.

Civitas und Vicus, vermutlich auch die weiteren Bezeichnungen, benennen
den Rechtsstatus von Orten. Rechtlich nicht als selbständige Größen erfasste
Orte, wie solche, die in Urkunden oftmals unter *„loco nuncupante…"* erscheinen, sind so gut wie nie unter den Prägeorten zu greifen. Auch ist natürlich denkbar, dass an einem Ort verschiedene Kommunitäten agieren, etwa im Fall von
Civitas und Ecclesia.

Das Erscheinen eines Subjekts auf Münzen hat unbezweifelbar rechtliche
Relevanz. Wenn es sich bei den Ortsnamen auf den Münzen nicht um bloße geographische Angaben handelt, was nahe liegt, da die Ortsqualifikationen für die
geographische Identifizierung nur in seltenen Fällen notwendig sind, und der
häufige Ablativ ebenfalls in diesem Fall nicht notwendig wäre, dann bezeichnet
der Ortsname eben eine Persönlichkeit, ein Subjekt, das in einer rechtlich fassba-
ren Beziehung zu den mit seinem Namen versehenen Münzen steht.

Damit würden wir über eine beachtliche Sammlung von Orten verfügen, die
im Frankenreich politisch handeln können, die also einen Teil der politischen
Ordnung darstellen. Wenn aber ein Ort politisch-rechtliche Relevanz hat, dann
muss er auch über eine politische Binnenstruktur verfügen. Dass der jeweilige
Bischof auf den Münzen mit Civitasnamen nicht erscheint, sagt dann deutlich,
dass eben die Städte nicht in der Hoheit der Bischöfe aufgelöst sind, sondern über
eine von den Bischöfen unterschiedene Identität verfügen, vermutlich auch über
eigene politische Vertretung nach innen und außen.

Diese Einschätzung vom Bestehen von Kommunitäten im Frankenreich des
7. Jahrhunderts findet ihre Begründung u. a. in den Beobachtungen von Magnou-
Nortier zu den *„pagenes"*, die nicht bloß die Bewohner eines Pagus darstellen
müssen, sondern auch als Vertreter des Pagus in rechtlichen Belangen erscheinen
können.[85] Ob der Tribunus, der vermutlich an der Spitze eines Pagus stand, die

---

84 S. Depeyrot (s. Anm. 12), III, 74, zu VIENNA VICO = Vienne-en-Val (Loiret) und
    161f. zu VIENNA CIVETATE = Vienne (Isère). Die Abgrenzung beider Orte durch
    Umschriften und Ikonographie ist nach der Zuweisung von Depeyrot nicht ganz ein-
    deutig, was vor allem daran liegt, dass verhältnismäßig wenige Münzen einen qualifi-
    zierenden Zusatz tragen bzw. dieser nicht immer erhalten ist.
85 S. oben Anm. 2. – Übrigens vermutet Claude (s. Anm. 41), 18, Anm. 86, dass die

Bewohner des Pagus vertrat oder als Sachwalter des Comes anzusehen ist, ist nicht ganz eindeutig.[86] Das gilt letztlich auch für die *„iuniores"*, von denen eigentlich klar zu sein scheint, dass sie als Mitarbeiter des Comes anzusehen sind, die aber wohl eher die verwaltete Gemeinschaft vertreten.[87] Deutlich wird das auch im Falle von Ardin, dessen Steueraufkommen der Kirche von Le Mans übertragen worden war.[88] Die Steuerleistung an Le Mans organisierten nach einer Urkunde von 721 Vertreter des Vicus [?][89] Ardin, nämlich 8 *„iuniores"*,[90] die bemerkenswerter Weise in der genannten Urkunde namentlich aufgelistet sind, was selbst schon dafür spricht, dass es sich bei ihnen nicht um Vertreter der sonst namenlosen herrscherlichen Administration unterhalb der Grafenebene handelt. Mit ihnen sind Personen benannt, die persönlich haftbar waren für den von ihnen jeweils einzutreibenden Steueranteil.[91]

„pagus-Bezeichnungen in fränkischen Urkunden auf römische Steuerkataster zurückgehen".

86   Claude (s. Anm. 41), 19f.

87   Diese Einschätzung auch bei Elisabeth Magnou-Nortier, La Gestion publique en Neustrie: Les Moyen et les Hommes (VIIᵉ–IXᵉ siècles), in: La Neustrie. Les pays au nord de la Loire de 650 à 850, hg. v. Hartmut Atsma, Sigmaringen 1989 (Beihefte der Francia 16/1), Bd. 1, 271–320, 302f. Es hat den Anschein, als fände sich im Falle der „iuniores" eine Konstruktion, die örtliche „potentes" zugleich zu Funktionsträgern der herrschaftlichen Verwaltung machte. – Claude (s. Anm. 41), 17, sieht „iuniores" als „Gefolgsleute" des Grafen. Hier wäre nun nach der Stellung des Grafen zwischen König und Civitas bzw. Pagus zu fragen.

88   S. zu der Akte „Ardin" Walter Goffart, The Le Mans Forgeries. A Chapter from the History of Church Property in the Ninth Century, Cambridge (Massachusetts) 1966, 257–259; dazu ausführlicher ders., Merovingian Polyptychs. Reflections on two recent publications, in: Francia 9 (1981), 57–77, 67–70; vgl. die kurze Darstellung des Inhalts seiner Stücke bei Kaiser (s. Anm. 44), 15f.

89   Zur Frage, ob Vicus oder Villa s. oben Anm. 56.

90   In der Urkunde treten die „iuniores" als Bürgen für das Steueraufkommen der „pagenses" auf, Kaiser (s. Anm. 44), 15. – Die Urkunde findet sich im Actus Pontificum Cenomannis, ed. Busson/Ledru (s. Anm. 56), 240–242. – Als Vertreter des Bischofs erscheinen die „iuniores" bei Reinhold Kaiser, Royauté et Pouvoir Episcopal au Nord de la Gaule (VIIᵉ–ICᵉ siècles), in: Atsma (s. Anm. 87), Bd. 1, 143–160, 148.

91   Actus Pontificum Cenomannis, ed. Busson/Ledru (s. Anm. 56), 240f.: „Dum cognitum est qualiter, et permisso ipsius Audranno, illas inferendas vel omnia exactum, quod ex ipsa villa ad partem sancti Gervasii reddere debetur, de pagensis nostris, unusquisque per manus nostras recipimus vel adrecipere habemus… Nos enim, juniores Aldoranno hoc vobis per hanc epistolam caucionis pondemus, ut, medio julio, ipsa inferenda, quod superius est intimatum, quod unusquisque de sua parte reddere debet, sicut superius est insertum et apud nos cognitum est, quod exigere petimus, sicut diximus, medio mense julii: ipsa vobis in integrum transsolvere pondemus, ut gratiam vestram exinde adimplere debemus."

Die Formelsammlung von Angers zeigt – anders als die meisten zeitgenössischen Quellen – eine politisch relevante Binnendifferenzierung der Stadt am Ende des 6. Jahrhunderts, ja sogar eine städtische Vertretung, die nach innen und außen politisch relevant ist.[92] Ein Mandat eines Kaufmanns von etwa 579 zeigt, dass es eine öffentliche Verwaltung gab, die zumindest pagusweit in der Lage war, auch privatrechtliche Angelegenheiten zu dokumentieren. Der Kaufmann bevollmächtigt einen „domeno magnifico…per hunc mandatum, ut omnes causas meas in pago illo ad vicem meam prosequere vel admallare facias, tam in pago tam et in, si necessitas fuerit, ad palacio, vel ubi locus congruos fuerit".

Das „iuratum mandatum, tamquam gestibus oblecatus…", wurde also „in die gesta municipalia eingetragen".[93] Die Formel schließt mit dem Hinweis auf den Ort der Ausfertigung, nämlich *„Andecavis civetate"*. Die Bevollmächtigung alleine sagt ja noch nichts aus über die Kommunität Angers; dass aber dieser Rechtsakt in einer städtischen Registratur niedergelegt wurde und man offensichtlich davon ausging, dass zumindest das pagusweite Handeln des Bevollmächtigten von der städtischen Verwaltung nachgehalten werden konnte, zeigt doch im Zusammenhang mit der Nennung einer *„curia publica"* als öffentliche städtische Behörde deutlich, dass zumindest die Civitas Angers zu einer Zeit, da das System der Monetarmünzen eingerichtet wurde bzw. entstand, als eine Kommunität im Rahmen der politischen Ordnung des Frankenreiches anzusehen ist.[94] Der Aktumvermerk verweist eingedenk der benannten öffentlichen Verwaltung nicht bloß auf einen geographischen Ort, sondern auf die Stadt Angers, die den rechtlichen Bezugsrahmen für das Geschehen darstellt. Das – wie auch die deklinierte Form „Andecavis civetate" – verweist uns auf die Münzumschriften,[95] die ja auch die Orte als Handelnde zeigen, auch wenn sich dieses Handeln nur auf die Steuerpflicht oder aber – wenn die oben geäußerte Annahme nicht zutreffen sollte – auf die Münzprägung beziehen sollte. Sollten die auf den Münzen ge-

---

92 Formulae Andecavenses, ed. Zeumer (s. Anm. 41), MGH Formulae Merowingici et Karolini Aevi, 1–25. – S. dazu Werner Bergmann, Verlorene Urkunden des Merowingerreiches nach den Formulae Andecavenses. Katalog, in: Francia 9 (1981), 3–56, ebenda 7–15 mit der Datierung auf etwa 579 und der letzten Formeln auf 597/598. – So scheint es gegen Ende des 6. Jahrhunderts in Angers noch eine funktionierende Curia, also wohl städtische (Selbst-)Verwaltung gegeben zu haben, sichtbar etwa in der vor der „curia publica" gegebenen Vollmacht zur Vertretung in Prozessangelegenheiten, Bergmann, ebenda Nr. 57 = Formulae Andecavenses Nr. 48, ed. Zeumer (s. Anm. 41), MGH Formulae, 21.

93 Bergmann (s. Anm. 92), 51, Nr. 62 = Formulae Andecavenses Nr. 52, ed. Zeumer (s. Anm. 41), MGH Formulae, 22f.

94 Das möge hier zunächst als begründete Vermutung stehen und wäre an anderer Stelle eingehend zu untersuchen.

95 Vgl. Prou (s. Anm. 13), Nr. 521: „ANDECAVIS CIV" / „SISBERTVS MON".

nannten Orte aber in eigener Verantwortung Münzen geprägt haben, und sei es als delegiertes Recht, so muss man sie umso mehr als Rechtspersönlichkeiten betrachten. Immerhin erscheint ihr Name mit einer Qualifikation, die sie als rechtlich fassbare Größen ausweist, an einer Stelle, an der entweder der König oder aber irgendwelche Herren erscheinen würden. Beachtlicherweise erscheinen solche Herren erst mit der Silberprägung auf Münzen. Bis dahin stehen an ihrer Stelle – wenn nicht die Monetare (ihre Gewalt besteht im Namen des Königs, sie werden als Beamte qualifiziert durch „MON") – die Kommunitäten,[96] die die wirtschaftliche Basis des Reiches stellen.

Merowingische Münzprägung als Quelle – Eine neue Perspektive

Merowingische Monetarmünzen sind eine wesentliche Quelle zur politischen Ordnung des vorkarolingischen Frankenreiches, also der Zeit, bevor sich ein grundlegender Elitenwechsel abzuzeichnen begann, nämlich die Ablösung ehemals antiker civitates-basierter Staatlichkeit durch eine neue, auf das Land gestützte und von den Großen getragene Verbandsstaatlichkeit, deren sinnfälliges Merkmal die jeweils herrschende Familie darstellt. Es ist der Wechsel von den Merowingern, die sich weitgehend auf die Städte und ihre eigenen respektive fiskalen ländlichen Ressourcen stützen, hin zu den Karolingern, die als Exponenten einer neuen Adelsgesellschaft anzusehen sind, deren Basis nicht mehr die Städte darstellen, sondern eine ganze Reihe abseits der Städte gegründeter Klöster und ihre eigene unmittelbare Herrschaft.

Diese Ablösung antiker Zivilisationstechnik durch ein Netz lokaler Herrschaften bildet sich in der Münzprägung in aller Deutlichkeit ab, nämlich im Wechsel vom Gold zum Silber und der damit verbundenen Abkehr vom System der Monetarmünzen. Der Blick auf dieses System der Monetarmünzen zeigt ebenfalls deutlich, dass die politische Ordnung der Merowinger keine rein königliche Ordnung ist, sondern ein (noch) funktionierendes staatliches System darstellt, in dem die Handelnden in Städten, Kirchen und einigen wenigen Klöstern zu finden sind, und erst mit dem Verschwinden des Systems sich die einzelnen Familien im Verbund mit einigen Klöstern aus den bis dahin maßgeblichen Kom-

---

96 Blackburn/Grierson (s. Anm. 3), 99f., sehen hinter den Ortsnamen adelige Herren, auf deren Geheiß hin bestellte oder wandernde Monetare die Münzen geprägt hätten. Er belegt diese Annahme mit einem Zitat aus dem Capitulare de Villis aus der Zeit Karls des Großen, nach dem der Iudex in seinem Amtsbereich „artifices" haben sollte. Hier zeigt sich sehr deutlich die verbreitete Grundannahme, dass die politische Struktur des 7. Jahrhunderts grundsätzlich mit der der Zeit der Karolinger eng verwandt sein müsse.

munitäten herausschälen und nun ihrerseits zu politisch relevant Handelnden werden.

Merowingische Monetarmünzen als Quelle ermöglichen einen erheblichen Erkenntnisfortschritt, wenn man sie als System begreift und sich nicht damit begnügt, sie einzeln als sekundäre Belege für bereits abgeschlossene Überlegungen zu zitieren. Es sei an dieser Stelle noch offengelassen, inwieweit diese Münzen tatsächlich als Ausdruck eines raffinierten Steuersystems zu verstehen sind, ebenso verlangt die hier begründete Annahme von den Kommunitäten als Basis des politischen Systems weitere Untersuchungen. Letztlich sind aber die Hinweise, die bereits die Phänomenologie der Münzen auf das Bestehen eines transpersonalen politischen Systems gibt, in dem die Könige eine Funktion haben und das nicht bloß „königlich" ist, sehr deutlich. Merowingische Monetarmünzen als Quelle für die politische Ordnung des Frankenreiches heranzuziehen verlangt zwingend danach, die Gesamtheit der für die Forschung zugänglichen Münzen in den Blick zu nehmen. Erst damit ist es möglich, die politische Topographie des Frankenreiches im 7. Jahrhundert zu zeichnen und bei allen Abweichungen von der Regel das System der merowingischen Monetarmünzprägung als eine Funktion des Staates zu erkennen.

Abstract

Sources for the political order of the Merovingian state in the 7th century are very scarce, and our knowledge derives mainly from the writings of Gregory of Tours and from the not even uninterested Carolingian view of later Merovingian decline. So we understand the political system as a kingdom based order with increasing weakness. In that view Merovingian coinage is used as single coin-evidence and mostly not understood as a system of financial and political administration.

For the time between ca. 570/585 and ca. 670/720 we have evidence for nearly 800 mints and much more than 1000 moneyers, leaving their names on coins. The article argues that this is to be understood as sign for a functioning political system that uses coinage as frame for the levying of taxes and other revenues. The place names stand for a higher class of places and probably even for social places with some own political organization. The personal names that can be identified as moneyer-names must be taken as a corpus of names showing a social very homogenous group of persons that had a job in the political administration of the Merovingian state. In understanding Merovingian minting organization as a system and as a function of state we can get a new source for political topography and for political organization under the level of kings. This system differs much from Carolingian management of state insofar as the Merovingians as heirs of roman political system used even the cities and further civic organization as resources of power and financial wealth.

The minting system gives some insight into the change in political organization from post-roman times to Carolingian and more "privatized" times, from civitates-based to monastery- and land-based political order.

Autoren dieses Bandes

PD Dr. Neslihan Asutay-Effenberger, Prof. Dr. Arne Effenberger,
Waldstraße 89, D-13156 Berlin

Prof. Dr. Johannes Fried, Historisches Seminar, Johann Wolfgang Goethe-
Universität, Grüneburgplatz 1, D-60629 Frankfurt am Main

Prof. Dr. Michael Grünbart, Westfälische Wilhelms-Universität,
Seminar für Byzantinistik, Platz der Weißen Rose, D-48151 Münster (Westf.)

Prof. Dr. John Haldon, History dept., 220 Dickinson Hall, Princeton University, Princeton NJ 08544, USA

Dr David Lambert, School of Classics, University of St Andrews, St Andrews,
KY16 9AL, UK

Prof. Dr. Ralph-Johannes Lilie, Berlin-Brandenburgische Akademie
der Wissenschaften, „Prosopographie der mittelbyzantinischen Zeit",
Jägerstraße 22/23, D-10117 Berlin

Sebastian Matzner, MA, Comparative Literature Programme, Department
of Classics, King's College London, Strand, London, WC2R 2LS, UK

Dr. Philipp Niewöhner, Deutsches Archäologisches Institut, Gümüssuyu /
Ayazpasa Camii Sok. 46, TR-34437 Istanbul

Prof. Dr. Raimund Schulz, Universität Bielefeld, Fakultät für Geschichtswissenschaft, Philosophie und Theologie, Postfach 10 01 31, D-33501 Bielefeld

Dr. Jürgen Strothmann, IEMAN, Universität Paderborn, Warburger Str. 100,
D-33098 Paderborn

Claudia Tiersch, Universität Leipzig, Historisches Seminar, Lehrstuhl
für Alte Geschichte, Postfach 10 09 20, D-04009 Leipzig

María de los Ángeles Utrero Agudo,Instituto de Historia, CSIC,
Albasanz 26–28, E-28037 Madrid

Eva Valvo, Via del Passeggio 8, I-02044 Forano (RI)

Abkürzungen
(Editionen, Zeitschriften, Reihen, Nachschlagewerke)

AA	Archäologischer Anzeiger
AASS	Acta Sanctorum
AB	Analecta Bollandiana
ABSA	Annual of the British School at Athens
ACO	Acta conciliorum oecumenicorum
ACR	American Classical Review
ADSV	Antičnaja drevnost' i srednie veka
AE	L'année épigraphique
AHC	Annuarium historiae conciliorum
AION	Annali del Istituto Orientale di Napoli
AIPHOS	Annuaire de l'Institut de Philologie et d'Histoire Orientales et Slaves
AJA	American Journal of Archaeology
AJAH	American Journal of Ancient History
AJPh	American Journal of Philology
AJSLL	American Journal of Semitic Languages and Literatures
AKG	Archiv für Kulturgeschichte
AnatSt	Anatolian Studies
AncSoc	Ancient Society
ANRW	Aufstieg und Niedergang der römischen Welt
AntAfr	Antiquités africaines
AnTard	Antiquité tardive
AntCl	L'antiquité classique
AOC	Archives de l'Orient chrétien
AP	Ἀρχεῖον Πόντου
APF	Archiv für Papyrusforschung
ArchDelt	Ἀρχαιολογικὸν Δελτίον
ASS	Archivio storico Siracusano
AT	Antiquité tardive
B.	Basilica, edd. H. J. Scheltema/N. van der Wal/D. Holwerda
BAR	British Archaeological Reports
BASOR	Bulletin of the American Schools of Oriental Research
BASP	Bulletin of the American Society of Papyrologists
BBA	Berliner Byzantinistische Arbeiten
BBS	Berliner Byzantinistische Studien
BCH	Bulletin de correspondence héllenique
BF	Byzantinische Forschungen
BGA	Bibliotheca Geographorum Arabicorum

BHG	Bibliotheca Hagiographica Graeca
BJ	Bonner Jahrbücher
BK	Bedi Kartlisa
BKV	Bibliothek der Kirchenväter
BM²	J. F. Böhmer, Regesta Imperii I: Die Regesten des Kaiserreiches unter den Karolingern 751–918, neubearbeitet von E. Mühlbacher. Innsbruck ²1908 (Nachdruck Hildesheim 1966).
BMGS	Byzantine and Modern Greek Studies
BN	Catalogue général des livres imprimés de la bibliothèque nationale
BNJ	Byzantinisch-Neugriechische Jahrbücher
BollGrott	Bollettino della Badia Greca di Grottaferrata
BS	Basilikenscholien
BS/EB	Byzantine Studies/Études byzantines
BSOAS	Bulletin of the School of Oriental and African Studies
BSOS	Bulletin of the School of Oriental Studies
BSl	Byzantinoslavica
BThS	Bibliotheca theologica salesiana
BV	Byzantina Vindobonensia
BWANT	Beiträge zur Wissenschaft vom Alten und Neuen Testament
Byz	Byzantion
ByzBulg	Byzantinobulgarica
BZ	Byzantinische Zeitschrift
BZNW	Beihefte zur Zeitschrift für die neutestamentliche Wissenschaft
C.	Codex Iustinianus, ed. P. Krueger
CAG	Commentaria in Aristotelem Graeca
CahArch	Cahiers archéologiques
CAM	Cambridge Ancient History
CAVT	Clavis apocryphorum Veteris Testamenti
CC	Corpus christianorum
CCAG	Corpus Codicum Astrologorum Graecorum
CC SG	Corpus christianorum, series Graeca
CC SL	Corpus christianorum, series Latina
CCCM	Corpus Christianorum continuatio medievalis
CE	Chronique d'Égypte
CFHB	Corpus fontium historiae byzantinae
CIG	Corpus Inscriptionum Graecarum
CIL	Corpus Inscriptionum Latinarum
CJ	Classical Journal
CLA	E. A. Lowe, Codices Latini antiquiores: A Paleographical Guide to Latin Manuscripts prior to the Ninth Century, I–XI, Suppl. Oxford 1934/1072

CPG	Clavis patrum Graecorum
CPh	Classical Philology
CPL	Clavis patrum Latinorum
CPPM	Clavis patristica pseudepigraphorum medii aevi
CQ	Classical Quarterly
CR	Classical Review
CRAI	Comptes rendus des séances de l'Académie des inscriptions et belles-lettres
CRI	Compendia rerum Iudaicarum ad Novum Testamentum
CSHB	Corpus scriptorum historiae Byzantinae
CSCO	Corpus scriptorum christianorum Orientalium
CSEL	Corpus scriptorum ecclesiasticorum Latinorum
CTh	Codex Theodosianus
D.	Digesta, ed. Th. Mommsen
DA	Deutsches Archiv für Erforschung des Mittelalters
DACL	Dictionnaire d'archéologie chrétienne et de liturgie
DHGE	Dictionnaire d'histoire et de géographie ecclésiastiques
Dölger, Regesten	F. Dölger, Regesten der Kaiserurkunden des Oströmischen Reiches von 565–1453, I. München 1924.
DOP	Dumbarton Oaks Papers
DOS	Dumbarton Oaks Studies
DOT	Dumbarton Oaks Texts
DThC	Dictionnaire de théologie catholique
EA	Epigraphica Anatolica
EEBS	Ἐπετηρὶς ἑταιρείας Βυζαντινῶν σπουδῶν
EPhS	Ὁ ἐν Κωνσταντινουπόλει Ἑλληνικὸς Φιλολογικὸς Σύλλογος
EEQu	East European Quarterly
EHR	English Historical Review
EI²	The Encyclopaedia of Islam
EKK	Evangelisch-katholischer Kommentar zum Neuen Testament. Neukirchen
EWNT	Exegetisches Wörterbuch zum Neuen Testament, hrsg. von Horst Balz und Gerhard Schneider, I–III. Stuttgart u. a. 1992
EO	Échos d'Orient
FDG	Forschungen zur deutschen Geschichte
FHG	Fragmenta historicorum Graecorum, collegit, disposuit, notis et prolegomenis illustravit C. Mullerus, I–VI. Paris 1841/1870
FM	Fontes Minores
FMSt	Frühmittelalterliche Studien
FR	Felix Ravenna

FRLANT	Forschungen zur Religion und Literatur des Alten und Neuen Testaments
GCS	Die griechischen christlichen Schriftsteller
GRBS	Greek, Roman and Byzantine Studies
Grumel, Regestes	V. Grumel, Les regestes des actes du patriarcat de Constantinople, I/1: Les regestes de 381 à 751. Paris ²1972; V. Grumel, Les regestes des actes du patriarcat de Constantinople, I/1–3: Les regestes de 715 à 1206, 2ᵉ éd. par J. Darrouzès. Paris 1989.
Gym	Gymnasium
GWU	Geschichte in Wissenschaft und Unterricht
Hell	Ἑλληνικά
HBS	Henry Bradshaw society
HdAW	Handbuch der Altertumswissenschaften
HJb	Historisches Jahrbuch
HNT	Handbuch zum Neuen Testament
HSPh	Harvard Studies in Philology
HThK	Herders theologischer Kommentar zum Neuen Testament
HThR	Harvard Theological Review
HZ	Historische Zeitschrift
I.	Institutiones, ed. P. Krueger
İA	İslâm Ansiklopedisi
ICC	International critical commentary
IG	Inscriptiones Graecae
IEJ	Israel Exploration Journal
IJMES	International Journal of Middle East Studies
ILS	Inscriptiones Latinae Selectae
IstMitt	Istanbuler Mitteilungen
JA	Journal asiatique
JAOS	Journal of the American Oriental Society
JbAC	Jahrbuch für Antike und Christentum
JDAI	Jahrbuch des Deutschen Archäologischen Institutes
JE	Ph. Jaffé, Regesta pontificum Romanorum ab condita ecclesiae ad annum post Christum natum MCXCVIII ..., auspiciis W. Wattenbach curaverunt S. Loewenfeld/F. Kaltenbrunner/P. Ewald. Leipzig ²1885/1888.
JECS	Journal of Early Christian Studies
JEH	Journal of Ecclesiastical History
JESHO	Journal of the Economic and Social History of the Orient
JHS	Journal of Hellenic Studies
JJP	Journal of Juristic Papyrology
JJS	Journal of Jewish Studies
JMH	Journal of Medieval History

JNES	Journal of Near Eastern Studies
JÖAI	Jahrbuch des Österreichischen Archäologischen Instituts
JÖB	Jahrbuch der Österreichischen Byzantinistik
JÖBG	Jahrbuch der Österreichischen Byzantinischen Gesellschaft
JQR	Jewish Quarterly Review
JRA	Journal of Roman Archaeology
JRAS	Journal of the Royal Asiatic Society of Great Britain and Ireland
JRGZM	Jahrbuch des Römisch-Germanischen Zentralmuseums
JRS	Journal of Roman Studies
JS	Journal des Savants
JSS	Journal of Semitic Studies
JThS	Journal of Theological Studies
JWarb	Journal of the Warburg and Courtauld Institutes
KAT	Kommentar zum Alten Testament
KEK	Kritisch-exegetischer Kommentar über das Neue Testament. Begr. von Heinrich August Wilhelm Meyer. Göttingen 1832ff.
LAW	Lexikon der Alten Welt
LexMa	Lexikon des Mittelalters
LIMC	Lexicon Iconographicum Mythologiae Classicae
LThK	Lexikon für Theologie und Kirche
MAMA	Monumenta Asiae Minoris Antiqua
Mansi	G. D. Mansi, Sacrorum conciliorum nova et amplissima collectio, I–LIII. Paris/Leipzig 1901/1927.
MBM	Miscellanea Byzantina Monacensia
MDAI(A)	Mitteilungen des Deutschen Archäologischen Instituts, Athenische Abteilung
MDAI(R)	Mitteilungen des Deutschen Archäologischen Instituts, Römische Abteilung
MEFRA	Mélanges de l'École française de Rome: Antiquité
MEFRM	Mélanges de l'École française de Rome: Moyen âge – Temps modernes
MGH	Monumenta Germaniae Historica
	AA = Auctores antiquissimi
	Capit. = Capitularia
	Conc. = Concilia
	Epp. = Epistolae
	Poet. = Poetae Latini aevi Carolini
	SS = Scriptores
	SS rer. Lang. et It. = Scriptores rerum Langobardicarum et Italicarum
	SS rer. Merov. = Scriptores rerum Merovingicarum

MH	Museum Helveticum
MIÖG	Mitteilungen des Instituts für Österreichische Geschichts- forschung
Mus	Le Muséon
N.	Novellae, edd. R. Schöll/W. Kroll
NA	Neues Archiv der Gesellschaft für ältere deutsche Geschichts- kunde
NC	Numismatic Chronicle
NE	Νέος Ἑλληνομνήμων
NP	Der Neue Pauly. Enzyklopädie der Antike
NTS	New Testament Studies
OC	Oriens Christianus
OCA	Orientalia Christiana Analecta
OCP	Orientalia Christiana Periodica
ODB	The Oxford Dictionary of Byzantium, ed. by A. Kazhdan. Oxford 1991.
ÖTK	Ökumenischer Taschenbuchkommentar zum Neuen Testament
PBE	Prosopography of the Byzantine Empire
PBSR	Papers of the British School at Rome
PCPhS	Proceedings of the Cambridge Philological Society
PG	Patrologia Graeca
PIR	Prosopographia Imperii Romani
PL	Patrologia Latina
PLRE	Prosopography of the Later Roman Empire
PmbZ	Prosopographie der mittelbyzantinischen Zeit
PO	Patrologia Orientalis
P&P	Past and Present
QFIAB	Quellen und Forschungen aus italienischen Archiven und Bibliotheken
RA	Revue archéologique
RAC	Reallexikon für Antike und Christentum
RB	Revue bénédictine
RbK	Reallexikon zur byzantinischen Kunst
RE	Pauly's Real-Encyclopaedie der classischen Altertumswissen- schaft
REA	Revue des études anciennes
REArm	Revue des études arméniennes
REAug	Revue des études augustiniennes
REB	Revue des études byzantines
REG	Revue des études grecques
REI	Revue des études islamiques
REJ	Revue des études juives

REL	Revue des études latines
RESEE	Revue des études sud-est européennes
RevPhil	Revue de philologie
RBPhH	Revue belge de philologie et d'histoire
RGG	Religion in Geschichte und Gegenwart
RH	Revue historique
RHE	Revue d'histoire ecclésiastique
RHM	Römische Historische Mitteilungen
RhM	Rheinisches Museum für Philologie
RHR	Revue de l'histoire des religions
RIDA	Revue international des droits de l'antiquité
RIS	Rerum Italicarum Scriptores
RN	Revue numismatique
RNT	Regensburger Neues Testament
ROC	Revue de l'Orient chrétien
RPh	Revue philologique
RQ	Römische Quartalschrift für christliche Altertumskunde und Kirchengeschichte
RSBN	Rivista di studi bizantini e neoellenici
RSI	Rivista Storica Italiana
RSLR	Rivista di storia e letteratura religiosa
RSO	Rivista degli studi orientali
SBB	Stuttgarter biblische Beiträge
SBN	Studi Bizantini e Neoellenici
SBS	Studies in Byzantine Sigillography
SC	Sources chrétiennes
SE	Sacris erudiri
Script	Scriptorium
SEG	Supplementum epigraphicum Graecum
Sett	Settimane di studio del centro italiano di studi sull'alto medioevo
SI	Studia Islamica
SK	Seminarium Kondakovianum
SM	Studi medievali
SNTS.MS	Society for New Testament Studies. Monograph Series
SO	Symbolae Osloenses
Spec	Speculum
StP	Studia Patristica
StT	Studi e testi
SubHag	Subsidia Hagiographica
TAM	Tituli Asiae Minoris
TAVO	Tübinger Atlas des Vorderen Orients

TAPA	Transactions and Proceedings of the American Philological Association
ThLL	Thesaurus Linguae Latinae
ThLZ	Theologische Literaturzeitung
ThQ	Theologische Quartalschrift
ThR	Theologische Rundschau
TIB	Tabula Imperii Byzantini
TM	Collège de France. Centre de recherche d'histoire et civilisation de Byzance. Traveaux et Mémoires
TRE	Theologische Realenzyklopädie
TRW	Transformation of the Roman World
TU	Texte und Untersuchungen zur Geschichte der altchristlichen Literatur
UaLG	Untersuchungen zur antiken Literatur und Geschichte
VChr	Vigiliae Christianae
VetChr	Vetera Christianorum
VSWG	Vierteljahrschrift für Sozial- und Wirtschaftsgeschichte
VTIB	Veröffentlichungen der Kommission für die Tabula Imperii Byzantini
VuF	Vorträge und Forschungen
VV	Vizantijskij Vremennik
WBC	Word Biblical Commentary
WBS	Wiener Byzantinistische Studien
WdF	Wege der Forschung
WI	Die Welt des Islam
WSt	Wiener Studien
WZKM	Wiener Zeitschrift für die Kunde des Morgenlandes
ZA	Zeitschrift für Assyrologie
ZBK.AT	Züricher Bibelkommentare. Altes Testament
ZBLG	Zeitschrift für bayerische Landesgeschichte
ZDA	Zeitschrift für deutsches Altertum und deutsche Literatur
ZDMG	Zeitschrift der Deutschen Morgenländischen Gesellschaft
ZDPV	Zeitschrift des Deutschen Palästina-Vereins
ZKG	Zeitschrift für Kirchengeschichte
ZMR	Zeitschrift für Missionskunde und Religionswissenschaft
ZNW	Zeitschrift für die neutestamentliche Wissenschaft
ZPE	Zeitschrift für Papyrologie und Epigraphik
ZRVI	Zbornik radova vizantološkog instituta
ZRG germ. Abt.	Zeitschrift der Savigny-Stiftung für Rechtsgeschichte, germanistische Abteilung
ZRG kan. Abt.	Zeitschrift der Savigny-Stiftung für Rechtsgeschichte, kanonistische Abteilung

| ZRG rom. Abt. | Zeitschrift der Savigny-Stiftung für Rechtsgeschichte, romanistische Abteilung |
| ZThK | Zeitschrift für Theologie und Kirche |